부동산 경영론

장동훈 · 양선희 共著

21세기사

이 도서의 국립중앙도서관 출판예정도서목록(CIP)은 서지정보유통지원시스템 홈페이지(http://seoji.nl.go.kr)와 국가자료공동목록시스템(http://www.nl.go.kr/kolisnet)에서 이용하실 수 있습니다.(CIP제어번호: CIP2017004836)

Preface

부동산학은 사적활동과 공적활동이 혼재된 종합응용과학으로 이러한 학문적 속성은 부동산에 대한 기초지식은 물론이고, 경제·경영에 대한 체계적인 연구가 필요하다. 특히, 부동산경영의 과학화를 지향하는 현 시점에서 부동산경영학의 중요성은 더욱 커져가고 있으며, 부동산활동상의 여러가지 측면을 연구하고, 부동산 활동과정이나 현상에서 야기되는 부동산상의 문제들을 심도 있게 분석하여 부동산활동의 능률화를 도모하는데 목적이 있으며 이러한 부동산 문제의 해결을 학문적으로 뒷받침 할 수 있도록 이론적 근거를 제공하고자 하는 학문이다.

국제화, 개방화의 시대를 맞이하여 기업을 둘러싼 환경은 급변하고 있으며 부동산기업의 경영환경도 한치 앞을 내다보기 어려운 시계 제로상태의 시대를 맞이하고 있다. 부동산업이 이러한 환경변화에 적응하고 살아남기 위해서는 유능한 인재의 확보와 새로운 부동산기업경영능력을 배양하는 것만이 최선이며, 이러한 기대에 부응 하고자 본 교재는 다음과 같은 특징으로 엮었다.

첫째, 일반경영학의 이론을 실무적으로 접근하여 독자들이 쉽게 이해할 수 있도록 설명하였고

둘째, 경영학이론과 부동산학을 실질적인 부동산기업 경영에 접목하여 이를 부동산기업경영각론이라는 이름으로 종합적인 접근을 시도하였으며

셋째, 각 단원별로 사례연구와 보충강좌를 통하여 실무적인 지식습득에 주력하였고 특히, 사례연구는 대학강의 및 분임토의시 토론주제로 활용할 수 있도록 국내외 표본기업의 사례를 분석하여 기술하였다.

본서는 이러한 인식을 바탕으로 하여 크게 2편으로 나누어 구성하였다.

제1편은 경영학 관련이론을 기초부터 설명하였으며 독자들의 이해를 돕기 위해 실제 기업들의 사례를 많이 다루었다.

제2편은 부동산기업을 운영하기 위한 부동산기업경영을 주로 다루었으며 특히 부동산중개업경영과 컨설팅, 부동산경기분석, 마케팅 등 부동산기업운영에 반드시 필요한 내용으로 구성되어 있다고 사료된다.

본 책자가 부동산학을 공부하며 미래를 준비하는 학생들과 부동산기업경영자에게 도움이 될 수 있기를 바란다.

2017년 1월

共 著 者　謹識

Contents

제1편 부동산경영관리론

제2편 부동산기업경영각론

제 1 편

부동산경영관리론

제1장

경영학기초이론

제1절 경영학의 개념

1. 경영학의 의의

경영학이란 영리를 목적으로 하는 사적 조직체인 기업의 경제적·기술적·인간적인 측면을 연구 대상으로 하여 여러 가지 문제를 현실적으로 해결하기 위한 방법을 연구·개발하는 학문이다. 또한, 경영자원인 사람·물건·자본·정보 그리고 기업을 둘러싼 모든 환경을 이용한 최선의 경영기법을 연구하는 학문이다. 경영학은 분야가 매우 광범위하기 때문에 항상 새로운 이론과 경영기법이 등장하곤 한다. 최근에는 경영정보학[1]과 경영공학[2]분야도 많은 주목을 받고 있다. 경영환경의 변화에 따라 컴퓨터와 인터넷 등을 이용한 정보통신기술이 기업경영에 매우 중요한 요소가 되었기 때문이다.

경영학은 미국이 주도하고 있으며 그 발전 또한 미국의 영향권에서 이루어지고 있다. 이러한 경영환경으로 인하여 최첨단 경영학을 배울 수 있는 MBA[3]과정이 세계의 젊은 기업가

---

1 경영정보학
정보기술을 토대로 하여 계획, 지휘, 조정, 통제 등의 모든 경영활동을 효율적으로 수행하기 위한 정보제공 및 의사결정체계를 연구하는 학문분야이다. 경영정보학에서는 컴퓨터 하드웨어와 소프트웨어에 대한 기술적인 이해와 조직내부의 기능 및 관리과정에 대한 이해, 시스템 설계와 조직변화에 관련된 인적요인에 대한 이해를 넓히는 것을 주된 내용으로 다루고 있다.

2 경영공학
현대기업은 경영관리 분야에 있어서 이용 가능한 모든 과학적·공학적 기법을 도입하고 점점 증대되는 경향이 있다. 복잡한 기업환경과 대규모화 된 기업경영을 위한 공학적 방법 및 체계를 연구하는 학문을 경영공학이라고 한다.

들 사이에서 인기를 얻고 있다. 최근에는 국내 여러 대학에도 교과부로부터 인가를 받아 MBA 과정을 운영하고 있으며 학문중심의 일반대학원과 달리 마케팅과 경영 및 인사·조직관리, 금융실무 등 교과과정도 미국과 같이 실무중심으로 운영되고 있다. 또한 대학원생 95% 이상이 직장경력을 갖고 있으며 우리나라 기업들의 점증하는 MBA 수요를 맞추고 글로벌 경영 인재를 키우기 위해 학생들을 배출하는 데 앞장서고 있다고 본다.

경영학의 연구대상은 경제성을 중요시하는 경제적 경영체로 한정시키려는 견해가 대부분이며 기업의 경영을 연구하는 기업경영학이 좁은 의미의 경영학이라면, 공기업·공공사업단체·협동 조합 등 영리를 목적으로 하지 않는 경제 단체를 연구하는 일반 경영학은 넓은 의미의 경영학이다.

경영(Betrib)이란 말을 처음 사용한 베버는 경영을 "일정한 종류의 계속적인 목적행위"[4]로 정의하였으나 이는 경영의 개념을 사회학의 기초개념으로 인식한 것으로 경영을 기업과 관련하여 파악한 것은 아니라고 볼 수 있다. 피셔는 경영을 경제적 단위로 파악하면서 "생산용역 및 분배면에서 소비자의 이익이 되도록 경제적 과제를 달성해야 할 인간사회의 유기체로 보고, 인간사회의 유기체로서의 경영은 주된 경제적 과제뿐만 아니라 부수적으로 사회적·문화적·정치적 과제까지도 달성해야 한다"고 주장하고 있다. 리거는 경영을 기술적 단위로 보았으며 쉔플르그는 경영을 경제단위만이 아니라 조직단위일반으로 보았는데 이는 경영을 사회구성체의 하나로 보는 것이다.[5]

경영학은 기본적으로 경영자를 위한 학문이다. 특히, 최근 성과주의 인사제도가 도입되면서 개인의 능력향상수단으로서도 많은 각광을 받고 있다.

2. 독일경영학과 미국경영학

경영학은 일반적으로 독일경영학과 미국경영학으로 크게 나뉜다. 경영경제학으로 대표되는 독일경영학은 같은 기업경영학인 상업학이 과학화하는 형태로 시작되었다. 경영경제학의 목표는 기업의 실체를 경영으로 파악하고, 경영의 경제 현상을 이론적으로 밝히는 일이다. 따라서 독일경영학은 경험에 의하지 않고 순수하게 생각에 의존하는 사변적이고 추상적인 성격을 지니고 있다.

---

3 MBA란 "Master of Business Administration"의 이니셜을 딴 것으로 일반적으로 경영학석사 또는 경영학석사 학위 취득자를 지칭한다. MBA프로그램은 기업경영 전반에 걸친 이론학습과 사례연구를 통하여 장래 기업조직에서 필요한 유능한 경영관리자를 양성하는데 주안점을 두고 있다.

4 M. Weber, Wirtchaft und Gesellschaft, Grundriss der Verstehenden Soziologie, 1922, p.37

5 김준식 외, 경영학원론, 세명사, 1993, p.21

미국경영학은 애초에 발생할 때부터 실무적인 성격이 강했다. 즉, 20세기초의 과학적 관리법으로부터 출발하여 경영자를 위한 경영관리학으로서 발달해 왔다. 경영 관리학이란 경영 관리에 필요한 기능을 계획·조직·통제 등으로 분석하고, 각 기능을 효과적으로 실천하기 위한 원리·원칙 및 기법을 연구하는 것이다. 미국경영학은 프레더릭 W. 테일러의 연구로부터 시작되었다고 할 수 있다. 인간을 과학적으로 관리하는 데 중점을 둔 그의 이론은 '과학적 접근법'으로, 그는 과학적 관리법은 경영자와 노동자 양쪽이 철저한 정신적 혁명을 일으키는 것이라고 주장했다.

산업분야의 과학적 관리에 치우쳤던 경영학이 상품이나 서비스를 생산자로부터 소비자에게 합리적으로 유통시키기 위한 기업 활동인 마케팅을 비롯하여 재무 관리·인사 관리·회계 등 여러 분야로 확대된 것은 1920년 이후였다. 1930년대에는 노동조합의 영향력이 커짐으로써 잦아진 노동 문제를 해결하기 위해 노사 관계를 정립하고 인적 자원을 효율적으로 관리해야 할 필요성이 커졌다. 그에 따라 인간관계·노동관계·산업조직·경영관리 등에 관한 연구가 이루어졌다.

1950년대 이후 미국 경영학에는 현대적인 관리론, 기술과학으로서의 경영관리론이 등장하였다. 변화하는 경제적·사회적 환경에 적응하며 경제활동을 하는 기업의 행동논리를 설명하고, 한편으로는 그 기업이 사회 및 경제에 미치는 영향력의 구조를 이해하려는 학문이 경영학이다. 사회에 미치는 기업의 영향력이 커짐에 따라 경영학이 다루는 문제도 그 범위가 넓어졌다. 또 그 문제에 따라 문제 의식도 잘게 나누어짐으로써, 기업의 근본적인 성격에 대하여 논하는 기업이론, 기업이 가진 특색을 설명하는 기업형태론과 기업체제론, 경영관리의 중심 부분을 연구하는 경영목적론·경영전략론·의사결정론, 그리고 경영관리의 각 분야에 대해 연구하는 생산관리론·재무관리론·노무관리론 등 각각의 영역이 생겨나게 되었다.

정신을 강조하는 일본식 경영과 합리성을 강조하는 미국식 경영은 서로 배치되는 것이 아니라 서로의 장단점을 보완해 가면서 경영학을 발전시킨 양대 축이라고 할 수 있다. 특히, 우리나라의 경우에는 일본의 기업경영과 유사한 형태로 발전하여 왔다. 그러나 이러한 경영방식이 일본과 한국의 고도성장을 지탱해 온 것이 사실이지만 장기적으로는 고정비용을 부담해야하는 종신고용제나 연공서열제는 경제의 국제화 흐름과 맞지 않기 때문에 차차 수정해 나가야 하며 또한 이러한 제도하에서는 우리나라의 기업이 국제 경쟁력을 갖추기 힘들다는 점을 간과해서는 안될 것이다.

- 일본식 경영 : 종신고용, 연공서열, 소집단 활동
- 미국식 경영 : 개인 존중, 업적평가, 합리주의

3. 경영학의 몇 가지 중요한 개념

(1) 기업의 사회적 책임

기업도 사회 속에서 하나의 구성원으로 사회의 발전에 여러 면에서 기여해야 한다.

(2) 기업과 정부의 관계

자율과 개입의 관계라고 할 수 있다.

(3) 전문경영체제와 소유경영체제

전문경영체제와 소유경영체제의 장·단점 및 비교우위에 관한 논의가 상존하고 있지만 경영효율성면에서 살펴본다면 큰 의미를 부여하기 어려운 점이 있다. 그렇지만 21세기 국가경쟁력의 중요한 부분이 기업경영자의 경쟁력으로 파악되고 있고, 기업을 역량과 자기소신과 철학, 비전을 지닌 진정한 경영자의 육성무대로 볼 때 전문경영체제의 장점이 더 부각되는 것도 간과할 수 없는 사실이다.

(4) 기업 환경

경제적·정치적·사회적·기술적 환경 등

(5) 조직의 형태

경영자의 명령이 상부에서 하부로 직선적으로 전달되는 라인조직과 업무의 기능중심과 일의 전문화를 중심으로 이루어지는 기능식 조직 그리고 팀조직과 라인 스텝조직 등이 있다.

(6) 부가가치

창조가치라고도 하는데 기업의 경영활동을 통하여 새로 만들어진 가치를 말한다.

4. 경영의 4요소

경영이란 필요한 자원을 이용해 상품을 만들고 그것을 판매해서 이익을 창출하는 행위를 말한다. 일반적으로 상품을 만들기 위해서는 자원이 필요하며 상품을 판매해 이익을 내기 위해서는 부가가치[6]를 창출하여야 한다. 따라서 경영자원과 부가가치는 곧 경영의 기본을 이해하는 핵심적인 단어라고 할 수 있다.

먼저 경영에 필요한 자원을 경영학에서는 사람·물건·자본·정보라고 정의하고 있다. 사람은 경영자, 연구개발담당자, 생산담당자, 판매담당자 등을 말하며 물건은 사무소, 점포, 생산·판매설비 등이며 자본은 직원을 고용하거나 물건을 구입하는데 필요한 자금을 말한다. 마지막으로 정보는 제조업의 경우, 기술정보나 특허정보를 말하며 판매업인 경우는 타사의 인기상품에 관한 정보 등을 말한다. 기업은 이러한 경영자원을 활용해 상품이나 서비스를 창출한다. 이러한 4가지 요소를 '경영의 4요소'라고 부른다.

보/충/강/의

1. 경영이란 운영하는 일(관리하는 일)
   (1) 조직을 설정하고 관리의 방향을 제시하는 일을 경영이라고 한다.
   (2) 경영학
   기업활동을 어떻게 해 나가야 하는지, 어떻게 관리해야 합리적으로 할 수 있는지 그리고 경영자원인 사람·물건·자본·정보 그리고 기업을 둘러싼 모든 환경을 이용한 최선의 경영기법을 연구하는 학문을 체계화시킨 것이 경영학이다.
2. 산업혁명은 경영을 연구하게 만들었고 이로 인하여 경영학이 탄생되었다.
   (1) 제1차 산업혁명(1760~1840)
   18세기 중엽 영국에서 시작된 기술혁신에 의한 사회 경제적인 구조의 변화. 산업혁명을 광의로 해석하여 농업중심사회에서 공업사회로의 이행이라고 본다면 산업혁명은 아직도 진행 중이라고 볼 수 있다.
   (2) 제2차 산업혁명(1850년대 이후)
   철강산업 및 석유자원의 개발과 전기, 화학기술의 발달에 근간을 두고 있는 기술혁신의 변혁기
   (3) 제3차 산업혁명
   1·2차 산업혁명의 원동력이었던 석탄과 석유가 이제는 더 이상 사회발전을 유지시켜줄 에너지원이 될 수 없기에 화석에너지의 사용을 줄여주는 중요한 대안으로 등장한 것이 바로 에너지효율의 향상과 절약이며 이는 화석에너지의 사용을 줄여주는 새로운 대체에너지원으로 간주될 수 있다. 실제로 에너지절약과 효율을 공급한다는 네가와트[7](NEGAWatt)개념이 선진국에서는 이미 높은 단계로 발전되어있다. 3차산업혁명은 지난 두 차례의 산업혁명때와 같이 새로운 기술과 에너지의 이용에 의해 추진될 것이다. 이 혁명으로 우리의 사회시스템도 새롭게 변화되리라고 본다.

---

6 부가가치(value added)
개개의 기업 또는 산업이 생산과정에서 새로이 부가한 가치. 예를 들면, 어떤 기업의 연간생산액은 그 전부를 기업이 만들어낸 것이 아니라 생산에 소요된 원재료·연료, 하청기업이 납품한 부품 등 다른 기업의 생산물이 포함되어 있으므로 이것을 공제한 나머지 부분이 부가가치가 된다. 실제로 부가가치의 산출방법은 각종 통계에 따라 달라진다. 부가가치 안에는 감가상각비 외에 영업제경비 중에서 임대료·보험료·광고비 등 대체로 제3차 산업의 소득으로 되는 것이 포함되어 있어 이를 총 부가가치라고 하며, 부가가치의 출하액에 대한 비율을 부가가치율 또는 소득률이라고 한다. 이에 대해서 앞서 말한 모든 경비를 모두 공제한 것을 순 부가가치라고 한다. 기업의 부가가치를 전 국가적으로 집계한 것은 생산국민소득과 같다. 즉, 단순히 기업의 생산액을 집계한 것으로서는 기업간에 매매된 원재료 등이 중복 계산되므로, 국민소득을 구하기 위해서는 부가가치를 집계해야 한다.

7 네가와트는 에너지의 효율적 사용과 절약으로 생기는 잉여 에너지가 곧 새로운 에너지원이라는 개념. 예

제2절 경영관리이론

경영학은 산업혁명[8] 이후 급속한 발전을 거듭해 왔다. 특히 미국의 테일러는 20세기 초에 과학적 관리, 또는 과학적 경영론을 제창하여 생산성 향상위주의 초기 경영이론을 정립하였다. 그러나, 이러한 생산성 위주의 경영이론은 인간을 생산성 향상을 위한 도구로 인식한다는 비판을 받았다. 그럼에도 불구하고, 이러한 생산성 향상 위주의 경영이론이 힘을 얻게 된 것은 포드자동차에서 이러한 이론에 입각한 컨베이어(Conveyer) 생산시스템을 도입하여 T형 자동차를 값싸고 튼튼하게 생산하는데 성공했기 때문이다.

그러나, 1924년부터 1932년까지 계속된 일련의 호손실험을 통하여 생산성 향상에 이바지하는 또 하나의 중요한 요인이 밝혀진 바, 바로 "인간관계론"이었다. 이렇게 하여 초기 경영학은 「과학적 관리론」과 「인간관계론」이라는 양대 산맥을 중심으로 발전을 거듭해왔다. 현대로 넘어오면서 이러한 두 경영이론은 아직도 매우 중요하고 기본적인 개념을 제공하고 있으며 이러한 바탕 위에 보다 구체적인 테크닉 위주의 이론으로 발전하게 되었다.

경영학이론의 출발점은 산업혁명부터 라고 할 수 있다. 산업혁명 이전에는 인간이 필요한 물건은 처음부터 마지막 완성품까지 필요로 하는 사람이 구하고 만들었던 것이다. 그러나 산업혁명을 통하여 생산과정에 동력이 사용됨에 따라 대량생산을 할 수 있게 되었으며 생산과정에 많은 사람이 필요하게 되었다. 여기서부터 관리의 개념이 시작되었으며 경영관리연구의 출발점이 되었다.

를 들어 백열등을 형광등으로 바꾸면 에너지의 66%를, 발광다이오드(LED : Light Emitting Diode) 조명으로 바꾸면 90%를 절약할 수 있다. 또한 자전거나 대중교통 이용, 불필요한 전등 끄기, 가전제품 플러그 뽑기 등과 같은 에너지 절약운동을 통해서도 많은 양의 네가와트를 만들어 낼 수 있다. 앞으로는 이렇게 해서 남게 되는 에너지를 사용하자는 것이다. 이것은 지금까지의 에너지 사용이 매우 비효율적이고 낭비적이었다는 것을 의미하기도 한다. 네가와트라는 단어는 미국 록키마운틴 연구소(Rocky Mountain Institute)의 환경학자 에머리 로빈스(Amory Lovins)〈사진〉가 지난 1989년 캐나다 몬트리올에서 열린 그린 에너지 학회에서 처음 사용했다.

8 산업혁명(Industrial Revolution)
18세기 중엽 영국에서 시작된 기술상의 혁신과 이에 수반하여 일어난 사회·경제 구조상의 변혁. 영국에서 일어난 산업혁명은 유럽 제국, 미국·러시아 등으로 확대되었으며, 20세기 후반에 이르러서는 동남아시아와 아프리카 및 라틴아메리카로 확산되어 가고 있다. 이런 의미에서 산업혁명을 광의로 해석하여 농업중심사회에서 공업사회로의 이행이라고 보는 한 산업혁명은 인류 역사에서 아직도 끝나지 않았다고 할 수 있다. 이 광의의 산업혁명은 흔히 공업화라고 부르는 것으로서, 이를 간단히 정의하기는 곤란하지만 물질적 재화의 생산에 무생물적 자원을 광범하게 이용하는 조직적 경제과정이라고 할 수 있다. 따라서 공업화의 기원을 18세기 산업혁명에서 구하지만, 산업혁명은 A.토인비가 말한 바와 같이 격변적이고 격렬한 현상이 아니라 그 이전부터 시작하여 온 점진적이고 연속적인 기술혁신의 과정이라고 보는 것이 지배적이다.

1. 고전적 경영이론(Classical management theory)

(1) 프레드릭 테일러(F. W. Taylor, 1856 ~ 1915)

테일러라고 하는 학자는 1856년 3월 20일 미국 필라델피아에서 (변호사가정) 출생하였다. 가정은 부유하였으나 체력이 약하여 학업을 계속하지 못하고 철강회사인 Midvale에 입사를 하여 근무하던 중 작업현장에 비능률적인 업무가 산재해 있다는 것을 깨닫고 동작연구 와 시간연구를 통하여 과학적 관리원칙을 수립하게 되는데 테일러는 생산성혁명의 창시자라고 할 만큼 생산현장에 과학의 개념을 도입시킨 위대한 업적을 쌓은 학자이다.

과학적 관리론(Scientific Management theory)은 미국의 테일러(Taylor)가 제안하였고 생산성 향상을 위한 본격적인 경영이론이다. 테일러가 활동하던 19세기 후반은 산업혁명이 급속하게 진행되던 시기였다. 대규모 공장이 생기고 철도, 도로, 통신 등 산업사회를 위한 간접시설들이 건설되었다. 그러나 당시 대부분의 근로자들의 교육수준은 아주 낮은 상태였고 경영자들도 경영에 관한 별다른 지식이 없이 단지 상식과 경험에 의존해서 기업을 운영하고 있었다.[9]

이러한 상황 속에서 테일러는 자신의 경험을 통하여 작업현장 곳곳에 비능률적인 요소가 산재하고 있음을 발견하였다. 그리고, 이를 바로잡기 위해서는 과학적인 관리원칙이 있어야 된다고 주장하였는데, 이것이 바로 근대 경영학의 효시를 이룬 「과학적 관리론」(Scientific Management theory)이다. 그의 이론은 다음과 같이 크게 4가지로 요약 할 수 있다.

1) 과학적인 작업과정 연구

종업원들이 자신의 생산성을 최대로 발휘할 수 있도록 하기 위해서는 작업에 관한 과학적인 분석이 필요하다는 것이다. 즉, 특정 작업을 위하여 소요되는 일련의 행위를 면밀히 분석한 후 거기에 맞는 일련의 작업 원칙 및 관리 방법을 개발하여야 한다는 것이다. 이렇게 되면 작업자의 비능률적인 요소를 미연에 방지할 수가 있다.

과학적인 분석을 좀 더 구체적으로 설명하면 시간과 동작연구(time and motion study)를 기초로 한 작업연구(work study)를 의미한다. 그것은 불필요한 동작(useless motion), 느린동작(slow motion), 허위동작(false motion) 등을 제거하고 동작경제의 원칙(motion economy)에 의해서 작업을 수행할 때 일류직공이 하루에 실천할 수 있는 작업의 양을 시간연구에 기초하여 확정하고 이를 과업이라 하였다.[10]

---

9 서성무·이지우 공저, 경영학원론, 형설출판사, 1996

10 김준식 외, 전게서 p.61

2) 과학적인 근로자 선발

근로자를 채용한 후에 실시하는 작업훈련은 생산성을 극대화하는데 어느 정도 한계가 있다고 가정한다. 이를 보완하기 위해서는 근로자를 선발할 때부터 작업에 적합한 사람들을 과학적으로 선발해야 한다.

3) 성과급 제도

테일러가 활동하던 그 당시 기업들은 근로자들에게 시간제 임금을 지불했었다. 그러나, 테일러는 근로자들이 경영주 몰래 자행하는 태업을 방지하기 위하여 생산량과 임금을 연결시키는 것이 바람직하다고 생각하였다. 따라서, 근로자들이 하루에 생산한 생산량에 비례하여 서로 다른 임금(high pay for success and loss in case of failure)을 지불하도록 하는 인센티브제도(incentive system)를 실행할 것을 주장하였다.

4) 직능별 감독제도

테일러가 활동하던 시기에는 대부분의 작업장에서 한 명의 감독자가 자신이 관리하는 구역에 있는 모든 근로자들을 감독하였다. 그러나, 테일러는 작업의 내용 또는 성격이 바뀌면 그 작업을 관리, 감독하는 사람도 바뀌어야 한다고 주장하였다. 이 제도를 통해서 근로자들은 자신이 해야 할 작업에만 집중할 수 있고, 작업계획이나 업무지시, 작업평가 등은 각 기능별 감독들이 전담하므로서 보다 높은 생산성을 올릴 수 있다고 본다.

테일러가 주장한 이 같은 과학적 관리론은 구체적으로 "시간과 동작연구"(Time-and-Motion Study)라는 방법으로 구현되었다. 이는 근로자의 생산성을 최대화 할 수 있는 과학적 분석에 의한 결과이다. 그의 이러한 노력은 길브레스(Gilbreth) 부부의 "동작연구"와 헨리 간트(Henry Gantt)의 "간트챠트"[11] (Gantt Chart)에 의하여 보다 구체화되어 적용되었다.

---

11 간트차트(Gantt chart)
미국의 간트(Henry Laurence Gantt)가 1919년에 창안한 작업진도 도표를 말한다. 작업계획과 실제의 작업량을 작업일정이나 시간으로 견주어서 평행선으로 표시하여 계획과 통제기능을 동시에 수행할 수 있도록 설계된 막대도표(bar chart)로 '막대그래프 차트'라고도 한다.

보/충/강/의

- 테일러(Taylor, Frederick Winslow)

  1856 ~ 1915 미국의 기계 기사·경영학자. 펜실베이니아에서 태어나 1874년에 필라델피아의 작은 기계 공장의 견습공으로 들어갔다. 1878년에 제강소의 기사장이 되어 공장 관리에 관해 연구함으로써 '테일러 시스템'이라고 하는 과학적 경영 관리법을 창안하고 그 보급에 힘썼다. 1903년에 〈공장 관리〉를 발표, 1906년에는 미국 기계 기술 협회의 회장이 되었다. 주요 저서로 『과학적 관리의 원리, Principles of Scientific Management』 등이 있다.

- 간트(Gantt)

  테일러와 같은 생각을 갖고 있었지만 중요한 점에서 차이를 보였다. 그는 부하육성에 보다 큰 관심을 나타난 데 비하여 테일러는 과학적 접근법의 순수성이 훈련 또는 부하의 육성 때문에 깨진다고 생각하였다. 그는 과학적 관리법에 인간적 측면을 부여한 최초의 선구자였으며 관리방식을 작업자에게 맞추려고 노력(to fit the methods to the workers)하였으며 그들의 심리상태를 읽으려고 노력하였다.

- 길브레스(Gibreth)

  길브레스는 부부가 같이 과학적 관리법의 선봉에 섰으며 동작연구(motion study)를 통하여 최선의 방법을 강구하는데 노력하였다. 특히 그의 부인은 인력의 과학적 선발, 배치, 훈련 등에 관심을 갖고 많은 연구를 하였다.

(2) 헨리 페이욜의 관리적 경영론(프랑스, 1841 ~ 1925, 광산기술자)

현대 관리이론의 선구자는 일반관리이론을 처음으로 제창한 프랑스의 헨리 페이욜(Henry Fayol)이라고 할 수 있다.

페이욜은 1916년에, 「산업의 일반관리론(General and Industrial Manage-ment)」[12]이라는 저서를 통하여 일반관리에 관한 연구업적을 발표하였다. 페이욜은 기업에서 경영활동을 직접 지휘한 경험을 토대로 건전한 조직체계를 세웠으며 이에 필요한 경영원리와 경영기능을 중점적으로 연구하였다. 그는 1916년에 경영관리에 관한 5가지 일반관리기능을 제시하였는데 경영자의 관리직능과 유사한 것으로서 기업의 조직 내부에 있는 활동을 체계적으로 분류하고, 각

---

12 「산업 및 일반관리론」은 헨리 페이욜(Henry Fayol)(1841 - 1925)에 의해 쓰여졌고, 1945년에 영어로 번역되면서 경영학과 행정학, 일반관리론의 중추 역할을 해왔다. 광산 회사 사장으로 30년(1888 - 1918)을 재직하면서 실질적이고 합리적인 관리에 관해 이론적인 체계를 수립한 경영인이요 학자이다.
페이욜은 자기 자신이 체험한 30여 년간의 현장경험과 다른 경영자들의 실질적인 경영체험을 토대로, 그 중에서도 일반적인 공통성을 찾아 소위, '관리의 원칙'을 주장하고 있다. 페이욜은 경영관리의 요소를 논하고 있고, 이 부분이 페이욜이 정립한 이론의 백미라고 할 수 있겠다. 페이욜은 관리의 기능 속에서 계획·조직·지휘명령·조정·통제 등 다섯 가지 요소를 찾아냈다. 이렇게 볼 때 페이욜의 이 책은 정통 경영학의 흐름 속에서 거대한 본류를 형성하고 있다고 해도 무리가 아닐 것이다. 이러한 의미에서 H. Koontz같은 대학자도 "오늘날 경영학의 아버지는 페이욜이다."라고 선언했던 것이다.

활동에 대해 계획(foresight, 예측), 조직(organization), 지휘(command), 조정(coordination), 통제(control) 라는 일련의 경영관리 기법을 적용하는 것이다.

경영이란 계획하고 조직화하며 지휘하고 조정하고 통제하는 것이라는 경영의 기능을 제시하였다.

(3) 막스 베버의 관료이론 (bureaucracy theory, Max Weber, 독일 1864~1920)

조직관리에 대한 연구를 통하여 가장 이상적인 조직은 관료조직이라고 하는 관료이론을 제시하였으며 이는 오늘날 대규모 조직의 기본모델을 제시하게 된다.

여기에서 관료이론[13]이라고 하면
① 합법적인 직무배정과 직무를 수행
② 직무의 전문성과 능력에 의한 계약고용
③ 계층에 의한 관리
④ 규칙과 문서에 의한 경영관리
⑤ 경력의 보장

조직의 합법성과 공정성을 높임으로써 조직의 효율성을 향상시키며 공공조직과 행정기관에 적용되는 이론이다.

---

13 관료주의(官僚主義)
관료제가 지배하고 있는 국가에서 나타나는 관청이나 사회집단 등에서의 기능적 장애 및 병적 행동양식·의식형태. 일정한 사상내용을 지니는 신조는 아니며, 비능률·보수주의·책임전가·비밀주의·파벌주의 등으로 표현된다. 이러한 현상은 관청이나 민간조직을 불문하고 조직이 대규모화할수록 확대 심화하는 경향이 있으며, 조직의 구성원은 동일 인물이라도 지위와 경우에 따라 관료주의를 발휘하기도 한다. 한편 관료주의는 특권적인 사회층을 형성하고 있는 일단의 관료가 정치의 실권을 잡고, 국민에 의한 지도를 인정하지 않는 국가에서 현저하게 나타난다. 그렇지만 이런 행동양식과 의식형태는 비단 정부의 관료에게만 지적되는 것은 아니며, 이런 조건을 구비한 정당·기업체·노동조합 같은 대규모 집단에서도 볼 수 있다. 사회의 근대화가 늦어진 곳에서는 특히 이런 피해가 심하였는데, 독일·일본·제정 러시아 등은 그 좋은 예이다. 또한 사회혁명이 실현된 국가에서도 강력한 국가통제가 실시되기 때문에 관료주의가 만연하기 쉽다.

(4) 포드[14] 시스템(Henry Ford, Ford System)

포드는 1914년 자신이 소유하고 있던 자동차공장에 컨베이어시스템(conveyer system)을 도입하여 대량생산을 통한 원가를 절감할 수 있었다. 포드의 컨베이어 시스템은 모든 작업을 단순작업으로 분해하여 분해된 작업의 소요시간을 거의 동일하게 하여 일정한 속도로 이동하는 컨베이어로 전체 공정을 연결하여 작업을 수행하였다. 이러한 컨베이어시스템을 도입함으로서 대량생산이 가능하였고 자동차의 원가를 절감하여 판매가격을 인하시킬 수 있었다. 이러한 유동작업을 기반으로 하는 새로운 생산관리 방식을 포드시스템(Ford system) 또는 동시관리(management by synchronization)라고 한다.

포드는 그의 경영이념을 사회에 봉사하는 것으로 정하고, 이러한 경영이념을 달성하기 위한 경영의 지표로 저가격, 고노무비(low price, high pay)를 정하였다. 포드는 제품과 서비스를 저렴하게 소비자들에게 공급함으로써 봉사를 하고 또한 근로자들에게는 고임금을 지불함으로써 봉사를 하겠다는 것이었다. 그러나 이러한 저가격과 고노무비는 서로 상반관계(trade-off relation)에 있기 때문에 지금까지의 생산방법에 의해서는 달성이 불가능하고 새로운 생산방식인 동시관리에 의해서 가능하다는 것이다. 포드는 기업을 영리조직이 아닌 사회의 봉사기관으로 보았으며, 경영의 목적을 이윤극대화가 아닌 사회에 대한 봉사로 보았다. 그러나 포드가 기업의 이윤을 부정한 것은 아니다. 오히려 그는 기업의 이윤은 사회에 대한 봉사의 대가로서 기업의 존속과 발전을 위하여 반드시 필요한 것이라고 인정을 하였다. 그러나 그의 기업에 대한 이윤관은 사회에 대한 봉사가 이윤에 선행되어야 한다는 점에서 과거의 이윤과는 차이가 있다. 포드는 자신의 경영이념을 실천하기 위해서는 경영합리화에 의해서만 달성이 가능하다고 주장을 하면서, 경영합리화의 구체적인 방법으로 생산의 표준화와 이동조립법의 실시를 들고 있다.

---

14 포드(Ford, Henry, 1863. 7. 30 ~ 1947. 4. 7)
미시간주 웨인 출생. 자동차왕으로 불리는 세계적인 자동차 제작회사 포드의 창설자이다. 근대적 대량생산방식에 의하여 자동차를 대중화하였고 자동차시대를 개척하였다. 농부의 아들로 태어나, 소년시절부터 기계에 흥미를 가져, 학업을 중단하고 15세 때 기계공이 되어 자동차 제작에 몰두하였다. 1899년까지 디트로이트에 있는 에디슨회사에서 기술책임자로 임하였으며, 경주용차 제작을 위해 회사를 그만두고 1903년 동업자와 함께 자본금 10만 달러로 포드자동차회사를 설립, 1908년 세계 최초의 양산대중차 T형 포드의 제작을 개시하였다. 1913년 조립 라인 방식에 의한 양산체제인 포드시스템을 확립하였으며 그 밖에 수많은 기술상의 새로운 토대와 계획·조직·관리에 있어서 합리적 경영방식을 도입하였다. 1914년에는 최저임금 일급 5달러, 1일 8시간 노동이라는 당시로서는 획기적인 노동정책을 폈다. 그의 산업철학은 제품가격의 인하로 판매량을 확대하고, 생산효율을 높이고 생산을 증대하여 가격을 더욱 낮춘다는 단순한 것이었다. 포드자동차회사는 T형 포드로 미국 최대의 자동차 제조업체가 되어, 1924년에는 시장의 거의 반을 차지하였으나, 강하고 편협한 그의 개성 탓으로 말년에는 경영에 파탄을 가져왔다. 1920년대 말에는 경쟁사인 제너럴모터스사(GM)에 수위를 빼앗기고, 노동조합운동에 반대를 계속하였으므로 경영이 악화되었다. 저서에 『오늘과 내일(Today and Tomorrow)』(1926) 『나의 산업철학(My Philosophy of Industry)』(1929) 등이 있다. 1936년에 설립된 포드재단은 교육진흥에 크게 공헌하고 있다.

1) 생산의 표준화(standardization of production)

포드가 주장하는 벨트컨베이어시스템에 의한 이동조립법에 의해 생산을 하기 위해서는 생산의 표준화가 선행되어야 한다. 생산표준화의 내용은 제품의 표준화, 부분품의 규격화, 공정의 전문화, 기계 및 공구의 전문화, 그리고 작업의 표준화를 포함하고 있다.

2) 이동조립법(moving assembly system)

과거의 조립작업은 정지조립법이었는데 이는 작업대상물이 정지하여 있고 작업자가 이동하는 방법이다. 이러한 정지조립법의 문제점은 부품 및 재료의 운반과 공구의 준비 및 처리에 상당한 시간을 소비한다는 것이다. 정지조립법의 불필요한 노동량을 줄이고 불필요한 노동력을 감소시키기 위하여 이동조립법을 고안하였는데 이 방법의 특징은 다음과 같다.

첫째, 각 작업간의 작업대상물의 이동을 기계화하였다.

둘째, 작업자들의 활동이 자동적, 기계적으로 통제된다.

셋째, 작업공정 상호간의 합리적인 결합에 의해서 개별작업의 총괄적 조직화가 이루어진다.

그러나 포드시스템에 대하여 다음과 같은 문제점이 지적되고 있다. 생산과정이 고도로 기계화되기 때문에 노동자들의 숙련의 필요성이 감소되어, 사회적으로 볼 때 노동을 평준화시키고 노동자들을 인간기계(human machine)로 전략시켜서 기술의 발전에 저해요소로 작용을 한다.

2. 행동과학적 경영이론(Behavioral management theory)

기업이란 특수조직에 있어서의 인간의 행동에 대한 과학적인 연구의 학문이다. 그러나 이를 보다 광범위하게 설명한다면 모든 사회현상은 인간행동의 상호작용에 의해서 나타나기 때문에 사회현상의 해명에 있어서는 인간의 행동분석이 기초가 된다는 사고에서 분석을 시도하는 사회과학적 접근방법을 총칭한 것으로 이해할 수 있다.

(1) 호손실험(Hawthorne research)

1924년에 웨스턴 일렉트릭 시카고 호손공장에서 작업자의 생산성을 높이기 위하여 조명을 보다 밝게 하고 생산성을 시험하게 되는데 결국은 조명의 밝기와 생산성의 관계를 밝혀내지 못하고 연구자들이 사전에 생각하지 못하였던 심리적 요인과 생산성의 관계를 밝혀내게 되었다.

1927년에는 엘튼 메이요(1880 ~ 1949)를 중심으로 하버드대학의 연구팀이 호손공장에서 제2차 실험(작업자의 피로와 생산성의 관계)을 하게 되었는데, 생산성은 작업환경이나 금전과 관련이 있는 것이 아니라 "인간적인 배려"에 있는 것이라는 연구결과를 얻게 되었다. 즉, 작업능률을 좌우하는 것은 종업원의 심리적 안정감이며 사내친구 또는 비공식조직, 친목회 등이 주된 역할을 한다는 것이다. 이를 호손효과(Hawthorne effect)라 부른다.

(2) 아브라함 매슬로우의 욕구계층이론 (needs hierarchy theory, Abraham H. Maslow, 1908 ~ 1980)

인간의 욕구는 단계별로 발전하는 것이라는 인간욕구 5단계 이론을 매슬로우가 제시하였다. 생리적 욕구(먹고 자고 하는 1차적 욕구)가 해결이 되면 안정의 욕구가 생기게 되며 이러한 2차적 욕구가 해결되면 사회적 욕구(소속감, 애정의 욕구)가 생기며 다음의 4차적 욕구인 존경의 욕구, 마지막욕구인 자기실현의 욕구로 발전된다는 것이다.

(3) 더글라스 맥그리거의 X·Y이론(Douglas Mcgregor, 1906 ~ 1964)

인간은 근본적으로 일을 하기 싫어하며 게으르다고 생각하는 X이론과 인간은 일하기 좋아하며 책임감이 강하다는 Y이론 때문에 경영자는 X이론에서 Y이론으로 인간본성에 대한 사고를 바꾸어야 한다고 주장하였다.

D. 맥그리거에 의하면 경영자나 관리자는 종업원을 대하는 관점이 경험을 통하거나 또는 타성적인 속단에서 보통 다음과 같은 인간관을 가진다고 하였다.

① 인간은 선천적으로 일을 싫어하며, 가능한 한 일을 하지 않고 지냈으면 한다.
② 기업 내의 목표달성을 위해서는 통제·명령·상벌이 필요하다.
③ 종업원은 대체로 평범하며, 자발적으로 책임을 지기보다는 명령받기를 좋아하고 안전제일주의의 사고·행동을 취한다.

맥그리거는 이 3가지를 X이론이라 하고, 이는 명령통제에 관한 전통적 견해이며 낡은 인간관이라고 비판하였다. 그는 또 이러한 인간관에 입각한 조직원칙·관리기법으로는 새로운 당면문제나 목표달성을 위해 조직의 총력을 결집하는 행동을 바라기 어렵다고 하면서, X이론을 대신할 새로운 인간관으로서 다음과 같은 Y이론을 제창하였다.

① 오락이나 휴식과 마찬가지로 일에 심신을 바치는 것은 인간의 본성이다.
② 상벌만이 기업목표 달성의 수단은 아니다. 조건에 따라서 인간은 스스로 목표를 향해 전력을 기울이려고 한다.
③ 책임의 회피, 야심의 결여, 안전제일주의는 인간의 본성이 아니다.
④ 새로운 당면문제를 잘 처리하는 능력은 특정인에게만 있는 것은 아니다.
⑤ 오히려 현재 기업 내에서 인간의 지적 능력이 제대로 활용되지 않고 있을 가능성이 많다.

이와 같은 Y이론은 인간의 행동에 관한 여러 사회과학의 성과를 토대로 한 것인데, 이러한 사고방식을 가진다면, 종업원들은 자발적으로 일할 마음을 가지게 되고, 개개인의 목표와 기업목표의 결합을 꾀할 수 있으며, 능률을 향상시킬 수 있다고 보았다.

보/충/강/의

• W이론

서울대학교 교수 이면우가 저서 『W이론을 만들자』(1992)에서 주창한 이론으로, 외국 것을 무분별하게 수입하지 말고 한국형 기술, 한국형 산업문화, 한국형 발전전략을 통해 한국 실정에 맞는 독창적인 경영철학을 세우자는 뜻으로 제시한 이론이다. 현재까지 한국은 외국의 경영철학이나 이론을 무분별하게 수용해 산업현장에 무리하게 적용함으로써 많은 비 능률과 문제점이 발생했는데, 이를 해결하기 위해서는 한국의 독자적인 경영철학, 즉 우리의 기술과 산업문화에 맞는 새로운 유형의 W이론이 필요하다는 것이다.

이 이론의 실체는 한민족(韓民族) 고유의 특성인 '신바람'에 있으며, 이론을 정립하기 위한 정신적 기반은 선조들이 제창한 실사구시(實事求是) 정신에서 찾는다. W이론에 따르면, 한국의 토양을 무시하며 해외의 종자에만 주책없이 집착해 온 잘못된 관행을 바로잡기 위해서는 실사구시 정신에 입각한 숭고한 지도자 정신과 투철한 지도자의 역할이 필요하며, 지도자는 항상 사회의 변화를 추구하면서 국민으로부터 깊은 신뢰와 존경을 받을 수 있는 인물이어야 한다. 다시 말해 역사적으로 변혁의 시대, 격동의 시대 등 나라와 겨레의 위기상황에서 걸출한 지도자가 배출되었듯이 정보혁명의 시대를 맞아 국민들에게 밝은 전망과 포부를 제시할 수 있는 지도자들을 배출해 가정·산업계·대학·연구소·정부 등 각계 각층에서 신바람 나는 나라를 만들자는 이론이다.

우리 경제의 난제인 기술문제 해결을 위해서는 선진국이 개발한 첨단제품에 국내 보유기술을 잘 조합하고 창의력 을 가미시킨 고부가가치의 「하이터치」 제품개발로 승부를 걸어야 하며 이를 통해서만 영속적인 기술종속에서 벗어날 수 있다는 것이다. 이 이론을 W이론이라 한 것은 X·Y·Z이론을 염두에 두었기 때문이다.

(4) 크리스 아지리스[15]의 성숙이론(Chris Argyris, 1923 ~)

성숙 미성숙이론으로써 개인은 성숙함에 따라 성격의 특성이 달라지며 미성숙단계에서는 수동적이고, 타인에 대한 의존도가 높으며, 자아의식이 결여되어 있다. 그러나 성숙단계에서는 능동적이고 독립적이며 자아의식과 더불어 자신을 통제할 수 있다. 개인의 성격과 조직간의 불일치는 직무상황에서 개인의 좌절, 갈등, 실패의 원인이 된다. 경영자는 종업원의 성숙도에 따라 관리기법을 달리 가져야 생산성이 향상된다. 이러한 행동과학적 경영이론은 모두 인간의 본성에 초점을 맞추어 경영학을 한 걸음 진보시킨 것으로써 인간은 자기실현의 욕구가 있다는 가정하에 검토 연구되었던 이론이다.

---

15 아지리스(Argyris, Chris, 1923 ~)

미국의 행동과학자·경영학자. 예일대학교 교수를 지냈다. 1947 ~ 1951년 클라크대학교·캔자스대학교·코넬대학교 등에서 공부하고, 행동과학의 입장에서 경영조직론을 전개하여 개인과 조직의 통합을 탐구함으로써, 조직에 있어서 인간소외의 극복을 지향하였다. 조직의 미래론으로서 관료제의 조락(凋落)을 지적하고, 현대는 조직 속에서의 인간회복을 위한 여명기에 해당한다고 주장하였다. 주요저서에 『개성과 조직 Personality and Organization』(1957) 등이 있다.

3. 계량경영이론(Quantitative management theory)

계량경영이론은 문제를 체계적으로 분석하고 적절한 수학적 기법을 이용하여 최적의 해결 방안을 찾아내는 과학적 방법이다. 오늘날과 같이 급변하는 기업환경하에 놓인 경영을 그 이론과 실제의 양면에서 파악하기 위하여 과거의 경영이나 직관에만 의존하게 되는 주관적인 과정이나 평가보다 수학적 모델을 앞세운 계량적 접근이 더 과학적일 수 있다는 근거 때문이다. 예를 들면, 상업경영이나 생산관리부문에 있어서 해결 하고자 하는 문제영역마다 여러 가지 시장모델(market model)이나 오퍼레이션 모델(operation model)을 생각해서 이를 조작, 문제를 해석하고자 하는 것이다.[16] 이는 오늘날 계량경영분석(quantitative analysis), 경영과학(management science)[17], 오퍼레이션리서치(operation research)[18] 등으로 발전하였다.

4. 목표중심경영

목표중심경영(Management By Object)은 약자로 MBO라 한다. MBO 이론은 목표설정의 가장 대표적인 예로서 "목표에 의한 관리"라고도 부르며 1965년 피터 드럭커(Peter Drucker)가 그의 저서 "경영의 실제"에서 주장한 이론이다. 이 이론에 의하면 경영자는 종업원과 상의하여 적절한 목표를 설정하고 이를 기준으로 하여 작업 실적을 평가한다. 따라서 경영자와 종업원 모두 만족할 수 있는 경영목표를 설정할 수 있다. 평가시에도 경영자와 종업원이 같이 평가하며 그 결과는 피이드백(feedback) 과정을 통하여 경영계획 수립에 반영된다. MBO의 특징은 다음과 같이 4가지로 요약할 수 있다.

첫째, 작업에 대한 구체적인 목표를 설정한다.
둘째, 종업원들이 계획설정에 참여한다.
셋째, 계획기간이 명시되어 있다.
넷째, 실적에 대한 피이드백 기능이 있다.
MBO 이론은 다음과 같은 장점과 단점들을 가지고 있다.

---

16 한희영, 경영학원론, 법문사 p.278.

17 經營科學(management science)
수학적인 모델이나 수학적인 풀이를 앞세워서 경영에 있어서의 기술적인 문제를 해결하고자 하는 인접과학을 말한다. 일명 관리과학이라고도 부르며 군사과학 (military science)으로 발전하였다.

18 作戰研究(operation research)
과학적 방법으로서 흔히 해석적·실험적·정량적인 수법을 구사해서 경영기관이 취할 수 있는 여러 가지 행동을 전체적인 관점에서 평가하여 경영의 결정에 유효한 기준을 제공하는 것

(1) 장 점

첫째, 평가기준을 설정할 때 각 구성원들이 맡고 있는 직무의 특수한 성격을 고려할 수 있다.

둘째, 특정기간 동안에 이루어야 할 명확한 목표가 있으므로 근로자들이 더욱 열심히 일을 한다.

셋째, 개인적 특성보다는 업무성과에 초점을 맞추고 있으며 평가(Rating) 보다는 개발(Developing)에 중점을 두고 있다.

(2) 단 점

첫째, 업무성과를 지나치게 강조하다보면 업무의 무형적인 측면에 대한 비중이 낮아진다.

둘째, 측정가능요인을 목표로 정해야 하는데 이 과정에서 자료의 왜곡 또는 낮은 목표를 설정할 수 있다.

셋째, 단계별 실행을 위해서 많은 시간과 노력이 필요하다.

넷째, 결과 위주의 이론이므로 절차상 필요한 정보를 제공해주지 못하고 있다.

5. Z 이론(Theory-Z)

2차 세계대전 이후 일본은 눈부신 경제성장을 이루었고, 이 같은 일본 기업들의 경영방식은 세계적인 관심을 불러 모았다. 그 결과 기존의 미국식 방식으로만 발전해 왔던 경영이론에 일본식 경영이론을 조화시킬 필요가 생겼다. 이것이 바로 일본계 미국인 교수인 윌리엄 오우치(William Ouchi)[19] 교수가 제안한 Z이론이다.

---

19 윌리암 오우치(William Ouchi)
미국 UCLA대학 오우치교수는 1981년 [Z이론]이라는 책을 냄으로써 새로운 학설을 제시하였다. 일본인 3세인 그는 일본 기업을 연구하면서 순수 일본형 기업을 Japan의 J를 따서 J형이라 하고, 순수 미국형 기업을 America의 A를 따서 A형이라고 하면서, 이 둘 다 문제가 있으므로 Z형으로 가야 한다고 주장하였다. Z형 조직은 미국형이면서 동시에 일본형이고, 일본형이면서 동시에 미국형인 조직을 의미한다. 오우치는 미국 내에서 우수한 기업을 들여다보니까, 종신고용제, 사원복지, 로테이션을 통한 경력관리, 팀웍의 강조 등 일본식 경영을 상당히 취하고 있더라는 것이다. 그러나 그것이 바로 순수한 일본형이라고 할 수 없기 때문에 발음이 비슷한 Z형이라고 하였다. 오우치 교수의 입장은 분명 유일 최상을 주장하는 보편주의가 아니다. 그가 보편주의자였다면, "일본식이 좋다", "미국식이 좋다" 중 하나를 선택했을 것이다. 그렇다고 그를 상황이론가라고 하기도 어렵다. 그가 상황이론가로서 입장을 취했더라면, 이러한 경우에는 일본식이 좋고, 저러한 경우에는 미국식이 좋다고 했을 것이다. 오우치 교수는 당시 자신이 주장한 내용의 의미를 혼합형이 좋다고 제시했던 것이다.

Z이론은 미국 사회의 규범과 문화적 장점을 그대로 유지하면서 일본의 경영방식을 혼합한 경영이론이다. Z이론에서는 그룹책임을 강조하고 품질향상, 점진적인 정책의 개선 그리고 비공식적인 통제와 복지향상 등에 많은 비중을 두고 있다.

(1) 개 요

미국은 생산성 문제의 접근방식으로 기술개발과 과학적 측면에서의 합리적인 의사결정에 의존해 왔다. 반면 일본은 기업내 인사관리 및 조직관리의 개선을 토대로 전체 종업원의 효율적인 협동작업을 가능케 하는 방법을 추구해왔다. 그런데 생산성 향상이란 대전제에 초점을 맞추어 놓고 이들 두 나라의 경영관리시스템을 비교한 많은 조사연구에서 얻어진 결론에 의하면 서구식의 경영시스템보다는 일본식의 관리시스템이 우월한 결과를 보이는 것으로 나타났다. Z이론은 효과적인 경영관리방법과 조직관리의 특성을 제시하고 있으며, 학계와 업계가 모두 이 이론의 실제성과 그 적용 가능성에 대하여 깊은 관심을 보이고 있는 것은 지극히 당연한 현상이라고 할 것이다.

(2) Z 이론의 배경

Z이론을 도출하기 위해 캘리포니아 대학의 오우치 교수는 미국과 일본의 유수 기업체들 중 각각 12개 업체를 표본으로 선정하여 총 24개 업체를 대상으로 조사하였다. 1973년부터 미·일 24개 기업체의 중역진을 대상으로 하여 직접면접과 설문지를 통하여 각 나라 기업의 경영특성을 파악하였으며, 이들 중 생산성이 높은 기업조직을 Z 유형 조직으로 규정하였다.

일본기업들은 기업의 장기적인 성장목표를 중시하면서 종업원들에게 종신고용제와 연공서열제를 채택하여 고용의 안정을 가져오게 하고 있다. 일본 기업에 있어서 경영목표의 우선순위를 볼 때, 기업의 장기적 성장을 중시하며 자기 회사의 시장점유율에 보다 많은 관심을 갖는다. 이러한 장기전략에 입각하여 관리시스템을 좀 더 탄력적으로 운영하고, 한편으로 최고경영자는 일반주주의 감시를 크게 의식하지 않기 때문에 단기간에 있어서의 성과에 신경을 크게 쓰지 않는다. 따라서 이러한 조직 내에서는 상사와 부하간에 전통적이고 가부장적인 권위의식과 온정적인 인간관계가 유지되는 것이 그 특징이다. 종업원들은 아예 입사할 때부터 입사한 기업에 대하여 충분한 귀속의식을 소유하게 된다.

일본 기업에서는 각자 맡은 업무에 있어서 과도한 전문화를 피하고 될 수 있으면 종업원들이 여러 직무를 경험하게 하여, 여러 업무에 대해 폭넓은 지식을 얻게 한다. 이러한 제도는 특정업무에 대해 단기간 내의 작업효율성을 떨어뜨릴 수 있는 것이 사실이다. 그러나 장기간에 있어서 작업환경의 변화에 대한 적응력을 양성시켜 주고 조직 내 부서간의 경직성을 예방하는 적절한 방법이 되는 것이 사실이다. 의사결정 방법에 있어서도 개인 독단적인 방법이 아닌 구성원들의 참여에 의한 공동의사결정과정을 거침으로써 전체 합의적인 분위기를 조성함과 동시에 집단주의적인 의식구조로부터 조화를 중시하는 개념이 싹트게 되는 것이다.

반면 미국의 기업들은 단기적인 기업이익목표를 중요시하면서 보다 기계적이고 관료적인 성격의 시스템을 운영하고 있다. 경영자들은 단기적 이해에 입각한 운영을 하기 때문에, 경영의 장기적인 안목이 결여되어 있는 것이 일반적이다. 따라서 미국기업의 고용기간은 대체로 단기에 그치는 것이 일반적이다. 노무직 종업원과 사무직 종업원의 이직률은 최소 매년 50%에 이르고, 어떤 해에는 90%에 달할 때도 있다. 중역급 경영층도 연간 이직률이 25%에 달한다. 즉 회사 전체의 관리 체제가 그만큼 불안하다는 것을 의미한다. 이는 일본회사의 제조업에 종사하는 종업원보다 전체 연평균 이직률이 4~6배나 높은 수준이라는 것을 의미한다.

따라서 미국기업은 대체로 참모의 중요성을 강조하며 참모를 통하여 최대한 업무의 전문성을 기하려는 특성을 가진다. 이들은 개인의 과도한 전문화를 초래함으로써 직무변화에 대한 적응력과 관련성을 상실케 한다는 한계를 가지고 있다.

이렇듯 미국기업과 일본기업 사이에는 뚜렷한 관리시스템의 차이를 볼 수 있다. 또한 이러한 일본형과 Z유형 사이에는 관리특성의 유사점이 존재한다. 하지만 Z이론의 근본이 반드시 J유형(일본형)의 전유물은 될 수 없다. 다만, 미국형보다는 일본형이 부합되는 면이 더 많다는 것이다.

(3) Z 문화의 성격

적절한 환경요인의 지원 없이는 Z유형의 관리제도의 실행은 불가능하다. 이러한 환경과 분위기를 Z문화(Z-culture)라고 명명할 수 있다. Z문화 속에서 운영되는 조직에서는 개개인이 상호간에 높은 수준의 정신적 조화를 이루고 있다. 이러한 집단 내에서는 팀워크를 통하여 업무를 수행하기 때문에 집단의 실적이 개개인별로 나타나지 않더라도 구성원이 다 같이 적극적인 태도로 업무에 임하게 된다.

조직의 목표는 오랜 기간 동안 구성원 상호간에 확인되고 이해되고 있어 조직균형이 자연스럽게 이루어질 수 있다. 또한 Z유형 조직에서는 의사결정과정이 합의적이고 참여적인 특성을 가지고 있다. 구성원이 의사결정과정에 참여할 수 있다는 자체가 민주적인 과정이라고 할 수 있다. 참여적인 결정과정은 조직 내에서 정보나 조직의 가치판단기준을 광범위하게 전달하도록 하며, 또한 기업의 협동의욕을 유발하는 구실도 한다. 즉 종업원들이 한 집단의 일원이라는 심리적인 만족감을 불러일으키는 것이다. 물론 Z 유형 기업에서는 의사결정이 집단적으로 이루어지나, 이 결정에 대한 궁극적인 책임은 각 개인에게 돌아간다.

이를 위해서는 상호 신뢰하는 분위기가 선행되어야 한다. 모든 이들이 공동의 목표를 가지고 또한 누구도 이기적인 행동을 하지 않는다는 확실한 신념이 있을 때 각 개인들은 공동의사결정의 결과에 책임을 갖고 과업수행에 열의를 보이게 되는 것이다. 조직속에서는 개개인이 자기가 원하는 방향에서 행동할 수 있는 자율권을 가지고 있다. 각 개인들이 철저하게 공동목표를 지향하고 또 장기간에 걸쳐 각자의 기여도를 정확하게 평가할 수 있는 시스템을 갖추고 있기 때문에 모든 사람들이 자신의 목표를 향해 열심히 노력할 수 있게 되는 것이다. 이를 통해 협동 자체가 개인의 목적을 성취시켜주게 되면 궁극적으로는 기업의 목표가 달성되는 것이다.

물론 Z유형의 조직에게도 단점이 있다. 강력한 팀워크는 반대급부로 외부인에 대하여 배타적인 감정과 선입관을 불러일으킬 수 있다. 따라서 유능한 외부인을 영입하기가 어렵고 일상업무 중 상식에서 벗어나는 업무에 대해서는 일단 거부반응을 나타내게 된다. 여기서 이들의 행동과 가치관을 특정 방법으로 고친다는 것은 매우 어렵다. 이를 고치기 위해서는 조직의 기본 정신을 수정해야 하며, 이 과정은 매우 완만한 형태로 이루어져야 한다.

(4) 한국에서의 Z 이론

Z이론을 경영에 효율적으로 도입하기 위해서는 무엇보다도 Z유형의 본질인 종업원간에 있어서의 회사에 대한 신뢰감, 친밀감, 충성감, 일체감 등을 어떻게 키워 나가느냐 하는 문제에 대한 명쾌한 해답이 선행되어야 한다.

우선 기업은 단기이익에 구애받지 않고 장기적인 안목에서 상위목표를 설정할 수 있어야 한다. 즉 기업이 단순한 이익의 추구자가 아닌 사회의 주체로서 사회적 책임을 가지고 경영에 임할 때 비로소 구성원과 기업 이해집단으로부터 신뢰를 얻을 수 있다. 이를 위해서는 기업 자체가 개인의 소유물로 취급되어서는 안되며, 어디까지나 사회집단의 일원으로 간주될 수 있어야 한다.

Z이론에 의하면 조직의 안정화는 매우 중요하다. 사실상 Z이론이 효율적인 문화로 정착하기 위해서는 피 고용인에게 고용의 안정성을 확보할 필요가 있다. 높은 이직률은 전체사회나 고용인, 피고용인에게 다 같이 불이익을 가져온다. 높은 이직률의 가장 큰 원인은 기업과 종업원간의 일체감 부족에서 기인할 수도 있다. 따라서 적절한 보수, 보람있는 직장생활, 소속감 그리고 자기 능력 발휘의 기회 등을 부여함으로써, 종업원의 귀속의식과 안정감을 유발시킬 수 있어야 한다.

또한, 새로운 인간관계의 수립과 가치관을 정립할 수 있어야 할 것이다. 기성세대와 젊은 세대간의 사고 방식에 관한 마찰은 주어진 상황에서 완만한 타협과 조정을 취할 수 있는 문화를 조성할 수 있어야 한다. 우리는 서구의 경영방법으로부터 분명한 책임 및 권한 관계 그리고 건전한 경쟁을 바탕으로 한 합리성을 습득해야 하며, 동양의 전통적인 온정적 인간관계에서 조화에 의한 가치관을 정립할 수 있어야 한다.

물론 이러한 문화를 정착해 나간다는 것은 결코 용이한 일이 아니다. 이는 많은 시행착오와 시간을 요하는 일인 것이다. 또한 이는 단지 기업 조직에 있어서 일부 계층만의 노력으로 이루어질 수 있는 것도 아니다. 따라서 이를 정착하기 위해서는 기업의 전사적 노력이 요구된다. 그리고 Z이론의 단점일 수도 있는 외부 인사에 대한 배타성을 극소화하도록 노력하여야 할 것이다.

생산성 증대나 사원들의 융화는 함께 일하면서 동일한 소속감을 느끼는 일단의 근로자들 속에서 자연적으로 솟아나는 것이다. 그러므로, 총체적인 관계는 의도적으로 조성할 수 있는 것이 아니고 Z-type으로 조직전환이 이루어지면서 조성의 계기를 맞는다.

(5) Z이론의 평가

Z이론을 시도한 Z-type기업은 경쟁력을 잃고 헤매는 미국 기업에게 새로운 비전을 제시하고 있다. 즉, 이 이론에서는 자생적으로 발생한 일본식 경영방식에 유사한 미국의 경영방식을 보여주고 있는 것이다. 여기서 미국 기업들이 교훈으로 얻을 수 있는 것들은 "신뢰와 민감성, 그리고 친밀감에 근거한 경영관리법" 등이다. 휴렛 팩커드, 데이튼 허드슨, 로크웰 인터내셔널, 인텔 등의 회사는 Z이론을 경영방식에 도입해 성공하고 있는 예이다. 기업이라는 조직의 목표는 어느 한 전문가만의 힘으로 이루어지는 것이 아니기 때문에 상호 협동을 통해 달성될 수 있다. 지속적인 Z—type으로의 이행을 통해 조직 목표는 많은 성과를 볼 수 있을 것이다. 시간은 몇 십년이 걸릴지도 모르나 미국기업이 생존하기 위해서는 필수 불가결한 것이다. 오우치 교수의 Z이론은 어려운 상황에 놓인 미국기업에 희망을 불어넣는 기능을 하고 있는 것이다.

[表 1-1-1] 일본기업과 미국기업의 특징 비교표

일본 기업의 특징	미국 기업의 특징
종신고용	단기고용
완만한 능력평가 및 승진	급속한 능력평가 및 승진
포괄적인 업무숙달 및 비전문성의 경력계획	업무능력의 전문성 및 특수성의 경력계획
경영통제 구조의 내재성	경영통제 구조의 현재성
집단적인 의사결정	개인적인 의사결정
집단적인 책임부담	개인적인 책임분담
노사관계의 통합적인 결합	노사관계의 부분적 결합

보/충/강/의

- 테일러가 주장한 과학적 관리론은 구체적으로 "시간과 동작연구(Time-and-Motion Study)"라는 방법으로 구현되었다. 이는 근로자의 생산성을 최대화 할 수 있는 과학적 분석에 의한 결과이다. 작업 능률은 비단 물질적 작업 환경이나 경제적인 노동조건에 의해서만 영향을 받는 것이 아니라 종업원의 태도나 감정 등의 인간관계에 의해서도 크게 좌우된다는 것을 알아낸 것이 바로 메이요의 호돈 실험이다. 그리고 여기에서 인간관계론이 발전하였다.
- 경영자들은 근로자의 욕구를 하위단계부터 충족시키도록 노력을 해야 비로소 동기부여가 되어 상위단계의 욕구충족의 방향으로 나아간다는 것을 밝혀낸 이론이 매슬로우의 동기부여이론이다. 경영자와 종업원이 상의하여 적절한 목표를 설정하고 이를 기준으로 하여 작업 실적을 평가하며, 그 결과를 피이드백(feedback) 과정을 통하여 경영계획 수립에 반영하는 것이 "목표중심경영(MBO)"이다.

6. 기타 경영이론

(1) 현대경영이론

현대의 경영이론은 그 동안 발전해온 고전적이론, 행동과학적이론, 계량경영이론이 하나의 큰 흐름으로 통합되는 현상을 보인다. 각 이론은 보편적으로 적용되며 또한 서로 유기적인 관련성을 갖고 있다. 현대경영이론은 개인의 직무에 대한 욕구나 성격 및 태도, 조직과 환경 등이 각각 상이하다고 가정하고 조직은 각각의 상황에 적응해야 한다고 주장한다. 즉, 경영에 최선의 방법은 없다는 것이다. 따라서 현대의 경영학자는 어떠한 상황하에서 어떠한 이론이 사용되고 있는가를 연구하고 있다. 이러한 연구를 통해서 경영이론의 실질적 의미를 파악하게 된다.

[圖 1-1-1] 현대경영이론의 구조(modern management theory)

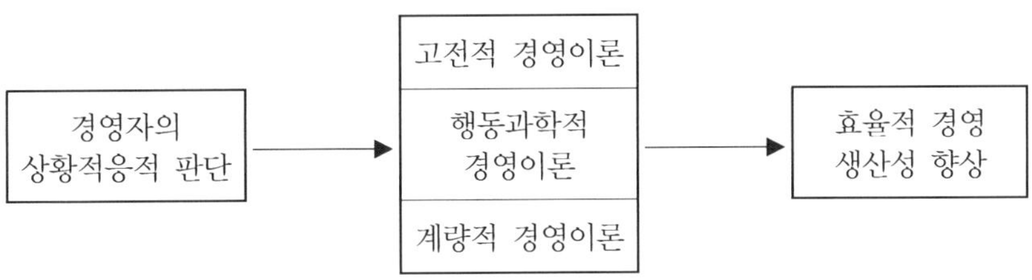

(2) 시스템적 경영이론

1960년대의 경영은 각 부문이 서로 연관되어 있으므로 시스템적으로 파악해야 한다는 이론이다. 시스템이란 공동목표를 달성하기 위하여 함께 작용하는 상호 관련된 부문들의 집합이다. 개방시스템이란 환경과 상호작용 하면서 투입자원을 구체적 산출물로 변환시키는 시스템이다. 이때 조직은 궁극적으로 개방시스템으로 파악될 수 있다. 이러한 조직의 효율적 시스템의 사고는 버나드(Chester Irving Barnard)[20]의 협동적 시스템(cooperative system)에서 연유되었다. 조직을 개방시스템으로 파악할 때 환경은 자원과 피드백의 원천으로서 조직에 매우 중요한 영향을 미치게 된다. 환경은 끊임없이 변화하기 때문에 경영자는 항상 새로운 정보를 입수하여 조직이 이러한 변화에 적응하도록 하여야 한다.[21]

(3) 1970년대 상황이론(Contingency Theory)

모든 상황에 적합한 최적의 경영이론이란 없으며 조직이 처한 상황에 따라 해결책도 다르다는 것이다. 때문에 경영자는 상황의 독특한 특징을 분석하여 주어진 상황에 어떻게 대처해야 하는지 결정해야 한다. 최근의 경영이론은 이러한 상황적응적 관점에서 이루어지고 있다.

① 조직구조는 환경의 요구에 부응하여 설계되어야 한다.
② 조직구조는 기술적 요구에 부응하여야 한다.
③ 조직의 하위시스템은 각각에 대한 환경의 요구에 부응해야 한다.
④ 지도자의 행동은 여러 작업집단의 상황적 요구에 적합하여야 한다.

---

20 C.I. Barnard, The Functions of the Executives, Cambridge, Massachusetts, 1938, 「경영자의 직능」이라는 저서에서 조직의 근본은 협동이다. 라고 설명하고 있으며 공식적인 조직은 두 사람 이상의 사람들이 의식적으로 조정한 인간의 활동 및 諸力의 시스템이라고 파악하였다.

21 김준기 외, 경영학원론, 세영사, 1993, p.243

사/례/연/구

- 제네랄 일렉트릭(GE)사의 새로운 경영이론

  미국의 세계적인 기업인 제네랄 일렉트릭사, 즉 GE(General Eletric)사는 1980년대 중반부터 「워크아웃 타운 미팅」(Work-Out Town Meeting)이라는 제도를 통하여 새로운 경영이론의 적용을 성공적으로 수행해 오고 있다.

- 워크아웃 타운 미팅 제도

  이 제도는 부서와 직위에 관계없이 수십 명의 간부와 사원이 함께 참여하여 가장 민주적이며 장벽이 없는 분위기에서 공통의 주제를 놓고 문제를 토론하고 해결 방안을 찾아내어 이를 실행하는 제도이다. 이를 통해 조직 GE사가 기대하는 것은 조직 내의 관료적 관습과 장벽을 제거하고 전체 구성원이 회사의 목표와 가치관을 공유할 수 있도록 하는 것이다. 워크아웃 타운 미팅 제도의 진행 방법과 절차는 다음과 같다.

  첫째, 회의 주제를 선정한다.

  둘째, 직위 및 근무 부서에 상관없이 회의에 참여할 40~100명의 직원을 선발한다.

  셋째, 회의 장소는 기존의 업무로부터 방해받지 않기 위해 근무지에서 멀리 떨어진 곳을 선택한다.

  넷째, 진행 기간은 2박 3일로 하고, 복장은 자유복으로 한다.

  다섯째, 해당 미팅의 최고 책임자는 개최 목적을 참가자에게 설명만 하고 퇴장하여야 한다. 이는 회의에 자유로운 분위기를 만들기 위해서다.

  여섯째, 훈련된 전문가의 도움을 받아 회의를 진행한다.

  일곱째, 각 팀은 해결점을 찾기 위해 자유롭게 문제점을 찾아내고 그 이유를 분석, 구체적 개선 방안을 찾아낸다.

  여덟째, 최고 책임자는 마지막 날 각 팀이 제시한 제안 사항을 검토하여 채택여부를 즉석에서 결정한다.

  아홉째, 회의에서 채택된 실행안을 사항별로 나누어, 구체적인 개선 활동을 추진할 워크아웃 스폰서를 설정하고 이를 실천한다.

  이러한 제도를 통하여, GE사는 조직 내의 세세한 문제점을 개선할 수 있는 확실한 경영이론을 갖게 되었으며, 그 결과 오늘날의 세계 초일류 기업으로 성장할 수 있는 내부 핵심역량을 갖추게 되었다.

보/충/강/의

- 테일러의 차별적 성과급제가 문제점이 있을 수 있다는 주장에 대하여 호손공장의 실험내용을 참고로 하여 설명하여 보시오.
- 맥그리거의 X-Y 이론에 대해 설명하시오.
- 베버의 관료적 경영론의 단점은 무엇인지 설명하시오.
- 페이욜의 관리적 경영론에 대해 설명하시오.
- 일본의 경영방식을 미국에 도입한 Z이론에 대해 설명하시오.

제3절 경영학의 학문적 접근방법

1. 경영학의 학문성

학문으로서는 경영학[22]이 과연 이론적인 체계를 가진 과학인가, 아니면 예술, 미술, 또는 공예와 같은 실무적이며 실천적인 단순한 기법인가 하는 문제는 응용과학으로서의 경영학이 고유의 대상과 방법을 지닌 과학으로서의 자립하기 위한 시련으로서 피할 수 없는 숙명적인 문제가 되어 왔다. 과학과 기법은 구분되어야 한다는 관점에서 그리고 경영학 고유의 특성과 성격 때문에 경영학계 자체 내에서도 경영은 과학인가 아니면 단순한 기법인가 하는 서로 상반되는 주장을 하는 논쟁 이후에 많은 논자들에 의해 오래 전부터 있어 왔다.

일반적으로 학문이란 넓은 의미로는 인류가 먼 옛날부터 경험과 사고에 의해 쌓아 온 지식을 정리하여 통일한 체계라는 의미로 쓰여져서 이에는 과학, 철학, 종교, 예술 등에 관한 모든 지식체계가 포함된다. 그러나 좁은 의미로는 과학과 동의어로 쓰인다. 왜냐하면 과학이란 경험을 통해 특정의 대상에 관해 얻는 법칙이나 원리를 객관화하고 보편화한 것으로 이론성 내지 합리성과 실증성을 갖춘 지식체계이므로 형식적인 이념을 주로 추구하는 철학과는 구별된다고 보기 때문이다.

그런데 과학이라는 용어는 오늘날 일반적으로 자연과학만을 뜻하는 것처럼 잘못 이해되고 있다. 그 이유는 자연과학, 특히 천문학이나 물리학은 이미 고대에 그 체계를 갖추었으나 사회과학의 경우 칸트에 이르러서야 비로소 이를 지식의 체계로 보게 되었기 때문이다. 즉 그가 어떠한 학설이든지 그것이 하나의 체계, 즉 제 원리에 입각하여 체계화된 인식의 전체를 학문, 즉 과학으로 정의한 이후부터 비로소 지식체계라는 의미를 가지게 되어 오늘날과 같은 과학의 개념이 사회과학에서 형성되었기 때문이다. 한 논자는 과학은 '있는 바의 것'을 연구하는데 반해 기법론은 '무엇이 이루어져야 하는가'를 연구하려 하며 전자는 이론적 지식을 후자는 실천적 지식을 매개로 한 것이고 따라서 진리의 집적인 과학이 서술적이라면 행위에 대한 규칙 또는 지침의 일체인 기법은 명령적이라는 양자의 특성과 관계를 잘 말해

---

22 경영학(business management)
통계적인 의사(意思) 아래에서 일정한 계속적 시설을 기초로 하여 활동하는 조직체의 구조와 행동의 원리를 연구하는 사회과학. 이러한 의미의 경영학에는 이 정의에 해당하는 조직체 일반(기업·관청·학교·교회·노동조합·군대 등)을 연구하는 넓은 의미의 경영학, 즉 일반경영학과 기업(企業)이라는 특정조직체인 생산조직체만을 연구하는 좁은 의미의 경영학, 즉 기업경영학이 있다. 일반경영학에는 각종 개별조직체를 따로따로 연구하는 특수경영학이 포함되며, 최종 과제는 모든 조직체에 보편적으로 타당한 일반원리를 형성하는 데 있다.

주고 있다.

실제로 경영을 연구하고 배우는 사람들에게 있어서 자주 혼란과 의문을 제기하는 것이 바로 이 문제이다. 이는 통상 지식이 얼마만큼 체계화되어 있고 분명한 원칙 또는 이론으로 기술될 수 있는가의 정도에 관련되어 상당한 정도로 과학의 정의에 달려있다고 하겠다. 이 때의 과학은 여러 가지 사실 또는 진리를 다루는 통일되고 체계적으로 정의된 지식체이고 일반적 법칙 또는 원칙의 적용을 의미하는 것으로 그리고 기법은 훈련된 기능을 의미하는 것으로 정의된다.

역사적으로 보면 상당기간동안 경영은 과학이라기보다는 기법으로 알려지고 그 같은 성향이 강했으나 2차 대전 이후 점차 과학성이 제기되고 요구됨으로서 인정받게 되고 오늘날에 와서는 그 어느 하나의 측면이 아닌 양자의 측면이 동시적으로 강조되고 인정받기에 이르렀다. 말하자면 오늘날에는 이론과학임과 동시에 응용과학으로서의 성격을 함께 지니는 경영학은 과학임과 동시에 기법이라는 논리적 귀결에 이르게 되었다. '지식이 없는 기법은 맹목적인 것이며 기능이 없는 지식은 무의미한 것'이라는 주장은 이를 잘 웅변해 주고 있다.

여기에서의 과학은 이론적인 지식을 매개로 하고 기법론은 실천적인 지식을 매개로 하는 것이며 이론과 실체는 불가분의 성격을 지니고 있는 것이라고 보고 그리고 경영의 원칙은 이론이고 운영은 기법적인 것이며 과학은 존재하는 것을 연구대상으로 하는데 반해 기법은 일정한 목적을 달성하기 위해 탐색하는 것이라고 한다면 기술성을 지닌 과학과 명령성을 지닌 기법은 상호 배타적인 성질의 것이 아니라 보완적인 성질의 것이다.

과연 물리학과 생물학에서처럼 학문(과학)의 발달에 따라 기법도 함께 발달한다면 기업경영의 실제에 참여하는 경영자에게 있어서 이론도 기법도 모두 중요하다. 그들이 경영의 이론을 모르고 이론으로 구성된 지식이 없이 경영활동에 임한다면 우연에 의존하거나 직관 또는 과거의 경험에 의존하지 않을 수 없을 것이며 그렇다고 원칙이나 이론의 단순한 지식에만 의존하여 실제에의 응용을 할 줄 모른다면 또한 바람직한 경영자가 될 수 없다.

결국 학문은 현실을 설명하는 것이어야 하고 그것은 궁극적으로 합리적인 목적으로 하는 것이어야 한다면 경영학 역시 실천에서 출발해서 이론을 거쳐 다시 실천으로 돌아와야 하는 바의 내용을 다루는 학문이기 때문에 과학성과 기법성은 매우 깊이 관련된 개념이 된다.

이처럼 경영은 과학성과 기법성의 양면을 함께 중시하게 되는데 점차 과학화되어 가고 있다. 그리빈스 등은 이에 관한 논문의 서두에서 "과거 70년이 넘는 동안에 경영사상의 급속한 발전은 매니지먼트가 과학인가?"하는 아직까지도 풀지 못한 의문을 낳았다고 전제하고 매니지먼트는 과학이라고 결론지은 이래 많은 논자들은 시대의 진전에 따른 매니지먼트의 과학화 현상을 증명하고 과학성을 강조하고 있다. 이처럼 역사적으로 보면 경영학은 실제에 도움이 되어야 하는가? 학문적이어야 하는가? 하는 두 가지의 흐름이 있었으나 실제로 도움이 되는 경영학과 학문으로서의 경영학은 어느 하나만을 선택해야 하는 선택적인 주장이어서는 안되고 실제로 도움이 되는 기술적인 실천학이면서 이론적인 학문이어야 하는 새로운 학문관이 설정되어야 한다.

이는 경영학의 양면성을 하나로 통일하는 학문의 새로운 모습이며 학문과의 대전환을 의미하는 것이다. 결국 경영학은 기법과 과학의 양 측면에서 연구되어야 하지만 '경영의 학'을 다루는 대학에서의 경영학 연구는 주로 급속히 요구되는 전문성을 위해 경영의 과학성을 가르친다. 그러나 경영이 고도의 과학성을 시도하려 하더라도 몇 가지 이유 때문에 상당기간동안 자연과학만큼 정밀·정확하지도 못하고 광범위하지도 못할 것이다.

합리적인 접근방법과 과학적 방법의 적용은 기업과 산업에서 새롭고 낯설은 것이므로 튼튼한 기반을 갖고 있지 못하다. 소수의 경영자만이 과학의 방법을 사용하는 훈련을 받았다. 정밀한 측정도구와 장치는 경영에서 항상 적용 가능한 것은 아니다. 물리학 등에서는 다른 요소들을 고정시켜 놓고 하나의 변수만을 조사하지만 경영분야에서는 거의 가능하지 않다.

가장 중요한 이유로 경영자의 의사결정[23]은 여러 과학에서의 문제해결과는 달리 진리보다는 행동을 강조한다.

경영자의 의사결정은 실제적인 적용성이 있어야 한다. 경영자는 완전한 것보다는 특정 상황하에서의 합리적인 결과를 얻으려고 노력할 뿐이다. 경영학의 과학성에 대한 한계는 많은 학자들이 논하고 있다.

대표적으로 일찍이 테일러는 매니지먼트 가운데는 체계화된 지식이 실제로 존재하며 그것을 가르칠 수 있고 배울 수 있는 것이라 확신하여 그 중요성을 강조하면서도 물리학이나 화학과 같은 정확한 과학이라고는 생각하지 않았다. 알렌도는 이와 관련하여 '공정하게 말해서 경영학은 결코 화학이나 물리학과 같은 의미의 과학은 될 수 없을 것'이라고 논한바 있고 쿤츠 등도 경영학이 속하는 바의 사회과학은 물리학과 같은 정밀과학에 비해 비 정밀과학이며 경영학은 사회과학 중에서도 가장 비 정밀한 과학이라고 지적하기도 했다.

그러나 우리는 물리학에도 더욱 발전되어야 하는 많은 과학적인 지식영역이 있다는 사실을 간과해서는 안 된다. 어떤 학문도 불완전하여 발전지향성을 지니고 있으며 그것이 바로 학문의 존재양식이라고 볼 때 경영학의 과학성도 오직 정도의 문제에 불과하다고 하겠다.

---

23 의사결정(decision-making)

기업의 소유자 또는 경영자가 기업 및 경영상태 전반에 대한 방향을 결정하는 일. 원래는 기업소유자의 기업정책에 대하여 사용하던 말인데, 주식회사의 거대화에 비례하여 소유자로부터 경영자가 기능적으로 분리되어, 소유자가 행하는 전략적 의사결정과, 경영자가 내리는 경영적 의사결정의 구별이 필요하게 되었다. 실제로는 양자가 서로 짝이 되어 있는 것이지만, 현재의 경영학·경제학에서는 경영적 의사결정밖에 밝혀지지 않고 있다. 전략적 의사결정은 말로는 쓰이고 있지만 실제적으로는 거의 밝혀지지 않고 있다. 의사결정의 문제는 기업간 경쟁의 격화나 국제적인 정치·경제의 유동화 현상에 따라, 전략적 의사결정의 문제로서 그 비중이 더해졌다. 추상적 의사결정론은 먼저 해결하여야 할 문제를 밝히는 것이 선결조건이다. 이는 경영목적을 명확하게 정의하는 데 있으며, 이 목적에 대하여 여러 대체적인 전략을 설정하고 목적에 대응하는 최적의 전략을 선별해야 한다.

2. 경영학의 과학적 접근방법

경영학이 과학성과 기법성을 동시에 지니고 있으면서도 점차 과학성을 높이 요구하고 있는데 그것이 과학이 되기 위해서는 무엇보다도 과학적 방법을 따라야 함은 더 말할 나위도 없다. 과학이란 체계적으로 얻어지고 정리된 지식체이고, 이론은 여러 현상을 이해하고 설명하며 예측하는 일반적인 관계를 제공한다는 의미에서 과학적인 방법을 통해 발전된 과학적 표현이라고 하겠다.

일반적으로 과학적 방법에는 자료로부터 설명을 유도하거나 경험에 의한 귀납법과 검증된 이론으로부터 구체적인 명제를 찾거나 이성에 의한 연역법이 있다. 바꿔서 말하면 귀납적 방법은 특수한 것으로부터 출발하여 그것들에 공통되는 보편적인 법칙을 찾아내려는 방법, 즉 관찰된 개개의 사례를 총괄하여 이들 특수한 사실로부터 일반적인 정리를 유도하는 방법인데 반하여 연역적 방법은 보편적인 원리, 원칙 또는 일반적인 주장에서 특수한 법칙 또는 주장을 유도하는 방법이다.

대체로 보면 자연과학은 자연현상을 설명하려 하므로 인과론적 즉 귀납적인 논증법을 그리고 사회과학은 인간행동의 소산인 사회현상을 해명해야 하므로 연역적인 논증법을 주로 따르게 된다. 다만 모든 이론은 최초에는 귀납적 추론을 통해 성립되고 연역적 추론의 연속적인 단계와 귀납적 추론을 통해 발전된다.

경영학이 응용과학으로서의 학문이라면 과학성과 기법성을 동시에 지닌 것이고 경영의 이론이 과학이기 위해서는 체계적인 이론과 방법론이 있어야 하며 또한 이론은 실험적인 의미의 것이어야 한다. 이 때의 이론과 실제는 서로 대립하는 성질의 것이 아니라 상호보완적인 관계에 있다. 그러기에 이론의 구조 내에서는 어떤 중요한 위치를 차지하지 않는 실제는 단순한 편법이나 편견에 불과한 무가치하고 맹목적인 것이 되며 실제상 건전한 것은 반드시 궁극적으로는 조정되고 통합된다. 이 때의 학문이야말로 참다운 의미에서의 완전한 것이 된다. 이는 이론이 연역된 실체이며 실제는 응용된 이론이기 때문이다. 현실을 설명하지 않는 이론은 처음부터 사회과학의 이론이 되지 않는다. 이 같은 논리적인 귀결에 따라 톰슨은 이론의 세계와 실증의 세계로 구분하여 학문적 접근은 시도하고 있다. 사회과학에 속하는 응용과학으로서의 경영학의 의의는 연역된 이론이 현실적으로 기업발전에 효과적인가의 여부에 가치를 두고 문제를 제기하고 해결하는데 있다고 본다면 이론적인 접근과 실증적인 접근의 통합이 모색됨이 바람직하다고 보겠다.

이 같은 관점에서 일본의 이쯔이 교수는 과학의 발전단계에는 사변적 사색의 단계와 실증적 조사연구의 단계가 있다고 전제하고 이들 양자를 모두 중시하며 보편적인 인간행동의 법칙성을 목적으로 하는 사회과학 연구방법에는 다음과 같은 세 가지 접근방법이 있는데 이 중에서 세 번째 단계가 경영학 분야에서 정당한 접근방법이라고 주장한다.

① 이론적(사색적, 철학적) 접근방법
② 실증적 접근방법
③ 종합적 접근방법

이 분야의 권위자인 스톤은 과학적 방법의 접근을 이와 유사하게 다음과 같은 4가지로 설명하고 있다.

첫 번째 단계는 현실세계에서 현상을 관찰하는 것이다. 예로 현상은 사실의 형태를 취한다. 예컨대 어떤 신체적인 결함을 가진 사람이 정상적인 사람보다 일을 더 잘한다는 것을 관찰할 수 있다.

두 번째 단계는 귀납적 관점을 통해 그런 현상에 대해 설명을 가한다. 앞의 예에서 보면 감독자가 신체장애자들에게 특별히 더 잘해주었기 때문이라고 설명을 할 수 있다.

세 번째 단계는 연역적 관점을 통해 현상에 대한 예측이나 가설을 만든다. 즉 조직의 후원적 분위기는 신체장애 종업원의 직무성과를 촉진한다는 가설을 만들 수 있다.

네 번째 단계는 체계적 관찰을 통해 예측이나 가설을 검증한다. 이상의 논의에서 그리고 특히 다음과 같은 주장에서 경영학은 그의 학문적 성격상 이론과 실제의 양면성을 지니고 있음에 유념하여야 한다.

칸트가 말했듯이 이론이 결핍된 직관은 맹목적이고 자료가 부족한 이론은 무의미한 것이다. 말하자면 좋은 이론만큼 실천적인 것은 없다.

레빈이 말한 좋은 이론은 실제에 공헌한다.

현실을 설명하지 못하는 이론은 처음부터 사회과학의 이론이 될 수 없다.

경영자에게는 실제세계를 가장 정확히 기술하는 이론이 요구된다.

3. 경영학의 기본적 성격

모든 과학은 이론과학과 실천과학으로 구분된다. 전자가 사물의 본질이나 현상의 법칙적 관계에 관하여 이론적인 인식을 획득함을, 다시 말하면 개개의 사실이나 인식을 통일적으로 설명할 수 있는 일정한 보편성을 지닌 체계적인 지식을 전개함을 주된 과제로 함에 반하여 후자는 실천적인 사회생활의 문제에 관련된 일정한 목적을 합리적으로 달성하기 위해 어떤 정책이나 수단과 방법 그리고 절차를 동원해야 할 것인가에 대한 실천적인 제언을 함을 목적으로 한다.

이들 양자는 앞에서 살펴보았듯이 이론과 실천의 관계에서처럼 상호보완적인 관계에 있다. 한편 과학을 경험과학과 비 경험 과학으로 구분하고 전자를 다시 자연과학과 사회과학으로 구분할 때 경영학은 사회과학에 속한다. 과학을 또한 순수과학과 응용과학으로 구분할 때 경영과학은 응용과학에 속한다. 학문이 그의 독자성을 주장하기 위해서는 독자적인 이론과 방법을 확립하지 않으면 안 된다는 관점에서 그리고 그의 접근방법의 이해를 위해서 이들 기본적인 성격을 몇 가지로 구분하여 보다 상세히 구체화하면 다음과 같다.

(1) 응용과학으로서의 경영학

무엇보다도 먼저 경영학은 응용과학 및 실천과학으로서의 성격을 갖는다. 경영학의 한 기초학문인 경제학이 이론과학의 성격을 강하게 지니고 있는데 반하여 경영학은 경제이론을 실천목적에 응용한 응용과학이며 과학을 위한 과학이 아니라 실천을 위한 과학 즉 목적달성을 위한 '수단의 학문'이다. 또한 응용과학적 연구는 현실의 문제해결에 관해 그의 실천적 처방을 제공함으로서 실증적인 유용성을 검증할 수 있게 된다.

경영학은 기법성을 지니고 있기 때문에 최고의 생산성을 추구하기 위한 처방을 해야 하는데 이것이 바로 경영학에 주어진 실천적 요구이다. 경영학은 직접 또는 간접적으로 확고부동한 과거의 연구자료에 기초를 두고 있다는 점에서 다시 말하면 인식의 소재는 과거에 속하고 과거에 속한 것만이 인식된다는 점에서 보면 과거학이다. 그러나 인식하는 주체는 언제나 현재에 서 있고 인식목적은 현재에 있다는 관점에서 보면 현재학이며 실천론은 미래를 지향한다는 점에서 미래학이라고 할 수 있다.

(2) 종합학문으로서의 경영학

경영학의 연구대상이 협동시스템으로서의 조직체라는 점에서 이 같은 성격을 알 수 있다. 기업에서는 경제적·사회적 측면, 인간적 및 법률적 측면 등의 문제가 모두 포함되어 있으며 이들 행동을 종합적으로 해명하려 할 때 경제학, 사회학, 심리학 및 법률학 등의 도움을 필요로 하는 종합학문성을 지닌다.

(3) 순수인과과학으로서의 경영학

순수인과과학에서는 보통 원인과 결과사이에 타당한 관계가 존재한다고 전제하고 그 같은 법칙의 발견과 체계화를 학문의 과제로 한다. 순수인과과학은 일체의 가치 판단을 하지 않음으로 객관적이라고 할 수 있다. 순수과학의 전형적인 것은 자연과학인데 기업과 같은 사회·경제적 사상에 관해 보편타당한 임의적 관계를 발견·정립함에 있어서의 가능성에 대해서는 오히려 비판적이다. 이는 하나의 원인에서 복수의 결과가 생겨나는 다의적 관계가 많기 때문이다. 미국에서 유래한 과학적 관리나 산업공학은 기본적으로 기술론이나 자연과학적 사고에 철저한 점에서 순수인과과학의 색채가 강하다고 할 수 있다.

(4) 역사과학으로서의 경영학

역사과학은 과거의 사상 가운데 흐르는 고도의 개연성, 경향성 및 가능성을 규명하려는 것으로 이를 경영학에 도입하면 경영사학[24]이 성립된다. 기업사와 기업가사의 두 가지 흐름이 있다.

(5) 경험과학으로서의 경영학

경영학은 형식적인 추상과학이 아니고 기업경영현상을 인식대상으로 하는 구체적인 경험과학이다. 따라서 경험과학은 언제나 현실적인 경험이후의 소산이 되며 이런 의미에서 경영학은 현실묘사의 학문이고 앞서서 경험한 현실을 사후에 인식하는 논리적 체계이며 학문인 것이다.

경영학이 다루는 기업은 경제적 가치를 추구하며 기업의 사상을 다루는 한 그것이 기업의 지도이념이 된다는 사실을 떠나서는 생각할 수 없다. 경영학에서는 기업의 입장, 즉 그의 지도이념을 선택원리로 하여 회사, 공장, 상점과 같은 경험대상으로부터 선택원리에 관련하는 사상을 인식대상으로 다루어 인식대상가운데 내재하는 인과관계를 기술하고 법칙화 하려 한다.

독일경영학의 일부는 이에 포함되며 미국의 행동과학적 경영학이나 의사결정적 경영학의 일부는 기술과학의 이름으로 이에 포함된다.

---

24 경영사학(business history)
개별경제단위로서의 기업경영 및 경제사회에서의 기업경영의 역사. 넓은 뜻의 경영사는 좁은 뜻의 경영사와 기업가사(企業家史 : entrepreneurial history)를 포함하며, 좁은 뜻의 경영사는 개별기업의 경영관리 내용이 어떻게 발전해 왔는가를 고찰의 중심에 두는 기업사(企業史)이다.
기업경영의 역사 연구는 20세기 초부터 독일 역사학파 경제학과 영국 산업혁명사 연구소에서 서서히 일기 시작하였다. 경영사학이 사회경제사학과는 별개의 학문으로서 독립한 것은 1920년대 중엽, 미국 하버드대학 경영대학원에 경영사 강좌가 개설되면서부터이다. 이 강좌의 초대 교수 N. S. 그래스는 기업경영의 역사를 기업 내부의 제조직·제기능에 근거하여 경영정책·경영지휘·경영통제 등 경영학 그 자체를 연구하려는 경영사학의 입장을 확립하였다. 그래스를 중심으로 많은 경영사가들은 『Business History Review』 등의 회보를 발간하는 등 연구활동을 활성화하였으며, 특히 그래스의 『Casebook in America Business History』(1939)는 오늘날까지도 경영사 강의의 교재로 쓰이고 있다. 1949년 하버드대학의 A.H.콜을 중심으로 경제사·사회학·경영학 등 제분야의 전문연구자들은 학제적 연구조직으로서 기업가사 연구센터를 설립하였으며, 이들에 의해 기업가 활동, 즉 기업가·경영자의 성능과 활동의 사회적 의미에 대한 해명에 중점을 두는 기업가사가 그래스의 좁은 뜻의 경영사와는 다른 새로운 경영학의 유파로서 발전하게 되었다.

(6) 규범과학으로서의 경영학

규범이라는 말에는 여러 가지 의미가 있으나 칸트철학에 의하면 적어도 다음과 같은 두 가지 종류가 있다.

주어진 목적에 대하여 그 수단에 관한 명령인 가설적 규범이며 목적 그 자체를 문제로 하는 정언적 규범이다.

이들 중 전자에 근거하는 경영학은 주어진 경영목적에 대한 수단이나 방법의 적합성을 문제로 하며, 기술적 가치판단을 통하여 규범적 원리를 설정한다. 독일경영학에서는 이를 기술론 또는 목적론이라 하고 미국경영학에서는 규범과학이라 한다. 독일경영학에는 이상의 기술론 및 규범론이 모두 존재하며 미국관리학의 대부분은 기술론이다. 한 마디로 말해서 경영학은 경제적, 기술적 및 인간적인 여러 측면을 연구하는 학문인 것이다.

[圖 1-1-2] 종합과학으로서의 경영학

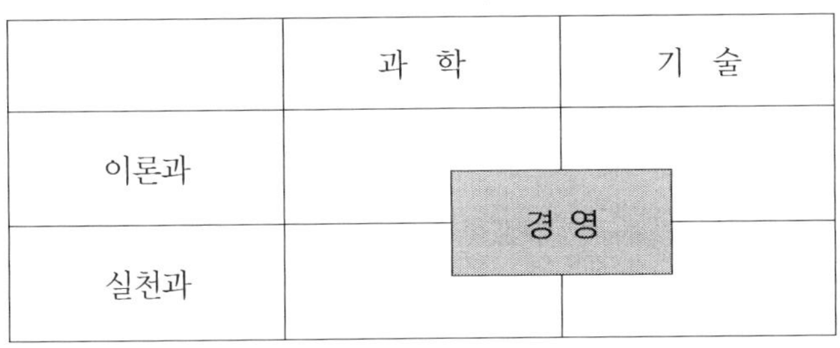

보/충/강/의

- 경영학의 특성

경영학은 경영의 경제적인 측면을 다루므로 경제발전에 따라 그 이론의 성격도 변화하게 되었다고 볼 수 있다. 미국의 경영학이 실천적인 면이 강한 반면에, 독일의 경영학은 이론적인 성격을 강하게 띠고 있다. 그러나 최근에는 이론성과 실천성을 동시에 포괄하고 있다고 볼 수 있다. 이러한 실천경영학의 특성에 대하여 KAE원칙(일본, 산성장 교수)으로 설명 할 수 있다. 즉, K는 지식(knowledge), A는 능력(ability), E는 체험(experience)을 의미하는데 종래 경영학의 학문적 연구가 K에 편중하여 주지주의적인 지식의 보급에 힘을 쏟았으나 여기에는 능력과 체험이 필수적으로 수반되어야 한다는 것이다. 그러나 오늘날의 경영학의 성격이 실험적인 면이 강하다는 것이지 이론적인 성격이 없다는 것은 아니다. 이론적 경영학과 실천적 경영학은 상호 배타적인 관계가 아니라 보완적인 관계를 유지하고 있다. 동태적으로 변화하고 있는 현대 기업환경 속에서 기업을 경영하기 위해서는 실천적 경영학이 필요하며 이 실천적 경영학은 보다 장기적이고 순수 과학적인 이론적 경영학이 바탕이 되어야 올바른 방향으로 발전할 수 있는 것이다. 그러므로 경영학은 이론적인 면과 실천적인 면이 공존하는 학문으로 보아야 한다.

제2장
부동산경영론의 기초

제1절 부동산경영론의 의의

1. 부동산경영론과 경영학

부동산경영론은 부동산이라는 상품을 취급하는 기업을 대상으로 경영적 측면에서 연구하는 학문이며 일반상품과 부동산이라는 상품이 다르듯이 경영학과 부동산경영론도 구별되고 있다.

① 부동산경영론과 경영학은 상호 의존관계에 있다.

② 경영학이론을 부동산학이 도입하여 부동산경영활동을 체계화하였다.

③ 경영학은 조직체(기업)와 그것을 운영하는 경영(management)이라는 기능의 메커니즘과 다이내믹스의 해명을 그 과제로 하고 있다.

④ 부동산경영론의 연구목적은 부동산을 경영대상으로 하는 기업 즉, 부동산업의 경영활동을 능률화하기 위한 원리 및 기술을 개척하려는 데 있다.

2. 부동산경영론의 학문적 특징

(1) 사회과학성

부동산활동은 과학성과 기술성을 갖고 있으며 부동산을 경영대상으로 하는 부동산경영활동도 체계화된 지식의 관점에서 보면 과학성이, 그것을 실무활동에 응용하는 현실성에서 보면 기술성이 인정된다. 이러한 근거에 의하여 부동산경영론은 사회과학의 범주에 포함할 수 있을 것이다.

(2) 실천과학성

부동산경영이론은 사회현상에서 사실을 관찰하고 가설을 검증하면서 일정한 법칙을 찾아 내 기술함으로써 실천을 향한 이론적 체계를 완성시켜 나가는 것으로 실천과학성을 갖는다.

(3) 종합과학성

부동산학이 종합응용과학으로서 경제학, 경영학, 법학, 사회학, 심리학, 건축공학 등 인접 학문의 도움을 필요로 하듯이 이에 기반을 둔 부동산경영론도 당연히 종합적 학문성을 갖는다.

(4) 경험과학성

부동산기업경영 현상을 인식대상으로 하는 지식체계이며 구체적인 경험과학이다.

(5) 규범과학성

부동산경영론은 경영원리를 해명하고 연구하는 실증적 이론분야와 어떤 경영현상을 비교하여 그중 어떤 것이 사회적 견지에서 바람직한 것인가 평가하고 판단할 기준을 설정하는 규범적 이론분야로 구성되어 있다.

[圖 1-2-1] 부동산경영론의 학문적 성격

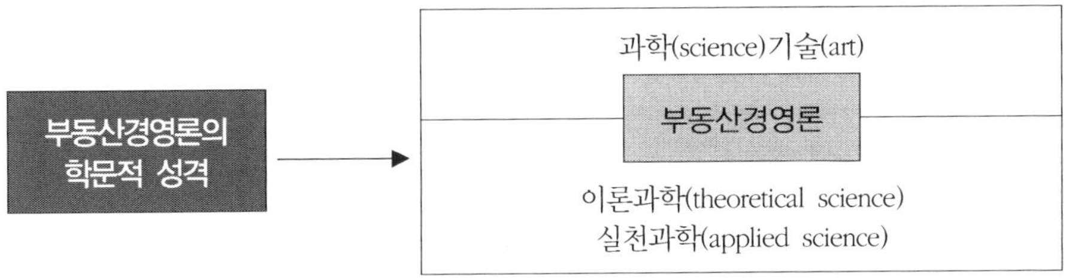

3. 인접학문

(1) 경제학

부동산경영이론의 구축에 있어 미시경제학(개별경제주체의 부동산경제활동 : 개별적 구매결정, 주거의식의 개별적 형성 등), 거시경제학(국민소득, 소비, 고용, 저축, 국제수지 등)의 이론적 지원이 필요하다.

(2) 경영학

경영학의 기초적 이론과 경영관리론 및 경영각론 등이 필수적으로 요구된다.

(3) 사회학

경영에 있어서 인간문제는 중요시 다루어지며 특히, 사회학은 인간의 문제를 사회집단(social group)차원에서 다룰 때 기여한다.

(4) 심리학

부동산경영활동은 대인활동이며 인간활동이므로 심리학적 지원이 요구된다(고객분석, 고객관리, 마케팅, 광고, 인간관계관리 등).

보/충/강/의

- 미시경제학(微視經濟學, microeconomics)

경제활동을 영위하는 개개의 주체, 즉 소비자(가계)·생산자(기업)의 행동분석을 통하여 사회적 경제현상을 해명하려는 근대경제학의 한 분야. 경제학은 희소한 경제적 자원을 최선의 방법으로 활용하는 길을 선택하는 데에 그 출발점을 두고 있다. 따라서 희소성과 선택은 경제학의 본질을 형성하고 있다. 이러한 선택의 과정이 경제현상을 만들어 내며 경제체제는 이들 경제주체의 행동을 통괄하는 하나의 질서이다. 한 경제체제가 수행하는 역할은 다음과 같다.

첫째, 그 사회의 경제적 자원을 적당한 용도에 배분(배분)하는 기능이다. 즉 어떤 상품을 얼마나 생산해야 하며, 이 생산과정에서 각각의 자원을 어떻게 결합시키느냐에 대한 결정을 내리는 기능이다.

둘째, 생산된 재화와 서비스를 그 사회의 구성원에게 공평하게 분배하는 기능이다.

셋째, 경제의 전반적인 움직임을 안정시키며, 앞으로의 지속적인 성장을 위한 기능이다.

미시경제학은 이러한 경제체제의 기능에 대해 처음의 두 가지 기능, 즉 자원배분과 분배에 초점을 맞춘다. 한편 거시경제학(거시경제학)은 마지막 기능, 즉 안정 및 성장의 측면에 초점을 맞춘다. 물론 위의 세 가지 기능을 모두 포괄적으로 파악하는 것은 국민경제의 움직임을 체계적으로 이해하고자 할 때 매우 중요하다. 따라서 국민경제에 대한 완전한 이해는 세 가지 측면을 균형 있게 갖춘 포괄적인 시각으로 볼 때 가능하다. 이러한 점에서 경제학의 분야인 미시경제학과 거시경제학을 서로 상호보완적으로 이해하는 것이 한 사회의 경제체제를 효과적으로 분석하는 길이 된다.

미시경제학에서 중요한 관심의 대상이 되는 변수는 개별상품의 가격이다. 이 개별적 가격이야말로 자원배분과 분배의 문제에 있어 매우 중요한 변수이기 때문이다. 따라서 미시경제학을 종종 가격이론(price theory)[1]이라고 하는 것은 이러한 이유 때문이다.

그런데 미시경제학에서 문제가 되는 가격변수는 상대가격이지 절대가격은 아니다. 절대가격수준은 거시경제학에서 물가수준이라 하여 중요하게 다루고 있다. 이러한 미시경제학은 국민경제에 대한 미시적 분석에 근거하고 있다. 미시적 분석은 개개의 경제주체인 가계와 기업의 행동양식과 그 결과로 주어지는 재화와 용역의 수급량과 가격의 결정 및 변동을 경제적 합리성의 가정(postulate of economic rationality)에 입각하여 분석하는 것이다. 가계와 기업이 직면하는 시장형태가 상이함에 따라서 개개의 경제주체의 행동양식은 달라지지만, 이러한 행동을 일관하는 설명원리는 합리성의 가정이다. 완전경쟁의 시장에 있는 가계는 주어진 기호와 소득 및 가격에서 최대 만족을 얻을 수 있는 일정량의 재화와 용역을 구매하고 개개의 기업은 일정한 기술적 제약 하에서, 즉 생산함수를 행동의 기술적 조건으로 하여 주어진 가격에서 최대이윤을 얻을 수 있는 생산량의 공급량 및 생산요소의 수요량을 결정하려고 하거나, 또는 일정량의 생산물을 생산하기 위한 비용을 최소화하려는 행동을 한다. 이때 개개의 가계가 가중한계효용균등의 법칙[2]에 따라 재화의 수요량을 결정하고, 개개의 기업이 가중한계생산력균등의 법칙에 의하여 생산물의 공급량과 생산요소의 수요량을 결정한다면 각 경제행위는 가장 합리적으로 되고 최대원리(maximum principal) 또는 최소원리(minimum principal)는 실현된다.

이러한 미시적 분석은 개별 경제주체의 행동을 분석하여 여기에서 얻은 결론을 갖고 국민경제에서 일어난 경제현상을 설명하려는 부분에서 전체로 접근하려는 입장이다. 따라서 이 분석방법에 선 사람들은 전체와 부분 사이에 기본적으로 서로 상이한 질적 차이가 있음을 부정한다. 또한 고전학파(classical school)도 개별경제에 적용되는 경제원칙을 국민경제에 그대로 적용할 수 있다고 보았기 때문에 개별경제의 운동법칙만을 분석하였다. 따라서 개별 경제주체로서 가계, 기업의 경제활동원리나 또는 경제객체로서의 재화나 이와 관련된 가격현상을 설명하는 '가격분석'이 되었다.

거시적 분석은 구성의 모순을 인정하고 전체로서의 국민경제를 직접적으로 분석하여 그의 구조와 기능을 밝히려는 입장이다. 거시경제학은 이러한 거시적 분석에 입각해 있다. 따라서 거시경제학은 직접적으로 사회 전체의 변수인 총생산, 총소비, 총저축, 총투자 등을 통계적·총계적 개념으로 포착하여 그의 상관관계를 밝힘으로써 국민경제의 전체적 움직임을 해명하려는 입장에 있다. 1930년대 이후 세계 자본주의는 가격의 조절기능이 제대로 작동하지 않게 되었고, 유효수요의 부족과 결합되어 경제가 불안하고 불완전고용에 빠지게 되었다. 미시적 분석만으로 이러한 상황 전체를 만족스럽게 설명할 수 없게 되자 거시적 분석에 입각한 케인스류의 거시경제학이 대두하게 되었다. 그렇다고 미시경제학이 완전히 그 존재가치를 상실했다는 것은 아니다. 왜냐하면 완전고용이 달성되면 자원의 합리적 배분문제는 결국 미시경제학에 의존해야 하기 때문이다. 따라서 오늘날에는 미시경제학과 거시경제학은 상호보완관계에 놓여 있다고 할 수 있다. 이러한 입장을 취한 것이 P.사무엘슨을 중심으로 한 '신고전파종합'이다.

- 거시경제학(巨視經濟學, macroeconomics)

국민소득 이론에 입각한 소비·투자·저축 등의 집계량을 가지고 국민소득의 결정을 논하는 경제학을 말하며 매크로 경제학이라고도 한다. 개별재(개별재)의 가격과 수량의 관계를 경제주체의 행동을 기초로 하여 분석하는 미시적 경제학과 대립된다. 양자의 관련을 '집계의 문제'로 표현하고 있다. 1935년 케인스의 고용·이자 및 화폐의 일반이론(The General Theory of Employment, Interest and Money)[3]에 의해 확립되었다. 현대의 거시경제학은 케인스의 영향을 많이 받고 있다.

[정태이론] 케인스에 의하면, 사회 전체로서의 소비·저축은 소득의 함수이며, 투자 특히 민간 투자는 이자율의 고저로 규정된다. 화폐에 대한 수요는 소득과 이자율의 함수이며, 노동에 대한 수요는 실질 임금률의 함수이다. 사회 전체의 균형은 재화의 수급균등(투자·저축의 균등)과 화폐수급의 균등을 의미한다. 이 경우 노동수요는 반드시 그 공급에 달한다고는 할 수 없으며, 실업 특히 비자발적 실업의 가능성이 있다.

이러한 균형에서의 소득·이자율·물가·노동고용량은 화폐임금률 이외에 화폐공급·정부지출의 크기에 따라 결정된다. 정부지출의 증대는 소득을 증가시킨다. 이 관계를 밝히는 것이 승수이론이다.[4] 통화의 증대도 이자율의 저하를 초래하고, 소득·노동고용량을 증대시킨다. 이것을 고려하여 재정정책이나 화폐정책의 효과를 분명히 할 수 있다.

[경기순환론] 케인스는 사회의 자본설비의 크기가 변화하지 않는다는 전제하에서 이론을 전개하였으나, 만약에 투자가 행하여진다면 그것은 조만간 설비의 증대를 가져온다. 이를 고려하지 않았던 케인스 이론은 단기적이라는 평가를 받았다.

그의 영향을 받은 사람들은 케인스 이론의 장기화를 시도하였다. 특히 E.D.도머는, 투자가 유효수요를 증가시키는 한편, 사회의 생산능력을 증대시킨다는 투자의 이중성에 착안함으로써, 이 2가지 효과가 균형을 유지하고, 사회에 자본의 과잉이나 부족이 일어나지 않으면서 경제가 원활한 발전을 이룩할 수 있는 조건을 검토하였다.

같은 사실에 주목한 R.F.해로드는 저축이 소득의 수준에 의존하고 투자가 소득의 증가분으로 규정된다는 전제하에서, 자본에 과부족이 생기지 않고 재화의 수급이 일치되는 현상이 계속되기 위해서는, 경제가 보증성장률(보증성장율)이라는 비율로 성장해야 한다는 것을 밝혔으며, 이와 동시에 현실의 경제성장률이 보증성장률과 같지 않을 때에는 어떠한 사태가 일어나는가를 논하였다. 해로드의 업적을 계승하여, 승수이론과 가속도원리[5]의 결합으로 경기순환론을 전개한 사람은 J.R.힉스이다. 한편, 가속도원리에 대해 비판적인 M.칼레츠키와 N.칼도어는 투자는 이윤율에 의존한다고 생각하여 별개의 이론을 전개하였으며, R.M.굿윈은 수학적·공학적 방법을 이용하여 독자적인 경기순환모델(굿윈모델)을 구성하였다.

[경제성장론] 경기순환의 문제와는 별도로 해로드는 경제가 장기에 걸쳐서 달성할 수 있는 성장률의 최대 가능치를 자연성장률이라 하고, 이것과 보증성장률과의 관계를 고려하면서 경제의 장기적 성장문제를 논하였다. 어떤 의미에서는 해로드에 대하여 비판적이었던 소로도 같은 문제에 관심을 가졌으며, 신고전파적 성장이론을 개척하였다. 이는 재화의 수급균등뿐만 아니라, 자본의 완전이용, 노동의 완전고용이 실현되고 있는 경우의 이론으로, 특히 1960년대가 전성기였다.

이 이론에 비판적인 L.로빈슨, 칼도어 등은 기업의 자본축적 의욕이 경제성장을 이룩할 수 있는 근원이라는 관점에서 신케인스파 성장이론을 세웠다.

- 케인스경제학(Keynesian economics)

영국의 경제학자 J.M.케인스에 의해 확립된 경제학이론을 말한다. 케인스는 많은 저서와 논문을 발표하였지만 케인스 경제학이라고 할 때에는 《일반이론》 이라 약칭되는 《고용·이자 및 화폐의 일반이론 : The General Theory of Employment, Interest and Money》(1936)에서 전개한 이론과 그 이론에 입각한 정책적 수단을 의미한다. 이른바 신경제학(신경제학) 또는 케인스 혁명[6]이라고 불리는 것으로 《일반이론》 에 실려 있는 내용·분석방법 및 정책적 수단을 말한다.

케인스는 《일반이론》 에서 A.스미스, D.리카도, J.S.밀, A.마셜 및 A.C.피구 등의 고전학파와 신고전학파의 경제학에 대한 비판을 통하여 자신의 새로운 이론을 수립하였다. 그에 의하면, 고전학파의 경제학오류는 논리의 일관성을 상당히 중시하여 수립된 이론의 상부구조에 있는 것이 아니라, 그 이론이 입각하고 있는 전제조건(postulates)의 불명확성과 특수성에 있다는 것이다. 종래의 경제현실에서는 명확하고 일반적이었던 사실이라 할지라도, 그것이 어떤 시기(여기서는 1930년대)에 이르러 불명확하고 특수한 사실에 불과하다는 것이 밝혀지게 된다면, 그러한 사실을 자명하고 일반적인 사실로 전제하고 수립된 이론은 현실에서 유리될 수밖에 없다. 따라서, 케인스는 당시의 경제사회에서 볼 수 있는 명확하고 일반적인 전제를 선택하고, 이로부터 현실적이고 일반적인 이론을 수립하려 하였다. 세계의 자본주의 경제는 제1차 세계대전을 전환점으로 하여 자유자본주의에서 독점자본주의로 전환되었다. 자유자본주의하에서는 소비자와 기업의 자유로운 경제활동에 의하여 실현되는 균형상태는 대체로 완전고용 상태에 접근해 있었다고 할 수 있다. 물론 자유자본주의하에서도 반드시 완전고용이 유지되었던 것은 아니고, 불완전고용을 수반하는 불황도 존재하였으나, 이 불황은 주기적으로 반복되는 경기순환의 한 국면에 불과하였으며, 3～4년 내에는 경제의 자기 조절적 기능에 의하여 다시 회복과정을 거쳐 번영으로 복귀하는 일시적·비정상적인 특수현상이라고 할 수 있다.

그러나 독점단계로 접어든 제1차 세계대전 후의 자본주의하에서는 대량의 실업이 만성화하면서 산업계·금융계 전반에 걸친 대공황을 초래하여 경제사회 전체를 위협하기에 이르렀다. 특히 1929년 미국의 월가에서의 주가 폭락으로 발생한 만성적 불황은 공황을 수반하면서 전 세계에 파급되었다. 이러한 현상은 영국에서도 마찬가지였으며 케인스가 말한 '풍요 속의 빈곤'이라는 사태가 나타난 것이다. 이것은 자본주의가 자기 조절적 기능을 상실하였음을 의미하는 것이었다.

이렇듯 변질된 30년대의 영국 자본주의를 직시한 케인스는 우리가 생활하고 있는 경제사회의 큰 결함을 그것이 완전고용을 제공해 줄 수가 없음은 물론, 그것은 부와 소득을 마음대로 그리고 불균등하게 분배한다는 사실에서 발견하였다. 그 중에서도 불완전고용이 중요한 문제였다. 자본주의사회에서 불완전고용 상태의 해소, 즉 실업의 제거를 신성한 의무로 생각하였다.

「일반이론」의 논리적 출발점은 '유효수요의 원리'이다. 이 원리에 의하면 총 고용은 유효수요, 즉 총수요에 의존하며, 실업 즉 불완전고용은 총수요의 부족으로 인해 발생한다. 총수요를 다시 말하면 총지출이라고도 할 수 있는데, 총지출은 총 소비지출과 총 투자지출로 형성된다. 그런데 소비는 사회의 실질소득의 증가에 따라 증가하지만, 그 증가율은 소득의 증가율보다 낮다. 그러므로 소득이 증가할수록 그 소득을 유지하고, 그 소득유지를 위하여 고용을 유지하는 데 필요한 총지출(유효수요)과 소비지출 사이의 '갭'이 확대된다. 이러한 상태 하에서 소득 및 고용의 유지, 소득과 고용의 증대를 위해서는 소득과 소비 사이의 갭을 메꾸어 줄 만한 실질적인 투자지출이 항상 존재하지 않으면 안 된다. 그러나 투자지출은 주로 민간기업에 의해서 행하여지며, 더구나 '자본의 한계효율'이 현행 이자율보다 높을 때에 한해서 행하여진다. 따라서 투자지출은 그때 그때의 이자율과 자본의 한계효율에 따라 좌우되며, 고용수준과 소득수준을 결정한다.

이와 같이 고용수준과 소득수준은 소비와 투자에 의하여 결정되지만, 소비는 비교적 안정적이기 때문에 고용과 소득의 수준을 결정하는 데 있어서 주도적 역할을 하는 것은 투자이다. 종래의 고전학파 경제학에서는 불완전고용을 초래하게 되는 유효수요의 부족이라는 사태를 인정하지 않았다. 그것은 '공급은 자기자신의 수요를 창출한다'는 '세이의 법칙'을 전제로 해왔기 때문이다. 공급이 바로 그만한 크기의 수요를 창출한다면 수요의 부족이란 있을 수 없고, 따라서 이로 인한 불완전고용도 있을 수 없다.

[表 1-2-1] 유효수요의 이론(theory of effective demand)

유효수요의 이론 (theory of effective demand)	세이의 법칙(Say's law)
1930년대의 대공황에서 보듯 공급된 것이 판매되지 않아서 공장들이 문을 닫게 되고 대량의 실업과 대량의 유휴설비가 발생하였는데 고전파 이론은 이를 설명할 수 없었다. 이에 케인스는 세이의 법칙을 비판하고 세이의 법칙과는 정반대로 총수요의 크기가 총 공급을 결정한다는 유효수요의 원리(the principle of effective demand)를 주장하였다.	경제이론 즉 고전파이론은 "공급은 스스로 수요를 창출한다"라는 세이(Say, J. B.)의 법칙에 근거를 두고 있었다. 그러므로 생산된 것이 판매되지 않아서 기업들이 휴업을 하고 따라서 실업이 발생하는 사태는 이론상 있을 수 없었다. 즉, 고전파 이론에 의하면 총 공급의 크기가 총수요의 크기를 결정하기 때문에 총 공급과 총수요는 언제 일치하고 따라서 항상 완전고용이 달성된다.

그러나 케인스에 의하면 세이의 법칙은 현실경제사회에서 타탕성을 가지는 법칙이 아니다. 수요와 공급이 언제나 일치하기 위해서는 저축과 투자가 언제나 일치해야 하는데, 저축과 투자는 담당자와 동기가 서로 다르므로 반드시 일치하지 않기 때문이다.

이러한 점에서 케인스는 고전학파의 경제이론을 반박하여, 완전고용만을 유일의 균형상태로 가정하는 고전학파 경제학은 하나의 '특수이론'에 지나지 않는다고 하고, 완전고용과 함께 불완전고용까지를 가정하고 있는 자신의 경제학이야말로 '일반이론'이라고 강조하였으며, 완전고용을 위해서는 조세정책·화폐정책·금융정책·재정정책 등을 통한 정부당국의 인위적 간섭에 의해 유효수요를 창조해야 한다고 주장하였다.

케인스의 일반이론은 주로 30년대의 자본주의 경제의 병폐인 불완전고용, 즉 불황을 주로 분석의 대상으로 삼았다는 데서, '불황의 경제학'이라고 평하는 학자도 있다. 그러나 그의 이론의 주축을 이루는 유효수요 이론은 불완전고용뿐만 아니라, 완전고용하의 경제분석에도 그대로 적용될 수 있고, 또 인플레이션 분석에도 적용될 수 있다. 그런 의미에서 케인스가 자신의 이론을 '일반이론'이라고 부른 것은 타당하다고 할 수 있다. '일반이론'은 경제이론면에서 케인스 혁명을 가져왔을 뿐 아니라 세계의 많은 나라의 경제정책에 이론적 기초를 제공함으로써 많은 새로운 경제정책을 수립하게 하였고, 이 이념은 국제기구에서도 구체화된 바 있다. 국제통화기금(IMF)·국제부흥개발은행(IBRD) 등이 대표적인 예이다.[7]

---

1 가격이론(price theory)
어떤 시장 메커니즘에서 개개의 경제주체가 어떤 원리에 입각하여 행동하는지를 밝히는 이론. 현대경제학에 속하는 각종 이론의 기초가 된다. 즉, 가계와 기업이라는 주체가 주어진 조건 아래서 어떤 동기와 목적으로 행동하는지 그 특성을 밝히는 서문이다. 이들의 규명은 여러 가지 재화와 서비스에 대하여 각 시장에서 결정되는 가격과 생산량·판매량의 관계를 밝혀 주게 되며, 이를 통하여 경제사회에서 이루어지는 자원배분이나 소득배분에 관한 이해를 깊게 할 수도 있다. 일반적으로 시장 메커니즘에의 의존이 가장 중요하며 동시에 시장 메커니즘이 가지는 특성(그 한계도 포함하여)을 밝히고 바람직한 의의를 찾는 일도 가격이론의 역할이다.

2 한계효용균등의 법칙(限界效用均等의 法則, law of equimarginal utilities)
소비자나 기업 등의 경제주체가 한정된 자본이나 소득을 여러 가지 재화를 사들이는 데 충당하는 경우에 그 재화에 의하여 얻어지는 한계효용(재가 1단위 늘어날 때마다 얻어지는 만족)이 같아진다고 하는 경제학상의 법칙. 즉, 동일한 경제주체가 얻은 A재의 한계효용은 극단적으로 크지만, 거기에 비하여 B재의 그것은 작다는 일은 있을 수 없다. 경제행위의 중심이 되는 선택행위에 의해 이 법칙은 실현된다.

3 고용이자및화폐의 일반이론(雇用利子 및 貨幣의 一般理論)
1936년에 간행된 영국의 경제학자 J. M. 케인스의 저서. 스미스의 「국부론」, 마르크스의 「자본론」과 비견되는 경제학 고전의 하나이다. 고전파가 완전고용균형이라는 특수한 상태를 상정한 데 반하여, 이것을 부분으로서 포함하는 불완전고용균형을 밝힌 고용의 일반이론을 설명하였고, 고전파가 화폐가치 척도의 기능 및 유통수단의 기능을 중심으로 하는 실물적 이자이론인 데 반하여, 유동성 선호설을 새로이 전개하여 화폐의 가치보장 수단의 기능을 중시한 이자의 일반이론을 밝혔다. 또한 고전파가 화폐수량설과 극대원리에 의거하여 화폐이론과 재화이론을 구별한 데 반하여 물가이론과 생산량의 수급이론을 통일하는 유효수요론을 수립하였으며, 소비·투자·저축·소득·고용량 등의 집계량을 중심으로 하는 거시적 분석방법을 일반화하였다.

4 승수이론(乘數理論, theory of multiplier)

경제현상에 있어서 어느 경제량이 다른 경제량의 변화에 따라 바뀔 때 그 변화가 한 번에 끝나지 않고 연달아 변화를 불러 일으켜서 마지막에 가서는 맨처음의 변화량의 몇배에 이르는 변화를 하는 수가 있다. 이러한 변화의 파급관계를 분석하고 최초의 경제량의 변화에 따라 최종적으 로 빚어낸 총효과의 크기가 어떻게 결정되는가를 규명하는 것이 승수이론이다.

최종적으로 산출된 총효과를 승수효과라고 하며 어느 독립변수의 변화에 대해 다른 모든 변수가 어떤 비율로 변화하는 가를 나타내는 것을 승수라고 한다.

이 승수이론은 케인즈체계의 기본을 이루는 것의 하나로서 케인즈는 이 이론에 의해 투자가 파급효과를 통하여 결국은 같은 액수의 저축을 낳는다고 설명했다.

5 가속도원리(加速度原理, acceleration principle)

가속도원리란 처음의 소득 증가는 소비재 수요를 증가시켜 계속적으로 관련기업체의 신투자를 유발, 결국 증가된 소득보다 몇 배의 투자를 가능하게 하는 현상을 말한다.

소득이 늘고 소비재의 수요가 증가하면, 종래의 설비로는 필요량을 생산할 수 없기 때문에 설비의 건설 내지 설비물의 매입을 하게 되며, 이 설비를 생산하기 위한 새로운 투자가 계속 이루어져야 한다. 이처럼 처음의 소득증가는 순차적으로 투자에 파급되어 가는 것이다.

가속도의 원리는 특히 케인스 이래로 승수이론과 더불어 경기변동이나 경제성장을 밝히는 분석도구가 되어 있다.

6 케인스혁명(Keynesian evolution)

1936년에 발표된 J.M.케인스의 「고용·이자 및 화폐의 일반이론」에 의해 이룩된 경제학상의 혁신적 공헌을 일컫는 말. L.클라인이 명명했다 그러나 케인스혁명의 핵심에 대한 견해는 엇갈리고 있다.

첫째, 케인스혁명의 핵심을 유동성 선호함수의 발견에서 찾는 영국 케인지언의 견해이다. 케인스는 '이자는 저축에 대한 보수'라는 생각을 깨고 '이자는 일정기간 유동성을 포기하는 대가'라고 주장했다.

둘째, 케인스혁명의 핵심을 소비함수 혹은 승수이론에서 찾는 투자가 이자율이 아닌 소득수준의 변화에 의해 균형을 이룬다고 주장했다.

셋째, 임금과 고용에 대한 케인스의 새로운 생각에서 찾는 견해이다. 즉 그는 임금인하는 유효수요를 감소시켜 결국 고용과 생산고를 감소시킨다고 주장 해, 임금인하가 생산비를 저하시켜 고용문제를 해결한다는 전통적 견해를 반박했다.

7 케인스 정책(Keynesian policy)

불황기에는 공공사업 등을 통해 정부지출을 증대시키고 공정할인율을 인하하여 금융긴축을 완화시킴으로써 유효수요를 확대시킨다. 반대로 호황기에는 정부지출 억제와 금융긴축을 통해 유효수요를 감소시킴으로써 경기의 과열과 인플레이션을 방지한다. 이러한 재정·금융을 중심으로 한 경기조절정책을 경제이론으로 체계화시킨 최초의 경제학자가 J. M. 케인스이며 이러한 정책을 그의 이름을 따서 케인스정책이라 부른다.

제2절 부동산기업

1. 부동산기업의 의의

(1) 부동산기업

기업은 최소의 비용으로 최대의 수익을 거두려고 합리적인 경영을 추구하는 이익집단이다. 기업의 목적은 이윤에 있지만 반드시 이익만 보는 것이 아니라 손실을 보는 경우도 많다. 그 중에서도 부동산기업은 부동산업을 영위하는 경제적 조직체로 부동산활동을 통하여 이윤을 목적으로 재화와 용역을 제공하는 조직이다.

(2) 부동산경영

부동산경영이란 부동산활동을 하는 자가 사회나 개인에게 기여하기 위하여 필요한 재화와 용역을 생산하고 분배하는 행위로 인사·재무·회계·구매 등의 제 활동을 말하는 것이다. 경영자는 재화와 용역의 생산 및 구매 등을 위하여 인적·물적 노력을 과학적으로 기획·조직·충원·지시 및 통제를 하여 생산성 향상에 노력하는 것이다.

(3) 부동산기업의 사회적 책임

부동산기업은 사회와 갖가지 관계를 맺고 있으며 늘 갈등과 대립이 존재한다. 주로 기업지배력에 관한 것, 서비스제공이나 하자보수·부당표시·재해·환경보전·공해·주택가격이나 지가상승 등에 관한 것이 많다. 반면에 유용한 점으로는 주택공급이나 토지조성의 견인차 역할을 하며 기타 부동산서비스 등을 통하여 국민에게 신뢰를 받는 경우도 많다. 그러나, 근본적으로 기업의 사회적 책임 수행이 기업을 유용한 존재로 만들며 그 가치를 인정받을 수 있게 된다.

(4) 부동산기업의 환경

기업의 분석은 주로 기업 내부환경분석에 초점이 맞추어져 있다. 그러나 실제 경영활동을 수행하다보면 기업을 둘러싼 외부환경도 결코 무시할 수 없다. 특히 오늘날처럼 경영환경이 눈부시게 변화하는 시대에는 환경의 변화에 재빨리 대처하는 자세가 중요하다. 각종 규제완화와 인터넷의 보급은 타 업종에 속했던 기업이 하루아침에 경쟁기업으로 변신하는 경우도 있다. 정확한 환경분석은 사전에 적절한 대책을 찾는데 매우 유리하다고 본다.

부동산기업이 자유시장경제 하에서 원활히 활동하기 위하여는 다음과 같은 7가지 환경요인에 대하여 바람직한 기업이미지를 전달하여야 한다. 이러한 환경들은 조직체에 공헌하는 구성요소 들이며 어떤 의미에서는 기업의 이미지로 간주할 수도 있다. 이러한 환경요인들이 갖는 성격과 이해관계는 각각 상이하기 때문에 이러한 요인과 양호한 관계를 유지해야 하는 기업은 늘 각 요인이 선호하는 이미지를 나타내지 않으면 안 된다.

1) 자본조달기구

① 자기자본 : 주식발행자본 등
② 타인자본 : 금융기관부채 등

2) 시장

3) 종업원

4) 유통기구 : 부동산유통기구

5) 자원의 공급자 : 기업활동에 필요한 원자재 등의 공급자

6) 인근 혹은 지역사회 : 지역사회와의 관계유지

7) 정부 : 기업활동의 규제자, 조력자, 해외활동시 상대국과의 교섭자의 역할

2. 경영자

(1) 경영자의 기능

기업에 있어서 경영자(manager, executive)란 경영체를 구성하는 지도적인 그룹으로 관리기능을 발휘하는 집단이다. 경영자계층 내지 경영자집단을 특히 전문경영자(professional, expert, specialist manager) 라고 부른다. 이같이 경영자란 개인을 뜻하는 단수가 아니라 집단이나 기관을 뜻하는 복수의 개념으로 쓰인다.

1) 관리적 기능(administrative skill)

관리적 기능이란 경영사가 가지고 있어야할 경영자기능(managerial function)을 기술적인 측면에서 표현한 것으로 계획, 조직, 통제라는 3대 관리기능을 더욱 효과적으로 발휘 할 수 있는 숙련도를 뜻한다. 더 나아가서 기업의 목적이나 전략을 설정하는 일체의 관리적 재능을 말한다.

2) 인간적 기능(human skill)

인간적 기능은 경영조직체내의 모든 인간 관계적 기능을 말한다. 조직의 구성원으로 하여금 공통목적을 향해 자발적으로 협동하게 하는 능력을 뜻하기도 하지만 주로 경영자계층간의 인간관계 유지를 위한 능력이 대상이 된다. 관리적 기능이나 기술적 기능은 어느 정도의 교육훈련을 통하여 질적 향상을 이룰 수 있지만 인간적 기능만은 상당한 부분이 경영자 자신의 소질과 재능에 좌우된다고 볼 수 있다.

3) 기술적 기능(technical skill)

기술적 기능이란 전문적인 지식과 경험을 토대로 해당 분야의 기술적인 이해도와 숙련도를 뜻한다.

4) 스킬믹스(skill mix)

스킬믹스란 위 3가지 기능을 혼합한 기능을 말한다. 위 세 가지 기능은 경영자에게 공통적으로 요구되지만 각자 다르게 발휘되는 것이 보통이다. 최고경영자(사장, 이사 등)에게는 관리적 기능이 많이 요구되지만 중간관리자층(부장, 차장, 과장 등)은 인간적 기능의 발휘가 중요하다. 하급 경영자 층(계장, 반장, 감독 등)은 직접 작업집행조직과 연계되기 때문에 기술적 기능의 비중이 크다고 볼 수 있다.

[圖 1-2-2] 계층별 스킬믹스 관계

<table>
<tr><th>最高經營者層</th><th>中間經營者層</th><th>下層經營者層</th></tr>
<tr><td rowspan="2">관리적 기능</td><td>관리적 기능</td><td>관리적 기능</td></tr>
<tr><td rowspan="2">인간적 기능</td><td>인간적 기능</td></tr>
<tr><td>인간적 기능</td><td rowspan="2">기술적 기능</td></tr>
<tr><td>기술적 기능</td><td>기술적 기능</td></tr>
</table>

자료: 박운성, 현대경영학원론, 박영사, 1989. p.199

보/충/강/의

- 스킬스 인벤토리(Skills Inventory)
  인사관리 방법의 하나. 개개의 종업원의 지식·능력 등을 조사하고 그 내용을 정확히 파악하여 기업의 인적자원을 가장 적절하게 활용하려는 것이다. 기업을 에워싼 정세의 변화에 대응하여 기업을 존속, 발전시켜 나가기 위하여는 종업원의 적배치와 능력개발이 필수적이다. 그러나, 조직의 확대와 종업원수의 증가에 따라 종업원을 개별적으로 관리하기 어려워지는 한편 요구되는 지식, 기능은 더욱 전문화되었다. 스킬스 인벤토리는개개인의 지식·경험·특기·업적 등 인적정보를 정리 보관하고 필요에 따라 이를 검색함으로써 인재의 적절한 활용, 육성을 꾀하는 것이며 컴퓨터의 도입으로 점차 확산, 보급되고 있다.
- 계층별 스킬믹스(Skill Mix)
  스킬믹스란 경영자의 기능 중 관리적 기능, 인간적 기능, 기술적 기능의 3가지 기능을 말하며 이중에서 최고경영자는 관리적 기능이 중간경영자는 인간적기능이 하급경영자는 기술적기능이 무엇보다도 중요하다.

(2) 최고경영자의 임무와 역할

일반기업도 마찬가지겠지만 특히, 중소기업이 많은 부동산기업에 있어서 최고경영자의 임무와 능력은 무엇보다도 중요하다.

1) 조직구성원이 공감하는 철학의 정립

최고경영자는 자신의 인생관, 국가관, 가치관, 기업관 등의 철학을 갖고 있어야 한다. 그리고 조직의 구성원들이 공감해야 한다.

2) 철학의 이념전환

최고경영자의 철학이 이념으로 바뀌고 그것이 경영목표나 향으로 결정되면 기업은 그에 따라 움직인다. 최고경영자의 철학이 이념으로 전환되지 않으면 아무리 그것이 훌륭한 것이라도 공상에 그치고 말 것이다.

3) 이념구현의 비전 제시

철학이나 이념이 실현되기 위해서는 구체적인 방법론이 있어야 하는데 이것이 비전(vision)이다. 부동산기업의 비전은 기업의 운영방향을 시장, 상품 및 서비스, 기술이나 지식 등에서 찾아야 할 것이다.

4) 조직운동에너지의 집결

최고경영자는 조직구성원의 운동에너지를 집결시킬 수 있는 대안을 가지고 있어야 하며 자신을 포함한 조직구성원의 일체감 형성을 위해서 많은 결단을 내려야 한다.

5) 목표상충의 조정

기업목표의 실현을 위해서 각 부서간의 목표상충(goal conflict)이 나타날 때 최고경영자의 조정은 매우 중요하다.

6) 실무진의 의사결정에 조력

최고경영자는 정부, 경쟁업자, 소비자 등 모든 대상을 조망하면서 실무담당자의 의사결정을 도와주어야 한다.

7) 장기적 안목의 유지

기업의 영속성을 위해 장기적인 안목으로 의사결정을 하여야 한다.

8) 조직의 공동체의식 유지

조직의 일체감 즉, 공동체의식을 유지 시켜야 한다. 공동체 의식은 전체를 하나로 묶는 힘이며 그것은 신뢰로부터 나온다.

(3) 경영자의 사회적 책임

1) 기업유지의 책임

기업은 수많은 주주와 종업원 그리고 고객에 의해 유지되고 있으며 이들의 이해관계와 제반환경을 조정 유지할 책임을 진다.

2) 이해자 집단의 이해조정책임

기업은 주주에게는 이익배당을 해야 하고 노동자에게는 임금을 지급하며 소비자에게는 양질의 상품을 제공해야 한다. 이들 사이의 조정을 도모하여 기업을 유지하는 것이 경영자의 책임이다.

3) 후계자양성의 책임

훌륭한 후계자를 양성하여 기업발전과 성장을 도모하여야 한다.

4) 종업원복지에 대한 책임

종업원이 기업의 구성요소임을 인식하고 그들이 기업에 공헌할 수 있도록 인간적 대우와 사회적 복지를 확보해 주어 신뢰를 갖고 양질의 노동과 능률을 올릴 수 있도록 해야 한다.

5) 공해에 대한 책임

기업이 사회에 끼치는 자연 환경적 피해를 최소화하도록 자율규제 하는데 최선을 다 하여야 한다.

(4) 전문경영자

자본과 경영이 분리되지 못했던 과거의 기업과는 달리 현대기업은 조직력·기획력·판단력을 겸비한 전문 경영인을 요구하게 되었다. 경영자에게 요구되는 이러한 요인들은 선천적인 자질보다는 후천적인 교육, 훈련에 의하여 개발, 육성되는 것이 보통이다.

보/충/강/의

- 경영자(經營者, manager)

기업 경영에 관하여 최고의 의사결정을 내리고, 경영활동의 전체적 수행을 지휘·감독하는 사람이나 또는 기관을 말한다. 또는 경영활동을 담당하는 사람이나 실제로 기업을 운영하는 사람을 말한다. 출자자와 경영자를 겸한 경영자를 所有經營者라고 하며, 기업자의 대리인으로서 업무의 일부를 위임받은 사람을 雇傭經營者, 또는 囑託經營者라고 한다. 기업 규모가 커지면서 전문적인 지식과 기술을 가진 경영자가 나타나게 되는데, 이를 專門經營者라고 한다. 그 기능은 임시적 기능과 경상적 기능으로 이루어진다. 임시적 기능은 기업의 설립·개편·합병·해산 등 기본적 존립에 관한 조성기능과 이사와 감사, 기타 중요 직위에 관한 최고인사이다.

경상적 기능은 자본·제품·노동력·유통·설비 등의 구조(구성)와 그러한 구조를 운용하는 기본방침이나 장기계획의 결정, 전체적 경영활동의 지휘·감독, 경영활동의 전체적 성과를 비판·검토하는 감사로 이루어진다. 현대의 주식회사에 있어서는, 임시적 기능은 주주총회가 가지며, 경상적 기능은 이사회가 가지므로, 형식적으로는 이 양자가 경영자기관이라고 할 수 있다. 그러나 실제로는 사장을 중심으로 한 약간 명의 이사들이 앞서 말한 여러 가지 기능을 수행하고 있으며, 이들이 진정한 경영자라고 할 수 있다. 전에는 출자자가 그대로 경영자가 되는 것이 보통이었다.

출자자인 동시에 경영자인 사람을 기업가라고 한다. 그러나 대규모 기업의 출현으로, 한편으로는 출자자의 다수화에 의한 소유의 분산과 출자자의 투자가화가 나타나고, 다른 한편으로는 복잡·거대화한 생산수단의 효율적 운용을 위하여 특수한 전문적 능력을 필요로 하게 되었다. 이리하여 종래의 출자자가 그대로 경영자가 되는 기업가시대는 지나가고, 출자와 경영을 운용하여 출자자가 아닌 전문경영인이 기업을 움직이는 시대가 필연적으로 오는 것이다. 미국의 정치·경제평론가인 J.버넘은 산업사회 시대에서는 전문경영인이 사회의 중심인 산업경영을 지배함으로써 사회의 지도적 지위에 앉는다고 보고, 이를 '전문경영인혁명'이라고 하였다.

전문경영인은 능력인이므로 재능이 있는 사람을 선발하여 경영후계자로 육성하여 계속기업의 요구와 합치시키도록 해야 한다. 경영자 교육이나 경영자 세미나가 성행하는 것은 전문경영인 시대의 특색이다.

3. 부동산기업의 창업

(1) 기업창업의 의의

미국의 마이크로소프트사[8]는 창업한지 10년만에 세계적인 기업으로 성장하였으나 설립한지 수 십 년이 지나도 변두리 공장수준을 벗어나지 못하는 영세기업도 많이 있다. 성장하고 발전하는 기업의 특징은 독창적인 상품이나 기술로 시장에 진출한다는 특징을 가지고 있다.

창업이란 창업자가 사업아이디어를 가지고 자본을 동원하여 특정한 재화와 용역을 생산하는 체계를 만드는 일이다. 여기서 창업자, 사업아이디어, 자본을 창업의 3대 요소라 한다.

(2) 기업창업의 과정

부동산기업을 창업하려면 그 타당성 분석을 통하여 긍정적이라면 기업을 설립하게 되는데 이러한 절차를 기업창업의 과정이라 한다.

① 예상시장과 상품의 분석 ② 경제상황의 분석과 예측
③ 기업활동 목표 및 범위의 결정 ④ 상품과 서비스의 계획
⑤ 기업규모의 결정 ⑥ 입지선정
⑦ 자재의 직접 제작 여부의 결정 ⑧ 공장배치와 시설 등의 조정
⑨ 소요자금과 예상이익의 추정 및 자금조달계획
⑩ 조직구조의 설정과 인선 ⑪ 사업계획

8 마이크로소프트사(Microsoft Corporation)
1975년 게이츠(Bill Gates)와 앨런(Paul Allen)이 설립하였다. 1980년대 초 IBM의 개인용 컴퓨터 PC가 대중의 폭발적인 인기를 얻으며, 그 운영체제인 MS-DOS(disk operating system)을 제작한 마이크로소프트도 급성장하기 시작하였다. MS-DOS는 이전에 등장한 개인용 컴퓨터의 운영체제보다 사용이 편리하고 배우기 쉽다는 점 때문에 초창기의 수많은 경쟁업체들을 제압하고 개인용 컴퓨터 운영체제의 대명사가 되었다. 그 후 하드웨어의 발달에 힘입어 등장한 그래픽 운영체제에 대응하여 출시한 윈도(Windows) 시리즈도 계속 성공을 거두어 창업자인 게이츠를 40대 초반에 세계 최대 갑부 중 한 사람으로 만들었다. 현재 마이크로소프트는 윈도 등 컴퓨터 운영체제뿐만 아니라 마이크로소프트오피스 등 종합 소프트웨어를 개발, 보급하고 있다.

보/충/강/의

• ▌사업계획서

표준사업계획서

1. 기업체 현황

▪ 회사 개요

<table>
<tr><td colspan="2">업체명</td><td colspan="2"></td><td rowspan="2">업 종
(표준산업분류번호)</td><td rowspan="2"></td><td>조직형태</td><td></td></tr>
<tr><td colspan="2">대표자</td><td colspan="2"></td><td>상시종업원수</td><td></td></tr>
<tr><td colspan="2">설립(예정)일</td><td colspan="2"></td><td>주제품</td><td></td><td>결 산 일</td><td></td></tr>
<tr><td rowspan="3">주
소</td><td>본사</td><td colspan="4"></td><td>자 본 금</td><td></td></tr>
<tr><td>현사업장</td><td colspan="4"></td><td>자산총액
(부채총액)</td><td></td></tr>
<tr><td>계 획
사업장</td><td colspan="4"></td><td>연간매출액
(당기순이익)</td><td></td></tr>
<tr><td colspan="2">사업장현황</td><td>*용도
지역구분</td><td></td><td>소 유
형 태</td><td>자가, 임차</td><td>규 모
(대지, 건물,
기계)</td><td></td></tr>
<tr><td colspan="2">사업자등록번호</td><td colspan="2"></td><td colspan="2">협회, 단체 가입상황</td><td colspan="2"></td></tr>
<tr><td colspan="2">인허가등록</td><td colspan="2"></td><td colspan="2">금융기관 등 우대사항</td><td colspan="2"></td></tr>
<tr><td colspan="2">공업소유권등</td><td colspan="2"></td><td colspan="2">주거래은행</td><td colspan="2"></td></tr>
</table>

* 용도지역구분

▪ 업체 연혁

년 월 일	주 요 내 용

▪ 창업동기 및 사업의 기대효과

창업 동기	
사업의 기대효과	

▪ 사업전개 방안 및 향후 계획

사업전개방안 및 향후 대책	

2. 조직 및 인력계획

▪ 조직도

▪ 조직 및 인력구성의 특징

▪ 대표자 및 경영진 현황

▪ 주주 현황

▪ 관계회사 내용

<table>
<tr><td rowspan="2">업체명</td><td rowspan="2">설립
년 월 일</td><td rowspan="2">주생산품</td><td rowspan="2">총자산</td><td rowspan="2">자본금</td><td colspan="2">전년도 영업실적</td><td rowspan="2">당해업체와의 관계</td></tr>
<tr><td>매출액</td><td>당기순이익</td></tr>
<tr><td></td><td></td><td></td><td></td><td></td><td></td><td></td><td></td></tr>
</table>

■ 종업원 현황 및 충원 계획
■ 교육훈련 현황 및 계획
3. 기술현황 및 기술개발 계획
■ 제품(상품)의 내용
■ 제품(상품) 아이템 선정 과정 및 사업 전망
■ 기술 현황
■ 기술개발 투자 현황 및 계획
4. 생산 및 시설 계획
■ 생산 및 시설 현황
(1) 보유시설
(2) 생산 능력, 생산 실적, 가동현황
■ 생산 공정
(1) 생산 공정도
(2) 생산공정상의 제 문제 및 개선대책
■ 원·부자재 사용 및 조달 계획
(1) 제품 단위당 소요 원재료
(2) 원재료 조달 조건, 조달상 문제점 및 대책
(3) 원, 부자재 조달 계획 및 전망
■ 시설투자 및 생산성 향상 계획
(1) 시설투자 계획

종별	시설명	규격	수량	설치예정 연도	설치 및 제작		설치구분	제작구분
					소요금액	제작회사		

(2) 생산성 향상 계획

구 분	기준년도	연차별 목표		
		1차년도	2차년도	3차년도
노동생산성(천원)				
자본생산성(%)				

5. 판매계획

연도 / 항목	실 적	추 정				
	년	년	년	년	년	년
원 재 료 비						
노 무 비						
경 비						
당기총제조비용						
(+)기초재 공품재고액						
(-)기말재 공품재고액						
당기제품 제조원가						

■ 관련산업, 동업계 및 경쟁회사 현황

(1) 관련산업 및 동업계 최근 상황

(2) 경쟁회사 현황

(3) 시장 총규모 및 자사 제품 수요전망

■ 판매 실적 및 판매 계획

(1) 생산 및 판매실적

(2) 생산 및 판매 계획

■ 마케팅 전략

영업조직 및 마케팅 전략	마케팅 전략상 제문제 및 해결방안

6. 재무 및 수익 계획

■ 재무 현황

(1) 최근 결산기 주요 재무 상태 및 영업실적

(2) 금융기관 차입금 현황

■ 추정 손익계산서 작성

■ 추정 제조원가 명세서

■ 감가상각 및 이연자산상각 산출 근거

■ 추정대차대조표

■ 손익분기 분석 및 수익성향상계획

■ 소요자금 및 조달계획

소 요 자 금		
내 용		금 액
사업장	대지매입 공장건축 부대설비	
	소 계	
생산설비	기계시설 부대시설	
	소 계	
유형고정자산	차량운반구 기구비품기타	
	소 계	
운전자금	원부자재구입비 기타운전자금	
	소 계	
예 비 비		
합 계		

조 달 계 획		
내 용		금 액
자기자본	발기인 벤처캐피탈회사	
	소 계	
차입금 및 특수금융	회사채발행 (사채, 전환사채) 은행차입 제2금융권차입 시설대여 공단지원 주주일시차입	
B/S가용자금 기타		
합 계		

(3) 기업의 도산

기업이 환경에 적응하지 못하거나 최저 필요이익을 확보하지 못한 경우 또는 지급불능 상태에 빠진 경우는 도산하게 된다. 기업이 도산하게 되는 경우는 여러 가지가 있는데 가장 직접적인 원인은 자금부족에 있다. 다시 말해 도산은 기업이 은행계좌의 잔고부족으로 거래처에 대금을 결재할 수 없는 상황을 말한다. 일반적으로 기업이 발행한 어음의 결재기일이 도달했음에도 불구하고 은행잔고가 부족하다면 그 어음은 부도처리가 되며 은행거래는 정지되고 사업에 필요한 자금을 조달할 수 없기 때문에 사실상의 도산상태가 된다. 즉, 은행거래정지처분은 기업 도산의 선고나 다름없다.

1) 웨스턴(J. F. Weston)과 브리검(Brigham)

도산을 경제적 도산(수익성기준)과 재무적 도산(장·단기의 유동성기준)으로 나누었다.

① 경제적 도산

㉠ 수익 < 비용

㉡ 투자이익률 < 자본비용

㉢ 실현이익 < 기대비용

② 재무적 도산

㉠ 기술적 지급불능(technical insolvency) : 자산이 부채보다 많지만 만기부채를 지급하지 못하는 경우

㉡ 파산(bankrupcy)[9] : 자산보다 부채가 많은 경우.

2) 던 앤드 브래드스트리트사의 정의(Dun and Bradstreet Inc.)

① 강제집행, 유질(유질·foreclose), 재산압류

② 미지급부채를 남긴 체로 자발적 영업중지

③ 관리인 선임, 재조직, 정리절차에 따른 법원계류

④ 채권자와의 자발적 협약에 의한 영업정지

---

9 파산

채무자가 경제적으로 파탄상태에 빠졌을 때 그 총재산으로 총채권자에게 공평한 만족을 주는 재판상 절차를 법으로 규정한 것이 파산법이다. 파산선고는 채권자가 신청하는 것이 보통이지만, 채무자도 신청할 수 있다. 파산선고신청이 있을 때에는 파산사건의 관할법원(파산법 제96조)은 원칙적으로 민사소송법에 준하여 심리하고(제99조), 파산원인이 없다고 인정하면 그 신청을 기각하되, 파산원인이 있다고 인정하면 파산선고의 결정을 한다. 파산은 선고한 때부터 그 효력이 생긴다.

3) 밴 혼(J. C. Van Horne)

① 기술적 지급능력 불능
② 실질적 파산(자산〈부채)

4) 시미즈의 정의

일본의 시미즈는 3단계에 걸쳐 기업이 도산한다고 보았다.

① 1단계(정상기업의 수익성 저하)
정상기업의 수익성이 저하하면 정상적인 경영활동범위 내에서 내부유보의 유출 및 불용 자산을 매각하여 지급능력을 유지한다.

② 2단계(지급능력 저하)
수익성이 저하한 기업이 계속하여 개선되지 않으면 내부유보 내지 불용 자산의 고갈로 심각하게 지급능력이 저하한다. 말기에는 경영의 기본자산 매각 및 은행관리가 요구된다.

③ 3단계(법적 파산)
기업갱생법의 적용 및 파산신청 등에 의한 법률적 파산에 이르게 된다. 따라서 도산은 제 2단계의 말기에서 시작하여 제 3단계에서 종료된다.
☞ 광의의 도산은 일반적 정책수단으로 해결할 수 없는 지급능력의 저하를 말하며 협의의 도산은 법률적 파산을 의미하는 것이다.

[그림 1-2-3] 기업도산의 3단계 과정

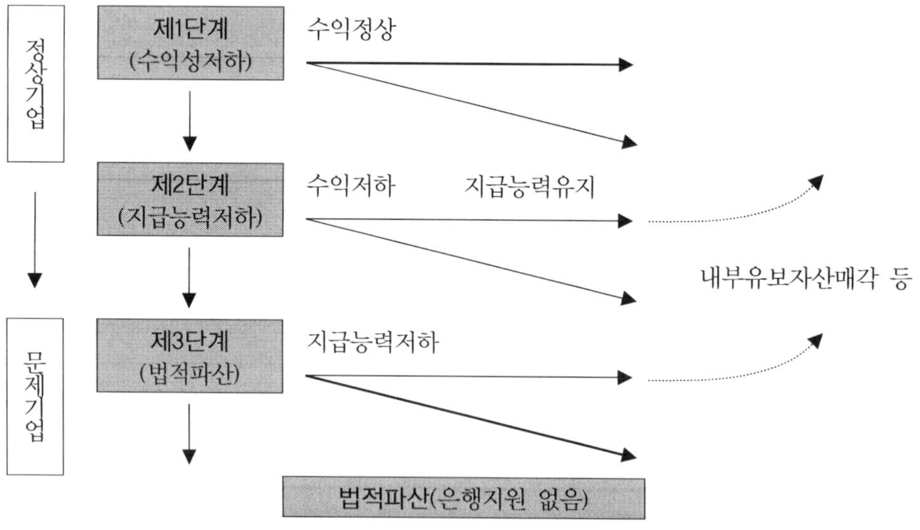

보/충/강/의

• 도산의 원인과 징후(일본)

① 방만한 경영	② 경영계획의 실패
③ 경기변동에 따른 판매부진	④ 업계부진
⑤ 외상매출금 회수부진	⑥ 과당경쟁
⑦ 경영자의 질병	⑧ 수출부진
⑨ 화재 및 재해	⑩ 하청계열의 재편성

(4) 기업의 청산과 재건

1) 기업의 청산

기업의 청산은 자급능력이 없어 재건이 불가능한 경우에 적용한다. 청산에는 파산, 특별청산과 같은 방법이 있다. 파산절차는 전 사원이 해고된 상태에서 법정관리인이 기업의 남은 재산을 채권자에게 배분하는 방식이다. 특별청산은 이미 정리중인 회사가 재산처분과정에서 문제를 일으킬 경우에 법원의 명령에 의해서 시행하는 청산절차를 말한다.

2) 기업의 재건

기업의 재건에는 법정관리, 화의, 은행관리 등의 방법이 있다. 법정관리는 회사정리법에 따라 법원이 주도해 법정관리인을 선정하고 회사재건에 착수하는 방법이다. 이 방법은 해당 기업의 도산이 사회적으로 미칠 파장이 클 경우에 시행한다. 화의는 「채무자 회생 및 파산에 관한 법률」[10]에 따라 채권자의 동의를 얻어 채권을 일정기간 유예시키는 방법으로 주로 중소기업을 대상으로 적용한다. 마지막으로 은행관리는 대기업이 지급불능상태에 빠졌을 때 적용하는 방법이다. 이사나 감사의 신청이 있으면 주 채권은행의 감독하에 정리·재건작업에 들어간다.

---

10 **채무자 회생 및 파산에 관한 법률**[시행 2010. 1. 1] [법률 제9924호, 2010. 1. 1, 타법개정]
이 법은 재정적 어려움으로 인하여 파탄에 직면해 있는 채무자에 대하여 채권자·주주·지분권자 등 이해관계인의 법률관계를 조정하여 채무자 또는 그 사업의 효율적인 회생을 도모하거나, 회생이 어려운 채무자의 재산을 공정하게 환가·배당하는 것을 목적으로 한다.
파산선고를 받지 아니한 채무자에 대하여 회생계획인가가 있은 후 회생절차폐지의 결정이 확정된 경우 법원은 그 채무자에게 파산의 원인이 되는 사실이 있다고 인정하는 때에는 직권으로 파산을 선고하여야 한다.

4. 부동산업의 종류

(1) 부동산업의 의의

부동산활동은 많은 전문업자의 서비스를 거치는 것이 통상이며 그 기회는 사회가 발전함에 따라 더욱 증가된다. 사회발전은 모든 것을 전문화하므로 부동산의 전문직업의 수가 증가하고, 서비스의 내용도 복잡화된다. 그러므로, 전문가의 지원은 비전문가에게만 필요한 것이 아니라, 전문가라도 그의 능력이 한정된 경우에는 다른 전문가의 지원을 불가피하게 요구하기에 이른다.

전문직업으로서 부동산업의 종류는 많고, 그 기능도 다양하다. 부동산업에는 어떤 종류가 있고, 그 기능은 무엇인가에 대해 살펴보기로 한다.

(2) 부동산업의 종류

1) 부동산중개업

부동산중개업은 타인의 부동산거래를 중개하고 보수를 받는 업을 말한다. 중개업은 국민의 부동산활동과 가장 가까운 위치에 있고, 중개업이 부동산현상에 미치는 영향은 매우 크다. 중개기능이 비과학적이면 모든 부동산현상이 그렇게 되고, 중개윤리의 수준이 낮으면 거래질서가 문란하게 된다. 우리나라에서는 국민들이 재산관리 등을 위해 수시로 중개업자를 찾아 상담을 요구하지만 오늘날의 중개업자는 물건의 소개기능 이상의 전문성이 없어 전문적인 자문기능을 하지 못하거나, 하더라도 아직은 초보적인 단계에 머물고 있는 실정이다. 이러한 관점에서 볼 때 보다 전문적인 소양을 갖춘 개업공인중개사들의 역할이 기대되며 특히 우루과이라운드에 따라 서비스시장이 개방되고 부동산 서비스시장도 개방화되는 시점에서 중개사들의 역할은 더욱 더 막중하다 할 것이다.

2) 부동산감정·평가업

부동산의 거래활동 등의 필요가 있는 경우, 전문가에 의뢰하여 가격을 정확하게 평가받음으로써 경제적 측면의 거래사고를 미연에 방지 할 필요가 있다. 부동산의 가격은 일반적으로 생각하는 것처럼 단순한 것이 아니며, 전문가인 감정평가사에 의해 그 가격이 평정된다. 부동산의 감정평가제도를 공인자격으로 하여 일정한 요금을 받고 평가서비스를 대행하도록 하는 것이 선진제국의 제도이며, 우리나라에서도 1970년대부터 토지평가사와 공인감정사 제도를 두어 전문적인 감정평가업무를 수행해 오던 중 양자 통합의 필요성에 의해 1989년 4월 1일 지가 공시 및 토지 등의 평가에 관한 법률을 제정함으로서 감정평가사로 일원화하였다.

3) 부동산관리업

대규모로 단지화 한 주택 단지나 아파트 단지, 그리고 넓은 농장이나 임야, 혹은 고층 빌딩 등의 관리를 맡아 이를 전문적으로 다루는 부동산업으로 경제적·기술적 관리뿐 아니라 법률적 관리도 그 책임에 수반되는 고도의 전문 직업이다. 우리나라에서도 1987년 12월 주택건설촉진법의 개정으로 주택관리사라는 부동산관리 전문가에 의한 주택관리를 제도화하고 있다. 현재는 주택건설촉진법은 폐지되었고 2003년 11월 30일부터 시행되는 주택법에 의하여 주택관리제도가 시행되고 있다.

4) 부동산권리분석업(title business)

주로 법적 측면에서 부동산의 권리 관계의 하자유무를 실질적으로 조사·분석·판단함으로써 부동산 사고를 예방하는 전문직업이다. 부동산 권리분석업에는 「권리분석대행업」과 「권리보증업」의 두 가지 유형이 있다. 우리나라도 토지·주택 정책·금융 담보 제도·등기행정·보험, 기타의 관점에서 이를 제도화할 필요가 크다.

5) 에스크로우(escrow)업

타인의 의회를 받고 타인의 부동산거래계약에 따른 이행업무를 대행하는 업이다. 에스크로우업은 부동산의 거래가 단순하지 않고 발전된 사회에서는 필수적으로 되고 있으며, 실제로도 복잡한 저당채무액 등을 정밀하게 검산하고 법무사처럼 스스로 소유권이전 등기절차까지 대행하고 있다. 미국에서 처음 실시되었다.

6) 부동산상담업

부동산활동이 복잡·전문화됨에 따라 전문직업으로서의 자문활동(advisory service) 또는 상담활동(consulting or counselling activity)의 중요성이 커지고 있다. 상담활동은 많은 종류의 부동산 결정(real estate decision making)을 위한 전문가로서의 아이디어 및 방향을 제시하고, 그 보수를 받는 부동산 전문직업의 하나이며, 그 전문성은 가장 높은 수준에 속한다. 상담분야에는 투자상담(investment consulting)·이용상담·개발상담·시장조사상담·부동산활동의 대안제시, 저당투자상담, 각종 용지선정 등이 있으며 우리나라에서도 부동산 컨설팅업이 활성화되는 추세이다.

7) 건물검사업

부동산 특히 주택을 거래하는 경우에 기술적 측면을 커버하는 서비스가 필요한데, 그러한 필요성은 부동산의 발전에 따라 더욱 증대된다. 그러한 요청에 따라 구미사회에 등장한 것이 건물조사사(building or house inspector) 또는 주택상담업(house consultant)이다. 이는 주택을 거래하려는 매수인의 의뢰가 있을 때 주택의 건축 기타 기술적 상태를 조사하여 주고, 그에 대한 보수를 받는 전문가를 말한다.

8) 부동산 입지선정업

어떤 입지주체가 필요한 공장용지·점포용지·기타의 용지를 어디로 정할 것인가 하는 결정은 기업의 운명을 좌우하는 중요한 과제이다. 그러한 판단을 대행하여 줌으로써 후일의 피해를 예방하고 사업이 성공하도록 지원하는 부동산활동을 입지선정활동, 그 업무를 입지선정업이라 한다. 입지선정은 매우 중요함에도 불구하고 우리나라에서는 이를 대행하는 전문가는 아직 없고 부동산 컨설팅업체에서 일부를 담당하고 있다.

9) 부동산금융업

부동산을 채권담보의 수단으로 하는 금융활동을 업으로 하는 것을 말한다. 우리나라 은행은 금융기관에 속하나 그 외에 사금융활동도 있다. 금융활동자체는 부동산활동의 범주에 속하지 않으나 채권담보를 위해 부동산이 이용되는 데서 부동산활동의 하나가 되고, 나아가서는 부동산업의 하나가 된다.

10) 부동산분양업

분양업의 유형은 크게 자체 사업의 시행 및 분양, 시행 대행 및 분양, 분양 대행만을 전문으로 하는 경우로 나누어 볼 수 있다.

[表 1-2-2] 분양업의 유형과 업자의 구분

분양업의 유형	시행 및 분양	
	시행대행 및 분양	
	분양대행	
	시공 및 분양	
분양업자의 구분과 업무	분양사업자	분양사업의 개발 또는 수주, 분양사업의 총괄적 지휘
	분양상담자	고객과 투자상담 및 유치, 세금 및 금융상담
	분양요원	전단지 배포, 부동산작업, 고객 안내, 시장조사

그리고 분양 대행의 경우에 있어서는 아파트(대, 중, 소), 오피스텔, 단지 내 상가, 근린 상가, 주상 복합 건물, 쇼핑몰, 빌라, 전원 주택, 토지, 콘도, 아파트형 공장 등 구체적으로 세분화하는 업자들도 있지만 그 경계 영역은 두텁지 않은 편이다. 분양업자의 구분은 분양사업자, 분양 상담자, 분양 요원으로 구별해 볼 수 있다. 처음 분양 요원으로 입문하면 분양

상담자를 도와 홍보와 안내 업무를 중심으로 경력을 쌓게 된다. 이후 5년 이상의 경력을 지속적으로 쌓아야 만이 유능한 분양 상담자로서의 위치에 오르고, 또 5년 정도의 경력을 거쳐야 분양업자로서의 전반적 업무를 파악할 수 있다. 그러나 이러한 기간은 개인의 능력과 나이, 전문성과 교육 정도에 따라 다양한 차이를 나타낼 수 있다.

제3장 인사관리론

제1절 인사관리의 개념

1. 인사관리의 의의

인사관리(personnel management)는 일과 조직과 사람을 그 연구와 운용의 대상으로 한다. 인간은 타자원에서 볼 수 없는 여러 가지 능력 즉, 조정(coordinate), 통합(integrate), 판단(judge), 상상(imagine)하는 등의 능력을 지니고 있기 때문에 이들에 대한 관리는 타자원에 비해 매우 중요하다. 역시 기업을 움직이는 것은 인력자원이기 때문이다.

요더(D. Yoder)는 이 같은 인사관리를 "남녀 종업원이 자기 직장에서 최선의 공헌을 하게 하고, 최대의 만족을 얻도록 조력(aiding)하며 지도(directing)하는 기능 혹은 활동"이라 정의한다. 결국, 인사관리란 경영목적을 달성하기 위해 인적 자원을 조정·유지·발전시키고 그들이 능률적으로 활동하도록 관리하는 것이며 기업(조직)의 능동적 구성요소인 인적 자원으로서 종업원의 잠재능력을 최대한으로 발휘하게 하여 그들 스스로가 최대한의 성과를 달성하도록 하며, 그들이 인간으로서의 만족을 얻게 하려는 일련의 체계적인 관리활동을 말한다.

인사관리는 노동력최고이용설과 협력관계형성설로 크게 나누어볼 수 있는데, 제2차 세계대전 전의 노동력최고이용설에서 전후 협력관계형성설로 전환되었다. 이것은 제2차 세계대전 전에는 주로 생산방법을 배경으로 종업원의 개인적 능률을 중시한 데 비하여, 제2차 세계대전 후에는 인간관계연구의 영향과 생산방법의 집단화·자동화 등에 따른 팀워크(teamwork)의 필요와 노사관계의 안정확보에 의한 경영활동의 원활을 위한 협력관계의 형성이 특별히 요청되었기 때문이다.

따라서 오늘날의 인사관리는, ① 기업의 생산적 목적의 달성, ② 조직 내 이해관계의 조정, ③ 인간적 측면의 충실 등 3가지를 지주로 하여 이들을 효과적으로 관리하는 기술의 체계라고 할 수 있다. 즉, 오늘날의 인사관리는 인간노동력의 관리로서의 인력관리(manpower management)에 그치는 것이 아니라 인간을 전인적 존재(wholeman)로 이해하는 입장에서 인간으로서의 욕구를 충족시켜줌으로 사기(morale) 또는 근로의욕을 드높여 그들 스스로가 창의력을 발휘, 자발적 협동체제가 형성·유지되도록 하는 관리활동이다.

인사관리와 비슷한 용어로 노무관리가 있는데, 한국에서는 두 용어가 반드시 통일적으로 사용되는 것은 아니다. 즉, ① 인사관리와 노무관리를 구분하여 사용하는 견해, ② 인사관리 속에 노무관리를 포함하는 견해, ③ 인사관리는 노무관리라는 뜻으로 해석하는 견해 등이 있고, 회사에 따라서는 이 부문의 스탭으로 인사부와 노무부를 분리해서 두고 있다. 그러나 대체로 인사관리는 종업원을 최고로 활용하는 것을 목표로 하기 때문에 종업원의 채용·배치·이동·승진·퇴직 등의 고용관리, 종업원의 능력개발관리, 노동의욕관리 등을 내용으로 한다.

반면 노무관리는 종업원의 생활안정과 노사관계의 안정을 목표로 하기 때문에 노동조건의 적정화, 고용의 보장, 정년퇴직 후의 생활보장, 노사관계의 개선 등을 내용으로 한다. 그렇지만 실제로는 양자를 명백히 구분해서 관리하기란 힘들다. 따라서 광의의 인사관리나 노무관리는 협의의 인사 관리(고용관리)와 노사관계관리·인간관계관리의 3가지 면을 포괄하는 것으로 보는 것이 타당하다. 즉 광의의 인사관리 내용으로는

① 직무분석, 선발과 배치, 교육과 훈련, 직무평가, 보수제도, 안전계획 등 협의의 인사관리, 즉 고용관리,

② 단체교섭·고충처리·경영참가 등의 노사관계관리,

③ 종업원 PR[1]·제안제도·인사상담제도·동기부여, 참가적 리더십 등의 인간관계관리 등을 들 수 있다.

인사관리의 목적은 기업의 경영목적의 효율적인 달성에 기여하는 데 있으며, 성과는 이익·업적·생산성·비용·품질·결근율·이직률 등에 나타난다. 종업원 각자의 욕구를 충족시켜줌으로써 기업에 대한 협동적 의욕을 높이는 것으로, 성과는 사기조사(morale survey) 등을 통해 측정할 수 있다.

---

1 PR(public relations)
공중(公衆)과의 관계를 좋게 하기 위한 행위 또는 기능. PR 광고나 퍼블리시티 등은 PR 활동의 일부이다. PR의 주체는 개인 또는 조직체이며, 이 조직체에는 정부·공공사업체·자선사업체·영리사업체, 기타 모든 기업이 포함된다. 객체(대상)는 공중(퍼블릭)이지만, 그것은 일반대중인 경우도 있고, PR의 주체와 깊은 관계가 있는 특정집단(소비자·종업원·판매업자·주주·보도기관 등)인 경우도 있다. 제3대 대통령 T.제퍼슨이 의회에 제출할 교서의 초고를 쓰고 있다가, 'public sentiment(공중의 감정)'라는 말 대신에 'public relations'로 고쳐 쓴 것이, PR이 쓰이기 시작한 최초라고 한다. PR는 오늘날 기업의 중요한 경영문제이지만, 경영이론적으로는 새로운 경영철학이라고도 할 수 있다. 한국에는 제2차 세계대전 후 미국을 통해 도입되었으며 현재는 단순한 광고·선전이라는 뜻으로 쓰이고 있다.

2. 인사관리의 중요성

현대기업에서는 훌륭한 인사관리에 의하여 종업원의 정신적 육체적 노동뿐만 아니라 그들이 마음에서 우러나오는 노동에의 참여의욕을 불러일으킬 수 있는 것이다. 여기에 인사관리의 중요성이 있다. 인사관리의 중요성은 현대기업이 직면하고 있는 심한 경쟁 때문에 더욱 커지고 있다. 격렬한 경쟁에 이기기 위하여 모든 기업은 우수한 품질과 값싼 상품을 소비자에게 제공하려고 많은 자금을 들여 기계시설을 늘리고 자동화하는 등 각 방면으로 노력한다. 그 결과 인간력의 일부가 기계시설에 의해 대체되는 경향을 보이고 있다. 그러나 인간력이 기계시설에 대체 되었다고는 하나 그것은 일부에 지나지 않고 궁극적으로 그 시설도 인간에 의해 창조되고 움직이며 막대한 자본을 들인 설비가 종업원의 노동의욕저하로 태업이라도 발생하면 그 손실은 과거 어느 때 보다 더 큰 것이다.

인간의 노동이 효율적이지 않다면 경영의 성과를 기대하기 어려울 것이다. 따라서 기업이 성공적이려면 인사관리를 통하여 종업원을 경제적으로 풍요롭게 하고 사회적 인간으로서 보호하고 만족을 얻도록 하여 자발적으로 기업의 생산활동에 참여하려고 하는 의욕을 불러일으키게 하여야 한다. 훌륭한 인재를 구하여 그들의 입장을 이해하고 협력을 얻어 생산성을 향상하고 창의에 의한 기업활동으로 성장을 도모하기 위하여 인사관리는 절대 불가결한 것이며 기업에 있어 결코 간과할 수 없는 과제인 것이다.

3. 인사관리의 내용

인사관리의 내용은 기업의 목적달성을 위하여 기업의 노동을 확보하고 그것을 유지하며 잘 발휘될 수 있도록 하는 모든 것이 포함된다 하겠다. 그 중 대표적인 내용을 나열하여 보겠다.

첫째, 기업이 그 목적달성 즉, 이윤추구를 위하여는 노동력이 필요할 것이고 이를 위하여 종업원의 채용을 위한 고용관리 또는 채용관리가 이루어 져야 한다.

둘째, 채용된 사원이 환경에 적응하고 능률적으로 일하며 또 이미 채용된 사원에 대하여는 사내 외 교육이나 훈련을 실시함으로써 업무수행의 효율화를 꾀할 수 있으므로 교육훈련이 매우 중요하다.

셋째, 종업원을 적재적소에 배치 또는 이동하기 위한 직무평가와 인사고과가 따라야 한다. 또한, 노동자는 기업이나 여타의 조직에 노동을 제공하고 그 대가로 임금을 받는다. 임금은 노동자의 유일한 수입원인 동시에 기업으로 보면 생산비의 한 구성요소인 노무비가 되는 것이다. 임금은 이와 같이 이중적 성격을 가지는 것이므로 그 수준이 공정히 책정되고 관리되어야 하므로 임금관리는 인사관리에 있어 주요내용의 하나가 된다.

넷째, 노동자와 경영자의 관계 혹은 인간과 인간과의 관계는 사회생활이나 본인의 발전뿐만 아니라 기업의 이익에도 막대한 영향을 미치므로 현대 경영학에서는 인간관계론이 가장 중요한 과제로 떠오르고 있다. 뿐만 아니라 이해관계의 대립으로 노동자와 경영자 또는 사용자 사이에 논쟁이 발생하여 그 정도가 심각하면 기업자체뿐만 아니라 사회·경제전체를 악화시키는 결과를 가져오게 된다. 그러므로 노사관계도 경영관리의 한 부분을 차지하게 되었다. 대체로 위에 언급한 고용관리, 교육훈련, 직무평가, 인사고과, 임금관리, 인간관계, 노사관계 등이 그 중요내용이 된다.

제2절 채용관리

1. 선 발

어떤 회사에서는 종업원을 채용할 때 관상을 잘 보는 점쟁이를 배석시킨 상태에서 사람을 뽑는 경우가 있고, 어떤 회사는 대학교수의 추천에 의해서, 어떤 회사는 영어시험에 의해, 어떤 회사는 회사 내 임원의 신원 보증에 의해 채용한다.

이렇게 좀 더 좋은 사람을 채용하기 위한 방법이 각양각색으로 다양하다. 이는 사람, 즉 인력이 그 회사의 존폐를 결정지을 정도로 중요한 역할을 하기 때문이라고 생각하며, 채용된 사람을 어떻게 활용하며, 어떤 식으로 업무를 평가하며, 기업이 원하는 방향으로 어떻게 인력을 육성할 것인가를 다루는 분야가 인사관리이다.

모집활동의 기본원칙은 다음과 같다.

첫째, 채용계획을 통하여 소요 인원수를 결정하여야 한다.

둘째, 선발기준을 명백히 하여야 한다.

셋째, 정기적 채용으로 할 것인가 또는 부정기적 채용으로 할 것인가를 결정하여야 한다.[2]

2 김준식 외 1, 전게서, p.424

[圖 1-3-1] 인력확보계획의 수립 및 실행과정

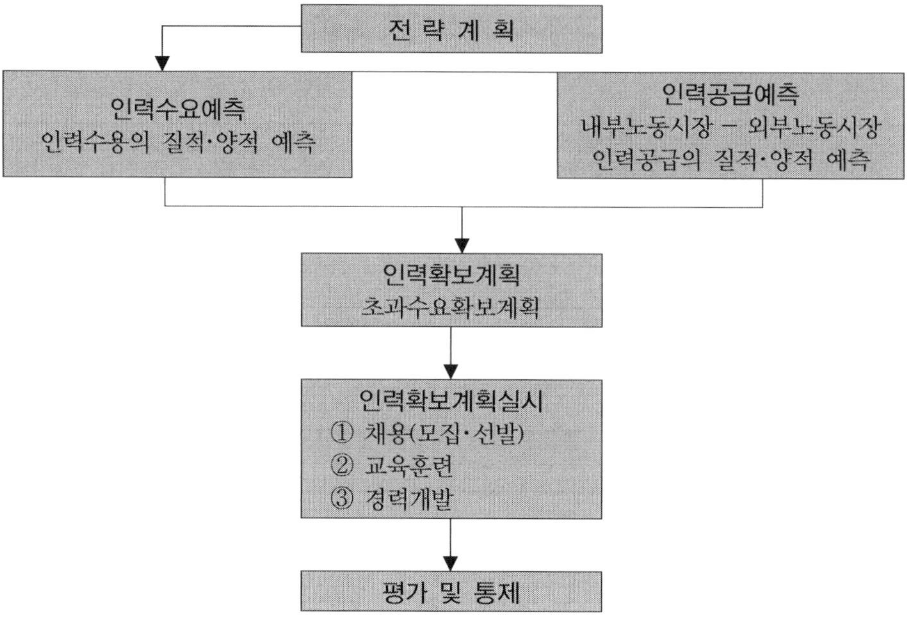

자료: 신구범 외, 경영학원론, 형설출판사, 1998, p.179

(1) 선발도구

1) 지원서

지원서는 지원자의 성장배경이나 학력 그리고 여러 가지 자격요건에 관한 내용을 포함하고 있다. 이런 자료들은 경영자가 지원자들 중 채용가능성이 있는 집단을 추려내는데 주로 사용되고 있다.

2) 면접[3]

3 면접·인터뷰(interview)
넓은 의미로는 조사·진단·시험·취재 등의 목적으로 특정한 개인·집단과 대면하여 필요한 정보를 수집하는 것을 말한다. 특히 조사기술로서의 면접법은 자발적으로 의견을 말하게 하는 식의 임상적 연구에서 행해지는 비지시적 면접(nondirective interview)과, 질문지나 테스트지 등을 이용하여 행하는 지시적 면접(directive interview)으로 대별된다. 전자는 풍부한 정보, 심층심리의 진단이라는 점에서 유리하지만 그 표준화가 어렵고, 후자는 정보가 표준화되어 측정은 가능하지만 규격화된 정보를 얻는 데 그치는 등의 특징이 있다. 아무튼 면접은 면접자와 피면접자의 협동에 의해 정확한 정보를 얻는 것이 목적이기 때문에 양자 사이에서의 관심의 일치, 신뢰관계의 존립이 전제가 된다. 또 면접자의 태도, 질문방법 등이 정보의 변형 내지 차질을 가져오는 결과가 되지 않도록 하기 위한 기술적인 훈련이 필요하다. 또, 저널리즘에서는 면접은 선발과정에서 매우 중요한 위치를 차지하고 있다. 지원서에 나타나 있지 않은 여러 정보를 면접을 통하여 찾아 낼 수 있으며 그 활용도와 범위가 점차 넓어지고 있다.

3) 시험

① 시험의 효용도

㉠ 타당성(validity) : 측정대상을 정확히 측정하기 위해서 측정방법이 타당하여야 함.

㉡ 신뢰도(reliability) : 동일시험을 반복해서 보아도 동일한 결과가 나와야 한다.

㉢ 객관도(objectivity) : 채점기준의 객관성(객관식 시험이 객관도가 가장 높다.)

㉣ 난이도(difficulty) : 득점 차의 적당한 분배, 우열을 가려야 한다.(변별력)

② 유형

㉠ 필기시험

주 관 식	객 관 식
• 복잡한 능력측정에 유효하며 출제가 용이하다. • 채점시간과 경비가 많이 든다. • 채점의 표준화가 곤란하다.	• 채점이 용이하며 채점시간과 경비가 절감된다. • 고도의 지적능력을 측정하기가 곤란하다. • 이상과 같은 이유에서 보통 국가시험이나 자격시험에 있어서 1차는 객관식으로 보고 2차는 주관식으로 보는 경우가 많다.

㉡ 실기시험 : 기술직의 모집을 위한 시험으로 타당성이 높으나 일시에 다수를 테스트하기에 곤란한 점이 있다.

㉢ 면접시험

- 자질, 능력, 적성을 효과적으로 검증할 수 있다.
- 최근의 기업입사에서 면접의 비중이 점점 높아지고 있다.(개인면접, 단체면접, 외국인면접, 기타)

4) 추천

지원자에 대하여 잘 알고 있는 사람의 추천은 선발에 있어 매우 중요한 위치를 차지하고 있다. 평소에 지원자를 잘 관찰할 기회를 갖고 있는 담임선생님이나 지도교수 등의 평가는 지원자들의 자질이나 능력에 대해 중요한 정보를 제공해 준다.

면접취재를 인터뷰라 하며, 신문·잡지·방송에서 특정의 청취자가 기사나 방송 프로그램의 편집을 위하여 말하는 사람과 대화를 나누는 것도 인터뷰라 한다. 이는 단순한 기술과는 다른 인간미 있는 내용을 기사나 프로그램에 담는 것을 목적으로 한다. 따라서 특히 방송 아나운서에게는 종전의 읽기, 말하기에다가 듣기 기술이 필수적인 기초요소로 되어 있다.

2. 채용원칙

(1) 채용의 결정

선발도구를 통하여 얻어진 정보에 따라 선발결정을 내릴 때 선발도구의 내용이 지원자의 직무수행능력을 잘 반영하고 있는지에 대한 평가가 이루어져야 한다는 것이다. 또한 선발이 효과적으로 이루어지려면 한 가지 도구나 기준에만 의존하지 말고 여러 가지 기준을 종합하여 사용하여야 한다. 평가자 역시 한사람이 아니라 여러 사람을 평가해 보아야 좀 더 객관성을 갖고 선발을 할 수 있다.

(2) 채용요건

① 보통 남자는 군복무를 필하거나 면제된 자이며 여성은 만 18세 이상을 원칙으로 하나 필요에 따라 인사위원회의 결정에 의하여 예외로 할 수 있다.
② 신체상 결격사유가 없어야 하며 당 업무를 수행할 수 있는 능력이 있어야 한다.
③ 결격사유가 없어야 한다.(금치산자, 한정치산자, 파산자, 형행이 집행중이거나 종료 후 2년이 지나지 아니한 자 등)

(3) 수습기간

① 신규채용자는 각각 수습기간을 둘 수 있으며 이 기간 중에 실무를 습득하여야 한다.
② 수습기간 중 성적이 불량하거나 근무처의 업무수행에 부적당할 시는 인사에 반영할 수 있다.

(4) 근무

회사의 제 규정을 준수하고 상사의 명령에 복종하며 직무를 성실히 수행하여야 한다.

3. 사회화과정(Socialization)

개인이 자기가 속한 집단의 가치와 규범을 내면화해 가는 과정을 말한다.

인간은 이러한 사회화과정을 통해 타자와 그가 속한 집단에 동조·이해할 수 있는 공통문화를 학습하는 것과 동시에 자기를 둘러싸고 있는 환경과의 상호작용을 통하여 타자와는 다른 독특한 자아(self)를 형성하게 된다.

사회화과정에서 자아형성문제에 관한 이론정립에 가장 큰 영향을 끼친 학자로는 조지 H. 미드(George H. Mead), 지크문트 프로이트(Sigmund Freud), 찰스 H. 쿨리(Charles H. Cooley)

가 있다. 미드는 타자의 태도와 의견을 중요시하면서 이에 수동적으로 작용하는 자아의 한 부분을 미(Me)라 하고 창조적이고 능동적으로 작용하는 자아의 한 부분을 아이(I)라 하여 집단생활이 엄격할 때에는 미가 지배하면서 자아의 개성과 독창성이 최소화한다고 하였다.

프로이트는 자아를 이드(id), 에고(ego), 슈퍼에고(superego) 등 세 가지로 분화하였는데, 이드는 자아의 생물학적 기초이고 슈퍼에고는 미드의 미와 유사한 것이며 에고는 생물적 욕구와 사회적 욕구를 서로 조화시키는 기능을 한다는 것이다. 미드가 미와 아이 간에 갈등보다는 조화를 전제하고 있다면 프로이트는 이드와 슈퍼에고간에 부조화와 갈등가능성을 제시하고 있어 대조적이다. 쿨리는 자아의 형성과정을 거울 속의 자아(looking glass self)라는 말로 설명하는데 타자와의 상호관계에서 타자에게 비추어진 자아의 상, 혹은 타자의 반응 속에서 형성되는 자아상을 중심으로 자아가 형성된다는 것이다. 타자와 집단의 가치를 학습하는 사회화과정에서 가장 중요한 것은 동일시(identification)현상이다. 학습은 이 동일시현상이 있을 때 비로소 내면화(internalization)되고 사회화가 가장 효율적으로 일어난다.

사회화를 담당하는 기관으로 가장 중요한 것은 가족이다. 개방된 현대사회에서는 가족뿐 아니라 생활과 밀접한 관계를 가지고 있는 대중매체, 교육기관, 또래집단(친구집단), 직업집단, 이익집단 등 다양한 기관들도 인간의 사회화과정에 영향을 끼친다. 경영자는 새로운 조직구성원이 잘 적응할 수 있도록 여러 가지 노력을 기울여야 한다. 새로 참여한 조직원들이 조직에 대해 갖고 있는 기대, 태도 그리고 행동을 체계적으로 변화시키려는 노력을 사회화과정이라고 본다. 사회화를 위한 대표적인 방법으로 오리엔테이션[4]이 있다.

오리엔테이션은 새로운 구성원들이 자신이 맡을 업무, 조직의 정책이나 문화와 같은 조직 전체의 특성에 익숙해질 수 있도록 여러 가지 준비된 활동이다.

---

4 오리엔테이션(orientation)
새로운 환경에 들어가려는 사람들에게, 그 개요를 이해시켜 새로운 환경에의 적응을 위한 심적 자세를 갖도록 하는 진로지도. 가령, 학교교육에서는 입학 전에 학교참관일을 정하여 안내하거나, 입학 전 또는 입학 때에 학교의 교육·생활의 요점을 적은 편람·안내서 등을 읽히거나, 입학 때 또는 학년 초에 이를 위한 특별기간을 설정하여 집중적으로 관련행사를 하는 등 여러 가지 형태로 오리엔테이션을 한다. 또 회의를 할 때 진행방법상의 방향설정을 하는 데에도 이 같은 오리엔테이션을 실시한다.

제3절 인적자원관리

1. 인적자원관리활동(HRM : Human Resource Management)

인적자원관리는 조직목표달성에 필요한 여러 가지업무를 맡을 사람을 찾아 확보하고 그들이 갖고 있는 능력을 충분히 발휘하도록 해주는 노력을 말한다. 인적자원관리활동은 크게 인적자원의 확보와 유지로 나누어지며 구체적으로 인적자원계획·모집·선발과 배치·사회화·훈련과 개발·교체 등으로 이루어져 있다.

현대의 인사관리는 조직 내 인간을 상품적인 측면에서가 아니라 인간존중과 발전이 조직의 목표달성과 동시에 이루어 질 수 있도록 하는데 초점을 두고 접근하고 있는 경향이 강하다. 이러한 관점에서 인사관리를 인적자원관리라고도 부르고 있다.

인적자원관리의 이해를 보다 쉽게 하기 위해서는 인적자원의 특성을 살펴 볼 필요가 있다. 먼저 인사관리는 생산, 마케팅, 재무관리와 같은 하나의 부문관리로 조직에서의 인적자원에 관한 문제를 다룬다. 여기에서 인적자원은 앞에서 언급한 다른 자원에 비해 특수한 성질을 갖고 있다. 즉, 인적자원은 다른 물적 자원과는 달리 대상으로서의 객체적 존재만이 아니며, 다양한 변화와 정서적인 면을 내포하고 있다. 물적, 금전적 자원은 구입시에 그 가치가 확정지어 지는 반면 인적자원은 본래의 능력이 발휘되지 않거나 그 이상으로 발휘될 수도 있으며, 개발여하에 따라서는 그 능력이 무한히 증가될 수도 있다.

이러한 요인으로 인해 인적자원개발(HRD : human Resource Development)이라는 문제가 중요시되는 것이다. 또한 생산관리나 재무관리 등은 운용 가능한 자원을 합리적으로 사용하는 것이 목표가 되지만 인사관리는 이를 넘어서 인적자원을 구성하는 각 개인에 대한 존중이 요구되는 것이다.

특히 현대의 산업사회에서는 인간존중의 측면이 매우 중요한 의미를 갖는다. 이는 결국 물적. 금전적 자원을 활용하는 것은 인간이고 그 인간의 활용이 조직의 성공여부를 결정할 수 있다는데 그 바탕을 둔 것이다.

이러한 점에 의거, 인사관리를 인적자원관리, 나아가 채용에서 퇴직까지 유지·관리차원을 넘어서 인적자원개발이라는 더 적극적인 의미로 표현하기도 한다.

2. 인적자원계획(Human Resource Planning)

(1) 인적자원계획

인적자원계획은 조직이 필요로 하는 인력의 수와 자격요건 등을 분석하여 그와 같은 인력수요를 충족시켜줄 수 있도록 여러 가지 대응책을 마련하는 과정이다. 따라서 인적자원계획이 잘 수립되면 조직은 필요로 하는 인력을 제대로 공급받을 수 있게 되어 인력의 부족이나 과잉현상이 일어날 가능성이 적다.

(2) 인력수요예측

인적자원계획은 필요한 인력의 수와 질을 예측하는 것으로부터 시작된다. 조직에 필요한 인력은 두 가지 측면에서 분석된다.

첫째, 필요한 인력의 규모(수 : quantity)이다. 조직의 목표달성을 위해서는 몇 명의 인력이 필요한 가 예측해야 한다. ⇒총 인력 수요예측, 누적적 인력수요예측

둘째, 필요한 인력이 갖추어야 할 자격요건(질 : quality)이다. 조직은 목표달성을 위해서 필요한 일을 잘 처리할 수 있는 인력이 필요하다. ⇒직무분석(job analysis)

(3) 인력공급예측

필요인력이 예측되면 조직내부의 공급인력에 대한 분석이 이루어져야 한다. 현재 보유하고 있는 인력의 수는 쉽게 알 수 있지만 미래의 공급능력에 대하여는 체계적인 분석이 필요하다. 또한 조직의 인력공급은 규모와 함께 질도 고려되어야 한다. 조직이 보유하고 있는 인력의 자질을 평가하는 것을 인적자원감사(human resource audit)라 한다. 현 구성원이 직무에 적합한 기능을 보유하고 있는지 또, 실제 직무를 잘 수행하고 있는지에 대한 분석이다.

제4절 직무분석(Job Analysis)

1. 직무분석의 의의

직무분석(Job Analysis)이란 직무에 관한 정보를 수집하고 분석하여 직무의 내용을 파악한 다음, 각 직무의 수행에 필요한 지식·능력·숙련·책임 등의 제 요건을 명확히 하는 일련의 과정을 의미한다.

직무분석은 미국의 노무관리의 한 방식으로서 시간연구와 동작연구가 그 기초가 되었다고 볼 수 있는데, 오늘날은 직무의 성격변화와 직무 수의 증가에 따라서 분석의 목적도 확대되고 방법과 내용, 용도 등에 있어서 큰 변화가 있어 많은 차이를 나타내고 있다.

직무분석을 실시하는 목적은 종업원의 노동력을 과학적으로 합리적으로 관리하기 위한 것으로서 채용, 배치, 교육훈련, 조직관리, 임금관리, 안전관리와 작업조건 개선 등에 활용된다.

각 직무마다 필요한 인재를 구하고 무엇을 교육할 것이냐를 확립하기 위해서는 그 직무에 어떤 자질이 필요한가를 선행적으로 파악해야 한다. 또한 조직의 발전을 위하고 합리적인 임금관리를 위해서는 각 직무의 권한과 책임, 상대적 가치가 결정되어 있어야 한다. 특히 최근 직무급이나 직능급 등 능력주의 임금체계가 유행하고 있는데, 이의 원활한 도입을 위해서는 사전 직무분석이 필수적이다.

한국의 기업들은 직무보다는 사람중심으로 인사관리를 하는 경향이 매우 강해 대부분 직무분석에 익숙해 있지 않은 상태라고 볼 수 있는데, 직무분석을 필요로 하는 경우 외부전무 컨설팅기관을 활용하는 것도 효율적일 것이다.

또한 직무분석이 성공적으로 이루어지기 위해서는 예비단계의 운영이 중요하다. 예비단계는 분석목적을 명확히 결정하는 일과 주무부서의 결정, 분석자의 결정, 사내 유관 부서와의 협력체제 구축 등을 주요내용으로 한다.

예비단계 후 본격적으로 실시단계에 들어가면 직무분석표의 작성, 직무정보의 수집, 직무정보의 분석 등의 과정을 거치며 이 결과로 직무기술서(Job Description)와 직무명세서(Job Specification)가 작성된다.

직무분석에 의하여 밝혀야 할 사항은 다음과 같다.

① 직무의 내용은?

② 직무에 포함된 각각의 업무는?

③ 각 직무에 있어서 어떠한 자격과 적성과 능력을 가진 사람이 업무수행에 좋은 성적을 올리나?

2. 직무분석의 원칙

직무를 분석함에 있어서 다음의 3가지를 분명히 파악하여야 한다.

① 작업자가 하고 있는 일이 무엇인가?

② 작업자는 그 일을 어떻게 하고 있는가?

③ 작업자가 그 일을 수행하는데 필요한 사항(직무에 관한 책임, 지식, 기술의 정확성 등)은 무엇인가?

위와 같은 원칙하에 행해지는 직무분석의 방법에는 대표적으로 3가지를 들 수 있는데 그것은 면접법·관찰법·질문지법이다.

① 면접법은 조사자가 피조사자인 작업자나 또는 감독자와 직접 면담하여 작업의 내용 성질 및 기타 필요한 사항에 관하여 물어서 듣고 기록하는 방법이다.

② 관찰법이란 조사자가 작업자의 작업 및 동작을 시찰하여 그 직무의 내용 및 성질을 기록하는 방법을 말한다.

③ 질문지법은 조사할 필요성이 있는 항목을 적은 질문표를 작업자 또는 피조사자에게 배부하여 그들로 하여금 직접 기입하여 제출케 하는 방법이다.

위의 방법 중에서 작업직에 대하여는 관찰법과 면접법이 사무직 및 관리직에 대해서는 질문지법과 면접법이 적당하다.

3. 직무명세서와 직무기술서

직무명세서는 직무의 내용과 직무를 담당할 사람의 인적요건을 설명한 것이다. 직무기술서는 직무분석의 결과에 의하여 직무의 내용 및 성질을 해설한 문서인데 반하여 직무명세서는 직무의 내용과 특히 그 직무를 수행하는 데에 필요한 사항 즉, 요건을 일정한 양식에 따라 정리한 문서이다. 직무명세서에 기재되는 사항은 먼저 직무내용에 관한 것으로 직무의 명칭, 직무의 내용, 직무담당자에게 필요한 도구와 설비 및 자세, 관계되는 다른 직무와의 관계, 훈련방법, 급여액, 평상작업시간 등이 적힌다. 그리고 직무담당자에 관한 사항으로 ① 성·나이, ② 육체적 조건, ③ 재능의 정도, ④ 성격, ⑤ 정신적 조건(지식), 주의력(창의력 등), ⑥ 능력, ⑦ 경험과 기술 등이 기록된다.

직무명세서가 직무의 내용이나 작업자의 요건을 적은 것인데 비해 직무기술서는 무엇이 행하여지는가를 기재한다. 그것은 직무분석의 결과에 의거하여 직무의 내용 및 성질을 해설한 문서로서 직무해설서라고도 한다. 다시 말하면 직무기술서는 종업원의 모집·배치, 직무의 능률화를 목적으로 개개인의 직무책임 및 의무, 활동의 정도 및 범위를 설명한 문서이다. 이것은 직무평가의 기초가 된다.

이곳에 기재하는 사항은 ① 직무의 지위와 직무수행의 장소, ② 직무의 의무와 책임, ③ 직무에 필요한 인적자격 등이 기재된다.

4. 직무평가[5]

직무평가는 일에 대한 평가로 각 직무의 중요성·곤란성·위험성 등을 평가하여 그 직무의 상대적 가치를 판정하는 기술적 절차이다. 따라서 직무 자체의 내용과 성질, 그 직무수행에 필요한 종업원의 자격 등을 조사 분석하는 직무분석과는 다른 것이다. 직무분석은 그 직무의 상대적 가치를 판단하는 것이므로 그 직무의 내용이라든지, 종업원의 능력·학력·연령·임금 등을 고려하여야 하는데 이러한 분석이 직무분석에서 다루어지는 것이다. 따라서 직무평가와 직무분석은 서로 밀접한 관계에 있는 것이다. 직무평가를 실시하는 목적은 노동의 질과 양에 따른 임금결정 즉, 직무급을 도입하는 등의 합리적인 임금을 결정하기 위한 자료를 얻고 직무의 계급을 확립하는 기초자료를 얻고자 하는데 있다.

[表 1-3-1] 직무평가요소와 그 중요도의 사례

評價要素		重要度(weight)(%)		
熟練	敎育 經驗 創意	16 20 14	50	100
勞力	肉體的勞力 精神的勞力 視力的勞力	10 3 2	15	
責任	對設備 對原料 및 製品 他人의 安全 他人의 作業	5 4 6 5	20	
作業條件	作業環境 危險	8 7	15	

5 직무평가(job evaluation)
직무의 각 분야가 기업 내에서 차지하는 상대적 가치의 결정. 직무급에 있어서 직무간의 임금비율을 정하는 가장 기본적인 절차로서, 각 직무 상호간의 비교에 의하여 상대가치를 결정하는 일이다. 직무분석에 의해서 내용이 확정된 각 직무에 대하여, 그 내용과 특징, 담당자의 자격요건·책임·숙련도 등에 따라 등급이 정해진다.

제5절 인사고과

1. 인사고과의 의의

인사고과 또는 근무평정이란, 조직에서 사람을 평가하는 방법을 제도화한 것으로서 구성원 개개인의 잠재능력·성격·근무태도·업적 등을 평가하려는 것이다. 평가는 진보적, 향상적 가치증진의 변화를 측정하고 분석하는 일련의 과정이라고 할 수 있다.

조직에서 인사고과의 중요성은 현대 인적자원관리의 모든 영역에 영향을 미치는 기초자료로서 역할을 하는데 있다. 구체적으로 살펴보면

첫째, 종업원의 능력개발을 위한 기초자료,

둘째, 사원의 업적향상을 위한 기초자료,

셋째, 사원의 처우를 위한 가장 중요한 기초자료 등으로 활용된다고 볼 수 있다.

2. 인사고과의 평가요소와 방법

인사고과의 평가요소는 대개 직무분석과 직무평가에서 결정되는 것이며 일반적으로 ① 작업의 양과 질, ② 직무지식, ③ 이해력, ④ 판단력, ⑤ 책임감, ⑥ 지도력, ⑦ 협조성, ⑧ 창의력과 응용력 등의 요소가 평가의 대상이 된다.

또한, 평가요소는 중복이 되지 않도록 한다. 인사고과는 평정척도법(rating scale method), 인물비교법(employee comparison system), 대조리스트법(check list method) 등의 방법에 의해 실시한다.

평정척도법은 각 평가요소의 중요도에 따라 등급, 즉 척도를 매기고 이 척도에 의하여 평가대상자를 채점하는 방법이다.

인물비교법은 종업원 각 개인을 비교하거나 일정한 집단 안에서 그 성적 또는 특질에 따라 비교 평가하는 것이다.

대조리스트법은 미리 평가에 적당한 몇 가지 표준이 되는 행동을 소정의 리스트에 기재하여 놓고 종업원이 하는 행동을 그 리스트와 비교하여 등급을 매겨 평가하는 방법이다.

[表 1-3-2] 대조리스트의 예

행동사항	점수(불변)
빠른 속도로 일을 잘 한다.	15
느리지만 확실하게 업무를 처리 한다.	9
때때로 실수를 하곤 한다.	4
때때로 결근 하는 경우도 있다.	2

3. 상대고과와 절대고과

일반적으로 기업체에서 채택할 수 있는 인사고과의 방법으로는 사원을 상호 비교하여 평가하는 상대고과와 사원을 일정한 기준과 비교하여 그것의 소유여부 또는 정도를 평가하는 절대고과로 나눌 수 있다.

인사고과에는 2가지 목표가 있는데 인사관리상의 사정, 선별이 목표일 경우 상대고과의 형태가 합리적일 것이며, 개개인의 능력육성과 직무개선을 목표로 하는 고과라면 절대고과의 형태가 더 합리적일 것이다.

상대고과법은 피고과자의 업적이나 가치에 대해서 서열 또는 순위를 매기는 ① 서열법과 사전에 평가의 범위와 수를 결정해 놓고 피고과자를 일정한 비율에 맞추어 강제로 할당·고과하는 ② 강제할당법이 있다. 이러한 상대고과법은 절대고과에 비하여 일반적으로 평가가 용이하며 관대화 경향이나 중심화 경향과 같은 개인간의 오차를 제거할 수 있다는 장점을 가지고 있다.

그러므로 이 상대고과법은 선발, 승진후보자의 결정, 임금관리에 있어서 평가승급의 순서를 결정하는데 유용하다.

절대고과법은 피고과자의 능력과 업적을 일련의 연속척도 또는 비 연속척도에 의하여 평가하는 ① 평정척도법, 종업원의 업적 또는 특성을 특징지울 수 있는 서술문을 배열하고 평가자가 해당 서술문을 체크하여 평가하는 ② 대조표법, 효과적이고 성공적인 업적은 물론 비효과적인 행위의 예를 기록하였다가 이 기록을 토대로 평가하는 ③ 중요사건서술법 등이 있다. 이러한 절대고과법은 상대고과법에 비하여 더 많은 시간과 비용, 노력이 소요되는 것은 사실이나 종업원 개개인 능력의 장·단점을 파악할 수 있고 그 결과를 개인에게 피드백하여 개인의 능력을 육성할 수 있다는 큰 장점이 있다.

육성을 주체로 하는 절대고과가 되기 위해서는 절대기준, 즉 척도를 준비하는 것이 전제가 되어야 하는데 구체적으로 다음 4가지의 요건이 구비되어야 한다.

① 기업이 기대·요구하는 기대상(예컨대 직무수행능력 요건)의 명시

② 고과기간에 나타난 직무활동의 구체적 사실을 통한 평가 분석

③ 인사고과 결과를 본인에게 피드백하여 직무개선, 육성, 배치에 활용

④ 정기적인 고과자 훈련

오늘날의 인사제도는 연공·학력·성별 또는 근속 년수에 구애되지 않고 본인의 의사 및 적성과 능력에 따라 육성·배치·승진·처우를 해 나가는 이른바 능력주의 인사로 변화되고 있다. 이런 상황 가운데 인사고과도 능력주의에 부합되는 형태로 크게 변화되고 있다. 즉 업적고과와 능력고과의 조화, 사정주의와 능력개발주의의 조화, 상대고과에서 절대고과로, 비공개에서 공개주의로 진행되고 있는 것이다. 여기에서 절대고과로 전환하는 방법은 대단히 어려운 일이지만 근본적으로 능력주의에 접근해 가기 위해서는 필수적으로 절대고과가 수반되어야 하는 사항이다.

4. 승진·승격

종업원에게는 항상 직장생활을 통하여 자기성장과 발전의 기회를 가지려고 하는 욕구가 있다. 이에 회사는 승진이라는 수단을 통하여 자유경쟁을 촉진시키고 개인의 동기유발을 유도하여 사회적으로나 조직 내의 인정욕구를 충족시켜 주고 있다.

승진이란 상위자격에 해당하는 직책 또는 그에 준하는 자격을 부여받는 것을 말한다. 승진은 크게 직위승진과 자격승진으로 구분되는데, 일반적으로 자격승진을 승격이라고 한다. 따라서 엄밀히 구분하자면 승진은 승격을 포함하는 넓은 개념으로 볼 수 있다.

- 직위승진 : 실제 담당하고 있는 업무내용의 향상을 수반하며 상위자격에 해당하는 직책을 부여받는 것을 말함
- 자격승진(승격) : 업무내용의 향상이 아닌 자격 등 심볼의 향상(또는 직능자격제도에서는 업무수행 능력단계의 향상)을 의미하며, 하위자격에서 상위자격으로 자격이 변동되는 것을 말함

한편, 최근 각 기업들은 인사적체의 해소방안으로 승진과 승격을 유연하게 분리시켜 운영하고 있다.

승진·승격이 동시에 일어나는 것이 가장 바람직한 형태이지만, 최근에는 한정된 post(직위) 때문에 직무내용의 향상없이 담당과장, 담당부장 등으로 승격만 이루어지는 현상이 점증하는 추세이다.

반면, 직무수행 능력이나 부서장으로서의 기본자질(리더쉽 등)이 우수한 경우에는 선발의 성격을 띤 직위승진만 이루어지기도 한다.

승진관리를 합리적으로 하기 위해서는 각 조직의 인사관리 기본이념에 일치하는 나름대로의 승진 기준을 운용하고 있는데 가장 일반적인 기준이 연공주의와 능력주의라고 볼 수

있다. 이러한 기준은 계층별로 적용비중이 달라질 수 있다.

상위계층으로 갈수록 기업가치관과의 부합도 및 능력발휘도가 중요시되는 반면, 하위계층일수록 연공과 능력향상도가 중요한 기준이 된다.

결국, 승진관리 기준이나 승진제도의 확립은 종업원의 능력을 효율적으로 활용하고 필요한 인재를 체계적으로 육성시키며, 조직의 정체분위기를 배제시킬 수 있는 것으로 조직효율 증대에 있어서 중요한 의의를 지닌다고 볼 수 있다.

제6절 경력개발제도(CDP)

1. 경력개발제도(CDP : Career Development Program)

경력개발제도(CDP)란 폭넓은 시야를 가진 전문인력을 계획적·의도적으로 양성하기 위한 인사제도로서, 본인이 10년 또는 20년 후 근무하게 될 직책·직무부문을 희망하거나 예상하여 그 포스트에 필요한 지식(전문 학술지식, 실무지식, 주변지식)을 체계적으로 습득할 수 있도록 하는 인사와 교육의 종합시스템이다. 즉, 조직구성원이 조직 내에서 활동함에 있어 개개인의 업무적성, 희망(근무지·근무부서·직종), 능력 등과 연계하여 조직과 개인에게 바람직한 경력을 쌓아갈 수 있도록 하는 의도적이고 제도적인 제반노력을 의미한다.

개인의 입장에서는 조직의 성장과 발전에 기여하면서 희망과 적성에 맞는 직무를 통하여 능력을 최고도로 발휘함으로써 자아실현의 욕구를 충족시킬 수 있으며, 조직의 입장에서는 경영자원인 조직구성원의 능력과 자질을 감안하여 적재적소를 실현, 조직의 유효성을 제고하고 중·장기적 관점에서 인재양성의 중요한 수단으로 활용할 수 있다.

이러한 경력개발제도는 당초 미국에서 제2차 세계대전 후 사회에 복귀하는 재향군인들의 일자리를 찾아주는 데서 유래되었는데, 전문가주의나 Master제도 등이 발달한 유럽보다는, 내부이동을 통한 능력개발 및 조직활성화를 지향한 일본과 자아성취 욕구자극을 통한 개인의 동기부여와 주요 핵심 Post-Man양성제도로 활용한 미국에서 보다 본격적으로 연구, 도입되었다.

한편 경력개발제도는 그 운영목적에 따라 인재양성형, 관리자선발형, 적재적소형으로 구분하기도 하는데, CDP제도를 도입하기 위해서는 ① 경력개발 Needs조사, ② 경력경로 설정, ③ 경력개발시스템 설계, ④ 지원시스템 설계 등의 단계가 요구된다.

[表 1-3-3] 경력단계와 경력개발 프로그램

경력단계	경력욕구	경력개발프로그램
탐색단계	① 적절한 최초의 직무 ② 숙련 발달의 기회 ③ 성과에 관한 피드백	① 직무에 대한 현실적인 기대를 갖게 하는 職務試演 ② 직무경로(경력경로)제시 ③ 성과피드백과 지도
확립단계	① 도전적인 직무수행의 기회 ② 가능성을 보여주고 두드러진 인물로 등장할 기회 ③ 경력기회와 외부의 책임을 균형시킴	① 도전적인 직무배정 ② 후원과 성실한 조언 ③ 평정센터 운영 ④ 맞벌이 부부를 위한 편의제공
유지단계	① 자율성 ② 다른 사람을 가르칠 기회 ③ 회사 안에서의 역할의 재설정	① 다른 사람을 지도하고 훈련시키는 능력과 지식을 얻는데 도움을 주는 워크샵 ② 후배들에게 성실하고 현명한 조언을 해주는 역할을 수행할 기회 ③ 새로운 숙련을 요구하는 직무로의 순환배치
은퇴단계	① 다른 사람을 돕기 위해 지혜와 경험을 사용하는 것 ② 직장을 떠나서도 의미있는 생활을 하는 것	① 상담역을 수행할 기회제공 ② 점진적·단계적으로 은퇴생활로 들어가는 프로그램

자료 : T. G. Cummings/E. F. Huse. Organization Development and Change(4th ed.) St. Paul : West Publishing Co., 1989, p.365 ; 신구범 외 1, 상게서 p.190

CDP와 Job Rotation[6]은 다같이 개인의 능력개발과 조직의 목표를 실현한다는 차원의 인재양성제도의 일환으로 볼 수 있다.

CDP는 장기적인 인재운용 전략 시나리오에 의한 인사와 교육의 종합시스템이며, 이러한 과정에는 개인의 경력개발을 염두해 둔 평가(적성·능력), 경력경로 설정, 승진, 승격, 직무순환, 육성교육제도 등을 담고 있다.

반면에 직무순환은 수평적 인사이동의 한 형태로서 기능이나 작업조건, 책임 및 권한 등이 현재까지 담당했던 지금과는 성격상 다른 직무로의 이동을 의미한다. 즉 CDP의 과정중 한 방편으로써 직무순환을 이해할 수 있으며, 조직적이고 제도적인 직무순환제의 대표적인 방법이 CDP라고도 할 수 있다.

---

6 직무순환(Job Rotation) 배치전환으로 해석되지만, 단순하게 배치를 바꾸는 것이 아니라 본인의 장래를 전망한 육성계획에 기초하여 필요한 시기에 필요한 직무를 계획적으로 체험시키는 인사관리상의 구조를 가리킨다. 업무의 내용을 변화시키는 것보다 직군이 다른 업무로의 로테이션, 동종의 직군 중에서 다른 직무로의 로테이션, 혹은 같은 직군에서도 장소적으로 다른 곳으로의 로테이션을 말한다. 업무상의 사정으로 실시하는 것도 많은데, 기본적으로는 CDP(Career Development Program)가 정하는 대로 행하는 것이 바람직하다. 따라서, 인사와 교육(육성)의 측면에서 장기적 관점에 서서 검토하여야 한다.

2. 경력경로관리방식(Career Ladder와 Lattice)

경력개발제도(CDP)에는 몇 가지 핵심적인 요소가 있는데 경력관리경로(Career Path)를 어떻게 설계할 것인가가 그 중 한가지이다. "수평적인 직무이동을 중심을 할 것인가", 아니면 "승격제도를 축으로 한 수직적인 경로를 중심으로 짤 것인가"가 그것이다. 경력개발을 위한 방법 중 "육성교육제도"는 공통적인 인프라로 생각할 때 직무이동과 승격제도를 어떻게 결합하느냐에 따라 크게 2가지의 경력경로관리방식이 있다.

승진제도(직급상승)를 중심으로 하되 직무이동을 일부 포함하는 방식을 Career Ladder 방식이라 부르고 승진보다는 직무전환중심(수평이동)으로 짜여진 것을 Career Lattice 방식이라 칭한다. 개인입장에서의 사내 경력희망과 성장비전, 조직입장에서의 적재적소 인력배치와 인재양성이라는 두 지향축으로 구성되는 CDP는 키우고, 이동시키고, 승진시키는 방식을 복합적으로 구축하여 운영하게 된다.

신분상승 욕구가 중시되는 조직상황에서는 경력 사다리(Career Ladder) 방식이 주로 운용된다. Ladder 는 우리말로 사다리라는 의미이다. 사다리는 높은 곳을 올라가는 도구이므로 신분상승, 승진제도를 주로 이용하여 경력관리의 경로를 짜는 것을 의미한다.

군 장교의 경력관리제도를 잘 생각해 보면 진급과 교육, 이동이 유기적으로 결합된 전형적인 경력 사다리 방식임을 알 수 있다. 우리나라의 경력관리방식은 직무이동보다는 승진제도를 중시하는 경력 사다리 방식이 더 일반적이다. 또한 2가지 이상의 직종과 승진제도를 복합화 하여 경력경로를 짜는 방식을 Dual Ladder 방식이라 칭한다.

반면, 조직과 구성원들의 욕구특성이 직무전문성을 지향하고, 성취욕구 중심인 경우에는 신분상승 보다는 "지역"과 "부서"를 중심으로 유사 직무군을 수평적으로 이동, 경험시켜 직무전문성과 어느 정도 범위 내에서 한정된 직무의 노하우를 향상시키는 방식이 Career Lattice 방식이다.

Lattice의 사전적 의미는 창문의 격자틀(구조)이다. 창문의 격자틀은 아래위의 의미보다 수평적이면서 격자간 상호 구조적으로 의미 있게 결합하여 창문의 모양을 만들고 창문의 형태를 유지, 지탱하며 균형감 있게 비치게 한다.

따라서 경력관리제도에서 Lattice 방식은 큰 직종의 틀 속에서 다양한 경험과 노하우를 쌓게 하여 직무 전문화를 지향하고 개인의 매너리즘을 예방하는 데 그 목적이 있다. 주로 전산이나 회계 등 전문 직무군을 대상으로 하는 조직체에 적합하다.

승진제도를 중심 축으로 하지 않는 점에서 Ladder 방식과 차이가 있는데 최근의 경향은 Ladder 방식보다는 Lattice 방식이 채택되고 있다. 이유는 개개인의 욕구구조의 변화와 기업 내 승진제도 운용의 한계(고 직급화에 따른), 직무전환의 필요성 등에서 기인한다. 다만 인간의 심리에는 누구에게나 인정받고 싶은 욕구가 상존하는 바 경력개발제도에서 승진, 승격제도를 완전히 배제하기는 어렵고 단지 중심 축을 "직무"로 전환해 나가는 것이 핵심이다.[7]

제7절 인사관리용어의 이해 및 기본개념정리

1. 인사관리용어의 이해

우리나라의 기업들은 일에 대한 접근이 모자란 편이다. 직무분석(job analysis)을 하거나 직무분류평가를 할 때 중요한 판단의 단위를 어느 수준으로 하는가가 중요하다. 즉 직종 정도에서 직무분석을 할 것인지, 직무까지 전환배치의 단위로 볼 것인지 등을 결정해야만 작업의 범위가 정해진다. 따라서 이러한 일의 묶음들을 잘 분류, 정리해 볼 필요가 있다.

인사관리상의 용어는 일본에서 유래된 경우가 많아 사전적 의미와는 별개로 쓰여지고 있다. 관련용어의 인사관리상의 의미를 구분하여 요약하면 다음과 같다.

▌동작(motion), 과업(task), 직무(job)

작은 단위부터 따져 본다면 우선 동작(motion)이 있다. '타이핑을 한다', '전화를 건다' 등의 단순한 몸의 움직임을 말하며 의지나 가치관, 목적이 감안되지 않은 글자 그대로 '움직임'이다. 이러한 여러 동작들이 의미나 목적을 가지고 모인 작업을 과업(task)이라고 한다. 예를 들면 급여계산, 면접, 인사발령 등이며, '세부직무'라고 칭하기도 한다. 개인들은 보통 5 ~ 10개 정도의 과업을 가지고 있다.

한편 이러한 과업들이 모여서 소위 직무(job)를 이룬다. 인사기획, 채용, 제급여, 복리후생 업무 등의 분류가 그것인데, job이라는 영어 표현에서 알 수 있듯이, 미국에서는 직업을 표현하는 단위로 통한다. 직무분석을 한다는 것은 이러한 수준을 분석의 기준점으로 한다는 것이다.

대체로 직무분석시 분류에서 대분류에 해당하는 것이 직무수준이고, 중분류에 해당하는 것이 과업(세부직무), 소분류에 해당하는 것이 동작에 해당한다고 볼 수 있다. 보통 작은 조직에서는 한 사람 분의 일을 분리하여 정리한 것을 직무로 볼 수 있다. 조직의 사이즈에 따라 과 또는 part가 한 직무를 맡고 있기도 한다. 인사기획과, 후생파트 등이 그것이다.

▌직종(occupation)

직종(occupation)은 직무들의 군집이다. 영어의 어원에서도 알겠지만 job보다는 큰 개념이다. 대체로 부(과)급의 조직을 구성한다.

---

7 인사관리 98. 7, 조영환, 삼성화재해상보험(주) 인사팀장

인사팀은 인사기획 – 채용 – 제급여 – 노사관리 등의 단위직무들을 모아서 구성한 하나의 직종이다. 보통 우리나라에서 이동이나 CDP의 단위를 직종레벨로 하고 있다. 업종별로 다르지만 한 회사는 100개 전후의 직종을 가지고 있다.

▌직군(job group)

직종의 모임을 직군(job group)이라 한다. 사무직군, 영업직군, 기술직군 등이 그것이다. 기업에서 이 인력 규모로는 대체로 본부급을 구성하고 있다.

직군이 너무 광범위할 경우 직종과 직군 사이에 직렬(job series)을 두기도 한다. 예를 들면 사무직군을 기획직렬과 관리직렬로, 영업직군을 국내영업직렬과 해외영업직렬로 구분하는 사례가 그것이다.

그러나 이러한 일의 수준분류는 절대적인 것이 아니다. 회사의 직무관리의 편이에 따라 변용 할 수 있다. 즉 직무와 관련하여 인력군들을 어떻게 분류하고 관리할 것인가의 문제이므로 정답이 존재하는 것은 아니고, 회사 형편이나 목적에 따라 적합하게 사용하면 될 것이다.

인사관리상에 있어 우리는 근로의 대가로서 지급되는 제 보상에 대해 급여·임금보수·봉급 등 여러 가지 용어를 사용하고 있다. 그런데 이러한 용어들이 각각 약간씩 다른 의미를 지니고 있음에도 불구하고 관행적으로 또는 별 구분 없이 사용하는 경향이 있어 혼란을 가져오는 경우가 많이 있다.

- 급여 : 봉급이나 임금의 총칭
- 급료(salary) : 정신적 근로에 종사하는 종업원에게 지불되는 보수를 말한다.
- 임금(광의) : 근로기준법에 명시되어 있는 임금의 정의를 일반적으로 준용하는 경향임 → 사용자가 근로의 대상으로 근로자에게 임금, 봉급, 기타 여 하한 명칭으로든지 지급하는 일체의 금품
- 임금(협의) : 경상적으로 지급되는 통상의 임금을 말하며, 육체적 근로에 종사하는 종업원에게 지불되는 보수를 뜻한다.
- 보수 : 공무원의 봉급, 수당 등의 급여를 칭함. 일반적으로 다수의 기업에서 직원에 대한 임금과 구분하여 임원급의 급여를 보수라고 하고 있다.
- 봉급 : 국가공무원의 기본급을 말함. 공무원의 보수체계는 기본급과 각종 수당으로 구성되어 있고 매년 민간기업의 임금수준을 조사하여 봉급인상을 실시하고 있다.

참고로 근로기준법상의 임금은 근로관계와 관련해서 노동자가 노무의 대가로서 사용자에 대하여 지급청구권을 가지는 것을 전제로 하고 있다.

따라서 노사간의 근로관계와는 관계없이 고객으로부터 받는 팁이라든지 사용자가 근로계약서상의 지급의무와는 관련 없이 임의로 지급하는 금품 등은 임금이 아니다.

▌복리후생

인사관리의 일환으로서 기업이 종업원의 노동력 보전뿐만 아니라, 종업원과 그 가족을 대상으로 임금 등의 주된 근로조건의 보완책으로 물적, 정신적 서비스를 제공하는 것을 말한다.

전통적으로 기업복지는 인건비 성격이지만, 임금으로 분류하지 않고 있다. 임금은 근로의 대가로서 급부하는 인건비이고, 복리후생은 고용의 대가로 급부하는 인건비로 구분할 수 있기 때문이다.

복리후생은 법정 복리후생과 법정 외 복리후생으로 대별된다. 법정 복리후생은 근로기준법 등 관계법규로서 강제되는 사항이며, 법정 외 복리후생은 기업에서 임의적으로 판단해 제공하는 급부이다.

▌배치·전환

인재를 선발한 후 각 직무에 종업원을 배속시키는 것을 '배치'라 하고 종업원을 다른 직무로 바꾸어 재배치하는 것을 '전환'이라고 한다.

배치와 전환을 묶어 '배치전환', '전배치'라고도 하는데 일반적으로 최초 선발 후 인재의 배치는 전배치와는 별개의 개념으로 운용되고 있다.

배치는 개개인의 자격과 직무의 요건을 적절히 대응시키는 것을 의미하는데 인사의 목적 중 하나인 '적재적소'가 그 사상이라고 볼 수 있다. 그러나 배치활동은 그 중요성에도 불구하고 다른 인사활동에 비해 소홀히 취급되어, 잘못된 배치로 인해 선발이나 모집의 수고가 물거품이 되는 경우도 있다. 따라서 배치시에는 과학적인 기법이 필요하다. 이론적인 방법으로 필요직무에 대상자들을 대입시켜 직무요건과 자격간의 점수를 산출하는 회귀방정식 등이 있다. 그러나 이러한 방법은 복잡하고 어려워 실무적으로 잘 사용되지 않고 있다.

결국 배치에 있어서 중요한 것은 선발시 개인의 적성과 희망을 파악하고, 사전 직무분석을 통하여 배치필요인력을 산정하는 등의 노력과 활동인 것이다. 한편, 배치전환의 경우 광의의 의미는 승진·승격·직종변경·부서 내지 근무지의 변경 등을 말하는데 기업 내에서 기한을 정하지 않는 인사이동을 지칭한다. 협의의 의미로는 기업 내에서의 부서와 근무장소의 변경만을 뜻한다. 이와는 별개로 지역이동의 의미가 포함된 사업장간 이동은 전근으로 구분하기도 한다.

전배치는 적재적소의 배치, 개인의 능력개발, 조직의 활성화를 목적으로 실시하고 있고 또한 인사부서에서는 경력관리·전문성 존중·이동인원 제한의 기본 3원칙을 준수함으로써 인사의 유효성을 제고할 수 있다.

전배치를 실시할 때에는 사전에 전환인력의 소용파악이 이루어져야 하는데, 이외의 방법으로는 자기신고서나 시나리오를 활용하기도 한다.

최종적으로 전배여부는 본인의 희망·적성·능력·동일직무 근무기간 등을 고려하고 부서장의 의견을 참조하여 이동시기와 부서, 직무 등을 결정한다.

▌노동생산성 / 노동분배율

기업의 경쟁력 분석, 임금조정(적정인건비 산출), 경영계획 수립 등의 기초자료로 사용되는 주요 인사지표로서 노동생산성, 노동분배율, 인건비비율 등을 들 수 있다. 특히 노동생산성과 노동분배율은 기업의 지불능력 판단시 주요한 의사결정 기준으로 활용되고 있다.

노동생산성은 단위노동의 투입결과 물적 또는 가치적으로 파악된 산출지수이다. 여기서 투입으로서의 기준을 생산직근로자로 하느냐? 상용 근로자를 기준으로 하느냐 또는 거시지표를 사용할 경우 취업자 수를 사용하느냐에 따라 투입의 내용이 달라진다.

다른 한편으로 산출을 생산량으로 파악하느냐, 매출액으로 하느냐, 부가가치로 파악하느냐에 따라 달라진다. 이에 따라 물적 노동생산성, 매출액 노동생산성, 부가가치 노동생산성 등으로 구분하기도 한다.

일반적으로 기업에서 적용하기에 유효한 형태는 투입을 상용 근로자로 보고 산출을 부가가치로 파악하는 부가가치 생산성이라 할 수 있다. 물적 노동생산성이 생산효율이나 생산기술 수준 등을 파악하는데 적합한 반면, 부가가치 생산성은 기업의 이익에 더 접근한 것으로 분배기준이나 임금지불 능력 등 가치창출 효과를 평가하는데 적합한 지표이다.

▪ 부가가치 생산성 산정방식

부가가치 생산성 = 부가가치 / 노동투입량

여기에서 노동투입량이란 실제 근무한 시간, 근로자 수(파트타이머의 경우 full-time으로 환산)를 말하며 부가가치는 자본과 노동을 사용해서 창출된 새로운 가치를 뜻한다.

부가가치 산정방법은 일반적으로 가산법과 공제법으로 나눌 수 있다. 가산법은 부가가치에 해당하는 항목만을 재무제표에서 뽑아 합산하는 방식이고, 공제법은 총 성과가치에서 타 기업으로부터의 외부구입 가치를 차감하는 방식이다. 우리가 손쉽게 이용하는 방법은

▪ 가산법으로서

부가가치 = 세전이익 + 인건비 + 금융비용 + 임차료 + 조세공과 + 감가상각비

한편, 부가가치는 다시 자본과 노동에 대해 배분되는데 이것이 이익과 보상(인건비)이다. 이 부가가치에서 차지하는 이익의 비율을 자본분배율, 그리고 보상의 비율을 노동분배율이라고 한다.

■ 노동분배율은

인건비 / 부가가치 × 100으로 표시되며

노동생산성과 함께 기업의 지불능력, 보상수준을 결정하는 주요한 요소인 것이다. 또한 가격결정, 생산성 향상 계획, 이익 계획 작성에 있어서 중요한 척도가 된다.

노동분배율은 불황시에 높아지며, 호황시에는 낮아지는 경향이 있다. 또한 노동분배율이 높아지면 투자가 감퇴하고 성장이 둔화된다고 한다. 대기업에 비해 중소기업이, 타 산업분야에 비해 경공업부문의 노동분배율이 상대적으로 높게 나타나는데, 이를 통하여 경기상태나 성장의 정도를 알 수 있다.

또한 노동분배율은 업종이나 사업규모에 따라 매우 큰 차이가 있기 때문에 일률적으로 그 기준을 정하여 임금조정 등에 반영하기에는 다소 무리가 있다고 할 수 있다. 그러나 절대적인 비교자료로서 유사 업종별 현황을 참조할 수 있을 것이며, 비교자료로서 유사 업종별 현황을 참조할 수 있을 것이며, 기업 내 연도별 시계열분석을 통하여 적정 노동분배율 기준을 정할 수 있을 것이다.

▌직위·직책

직위란 조직 내에서 수평적 또는 수직적으로 업무를 담당하는 위치(position)를 말한다. 즉, 사원 1인에게 부가된 직무와 책임이 직위이다. 예를 들면 10사람의 사원이 있다면 직위 수는 10개가 된다. 또한 직위는 사원 그 자체만을 지칭하는 것이 아니라 통상 한 사람 분의 노동력의 투입을 필요로 한 것 또는 한사람이 수행하는 여러 개의 과업(작업량·업무량)을 모은 것이다.

기업에서 사원신분에 대한 호칭을 이사·부장·차장·과장·계장 등으로 사용하고 있는데 엄밀히 말하면 이는 직위명이 아니라 4급·5급·6급 등의 직급명칭이라고 볼 수 있다. 특히 최근의 팀조직 등 신축적인 조직운영 및 보직과 관련된 인력운영이 유연하게 이루어지는 현실을 감안할 때 직급명칭을 직위로 생각하는 것은 바람직하지 않다고 할 수 있을 것이다. 따라서 직위명은 업무의 담당위치를 나타내는 사업부장, 팀장, 부장, 담당부장, 차장, 담당차장, 과장, 담당과장, 소장, 사원, 수습사원 등으로 표시할 수 있다.

한편 직급, 직위와 유사한 용어로서 직책은 조직 내의 업무추진을 위한 직무, 직책, 권한의 관리체계로서 직무상의 책임(responsibility)을 뜻한다.

직책이란 직위에 있어서 구체적인 권한과 책임을 동반하면서 보직이 부여되어 있는 경우를 의미한다.

회사조직이나 업무상에서 보면 영업본부장, 생산부장, 마케팅 팀장, 인사부장, 총무과장 등으로 분류할 수 있을 것이다.

▌인사관리(personnel management)

인사관리의 목적은 인적자원을 대상으로 적재적소의 실현, 모티베이션 극대화를 통한 기업능력의 최대화를 이루는 데 있다. 또한 인사관리는 조직의 목표달성을 위한 인적자원의 확보·개발·보상·유지를 여러 환경적 조건과 관련하여 계획 조직 지휘 조정 통제하는 관리체계라고 할 수 있다. 여기에서의 환경적 조건이라는 것은 조직이 처해있는 문화적 환경, 노동시장의 성격, 경영자와 종업원의 가치관 같은 것을 말한다.

협의적인 인사관리의 의미로는 사람을 채용·배치·전환·승진·연수·급여·복리후생 등 종업원을 대상으로 한 일련의 정책이나 제도의 의미로 사용된다. 거기에 개개의 직장에 있어서의 교육, 훈련, 감독, 지도 등 종업원 개개인을 대상으로 한 인간관계 관리적 측면도 포함시켜 사용하는 경우도 있고, 넓은 의미로는 노동조건, 노사관계 등도 포함하는 경우도 있다.

▌노무관리(labor management)

인사관리와 유사한 용어로써 노무관리라는 용어가 있으며 양자를 광의의 의미로 보면 거의 같은 뜻을 지닌다. 노무관리란 경영자가 그 지휘하에 있는 종업원의 종합능력을 장기간에 걸쳐서 유지하고 또는 상승시키는 일련의 시책을 말한다. 구체적으로는 노사관계를 중심으로 노동조건을 포함한 시책의 의미로 사용되어 진다.

2. 인사관리의 기본개념정리

(1) 인적자원의 관리가 기업의 성패를 좌우한다.

회사 내에서 일을 하는 사람이 회사의 일을 자기 자신의 일처럼만 해준다고 하면 더 바랄 것이 없을 것이다. 왜냐하면 자기가 하고 있는 일이 잘되면 자기 자신이 잘 될 것이고 , 자기가 하고 있는 일이 잘못된다면 자기 자신이 망한다는 생각을 가지고 일을 하게 되면 어느 사람이 잘못되고 망하기 위해서 일을 할 사람은 없기 때문이다.

이렇게 회사의 일을 자기 자신의 일처럼 일하도록 하기 위해 관리하는 인사관리의 범위는 직무분석, 인사고과, 채용, 승진, 인사이동, 임금관리, 인간관계관리, 노사관계관리 등이 있으나 우수한 인재만이 우수한 조직을 만드는 것은 아니기 때문에 사람에 대한 성품과 능력 등을 고려해야 할 것이다.

(2) 직무분석의 목적을 잊지 말라.

직무분석이라고 하면 인간의 노동력을 과학적·합리적으로 관리하기 위해 일의 내용을 파악하고 그 일을 수행하기 위한 지식과 능력 및 숙련도를 수집·분석하는 것이다. 그러나 조직 내에서 쉽게 볼 수 있는 현상 중에 하나가 두꺼운 규정집, 직무분석자료집 등 두꺼운 자료집들을 볼 수 있는데 이러한 자료집은 만드는 데는 많은 수고와 노력을 하였지만 활용면에 있어서는 그보다 훨씬 못한 경우를 자주 보게 된다. 이러한 자료들의 목적은 앞에서 이야기한 일을 과학적, 합리적으로 하는데 있다는 것을 잊어서는 안 된다.

(3) 인사고과를 실시한다.

남자는 자기 자신을 인정해 주는 사람을 위하여 모든 것을 바친다는 말이 있다. 여기에서 표현의 차이가 있을지언정 사람이란 자기 자신이 인정받을 때 삶의 의욕이 생긴다는 말일 것이다.

조직 내에서 일을 하는 사람도 역시 자기가 행한 일에 대하여 인정을 받을 때 보람을 느끼고, 상승작용을 일으켜 더욱더 큰 동기를 부여받게 되는 것이다. 그러나 인사고과 즉, 사람을 평가한다는 것, 또한 사람이 사람을 평가한다는 것은 참으로 어려운 일이다. 그러한 평가항목을 간추려 보면

능력평가 : 지식, 지도력, 판단력, 기획능력, 창의력 등
태도평가 : 적극성, 책임성, 도전성, 성실성, 협조성 등
업적평가 : 매출, 원가절감, 경상이익 등의 업무성과

(4) 인간관계를 통해 근로의욕을 고취

인간관계론이라고 하면 조직 내의 구성원 상호간에 좋은 인간관계를 형성하도록 구성원들을 잘 통솔하여 근로의욕을 고취시키고자 하는 것을 연구하는 경영학의 한 분야이다. 여기에서 종업원을 잘 통솔하는 것을 다루는 것이 리더쉽이라고 하는데 이를 다시 이야기하면 주어진 상황에 대응하여 조직목표를 달성할 수 있도록 구성원의 행동에 영향력을 발휘하는 과정이라고 할 수 있다.

인간관계론에서 근로의욕을 고취시키기 위한 분야가 동기부여(motivation)라고 하는데 이는 구성원들이 조직의 목표를 개인목표 중의 하나로 받아들여 이것을 달성하기 위해 열심히 일하도록 하는 과정이다. 여기에서 열심히 일하도록 하기 위해서는 구성원들에 대한 보상과정을 통하여 이루어지는데 그러한 보상은 형평의 원칙에 어긋나지 않도록 해야 하며 동기유발의 기법으로는 경제적 보상, 하는 일을 더욱 더 넓고 깊게 하는 충실화와 목표설정 등을 통하여 이루어진다.

제4장 조직관리론

제1절 조직관리의 의의

1. 조직관리의 의의

조직(organization)은 원하는 것을 이루기 위해 체계적으로 일하고 있는 사람들의 모임이다. 우리는 조직을 통하여 일을 하고 꿈을 달성하려고 한다. 그래서 인생의 대부분을 학교, 직장, 종교단체 등의 여러 조직에서 남과 더불어 생활하고 있다. 회사라는 조직에서 조직에 대한 이미지는 좋은 면보다는 힘들고 어려운 곳이라는 인상이 많이 심어져 있는 것 같다. 그렇지만 그렇게 수많은 회사라는 기업, 그리고 그 속에서 매일 매일 일을 하면서 지내는 직장인 그리고 또한 공부를 하는 학생들에게도 조직이라는 것이 어떻게 구성되며, 어떻게 해야 기업의 목표를 잘 달성할 수 있는 것인지를 알아보자.

조직을 통하여 일, 업무를 하는 기업은 그 조직이 어떻게 움직이느냐에 따라 조직의 목표가 달성되느냐, 아니면 달성되지 못하느냐가 달려있다.

조직 또한 사람으로 구성되어있고 조직을 구성하는 구성원 개개인의 목표는 서로 다를 수가 있기 때문에 개인의 목표와 그 조직이 이루려고 하는 목표가 하나로 서로 어우러질 수 있다면 효과적인 조직행동을 기대할 수 있을 것이다.

이러한 조직은 아래와 같은 특성을 갖는다.

(1) 공동목표

조직은 구성원들이 함께 가치를 느끼며 지속적으로 원하는 공동목표를 갖고 있다. 상품을 팔아 이익을 남기는 것처럼 돈과 관련된 것일 수도 있고 병든 사람을 치료하거나 친목을 도모하는 것처럼 비영리적이거나 사적인 것일 수도 있다. 다양한 사람이 존재하는 것처럼 조직이 추구하는 목표도 다르다.

(2) 분 업

조직은 분업화되어 있다. 각자가 능력과 소질에 맞게 일을 분담하여 추진하면 높은 성과를 올릴 수 있기 때문이다. 예를 들어 기업은 보통 생산, 판매, 관리업무를 담당하는 부서를 둔다. 활동지역이 광범위할 때는 지역별, 고객별로 분담하기도 한다.

(3) 권한체제

조직은 구성원의 권한에 차이를 둔다. 마찰이 있을 때 조정을 한다든지 혹은 성과에 따라 차별적으로 대우를 할 수 있는 제도적 장치이다. 이러한 체제를 통해서 일을 효율적으로 해낸다.

(4) 조직은 유기체이다.

유기체(system)란 상호 관련된 개체들이 모여서 하나의 큰 조직을 이루는 것을 말한다. 특히, 외부환경에 의존하고 있을 때 개방된 유기체(open system)라고 한다. 사람 몸이 음식물과 공기를 받아들이고 배설해야 하듯이 조직은 바깥과 상호작용을 계속한다. 그래서 조건이 적합하면 성장을 하고 나쁘면 소멸한다. 예를 들어 기업은 인력·자금·원자재·정보자원을 원활하게 공급받아 상품이나 서비스를 팔 수 있을 때만 존재할 수 있다.

2. 조직화의 기초개념

조직화(organizing)가 이루어지려면 경영자가 혼자서 수행하던 직능과 이를 수행할 수 있는 권한 및 이에 따르는 책임을 다른 사람에게 위양하여 분담시켜야 한다. 이외에 조직의 기본단위인 직위를 포함하면 4가지의 개념이 생기게 된다.

(1) 직 능(function)

역할·임무라는 한정된 뜻으로 사용되는 경우도 있으며, 성질을 같이하는 일의 군이나 목적을 같이하는 일의 군을 직능이라고 하기도 한다. 보통 조직상 분할된 일의 기술적 단위를 말하는데 경영체의 구체적인 직능으로서는 생산·판매·노무·인사·재무·경리 등과 그밖에 경영과 관리가 있다.

(2) 권 한(authority)

권한은 타인을 위하여 일정한 법률효과를 발생시킬 수 있는 자격을 말한다. 권리와 유사하지만, 권리는 자신을 위하여 가지는 법률상의 이익인 점에 대하여 권한은 타인을 위하여 법률효과를 발생시킬 수 있는 일정한 지위 또는 자격이라는 것과 다르다. 개인의 경우에는 직무를 수행할 수 있는 힘으로 이해된다. 이러한 권한은 직무를 수행할 수 있는 권한이라는 의미에서 양자를 결합하여 직무권한이라고도 한다.

(3) 책 임(responsibility)

인간의 어떤 행위가 그 행위의 주체로 돌아가는 것을 말한다. 이는 직무를 수행할 책임이라는 의미에서 직책이라고도 한다. 또한 단순한 의무감과 같이 마음속으로 느끼는 것이 아니라 구체적으로 일정한 권한을 행사하여 수행한 직무의 성과가 기업목적의 달성에 유효하게 기여하도록 하여야 할 의무를 나타낸 것이다.

(4) 직 위(position)

종업원 개인에게 할당된 일 내지 과업의 집합체를 말하며 지위라고도 한다. 직위란 개인이 과업을 수행함에 있어서 그에게 지워져 있는 의무나 책임을 포함한 일체의 정신적·육체적 활동의 총체를 뜻한다.

3. 조직이론 연구의 목적

(1) 조 직(organization)

어떤 기능을 수행하도록 협동해나가는 체계를 말한다. 즉, 개개의 요소가 일정한 질서를 유지하면서 결합하여 일체적인 것을 이루고 있는 형태를 말하며 그런 의미에서 모든 사회현상이 조직을 가지고 있다고도 할 수 있다. 그러나 마치 생물계에서 아메바처럼 간단한 것에서부터 인체와 같이 복잡한 조직체에 이르기까지 많은 종을 진화라는 계열 속에서 볼 수 있듯이, 사회조직의 발달에 대해서도 그와 똑같이 파악하려는 견해가 있다. 즉, 사회는 내부의 여러 부분이 미분화된 상태, 즉 간단한 구조를 가진 미개사회에서, 분업의 발달에 따라 사회 전체가 여러 부분으로 나누어지고, 여러 부분이 각기 독자적인 구실을 가지고 서로 복잡하게 맺어져 있는 오늘날과 같은 근대사회로 발달해온 것이라고 보는 견해이다. 그런데 조직이라는 말은, 오늘날의 사회학에서는 인간집단의 조직을 뜻하는 경우가 많다. 현대사회의 많은 여러 집단들은 그 목적달성을 위하여 합리적으로 조직되어 있으며, 사람들은 여러 조직 속에서 일정한 역할이 부여되므로 그에 의해 집단의 사회적 역할에 참여하고,

집단의 조직 속에 들어감으로써 사회 전체에 연결되는 것이다.

조직에는 여러 유형이 있는데, 이들은 여러 분류기준에 따라 다양하게 분류된다. T. 파슨스는 조직이 사회에 어떠한 기여를 하고 있는가에 따라

① 사회에서 소비되는 물건을 만들어내는 생산조직
② 사회로 하여금 가치 있는 목적들을 달성하도록 보장해주고, 동시에 권력을 생산·배분하는 정치조직
③ 갈등을 해결해주고, 사회 각 부문이 협동하도록 동기를 부여해주는 통합조직
④ 교육·문화 등을 통하여 사회적 연속을 가능하게 해주는 유형유지조직 등으로 분류하였다.

A. 에치오니는 상하복종관계와 관여도에 따라
① 강제적 조직(징병제의 군대·교도소 등)
② 공리적 조직(회사·노동조합 등)
③ 규범적 조직(학교·정당·교회 등) 등으로 분류하였다.

또한 H. A. 사이먼은 조직의 수혜자가 누구냐에 따라
① 조직의 성원이 주 수혜자가 되는 호혜조직(노동조합·의사회·변호사회 등)
② 조직의 소유자 또는 경영권자가 조직의 주 수혜자가 되는 사업조직(은행·회사 등)
③ 조직의 이용자가 주 수혜자가 되는 봉사조직(이용자가 조직의 성원도 되는 학교·고아원·양로원 등과, 이용자는 조직의 성원이 아닌 병원·신문사·방송국 등)
④ 일반대중(사회의 성원 전체)이 그 수혜자가 되는 공익조직(정부의 관료조직, 군대·경찰·소방서 등) 등으로 분류하였다. 이 같은 분류들은 그 기준이 대체로 일차적이며, 범주가 상호배제적이 아니라는 문제점이 있으나, 조직의 유형에 대하여 중요성을 시사해준다.

한편, 공식조직의 유형 중에서 가장 대표적이고 능률적인 것으로 관료제(bureaucracy)가 있다. M. 베버는 관료제[1]의 특징으로 다음의 5가지를 들고 있다.

---

1 관료제(bureaucracy)
국민에 의한 정기적인 선거세례를 받는 대의제에 대비하여 쓰이는 말이다. 절대주의시대 관료제는 봉건제를 타파하고 강력히 국가통일을 달성한 절대군주제하에서 발달하였으며, 군대와 함께 군주의 정치지배를 위한 유력한 지주였다. 절대주의시대의 관료제하에서는 현실적인 권력담당자가 소수인에 한정되어 있고, 이에 대한 국민의 민주적 통제수단이 없기 때문에, 지배에 나타나는 행동형태는 특권적 성격을 띤다. 이 특권적 지배는 관권과 국민 사이에서 국민을 신민으로 취급하고, 군주와 그 관료는 자혜적 후견의 원리에 입각하여 국민생활의 구석구석까지 간섭하였으며, 관존민비의 기풍을 만들었다. 뿐만 아니라, 관료기구 내부의 상급자와 하급자 사이에도 엄중한 신분상의 차별이 유지되었다. 따라서 절대주의의 지배를

① 분업과 전문화
② 위계적 권위구조
③ 인원의 교체, 무능력자를 교체하여 전보·승진에 의한 인원의 재결합 시도
④ 정실의 배제
⑤ 보수체계, 지위 및 역할에 따라 보수가 책정된다. 일반적으로 지위는 권위서열의 높고 낮음, 역할은 업무수행의 중요도를 의미한다.

현대는 집단욕구의 분출시대라 일컬어지듯이, 현대사회에서는 무수한 집단의 조직이 파생하여, 관공서·회사·노동조합 등 온갖 조직이 거대화하고, 또한 능률주의에 따라 기능적으로 합리화되어가고 있다. 이런 뜻에서 현대는 조직의 시대라고 한다. 그런데 이 같은 조직의 거대화와 기능적 합리화는 조직 속의 인간을 기계의 톱니바퀴와 같은 것으로 바꾸어 가는 경향이 있다. 이리하여 오늘날 조직과 인간이라는 문제가 크게 부각되어 논의되고 있다.

(2) 조직이론연구의 목적

조직이론이란 조직을 효율적으로 구축하기 위한 설계의 지침이라고 할 수 있다. 조직은 정지된 형태가 아니라 계속적으로 변화한다. 조직변화의 요인은 구성원의 요구, 환경의 급격한 변화, 조직 전략의 변경, 경영층의 의지 등 여러 가지를 예로 들 수 있다. 이러한 원인들에 의해서 조직은 발전할 수도 있고 퇴보할 수도 있다. 그렇다면 이러한 원인들을 분석하여 조직이론의 발전에 도움을 줄 수 있다면 조직운영에 도움이 될 것이다.

다시 말해 조직이론을 연구하는 가장 중요한 이유는 "조직의 효율적 운영"이라 할 수 있다. 조직 업무와 프로세스를 명확히 분석하여 조직을 운영하는 것은 효율성을 높이는데 매우 큰 역할을 한다.

두 번째 이유는 "직의 혁신"이다. 기업의 효율성을 높이기 위한 혁신 방법에는 두 가지 관점에서 바라보아야 한다. 하나는 경영기술적인 측면이고, 하나는 정보기술적인 측면이다. 십 수 년 전 우리나라의 기업가는 기업경영에는 경영학적 이론만이 성공적인 경영의 지름길이라고 생각하였다. 하지만 이제는 정보기술을 이용한 경영혁신[2]만이 우리 기업의 살길

타파하여 대의제를 확립한 영국과, 영국과 같은 강력한 절대주의의 지배 없이 대의제를 형성한 미국에서는, 국민에게 봉사하는 민주적인 공무원제도가 확립되었으며, 앞서 말한 바와 같은 관료제의 특권은 뚜렷하지 않았다.

2 경영혁신(management innovation)
기술혁신에 수반하여 필연적으로 일어나는 경영상의 전반적인 혁신을 말한다.
대외적으로는 예측·조사·계획에 오퍼레이션 리서치(operation research : OR)와 같은 과학적 기법을 사용하여 신제품의 조사·개발(R&D)을 강화하고, 대내적으로는 사무의 합리화, 간접부문 합리화, 무결점운동(ZD)이나 탄력적 조직의 채택 등이 추진되고 있다. 이러한 안팎의 체제를 일원화하는 혁신의 기본은, 개성적인 경영이념을 밑바탕으로 한 경영전략과 시스템화이다. 후자는 대량의 정보를 컴퓨터에 의하여 즉각적으로 처리하고, 경영 각부의 유기적 결속을 강화한다. 오늘날 경영의 이념과 방법을 몸에 익힌 전문경영

이다. 많은 기업이 이를 인식하고 체계화된 정보기술 습득에 나서고 있다. 물론 기존의 경영이론들이 도외시되어서는 안 된다. 앞에서도 언급한 바와 같이 조직 프로세스의 명확한 분석은 경영혁신의 지름길이다.

제2절 경영조직의 원칙 및 구조

1. 조직과 구성원

목적을 달성하기 위해서는 누가, 무엇을, 어떻게 하여야 할 것인가를 결정하여야 한다. 즉, 수행되어야 할 과업, 과업을 수행할 구성원의 역할, 그리고 구성원간의 역할관계 등을 규정하고, 이의 수행에 필요한 절차를 만들어야 한다. 이러한 사항은 조직구조로 구체화되는데 조직은 이와 같이 체계화된 구조를 바탕으로 목적을 달성하게 된다.

2. 조직구조의 특징

(1) 복잡성(Complexity)

조직의 각 구성원은 서로 다른 일을 수행한다. 각 업무는 전문화되어 있고 분업화 되어있다. 또한 각 조직은 계층적으로 체계화 되어있고, 어떤 조직은 지리적으로 분산되어 있기도 하다. 이러한 현상이 심해질수록 각 조직은 더욱더 복잡성을 띄게 된다.

(2) 공식화(Formalization)

공식화의 정도는 조직의 활동을 다루기 위해 규칙과 절차가 존재하는 정도를 말한다. 공식화의 지표 중 하나는 여러 가지 상황을 다루기 위한 의사결정이 프로그램화되어 있는 정도, 즉 의사결정 규칙이 사전에 명시되어 있는 정도이다. 공식화된 조직일수록 의사결정에 있어서 각 조직 구성원의 재량은 적다. 정도에 차이가 있으나 어느 조직이든 최소한의 형식은 가지고 있다.

인의 출현과 경영정보시스템(MIS)의 정비에 의하여, 의사결정을 중핵으로 하는 경영기능은 크게 혁신되어 가고 있는 추세이다.

(3) 중앙집권화(Centralization)

조직의 중앙집권화는 일반적으로 의사결정이 발생하는 조직의 수준을 의미한다. 즉 여기서 집중의 대상은 '사결정의 권위' 말한다. 고도로 집중화된 조직에서는 대부분의 의사결정은 경영자층에 집중되어 있다. 의사결정의 권한이 하위층에 많이 위임될수록 분권화(decentralization)가 크다. 집중화는 또한 공식화와 관계가 있다. 고도로 공식화된 조직에서 하위수준에 있는 업무 담당자들은 상부에서 제시하는 규칙과 절차에 따라 의사결정을 한다. 예외사항은 상위계층으로 회부시키게 된다. 어느 조직이나 집중화되거나 혹은 분산화되는 경향이 있다. 조직을 이 연속선상에서 어느 쪽에 위치시키느냐가 조직의 구조를 결정하게 된다.

3. 경영조직의 원칙

경영조직이 그 목적을 효율적으로 달성하기 위해서는 일정한 원칙에 따라 조직구성과 그 운영이 실행되어야 한다.

(1) 전문화의 원칙(principle of specialization)

분업의 결과로서 생기는 기능순화의 총칭을 말하며 조직의 합리화·능률화를 촉진시키기 위하여 필요하다. 그러나 기능 상호간의 조정에 실패하면 조직을 파괴할 가능성도 있다. 현대사회에 있어서 전문화는 시대의 요청이긴 하나 이로 인한 비인간화, 획일화, 전문만능주의 등의 폐단을 극복해야 한다.

(2) 명령일원화의 원칙(principle of unity of command)

직속상관으로부터만 명령을 받아 업무를 수행하여야 한다는 원칙이지만 전문적인 지식과 기능에 따른 통솔이 곤란하다는 단점이 노출된다. 따라서 스탭의 적절한 활용이 필수적이라 하겠다.

(3) 감독한계의 원칙(principle of span of control)

직접 감독할 수 있는 부하의 수는 한계가 있다는 원칙이다. 감독상 적당한 부하의 수는 경영층의 능력과 수행업무에 따라서 달라져야 할 것이다.

(4) 책임과 권한의 원칙(principle of responsibility and authority)

관리조직 안에 있는 여러 직위는 각각 상층으로부터 위양되어 있어서 수행의무가 있는 일, 즉 직무 또는 책임과, 그 일의 수행을 가능하게 하기 위하여 부여된 권한을 가진 것인데, 조직체활동의 능률적·효과적 전개를 위해서는 책임과 권한이 명확하게 규정되어 있어야 한다. 여기에서 직무권한규정 또는 직책권한규정의 필요가 생긴다.

(5) 권한 위양의 원칙(principle of delegation of authority)

상위자가 권한의 범위 내에서 그 일부분을 하위자에게 부여하는 일을 말한다. 이때 권한의 중심이 되는 것은 결정권한이고, 이러한 권한의 위양은 첫째 상위자의 관리 부담을 경감하여 중요 업무에만 충실할 수 있으며, 둘째 하위자가 자기 책임하에 판단하여 처리하는 관리 능력을 배양하는 교육적 효과를 도모하고, 셋째 집권적 집행체제보다 분권적 관리체제에 의한 업무의 능률화를 기할 수 있기 때문이다. 경영규모가 확대됨에 따라서 더욱 필요하고 유익하다.

(6) 조정(통합)의 원칙(principle of coordination and integration)

조직은 어떠한 공동목표를 달성하기 위하여 협동하는 상호 작용적 시스템이다. 따라서 그들의 의사가 종합되어 전체적인 균형을 이루어야 한다. 조정의 원칙은 이러한 점에서 필수적이라 하겠다.

제3절 라인과 스탭

기업체의 조직은 구조적으로 공식적 조직과 비공식적 조직으로 분류할 수 있으며 내부구조의 권한관계에 따라 라인조직과 스탭조직으로 분류할 수 있다.

라인(line)과 스탭(staff)이 어떻게 구분되는가에 대하여 많은 혼란이 야기되어 왔지만 그들의 관계는 조직의 생명수단으로 매우 중요하며 조직의 운영에 매우 큰 영향을 끼친다.

제조업의 경우 라인은 영업과 생산 등의 현장부문을, 스탭은 인사·경리·조달·총무 등의 관리부분을 말한다. 유통업의 경우에는 구매와 판매 부분이 라인, 그 밖의 관리부분이 스탭이 된다. 라인이란 기업의 기간업무를 맡고있는 사람이나 부분을 말한다. 다시 말해 기업의 이익을 내는 원천, 즉 이익중추영역(profit center)이다. 이러한 의미에서 보면 제조·개발부분·재무부분·기획부분도 라인에 속한다고 볼 수 있다.

한편 스탭은 기본적으로 라인부분에 대한 조언과 보조업무를 제공하는 역할을 한다. 인사부와 총무부는 기본적으로 라인부분에 대한 조언과 보조업무를 제공하는 역할을 한다. 스탭부분은 업무를 수행하면서 수익을 창출하기 보다는 비용을 사용하기 때문에 비용중추영역(cost center)라고 한다.

1. 라인-스탭 조직(Line and staff organization)

참모부제 직계조직, 스탭제 직계조직, 직선참모조직이라고도 한다. 직계조직에 스탭을 보강한 조직형태로서 직계조직이 갖는 지휘·명령계통의 일관성을 유지하면서 전문화의 이점도 아울러 살린 조직형태이다. 직계조직의 결함을 시정하기 위하여 생겨난 것이 기능식 내지 직능식 조직인데 이는 전문화의 입장에서는 유리하나 지휘·명령의 다원성이란 결점이 있기 때문에 양 조직의 장점을 살리려 한 것이 바로 이 조직형태 이다. 이 조직에 있어서 지휘·명령의 권한은 직계조직을 구성하는 경영자 내지 관리자를 각각 전문가적 입장에서 원조하는 것으로 라인(line)에 대해서는 조언 내지 권고의 권한만을 가질 따름이다.

[圖 1-4-1] 라인-스탭조직(line-staff organization)

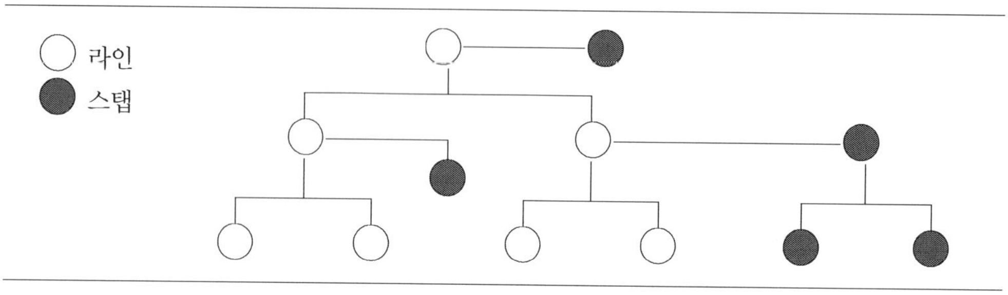

2. 전통적 개념의 라인과 스탭

라인은 조직의 목표에 직접 책임을 지는 것이고 스탭은 라인을 도와서 그것을 효과적으로 달성할 수 있도록 하는 것으로 기업에서는 흔히 생산·판매·재무의 기능을 라인으로 구분하고 구매·인사·경리의 기능을 스탭으로 구분하는데 이것은 라인과 스탭을 구분하는 전통적인 방법이다. 그러나 이러한 분류방법이 현대기업에서는 많은 비판을 받고 있다. 예를 들면 어떤 스탭의 기능이 기업의 생산활동을 위하여 필수적이라면 라인의 개념으로 이해할 수도 있다는 것이다.

3. 권한관계의 라인과 스탭

전통적인 분류방법처럼 라인과 스탭을 기능 자체나 담당주체에 의하여 구분하는 것은 바람직하지 않다. 어느 부분이 다른 부분에 비하여 라인적 성격이 뚜렷하다든지 또는 스탭의 성격이 지배적이라는 것은 가능 하지만 이는 어디까지나 권한관계에 의하여 구별되는 것이지 그들이 담당하는 업무에 의하여 구별되는 것은 아니다. 즉, 인사나 경리부서가 스탭의 기능도 수행 하지만 운영활동도 수행하고 있다는 사실을 주목하여야 한다. 흔히 라인과 스탭을 부분의 유형으로 간주하고 있으나 보다 정확한 개념은 권한관계로 부분 하여야 한다.

[圖 1-4-2] 라인과 스탭의 권한관계

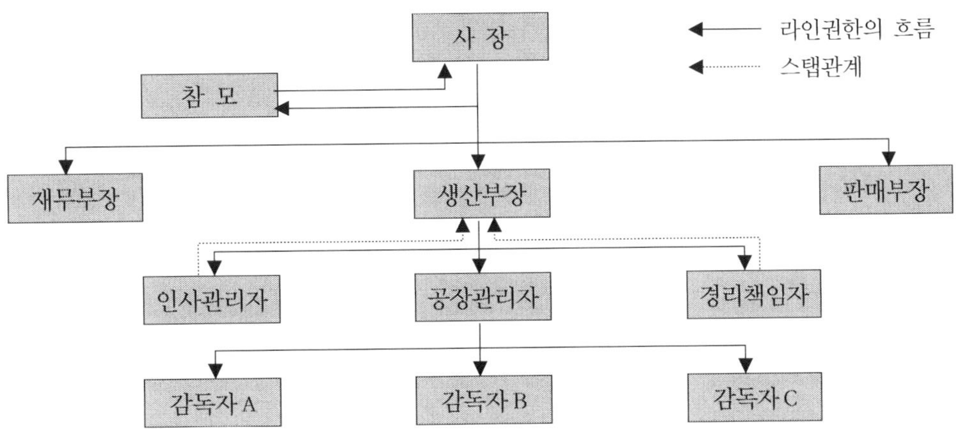

자료: 김준식 외, 경영학원론, 형설출판사, 1993. p.309

제4절 공식적 조직과 비공식적 조직

1. 공식적 조직(Formal organization)

공식적 조직은 계획된 구조와 의도적으로 기업체 구성원이 목적달성을 위해 능률적으로 일할 수 있도록 권한과 책임을 명확히 정의한 직무(job)의 총체이다. 이와 같이 책임·권한·책무를 지닌 직책들로 구성된 공식적 조직은 임의적인 구조이기 때문에 구성원의 적응이 필요하다. 그러므로 공식적 조직에서는 모든 종업원에게 담당할 일을 구체적으로 지시해 주어야 한다. 일반적으로 기업조직이란 공식적 조직을 말한다.

(1) 공식적 조직의 특징

① 합리적 성격의 조직
② 인위적으로 생긴 조직
③ 법령이나 직제상 도표화된 제도적 조직
④ 능률의 논리에 입각한 조직
⑤ 외면적, 가시적, 외재적 조직
⑥ 전체적인 질서를 이루고 있다.
⑦ 공식조직에 있어서는 공적으로 설정되는 것이 하나인 것이 일반적이며 목표를 향하여 전체가 통합되어 있다.
⑧ 비공식조직에 비해 활동·가입·탈퇴가 자유롭지 않고 인간적 가치의 추구가 용이하지 않다.
⑨ 수직적인 계급제를 전제로 한다.

(2) 공식적 조직의 기능

1) 순기능

① 조직의 목표가 하나로 통일되어 일반적으로 조직의 통합이 잘된다.
② 상하의 지휘체계가 명확해 업무처리가 신속하다.
③ 소속 부서내의 단합과 결속이 잘된다.
④ 감정이 배제된 합리적 일처리를 할 수 있다.
⑤ 능력에 따라 자기개발과 역량을 빌휘할 수 있다.

2) 역기능

① 집단 부서간 배타적 일 수 있다.
② 조직자체의 경직성을 야기 시킬 수 있다.
③ 단일 지휘체계로 의견수렴 보단 일방적 지시가 이루어 질 수 있다.
④ 비인간화 등이 나타날 수 있다.

(3) 공식적 조직의 통제

① 명령계통을 통한 업무처리
② 타부서간 긴밀한 협조체제

③ 단일목표를 위해 조직전체의 통합필요
④ 개인의 능력을 최대한 발휘토록 협조

(4) 공식적 조직의 문제점

상하 지휘체계가 명확해 의견수렴보다는 일방적 지시가 이루어지기 때문에 조직지체의 경직성을 야기 시킬 수 있다. 또한 집단부서 간 배타적일 수 있으며, 비인간화 등이 나타날 수 있다.

2. 비공식적 조직(Informal organization)

(1) 비공식적 조직의 특징

비공식적 조직은 조직 내에서 자연발생적으로 형성된 구조이며 인간의 일상적인 사회적 상호작용을 통해 공통의 태도·관습·이해·가치를 창출하며 이것이 개인의 행동을 규제하는 규범이 된다. 각 개인은 집단에의 귀속감이나 안정감의 욕구를 충족시키기 위해 집단의 비공식적 규범에 따라 행동한다. 이 같은 비공식조직과 생산성 관계는 호손실험(Hawthorne Experiment)을 기초로 한 인간관계론에 의해 전개되었다. 비공식조직은 다음과 같은 특징을 지닌다.

① 비공식집단의 구성원은 감정적 관계 및 개인적 접촉이다.
② 비공식집단의 구성원은 집단접촉의 과정에서 저마다 나름대로의 역할을 담당한다.
③ 비공식적인 가치관·규범·기대 및 목표를 가지고 있으며, 조직의 목표달성에 큰 영향을 미친다.

(2) 비공식적 조직의 기능

1) 순기능

① 욕구불만의 발산체
비공식 집단은 구성원의 욕구불만이나 불평을 발산하고 해소시켜 주는 기능

② 심리적 안정감의 형성
비공식조직은 동질감의 확보를 통하여 구성원의 안정감과 귀속감을 갖도록 해 준다.

③ 공식조직의 경직성 완화
공식조직의 경직성을 완화시켜 조직 의 환경에 대한 적응성·신축성을 확보할 수 있다.

④ 공식지도자의 지도력 보완

비공식조직은 인간관계를 통하여 공식지도자의 능력과 명령 지시의 불합리성을 보완할 수 있다.

⑤ 업무의 능률적 수행

구성원 상호간의 협조와 지식·경험의 공유를 통하여 업무의 능률적 수행을 돕는다.

⑥ 구성원간의 행동기준의 확립

각 구성원의 지켜야 할 행동규범을 확립하여 공식조직의 목표달성에 기여한다.

2) 역기능

① 적대적 감정이나 심리적 불안감의 조성

파벌조성 등으로 비공식조직 상호간의 적대감정이나 심리적 불안감을 유발할 수 있다.

② 공식적 의사전달의 왜곡

비공식적 의사전달은 때로는 왜곡되거나 근거 없는 정보를 퍼뜨려 공식적 의사유통을 마비시킬 수 있다.

③ 정실행위의 만연

비공식적 인간관계의 오용으로는 지연 혈연을 중심으로 한 정실행위의 우려가 많다.

④ 개인불만의 확산

구성원의 개인적 불만이 비공식적 접촉을 통해 집단진체의 불만으로 확내되는 경우가 있고 압력단체로서의 역할을 수행하는 경우도 있다.

⑤ 개인적 목적으로서의 이용

비공식 조직의 세력을 바탕으로 개인적인 목표나 욕망을 실현하려는 구성원이 생길 수 있다.

⑥ 공식적 권위 유지의 어려움

비공식 조직에서는 공식적 권위가 유지되기 어렵고 대인관계나 영향력 등 별도의 사회적 권위체계가 형성된다.

(3) 비공식적 조직의 통제

1) 통제의 필요성

비공식조직은 공식조직의 기능을 보완하기도 하고 역기능 작용도 한다. 이러한 비공식조직은 인위적으로 제거할 수도 없고 그 기능도 다양하며 또한 조직 목표의 달성에 큰 영향을 미칠 수도 있으므로 과소평가할 수도 없다. 따라서 공식조직의 지도자는 이의 존재를 인정하여 목표달성에 가능한 범위 내에서 순 기능적으로 작용하도록 효과적인 통제 활용방법을 모색해야 할 것이다.

2) 통제 방안

비공식조직이 공식조직의 목표수행에 가능한 한 순기능으로 움직이게 하면서 다음 사항에 유의해야 한다.

① 공식조직의 지도자는 조직 내 비공식조직의 유형·목표·기능· 인적사항 등 실태를 파악해야 한다.
② 비공식조직의 목표가 공식조직의 목표와 일치하도록 유도한다.
③ 비공식조직의 지도자를 발견하여 공식조직을 지지 협조하도록 설득한다.
④ 공식조직과 비공식조직간의 알력과 대립을 해소시킨다.
⑤ 비공식조직의 역기능이 지나칠 경우 감독자가 적절한 조치를 강구하여 직무 내용을 변경하거나 구성원에 대한 인사이동·전보 등 인사조치를 취한다.

3) 통제의 한계

① 비공식적 조직은 무조건 억압해야겠다는 사고는 바람직하지 않으며 공식조직과 비공식 조직은 공존한다는 것을 인식하는 것이 중요하다.
② 비공식 조직의 통제는 언제나 불완전한 것에 지나지 않는다. 비공식조직은 항상 내재적·불가시적이어서 그 발견 및 통제가 제약되기 때문이다.
③ 비공식조직의 통제는 조직의 전체적인 관점에서 볼 때에는 항상 부차적인 것에 지나지 않는다. 그것은 어디까지나 공식조직의 부분질서이기 때문이다.

[表 1-4-1] 공식적 조직과 비공식적 조직의 비교

구 분	공식적 조직	비공식적 조직
성 격	합리적 조직	비합리적 조직
성립과정	인위적으로 형성된 조직	자연발생적
명 문 성	명문화된 조직	동태적인 인간관계에 의한 조직
강 조 점	능률과 과학적 합리성에 따라 구성	인간의 감정 논리에 따라 구성
형 태	외면적, 외재적 조직	내면적, 내재적 조직
질 서	전체적 질서	부분적 질서
분 업 성	강함	약함

경영자가 경영관리를 합리적으로 수행하려면 비공식적 조직도 적절히 활용하여야 한다. 경영자가 어떤 정책을 수행하려 할 때 비공식 집단의 경로를 통하여 타진해 보고 그 결과에 따라 공식조직을 통하여 지시함으로써 더 큰 효과를 얻을 수 있다. 따라서 현명한 경영자는

비공식 조직을 건전하게 발전시키고 활용할 줄 알아야 한다고 본다.

제5절 집권적 조직과 분권적 조직

경영조직에 있어서 어떤 제도를 활용할 것인가는 경영자에 있어서 매우 중요하다. 또한 경영조직 전체를 통하여 권한을 상위계층에 집중할 것인가 혹은 하위계층에 분산할 것인가 하는 문제도 매우 중요하다. 최고경영층이 경영상의 모든 결정권한과 관리권을 행사할 수 있도록 권한이 집중되어 있을 경우에는 집권적 조직(centralized organization)이 되고 반대로 권한이 위양 되어서 하위계층이 권한을 행사할 수 있을 때에는 분권적 조직(decentralized organization)이 된다.

그렇다면 앞으로의 추세는 집권화와 분권화 중에 어느 쪽이 될 것인지 어느 것이 더 바람직 할 것인지 유념하게 된다. 그런데 집권과 분권을 논함에 있어서 우리가 유의해야 할 점은 현실적으로 볼 때에 어떤 조직이든 완전히 집권화 되거나 완전히 분권화 된 조직은 존재하지 않으며 정도의 차이만 있을 뿐이라는 점이다. 즉, 집권이나 분권의 개념은 상대적인 개념에 지나지 않으며, 그때 그때의 상황과 구성원들의 의식구조·수준 등에 따라 달라질 수 있다.

집권과 분권은 절대적인 문제는 아니다. 권한의 관계는 최고경영자만이 행사할 수도 또한 전부 위양할 수도 없는 상대적인 문제이며 정도의 문제라고 봐야 한다.

1. 집권적 조직(Centralized organization)

집권적 조직은 일명 관료적 조직이라고 한다. 이 조직은 모든 결정권한과 관리권이 상위계층에 집중되어 있고 하위계층에는 자주성과 자립성이 부여되지 않은 조직이다.

집권적 조직은 조직체가 행하는 활동의 내용이 단순한 성질의 것이거나, 통일성·신속성이 특히 요구되는 것일 경우에는 유효하다. 그러나 이것은 권한이 집중되는 상층부분에는 과중한 부담을 안겨 주고, 권한이 극히 한정되어 버리는 하층부분에는 활동의욕의 저하를 초래, 상하간의 의사소통 부족 등의 사태가 생기기 쉽기 때문에, 일반적으로 조직체의 규모 확대나 내외 제반 관계의 복잡화와 더불어 집권적 조직이 쓰이는 범위는 점차 줄어들고, 분권적 조직이 증가하는 경향이 있다. 분권, 즉 분업관계가 전개되는 이상 절대적인 집권조직은 있을 수 없으며, 또한 관리자간에 계층관계가 있는 이상 절대적인 분권적 관계는 존재할 수 없다.

기업규모가 확대되고 관리기술이 복잡해지면서 집권적 조직은 그 한계에 부딪치게 된다. 이러한 이유에서 오늘날 대규모의 기업은 점점 분권화 조직을 채택하는 경향이 있다.

2. 분권적 조직(Decentralized organization)

분권적 조직은 결정권한 및 관리권한이 하위계층으로 대폭적으로 위양 되어 각 부분의 관리자들이 자주적으로 결정을 내릴 수 있는 조직이다.

분권관리조직이라고도 한다. 일반적으로 어떤 관리조직에도 약간의 권한은 분산되어 있기 마련이므로 사실상 집권과 분권은 상대적인 것이다.

오늘날 대기업에서는 상대적으로 분권관리가 보다 합리적으로 이루어지고 있으며 대개는 분권관리의 형태를 취하고 있고, 이에 따라 사업부제를 중심으로 분권적 관리조직을 형성하고 있는 경우가 많다.

그러나 근래에는 분권적 관리조직에 따른 폐단을 재검토하게 되었고, 또한 EDPS (Electronic Data Processing System, 전자자료처리시스템) 발달에 따른 경영정보시스템(MIS)[3]의 확립에 따라 다시 집권적 조직의 형태를 취하는 경향도 생겨나고 있다. 이를 재 집권화라고도 한다.

분권적 조직은 제도적인 권한이양과 동시에 통제 등의 집권화를 수반하는 것을 특징으로 한다. 분권적 관리조직을 취하게 되는 첫째 이유는 기업규모의 확대에 따르는 규모의 이익 한계 때문이다. 기업의 규모가 확대되어 최적 규모를 넘어서게 되면, 집권적 관리조직 하에서는 관리의 기동성이 확보될 수 없고, 하위에 있는 경영자의 창의가 발휘되지 못하여 관료주의적 폐단이 나타난다. 대기업의 경우 관리계층의 수가 많아지므로 의사결정권을 가진 최고 경영층으로부터 현장에까지 이르는 커뮤니케이션의 경로가 길어지고 복잡해져서 부문간의 조정이 곤란하게 된다. 이 같은 경영능력의 한계는 평균비용을 상승시켜 경영의 비능률화를 가져온다. 이러한 결함을 없애기 위해서는 현장 가까이에 결정권을 대폭 이양할 수밖에 없으므로 분권관리제도를 도입하지 않을 수 없게 된다.

또 기업이 다각화 전략을 꾀하는 경우에는 각 제품별로 시장이나 기술환경이 달라지기 때문에, 최고 경영층은 각 제품 분야의 전략을 적절하게 세울 수 없게 되어, 분권적 조직을 갖추게 된다. 분권적 조직을 갖추면, 결정장소와 집행장소 간의 커뮤니케이션의 거리가 단

3 경영정보시스템(management information system)
기업 경영에서 의사결정의 유효성을 높이기 위하여, 경영 내외의 관련 정보를 필요에 따라 즉각적으로, 그리고 대량으로 수집·전달·처리·저장·이용할 수 있도록 편성한 인간과 컴퓨터와의 결합 시스템

축되어 의사결정을 신속히 할 수 있게 되고, 적시에 현실적인 결정을 할 수 있음은 물론, 하위부문 경영자의 창의력이 의사결정에 반영됨으로써 전반적으로 종업원 사기가 향상되는 이점이 있다.

(1) 연방적 분권제(federal decentralization)

조직구조가 단위적 분화에 의하여 형성되는 분권적 조직의 한 형태이다. 즉, 기업을 각각 독자적인 제품·지역·고객을 가지는 독립채산제로 조직하고 이들이 독립적인 관리단위로 운영되도록 하는 것이다. 이를 사업부제라고도 한다.

(2) 직능적 분권제(decentralization)

직능적 분권제는 조직구조가 직능적 분화에 의하여 형성되는 분권적 조직의 한 형태이다. 즉, 이것은 경영과정에 대한 중요한 단계마다 여러 가지 직능을 결합한 단위(unit)를 설정하고 이에 최대한의 권한과 책임을 부여한 것을 말한다. 이것은 생산·판매·인사·경리들의 각 직능에 의거하여 형성된 조직으로 이들 각 담당자에게는 경영자로부터 권한이 위양되어 있는 경우이다.[4]

제6절 조직형태

경영조직에서 채택될 수 있는 조직의 구조는 여러 가지 형태가 있지만 대표적인 것을 나열하면 다음과 같다.

1. 직계(라인)조직(Line organization)

각 조직구성원이 한 사람의 직속 상위자의 지휘명령에 따라 활동하고 동시에 그 상위자에 대해서만 책임을 지는 조직형태로서 직능조직과 아울러 관리조직의 가장 기본적인 형태이다. 이러한 조직은 전통적인 군대에 있어서의 전형적인 조직이었기 때문에 군대식조직과 같은 명칭이 생기게 되었으며 오랫동안 기업에서도 널리 사용되어 온 조직형태이다. 그러

4 김준식 외 1, 경영학원론, 세영사, 1993, p.320

나 이 조직형태는 계층화에 의한 수직적 분업에만 치중한 것으로 기업규모가 확대되고 생산과정이 기술적으로 복잡화하여 분화하게 되는 경우엔 전문화의 원리가 적용되지 않으므로 비합리적인 조직이 되기 쉽다.

2. 직능식 조직(Functional organization)

테일러가 직계식 조직의 결점인 전문화의 원리를 활용하기 위하여 고안한 조직형태로서 흔히 직능식 조직 및 직능직장제도라고 한다. 이는 종래의 직계식 조직의 만능적 직장제도를 개편하여 수평적 분업에 따라 8명으로 된 직장이 각자의 전문적 입장에서 모든 작업자를 지휘·감독하도록 하는 것이다. 이 제도는 경우에 따라서 책임과 권한의 한계가 불명확하게 되고 전체적인 통제가 어렵다는 단점이 있다.

3. 위원회 조직(Committee organization)

공동심의와 판단을 통하여 건전한 결론에 도달할 필요성이 있고 여러 부분에 공통적으로 해당되는 문제를 보다 현실적으로 해결하며 1인에게 지나치게 강한 권한을 부여하는 것을 막기 위하여 의사결정에 집단토의(group discussion)방법을 도입하는 조직형태를 말한다. 그러나 회의과정에서 시간낭비(time consuming) 및 기동성의 결여 그리고 책임부재의 결정이 수반되기 때문에 이를 활용하는 데에 있어서는 운영의 묘를 기하여야 한다.

4. 프로젝트 조직(Project organization)

일정한 프로젝트를 수행하기 위하여 일시적으로 구성되는 동태적인 조직형태이다. 이때 프로젝트는 특정한 사업계획을 뜻하며 이와 같은 특정사업계획을 동태적으로 실행하기 위하여 일시적으로 형성되었다가 그 사업이 끝나면 곧 원래대로 대체되는 조직을 말한다. 이 조직은 과업(task)에 따라 형성되는 기동적인 조직의 특성을 갖기 때문에 타스크 포스(task forces)라고 부르기도 한다.

5. 사업부제 조직(Divisional organization)

권한 위양의 정도에 따라 그 특성이 규정되는 조직형태이다. 따라서 엄격한 의미에서 조직구조의 한 형태로서 다루기에는 적합치 않은 조직이다. 그러나 오늘날의 조직운영에서는 하나의 새로운 방식으로서 중요시되고 있다. 권한 위양이 수반되지 않는 관리를 집권관리, 권한이양이 철저히 이행되고 있는 관리를 분권관리라고 한다면 분권관리의 대표적인 형태로서 나타나게 된 것이 사업부제조직이다. 이는 엄격한 의미에서 연방적 분권제를 실천한 관리조직의 한 예인데 오늘날 많은 조직에서 이의 활용을 서두르고 있다.

6. 매트릭스 조직(Matrix organization)

전통적인 직능식 조직과 오늘날 많이 이용되는 프로젝트조직을 결합한 복합적인 조직의 구조이다. 따라서 조직의 구성원은 한편으로는 전통적인 직능조직의 한 성원으로서 역할을 담당하는가 하면 또 한편으로는 프로젝트조직의 성원으로서의 역할도 담당한다. 이 조직은 전통적·정태적인 조직과 오늘날의 동태적 조직을 결합한 현대적 조직구조의 특성을 보인다.

[圖 1-4-3] 행열조직(matrix organization)

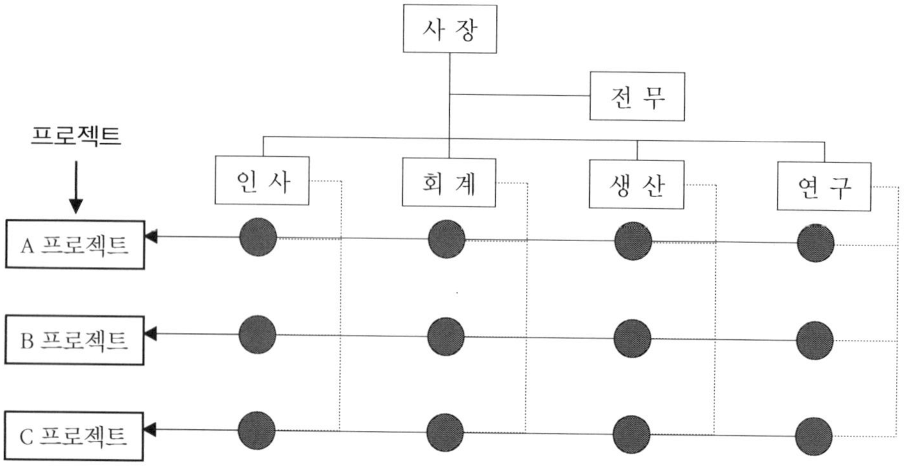

보/충/강/의

- 분사화

직능별 사업부제나 매트릭스 조직은 대규모 기업의 조직을 효율적으로 운영하기 위한 방법이나 명령계통이 너무 복잡해서 현실적으로 기능을 제대로 수행하기 어려운 경우가 많다. 더욱이 사업부 숫자가 늘어나면 사업부끼리 경영자원을 공유해야 하는 경우도 많아 자연히 각 사업부별 이익률 및 수익성을 관리하기도 어려워진다. 이와 같은 문제를 극복하기 위한 방법이 바로 분사화이다. 분사화란 특정사업부를 본사로부터 별개의 법인으로 분리해 독립적으로 운영하는 경영기법을 말한다.

7. 관리자 부재조직(Absentee organization)

컴퓨터와 통신시스템의 발달로 본사와 각 지방의 공장 및 지점간에 긴밀한 정보의 교환이 가능하게 됨으로써 본사의 중앙관리기구가 오토메이션화 된 지방의 각 공장을 움직일 수 있는 관리시스템을 스스로 갖추고 지방공장에는 관리자 없이 공장을 운영토록 하는 조직이다. 이외에도 연구·개발부를 하나의 독립된 소회사로 운영하는 성좌형 조직(constellation organization)도 있다.

조직의 구조화를 위한 기본적인 내용들은 결국 효과적인 조직관리에 주안점을 두고 있다. 크리스토퍼(W. christopher)는 관리적 효과를 얻기 위하여 다음과 같은 기본적 목표를 설정토록 하고 있다.

① 전 조직을 통하여 강력한 동일체 의식을 갖도록 한다.
② 변화를 기꺼이 받아들일 마음을 갖는다.
③ 전 조직을 통해서 권한의 분산을 광범위하게 촉진한다.
④ 모든 아이디어는 출신에 의해서 보다는 능력에 의해서 평가하도록 한다.
⑤ 회사에 대한 종업원의 지지도, 종업원에 대한 회사의 지지도, 다른 종업원에 대한 종업원의 지지도를 높인다.
⑥ 신축성 있는 조직의 형태를 유지한다.
⑦ 절차보다는 성취에 더 역점을 둔다.
⑧ 커뮤니케이션의 활성화로 대화의 길을 촉구한다.
⑨ 인간의 개발에 역점을 둔다.
⑩ 회사의 가치와 목표를 이해한다.
⑪ 모든 회합에서는 승패의 결정이 아니라 문제해결의 결정을 하도록 한다.
⑫ 보다 높은 성취표준을 세운다.[5]

사/례/연/구

- 끊임없이 변화시켜야 한다.

일본 기업사에 있어서 신과 같은 인물을 꼽는다고 하면 마쓰시다 전기를 창업한 '마쓰시다 고노스케'를 이야기할 수 있다. 마쓰시다 전기에서 생산된 제품의 이름을 들으면 대부분 알 수 있는 기업으로 Panasonic, National이라는 상표를 가지고 있으며 SANYO, AIWA라는 회사와는 친족관계를 이루고 있는 거대한 기업군이다. 여기에서 마쓰시다라는 회사를 이야기하고자 하는 것은 아니다. 일본의 기업사에 길이 남는 '마쓰시다 고노스케'라는 분은 조직의 변화에 대해서, 조직이란 가만 두면 고인 물과 같아서 썩기가 쉽기 때문에 항상 변화를 주어야 하며 그렇게 해야 만이 조직이 살아 움직인다고 하였다. 이는 조직구조에는 왕도가 없으며 조직을 끊임없이 변화시켜야 하는 것을 강조하는 이야기이며, 이것은 진리인 것이다.

5 W. Christopher, Management for the 1980s, Prentice-Hall, 1980, p.18

제7절 기업조직의 이해

1. 조직의 구성요소에 대한 이해

(1) 기업문화

각각의 기업이 가지고 있는 회사의 분위기 또는 회사의 사풍 등을 쉽게 말할 수 있지만, 조직구성원이 공통적으로 생각하는 방법, 행동양식, 신념체계라고 생각할 수 있다.

(2) 기업전략

기업이 외부의 환경, 소비자, 경쟁자의 변화에 대하여 어떻게 대응하느냐 하는 것으로 그러한 변화를 추구하여 계획하며 실행하는 조치를 말한다.

(3) 정책 및 절차

회사의 여러 부문 즉, 인사·영업·기획·생산·구매·연구·재무 등등 업무를 처리하는데 있어서 방향과 처리절차 또는 규정과 규칙 등을 말한다.

(4) 사 람

어떻게 활용하느냐에 따라서 기업의 성과가 달라질 수 있는 가장 중요한 구성요소인 것이다.

(5) 기 술

그 기업이 보유한 경쟁력이 있는 기술을 뜻하는데, 아직도 많은 기업들이 기술도입에 대한 대가(Royalty)[6]를 해외에 지불하고 있는 기업이 무수히 많다.

---

6 로열티(royalty)
특허권·실용신안권·상표권 등의 공업소유권(무체재산권)의 사용료를 말한다. 특허권자는 자기의 특허발명을 스스로 실시할 수 있을 뿐만 아니라, 실시를 희망하는 자와 계약하여 타인에게 실시하게 할 수도 있는데 이러한 특허의 실시허락을 특허 라이선스라고 하고 실시계약에 있어서 실시권자가 특허권자에게 지급할 금액, 즉 특허사용료를 로열티라고 한다.

위의 몇 가지를 간추려 보았지만 이외에도 조직의 시스템, 그 기업의 상위목표, 등을 들 수 있겠지만 우수한 조직이라고 하면 이러한 구성요소를 서로 보완해 주면서 조직의 목표 달성을 위해서 유기적으로 결합되어 나가는 조직이 우수한 조직이라 할 수 있다.

[圖 1-4-4] 조직의 구성요소

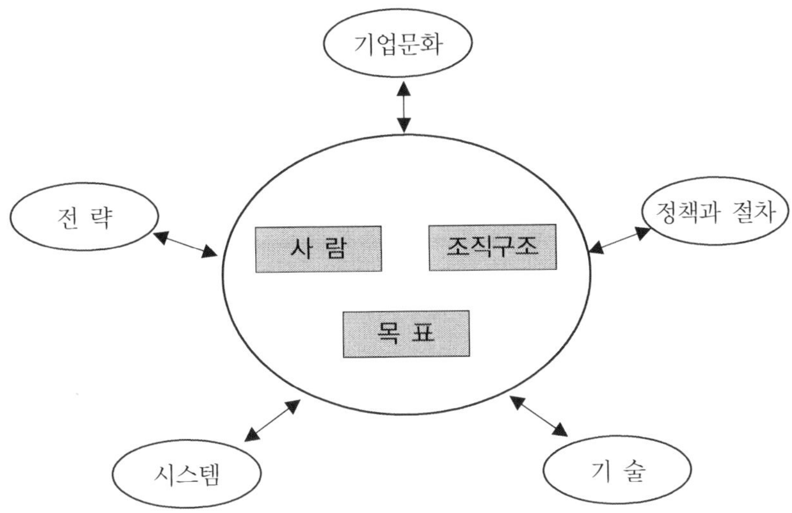

2. 직무에 관한 권한 위양

직무에 관한 권한을 설명하려면 주로 직무단순화와 충실화를 이야기한다. 직무단순화라고 하면 여러 가지 직무를 작고 단순한 업무로 쪼개어서 각 구성원에게 업무를 맡겼을 때 구성원들이 계속해서 그 업무에 종사하다 보면 숙달이 되어 생산성이 높아 질 수 있다. 그러나 단순화가 지나치다 보면 단순 반복적인 일이 되므로 동기부여 하는 데는 부족하게 되고, 생산성이 정체되게 된다.

이를 극복하기 위해서 그 직무에 관한 권한을 대폭적으로 넘겨줌으로써 직무에 대한 자율성과 책임을 갖도록 하는데 이를 직무충실화라고 할 수 있다.

3. 조직의 변화 및 개발

기업은 끊임없이 변화를 모색해야 하며, 조직변화를 거부하면 환경에 적응하지 못하여 도태되고 만다. 때문에 그렇게 되지 않도록 하기 위해서 조직을 변화시켜 주어야 하는데 조직이라는 덩어리가 외부의 환경에 적응하고 변화를 받아들이기 위해서는 먼저 조직구성원들의 마음이 열려야 하고, 그러한 필요성을 구성원들이 느끼도록 하여야 한다.

그리고 또한 무엇을 어떻게 바꾸어야 하는지를 결정하여야 하며, 새롭게 변한 조직특성이나 구성원들의 행동양식 등이 일회성으로 끝나지 않도록 하여야 한다.

여기에서 조직을 변화시키는데 가장 중요한 것은 변화에 대한 저항을 어떻게 극복할 것인가 인데 구성원들을 변화에 참여시키고, 혁신보다는 점진적 변화를 유도하고, 지속적으로 시행·교육해야 만이 조직변화가 성공할 수 있다.

제8절 시스템 이론

1. 시스템의 정의

시스템이론은 1930년에 베르탈란피(L. Von Bertalanffy)가 여러 학문분야를 통합할 수 있는 통합사고와 연구의 틀을 모색하는 과정에서 처음으로 주창되었다.

시스템이란 사전에 결정된 공통적 목적이나 목표를 달성하기 위해 하나 이상의 구성요소가 상호 기능적으로 관련된 요소(elements)들의 결합이라 정의할 수 있다. 여러 개의 독립된 구성인자가 고유의 기능을 가지며, 전체 목표를 달성하기 위해 상호 유기적으로 결합되어 있는 집합체로서 특정한 목적을 위하여 설계된 상호 작용하는 부품의 집합을 말하는 것으로 즉, 두 개 이상의 객체가 연합하여 객체 상호간의 논리적 연관성을 가지고 특정목적을 수행하는 유기체를 말한다.

시스템은 개방시스템과 폐쇄시스템으로 나눌 수 있다. 여기서 폐쇄시스템(closed system)이란 외부의 영향을 받지 않는 시스템이며, 개방시스템(open system)은 외부로부터 끊임없이 영향을 받는 시스템이다.

2. 시스템의 모형

시스템은 일반적으로 아래 그림과 같은 모형으로 도식화할 수 있다. 시스템은 환경으로부터 제공받은 입력을 하위시스템들의 가공처리 과정을 통해 시스템의 목적에 맞게 출력으로 전환하여 다시 환경에 제공하는 기능을 수행한다. 이러한 기능을 효과적으로 그리고 효율적으로 수행하기 위하여 시스템의 하위시스템들은 일정한 규칙과 절차에 의해 통제 받고 목표의 달성여부에 따라 평가받게 된다. 여기서 서브시스템이란 시스템 내부의 또 다른 시스템을 말한다. 하나의 시스템은 내부에 여러 개의 서브시스템이 있을 수 있으며 또한 시스템은 그 외부에 시스템으로 둘러쌓여 있을 수도 있다.

[圖 1-4-5] 시스템의 모형

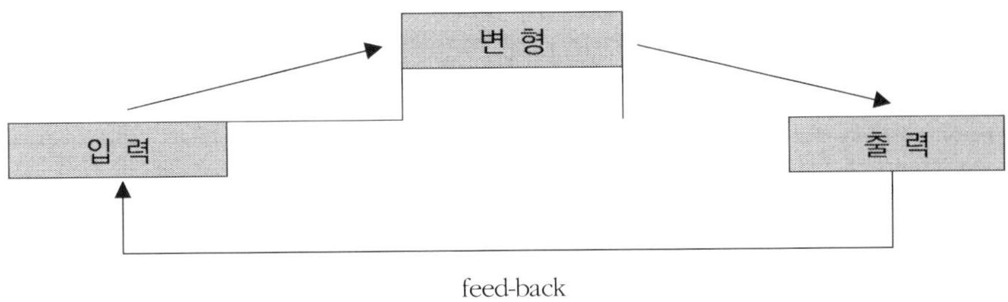

3. 시스템의 유형

(1) 개방시스템과 폐쇄시스템

시스템의 유형은 흔히 개방시스템(open system)과 폐쇄시스템(closed system)으로 나누어 생각할 수 있다. 이를 구분하는 가장 큰 특징은 환경과의 상호작용 여부이다. 개방시스템이란 환경과의 상호작용을 통해 정보, 물질, 에너지 등을 주고받는 시스템을 말한다. 예를 들어, 생명체·기업조직·정보시스템 등은 개방시스템이라 볼 수 있다. 반면에 폐쇄시스템이란 환경과의 상호작용이 없는 시스템을 말한다. 미리 프로그램된 신호체계나 생산설비의 제어시스템 등은 교통량이나 생산 현장의 변화에 의해 영향을 받지 않는 폐쇄시스템이라 할 수 있다.

(2) 시스템과 조직

폐쇄시스템은 물질·정보·에너지를 교환하지 않는다. 이와 같은 폐쇄시스템은 결국 쇠퇴하고 해체된다. 이와 같은 무질서로의 이행을 엔트로피(entropy)의 증가라고 한다. 조직에서 비교적 환경으로부터 분리되어 있기는 하지만 완전히 고립된 것은 아닌 시스템이 있다. 이들은 비교적 폐쇄되어 있다는 의미에서 폐쇄시스템으로 불리기도 한다. 하지만 궁극적으로 실세계에서 폐쇄시스템은 존재하지 않는다.

개방시스템은 무 작위적이고 정의되지 않은 입력을 포함하여 정보, 물질, 에너지를 환경과 교환한다. 개방시스템은 그들의 존재를 유지하기 위해 환경의 변화에 적응할 수 있는 형태와 구조를 갖는다. 이것은 조건의 변화에 따라 자신의 조직을 바꾼다는 의미에서 자기 조직적(self-organized)이다.

따라서 시스템이 살아남기 위해서는 환경과 지속적인 상호작용을 해야 한다. 이런 면에서 조직은 개방시스템이다. 조직이 존재할 수 있는 한가지 중요한 특성은 경쟁에서의 변화, 시장에서의 변화에 직면하여 적응할 수 있는 능력이 있다는 것이다.

30년 전을 생각해보자. 그때 당시 최고의 기업이 지금 현재 살아남아 있는가? 살아남아 있다면 그 기업은 환경의 변화에 적응하기 위해 지속적으로 조직을 변화한 기업이다. 이것은 아주 명확한 원칙이다. 이런 면에서 30년 후를 예상해 볼 때 살아남아 있게 될 기업은 지속적인 변화를 추구한 기업이라고 볼 수 있다.

4. 개방시스템의 특징

(1) 환경에 대한 인식(Environmental awareness)

시스템을 좀더 조직의 발전적인 측면에서 이해하려면 환경에 대해서 정확하게 인식해야만 한다. 시스템과 환경은 상호 독립적이다. 하지만 시스템과 환경은 지속적으로 상호 영향을 받고 영향을 준다. 시스템 내부에 존재하는 하부시스템의 변형작업이 또한 시스템에 영향을 주게 된다. 하지만 시스템과 환경 사이의 명확한 경계를 이해해야만 한다. 그래야 서로 주고받은 영향에 대해서 파악할 수 있기 때문이다.

이와 같은 일반 시스템 이론은 기업의 조직에도 적용해 볼 수 있다. 기업에 대한 정확한 이해와 함께 주위를 둘러싼 환경에 대해 명확하게 파악하고 있어야 한다. 환경은 공급자, 수요자, 정부, 노동자 등 여러 가지가 있을 수 있다. 이들에 대한 철저한 분석이 기업을 살아남게 만든다.

(2) 주기적인 특징(Cyclical character)

개방시스템은 사이클의 연속이다. 시스템의 산출물은 또 다른 투입을 의미하며 내부 처리를 통해 또다시 산출된다. 시스템은 주기적인 특징을 가진다.

(3) 부엔트로피(Negative entropy)

시스템은 쇠퇴(퇴화)하거나 무 질서화(해체)될 수 있는데 이를 시스템 용어로 말하면 엔트로피의 증가라고 한다. 엔트로피의 증가를 방지하거나 상쇄시키기 위해서는 시스템을 정비, 보충, 유지하기 위한 물질과 에너지의 입력이 필요하다. 이와 같은 작용을 부엔트로피라고 한다. 이는 개방시스템의 특징이기도 하다.

(4) 안정된 상태(Steady state)

시스템은 엔트로피를 방지하기 위하여 에너지를 계속 투입하게 되는데 이를 통하여 지속적으로 안정된 상태를 유지하게 된다. 개방시스템은 투입과 산출을 반복함으로써 시간이 경과하여도 스스로를 유지할 수 있다.

(5) 성장과 확장(Movement toward growth and expansion)

시스템이 좀 더 복잡해짐에 따라 엔트로피의 증가에 대해 지속적으로 반작용을 하게 되는데 이때 시스템은 성장하고 팽창하게 된다. 붕괴를 막기 위해서 시스템은 산출에 필요한 일반적인 투입량보다 더 많은 투입을 필요로 하게 된다. 더 나아가서 시스템 내부의 서브시스템이 더욱 많이 생겨나게 되며 여러 형태의 산출이 이루어진다.

(6) 유지보수 및 개선 활동의 균형(Balance of maintenance and adaptive activities)

개방시스템은 때때로 상충되는 2가지 활동의 조화를 유지하려 한다. 유지보수 활동은 여러 서브시스템이 균형을 유지하여 전체 시스템이 안정적으로 지속되도록 한다. 이 활동을 통해 급격하게 변화하려는 시스템의 불균형을 방지한다. 반대로 개선 활동은 시스템의 외부 환경 또는 내부의 요구 조건에 맞도록 변화시키는 활동이다. 이 두 개념 모두 시스템이 존속하기 위해서는 반드시 필요한 활동이다. 환경의 변화를 수용하지 못하는 복지부동의 시스템도 문제가 있으며 외부환경에 너무 빨리 반응하는 안정적이지 못한 시스템도 문제가 있다. 두 활동간의 균형이 중요하다.

(7) 동일한 결과(Equifinality)

시스템은 다양한 투입·변형·산출활동을 통해 목표를 달성할 수 있다. 이는 어떤 문제에 대해 여러 개의 해결책이 있을 수 있다고 가정한다. 이를 통해 시스템은 결국 동일한 최종 목표에 도달하게 된다.

[圖 1-4-6] 개방시스템의 특징

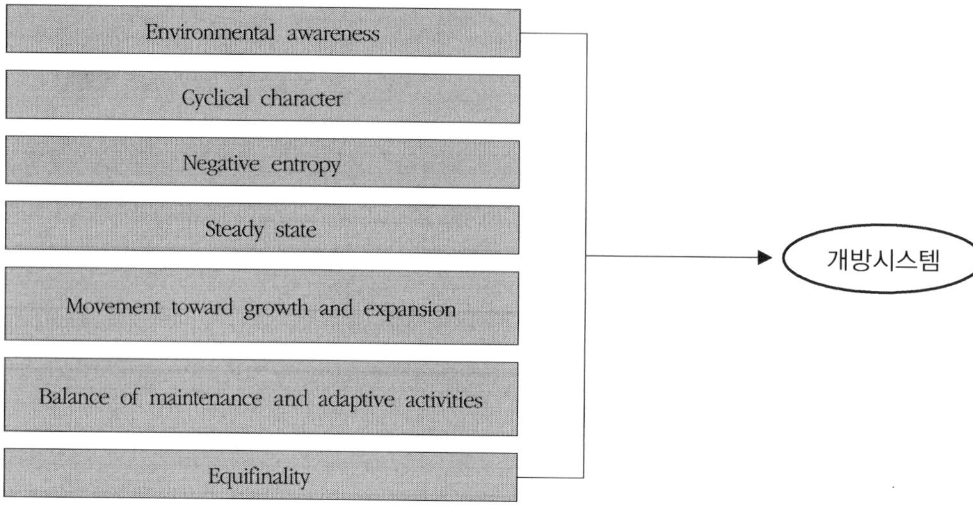

5. 시스템관점의 중요성

시스템을 바라보는 관점은 조직을 이해하기 위해서는 매우 중요하다. 이 시스템 개념을 이해함으로써, 관리자가 될 사람들을 포함하여 모든 관리자는 조직의 진정한 모습을 이해할 수 있게 된다. 다시 말해 조직은 여러 서브시스템으로 이루어졌으며 이들이 모여 전체의 시스템을 이루는 모습이라고 이해하게 되는 것이다. 또한 조직구성원은 자기 자신의 업무가 전체 조직에서 별도로 떨어진 작업이 아니라 전체 시스템을 이루는 서브시스템으로써 자신의 업무를 바라보게 된다. 이러한 관점을 통해 조직은 더욱 발전하게 된다.

사/례/연/구

- 『21C 生存組織의 20가지 特性』 – Tom Peters –

1. 기업의 목표는 단순히 게임에서 이기는 것 이상이 된다. 즉, 세계수준의 팀과 세계수준의 인적자원을 개발하는 것이 단 한 번의 승리보다 중요하고 값진 의미를 지니게 될 것이다.
2. 시장력은 조직구성원이 창출하는 학습능력과 Network 정비 정도에 따라 좌우될 것이다.
3. 전체규모가 20명이든 20만 명이든 간에 각 조직은 효율적 학습단위인 20～50명의 팀 규모로 빠르게 재편될 것이다.
4. 어떤 업종이든지 Business는 주로 두뇌(Brain)를 쓰는 것이 될 것이다.
5. 모든 Business Process가 일단 제거되었다가 재구축 될 것이다. 기존의 기능들을 잘 이어주는 수평적 Process가 기업경영의 기본 운영방법이 될 것이다.
6. 학습(Learning)과 신속성(Speed)에 장애가 되는 중간관리층이 제거될 것이다.

7. 조직구성원들은 다음 3가지 형태 중 하나에 해당될 것이다.
   ① 주로 Network을 관리하고 이끄는 시스템 통합자(System Integrator)
   ② 여러 Network을 관리할 수 있는 특수한 능력을 가진 전문가
   ③ 혼자 활동하거나 인재뱅크의 일원으로 일하는 독립적인 구성원
8. Project 관리자와 Network 관리자는 미래의 조직에서 Star Player로 부상될 것이다.
9. 미래에는 대부분의 업무가 Project에서 수행될 것이다. Project팀의 수명은 매우 불확실하다. 불과 몇 시간 일 수도 있다. 또한 역동적이고 단기적인 Project 가 일상적으로 구성될 것이다. 1년에 4～5개 Project에서 일하는 것이 일반적인 현상이 되겠지만 같이 일했던 동료와 중복 구성되는 경우는 드물 것이다.
10. Project 팀에는 공급자, 고객, 유통업자와 같은 외부자가 포함될 것이다.
11. Project팀과 Network 구조의 끊임없는 재구성 면에서 볼 때 Restructuring은 계속될 것이다.
12. 시간이 흐르면서 보고자와 보고대상이 변화할 것이다. 예를 들어 A라는 사람으로부터 특정업무에 대해 일상적으로 보고 받는 B가 다른 업무에 있어서는 A에게 보고하게 될 것이다.
13. Feedback 경로는 현재에 비해 훨씬 짧아질 것이다.
14. 동료의 평가가 상사의 평가보다 더 중요하게 될 것이며, 평가기준은 주로 다음과 같을 것이다.
   ① 팀플레이(Team Play)
   ② 외부관계자 관리(관련업체, 용역업체 등)
   ③ 새로운 경험과 Idea를 창출하는 능력
   ④ 학습과 전문성 향상을 위한 노력
   ⑤ 교육자로서의 능력
   ⑥ 학습한 교훈을 팀 통료 및 보다 넓은 Network에 전달하는 능력
15. 조직에서 대부분의 부가가치는 특수한 학습에서 비롯되거나 조직의 정보개발 Process를 책임지는 Communication 수단에서 비롯된다.
16. 조직학습(Organizational Learning)이 정보개발 Process에 기여한다는 사실이 인정될 것이며, 이는 성과와 보상을 결정하는 주요방안의 하나가 될 것이다.
17. 내 외부에서 취득되는 모든 정보에 즉각적으로 접근할 수 있는 능력이 모든 조직구성원에 대한 필수요건이 될 것이다.
18. 정보기술(IT)은 신설조직에 적용할 때 특히 중시될 것이다.
19. 조직의 단위는 상호연결이 느슨해지는 반면에 고객이나 공급업자와는 더욱 긴밀한 관계를 맺게 될 것이다.
20. 조직의 핵심역량(Core Competency)에 해당되지 않는 일들은 대부분 능력을 갖춘 외부 협력업체가 처리(Outsourcing)하게 될 것이다. 조직은 유동적인 외부업체와 일함으로써 최소규모와 민첩성을 유지할 수 있고, 다양한 상황·기회에 맞게 Partnering할 수 있게 될 것이다.

제9절 아웃소싱(Outsourcing)과 애드호크러시(Adhocracy)

1. 아웃소싱(Outsourcing)

기업의 경쟁이 심화되면 될수록 글로벌 기업은 보다 융통성 있고, 신속하게 고객의 만족을 위한 높은 품질의 제품과 서비스를 제공할 수 있는 조직구조가 필요하다. 이러한 노력의 하나로 등장한 방법은 기업의 전통적인 조직구조로부터 탈피하여 비 전략적인 기업업무를

조직외부에 아웃소싱(outsourcing)하여 전략적인 업무만을 중심으로 유연한 조직구조를 유지함으로써 민첩하고 신축성 있게 기업을 운영하는 것이다.

1900년대 초반 록펠러[7]는 석유화학 산업에서 석유를 운반하기 위해 필요한 철도, 나무통, 나무통 제작을 위한 삼림산업 등 모든 일들을 계열화를 통해 생산 및 판매까지 직접 수행했다고 한다. 이와는 정반대의 개념인 아웃소싱을 이용한 대표적 조직구조가 모듈(module)조직구조이다.

모듈조직이란 신제품개발, 디자인 그리고 판매업무 등 기업의 전략과 관련된 핵심업무들(core activities)은 기업이 직접 수행하고 제품배달·회계·사후 서비스 등의 비 전략적 업무는 외부의 전문 기업을 통해서 수행하는 새로운 형태의 조직구조 또는 운영방식이다.

미국 컴퓨터 산업의 1991년도 이윤분포를 외부에 아웃소싱을 많이 한 기업과 계열화한 기업으로 구분했을 때 AST, Dell Computer, Apple사 등과 같이 조직이 비대해지는 것을 막기 위해 아웃소싱을 많이 한 기업이 IBM이나 DEC(Digital Equipment Corporation) 등과 같은 거대한 조직과 자금을 가진 선발업체를 누르고 경쟁에서 우위를 차지하고 있는 것을 알 수 있다. 이밖에도 일본의 도요다 자동차를 시작으로 한 적시생산방식 역시 부품협력업체의 성공적 관리를 통해 고품질의 제품생산 뿐만 아니라 재고관리가 가능해짐으로써 미국 자동차 시장을 점령한 것도 아웃소싱의 장점을 잘 나타내 준다.

모듈조직은 고정비용을 줄임으로써 조직의 노력을 개발이나 제품의 디자인에 집중적으로 투자할 수 있게 하고 조직이 비대해지는 것을 막으며 민첩하게 환경변화에 적응해 나갈 수 있게 해준다. 모듈조직의 예로는 스포츠화 시장에서 치열하게 경쟁하는 나이키와 리복[8]을 들 수 있다. 나이키와 리복은 소비자의 취향을 만족시킬 수 있는 높은 품질의 세련된 스포츠화를 생산하기 위해 신제품의 개발 및 디자인 그리고 마케팅에만 전념함으로써 변화하는 고객의 요구에 성공적으로 대응하고 있다. 특히 리복의 경우에는 한국과 대만 등의 공급업체와의 계약에 의해 제품을 전량 공급함으로써 제품의 디자인과 마케팅과 같은 고부

---

7 록펠러(Rockefeller, John Davison, 1839. 7. 8 ~ 1937. 5. 23)
미국의 실업가·자선가, 뉴욕주 리치퍼드 출생. 1859년 친구와 함께 상사회사를 설립하고, 1863년 부업으로 클리블랜드에 정유소를 설립한 것이 번창, 1870년 자본금 100만 달러의 주식회사 형태를 갖추어 오하이오 스탠더드석유회사가 설립되었다. 이 회사에 록펠러가 사장으로 취임, 급속히 사업을 확대하여 나갔다. 1882년 미국 내 정유소의 95%를 지배하는 스탠더드오일트러스트를 조직하였다. 그러나 1911년 미국 연방최고재판소로부터 반 트러스트법 위반으로 해산명령을 받고 해체되었다. 그 후 록펠러는 재계에서 물러나 자선사업에 몰두하였다. 1890 ~ 1892년 시카고대학 설립을 위해 6,000만 달러 이상을 기부하고, 그 후에도 3억 5,000만 달러를 기부하였다. 록펠러재단·일반교육재단·록펠러의학연구소 등을 설립하였다.

8 기존 미국 시장 신발업계의 선두주자는 나이키, 그 다음으로 리복을 꼽을 수 있었다. 이들의 미국 내 신발시장점유율은 나이키가 31.8% 차지하고 있었으며 그 뒤를 잇는 리복이 21.1%를 차지하고 있었다. 이 두 브랜드 사람들에게 익히 잘 알려진 브랜드로써 나이키의 브랜드네임은 3억 5천만 달러의 가치를, 리복은 2억 3천만 달러의 가치를 지니고 있었다. 이러한 나이키와 리복의 제품은 상당히 고품질이다. 기계를 쓰긴 하지만 그렇게 많이 쓰지 않고 대부분의 작업이 수 작업으로 이루어지는 것이 특징이다.

가가치를 창출하는 업무를 통하여 기업의 경쟁력을 강화시키고 있다. 또한 나이키의 경우에도 특수한 원료나 어떤 일부분을 생산하는 하나의 소규모 공장을 운영함으로써 기업이 비대해지는 것을 막고 소비자의 취향을 신속하게 파악하여 디자인 및 새로운 소재개발에 주력함으로써 치열해지는 글로벌 경쟁에 대응해 나가고 있다.

2. 다운사이징(Downsizing)

최근에 조직환경조건에 맞추어 조직과정을 재구성하는 다운사이징기법도 아웃소싱과 같은 맥락의 개념이다. 다운사이징은 조직규모를 감소시키고 더 정확한 조직구조를 이끌어내는 조직재조정의 한 형태이다 오늘날 같이 효율성, 생산성, 품질이 요구되는 고비용 구조의 기업에게 다운사이징은 매우 유용한 기법이다. 그러나 다운사이징은 기업의 도덕성에 흠집을 낼 수 있고 종업원의 동기부여를 저하시켜 결과적으로는 제품이나 서비스의 질을 떨어뜨려 시장점유율을 하락시킬 수도 있게 된다.

어느 보험사는 운영비를 절감하기 위해 기업의 인력을 30% 감축시키는 큰 규모의 다운사이징을 실시하였다. 1,200명의 인력을 감축함으로써 6,000만 달러를 절약하였지만 몇 달만에 다운사이징으로 절약하였던 것보다 더 큰 손실을 경험하였다. 이는 다운사이징이 성공을 위한 전략이 될 수 있으나 실패의 사이클이 될 수도 있음을 경고한다. 이러한 사이클은 조직 내부의 불만족으로 시작하여 조직의 비효율, 품질의 저하, 고객 이탈, 결국에는 수익성 감소로 이어지는 사이클이다.

3. 라이트사이징(Light sizing)

다운사이징이 단순히 인력을 감축함으로써 조직의 규모를 감소시키는 것이라면 라이트사이징은 보다 전략적인 접근방법을 제공한다. 현재 성공하고 있는 기업들은 라이트사이징 프로세스를 도입함으로써 다운사이징의 유혹을 극복하고 있다. 라이트사이징은 기업의 목표를 토대로 중요한 작업과 이를 지탱하는 필수조건들에 대해 지속적이고 능동적으로 평가해 가는 과정이다. 즉 라이트사이징은 단지 불필요한 업무영역만을 제거하고 그 외의 부분들은 능률적으로 만듦으로써 현재의 환경에 대응하는 합리적인 방법을 찾으면서 동시에 새로운 시장을 개척하고 성장가능성 있는 영역에 대해서는 인원을 늘려간다. 다운사이징이 이미 발생한 문제대처에 초점이 있다면 라이트사이징은 고객의 요구와 기업에 맞추어 나가는 적극적이고 참여적이며 계획적인 프로세스이다.

4. 애드호크러시(Adhocracy)

동태적 조직구조로 주로 애드호크러시가 논의된다. 애드호크러시는 조직의 신축성·자율성·적응성을 확보하기 위하여 규칙·규정이 거의 없고 표준화된 정형적 절차가 없는 평면적 조직형태로서 주로 특정분야의 전문적 지식·기술을 가진 전문가로 구성되어 상호 의존적 관계를 가지는 동태적 조직이다. 이러한 조직의 유형으로는 매트릭스조직, 프로젝트조직, 태스크포스, 위원회구조, 네트워크구조, 공동관리구조 등을 들 수 있다.[9]

Bennis에 의하면 Adhocracy란 "다양한 전문적 기술을 가진 비교적 낯선 사람들로 구성된 집단이며 해결해야 할 문제를 중심으로 조직된 변화가 심하고 적응력이 강하고, 임시적인 하나의 체제"라고 정의하고 있다.

본래 Adhocracy의 기원은 제2차 세계대전 중에 특수임무를 수행했던 기동타격대(Task force)에서 찾아볼 수 있는데 Adhoc team이라고 불러왔다. 이 부대는 그들의 임무가 완수되면 해산되었다가 새로운 임무 주어지면 재구성되는 그런 속성을 띠었다. Adhocracy는 일반적으로 "특별임시조직"이라 번역되고 있다.

Adhocracy는 기존 조직사회가 급격하고 예측 불가능한 신축적 동태적 환경에의 부적응성, 규모의 거대화에 기인한 비인간화, 관리비의 증대, 매너리즘, 다양성에 대한 요구가 증가되는 상황 등에서 많은 문제점을 내포하게 되자 새로운 조직구조로서 나타나게 된 것이다.

Adhocracy의 일반적인 특징은

① 높은 수준의 수평적 분화와 낮은 수준의 수직적 분화로 인하여 낮은 수준의 복잡성

② 분권적인 의사결정, 즉 전문성에 따른 의사결정으로 인한 낮은 수준의 집권화

③ 높은 수준의 전문성으로 인한 낮은 수준의 공식화(느슨한 형태나 비문서화)등의 관료제와 반대적인 특성을 갖는 구조이다.

S. Terreberry가 지적한 바와 마찬가지로 오늘날 급변하는 조직의 환경은 소용돌이의 환경이며 아울러 불확실성이 체증한다고 한다. 이러한 상황에 신축성있게 적응하며 문제를 해결해 가는 능력이 기계적 관료제 조직으로는 그 스스로 한계가 있는 것이다. 따라서 미래의 조직 구조모형의 하나로서 Adhocracy는 더욱 더 확장되고 그 활용의 빈도가 높아질 것으로 예상된다.

---

9 김규정, 행정학개론, 법문사, p.214

보/충/강/의

- 모듈(module)

프로그램이나 기계시스템 등의 구성요소. 소프트웨어측면에서는 프로그램을 개발할 때 이용하는 논리적으로 독립된 프로그램 부품을 가리킨다.

링커를 사용하여 연결시키는 오브젝트 모듈과 로더가 연결시키는 로드 모듈이 있다. 다른 모듈과의 인터페이스만을 고안해 두면 내부는 자유로운 기입이 가능하기 때문에 다수 인원에 의한 개발이나 소프트웨어의 모듈 재이용에는 없어서는 안 된다. 하드웨어측면에서는 CPU나 디스크 장치, 프린터, 회선제어장치 등의 I/O 구성 장치를 가리킨다.

모듈 단위로 독립된 기능을 갖고 전체가 모여 시스템을 구성한다.

- 모듈기업

회사 내에 생산시설을 갖고 있지 않거나 갖고 있어도 최소한의 시설만 보유하고 부품이나 완제품을 외부 기업으로부터 조달해 최종 제품을 판매하는 기업. 모듈기업은 생산시설을 갖추지 않는데서 오는 여력을 디자인과 마케팅 등 경쟁의 핵심요소에 집중 투자해 일류의 경쟁력을 보유할 수 있는 장점이 있다. 이런 기업은 기본적으로 '기업의 슬림화'를 이룩하게 되며 이는 부서 통폐합과 사무인력 절감으로 비대한 조직의 살을 빼는 「조직의 슬림화」와 부실한 기업을 과감히 포기하는 「경영의 슬림화」와 함께 최근의 기업구조 변화를 대표하는 현상이다.

모듈 기업은 유행에 민감하게 반응하는 패션산업에서 처음 시작됐는데 하루가 다르게 변화하는 패션시장 환경에 모듈기업이 재빨리 적응할 수 있었기 때문이다.

나이키[10], 리복 등이 세계적인 모듈기업이며 국내에서는 이랜드가 대표적인 모듈기업이다.

---

10 나이키(Nike, Inc.)

미국의 스포츠용품 제조회사. 운동화, 운동복, 이와 관계 있는 액세서리 등을 디자인하고 판매하는 회사로서 1972년 필립 나이트(Philip Knight)와 오리건대학교 육상코치였던 빌 보워먼(Bill Bowerman)에 의하여 출발하였다. 오리건대학교와 스탠퍼드 경영대학원을 졸업한 나이트는 가진 것이 아무것도 없어 트럭에 러닝슈즈를 싣고 운동경기장을 찾아가 판매활동을 시작하였다. 상품 이름은 블루리본스포츠(Blue Ribbon Sports : BRS)라 하였다. 얼마 후 신발을 직접 생산하기 시작하면서 회사를 차리고 회사 이름을 나이키로 하였다. 첫해의 매상고는 8,000달러였으며 신발로 벌어들인 이윤은 250달러에 불과하였다.

그는 대학 시절의 코치였던 보워먼에게 도움을 청하였고, 보워먼은 아내가 사용하는 와플 굽는 틀을 바라보다가 틀 속에 약간의 고무를 집어넣고 고무 와플을 만들었다. 그런 다음 그것을 잘라 신발의 밑창에 아교로 접착시켰다. 그리고 자신이 코치하는 팀의 선수들에게 그 신발을 나누어 주고는 그것을 신고 뛰어보라고 하였다. 선수들의 반응은 좋았다. 수축이 잘될 뿐 아니라 탄력도 훌륭하였던 것이다. 이 신발로 나이키는 커다란 성공을 거두었고 1970년대의 가장 혁신적인 신발 제조업체로 명성을 높였다.

1979년에 이르러 나이키는 선두업체로서 가장 인기 있는 회사 가운데 하나가 되었다. 얼마 후 에어로빅붐에 편승한 리복(Reebok International Ltd.)에게 정상의 자리를 빼앗기게 되자 스포츠 종류에 따라 신발을 다양화함으로써 리복을 공략하였다. 두 회사는 한동안 치열한 경합을 벌였다. 그 뒤 나이키는 세계적인 농구선수 마이클 조던(Michael Jordan)을 위하여 '에어조던(Air Jordan)'이라는 운동화를 디자인하였고, 조던에 의한 나이키의 광고효과가 엄청난 성공을 거둠으로써 1980년대 말에는 신발업계의 정상을 차지하였다. 1971년 캐럴라인 데이비슨(Caroline Davidson)이 디자인한 나이키의 로고는 그리스신화에 나오는 승리의 여신 나이키의 날개를 나타낸다.

제5장
인간관계관리론

제1절 인간관계관리론의 의의

인간이 조직을 갖추어 집단 행동을 할 때에는 눈에 보이지 않는 인간상호간의 관계가 형성되는데 조직 내의 휴머니즘(humanizm)에 입각한 상호협동관계를 인간관계라 하고 이를 학문화 한 것이 인간관계론이다.

조직 내에 원만한 인간관계가 형성되지 못할 때 종업원의 사기(morale)는 저하되며 이는 근로의욕의 상실을 가져와 생산성의 하락요인이 된다. 경영에 있어서 이러한 인간관계의 개선은 종업원의 사기와 노동의욕을 고취시켜서 목표작업을 잘 수행할 수 있고 기업의 발전에 기여하게 되는 것이다.

과학적 관리론에 입각한 20세기 초반의 초기 자본주의 사회에서는 고도로 분업화된 생산방식이 주요 생산형태로 자리잡았다. 그 속에서 근로자의 인격은 거의 무시되고 생산의 한 부품처럼 기계화되었다. 그러나, 이러한 경영기법만이 생산성을 향상시키는 최선의 방법이 아니라는 사실이 밝혀진 것은 1924년에서 1932년 사이에 실시되었던 호손실험에 의해서였다. 이를 통하여 비로소 인간관계가 생산성 향상에 큰 영향을 준다는 것이 공식적으로 확인되었다.

1. 메이오의 호손실험(Hawthorne Experiment)

엘튼 메이오(Elton Mayo)[1]와 그 동료들은 1924년에서 1929년까지 호손(Hawthorne)시에 있는 웨스턴 일렉트릭(Western Electric)회사에서 일하는 근로자를 대상으로 하여 작업 능률 향상에 대한 연구를 하였다.

실험 초기에는 공장 내의 조명의 강도와 작업능률이 관계가 있을 것으로 예측했다. 그러나, 2차, 3차 실험이 계속되는 동안 연구의 방향과 결과가 인간관계와 성과를 중심으로 바뀌게 되었으며(1928. 9 ~ 1930. 9), 이 실험을 통하여 비로소 인간 관계와 비공식 조직의 중요성이 처음으로 인식되었다. 이 때문에 그 실험의 이름을 "호손실험(Hawthorne Experiment)" 또는 "호손연구(Hawthorne Study)"라고 부르게 되었다. 이 실험의 결과를 토대로 작업 능률을 향상시키는 것은 비단 물질적 작업 환경이나 경제적인 노동조건(예를 들어, 임금·초과수당 등)에 의해서만 영향을 받는 것이 아니라 종업원의 태도나 감정 등의 인간관계에 의해서도 크게 좌우된다는 것을 알아냈다. 그리고 또한 기업체의 근로자들간의 조그마한 모임인 비공식적인 조직이 생산성 향상에 중요한 역할을 하고 있음이 밝혀졌다(1931 ~ 1932).

이 같은 호손실험은 이후에 인간중심의 경영을 지향하는 "인간관계론(Human Relationship Theory)"의 출발점이 되었다. 이러한 호손실험의 결과 테일러의 이론이 근본적으로 동요하게 되었고 과학적관리법은 1924년 이후 그 응용분야를 확대하여 인간관계문제를 체계적으로 연구하게 되었다.

호손실험은 조명실험, 기전기조립작업실험, 면접실험, 뱅크배선작업실험의 4단계로 행하여 졌는데 그 실험결과는 아래와 같다.

① 작업능률을 좌우하는 것은 노동조건 및 작업환경과 같은 물적 조건 이외에 종업원의 감정(sentiment)과 태도(attitude) 등 감정의 논리가 중요하다.

② 종업원의 감정과 태도를 좌우하는 것은 개인적, 사회적 환경, 사내의 세력관계 및 그가 속하는 비공식조직(informal organization)의 힘 등이다.

인간은 원리원칙에 따라 논리적으로 행동하는 것이 아니라 감정의 논리(logic sentiment)에 따라 행동하며 감정의 논리를 좌우하는 것은 공식적 조직(formal organization)이 아니고 조직구성원 상호간의 친교·언행·관습 등의 감정적 요인에 의하여 발생하는 비공식적 조직이라는 것과 이 감정의 논리와 비공식조직이 생산능률을 좌우하는 중요한 요인이라는 사실을 밝혀냈다.

---

1 메이오(Mayo, George Elton, 1880 ~ 1949)
오스트레일리아 애들레이드 출생. 애들레이드대학교를 졸업하고, 1923년에 도미하여 심리학의 자네트, 인류학의 말리노프스키와 라도클리프 브라운 등의 영향을 받아 산업사회학·산업심리학 발전에 기여하였다. 특히 직장에서의 인간문제 타개책에 임상심리학의 면접기법을 도입하여 직장 정신위생의 단서를 열었다. 펜실베이니아대학교 재임 중에 직물공장에서의 인간관계를 연구하였고, 또 유명한 워너의 양키시티 조사에도 참가하였으나, 평생의 사업으로서의 업적은 하버드대학교로 옮기고 약 27년 후에 성공을 본 이른바 호손 연구이다. 그러나 메이오는 체계적 이론가라고는 할 수 없으며 개인의 사회(특히 직장사회)에 대한 적응해명에 관한 실마리를 제시한 데에 지나지 않는다는 비판도 있다. 또 노동조합의 기능에 대한 인식도 매우 낮은 편이어서, 거기에 그의 한계가 있었다고 할 수 있다.

2. 매슬로우의 동기부여론

호손실험의 결과가 알려진 후, 인간관계에 대한 많은 연구들이 진행되었는데 그 중에 하나가 아브라함 매슬로우[2](Abraham Maslow, 1908~1970)의 "동기부여론 (Motivation Theory)"이다. 매슬로우는 인간의 본성에 대해서 다음과 같이 3가지 가정을 세우고 이와 관련된 동기부여론을 개발하였다.

① 인간은 만족할 수 없는 욕구를 갖고 있다.
② 인간의 행동은 만족하지 못한 욕구를 채우는 것을 목표로 한다.
③ 인간의 욕구는 기본욕구(생리적인 욕구, 안전욕구)에서부터 상위욕구(소속과 애정의 욕구, 자아 욕구, 자기실현의 욕구)까지 5단계로 이루어져 있다. 그리고 기본적인 욕구가 채워지면 인간은 상위욕구를 채우려 한다.

매슬로우가 주창하는 인간욕구 5단계를 그림으로 나타내면 다음과 같다.

[圖 1-5-1] 매슬로우의 인간욕구 5단계설

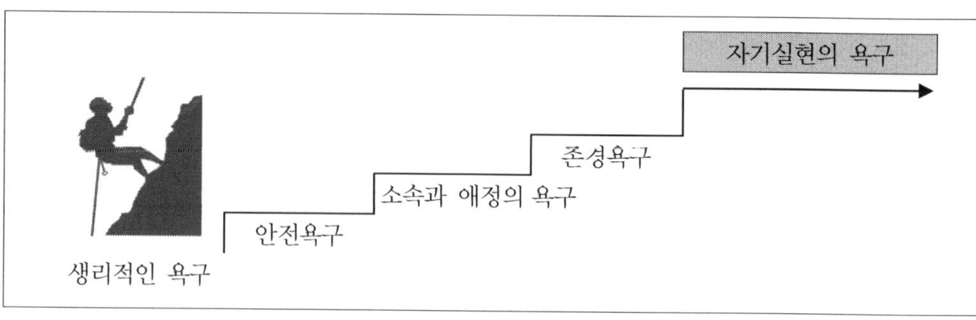

이 같은 인간욕구의 단계가 동기부여와 무슨 관계가 있을까? 이는 곧 하위단계의 욕구가 충족이 안되면 상위단계의 욕구로 진행이 되지 않는다는 것이다. 따라서, 경영자들은 근로자의 욕구를 하위단계부터 충족시키도록 노력을 해야 비로소 동기부여가 되어 상위단계의

---

2 매슬로우(Maslow, Abraham H. 1908～1970)
인본주의 심리학의 창설을 주도하였으며, 기본적인 생리적 요구에서부터 사랑, 존중 그리고 궁극적으로 자기실현에 이르기까지 충족되어야 할 요구에 위계가 있다는 요구 5단계설을 주장하였다. 인간의 욕구는 병렬적으로 열거되어 있는 것이 아니라 낮은 단계에서부터 충족도에 따라 높은 단계로 성장해 가는 것이며, 낮은 단계의 요구가 충족되지 않으면 높은 단계의 요구는 행동으로 연결되지 않고 이미 충족된 요구도 행동으로 이어지지 않는다. 그러나 매슬로우가 주장한 인간의 욕구는 강도나 중요성에 따라 계층적으로 배열한 것이지 결코 행복 그 자체를 계층적으로 배열한 것은 아니다. 저서에 「인간의 성격에 대한 심층접근」이 있다.

욕구충족의 방향으로 나아간다는 것이다.

(1) 욕구단계설의 가정

매슬로우는 인간의 내부에는 단계를 이루는 다섯 가지 욕구가 존재한다는 논리를 세우고 있다. 이러한 논리에는 다음과 같은 네 가지의 가정이 자리잡고 있다.

① 일단 만족된 욕구는 더 이상 동기부여요인이 아니다.
② 인간의 욕구체계는 매우 복잡하다.
③ 상위수준의 욕구가 한 개인의 행동에 영향을 미치기 위해서는 일단 하위수준의 욕구가 우선적으로 충족되어져야 한다.
④ 하위수준보다는 상위수준의 욕구에 보다 많은 충족방법이 있다.

(2) 욕구단계

욕구단계설은 1943년에 처음 내놓은 것으로, 사람에게 동기를 부여하려면 단계별로 상승하는 인간의 욕구를 제대로 이해해야 한다는 주장이다. 인간의 욕구는 낮은 단계의 욕구로부터 시작하여 그것이 충족됨에 따라서 차츰 상위 단계로 올라간다. 이러한 매슬로우의 이론은 브랜다이스 대학에 재직할 당시에 집필한 『인간의 동기와 성격(Motivation and Personality)』이라는 책에서 소개되었다.

1) 1단계 : 생리적 욕구(Physiological Needs)

욕구단계설의 첫 단계는 인간에게 있어 가장 기본이라 할 수 있는 생리적 욕구이다. 즉, 따뜻함이나 거주지, 먹을 것을 얻고자 하는 욕구이다. 인간은 빵만으로 사는 것은 아니지만 정말로 굶주리고 있는 사람에게 있어서는 빵 한 조각이 전부인 것이다. 춥고 배고픈 문제가 해결되지 않는 한 다른 욕구는 모습을 나타내지 않는다.

2) 2단계 : 안전욕구(Safety Needs)

일단 생리적 욕구가 어느 정도 충족되면 안전의 욕구가 나타난다. 이 욕구는 근본적으로 신체적 및 감정적인 위험으로부터 보호되고 안전해지기를 바라는 욕구이다. 매슬로우는 안전 욕구에 대해 다음과 같이 말했다.

"어떤 사람이 극도로, 또 상시적으로 안전을 추구한다면 그런 인물이야말로 안전만을 위해서 삶을 영위한다고 할 수 있다."

3) 3단계 : 소속감과 애정욕구(Belongingness and Love Needs)

일단 생리적 욕구와 안전 욕구가 어느 정도 충족되면 소속감이나 애정욕구가 지배적인 것으로 나타나게 된다. 한마디로 집단을 만들고 싶다. 동료들로부터 받아들여지고 싶다는 욕구이다. 인간은 사회적인 존재이므로 어디에 소속되거나 자신이 다른 집단에 의해서 받아들여지기를 원하고 동료와 친교를 나누고 싶어 하고 또 이성간의 교제나 결혼을 갈구하게 된다.

4) 4단계 : 존경욕구(Esteem Needs)

인간은 어디에 속하려는 그의 욕구가 어느 정도 만족되기 시작하면 어느 집단의 단순한 구성원 이상의 것이 되기를 원한다. 이는 내적으로 자존·자율을 성취하려는 욕구(내적 존경욕구) 및 외적으로 타인으로부터 주의를 받고, 인정을 받으며, 집단 내에서 어떤 지위를 확보하려는(외적 존경) 욕구이다.

5) 5단계 : 자아실현욕구(Self-Actualization Needs)

일단 존경의 욕구가 어느 정도 충족되기 시작하면 다음에는 "나의 능력을 발휘하고 싶다", "자기계발을 계속하고 싶다"는 자아실현욕구가 강력하게 나타난다. 이는 자신이 이룰 수 있는 것 혹은 될 수 있는 것을 성취하려는 욕구이다. 즉, 계속적인 자기발전을 통하여 성장하고, 자신의 잠재력을 극대화하여 자아를 완성시키려는 욕구이다.

(3) 저위욕구(Lower-order Needs)와 고위욕구(High-order Needs), 성장욕구(Growth Needs)와 결핍욕구(Deficiency)

후에 매슬로우는 다섯 가지 욕구를 저위욕구와 고위욕구로 나누어 보았다. 생리적 욕구와 안전욕구를 포함하는 저위욕구는 주로 외부요인(임금, 고용기간) 등에 의해서 충족되는 반면에 상위의 나머지 세 욕구를 포함하는 고위욕구는 자신의 내부요인에 의해 충족되는 차이가 있음을 주장하였다. 또 그는 자아실현욕구가 다른 네 가지 욕구와 많은 점에서 차이가 난다고 보아 자아실현욕구를 성장욕구(Growth Needs), 나머지를 결핍욕구(Deficiency Needs)로 구분하여, 전자는 무엇인가 결핍되어서라기보다는 성장하고자 해서 발생하는 욕구인 반면에 후자는 무엇인가 부족하기 때문에 느끼는 욕구라고 주장하였다.

(4) 평 가

매슬로우의 이론에 대한 여러 가지 조사결과는 이들 욕구의 계층적인 측면의 정확성에 관하여 의문을 제기하고 있다.

첫째, 하위단계의 욕구가 완전히 충족되어야만 다음 단계의 욕구가 나타난다는 것은 우리 자신의 경우만을 살펴보더라도 받아들이기가 어렵다. 보통의 경우 우리는 둘 이상의 단계의 욕구를 함께 느끼기도 하기 때문이다.

둘째, 사회에 따라서는 욕구단계들의 순서가 바뀌기도 한다는 점을 지적할 수 있다. 예컨대 자기업무에서 자아실현욕구를 충족시키려고 노력하는 어떤 경영자는, 불황으로 인하여 구조조정이 늘어나는 상황에서는 무엇보다도 안전의 욕구에 관심을 가지게 된다는 것이다.

셋째, 매슬로우의 욕구이론에는 돈이면 모든 것을 해결할 수 있다는 논리가 깔려있다. 욕구단계 가운데 1, 2, 3단계는 돈이면 모두 해결되고, 4단계에 있어서도 현대사회에서 사회적 지위와 성취욕구의 충족을 가름하는 척도 중 돈이 큰 비중을 차지한다는 점을 들 수 있다. 또 5단계는 직접 돈이 중요한 역할을 하는 것은 아니지만 최소한 장애물은 제거하여 줄 수 있다는 것이다. 이러한 내용은 미국이라는 자본주의 사회현상의 일부분이므로 문화의 차이에 따른 현상으로 이해해야 할 것이다.

(5) 욕구단계설의 성과

앞에서 매슬로우의 욕구단계설의 보편타당성을 의심스럽게 하는 이유에 대해 설명했지만, 현실적으로 그의 이론에 입각한 경영전략이 그간 상당한 효과를 거두어 왔음을 볼 때, 그의 이론을 완전히 틀린 것으로 보기보다는 사회·문화적 환경에 따라 조금씩 수정되어야 할 것으로 보는 것이 타당할 것이다.

욕구단계설이 경영학이나 조직행동론에 갖는 의미는 크게 두 가지로 요약된다. ① 경영자들로 하여금 인간의 욕구에 대한 체계적인 인식을 최초로 갖게 해주었다는 점과 ② 종업원의 하위욕구를 어느 정도 충족시켜 준 후에도 동기부여효과를 지속적으로 얻기 위해서는 상위욕구를 충족시켜 줄 수 있는 조직분위기 조성의 중요성을 일깨워 주었다는 점이다.

3. 허즈버그의 2요인 이론

허즈버그[3]는 1950년대 미국의 피츠버그에서 약 200명에 이르는 회계사와 기술자를 대상

---

3 허즈버그(Frederick Herzberg, 1923 ~)
뉴욕시티대학을 졸업하고 피츠버그대학 대학원에서 수학한 후 자신의 전공인 임상 심리학을 살려 피츠버그시의 정신위생국에 연구주임으로 근무하면서 직무태도에 관한 실태조사에 종사하였다. 1957년 웨스턴리저브대학에 심리학 담당 조교수로 부임하여 1960년에 교수로 승진하였다. 대학에 봉직 후부터 피츠버그시대에 행한 실태조사에 의거하여 그것을 설명하는 이론구축에 몰두하였으며, 그 결과 '동기유발-위생이론'을 발표, 이는 직무확대의 이론적 기초가 되었다. 현재 유타대학에서 경영학이론을 담당하고 있다. 아브라함 매슬로(Abraham H. Maslow), 더글라스 맥그리거(Douglas McGregor) 등과 함께 1950년대의 인간관계론 학파의 일원으로서, 그의 저술 중 가장 큰 주목과 평가를 받은 것은 1968년 「하버드 비즈니스 리뷰」에 실린 논문이었다. 「종업원에 대한 동기부여 방법 One More Time : How do you motivate employees?」이란 제목의 이 논문은 다시 인쇄되어 100만부 이상 팔려 리뷰에 게재된 논문으로서는 가장 큰 인기를 끌었다. 주요 저서에 「The Motivation to Work」(1959)가 있다.

으로 직무수행 중 특별히 만족스러웠던 경우와 불만족스러웠던 경우, 그리고 그에 대한 직접적인 이유가 무엇인지를 심층면접조사를 실시한 결과 전혀 다른 2가지 범주의 요인들, 즉 일에 대한 만족감을 느껴 모티베이션 정도를 높이는 요인들과 일에 대해 불만족감을 느껴 모티베이션 정도를 낮추는 요인들이 있다는 것을 알아냈다. 허즈버그는 이를 각각 위생요인(hygiene factor), 동기요인(motivation factor)이라고 불렀다. 여기서 위생요인(불만족 요인)이란 자기가 하는 일의 주변 환경과 관련된 요인인 임금, 작업조건, 동료관계 등인데 비해 동기부여요인(만족요인)은 자기가 하는 일 그 자체와 관련된 요인인 승진, 인정, 성취감, 일 자체 등을 의미한다.

허즈버그는 인간이 자신의 일에 만족감을 느끼지 못하게 되면 위생요인에 관심을 기울이게 되고 이들에 대해 만족하지 못할 경우에는 일의 능률이 크게 저하된다고 주장했다. 또한 위생요인은 충분히 충족된다해도 작업능률을 다소 높일 수 있는 불만은 해소되지만 자아실현을 통한 일의 성취를 기대할 수 없다는 것이다. 반면에 자신의 일 자체에 만족을 하고 있는 사람은 위생요인이 다소 충족되지 못하다 해도 이를 받아들이고 자신의 일 자체를 즐거워하고 보람되게 생각해서 일의 성취를 위해 도전한다는 것이다.

[表 1-5-1] 허즈버그의 2요인 이론

동기요인(motivation factor)	위생요인(hygiene factor)
성 취 감	감　　독
인　　정	근무조건
일 자 체	상호인간관계
책　　임	임금 및 안정적 고용
승진 및 성장	회사정책과 경영방식

이와 같이 허즈버그는 위생요인을 아무리 개선해도 조직구성원의 욕구는 충족되지 못하므로 장기적으로 모티베이션을 유지하여 생산성을 높이기 위해서는 동기요인의 충족에 관심을 가져야 하며 이에 한 걸음 더 나아가 직무까지도 재 설계할 것을 강조하고 있다. 이런 관점에서 허즈버그의 이론은 매슬로우의 이론을 한 단계 발전시킨 이론이라고 할 수 있다.

(1) KITA(Kick In The Ass) 동기부여

허즈버그는 1968년에 「종업원에 대한 동기 부여 방법(One More Time : How do you motivate employees?)」이란 논문에서 'KITA'를 소개하였다.

KITA에는 다양한 형태가 있는데 종업원에게 미치는 영향에 따라 구분하면 다음과 같다.

① 부정적 KITA : 강탈(Rape) → 종업원에 대한 맹목적인 복종 강요

② 긍정적 KITA : 매혹(Seduction) → 강한 성장 추구 쪽으로 동기부여

즉, 부정적 KITA는 동기를 부여하는 것이 아니고, 단지 움직임을 이끌 뿐이다. 하지만 긍정적 KITA는 맹목적인 복종보다는 자기자신을 효율적으로 통제할 수 있도록 만들어준다.

여기서 주의할 점은 부정적인 KITA(특히 신체적 KITA)의 경우, 반대로 종업원들이 상사를 걷어차게 되는 불상사를 초래할 수도 있다는 점이다. 그리고 부정적인 심리적 KITA는 실제 보이는 증거가 없기 때문에 종업원들로부터 '편집증 환자'라는 비난을 받을 수 있다.

반면에 긍정적 KITA의 경우 실무상황에서 많은 효과를 거두었는데 상승된 임금·특별급여·인간관계 프로그램의 활용·감수성 훈련·커뮤니케이션·상담 등이 대표적인 예이다.

(2) 동기·위생이론(Motivator-Hygiene Factor Theory)

허즈버그는 인간에게 전혀 이질적(이질적)인 두 가지 욕구가 동시에 존재한다고 주장하였다. 이 두 가지 욕구 중 하나는 인간의 동물적 소질에서 비롯되는 것으로서 불쾌한 것을 회피하려는 욕구(아담적 욕구 : 위생요인)이고 다른 하나는 계속적인 정신적 성장을 통해서 자신의 잠재능력을 현실화하고자 하는 욕구(아브라함적 욕구 : 동기부여요인)이다.

12회에 걸친 상이한 연구에서 낮은 지위에 있는 감독자·직업여성·농업분야관리자와 관리직위로부터 사직한 사람들인 병원보수유지 및 인사관리 담당자·생산감독자·간호원·주방장·군무원·엔지니어·과학자·주부·교사·기술자·여성 컴퓨터 기술자·회계사·핀란드인 공장장 그리고 헝가리인 기술자들이 포함되어 있는 조사대상자 1,685명의 샘플로부터 유추된, 직무불만족과 직무만족을 일으키는 각각의 요인을 분석하였다.

허즈버그가 환경과 관련된 아담적 욕구를 충족시키려는 요인들에 대하여 '위생'이란 말을 쓴 것은 의학적인 면에서 그것들이 지닌 예방적인 의미와 환경적인 의미 때문이다. 즉, 위생요인이란 사람들의 직무에 대한 불만족을 미리 예방할 수 있는 환경적인 조건이란 뜻이다. 이런 의미에서 위생요인을 '불만족요인'이라고도 부른다.

반면에 직무내용과 관련된 아브라함적 욕구를 충족시키려는 요인들은 사람들로 하여금 보다 나은 만족과 성과를 가져오게끔 동기를 부여하는데 효과적이기 때문에 동기요인은 '만족요인'이라고도 불린다.

(3) 만족과 불만족의 관계

아담적 욕구의 충족은 단지 불만족의 감소만을 가져올 뿐이지 만족에는 영향을 미치지 못하는 반면에, 아브라함적 욕구는 충족되지 못한다 하더라도 불만은 없고 충족되면 만족에 적극적인 영향을 줄 수 있다.

허즈버그의 이론은 어떤 일의 결과가 가져다주는 인간의 모든 욕구의 충족 여부가 그 일에 대한 만족 또는 불만족을 가져오며, 만족하면 할수록 그 일에 대한 동기부여가 커지고

불만족하면 할수록 동기부여가 작아진다는 전통적 견해와는 달리, 두 종류의 욕구 중 아브라함적 욕구의 충족 여부만이 동기부여와 관련되어 있다는 점에서 많은 관심을 모았다.

(4) 평 가

허즈버그의 동기·위생 이론은 이론적으로 많은 인기를 끌고 또 많은 실무자들에 의해 폭넓게 받아들여지고 있지만, 여러 연구자들로부터 공격의 표적이 되기도 했다.

첫째, 동기·위생 이론의 기본 내용인 만족요인과 불만족요인의 구분이 타당하지 못하다는 점이다. 즉, 어떤 요인을 전적으로 불만에만 작용하는, 혹은 만족에만 작용하는 요인으로 구분할 수 없다는 것이다.

둘째, 개인의 차이를 전혀 무시하고 있다는 점이다.

셋째, 논리적 오류로서 만족과 동기부여를 같은 것으로 다루고 있다는 것이다. 예를 들어 만족한 근로자가 반드시 열심히 일하고 성과를 올리리라는 보장은 없다. 그런 점에서 만족이 동기부여를 유도한다는 허즈버그의 주장이 비판을 받게 된다. 그렇다고 해서 이론의 가치나 중요성을 절대 과소평가해서는 안 된다. 욕구단계설과 마찬가지로 허즈버그의 이론은 작업환경의 속성에 관해 경영자들에게 상식적인 차원에서의 매력을 주고 있는 것은 분명한 사실이다.

(5) 동기부여(Motivation)의 적용

첫째로 동기는 개인의 욕구에 의하여 발생하고, 그 강도는 욕구의 결핍 정도에 따라서 직접적인 영향을 받게 된다. 발생된 동기는 욕구를 충족시키기 위한 목적지향적(Goal-directed) 행동으로 전환된다. 이 전환과정에는 직무조건과 리더십 등 여러 가지 조직체내의 환경적 요소가 작용함으로써 동기자체와 목적 지향적 행동에 자극을 준다.

동기와 목적지향성에 따라서 개인의 노력 수준이 정해지고, 노력은 개인의 능력과 결합되어 성과로 연결된다. 그리하여 개인은 성과 자체로부터 직접적으로 자신의 욕구를 충족하든지, 그렇지 않으면 성과의 결과로서 보상이나 인정 등을 받음으로써 자신의 욕구를 충족시키게 된다. 이러한 욕구충족여하에 따라서 개인의 만족감이 영향을 받게 된다.

이와 같이 얻어진 만족감은 하나의 학습효과로서 차후의 동기과정에 있어서 결과에 대한 기대감으로 작용하여 개인의 동기 자체와 목적지향성 그리고 노력 수준에 영향을 주게 된다. 그리고 이 과정에서 관리자와 조직체는 리더십과 직무구조, 유인(Incentive) 등 조직체의 환경적 요소를 조정하여 개인의 욕구를 자극하고 동기를 작동시켜서 조직체의 목적달성을 위한 성과지향적 행동을 유도한다. 그뿐 아니라 달성된 성과에 대한 적극적인 강화를 통하여 개인의 동기행동을 조성해 나간다. 이러한 일련의 과정을 '동기과정(Motivation Process)'이라 한다.

보/충/강/의

- Alderfer의 ERG이론

Alderfer는 저차원의 욕구와 고차원의 욕구간의 기본적 구별이 필요하다고 생각하고 Maslow의 5가지 욕구단계를 세 범주로 구분하였다.

☞ 존재욕구(E : existence) ⇒ 생리적 욕구나 물리적 측면의 안전욕구

☞ 관계욕구(R : relatedness) ⇒ 대인관계측면의 안전욕구, 소속 및 애정욕구, 일부 존경욕구

☞ 성장욕구(G : growth) ⇒ 자아실현욕구, 일부 존경욕구

- Maslow 이론과 다른 점은

첫째, Maslow의 욕구단계설은 만족·진행접근법이나, ERG이론은 여기에 좌절·퇴행요소가 가미되었다는 것이다.

둘째, 한 가지 이상의 욕구가 충족되어야 한다는 과정을 배제하여 Maslow 이론보다 탄력적이며 욕구구조에 있어 개인적인 차이가 많을 수 있다는 것을 인정하고 있다.

4. 맥그리거의 X-Y 이론

인간관계론과 관련된 또 하나의 이론으로서 맥그리거의 X-Y 이론을 들 수 있는데 이 이론은 1960년 맥그리거[4](Douglas Mcgregor, 1906 ~ 1964)의 저서인 「기업의 인간적 측면」에서 처음으로 소개되었다. 그의 이론을 소개하면 다음과 같다.

(1) X이론

원래 인간은 게으르고 가능한 한 일을 하지 않으려 하며 경제적인 요인이 있어야만 열심히 작업한다고 가정한다. 그러므로, 종업원을 강제로 통제하고 명령해야만 기업의 목적을 달성 할 수 있다는 경영이론을 채택한다.

4 맥그리거(McGregor Douglas, 1906 ~ 1964)
디트로이트 출생. 하버드대학에서 심리학을 전공한 후 1948~1954년까지 안티오크대학 학장과 매사추세츠공과대학 경영학 교수로 근무하였다. 1950년대 아브라함 매슬로우(Abraham H. Maslow)와 프레드릭 허즈버그(Frederick Herzberg)가 이끄는 인간관계론 학파의 중심적인 학자로 인정받았고, 당시 현직에 있는 경영관리자들에게 행동과학으로 지칭된 연구결과를 명확하게 정리하여 상당한 호응을 얻었으며, 많은 기업의 경영고문으로도 활약하였다. 그는 조직에서의 인간완성과 자기실현의 가능성을 주장한 X-Y이론을 제창하였다. 인간은 작업활동에 부정적인 경향이 있고 자기지시에 대한 능력과 개인적 책임이 결여되어 있으므로 '당근과 채찍(carrot and stick)'을 적절히 사용함으로써 작업자의 동기부여감퇴를 막아야 한다는 종래의 전통적인 관리방식에 기초한 X이론에 대해, 동기부여와 자기통제를 통하여 조직의 목표를 만족시키는 관리방식인 Y이론을 주장하였다. 주요 저서로 「기업의 인간적 측면 The human side of Enterprise」(1960)이 있다.

(2) Y이론

인간은 스스로 일을 즐기고 자기 일을 찾아서 한다고 가정한다. 따라서, 외적 강제나 처벌 등의 위협 요인이 없더라도 일정한 환경만 갖추어지면 인간은 자아욕구 또는 자기실현의 욕구를 충족시키려고 일을 하게 된다는 긍정적 이론이다. 따라서, 이에 기초한 경영은 민주적이며 상호신뢰에 기초한 것이다.

보/충/강/의

- Z이론(theory Z)

미국의 윌리엄 오우치 교수가 제창한 경영이론. 그에 의하면 일본의 조직(J타입)은 조직고용, 느린 인사고과와 승진, 비전문적인 승진코스, 비 명시적 관리기구, 집단에 의한 의사결정, 집단책임, 전면적인 인간관계를 특색으로 하고 있으며 이에 대해 전통적인 미국의 조직(A타입)은 단기고용, 빠른 인사고과와 승진, 전문화된 승진코스, 명시적 관리기구, 개인에 의한 의사결정, 개인책임, 부분적인 인간관계를 특색으로 하고 있다고 한다.

미국에서 성공하고 있는 기업에는 이 2가지 타입의 우월한 특질을 조화시킨 타입(Z타입)이 많다고 하는데 이 특색을 Z이론이라 한다. Z이론은 상호신뢰와 협력을 주축으로 한 집단적 경영(collective enterprise)이다. 이는 장기계획, 노사간의 협력적 인간관계의 형성이 필요하며 보다 구체적으로는 장기고용·근면중시의 인사고과·느린 승진 제도·정기 이동·비전문적 경력·집단적 의사결정·명시적 관리시스템·개인책임 등을 채용해야 한다고 주장한다.(J+A=Z)

5. 사기조사와 태도조사

(1) 사기조사(morale survey)

사기란 집단 내지 조직의 공동목적달성을 위해서 적극적으로 노력하려는 태도나 주어진 업무를 가장 효과적으로 달성하려고 하는 적극적인 의욕을 말한다. 종업원의 사기가 저하되면 근로의욕을 잃게 되며 노동능률이 떨어져 경영관리에 여러 가지 문제점이 발생한다. 그러므로 종업원의 사기가 저하된 원인이 무엇인지 파악하여 대책을 수립할 수 있는 기초자료를 얻고 그에 대한 대책을 수립할 수 있도록 하기 위해 하는 것이 사기조사이다.

사기조사의 방법으로는 아래와 같은 종류가 있다.

① 통계적 방법 : 노동이동률 등의 측정

노동이동률 = (일정기간에 있어서의 이직자수 / 동기간에 있어서의 재직자수) × 100

② 1인당 생산량에 의한 측정

③ 결근율 및 지각률에 의한 측정

④ 사고율에 의한 측정 : 사고빈도율 = (부상자수 / 소비시간) × 100

⑤ 고정·불평의 빈도에 의한 측정

모든 조직이 그러하겠지만 기업에 있어서도 사기는 매우 중요한 의미를 지니고 있다. 조직구성원의 사기가 저하되면 의욕을 잃게 되며 작업능률이 오르지 않고 경영활동에 있어서 여러 가지 병폐가 발생하게 된다. 때문에 조직구성원의 사기를 고양시켜 작업의욕을 높이고 경영을 건전하게 발전시키기 위해서는 사기를 저하시키는 제 요인이 무엇인지를 규명할 필요가 있다.

이러한 필요에 의하여 활용되는 제반수단을 총칭하여 사기조사(morale survey)라 부르며 사기조사의 여러 유형 중 널리 알려지고 활용되고 있는 것이 종업원만족도(employee satisfaction index : ESI)조사이다. 이러한 조사를 통하여 기업에서는 조직과 조직구성원의 정신적 건강도가 어느 정도인지, 종업원이 회사에 대해 느끼는 감정이나 이해도가 어느 정도인지를 객관적으로 데이터로 확인할 수 있고 또한 회사의 제도, 정책, 상사, 업무 등에 대해 어느 정도 만족하고 있는지 사기수준을 파악할 수 있다.

특히 조직구성원들이 가장 크게 느끼는 조직생활의 불만은 무엇이며, 이러한 불만이 어떻게 변화되고 있는지를 확인할 뿐 아니라 불만의 원인이 어디에서 기인되는 지도 파악할 수 있다. 이를 바탕으로 조직구성원의 계층간 의식차이와 공통의 가치의식을 파악하여 향후 인사관리의 기본방향을 설정하는데 기초자료로 쓸 수 있다.

사기조사의 방법은 크게 간접적 측정방법인 통계적 방법과 직접적 측정방법인 태도조사(종업원 만족도 조사)로 구분할 수 있다.

통계적 방법은 그 측정방법에 따라 ① 이직률에 의한 측정, ② 1인당 생산량에 의한 측정, ③ 결근율 및 지각률에 의한 측정, ④ 사고율에 의한 측정, ⑤ 고충·불평의 측정 등에 의한 조사로 다시 나눌 수 있다. 이러한 통계적 방법은 동일 기업 내에서 연도별, 월별로 비교하여 볼 필요가 있을 뿐만 아니라 동종의 다른 기업과도 비교하여 보면 더욱 유익할 것이다. 그리고 태도조사는 조직구성원의 직접면접에 의한 면접법, 설문지를 활용하는 설문지법, 참여관찰법, 실험조사법 등의 방법을 통하여 조직구성원의 사기를 측정하게 된다.

이러한 사기조사의 여러 방법 중 현재 가장 많이 알려져 있고 또한 활용도가 그중 높은 것이 면접과 설문지에 의하여 이루어지는 종업원만족도조사이다.

종업원만족도 조사는 국내기업의 경우 일부 대기업에서만 정기적으로 실시하고 있을 뿐 아직까지 중요한 인적자원관리의 수단으로 정착되지 못한 실정이다. 오히려 기업보다는 노동조합측이 조합원의 의견수렴을 통한 인사제도의 개선방향과 노조의 활동방향 설정을 위해 자체 또는 외부전문인에 의뢰하여 실시하는 경우는 다수 존재하였다. 종업원만족도의 올바른 활용을 위하여는 정기적으로 실시함으로써 방향성과 신뢰성을 찾아야 한다.

(2) 태도조사

종업원의 어떤 객관적 사실에 대한 주관적인 심리 또는 감정의 상태를 조사하는 것을 태도조사라 한다. 즉, 종업원의 심리적·감정적 상태를 조사하여 그들의 의견과 희망에 대한 것을 듣고 그들의 불평불만의 원인과 소재를 조사하는 것이다. 태도조사의 방법에는 여러 가지가 있는데 그 중에서 면접법과 질문지법이 가장 많이 쓰인다.

1) 면접법(interviewing method)

면접전문가가 종업원을 직접 면담하여 그들의 불만사항을 조사하는 방법이다. 이 면접법은 가장 오래된 방법이며 그 신뢰도도 높다. 그러나 면접을 하는 사람의 전문적인 기술과 지식이 필요하며 많은 비용과 시간이 소요되는 결점이 있다. 이에 대한 보강으로 질문지법을 같이 사용하는 것도 좋은 방법이다.

2) 질문지법(questioning method)

질문지를 만들어 종업원에게 적절한 답을 기재하도록 하는 방법으로 결과를 정확히는 알 수 없으나 타 방법과 같이 쓰면 효과가 있다. 이 방법은 자유회답법(자유로이 답을 작성), 이중선택법(예, 아니오), 다단선택법(여러 개의 답 중 하나를 선택), 서열법 또는 순위선택법(응답자가 순위를 매기는 것) 등이 있다.

3) 관찰법(observation method)

조사자가 직접 종업원의 행동·생산량·결근율 등을 관찰하여 조사하는 방법이며 조사결과가 정확치 않으므로 타 방법과 혼용하여 사용하도록 한다.

4) 실험법

사기를 좌우하는 원인을 실험을 통하여 밝히는 방법이다. 모든 조건을 일정하게 하고 특정조건 만을 변동시킬 때 종업원의 태도변화를 관찰하여 측정하는 방법이다. 비교적 과학적이지만 시간과 비용이 많이 들고 실무적용이 힘들다.

6. 감수성훈련(Sensitivity Training)

감수성훈련은 T-group 훈련이라고도 하며 브레드포드(L. P. Bradford)에 의하여 개발되었다. 이 훈련은 서로 알지 못하는 수 십 명의 참가자를 모든 관계집단에서 분리하여 소위 "문화의 고도" 라고 하는 사회적 조건하에서 2주간 정도 집단생활을 하게 함으로써 그 동안에 자기가 타인에게 어떠한 영향을 미치고 있으며 또 자기가 타인으로부터 어떻게 인지되고 있는가를 감지하는 능력을 개발시키는데 중점을 두는 훈련방법이다.

이와 같은 감수성훈련은 인간관계의 복잡성이 증대하여 가고 있는 현대의 고도화된 산업사회에 있어서 서로간에 원활하고 정확한 의사소통을 할 수 있는 능력과 서로간에 이해하고 협조하는 능력과 대인간에 생기는 갈등을 해결하는데 도움을 주는 교육훈련이라고 할 수 있다. 우리나라에서는 감수성훈련을 "인성교육"으로 명명하기도 한다.

사/례/연/구

- 감수성 훈련의 실시절차
  1. 이질적 소집단 형성
     우선 10명에게 15명 정도의 작은 집단을 만든다. 이 집단을 T집단이라고도 한다. 인원수가 많을 때에는 소집단으로 몇 개씩 나눈다. 소집단이란 집단 인원수가 적은 집단이라는 뜻이다. 사회학에서는 소집단이란 말을 가족과 같은 인원수가 적은 기초집단이란 의미로 사용하고 있으나 감수성 훈련의 경우에는 훈련을 받기 위해 다방면에서 일시적으로 모여든 집단이다. 인원수가 적다고 하는 것은 모든 회원이 대화를 충분히 하기 위한 조건이다. 집단의 인원수가 많으면 발언의 기회가 적어지게 된다. 이 집단에 참가하는 회원은 될 수 있는 한 직업·연령·지위·성별·인종 등 모든 면에서 그 성질이 상이한 사람들이 모이는 것이 원칙이다. 그리고 훈련 희망자를 조사해서 가급적이면 이질적인 사람들로 구성한다. 이때는 집단 나누기를 맡기면 자기들의 연수회라는 기분, 자아관여에도 도움이 된다.
  2. 구조가 없는 집단에서 출발
     감수성 훈련의 집단을 지금부터 T집단이라 하기로 한다. 첫째, T집단에서는 이 집단을 이끌어 나가는 지도자가 없는 것이다. 지도자는 회원이 아니며 될 수 있는 한 뒤에 물러앉아서 표면에는 나타나지 않는다. 둘째, T집단에서는 화제가 정해져 있지 않다. 훈련이라고 하는 것은 화제의 내용에 관심이 집중되어서는 안 된다. 화제가 되는 것은 그것이 자기는 어떠한 느낌을 가졌다던가, 당신은 어떻게 느꼈다던가, 집단의 분위기가 어떻다든지, 하는 것 등이다. 외부의 화제에 몰두하는 것은 허용되지 않는다. '지금 여기' 이 장내에서 구체적으로 일어나고 있는 것이 화제의 중심이 되지 않으면 안 된다. 그것이 어떤 것인지 짐작이 가지 않고 난처해하는 것도 부득이한 일이다. 이와 같이 T집단은 화제라는 문제에서도 막연하다는 것을 느끼게 된다. 셋째, T집단은 계획이 없다. 어떻게 할 것인가 하는 것은 전적으로 회원들의 자유다. 이와 같이 T집단에서는 사회자도 없고 화제도 정해져 있지 않고 계획도 정해져 있지 않다. 그저 모여서 한 시간 내지 두 시간을 넘기는 것이다.
  3. 기탄 없는 자기 표현
     T집단에서는 점잖은 태도로 시치미를 떼는 태도를 지양하고 정직하게 자신의 기분을 표현하도록 권유한다. 이것을 자기노출이라고 한다. 그러나 모두가 좀처럼 정직하게 자기를 사양하지 않고 표현하지 않는다. 그러나 구조가 없는 집단 가운데서 사회자를 정하던가 공통적 테마를 정하던가 지도자로부터 지도를 받는다던가 하는 그러한 구조화의 시도가 저지되어 잡담으로 도피한다는 것도 더 허무하게 된다. 어려운 감정의 수련을 시키기 위하여 T집단은 구조 없는 집단, 미분화된 집단으로 실시한다. 이와 같이 주어진 환경이 무구조, 미분화되면 그것을 분화시키고 구조화하려는 시도가 자연히 일어나게 된다. 이유를 모르는 장면은 불유쾌하고 불안하여 견딜 수 없기 때문이다. 거기에서 표현되는 것은 그 사람의 성격이며 감정이다. 감정이나 성격이 표현되기 위해서는 이와 같이 구조 없는 집단이 필요하게 된다.
  4. 교육내용의 실사례
     (1) 인성교육의 이해
        ① 인성교육의 목적
        ② 인성교육의 의미
        ③ 인성교육과 조직문화
        ④ 작업장 풍토개선의 새로운 접근방법(감수성 훈련)
        ⑤ 사원·관리자·현장감독자와 인성교육의 필요성
        ⑥ 성격과 인간의 기본속성 이해

(2) 자아발견과 자아실현
① 자아혁신·자기성찰, 긍정적 자아확립
② 나는 누구인가?, 자아에 대한 심층적 접근, 진정한 나의 탐험
③ 인생전기를 회고한다, 인생전반기 실적보고서, 후반기 인생 설계
④ 내가 사장이 된다면, Group dynamics[5](집단역학), Socio drama[6]
⑤ 부모님께 드리는 글, 사랑하는 내 동료, 상사, 부하에게
⑥ 사랑하는 아내와 아이들에게, 사장님께 드리는 글
⑦ 인생태도(공동체의식)진단, 작업동기·직무만족 진단
⑧ 내가 죽거든, 다시 태어난다면

(3) 인간에 대한 이해
① 가치관이란 무엇인가, 직업윤리란 무엇인가
② 고정관념을 타파하라, 진정으로 겸손하라
③ 프로지식근로자가 되어라, 인간의 눈과 귀는 믿을 만 한 것인가?

(4) 조직행동이해 및 공동체 의식 함양
① 신뢰와 협력, 조직문제 해결 대화 기법
② 조직풍토 개선 기법, 나와 함께 일하는 사람들과 관계개선
③ 영원히 기억하고 싶은 사람들(그들의 특징은?)

---

5 그룹다이내믹스(group dynamics)
집단의 동태적 측면에 관한 일반적인 법칙을 설명하는 심리학 용어. 집단역학이라고도 한다. 단순히 집단의 성질을 기술하거나 분류할 뿐만 아니라, 그 동태에 관한 역학적 성질을 분석, 인간행동이나 집단현상의 변화를 지배하는 법칙을 구명하려는 사회심리학의 한 영역이다.
기본적으로는 ① 집단생활의 장에는 어떤 힘이 작용하고 있는가, ② 어떤 힘이 집단생활의 변화를 만들어내는가, ③ 어떤 힘이 변화에 대한 저항을 만들어내는가의 3가지 설문이 연구의 출발점이다. 이 구상은 미국의 사회심리학자 K. 레빈이 창시하였는데, 그는 먼저 장이론(field theory)을 도입, 집단현상을 설명하기 위한 고전역학적 개념체계를 발전시켜 그룹 다이내믹스의 기초이론을 마련하는 한편, 집단의 실험연구에 관한 기술을 크게 개발하였다. 초기의 연구로서는 전제·민주제·방임제 등의 리더십이 개인의 행동이나 집단에 끼치는 영향, 또한 식습관이나 공장의 생산성·모랄(moral)에 미치는 집단결정의 효과 등에 관한 실험연구로 유명하다. 그가 창설한 매사추세츠공과대학의 그룹 다이내믹스연구소를 중심으로 오늘날까지 많은 연구를 해왔는데, 주된 연구업적으로는 집단목표의 성질, 집단의 응집성의 변화, 집단표준의 형성과 그 효과, 집단의 분위기나 집단구조 등의 이론적·실험적 연구와 함께, 갈등의 해결과 민주적 집단구조의 창조 등에 관한 사회공학적 연구를 들 수 있다.

6 소시오드라마(sociodrama)
미국 정신병리학자 J. 모레노가 개인의 사회적 부적응·신경증을 치료하기 위해 고안해낸 즉흥극. 사회적·문화적 문제 또는 대인관계에 있어서 문제를 주제로 하여 감독(의사·교사)이 극의 전체의 테두리를 정해 준 뒤, 나머지는 연기자(환자·학생)가 상황에 따라 자발적·즉흥적으로 일정한 역할을 한다. 따라서 이 자발적인 역할행위에서 집단 이데올로기, 집단 사이의 관계를 판단할 수 있다고 하였다. 사이코드라마(모레노가 생각해낸 심리요법의 일종)와 마찬가지로 소시오드라마의 바탕이 되는 관념도 만약 어떤 사람이 자기가 맡은 역할을 하면서 그것을 발전시키거나 변화시키거나 자기 뜻대로 할 수 있다면 그 역할(가령 인종적 편견을 가진 행동)에서 해방될 수 있는 길을 알 수 있게 된다는 사실이다. 이 방법은 언어와 동작을 포함한 종합적·전체적·집단적 진단방법이며 치료방법이라 할 수 있다.

7. ZD(Zero Defects)

ZD란 완전 무결점 운동이라고도 한다. 이는 종업원에게 지속적으로 동기를 부여함으로써 종업원 각자의 주의와 연구·노력에 의하여 작업상의 결점을 영(zero)으로 하고 제품의 품질 향상·신뢰성향상·납기엄수·원가절감 등을 기하고 자 하는 운동이다.

이와 같이 ZD운동은 종래와 같은 하향식 관리를 배제하고 종업원 각자가 자주적으로 업무목표를 세우고 결점을 파악하여 이것을 조직적으로 검토·시정해 나간다는 것이다. 따라서 ZD운동은 종업원 각자가 맡은 업무의 중요성을 재인식하고 그들에게 귀속감·자존심·자기완성 등 인간으로서의 보다 고차원적인 욕구를 충족시켜 준다.

사/례/연/구

- ZD(Zero Defects)와 QM(Quality Management)

1962년 미국에서 ZD(Zero Defects, 무결점)라고 불리는 운동이 기업의 소집단 활동으로 시작되었다. 이 운동이 시작된 직접적인 동기와 계기는 미 국방부가 ZD 운동을 하지 않는 기업에게는 물품 조달을 받지 않겠다는 방침 때문이었다. 그 후 얼마 동안 ZD운동은 상당히 활발하게 전개되었으며, 국내에서도 그 운동이 소개되기도 하였으나 지금은 자취를 감추게 되었다. ZD운동이 왜 실패하게 되었는가를 살펴보면, 인간의 본질을 잘못 판단한 데 원인이 있었다. 기계나 물질의 특성은 객관적으로 수치화 할 수 있으나, 인간의 본질은 사고 방식이나 행동에 있어 객관적으로 증명되고 수치화 할 수 있는 것이 아니라 자율성을 지니는 미지의 존재이기 때문이다. 이를테면 사람이 눈금자를 대고 일정한 길이인 20cm의 직선을 그린다고 생각해 보자. 처음 자를 대고 20cm의 직선을 그린 것과 두 번째로 20cm의 직선을 그린 것을 비교해 보면, 두 직선은 완전 무결하게 동일한 것이 될 수 없다. 확대경이나 현미경으로 두 직선을 비교해 보면 두 선의 굵기와 선의 농도가 다름을 알 수 있다. 두 선을 그을 때 작업자가 똑같은 압력을 펜에 가하기는 거의 불가능하기 때문이다. 그리고 두 선의 길이가 정확하게 20cm가 될 수 있는 기회는 우연한 것으로, 두 선은 20cm를 중심으로 + 또는 −의 오차의 분포가 있게 마련이다.

ZD운동은 주어진 기술표준과 작업표준대로 열심히 작업을 하면 그 결과 수용할 수 있을 정도의 정확한 품질을 이룰 수 있다는 가정에 의한 것이었다.

이에 대하여 QM적인 사고방식은 인간과 장치나 기계, 그리고 물자로 이루어지는 시스템으로 작업을 할 때는 아무리 훌륭한 기술표준이나 작업표준대로 작업을 하더라도 작업의 결과가 완전무결하게 허용할 수 있는 오차의 범위 안에 들어올 수 없다는 현실적인 가정에 의한 것이다. 그리고 오차 범위의 밖에 있는 부분을 합리적이고 통계적인 기법으로 오차의 범위를 최소화하고자 하는 것이다. 그래서 QM의 목표는 무결점이 아니라 100PPM과 같은 목표를 세우게 되는 것이다. 그러므로 ZD운동은 현실적으로 일어나는 사실에 의한 것이 아니므로 과학적이라고 말할 수 없으며, QM은 실제로 일어나는 현실을 인정하고 그에 따르는 논리에 근거하므로 과학적이라고 말할 수 있는 것이다. 이 점이 바로 ZD운동과 QM운동의 기본적인 차이가 되는 것이다. 정해진 기술표준이나 작업표준대로 열심히 작업하면 소망스러운 결과를 얻을 수 있다면 품질에 관한 모든 문제가 손쉽게 해결되므로 바람직할 것이나, 인간 사회에서 일어나는 현상은 그와 같이 단순하지 않다.

아무리 훌륭하고 세밀한 기술표준이나 작업표준을 설정하여 그것대로 작업을 할 때에도 그와 같은 표준들이 없을 때보다는 훨씬 나은 결과를 얻을 수 있지만 완전 무결하게 목적하는 결과를 얻을 수 없다는 가능성이 존재한다는 것이 QM적인 사고방식의 기본을 이루고 있는 것이다.

미국의 기업들이 ZD 운동으로 좋은 결과를 기대하게 된 근거는 아마도 기술표준이나 작업표준이 과학적으로 만들어졌다는 것을 과신한 데 기인한 것으로 생각된다.

과학적인 관리 방식의 창시자로 알려진 F. W. Tailor(1856 ~ 1915)에 의하여 개발된 과학적인 기술표준과 작업표준은 미국 기업의 생산성과 품질 향상에 크게 이바지한 것은 사실이다. 그러나 그와 같은 표준들은 작업자의 인간성에 관한 면이 소외되어 있었다. 작업하는 데 참여하는 인간의 본질이 포함되지 않은 작업결과에서 완전무결한 결과를 기대하였다는데 ZD운동의 착오가 있었던 것이다. QM에서는 일단 정해진 표준들이라 하더라도 작업을 되풀이하는 과정에서 PDCA[7]적인 사이클을 계속 돌림으로써 끊임없이 개선해야 한다는 것을 강조하고 있다. 그리고 표준들을 개선하기 위해서는 감성적이고 직감적으로 판단된 것에 의한 것이 아니라 객관적인 사실에 입각한 자료를 합리적이고 통계적인 방법에 따르도록 하고 있다.

다음으로 ZD운동에서는 품질에 관한 문제를 작업 현장에 모든 책임이 있는 것으로 생각하여 경영자는 좋은 기술표준이나 작업표준을 만들기만 하면 되는 것으로 생각했다. 그러나 많은 품질 관리 전문가의 의견은 품질에 관한 책임은 현장뿐 아니라 경영진에게 더 많은 책임이 있다는 것을 지적하고 있다(쥬란 박사의 경우 작업자 책임 20%, 관리자 책임 80%). 따지고 보면 품질의 문제는 구매하는 원자재의 질, 적정한 품질을 보장할 수 있는 기계나 장치, 그리고 작업자의 사기나 자질을 향상시키는 회사의 기업문화, 그리고 교육제도 등에 의하여 크게 좌우된다. 그러므로 현장의 작업자뿐 아니라 기업 경영의 최고 책임자를 비롯하여 중간관리층, 그리고 직반장을 포함하는 전사적인 품질경영체제가 필요한 것이다.

QM에서는 전사적인 체계를 갖춘 데 비하여 ZD에서는 현장 위주의 품질관리일 뿐인 것이다. 품질에 관한 문제가 전사적으로 자리잡으려면 특히 직접 작업에 종사하는 직반장과 작업자의 능동적인 품질관리에의 참여가 필요하다.

작업자가 품질관리에 참여하려면 품질관리에 관한 기본적인 지식이 필요하다. QM에서는 직반장이나 작업자가 품질 관리의 기본 이론을 이해하게 하는 분임조 활동의 기법을 개발하고 교육 제도를 수립하여 실시하였으나, ZD운동에서는 지속적이고 체계적인 교육 없이 운동을 추진하였다.

QM에서는 품질에 관한 교육은 현장 작업자뿐 아니라 최고 경영자를 비롯하여 중간 간부들을 포함한 전사적인 교육체제를 수립하고 실시하고 있는 것이 ZD운동과 중요한 차이점의 하나라고 말할 수 있다. 그리고 ZD운동은 미 국방부가 그와 같은 운동을 하지 않으면 물품 구매를 하지 않겠다는, 즉 외부적인 자극에 의하여 피동적으로 추진된 운동이었으므로 많은 기업들은 외형적인 형식만을 갖추려는 소극적인 운동에 머물고 말았다. 그러나 QM운동은 어느 특정한 외부의 요인에 입각한 것이 아니라 20세기초부터 개발된 기법 중에 합리성이 입증된 객관적인 기법이 종합적으로 정리된 것으로서 전 세계적으로 범용성이 인정된 것으로 구성되어 있다. 그러므로 QM은 누구에게 보이기 위한 형식적인 것이 아니라는 점이 장점이다.

위에서 든 이러한 이유들 때문에 ZD운동은 오늘날 활성화되지 못했으나 QM운동은 싱싱한 생명력을 유지하면서 국내 기업은 물론 전 세계적으로 전개되어져 가고 있는 것이다.

---

7 어떤 목적을 계속해서 효율적으로 달성하기 위해 필요한 모든 활동. 이를 위해서는 계획(plan)을 세우고 실시(do)하고 확인(check)하고 수정조처(action)를 취하는 4가지 기능이 요구된다. Plan, Do, Check, Action을 관리사이클이라고 하며 PDCA-PDCA…로 계속적으로 반복하는 것을 관리사이클을 돌린다고 말한다.
관리사이클은 여러 단계에서 활용된다. 한 가지 활용법은 어떤 새로운 일에 대한 관리방법을 결정할 경우이다. 즉 , 그 일을 실시하기 위해 필요한 계획((P) -목적, 목표, 작업표준, 양식 등-을 명확히 하고 그 계획에 따라 실시하고(D). 실시결과를 계획과 대비하여 체크한다(C). 만약 계획과의 사이에 gap이 발견되면 그 gap(차이)을 해석하고 대책을 세우며 조처를 취한다(A)는 것을 미리 일관성있는 system으로 준비해야만 한다. 또 다른 방법으로는 어떤 문제가 발생했을 경우에는 그 문제가 발생한 공정에서 작업이 작업표준(P)대로 실시(D)되고도 문제가 발생했는지 아니면 작업표준(P)과는 다른 방법으로 실시(D)했기 때문에 발생했는지를 확인(C)하고, 조처(A)를 취할 필요가 있음을 시사하는 것이다. 전자의 경우에는 작업표준(P)에 문제가 있는 것이므로 P에 대한 해석이 필요해진다. 또한 후자에 대해서는 실시(D)에 문제가 있는지 아니면 실시할 수 없는 P로 되어 있지 않은지를 명확히 구분하고 해석할 필요가 있다.
관리는 기업활동에서만 필요한 것은 아니다. 개인 생활에서도 관리활동은 필요하다. 이를테면 내집 마련 같은 것을 생각하면 된다. 위의 PDCA를 돌릴 경우에 가장 특징적인 사고방식은 P로 대표되는 "표준화"이며 A로 대표되는 "조처"이다.

8. 소시오메트리(Sociometry)[8]

바람직한 인간관계의 수립을 목표로 특정집단의 실태파악에 사회측정학을 원용하기도 한다. 소시오메트리는 모레노(J. L. Moreno)에 의해 개발된 것으로서, 집단의 심리적 구조를 밝혀, 인간관계나 집단의 구조 및 동태를 경험적으로 기술·측정하는 이론과 방법의 총칭을 말한다.

모레노에 의하면, 집단 성원사이에 끊임없이 변화하는 견인(attraction)과 반발(repulsion)의 역학적 긴장 체계이며, 이는 개인의 자발성의 성질과 문화적 역할에 대한 학습 정도에 따라 상대적으로 안정된 구조를 만들어낸다는 것이다. 이 관점에 입각하여, 자발성이나 역할연기의 진단과 훈련으로 안정된 인간관계를 창조하려고 집단요법이 연출되었으며, 또 정서적·문화적 역할에 규정된 견인과 반발의 강도·성질을 분석·측정하기 위한 기술이 발전하였다.

이 같은 인간관계나 집단의 분석을 위한 주요 방법으로서 모레노는

① 면식테스트(acquaintance test)

② 소시오메트릭 테스트(sociomatric test)

③ 자발성테스트(spontaneity test)

④ 상황테스트(situational test)

⑤ 역할연기 테스트(role-playing test) 등의 5가지를 제안하였다.

이 5가지 중에서 소시오메트릭 테스트가 인간관계와 집단구조의 분석법으로서 많이 사용되고 있다. 이것은 특정한 상호작용 사태에 관해서, 개인의 다른 성원에 대한 선택(choice)과 거부(rejection)의 행동(정서관계에서는 좋아함과 싫어함)을 테스트에 의해 타진하는 방법이며, 데이터는 일정한 약속(선택관계는 실선, 거부관계는 파선)에 따라 공간적으로 도표화된다. 이를 소시오그램(sociogram)이라고 하며, 개인의 행동특성과 집단의 구조특성이 시각적으로 명시된다.

또 이들 데이터로부터 메트릭스 표가 만들어져(이를 소시오메트릭스라 함), 개인의 집단 내 지위나 집단의 응집성 등에 관한 지표의 계산법과 메트릭스 해석법의 발전 등이 시도되

---

8 소시오메트리(sociometry)
집단의 구조, 집단 내 대인관계를 분석·측정하는 이론과 방법. 미국의 정신병리학자 J. L. 모레노에 의해 창시되었다. 모레노는 인간관계와 집단구조를 개인 대 개인 간의 견인(선택)과 반발(거부)로 말미암아 생기는 역학적 긴장체계로 보고, 그 견인과 반발이 개별적인 일방적 관계에서 성원간의 상호적인 유기적 관계로 변화하는 데서 집단의 형성을 보려고 하였다. 이 가설(假說)에 입각하여 집단의 구조와 성원의 지위를 측정하는 것을 소시오메트릭 테스트라고 한다. 이는 조사대상이 되는 집단의 성원 전부로부터, 집단 내의 다른 성원에의 견인과 반발의 반응을 구하여 그 빈도나 강도를 알아낸다. 이 데이터에 의거하여 집단 내 성원의 결합의 형태나 강도·지위 등을 공간적인 도표화 또는 지수해석(指數解析)의 수법으로 분석한다. 소시오메트리는 교육현장에서의 소집단 편성, 산업현장에서의 모럴의 개선 등에 많이 이용되고 있다.

었다. 응용면으로는 학급·직장·커뮤니티 등 다방면에 걸쳐 집단분석법으로 활용된다. 즉, 소시오메트리는 인간관계로서의 집단생태를 인간상호간의 견인(attraction)과 반발(repulsion)의 역학적 체계로 파악하고 어떤 시점에 있어서의 집단의 견인과 반발의 빈도 내지 강도를 수량적으로 측정·도시함으로써 집단의 특성 및 그 구성원의 양태를 파악하려는 것이다.

소시오메트리에서 얻은 자료를 소시오그램(sociogram)이라는 그림으로 나타내면 집단구성원 상호관계를 보다 잘 파악할 수 있다.

보/충/강/의

- 사회성 측정법

사회성 측정법이란 동료집단에서 구성원간의 상호선택, 의사교환 및 상호작용 패턴에 관해 자료를 수집하고 분석하는 방법이다. 즉 집단을 이룬 구성원간의 상호 수용이나 거부정도 및 형태를 조사하여 개인의 사회적 지위와 집단의 구조를 발견해 내려는 방법이라고 할 수 있다. 이 방법은 교육현장에서 교우관계를 조사하거나 집단의 특성을 파악하는 자료로 흔히 사용되고 있다.

사회성 측정자료를 분석하는 대표적인 방법으로 소시오그램(sociogram)[9]을 들 수 있다. 이 방법은 한 집단의 사회적 관계를 그림으로 표시하는 것으로써 교우도 라고도 한다. 이 방법은 그림을 통해 보다 신속하게 집단의 구조나 인간관계를 이해할 수 있게 하며, 특정 개인의 사회적 지위 역시 전체적 맥락 속에서 해석될 수 있게 한다. 이 기법의 장점으로는

첫째, 자료수집의 방법으로서 단순하고 경제적이다.

둘째, 방법상 융통성이 크다. 즉 연구의 대상과 실시목적에 따라 지시나 문항을 다양하게 작성할 수 있다.

셋째, 교육현장에 실제적인 도움을 줄 수 있다.

9. 인간관계와 상담의 실제

인간은 사회적 동물이다. 이 말은 인간은 다른 사람과의 지속적 만남을 통해서 존재할 수 있다는 말이다. 그러기에 사람들은 서로가 서로를 이해하고 도와주며 신뢰할 수 있어야 한다는 것이다. 그러나 현대에서 인간관계는 서로간에 보이지 않는 벽을 쌓아 진실한 만남을 단절시키고 있어 모두가 고독한 존재가 되고 말았다. 이러한 현상이 심화되면 점점 더 의사소통이 단절된 사회가 될 것이다.

---

9 소시오메트리연구방법

이 방법은 구성원들간의 좋아함과 싫어함의 관계를 기초로 하여 집단을 분석하는 도구이다. 소시오메트리 구조를 알아보는 방법으로 가장 잘 알려진 것이 모레노(Moreno)의 소시오그램이다. 소시오그램은 집단구성원들간의 전체적인 사회적 서열패턴은 물론 집단내의 여러 하위 집단 , 특히 세력집단과 비 세력집단, 정규지위, 주변지위, 고립지위 등을 한눈에 알아보기 쉽게 나타낸 도표를 말한다. 이 방법은 집단내의 상호작용이 구성원들간의 좋아함과 싫어함을 근거로 하여 이루어진다는 가정하에 개발된 것으로서 관찰, 검사, 면접 등의 방법에 의해 자료를 수집하되, 수집된 자료를 기준으로 하여 집단의 구조를 분석하게 된다.

상담이란 도움을 필요로 하는 내담자와 훈련받은 상담자간의 전문적 원조의 관계이다. 내담자가 자신의 문제를 바로 보고 문제에 대처할 수 있도록 도와주는 또 하나의 인간관계인 것이다. 고로 상담자는 신뢰를 바탕으로 한 바른 인간관계를 맺을 수 있는 능력과 지식이 필요하다.

(1) 대인관계의 필요성

인간은 사회적 동물이므로 혼자서 떨어져서는 살수가 없다. 인간의 행동이나 사고 등은 인간간의 접촉을 통해 학습되고 발전된다. 따라서 만나는 타인이 어떤 종류의 인간이냐에 따라 그 사람이 결정이 되기도 하는 것이다.

인간이 갖는 보람도 인간관계에 있다. 참기 어려운 곤경에 처해 있는 사람들이 삶을 포기하지 않고 살아남는 이유는 기쁨과 슬픔을 함께 나눌 수 있는 사람 즉 마음을 나눌 수 있는 사람이 있기 때문이다. 깊은 좌절에 빠져 있는 인생의 실패자라고 하더라도 마음을 나눌 수 있는 타인이기 때문에 좌절을 딛고 일어서서 훌륭한 인물로 성장할 수 있는 것이다.

또한 인간에게는 자기가 속한 공동체에서 바람직한 인간관계를 유지함으로 해서 자신의 잠재능력을 발휘하여, 성취감을 가지고 삶의 보람도 느끼게 되고, 공동체 자체도 성장하여 목적을 달성시켜 나가게 한다. 이렇게 바람직한 인간관계는 개인의 잠재능력을 발휘하고 성취감을 느끼게 함과 동시에 그가 속한 공동체의 성장과 발전을 위해서도 꼭 필요함을 알 수 있는 것이다.

요컨데, 인간은 다른 사람과 지속적인 신뢰관계를 바탕으로 한 만남을 통해 인간다워지고, 삶의 보람도 느끼며, 개인의 잠재능력을 발휘하고 성취감을 맛볼 뿐 아니라 공동체의 성장과 발전을 도모할 수 있을 것이다.

(2) 인간관계의 기술

인간관계를 원만하게 유지하려면 자신과 타인을 바로 알고 이해해야 하며 아울러 그들이 속해 있는 환경을 이해해야 한다. 인간관계의 기술이란 바로 자신과 타인 및 환경을 바로 이해하는 기술이다. 여기에는 서로 관계를 맺고 있는 두 사람 사이에 올바른 지식과 이해를 위해 남의 의사를 받아들이고 자신의 의사를 전달하는 의사소통 기술이 가장 중요하다.

현대인들의 의사소통에 있어 지적할 문제는, 너무 언어에만 의존하여 의사소통을 하려고 하며, 비언어적 의사소통인 느낌을 소홀히 다룬다는 데 있다. 효과적인 의사소통을 위해서는 언어적 소통과 비언어적 소통 즉 느낌을 중요시해야 한다.

느낌이란 조작이 어려우므로 언어보다는 더 진실한 표현이며 신뢰성이 높다. 그러나 주의해야 할 점은 몸짓이나 표정 등을 자기 본위적으로 해석하는 것은 서로 오해가 생기고 인간관계가 악화되는 경우가 있다는 것이다. 따라서 이러한 의사소통상의 문제를 최소화하고 원만한 의사소통을 유지하기 위해 알아두어야 할 기술은 다음과 같은 것들이다.

타인의 의사를 정확히 이해하기 위한 기술로서 의역(paraphrasing)과, 지각검토(perception check)가 있으며, 자신의 의사를 상대방에게 전달시키는 기술로 행동서술(description of behavior)과 느낌서술(description of feeling)이 있다. 또한 의사소통에 임할 때는 감정이입과 함께 경청하려는 자세를 유지해야만 한다.

(3) 대인관계의 기본원리

일반적으로 바람직한 인간간계는 상호작용을 하는 두 사람 사이에 신뢰를 바탕으로 허물없이 대화할 수 있으며, 타인의 장단점을 솔직하게 받아들일 수 있을 정도가 되는 관계를 말한다.

조셉루프트와 행리잉햄은 대인관계에서 어떻게 서로의 이해의 폭을 넓혀가야 하는지에 대해 마음의 창문(window model)으로 불리어지고 있는 아래와 같은 자아의식모델을 구상하여 설명한바 있다. 즉 이 자아의식 모델이란 다른 사람과 관계를 맺고 있는 총체적인 한 개인을 아래와 같이 4등분하고 그 구분을 행동, 느낌, 동기를 의식하는 것에 기초를 두었다.

1) 개방된 영역(open area)

느낌이나 생각, 행동 등이 자신이나 타인에게 알려진 영역을 말한다. 효과적인 인간관계의 발달이란 개방된 영역을 서로 빠른 시간 내에 넓혀 가는 것이다. 이 영역을 넓게 갖고 있는 사람은 의사소통에 장애가 없고 효과적이고도 생산적인 관계를 맺게 된다.

2) 가려진 영역(blind area)

자신의 행동이나 느낌 그리고 생각 또는 동기가 타인에게는 알려져 있으나 자신은 알지 못하는 영역이다. 이 영역이 넓은 사람은 눈치가 없고 둔한 사람으로, 타인이 보기에는 개선할 점이 많으나 자신은 그와 같은 것을 깨닫지 못하고 스스로 잘난 체 하는 등의 자아 도취적인 사람이다. 이런 사람은 남들과 별다른 이유가 없는 것 같은데도 생산적인 관계를 발전시키지 못하는 사람에게서 찾아볼 수 있다. 이 영역은 타인으로부터의 feed back을 통해 개방영역으로 바뀌어 진다.

3) 숨겨진 영역(hidden area)

자신의 느낌이나 생각과 행동을 본인은 알고 있지만 타인은 알지 못하는 영역으로서 완전히 개인적인 영역이다. 이 영역이 넓은 사람은 자기 표현이 부족하여 타인이 그의 속에 어떤 생각, 느낌을 갖고 있는지 알수 없다. 이런 사람은 자신을 비교적 정확히 이해하기는 하지만 자신을 수용하지 못하므로 남에게 있는 그대로 내어놓기를 싫어한다. 또한 자기 재능을 충분히 발휘하여 생산적으로 사는 데에 방해를 많이 받는다. 이런 사람은 자기개방(self disclosure)의 훈련이 필요하다.

4) 모르는 영역(unknown area)

행동이나 느낌, 동기가 본인이나 타인에게 알려지지 않은 영역으로 오직 추리나 회상에 의해서만 알게 된다. 이 영역이 넓은 사람은 예기치 않은 행동이나 느낌을 보이게 되어, 이해가 어려워지고, 다른 사람들이 피하려 하게 된다. 이 영역은 인지와 경험, 참여와 관찰 및 자기보고 등의 통찰을 통해 알 수도 있다.

이상의 영역은 서로 크게 또는 작게 변화가 되는데 일반적으로 사람을 사귀어 서로 알게 되었다는 것은 개방된 영역이 커지고 다른 부분이 작아지는 변화가 생겼다는 뜻이다. 개방된 영역이 작으면 작을수록 두 사람 사이의 의사소통이 불완전해진다. 요약하자면 바람직한 인간관계는 상호작용을 하는 두 사람 사이에 비밀을 털어놓고(self disclosure) 대화할 수 있으며, 자신의 결점이나 단점을 상대방의 입을 통해 받아드리고(feed back), 통찰(insight)을 통해 개방된 영역을 넓게 갖고 만나는 것이다. 그렇게 하려면 분위기를 부드럽게 바꾸고, 강제적으로 탐문하는 식의 의사소통을 피해야 하며, 상대방을 인격체로서 존중하여야 한다.

마찬가지로 상담에서도 상담자들은 내담자와의 관계에서 그들을

① 각자 차이를 지닌 특정한 인간으로 대하고(개별화)

② 부정적 감정을 자유롭게 표현하도록 도와주며(의도적 감정표현)

③ 말로 표현되는 감정에 대해 정서적으로 적절히 반응하고(통제된 정서적 관여)

④ 내담자의 장점과 약점, 긍정적 또는 부정적 감정 등을 있는 그대로 다루어야 하며(수용)

⑤ 비 심판적 태도를 유지하고

⑥ 내담자가 스스로 결정할 권리를 보장해 주고(자기결정)

⑦ 상담에서 나온 이야기에 대해 비밀을 지켜 주어야(비밀보장)한다.

(4) 상담의 특징과 영역

상담이란 훈련받은 상담자와 내담자간의 전문적인 관계를 뜻한다. 이 관계는 보통 일대일의 관계이지만 어떤 경우는 2인 이상이 될 수 있다. 또한 내담자가 자신의 생활 공간을 잘 이해하고 명백하게 바라 볼 수 있도록 돕는 것이며 상담자가 조언을 주거나 대안을 설명해주며, 내담자가 목표를 정할 수 있도록 도와주고 필요한 정보를 제공하는 등으로 문제해결을 도와주는 것이다.

상담의 목표는 한마디로 내담자가 자신의 문제를 바로 보고 문제에 대처할 수 있는 자신의 능력을 찾게 하며 해결을 위한 행동을 취할 수 있도록 도와주는데 있다. 그러기 위해 상담자가 갖추어야 할 기본 자질은 인간에 대한 긍정적 자세이다. 즉, 모든 인간은 자신의

문제를 해결할 수 있는 잠재력을 가지고 있다는 믿음을 가져야 한다. 내담자들도 이러한 잠재력을 가지고 있으나 여러 가지 감정요인으로 인해 자신의 이성을 발휘하지 못한다는 것을 인정해야 하고, 그들로 하여금 감정을 발산하여 자신의 내부에 잠재해 있는 치료적 힘을 발동하여 스스로의 문제를 해결하는 방법을 찾게 해 주어야 한다. 중요한 것은 상담자가 내담자의 인생을 떠맡아서 문제를 해결해주거나 지시를 내리는 것이 아니라는 것이다.

(5) 상담의 과정

보통의 상담과정은 조사·진단·치료로 나눈다. 이 과정은 상담의 형태와 상담자의 능력과 방식에 따라 달라진다. 여기서는 상담전문가들이 보편적으로 많이 사용하는 상담의 과정과 방법을 중심으로 논해보자.

보편적으로는

① 친화관계를 맺은 후

② 문제와 욕구를 파악하고 치료적 개입계획을 세워

③ 문제에의 개입활동을 실천한 다음

④ 상담을 종결하는 것으로 한다. 각 과정을 구체적으로 살펴보자.

1) 친화관계(rapport)의 수립

상담의 첫째 관계는 내담자의 긴장을 풀어주고 초기의 저항감을 완화시켜 치료적 도움의 관계를 수립하는 것이다. 이 관계 즉 「라포(rapport)형성」이 상담의 성패에 밀접하게 관련된다.(rapport : 일과 사람과의 관계, 영매를 이용한 교신 등의 뜻)

치료적 도움의 관계를 갖는데 가장 중요한 것은 신뢰와 수용 및 공감적 이해이다. 신뢰를 증진시키기 위해서는 긍정적인 관심과 친근감·성실성·공감 등이 요구되고, 수용이란 자신이 상담자에게 거부당하지 않고 받아들여지는 것 에 대해 내담자 스스로가 자신을 사랑하고 자긍심을 갖게 하는 것이다. 또한 공감적 이해란 상담자가 내담자의 감정의 틀을 이해한다는 의미임을 유의해야 한다.

2) 문제와 욕구의 파악

상담의 두 번째 단계는 내담자가 가지고 있는 욕구와 문제의 요점을 파악하여 치료적 개입계획을 세우는 것이다. 상담자는 내담자와 처음 면담을 하면서 치료적 관계를 수립함과 동시에 어떤 문제를 가지고 찾아 왔는지 파악해야 한다. 물론 내담자가 처음한 말이 진정한 문제라고 볼 수는 없기 때문에 몇 마디 말을 해보고 쉽게 판단하지 않도록 해야한다.

다음으로 상담자는 내담자의 감정과 정서에 반응하고 거기에 초점을 맞춘다. 그러기 위해서는 내담자의 말과 비언어적인 의사전달에 민감하게 반응하여야 한다. 즉 내담자의 이야기와 의미를 잘 이해하고 전후의 이야기 내용 중 불일치나 일관성이 없는 표현을 지각하며 내담자를 위압하고 있는 감정을 표현하도록 도와준다.

다음으로 내담자가 도움을 받고자 하는 문제나 욕구가 왜 발생했는지를 파악한 다음 내담자가 문제를 처음 겪는 것인지, 아니면 과거에도 겪은 적이 있다면 그 당시는 어떻게 해결했는지를 파악해야 한다. 또한 필요한 내담자의 사회경제적 배경 및 사회생활력, 가족력 등을 파악하고 문제발생상황 등을 면밀히 알아보아 치료적 개입계획을 세우는 것이다.

3) 개입 또는 문제에의 대처 활동

상담의 세 번째 단계는 내담자의 문제에 개입하여 적극적으로 대처하며 개입하는 것이다. 내담자가 자신의 문제나 고민을 이해할 수 있도록 도우며, 나타내기를 꺼리는 감정을 표현할 수 있도록 돕는다. 그리고 대처할 수 있는 방법을 찾아가면서 사회관계를 다시 전개하는 것이다. 그러기 위해서는 내담자가 겪고 있는 문제가 발생한 상황이나 원인에 대해 자료를 수집한 다음 내담자와 함께 이러한 정보와 자료를 정리하고 분석한 후 진단을 내려야 한다. 상담자는 내담자가 자기의 문제를 해결하는데 어떤 방식으로 행동해야 하는지를 검토하여 준다. 이때에 도와주는 방법으로 목표를 설정하고 이용 가능한 자원을 검토하고 개발하게 하며, 위기상황이나 문제상황을 극복하고 대처할 수 있는 방법을 구체화시키고 그에 대한 조치를 준비하게 한 후 최종적으로 이런 과정이 내담자가 원하는 것인지를 다시 검토해본다. 물론 내담자가 원하지 않을 경우 변경을 시킬 수 있어야 한다.

4) 상담의 종결

상담의 마지막 단계는 종결로서, 적응할 수 있는 대처방안을 강화시키고 이제까지의 경험과 행동을 요약한 후에 미래에 대한 계획수립을 도와주는 것이다.

종결과정이란 상담을 마치는 과정으로 상담 후에 올 수 있는 내담자의 허탈감이나 낭패감 등을 최소한으로 줄이기 위한 과정이다. 상담자는 내담자가 성공적으로 사용한 방법을 강화시키고 장래의 위기에 대처하는데 현재의 경험이 도움이 되게 하는 방법을 의논한다.

상담은 전문적인 인간관계로 신뢰를 바탕으로 해야하며, 상대방을 인격체로서 존중코자 하는 태도를 가져야 한다. 이런 태도는 내담자의 자신감을 높여주고 문제해결능력을 강화시키는 것이다. 그렇게 강화된 능력은 스스로의 힘으로 자신의 문제나 욕구에 대처할 수 있게 만든다.

상담자가 지니는 인격적 존중과 신뢰의 태도는 먼저 상담자 자신에 대한 바른 이해에서 출발하며, 타인에 대한 올바른 지식과 환경에 대한 이해가 따라야 한다. 또한 상담의 성패는 상담자와 내담자간의 인간관계를 어떻게 만드느냐에 달려있는 것이다. 그러기에 상담자들은 바람직한 관계를 형성할 수 있는 지식과 기술을 가지고 있어야 한다.

인간관계의 기술이란 의사소통의 기술로서 경청·의역·지각검토·느낌·서술 그리고 행동서술 등이다.[10]

제2절 지휘와 리더쉽

1. 리더쉽의 개념

경영자에 따라 기업경영의 형태는 다양하게 전개되지만 공통적으로 사람을 활용하여 어떠한 목표를 달성해 가야 한다는 것은 같다고 본다. 경영자가 해야 할 일 중에서 가장 중요한 것은 사람을 개발하고 훈련하기 위해서 어느 정도의 리더쉽을 갖느냐 하는 것이다.

(1) 리더쉽의 정의

리더쉽은 목표의 설정이나 성취를 위하여 집단이나 개인에게 영향력을 행사하는 과정이다. 이 과정에는 리더, 추종자, 목표 및 상황이 포함된다. 이 과정은 본질적으로 행동적이며 개인적인 상호작용의 과정이다.

(2) 리더쉽과 관리

관리와 리더쉽은 구별된다. 관리자는 계획하고, 조직하고, 통제하지만 목표달성을 위하여 영향력을 행사하는데 성공할 수도 있고 실패할 수도 있다. 모든 관리자가 리더가 되는 것이 이상적이지만 실제로는 매우 어려운 문제이다. 리더쉽 없이 관리능력만을 가진 자는 직무수행에는 어려움이 없으나 존경심이나 충성심을 기대하기는 힘들다고 본다.

(3) 리더의 기본적 역할

1) 교육자

경영자는 근로자에게 직무능력뿐만 아니라 행동과 조직의 가치체계를 가르쳐야 한다. 경

---

10 참고문헌 : 유수현, 「인간관계의 이론과 실제」, 서울, 한국청소년연맹, 1995.
이형득, 「인간관계 훈련의 실제」, 서울, 중앙적성출판부, 1984.
정태일·이원구, 「인간관계교육 프로그램」, 서울, 보진재, 1984.

영자들의 태도나 행동 등은 그것을 관찰하는 근로자들의 모델이 된다.

2) 상담자

근로자의 의견을 청취하고 문제발생을 예방하며 또한 이를 도와주어야 한다. 상담자의 역할을 잘 수행하기 위해서는 어떠한 의견이나 행동을 강요하지 말고 이해 시켜야 한다.

3) 판단자

판단자의 역할을 수행하여야 한다. 업적을 평가하고 정책, 절차 및 규제를 부과하며 논쟁을 종식시키고 업적평가를 위하여 성과를 측정할 표준을 만들어야 한다. 분쟁의 해결을 위해서는 해결방법을 연구하여야 하며 적절한 징계도 필요하다고 본다.

4) 대변인

근로자의 제안사항과 관심, 견해 등을 상급자에게 대변해 주어야 한다. 경영자는 작업절차·사기·작업조건의 향상과 변화를 위해서 투쟁하여야 한다. 이러한 역할을 잘 수행하기 위해서는 심지어 근로자의 견해에 찬성하지 않는 것도 합리적으로 대변해 주는 것까지도 필요하다고 본다.

2. 리더쉽과 권력

권력(power)은 정치학의 기본적 개념이며 정치권력이라고도 한다. 고대 그리스 이후로 권력에 대해서 많은 고찰이 있었다. 정치의 시대라고도 하는 오늘날에는 권력현상이 많은 사람들의 관심사가 되어 있는데, 권력의 정의를 내리는 문제에 있어서는 지배와 복종·통제·정치·권위 등과 엇갈리고 뒤섞이어, 사람마다 갖가지 개념이 사용되며, 정확한 정의를 내리기 어렵다. 넓은 의미로는 물리학의 에너지에 해당하는 것이라 하여 의도한 효과를 만들어 내는 힘(B. A. W. 러셀), 선이라고 생각되는 장래의 어떤 것을 획득하기 위하여 그가 현재 가지고 있는 방법(T. 홉스), 어떤 사회관계 내부에서 저항을 무릅쓰고까지 자기의 의사를 관철하여야 하는 모든 기회(M. 베버) 등으로 말하고 있다.

개인 또는 집단이 다른 개인 또는 집단의 행동을 자기의 뜻대로 하게 만드는 방법으로 통제하는 힘이라고 할 수 있다. 이러한 힘이 정치적 기능을 다하기 위하여 조직되는 경우에는 정치권력이라 하며, 단적으로 공권력 또는 국가권력이라 부르기도 한다.

권력의 궁극적 보장으로서 경찰·군대·교도소 등의 물리적 강제력을 가지며, 그것이 합법화되고 있는 점에 특색이 있다.

리더는 권력을 통하여 타인에게 영향력을 준다. 권력은 리더쉽의 기반이며 도구이다. 보상을 제공하거나 유보하고 의사결정이나 정보에 접근 가능하게 하거나 금지시키는 등의 방법으로 영향력을 확대해 나간다.

① 합법적 권력② 보상권력
③ 카리스마적 권력　　④ 전문적 권력

3. 리더쉽 스타일

리더쉽스타일은 리더의 행동에 대한 총체적 표현이다. 리더쉽스타일은 동기부여, 권력, 사람과 과업 등에 대한 접근에서 기초가 된다. 리더의 리더쉽스타일은 동기부여 방법과 의사결정 스타일의 선택에서 권력을 사용하는 정도와 작업환경에서 리더가 강조하는 영역 등에 따라 다양하다.

(1) 정적 동기부여와 부적 동기부여

정적 리더쉽은 칭찬·인정·화폐적 보상·안정성의 향상·책임의 추가 등을 통하여 동기부여를 하는 것을 말하며 높은 직무만족을 통하여 근로자의 발전을 고무시킨다.

부적스타일은 처벌을 강조하는 것으로 직무의 상실, 정지, 꾸중 등으로 공포적 환경을 만드는 것으로 이 경우 경영자는 리더라기보다는 드라이버로 보여질 가능성이 있다.

(2) 의사결정스타일

경영자가 어느 정도의 의사결정권한을 부하에게 주느냐에 대한 것으로 경영자 혼자서 독점하는 스타일부터 일정한 범위 내에서 허용해주는 형태까지가 있으며 이를 잘 나타낸 것이 아래 표이다.

[表 1-5-2] 리더쉽스타일

독재적			참여적				자유
경영자의 독단적 의사결정 후 공포	경영자가 의사결정을 지시함	경영자가 의사결정에 대해 부하에게 질문함	잠정적 결정안 만듦	문제제시 후 정보 수집, 의사결정	문제점 규정, 집단이 의사결정	경영자와 집단이 공동의사결정	경영자의 방침, 부하의 의사결정 자유

·경영자가 권한, 권력 사용

·부하의 자유 영역

자료 : 탄넨바음과 슈미트(Tannenbaum, R. and W. H. Schmit), 형설출판사, 경영학원론, 신구범 외, p.211

사/례/연/구

- 관리자가 되지말고 "리더"가 되라.

세기의 경영자로 존경받는 GE사의 회장 잭 웰치는 『관리자가 되지 말고 리더가 되라』고 주장한다. 리더십 없는 관리만의 경영으로 급변하는 경영환경에 적절히 대처할 수 없기 때문이다. 리더십이론의 권위자인 존 코터는 리더십의 기능을 크게 세 가지로 나눈다.

첫째, 방향설정 기능이다.

관리기능이 기획 또는 장기계획을 세우는 것이라면 리더십은 비전과 전략을 창조한다. 이는 반드시 혁신적이어야 하는 것은 아니다. 그러나 비전을 제시하면서 기꺼이 위험을 감수하고 폭넓은 전략적 사고를 하는게 훌륭한 리더들의 공통점이다.

스칸디나비아 항공(SAS)의 최고경영자 얀 칼슨은 출장이 잦은 비지니스맨을 목표고객으로 삼아 세계 최고의 항공사가 되겠다는 비전을 발표했다. 비즈니스맨들은 다른 고객과 달리 꾸준히 항공편을 이용한다. 요금이 비싸도 기꺼이 지불한다. 따라서 이들을 목표고객으로 설정하면 수익률을 높이고 성장도 보장받을 수 있다는 게 그의 생각이었다. 그렇지만 관료주의가 만연한 항공업계에서 어느 곳도 이런 간단한 아이디어를 고려하지도, 실행하지도 않았다. 과감히 그 비전을 도입한 스칸디나비아 항공은 큰 성과를 거둬 업계 정상권으로 오를 수 있었다.

둘째, 단합시키는 기능이다.

관리가 조직화를 통해 계획을 효율적으로 실행할 수 있는 인력시스템을 구축한다면 리더십은 의사소통으로 문제를 해결한다. 하급자·상사·동료·다른 부서의 스태프·납품업체·정부관리·고객들과 대화하여야 한다. 비전과 전략의 수행을 지지하는 사람은 물론 방해하는 사람들까지도 대화의 대상이다. 사람들이 메시지를 믿을 수 있도록 신뢰를 구축한다. 내부적으로는 구성원들이 조직전체의 방향에 맞춰 주도적으로 행동할 수 있게 한다.

지난 70년대 복사기제조업시장에 진입해 매출 1조달러 기업으로 성장한 이스트만 코닥은 84년 난관에 부딪혔다. 비용은 늘고 이익을 내기 어려워졌다.

복사기사업부의 책임자로 임명된 척 트로브리지는 첫 두 달간 집단 내의 주요 인물들은 물론 복사기 사업에 영향을 줄 다른 부서의 인사들도 모두 만났다. 특히 밥 크랜달이 이끌고 있던 기술부서와 제조부서를 중시했다. 그는 크랜달을 설득해 힘을 합친다는 약속을 얻어냈다.

트로브리지와 크랜달은 세계최상급의 제조공정과 덜 관료적이고 분권화된 조직을 갖는다는 비전을 내걸었다. 크랜달은 새로운 방향을 강조하고 사람들을 단합시키기 위해 여러 가지 프로그램을 마련했다.

12개의 주간보고회의, 회사 각 부서 사람들과 사장이 만나는 복사기제품포럼, 성과향상을 위한 새 프로젝트와 최근 성과에 대한 토론, 분기마다 경영자들이 자기 부서 구성원들과 만나는 부서상황회의 등등, 한 달에 한 번, 크랜달과 그의 팀은 내부의 80～1백명의 사람들과 만나 무엇이든 원하는 주제를 상의했다.

트로브리지와 크랜달은 그들의 주장을 「복사기제품 저널」이라는 인쇄물에 담아 한 달에 한 번씩 종업원에게 발송했다. 대화편지라는 프로그램을 통해 종업원들은 크랜달과 최고경영자들 앞으로 익명의 문의를 하고 답장을 받을 수 있었다. 식당옆의 복도에 각각의 목표시장을 고려한 각 제품의 품질·비용납기 등에 관한 정보를 생생히 전달했다. 이 같은 노력으로 구성원들의 신뢰가 구축되자 84년부터 88년사이에 어떤 제품의 품질은 1백배나 좋아졌다. 단위당 불량률은 30에서 0.3으로 줄었다.

셋째, 동기부여 기능이다.

이를 통해 리더는 비전을 실현하기 위한 폭발적인 에너지를 끌어낸다. 통제메커니즘처럼 사람들을 계획된 방향으로 몰고 가는 것이 아니라 성취·소속감·인정·자부심·자율적 통제·이상추구 등 개인내면의 욕구를 만족시켜 줌으로써 자발적으로 행동하게 만든다.

지난 84년 여름 P&G의 종이제품사업부를 맡은 리처드 니콜로시, 그는 원가절감을 통한 생산성 향상에 집착하기 보다 좀더 창조적이고 시장지향적인 사업부가 될 필요성을 느꼈다. 사업부와 제품을 관리하기 위해 다양한 집단을 활용한 그는 '이사회'라고 스스로 이름 붙인 팀들에 책임과 권한을 주고 '조금씩 개선하지 말고 근본적으로 틀을 바꾸라'고 주문했다. '이사회'는 제품팀 뿐만 아니라 신사업팀도 포함하는 새로운 조직구조 개편안을 내놨다. 이 안은 다수의 구성원을 동기부여 할 수 있는 창의적인 환경을 조성하는데 초점이 맞춰졌다. 새로운 조직개편이후 많은 아이디어들이 신제품 담당자들로부터 쏟아져 나왔다. 85년 선보인 울트라 팸퍼스는 팸퍼 전제품의 시장점유율을 40%에서 58%로 끌어올리면서 회사를 흑자로 반전시켰다. 87년 출시된 럽스디럭스는 몇 달만에 P&G상표의 전체 시장점유율을 1.5배나 늘려놨다.[11]

4. 리더쉽 이론의 전개

Leader는 무엇을 하도록 이끈다는 의미이다. 목적을 달성하기 위하여 사후적이 아닌 사전적으로 그리고 적극적으로 그 목적을 향하여 모두가 다함께 참여하여 나갈 수 있도록 이끌고 지도하여 나간다는 뜻이다. 반면에 관리자인 매니저는 목적의 사후적인 결과를 가지고 분석하고 그에 따른 오로지 자신만의 판단을 가지고 수직적으로 관리만 하는 것이다.

Alan J. Rowe에 따르면 리더쉽이란 다음 3가지의 영역인 Commitment, Complexity 및 Credibility를 반드시 이해하고 파악해야 한다. 그리고 Bennis and Nanus(1985)에 따르면 다음과 같은 것들이 가장 유능한 리더들에게서 발견된다고 한다.

① Vision : 비전을 만든다.

② Communication : 의미를 공유하고, 실제성을 이해하며, 협력을 강조하고, 상상력을 파악한다.

③ Trust : 믿음의 형성 및 창조

④ Positioning : 비전을 수행할 수 있는 행동

⑤ Constancy : 지속력

⑥ Innovation : 위험을 무릅쓰는 도전의식

⑦ Positive self-regard : 강약점을 알고 대처할 수 있는 능력

⑧ Nurture : 규범을 이용한 능력의 배양과 조직원들에게 자신감을 갖게 하는 능력

⑨ Deployment of self : 실패를 성공의 어머니로 여김

⑩ Empowerment : 권한 이양

5. 리더쉽에 관한 연구의 과정

현대사회는 다양한 기업조직이 생기고 경영을 체계적으로 연구하려는 움직임이 생기면서 리더쉽에 관한 연구도 활발히 진행되었다. 리더쉽에 관한 연구는 역사의 흐름에 따라 특성이론, 행동이론, 상황이론, 그리고 변혁적 리더쉽 이론으로 구분되는데 이들 이론은 서로 다른 가정을 바탕으로 리더쉽을 다루고 있다.

기업경영에서 가장 중요한 것은 리더쉽이라고 할 수 있다 어떠한 조직의 형태를 가지고 있건간에 그 조직의 성과를 높이기 위해서는 경영자의 효과적인 리더쉽이 무엇보다 중요하다. 그래서 리더쉽의 본질을 연구하기 위해 많은 노력과 관심이 있어왔다. 그러나 리더쉽이 조직체 연구 분야에서 오랫동안 가장 주요한 분야로 인식되어 왔음에도 불구하고 아직까지

11 資料 : 1999. 11. 11, 한국경제신문

리더쉽의 본질과 특성에 대한 결론, 또 효과적인 리더쉽에 대한 공통된 이론을 정립해내지 못하고 있다. 일찍이 많은 학자들이 말하기를 리더쉽은 지구상에서 가장 많은 관심의 대상이 되었고 논란의 주제가 되었지만 그 이해의 정도는 가장 적은 분야라고 지적하고 있다. 사실상 오늘날 리더쉽 분야에 대한 연구 내용을 보면 리더쉽 형태나 종류의 분석을 한 다음 어떤 형태가 가장 바람직하다는 것을 제시는 하고 있지만 놀랍게도 리더쉽에 대한 본질을 설명해주는 연구는 별로 없었다.

그래서 리더쉽 연구는 거의 규범적(Prescriptive)으로 행하여져 왔으며 기술적인(Descriptive) 측면은 결여되어 있다. 리더쉽이란 용어는 사용하는 사람이 어떠한 환경에서 활용하느냐에 따라서 그 의미가 다르게 나타날 수 있다. 지금까지 리더쉽을 연구하는 과정에서 용어에 대한 일반적인 정의가 명확히 설정되지 못하고 있는 것도 다양한 환경에서 각기 보는 관점이 다른 데에 따른 것이다.

[그림 1-5-2] 리더쉽이론의 변천

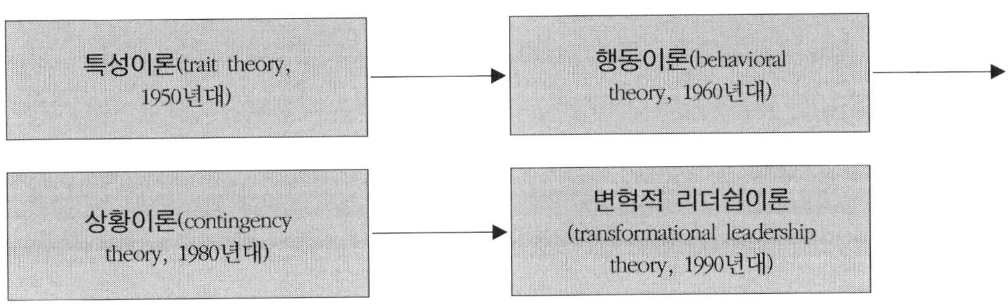

(1) 특성이론(trait theory)

경영학자들은 훌륭한 리더로 평가받는 경영자들의 남다른 특성을 찾아내려고 노력해 왔다. 리더십의 특성이론은 리더십 연구에 있어서 가장 오랜 역사를 가지고 있는 이론으로서 성공적인 리더들은 어떤 공통된 특성을 가지고 있다는 전제하에서 이를 개념화한 이론으로서, 연구초기에는 위인이론에 치중하다가 차차 조직체의 경영관리자를 대상으로 성공적인 리더들의 특성을 연구하게 되었다. 이 접근법의 특징은 선천적이든 후천적이든 리더의 공통적 특성을 규명하는 것이다. 그리하여 리더가 고유한 개인적인 특성만 가지고 있으면 그가 처해있는 상황이나 환경에 관계없이 항상 리더가 될 수 있다고 가정하고 있다. 따라서 모든 사람이 리더의 자질을 구비하고 있지 못하기 때문에 그러한 특성을 가진 자 만이 리더가 될 수 있다는 것이다. 그러나 리더가 갖추어야 할 자질이나 능력을 밝히려는 노력은 몇 가지 한계를 노출하였다. 우선 신체적 특성을 비롯한 여러 가지 특성이 실제 리더쉽 효과성과 밀접한 관계를 갖지 못한다는 사실이 여러 연구를 통하여 밝혀졌다. 뿐만 아니라 능숙한

언변이나 자신감 같은 특성은 그것 때문에 좋은 리더가 될 수도 있지만 리더가 되고 나서 개발되어지는 경우도 있을 수 있다 다시 말해서 자리가 사람을 만들 수도 있다는 것이다. 그리고 상황에 따라 서로 다른 특성이 요구된다는 사실을 무시하고 있다.

1) 신체적 특성

리더의 연령, 신장, 체중, 외모, 관상, 건강상태 등의 신체적 특성이 있다. 신체적 특성은 리더십기능을 발휘할 수 있는 역량과 밀접한 관계를 갖고 있을 뿐 아니라 집단구성원에게 주는 인상에도 중요한 작용을 한다고 전제되고 있다.

2) 사회적 배경

리더는 사회적 신분이나 교육수준에 따라서 리더가 될 수 있는 기본 자질을 갖출 수 있으며 집단에게도 중요한 영향을 줄 수 있다.

3) 지적능력

성공적인 리더는 일반적으로 올바른 판단력과 결단력, 지식수준, 표현능력 등이 높다고 인식되고 있으며 지능 또한 일반적으로 부하들에 비하여 높다는 것이 여러 연구결과에서 나오고 있다. 그러나 리더와 부하간의 지능의 차이가 너무 많으면 상호간의 사고방식과 지각 그리고 의사소통 등 많은 문제가 발생할 수 있기 때문에 지능 외의 리더의 다른 특성들을 고려하지 않으면 안된다.

4) 성 격

리더의 성격은 자신감, 창의성, 민첩성, 독립성 등이 강하며 이러한 성격적 특성은 조직체의 상위계층으로 올라갈수록 더욱 중요해진다는 것이 연구결과에서 나타나고 있다. 최근에는 개인의 정서적 감도가 리더십에 중요하다는 의견과 함께 감성지수에 대한 관심도 증대되고 있다.

5) 과업지향성

리더의 과업에 대한 성취욕구 및 책임감 등은 중요한 리더십 요인이다. 유능한 리더는 높은 성취욕구와 책임감을 가지고 있다. 과업 지향적이며 장애에 부딪쳤을 때 좌절하지 않고 목표를 추구하는 끈기가 있다. 이러한 특성을 가지고 있는 리더는 일반적으로 업무 추진력과 함께 강한 동기와 직무에 대한 집요함을 갖추고 있기 때문에 리더십 유효성이 증가하게 된다.

6) 사회적 능력

리더는 다양한 성격의 사람들과 잘 어울려야 하고 제반 환경에도 적극적으로 참여해야 한다. 그러므로 훌륭한 리더는 타인과 쉽게 친해질 수 있는 능력을 가지고 있다. 이러한 성격은 다른 사람들로부터 협동심을 불러일으키게 할뿐만 아니라 조직목표 달성을 위해 적극적인 참여유도능력을 발휘함으로써 리더십의 유효성을 증대시킬 수 있다. 이 밖에도 리더의 사회적 특성으로는 매력적이고 인기가 있으며 부하들을 잘 보살피는 능력 등이 있다.

[表 1-5-3] 특성이론의 효과적인 리더의 개인적 특성

신체적 특징	사회적 배경	지적 능력	성 격	과업지향성	사회적 능력
체력, 나이, 신장, 체중 등	교육정도, 사회적 신분	지능, 판단력, 어휘력, 문제 해결능력	지배성, 공격성, 자신감, 독창성	성취욕구, 책임감, 솔선수범	관리능력, 협조성, 대중성, 원만한 대인관계

(2) 행동이론(behavioral theory)

리더쉽은 상항에 따라 서로 다른 특성이 요구되며 리더는 반드시 태어나는 것이 아니라 만들어 질 수도 있다는 생각을 갖게 되었다. 따라서 타고난 특성보다는 리더가 해야 하는 역할과 그러한 역할을 잘 수행하기 위해 필요한 행동에 초점을 맞추는 연구가 시작되었다. 1940년대에서 1950년대까지가 리더의 특성이론이 활발히 연구되었다면, 1950년대에서 1960년대까지는 리더의 행동유형을 활발히 연구하게 된다.

리더가 될 수 있는 특성을 찾지 못한 연구가들은 실제적인 리더 행동에 어떤 보편성이 있는가에 대한 연구를 하게 된다. 즉, 리더는 어떤 행동을 하는가? 그리고 리더는 어떻게 행동을 하는가? 라는 관점으로 적합한 리더의 행동 유형을 규명하고자 하였고, 그 결과 리더의 행동에 어떤 형태가 있다는 것을 인식하였다. 이러한 행동이론의 접근은 리더의 효과에 대한 초점은 리더 개인에 의하여 발생하는 것이 아니고 리더십의 유형이라며 행동과학자들은 주장하였다.

행동이론의 대표적인 연구로는 오하이오 주립대학(Ohio State University)의 리더십 연구, 미시간대학(University of Michigan)의 리더십 연구, 그리고 관리그리드 모형이 있다. 다음은 블레이크와 모우톤(Blake & Mouton)의 Managerial Grid(과업 지향적 스타일과 종업원 지향적 스타일)를 설명한 것이다.

[圖 1-5-3] Leadership grid(Blake & Mouton)

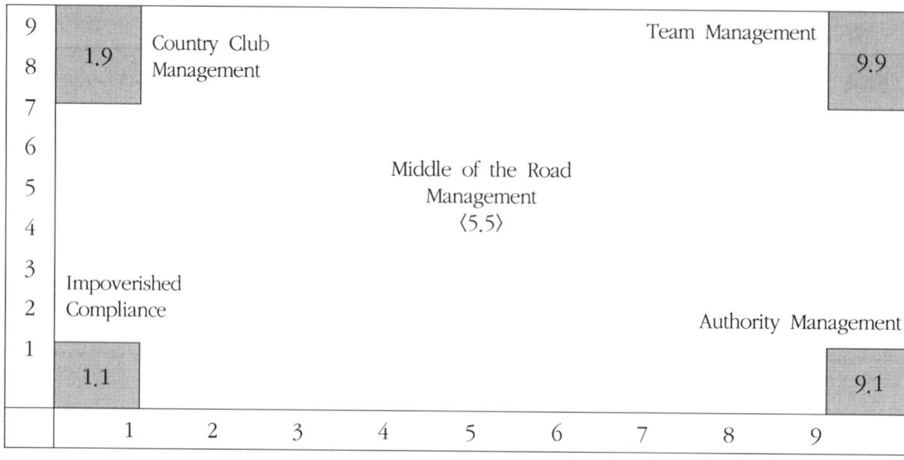

작업방법이나 장비, 작업환경의 통제, 작업의 할당과 조직화, 1인 중심의 의사결정, 성과평가를 통한 조사 등을 통하여 직무수행을 강조할 경우 이러한 리더를 과업지향적 리더라 부른다. 이러한 스타일을 가진 경영자 밑에서 오랫동안 관리를 받게 되면 장기적으로 이직, 결근 등이 증가되고 직무만족이 감소하게 된다. 반면에 종업원 중심적인 리더쉽 스타일은 종업원들이 개발되고 발전해야 할 가치 있는 자산이라고 생각한다. 팀워크, 정적인 관계, 신뢰, 근로자의 문제해결 등이 종업원 중심적인 관리자의 중요초점이다. 이와 같은 스타일의 관리자는 장기적으로 근로자들의 직무만족을 증가시키고 이직이나 결근을 감소시킨다.

블레이크는 리더쉽그리드를 통하여 리더쉽스타일을 아래 그림과 같이 생산에 대한 관심과 사람에 대한 관심으로 구분하였다.

9.1형은 생산과 능률에 대한 관심은 높지만 사람에 대한 관심은 매우 낮다. 이것은 관계를 희생하고 일의 달성에만 관심이 있는 형이다. 1.9형은 9.1형과는 반대이다. 사람들과 좋은 관계를 유지하는 것을 중요하게 생각한다. 이 스타일은 매우 유능한 사람들이 있고 과업의 내용과 절차가 잘 규정되어 있으며, 리더가 강한 자신감과 통제력을 가지고 있는 상황에서 좋은 효과를 낼 수 있다.

1.1형의 경영자는 생산과 사람에 대한 관심이 모두 낮은 스타일이다. 이 유형의 관리자는 직위에 불만족하거나 거의 관심이 없는 사람이기 때문에 무책임 불모형(impoverished management)이라 부른다. 5.5형은 생산과 사람에 대하여 중간정도의 관심을 가지고 있는 관리자이다. 양자에 모두 강한 몰입감을 갖지 않는 유형이다. 9.9형은 이상적인 유형으로 생산과 사람 모두에 높은 관심을 갖고 있는 관리자이다. 이런 관리자는 항상 "성과는 목표설정과 개인의 발전 및 몰입감을 통하여 우리가 달성했다."고 본다. 경영자가 어떠한 스타일을 선택하는가는 근로자, 근로자의 집단, 일의 성격, 조직구조, 관리자에 대한 개인의 선호, 상

위경영층의 영향 등과 같은 상황에 따라 다르다.[12]

(3) 상황이론(contingency theory)

리더십의 특성이론이나 행동이론은 모든 상황에서 언제나 가장 적합한 리더의 특성이나 행동유형을 찾으려고 한 반면 상황이론에서는 리더십이 이루어지는 상황이 요구하는 리더의 특성이나 행동유형을 알아내려고 노력하였다. 즉 여러 가지 특징에 따라 리더십이 이루어지는 상황을 체계적으로 분류하고 분류된 각각의 상황에 가장 적합한 리더십 유형을 찾아내려는 것이 상황이론의 접근 방법이다. 이런 노력은 피들러, 허쉬와 블랜차드, 하우스 등에 의해 이루어져 왔다. 이중에서 피들러(Fiedler)의 상황이론을 살펴보자.

1) 리더십유형

리더십에 관한 특성이론과 행동이론은 모두 상황에서의 효과적인 리더십 유형을 찾는데 실패하였다. 따라서 리더십에 관한 연구는 리더십 유효성을 리더, 부하, 상황, 그리고 그들 간의 상호관계에 의해서 결정된다고 보고 있다. 상황이론에서는 상황요인에 따라 리더십의 유효성이 달라질 것이라고 보고 있다. 따라서 상황에 적합한 리더십 유형을 찾아내려고 한다. 이들 상황요인에는 조직구성원의 특성과 기대 및 행위, 리더의 기대 및 행위, 리더의 개성과 경험 및 기대, 조직방침 및 분위기 등이 있다.

2) Fiedler의 상황이론

Fiedler는 리더십이 이루어지는 상황의 호의성에 따라 다른 유형의 리더십이 효과적이라는 주장을 하였다. 리더십 유형은 상황적 특성에 따라서 다른 효과를 낼 수 있다.

[圖 1-5-4] Fiedler의 상황이론 모형

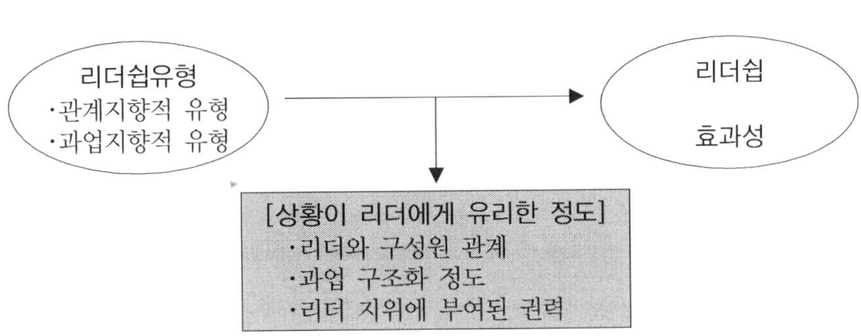

12 資料 : 신구범 외, 형설출판사, 경영학원론, 1998, p. 212

① 리더쉽유형

피들러는 리더십을 과업지향적(task oriented)유형과 관계지향적(relationship oriented) 유형으로 나누었다. 그리고 리더가 어떤 유형의 리더십을 갖고 있는지 알아내기 위하여 LPC(Least Preferred Co-worker)라는 개념을 개발하였다. 만약 리더가 자신이 가장 싫어하는 동료지만 그 사람을 긍정적으로 평가하면 관계지향적인 리더쉽 유형을 갖고 있는 것이다. 반대로 부정적으로 평가하면 과업지향적인 리더쉽 유형을 갖고 있는 것이다.

다음의 LPC척도는 지금 함께 일하고 있거나 과거에 함께 일해 본 사람도 관계는 없다. 다만 개인적으로나 감정적으로 싫어한 사람일 필요는 없고 함께 일하기가 어려웠거나 어려운 사람이어야 한다. 작성시 주의점은 척도(scale) 양쪽의 말을 먼저 읽고 빠른 속도로 답을 하여야 한다. 총점이 64점 이상이면 함께 일하기 싫은 사람이지만 상대적으로 긍정적으로 평가하는 경향이 있어 관계 지향적인 리더쉽 유형을 갖는다. 57점 이하이면 함께 일하기 싫어하는 사람을 부정적으로 평가하는 경향이 있어 과업 지향적 리더쉽 유형을 갖고 있다. 58점 이상 63점 이하인 경우는 스스로 어느 쪽인지 판단하는 것이 좋을 것이다.

[表 1-5-4] LPC척도(Least Preferred Co-worker Scale)

쾌활한 사람	8 7 6 5 4 3 2 1	쾌활하지 못한 사람	
친절하고 다정한 사람	8 7 6 5 4 3 2 1	불친절하고 다정하지 못한 사람	
거부적인 사람	1 2 3 4 5 6 7 8	수용적인 사람	
긴장하고 있는 사람	1 2 3 4 5 6 7 8	긴장을 풀고 여유있는 사람	
거리를 두는 사람	1 2 3 4 5 6 7 8	친근한 사람	
냉정한 사람	1 2 3 4 5 6 7 8	다정한 사람	
지원적인 사람	8 7 6 5 4 3 2 1	적대적인 사람	
따분해 하는 사람	1 2 3 4 5 6 7 8	흥미있어 하는 사람	
싸우기 좋아하는 사람	1 2 3 4 5 6 7 8	화목하고 잘 조화하는 사람	
우울한 사람	1 2 3 4 5 6 7 8	늘 즐거워하는 사람	
서슴치 않고 개방적인 사람	8 7 6 5 4 3 2 1	주저하고 폐쇄적인 사람	
험담을 잘 하는 사람	1 2 3 4 5 6 7 8	너그럽고 관대한 사람	
신뢰할 수 없는 사람	1 2 3 4 5 6 7 8	신뢰할 만한 사람	
사려 깊은 사람	8 7 6 5 4 3 2 1	사려깊지 못한 사람	
심술궂고 비열한 사람	1 2 3 4 5 6 7 8	점잖고 신사적인 사람	
마음에 맞는 사람	8 7 6 5 4 3 2 1	마음에 맞지 않는 사람	
성실하지 않은 사람	1 2 3 4 5 6 7 8	성실한 사람	
친절한 사람	8 7 6 5 4 3 2 1	불친절한 사람	
총 점			

자료 : F. E. Fiedler, Improving Leadership Effectiveness, New York ; John Wiley & Sons Inc., 1976, pp.6~24

② 상황의 특성

Fiedler는 리더쉽이 이루어지는 상황이 리더에게 얼마나 호의적인가에 따라서 효과적인 리더쉽 유형이 다르다는 주장을 하였다. 상황이 리더에게 호의적인가 비호의적인가를 결정하는 리더쉽의 상황적 특성을 보면 다음과 같다.

㉠ 리더와 구성원과의 관계 : 집단의 구성원들이 리더를 지원하고 있는 정도를 나타낸다.

㉡ 과업의 구조화 정도 : 구성원들이 맡은 과업이 명확히 정의되어 있는가의 정도를 의미하며, 이는 목표의 명확성, 목표에 이르는 수단의 다양성, 의사결정의 검증가능성 등에 의해 결정된다.

㉢ 리더의 지위 권력 : 리더의 지위가 집단 구성원들로 하여금 명령을 수용하게 만들 수 있는 정도로써 구성원들에게 보상이나 처벌을 줄 수 있는 재량권 등을 의미한다. 이상의 3가지 요인을 결합하면 아래와 같이 8가지의 상황으로 분류 될 수 있다.

[表 1-5-5] Fiedler의 상황이론

상황이 유리한 정도	유리 ←→ 불리							
① 리더와 구성원 관계	좋 음				나 쁨			
② 과업의 구조화 정도	구조화		비구조화		구조화		비구조화	
③ 리더 지위권력	강함	약함	강함	약함	강함	약함	강함	약함
상 황	I	II	III	IV	V	VI	VII	VIII
효과적 리더쉽유형	과업지향적 리더쉽			관계지향적 리더쉽				과업지향적 리더쉽

위의 표에서 보는 것처럼 상황이 리더에게 아주 유리하거나 극단적으로 불리한 경우에는 과업지향적인 리더쉽이 효과적이며 상황이 리더에게 어느 정도 유리하거나 썩 나쁘지 않은 경우에는 관계지향적인 리더쉽이 효과적으로 볼 수 있다.

(4) 변혁적 리더쉽이론(transformational leadership theory)

어떤 상황에서나 가장 효과적인 리더쉽을 찾아내려는 특성이론, 행동이론, 상황이론은 서로 다른 가정에 의하여 리더쉽를 거래(transaction)로 파악하고 있다는 공통점이 있다. 리더와 부하들 사이의 관계는 일상적인 과업수행과정에서 복종과 보상을 주고받는 거래관계이고 이 관계를 효과적으로 형성하고 유지하는 것이 리더쉽의 핵심이라는 생각을 공통적으로 가지고 있다. 그러나 최근 들어 리더는 지금처럼 변화가 심한 경영환경하에서 조직이나 집단의 끊임없는 변화노력이 필요하며 이를 성공적으로 이끌기 위하여 리더가 구성원의 의사과 행동을 완전히 탈바꿈할 수 있는 능력을 갖추어야 한다는 것이다. 이를 변혁적 리더쉽이론(transformational leadership theory)이라 하며 부하들이 자신의 이해보다 조직의 목표달성을 위해 행동하도록 커다란 변혁을 이끌어 낼 수 있는 능력을 강조하고 있다.

1) 거래적 리더십

리더는 거래적인 교환역할을 하고 있으며 부하들의 관심이 자신의 이해에 머물러 있어 마음속에서 우러나오는 열정과 헌신을 기대하기는 어렵다.

① 거래적 리더는 부하들이 작업의 결과로 얻고자 하는 것이 무엇인가를 인식하고, 부하들이 과업을 완수했을 때 부하들이 원하는 바를 제공해 주려고 한다.

② 거래적 리더는 부하들이 노력에 대하여 보상 혹은 보상에 대한 약속으로써 교환을 한다.

③ 거래적 리더는 부하들이 과업을 수행하고 그에 따른 즉각적인 자기이익을 추구할 때 그에 보답한다.

④ 거래적 리더십 과정

첫째, 부하들이 원하는 보상을 얻기 위해 무엇을 해야 하는지 인식하고 부하들의 역할을 명확히 한다.

둘째, 부하의 욕구를 인식하여 부하들이 노력을 기울일 때 그러한 욕구가 어떻게 충족될 것인지, 즉 어떠한 보상이 주어질 것인지를 명확히 인식시켜준다.

2) 변혁적 리더십

새로운 비젼을 제시하고 구성원들이 그 비젼을 위해서 혼신의 노력을 쏟도록 커다란 변화를 창조해 내는 영향력을 말하며 흔히 카리스마적 리더쉽(charismatic leadership)이라고 부르기도 하며 다음과 같은 특성을 갖는다.

① 카리스마

리더는 추종자에게 비전과 사명감, 그리고 자부심을 심어줌으로써 추종자로부터 존경과 신뢰를 받는다.

② 영감을 불어넣기

리더는 추종자들에게 높은 수준의 기대감을 심어주고, 추종자의 노력을 집중시키기 위해 상징기법을 사용하며, 중요한 목적을 단순한 방법으로 표현한다.

③ 지적인 자극

리더는 추종자들의 지성, 합리성, 그리고 신중한 문제해결을 촉진시킨다.

④ 개인적인 배려

리더는 추종자 개인에게 관심을 가지고 주목하며, 개별 추종자를 개인적으로 상대하며, 조언과 지도를 아끼지 않는다.

3) 변혁적 리더쉽의 과정

① 비전의 설정

변혁적 리더의 가장 중요한 특성 중 하나는 조직의 미래를 명확하고 완전하게 볼 수 있는 상상력이나 통찰력이라고 할 수 있다. 효과적인 변혁적 리더는 조직 내의 모든 구성원에게 그들 자신의 비젼 설정을 위한 가이드라인을 요구하기보다 각각의 구성원이 자기자신의 비젼을 갖도록 노력할 것이다.

② 가치관

변혁적 리더에 대한 연구를 통해 연구자들은 변혁적 리더가 가치추구적이라는 사실을 발견하였다. 조직혁신이 일어나고 있는 곳에서 리더가 핵심가치 집단의 중심이라는 것이다.

③ 연결과 고무

리더는 비전 설정을 통해 조직의 진행 방향을 구분하고, 조직이 달성해야 할 최종 목표를 알려준다. 특히 연결역할은 비젼을 타인에게 분명히 정의하고 알려주는 것을 말한다. 변혁적 리더는 부하들의 마음속에 비젼을 심어주고 부하들이 행동의 기초로 삼아야 할 신념과 가치를 명백하게 제시함으로써 부하를 고무시킨다.

④ 권한부여와 지속적인 의사소통

변혁적인 리더십의 정수는 부하에게 그들이 비전 달성에 공헌할 수 있다는 신념을 가지도록 고무시키는 리더의 능력이다. 이것은 부하들이 스스로의 가치를 인지하고 새로운 도전에 대한 능동적인 참여를 유도하는 권한의 부여와 관련 있다. 리더는 문

[表 1-5-6] 변혁적 리더쉽과 거래적 리더십

구 분	거래적 리더십	변혁적 리더십
현 상	현상을 유지하기 위해 노력함	현상을 변화시키고자 노력함
목표지향성	현상과 너무 괴리되지 않은 목표지향	보통 현상보다 매우 높은 이상적인 목표 지향
시 간	단기적 전망, 기본적으로 가시적인 보상으로 동기부여	장기적인 전망, 부하들에게 장기적 목표를 위해 노력하도록 동기부여
동기부여 전 략	부하들에게 즉각적이고도 가시적인 보상으로 동기부여	부하들에게 자아실현과 같은 높은 수준의 개인적 목표를 동경하도록 동기부여
행위표준	부하들은 규칙과 관례를 따르기를 좋아함	변환적이고도 새로운 시도에 도전하도록 부하를 격려함
문제해결	부하들을 위해 문제를 해결하거나 해답을 찾을 수 있는 곳을 알려줌	질문을 하여 부하들이 스스로 해결책을 찾도록 격려하고 함께 일함

제를 함께 해결하고, 권한을 위임하며 자존의 욕구를 달성하도록 도움으로써 부하를 개발한다. 부하와 함께 일하고, 부하의 기술개발, 효과적인 의사소통을 통한 부하의 능력과 가치증대를 위한 리더의 의지에 의해 권한부여는 더욱 촉진된다.

6. 슈퍼리더쉽(Super Leadership)

미래 경영자의 요건으로 우리는 슈퍼리더쉽을 거론하곤 한다. 자기 밑에 뛰어난 인재가 없다고 말하는 관리자는 무능한 관리자이다. 성공적인 관리자가 되기 위해서는 평범한 사람을 인재로 키울 수 있는 능력이 있어야 하며, 이것이 바로 슈퍼리더쉽의 요체이다.

시대가 바뀌고 있다. 과거의 산업사회에서 정보사회, 지식사회로 이전됨에 따라 기업이 당면하고 있는 환경이 변하고 있고, 이의 적응에 필요한 요건이 달라지고 있다. 공장이나 기계, 토지 등 눈에 보이는 자산을 중심으로 경제활동이 전개되었던 시대에서 이제는 정보력, 고객의 호감도 등 눈에 보이지 않는 자산이 더욱 중요시되는 시대가 되었다. 눈에 보이는 자산은 쉽게 모방할 수 있지만 눈에 보이지 않는, 조직구성원들 개개인에 체화되어 있는 자산은 모방할 수가 없다. 경쟁사의 강점이 무엇인가를 알고 있다 해도 그것을 단기간에 쉽게 쫓아 할 수가 없는 것이다.

우리는 지금까지 수없이 많은 변신노력을 시도해 왔다. 그러나 그 효과가 얼마나 나타났는가는 깊이 반성해 볼 필요가 있다. 무슨 문제를 해결하기 위해 어떠한 노력을 해 왔던가? 과연 그 방향을 제대로 설정했던가? 근본적인 원인은 간과한 채 피상적인 증상만을 해결하기 위해 허둥대지는 않았는가? 우리의 조직구성원들은 매일 바쁘게 움직이고 있다. 그럼에도 불구하고 기업의 성과는 나아지지 않는다. 왜 그럴까? 전략이 문제인가? 조직이 문제인가? 이제는 보다 근본적으로 우리의 위치를 재점검하고 나아가야 할 방향을 다시 설정해야 할 때가 된 것 같다.

(1) 기업의 기본사명

먼저 기업이 근본적으로 달성해야 할 기본사명에 대해 생각해 보자. 기업은 개인이 혼자 힘으로 해결할 수 없는 경제적 활동들을 여러 사람이 모여 효과적으로 수행하기 위해 만들어졌다. 물론 현대사회에서 기업이 차지하는 비중이 크기 때문에 여러 가지 사회적 책임을 져야하는 위치에 와 있지만 기업이 가장 중요하게 생각해야 하는 사명은 역시 경제적 풍요를 창출하는 것이다.

이러한 경제적 풍요는 어떻게 창출되는가? 먼저 기업은 사회의 여러 다른 구성원들로부터 제반 자원을 받아들인다. 이렇게 기업 내에 흡수된 자원들은 기업구성원들의 노력에 의해 가치가 부가되고, 이것이 다시 사회로 제품이나 서비스의 형태로 환원된다. 이 과정에서 기업은 이익을 얻고 사회는 경제적 풍요를 얻는다.

이때 기업이 환경으로부터 받아들이는 자원에는 크게 물적자원과 정보자원이 있을 수 있으며, 이러한 제반자원의 가치를 증대시키는 역할은 기계·설비와 인간이 담당하게 된다. 과거 산업사회에서는 물적 자원과 기계·설비 등 눈에 보이는 요소들이 가치증대에 중추적 역할을 담당했었고, 현대사회에서는 정보를 중심으로 한 인간의 가치증대 역할이 경쟁에서의 핵심이 되고 있는 것이다.

물적 자원이나 기계·설비는 자금만 있으면 똑같이 구비할 수 있다. 그러나 동일한 기계·설비, 동일한 원·부재료를 가지고 사업을 하는 기업이라 하더라도 그 기업이 창출하는 가치에는 커다란 차이가 있을 수 있다. 우리기업들이 기계가 낙후되어 또는 원재료가 나빠서 선진기업들과의 경쟁에서 어려움을 겪는 것만은 아닌 것이다. 바로 눈에 보이지 않는 자산을 창출할 수 있는 조직구성원들의 역량이 결정적인 차이를 가져오는 근본원인인 것이다.

[圖 1-5-5] 기업의 기본사명

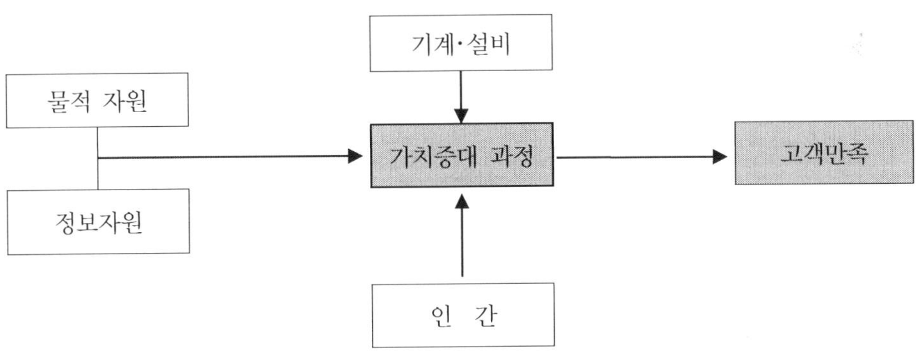

(2) 인재육성과 슈퍼리더쉽

그렇다면 어떻게 하면 경쟁우위를 가질 수 있는가에 대한 해답은 자명하다. 바로 가치창출에 결정적 차이를 가져올 수 있도록 조직구성원들의 역량을 키우는 것이다. 이를 위해 필요한 것이 슈퍼리더쉽(Super Leadership) 이다. 슈퍼리더는 자기 부하를 Self-Leader로 키우는 리더를 의미한다.

앞에서도 언급했지만 미래에는 눈에 보이지 않는 자산으로 경쟁을 하게 된다. 더하여 조직의 규모가 커지고 환경변화 속도가 빨라지면 한 사람이 중앙에서 지시·통제하는 스타일로는 성공적인 경영을 할 수 없다. 따라서 조직구성원 개개인이 충분한 역량을 가지고 제 역할을 충실히 수행해 주어야만 기업이 성장할 수 있다. 예를 들어 고객을 직접 접촉하는 일선 부서의 중요한 사명중의 하나는 고객만족도의 제고이다. 이를 위해서는 고객의 요구사항을 정확히 판단하여 즉시에 해결해 주는 능력과 권한이 요구된다. 과연 지금 우리의 구성원들은 이에 걸 맞는 역량을 구비하고 있는가? 역량이 구비되지 않은 상태에서는 아무리 많은 권한을 부여한다 해도 의미가 없다. 자율경영도 역량 구비라는 요건이 선행되어야 그 효과를 발휘한다.

과거 리더의 역할이 현 시대에 잘 맞지 않는 것도 바로 이 때문이다. 앞에서 '나를 따르라'는 식으로 구성원들을 끌고 가는 역할이 아닌 스스로 문제를 파악하고 해결할 수 있는 능력을 배양해 주는 역할이 더욱 중시되는 것이다.

슈퍼리더가 다른 유형의 리더와 근본적으로 다른 점은 자율경영이 가능해 지도록 능력을 개발하는데 초점을 두고 있다는 것이다. 부하직원들의 잠재능력을 최대한 발휘할 수 있도록 자극을 주고 스스로 모범을 보이며 궁극적으로는 관리가 필요 없는 그러한 수준으로까지 조직의 힘을 키우는 것이 바로 슈퍼리더의 역할이다.

(3) 먼저 Self-Leader가 되어라

타인을 Self-Leader로 만드는 슈퍼리더가 되기 위해서는 먼저 Self-Leader가 되어야 한다. 스스로 일을 찾아서 해결하지는 못하면서 부하직원에게만 강요를 해서는 신뢰감을 얻을 수 없다. 자신의 행위가 과연 부하직원들이 보고 배울만한 가치가 있는 행위인가, 고쳐야 하는 행위는 없는가에 대한 깊은 성찰을 통해 강점은 잘 발휘하고 약점은 최대한 보완하는 자기개발의 노력이 필요한 것이다.

이를 위해서는 먼저 자신이 고쳐야 하는 행위에 대해 되도록 객관적인 관점에서 정보를 모아야 한다. 그러나 스스로 자각하지 못하는 것이 보통이므로 부하직원들로 하여금 자신을 평가하게 하는, 즉 상향평가방식을 도입하는 것도 좋은 방법이 된다.

변화시키고자 하는 행위가 파악되면 여기에 대해 스스로 목표를 설정하는 것이 필요하다. 이때 목표는 될 수 있는 대로 구체적이어야 하며, 많은 노력을 기울여야 달성할 수 있을 정도로 어려운 수준이어야 한다.

그리고 이렇게 설정된 목표는 부하직원들에게 공표하는 것이 좋다. 부하직원들에 대해 자신이 노력하는 모습을 보임으로써 귀감이 될 수 있으며, 또한 스스로에게 약속을 더욱 강하게 하는 효과가 있기 때문이다. 목표에 대한 평가 또한 매우 중요하다. 특히 외부로부터의 평가가 없기 때문에 자기평가를 엄격하게 하지 않으면 변화의 노력을 계속 유지하기 어렵다.

부하직원들에게 생산성을 강조하고 채찍질하기 전에 먼저 자신에 대한 깊은 성찰과 자기계발의 노력이 선행되어야 하는 것이다.

(4) 행동으로 모범을 보여라

다음으로는 부하직원들에게 Self-Leadership을 행동으로 보여주는 것이 필요하다. 조직구성원들은 상급자의 행위에 많은 영향을 받기 마련이다. 특히 상황이 불확실한 경우에는 상급자의 행위 하나 하나가 그대로 바람직한 행위로 인식되어지는 경우도 있다.

역할모델이 되기 위해서는 첫째, 문제를 찾아서 해결하려는 적극적인 자세를 보여야 한다. 어느 부서나 업무를 보다 효율적으로 수행하기 위해서 해결해야 할 과제는 산적해 있다. 문제의 일부는 자체적인 노력으로 해결될 수 있을 것이고, 또 자체의 힘만으로 풀리지 않는 과제도 있다.

어떠한 문제이든 간에 부서의 장이 앞장서서 해결하려는 자세를 가져야 한다. 먼저 자체적으로 해결할 수 있는 과제들에 대해 집중하고 해결하자. 부서 내부에서 발생하는 문제들의 대부분은 부서장에게 책임이 있다. 부서의 업무분장이나 효율적인 수행방식에 대해 깊이 생각해 보지 않았다거나 부하직원들에게 불필요한 일을 지시함으로써 발생하는 문제들이 많은 것이다. 자기의 스타일에 문제가 있어 발생하는 문제에 대해서는 스스로를 변화시킴으로써 해결하려는 노력을 보여야 한다.

부서 차원을 넘어서는 문제는 상급자에게 적극적으로 건의하고 대안을 제시함으로써 해결의 실마리를 찾아야 한다. '나서기 싫다'는 식의 소극적이고 현실 안주적인 자세로는 부하직원의 신뢰감을 획득하지 못한다. 이렇게 앞장서서 문제를 해결하는 자세를 보임으로써 부하직원들에게 도전적이고 적극적인 태도를 키워 줄 수 있다.

둘째, 항상 공부하는 자세를 보여야 한다.

앞에서도 지적했듯이 앞으로의 사회에서는 눈에 보이는 자산보다는 보이지 않는 인간에 체화된 자산이 경쟁우위의 핵심이 된다. 이를 확보하기 위해서는 '학습이 가능한 조직'이 되어야 하며, 이때의 학습은 환경의 변화에 소극적으로 적응하기 위한 배움의 차원을 넘어서 창조를 가능하게 하는 학습이 되어야 한다(Argyris는 이러한 형태의 학습을 'double-loop learning(이중순환학습)'이라고 부르고 있다).

슈퍼리더로서의 관리자는 이러한 조직으로의 변화를 앞장서서 이끌고 가야 할 책임이 있다. 자신이 맡고 있는 업무를 충실히 수행하기 위해 공부하는 것도 중요하지만 미래의 성공적인 관리자가 되기 위해서는 부하직원들에게 미래를 창조할 수 있는 능력을 갖도록 해주는 것이 더욱 중요하다. 관리자 스스로 이러한 분위기를 조성하고 나아가 부하직원들을 가르쳐 줄 수 있는 실력을 배양하는 것이 무엇보다도 필요한 것이다.

관리자 자신을 포함해서 조직구성원들이 입사 후 조직에서 수 년 동안 근무하면서 과연 무엇을 배웠는가, 배우려는 노력을 얼마나 경주했는가를 반성해 보자. 물론 조직에서 배움의 기회를 얼마나 제공했으며, 체계적인 교육을 위해 얼마나 투자했는가 하는 점에도 비난의 여지는 있다. 그러나 각자가 맡고 있는 일을 Off-JT와 같은 교육방식으로 완벽하게 터득할 수 있는가를 생각해 본다면 결국 실력배양은 주로 OJT를 통해서 이루어질 수 밖에 없다는 사실을 인정해야 할 것이다.

OJT의 주체는 바로 관리자이다. 맡고 있는 부서의 업무에 정통한 관리자가 이를 부하직원들에게 전수함으로써 실력배양이 이루어지는 것이다. 이처럼 담당분야의 전문가가 되기 위해서, 나아가 담당업무를 보다 효율적으로 수행하기 위해서도 끊임없는 공부가 필요하다.

외부적인 자극 때문에 공부를 하는 관리자는 성공할 수 없다. 스스로의 성공을 위해, 성취감을 맛보기 위해 노력하는 관리자만이 미래의 지식사회에서 성공할 수 있을 것이고 이러한 관리자가 많이 모인 조직이 성공하는 조직이 되는 것이다.

(5) Vision 부여와 능력개발

훌륭한 조직구성원이 되기 위해서는 주어진 업무를 충실히 수행할 수 있는 능력과 적극적으로 일을 수행하려고 하는 의욕이 요구된다. 따라서 관리자는 이 두 가지 요소를 중심으로 부하직원들을 잘 관찰하고 부족한 부분을 채워 넣어 줄 수 있어야 한다.

의욕이나 능력 양자에 모두 문제가 있는 경우는 그렇게 많지 않다. 만약 의욕은 높은데 직무수행능력에 문제가 있다면 이는 OJT를 통해 부하직원의 능력을 배양시켜야 한다. 여기에서의 Vision은 공식적인 조직의 Vision을 말하는 것은 아니다. 개개인의 성취욕구를 극대화시킬 수 있는, 그리고 이 Vision의 달성을 통해 성장감을 얻을 수 있는 그런 구체적이고 생동감 있는 Vision을 의미하는 것이다.

(6) Self-Leader와 자율경영

Self-Leader들로 구성된 조직의 모습은 우리가 보통 경험하는 조직과는 다르다. Teflon계통의 제품을 수로 생산하는 Gore사의 예를 보자. 이 회사의 경영스타일은 자율경영을 넘어서 'Unmanagement'라고 불리 울 정도인데, 몇 가지 특징을 가지고 있다.

먼저 이 회사에 존재하는 공식적인 직책은 사장과 재무담당임원밖에 없다. 그렇다고 이 회사의 규모가 작은 것은 결코 아니다. 종업원이 5,000명 이상이며, 매출액이 8,000억원에 이르는 중견기업인 것이다. 이 회사에서는 종업원(emplyee)라는 단어를 사용하지 않는다. 그 대신 '동료(associate)'라는 용어를 쓰고 있다.

Gore사에서의 업무는 주로 팀에 의해 이루어진다. 그렇다고 공식적인 팀장이 존재하는 것은 아니다. 업무를 수행하기에 가장 적절한 능력을 보유하고 있는 '동료'가 자연스럽게 리더가 되는 것이다.

또 한 가지 특징으로 도제제도와 비슷한 '스폰서'제도를 들 수 있다. Gore사에서는 신입 '동료'를 채용하기 위해서는 기존의 '동료'가 반드시 '스폰서'가 되어야 한다. 이 스폰서는 신입 '동료'의 스승으로서 신입 '동료'가 직무를 제대로 수행하고 성과를 낼 수 있도록 지도하는 역할뿐만 아니라 업적을 평가하는 역할까지도 담당한다.

Gore사의 특징을 우리가 당장 모방할 수는 없다. 구성원들이 눈에 보이지 않는 자산이기 때문이다. 또 이 회사에서 사용하는 제반 경영방식이 완벽한 것이라고 말할 수도 없다. 그러나 이 사례에서 얻을 수 있는 교훈은 많다. 우리가 자율경영을 외치고 수평적 조직을 구현하기 위해 많은 노력을 하고 있지만 구성원들의 능력배양이 선행되지 않으면 이를 얻기가 어렵다는 점도 그 하나이다.

많은 Self-Leader들이 모여 자율적으로 기업이 경영되는 모습, 이것이 미래 초우량기업의 모습이며, 이러한 조직을 만드는 것이 관리자들의 역할이다. 자기 밑에 뛰어난 인재가 없다고 말하는 관리자는 무능한 관리자이다. 미래에 성공적인 관리자가 되기 위해서는 평범한 사람을 인재로 키울 수 있는 능력이 있어야 하며, 바로 이것이 수퍼리더십의 요체인 것이다.[13]

(7) 슈퍼리더십의 유형

미래에는 보이지 않는 자산으로 경쟁을 하게 된다. 더하여 조직의 규모가 커지고 환경변화 속도가 빨라지면 한 사람이 중앙에서 지시·통제하는 스타일로는 성공적인 경영을 할 수 없다. 따라서 조직구성원 개개인이 충분한 역량을 가지고 제 역할을 충실히 수행해 주어야만 기업이 성장할 수 있다.

1) 강자형 리더

강자형 리더는 1940년대 미국을 중심으로 등장한 리더십이론으로서 특성이론 또는 위인이론에 바탕을 두고 있다. 이 이론을 신봉하는 사람들은 리더는 모든 것을 알고 있다는 관점에서 접근하고 있다. 이 이론은 쉽게 말하면 신장, 체력과 같은 신체적 조건, 지식, 언변, 출신성분과 같은 사회적 신분에 있어서 강점을 지닌 자가 리더가 될 수 있다는 이론이다.

2) 거래적 리더

리더의 역할은 달성해야 할 목표를 설정하고 그 설정된 목표를 달성할 수 있도록 적절한 유인을 제공하고 종업원은 기여를 제공함으로써 경영자와 종업원간에 유인과 기여의 교환관계가 존재한다. 이러한 관계를 '거래적 리더십'이라고 말한다.

3) 비전제시형 리더

부하들로 하여금 자신의 능력을 뛰어넘는 능력을 발휘할 수 있도록 하고 미래에 대한 비전을 제시하고 그 비전에 몰입시킴으로써 조직의 목적을 달성시키는 리더를 말한다.

---

13 資料 : C.Manz & H.Sims.Jr. Super Leadership ; Beyond the Myth of Heroic Leadership, Organiza- tional Dynamics, 1991.

4) 슈퍼리더

오늘날 가장 각광받고 있는 현대적 리더쉽이 바로 슈퍼 리더십이다. 이것은 부하들이 스스로 리드할 수 있도록 돕는 리더십을 가리킨다. 슈퍼 리더 밑에는 스스로 잘 훈련된 셀프 리더들이 양성되는데, 이 부하들이 self-leadership를 통해 훌륭한 리더로 육성된다.

[表 1-5-7] 4가지 유형의 리더십

리 더 / 특 성	강자형 리더 (strong man)	거래적 리더 (transactor)	비전제시형 리더 (visionary hero)	슈퍼리더 (super leader)
초 점	명령	보상	Vision	Self-Leadership
권력의 종류	직위 / 권한 / 강제	보상	관계적 / 영감적	공유가치
추종자들의 반응	강압에 의한 복종	계산상의 복종	리더의 Vision에 기초한 감정적 동화	주인의식에 기초한 동화
지혜와 방향 설정의 원천	리더	리더	리더	대부분 부하 그리고 리더
전형적인 리더의 행동	지시 / 명령 / 성과와 관련없는 질책	목표달성 / 성과에 따른 보상 / 성과에 따른 질책	비전제시 / 현상 / 변화 / 설득	자기 스스로의 목표설정과 자기 스스로의 보상 등의 행동을 부하에게 보임

제3절 사기조사(Morale Survey)

최근 들어 경영환경의 급변, 고객만족 경영, 신세대 계층의 급증 등으로 인해 조직 내 구성원들의 욕구나 인식 등을 보다 정확히 파악하는 것이 무엇보다 중요한 과제로 대두되고 있다.

사기조사(Morale Survey)는 조직의 인사 및 노사부문의 제도와 관행에 대한 종업원의 만족도를 측정하고 종업원의 사기 및 근로의욕의 저해요인, 불평불만의 원인, 조직의 불건전성의 원인 등을 가장 신속하게 조직 전체를 대상으로 파악하는 가장 일반적이고 과학적인 방법으로 여기서 얻어진 자료를 바탕으로 조직구성원의 사기 및 만족 수준 향상을 위한 조치나 불만 원인제거를 위한 대책 수립, 장기적 인사발전방향 등을 모색할 수 있다.

각 기업들이 새로운 조직관리기법으로서 사기조사의 중요성을 인식하고 보다 정확한 조사와 분석, 효과의 극대화를 위한 체계적 노력 등이 이루어질 때 조직의 건전성 향상과 종업원의 사기양양, 나아가 생산성 향상을 위한 중장기적 대책수립 보다 용이해 질 것이다.

1. 사기조사의 의의 및 내용

(1) 사기조사의 의의

최근 들어 강조되고 있는 신세대 계층의 의식을 어떻게 하면 보다 정확히 파악하여 인사제도 개선 및 경영관리에 반영해 나갈 수 있을 것인가?

고객만족 경영을 위한 종업원의 만족도 증진을 위한 방향은 어떻게 설정할 것인가? 또 이를 위한 종업원 만족 수준은 어떻게 보다 과학적이고 신속하게 평가할 수 있는가?

임직원의 욕구나 불만은 어떻게 확인할 것인가? 또 발견된 문제들은 어디서 어떻게 풀어가야 할 것인가?

생산성 향상에 기여하는 조직관리를 위해 필요한 조직력지수는 어떻게 만들 수 있는가? 또 어떻게 활용할 것인가?

이러한 문제들은 현재 우리나라 기업들이 안고 있는 공통된 문제점들이 할 수 있다. 어떻게 이러한 문제들을 해결해 나갈 것인가?

종업원의 높은 사기(Morale)는 효과적이고 생산적인 경영을 위해 대단히 중요한 요인이 된다. 그러나 종업원들이 경영과 동료, 회사에 대해 바람직한 태도를 갖고 있는지를 어떻게 알 수 있는가? 종업원들을 최선을 다하지 않게 하는 제도(관행)나 문제 등에 대한 종업원들의 분명하고 특별한 반응을 확인할 필요가 있다.

사기조사를 통해 종업원의 만족도를 조사하고, 사기가 낮은 부문에 대한 조치를 위해 이러한 자료를 어떻게 활용해야 하는지를 알 수 있게 된다. 또 이것은 회사가 내린 처방이 효과적이었는지 어떤지를 확인할 수 있게 해준다. 여기서는 어떻게 하면 보다 정확히 종업원의 회사와 일에 대한 조사결과를 제대로 활용할 수 있을 것인가에 대해 당 연구소에서 그 동안 시행한 경험을 바탕으로 알아보고자 한다.

(2) 사기조사의 내용

일반적으로는 정확한 사실확인이 어려운 개인면담의 한계를 극복하기 위해 쓰이는 방법으로는 퇴직자면담(Exit Interview), 직무상담(Counseling-Interview), 고충처리제도(Grievance-Systems), 의사소통제도(Comment / Question Systems : 건의함, 제안제도 등 Speak Up제도), 비공식적 간담회(Informal Discussions : 집단 및 개인면담 등 Two-Way Communication), 일선관리자나 경영층에 대한 종업원의 평가나 의견수렴제도 (Employees evaluate the Boss)등이 있으나 이러한 방법들은 소수 종업원의 태도나 태도의 특정부문만을 확인할 수밖에 없는 한계를 지닌다.

치밀하게 준비되고 포괄적인 내용에 대해 조사하는 사기조사는 대부분의 종업원들이 거의 동시에 일과 환경의 가장 중요한 부분에 대해 어떻게 느끼는지를 쉽게 알 수 있게 해준다.

사기조사(Morale Survey)란 종업원의 사기를 양양시켜 근무의욕을 높이고 조직을 건전하게 유지할 수 있도록 하기 위해 조직의 인사 및 노사부문의 제도와 관행에 관한 종업원의 만족도를 측정하고, 종업원의 사기 및 근무의욕 저해 요인, 불평불만의 원인, 조직의 불건전성의 원인 등을 규명하기 위한 가장 일반적인 방법으로 여기서 얻어진 자료를 바탕으로 조직구성원의 사기 및 만족수준 향상을 위한 조치나 원인제거를 위한 근본적인 대책을 수립할 수 있다.

이러한 사기조사는 조직의 제도나 관행과는 직접적인 관계를 갖지 않은 개인의 의식구조를 파악하는 「바람직성」 조사인 「가치관 조사」와 연계되어 진행될 때 보다 정확한 조직진단 및 특성도출이 가능하다.

왜냐하면 가치관조사 결과는 조직구성원의 조직뿐 아니라 개인, 사회, 국가 등에 관련한 제반 인식상태를 구체적으로 확인하게 해주며, 계층별 의식특성의 변화를 손쉽게 판별케 함으로써 조직구성원의 세대간 격차에 의해 유발될 수 있는 각종 문제점의 해결방안을 한 발 앞서 강구하게 해주고, 의식의 흐름을 읽어 조직이나 인사의 발전방향을 모색할 수 있게 해주기 때문이다.

2. 사기조사의 목적과 필요성

(1) 사기조사의 목적

회사가 비록 종업원의 정확한 태도에 대해 모른다고 해서 반드시 세부적인 조사를 위한 시간과 비용을 투자해야 한다는 것은 아니다. 만약 근로자들이 이미 고도로 생산적이고 협력적이며, 응집적이거나, 이직률이 매우 낮거나, 고충이나 노사문제가 매우 적다면 굳이 조사를 할 필요는 없을 것이다.

그러나 많은 선진우량기업에 있어서도 필요치 않다고 생각되는 경우에도 주기적으로 태도조사를 실시하고 있다. 이러한 회사들이 정기적 태도조사를 실시하는 이유는 이러한 태도조사를 통해 중대한 문제로 발전하기 전에 개선될 수 있는 종업원 불만족의 조그만 문제까지도 발견할 수 있기 때문이라고 한다. 즉 다시 말하면 사기조사의 「조기경보시스템」으로서의 기능을 중요시하고 있다는 것이다.

최근 들어 환경이 급변하고 조직관리법 또한 변하지 않으면 안될 시점에 도달했다고 할 수 있다. 모랄서베이, 왜 해야만 하는가?

1) 환경의 변화로 조직관리방법도 바뀌지 않으면 안 된다.

급격한 경영환경의 변화와 가치의식의 변화, 다양화로 말미암아 기존의 관리방식은 더 많은 비용과 시간을 필요로 하고 있으며, 다양한 계층의 욕구를 충분히 제때에 수용하기도 어려운 것이 현실이다. 조직의 거대화, 복잡화, 개성의 다양화, 환경의 급변 등은 신속한 조직적 대응을 요청하고 있으며, 종업원의 창의와 참여가 조직관리의 중요한 요인으로 인식되고 있다.

이러한 인사조직환경의 변화에 적응하기 위해서는 보다 집단적이고 종합적인 차원에서 문제를 확인하고, 체계적인 접근과 대안을 모색해 조직의 효율성과 전 종업원의 직장생활의 만족수준을 향상시켜 나가지 않으면 안 된다.

2) 조기경보시스템을 이용한 보다 실질적인 예방관리를 실천해야 한다.

지금까지의 문제중심, 현상중심의 노사관리 접근방식은 「나무만 보고 숲을 보지 못하는 우」를 범하기 쉽고, 조직이나 제도의 발전방향과 무관한 대증요법적, 단기 안정지향적 문제의 해결이나 처방은 장기적으로는 인사제도의 골격을 무너뜨리고, 계속적인 노력과 경비의 투자가 요구되는 임기응변식 대응을 되풀이할 수밖에 없는 한계를 지니고 있다.

이러한 현상을 극복하기 위해서는 정기적으로 조직의 근본적인 문제점을 추출하고, 이를 바탕으로 장기적인 정책방향을 수립해 보다 체계적이고 과학적으로 접근해 가야한다.

이를 위한 가장 적절한 방법은 일본과 서구의 선진기업에서 적극 활용되고 있는 「사기 및 가치관 조사」라 할 수 있다. 선진기업들은 사기 및 가치관 조사를 통해 조직인과 집단의 문제를 조기에 발견하여 신속히 해결하고, 전체 조직구성원의 의식의 흐름을 바탕으로 조직관리의 기본 전략을 적절히 수정해 감으로써 계속적인 조직의 안정과 발전을 향유하고 있다.

「조기경보시스템」으로서의 가치 및 사기조사를 통해 조직이 안고 있는 근본적인 문제의 소재와 원인 파악, 해결방안 모색, 제도개선의 효과 측정 등이 순차적으로 이루어질 때 보다 근본적인 문제의 해결을 기대할 수 있을 것이다.

3) 실상파악을 기초로 한 과학적 인사관리의 실천이 요구된다.

경영환경의 급변으로 인해 이제는 조직관리, 인사관리 등 제반분야에서 보다 과학적으로 접근하고 그 결과를 검증하는 것이 필요해졌다. 사전에 충분한 조사를 보다 단기기간에 효율적으로 시행하고, 조사결과를 바탕으로 문제의 완급을 판단하고, 조치결과의 효과, 반응을 체크함으로써 전체 집단의 대다수에게 가장 호소력이 있는 제도와 정책을 실시하여 조직 구성원의 직무만족과 조직전체의 사기를 진작토록 해 나가야 할 것이다.

체계적이고 과학적인 조사와 분석을 통해 조직구성원의 가치와 의식의 변화내용, 조직의 사기수준, 제도와 직무에 대한 만족도, 조직문화 등을 측정할 수 있음으로써 「변화방향에 대한 예측」과 「성과의 측정」이 가능하다고 할 수 있다.

4) 인사관리의 발전방향을 보다 손쉽게 모색할 수 있다.

각 기업의 특징과 경영여건 등을 고려한 제도의 차별화, 조직구성원의 특성을 감안한 인사발전방향을 모색해 나가기 위해서는 조직구성원 전체의 특징과 니즈를 정확히 파악하는 것이 선결요건이라고 할 수 있다. 「가치관 및 사기조사」는 바로 이러한 인사부문의 장기발전 방향을 제시해 주는 지표로서 매우 유용한 수단이다.

5) 공통된 가치관 형성(재정립)을 위한 선결요건이다.

최근 환경이 급변함에 따라 조직 구성원의 가치관은 매우 다양해지고 있고, 세대간에 가치관의 차(Gap)도 심화되고 있어 '조직구성원에게 최대공약수로서의 공통 가치관을 어떻게 형성할 것인가'가 시급한 과제로 등장하고 있다. 조직의 '영속적 확대성장'을 위해서는 조직의 구성원간에 공통된 가치관이 형성되어 있어야 한다. 각 조직구성원이 현재 어떠한 가치관을 갖고 있는지, 또 조직의 이념이나 가치에 대해 어떤 반응을 보이고 있는 지를 확인하는 것은 공통의 가치관 형성의 방향과 대안의 모색을 위한 첫걸음이라 할 수 있다.

6) 종업원 만족경영(ESM)을 위한 출발이다.

최근 국내에서는 고객만족(CS : Custom Satisfaction)의 경영이 널리 확산되고 또 강조되고 있으나 해외의 선진기업에서는 한 단계 더 나아가 개인 존중과 가치창조의 경영을 위해 종업원만족(ES)향상을 새삼 강조되고 있다.

고객의 니즈를 파악하고 이를 충족시킬 수 있는 신제품의 개발이나 품질수준의 향상, 서비스의 제공 등을 실행하는 주체는 어디까지나 제품을 생산하고 영업의 일선에서 뛰는 회사의 종업원이다. 따라서 이들 종업원들이 왕성한 '하고자 하는 의욕'을 가지고 있을 때(동기부여) 창의력이 발휘된 신제품의 개발이나 품질향상, 마음이 담긴 서비스 등을 기대할 수 있을 것이다.

이러한 종업원의 '하고자 하는 의욕'을 증진시키기 위해 종업원의 니즈를 제대로 파악하고 충족시켜 나가고자 하는 종업원만족(ES)의 경영이 최근 들어 관심을 끌고 있는 것이라고 볼 수 있다. 특히 저 성장 시대에 강조되고 있는 '새로운 가치창조의 경영'을 위해서는 이러한 종업원 만족 경영을 통해 종업원 개개인의 개성과 창의력이 살아 움직일 수 있게 해야 할 것이다. 사기 및 가치관조사는 이러한 종업원 만족(ES : Employee Satisfaction)경영을 위한 유효한 구체적 수단의 하나라 할 수 있다.

7) 종업원의 참여욕구를 충족시키기 위한 한 방안이다.

정기적으로 실시되는 사기조사를 통해 조직구성원(종업원)은 스스로 현실에 대한 자기반성을 할 수 있고, 나아가 자신의 희망과 욕구가 공식적인 절차를 통해 취합되어 상부로 전달되고, 정책에 반영됨으로써 함께 문제를 공감하고, 문제의 해결방향을 모색하는 공감과 참여의 경영이 구체화될 수 있다.

(2) 사기조사의 필요성

1) 조직구성원의 가치의식의 건전성 측정

우리 조직과 조직구성원의 건강도가 어느 정도인지, 종업원이 회사에 느끼는 감정이나 이해정도는 어느 정도인지 객관적 데이터로 확인할 수 있다.

2) 조직 구성원의 조직생활에 대한 만족도 측정 및 불만요소 추출

조직구성원이 회사의 제도, 정책, 상사, 동료, 일 등에 대해 어느 정도 만족하고 있는지 사기수준을 판단할 수 있다. 조직구성원들이 가장 크게 느끼는 조직생활의 불만은 무엇인지, 또 불만의 정도는 어느 정도인지, 어떻게 변화되고 있는지를 확인할 수 있다.

3) 불만의 원인 판단

조직구성원의 설문반응을 과학적으로 분석하고, 체계화하여 현행 불만족의 원인은 어디에서 유래하는가, 조직구성원의 사기진작을 위해서는 가장 먼저 무엇을 어떻게 조치해야 하는지 그 원인과 처방의 우선순위를 설정할 수 있다. 「사기조사」는 조직 내 문제발생에 대한 「조기경보시스템」으로서 활용 가능하다.

4) 조직구성원 간의 인식의 차 또는 공통의 가치의식 파악

최근 강조되고 있는 신세대계층의 기본인식을 파악하여 다양한 계층의 다양한 사고와 개성들을 최대한 살릴 수 있는 조직관리전략의 수립을 위한 기초자료의 수집이 가능하다.

5) 향후 인사관리의 기본방향 설정

향후 조직의 현안문제와 조직제도의 정합성 검증을 통해, 또 각 계층의 의식의 흐름, 조직구성원의 욕구의 변화 등 경향성을 파악해 조직 및 제도의 나아갈 방향을 설정할 수 있다.

6) 가정 및 가설의 검증 및 확인

인사 및 조직관리에 관련된 제반 이론이나 실험결과를 실제 현장에 적용하고 현장검증 및 확인을 통해 보다 과학적인 인간이해 및 조직관리를 실천할 수 있게 될 것이다. 이처럼 과학적으로 설계된 설문으로 정기적인 조사와 분석이 이루어지면

① 조직과 조직간의 특성이나 현상에 대한 비교, 분석이 가능하고,

② 동일조직에 있어서의 시계열적 변화 파악이 가능하며,

③ 종업원이 특별히 관심을 지닌 문제를 보다 정확히 파악하고,
④ 종업원의 관심사항이 조직에 대해 어떤 의미를 지니는가를 이해할 수 있어 인사 및 노사관리상의 장·단기 전략 및 정책 수립의 근거로 활용할 수 있을 뿐 아니라
⑤ 경영자는 정책 결정의 주요 요인을 보다 분명히 인식할 수 있으며,
⑥ 관리자의 조직관리 역량에 대한 비교, 분석, 평가가 가능함으로써 교육 및 변화의 주안점을 찾아 적기 조치가 가능해질 수 있다.

3. 기존 서베이 실시의 문제점

우리나라의 각 기업들의 경우 지난 '87년 이후 노사문제가 심각한 사회문제로 대두되면서 직·간접적으로 조직진단 및 근로자의 의식특성에 대한 파악을 위해 이러한 사기조사 또는 근로자 의식조사가 각 연구기관이나 기업의 필요에 의해 수 차례 이루어져 왔다.

한 가지 특징적인 것은 미국계 기업의 경우를 제외하고는 대부분의 조사 및 연구가 각 연구기관이 주체가 되어 일반적 특성의 도출을 시도하는 형태로 이루어지거나 노동조합의 필요에 의해 외부기관에 의뢰해 이루어지는 경우가 대부분이었고 인사부문이 주체가 되어 인사 및 조직관리의 중요한 수단으로 활용된 경우는 드물었다고 할 수 있다.

최근 각 기업들은 생산성 향상과 원만한 노사관계 정립을 위해 임직원의 가치관 및 사기조사에 대한 중요성을 인식하고 있으나 전문적 조사용역기관의 부재, 내부 니즈의 미성숙, 결과의 활용도 미흡 등으로 아직은 보편화되지 못한 단계라 할 수 있다.

국내기업에 있어서 「사기조사가 보편화되지 못한 이유」를 살펴보면 다음과 같다.

① 의식 및 사기조사에 대한 노동조합의 반발 우려
② 경영층의 사기조사의 필요성 및 중요도에 대한 인식 결여
③ 인적자원관리기법의 확산 미흡
④ 집단적 조사보다는 개별적 관계에서의 이해판단 중시경향 존재
⑤ '87년 이전까지는 노조의 입지취약, 정치사회적 여건의 미성숙 등으로 의도적인 실시 회피
⑥ 조사로 인한 종업원의 기대감 형성 회피
⑦ 조사결과에 대한 피이드백의 어려움
⑧ 고도성장기에는 조직 내 문제발생가능성이 상대적으로 적었음.

각 기업에서 사기조사가 정기적으로 시행되지 못하고 또 그 활용도가 떨어지는 이유를 살펴보면 아래와 같다.

(1) 서베이 실시의 기본목적 및 활용방법에 대한 이해 부족

「사기조사」가 하나의 인사 및 조직관리의 효과적인 「TOOL」로서 인식되지 못하고, 경영층으로부터도 그 중요성을 인정받지 못해 왔다.

'87년 이후 시행된 각종 「사기조사」도 내부의 경영층 및 인사부서가 주체적으로 그 필요성과 조사목적, 조사방법 등에 대한 기본 인식을 갖지 못한 상태에서 단지 외부기관의 눈에 비친 다소 객관적인 조직에 대한 평가 정도의 의미이상은 아니었다고 할 수 있다.

외부기관에 의뢰해 「조직진단」을 실시한 경우에도 각 기업의 정책이나 제도와의 연결이 용이하지 않아 실효성에 많은 의문을 갖고 있으며, 자체적으로 시행할 경우도 전문성과 객관성, 신뢰도 결여 등의 문제가 우려되어 실시효과에 자신감을 갖지 못하고 있는 실정이다.

자체적으로 실시한 경우에는 조사의 취지나 활용방향 등에 대한 내부의 공감대 부족으로 단지 현상문제의 확인정도에 그치고, 지속적인 실시가 이루어지지 못하고 있다.

(2) 서베이 결과의 활용에 대한 강한 부담감 존재

서베이 실시의 필요성은 다소 인식하고 있지만 설문조사결과 나타난 문제점에 대한 피이드백, 조처 등에 대한 강한 부담감을 갖고 있고, 설문에 참여하는 종업원들도 조사결과의 부정적 활용에 대한 부담감으로 정확한 응답을 회피하는 경향이 다수 존재하였다.

(3) 서베이 결과의 활용 미흡

설문조사가 효과적으로 수행되고 그 결과를 충분히 활용하기 위해서는 사전 충분한 조사와 연구를 통해 「조사내용」과 「조사결과의 활용방안」을 동시에 설정하고, 그 결과의 실제 이용자가 설문의 내용과 설문조사 과정, 설문분석결과 등에 대한 기본적 이해와 함께 설문의 숨은 의미까지도 파악 가능해야 할 것이다.

과거의 설문조사 내용을 살펴보면 설문조사자와 설문결과 활용자가 이원화되거나, 설문조사에 대한 필요성과 시급성은 인식하되 설문조사 결과의 유효 적절한 활용에 대해서는 충분한 준비와 지식을 갖지 못함으로써 많은 경비와 노력을 들여 풍부한 자료원을 얻고도 실제 활용은 충분하게 이루어지지 못하고 있는 실정이라 할 수 있다.

(4) 서베이 활동의 전문성 부족

외부기관에 의뢰한 경우에는 설문의 구성, 준비, 실시, 결과 분석, 보고 등이 전부 외부기관에 의해 이루어짐으로써 설문조사의 노하우를 기업내부에 축적하기 어렵고, 자체적으로 실시하는 경우에는 전문인력 및 전문기법의 결여로 경비의 절감효과 외에는 큰 효과를 얻기 어려운 실정이다.

(5) 지속적·정기적 조사활동의 부진

설문조사에 대한 기본인식의 부족, 설문조사의 효용 인식 부족, 등으로 말미암아 개선효과나 경향성 판단을 위한 정기적 실시가 이루어지지 못하고 있다. 설문조사는 1회 성으로는 정확한 현실 판단이 어렵고, 또 조직이나 제도, 조직구성원의 의식의 흐름 등을 정확히 파악하기 어렵다는 점에서 정기적 조사의 중요성을 간과해서는 안될 것이다.

(6) 외부기관 의뢰시 내부의 충분한 여건, 특성 반영 부족

외부의 전문기관에 의뢰할 경우 타 기업과의 비교, 객관성 등 기대효과도 있으나 외부기관의 패키지화 된 설문방식의 적용으로 업종이나 조직구성원의 특징 등이 충분히 반영되기 어렵고, 조사결과의 분석에 있어서도 외부자의 시각에 치우쳐 심층적 분석에는 한계를 지니고 있고, 정보의 외부유출우려가 존재한다.

따라서 많은 경비를 들여 조사한 내용이 단지 1회 성 현상 진단(특히 외부를 통한 자기확인), 또는 학구적 측면에서의 분석에 머물게 되어 조사결과를 활용한 장기적 조직 및 인사전력의 수립으로 이어지지 못하는 결과를 초래하였다.

(7) 현실여건을 감안한 종합분석 부족

설문조상의 결과를 분석함에 있어 근로조건이나 작업환경 등(허즈버그의 2요소 이론의 위생요인)은 객관적인 통계 데이터(업계평균임금, 노동시간, 복지후생 등)에 대한 상대적 비교분석이 수반되어야 보다 정확한 분석 및 대안제시가 가능해진다. 또한 일반적으로 이러한 요소에 대한 사기 만족도는 낮게 나타나기 마련이므로 동종타사와의 비교가 보다 설득력을 갖게 된다고 할 수 있다.

따라서 설문조사결과 분석시 경영여건이나 인사조직실태를 나타내는 주요 데이터를 바탕으로 횡단적 분석이나 검증이 이루어지지 않은 채, 설문결과 자체만을 중심으로 분석을 실시할 때 분석결과의 현실성이나 대안의 적용가능성 등은 그 자체로 한계를 지닐 수밖에 없다.

(8) 조사 결과치의 피드백(Feed back) 및 실행상의 Know how 부족

설문조사를 실시할 경우 임직원은 그 결과에 대한 정보의 피드백과 문제점에 대한 개선을 기대하고 있으나, 대부분의 경우 경영층에 대한 보고로서 그치고 있다. 그로 인해 설문조사에 대한 임직원의 자발적 참여의식이 희박해지고 설문조사에 대한 부정적 시각만 확산되며, 설문에 대한 신뢰도도 낮아질 우려가 있다.

4. 조사방법

(1) 조사형태

사기조사는 보통 개인인터뷰나 설문지 중 어느 하나의 형태로 이루어진다.

1) 개인 인터뷰(Personal Interview Method)

개인 인터뷰는 보통 전문적으로 훈련된 인터뷰어에 의해 개인적으로 이루어진다. 질문은 일반적으로 종업원이 회사의 정책이나, 동료, 관리자 등에 대해 상세하게 기술하도록 개방형 질문으로 주어진다.(예 여기서 근무하는데 대해 어떻게 생각하십니까?)인터뷰에 참가하는 사람들은 자신의 상황을 설명할 기회를 갖고, 제한된 분야에 대한 응답을 하기 때문에 짧은 대답을 요하는 설문지보다는 보다 심도 있게 조사가 이루어질 수 있다.

그러나 개인 인터뷰는 매우 중요한 한계를 가지고 있다. 첫째, 그것은 많은 시간을 필요로 하기 때문에 작은 규모의 조직에 적합하다. 대기업의 경우 인터뷰 대상을 선정하기가 매우 어렵다. 둘째, 종업원을 선정하고, 정확히 그들의 의향을 파악하기 위한 전문 인터뷰어가 필요하다. 셋째, 종업원이 충분히 인터뷰어에 대해 신뢰하고 있을 때 분명한 의견파악이 가능해진다. 이러한 것은 인터뷰어가 회사와 무관한 외부인일 경우에나 가능한 것이다. 이러한 인터뷰어를 구하는 것은 아마도 사기조사실시 비용이상이 소요될 수 있다.

2) 설문지법

설문지법이 사용되는 경우 종업원은 일정한 형식으로 설계된 설문지에 응답을 하게 된다. 설문은 보통 '예', '아니오'나 '동의한다', '동의하지 않는다'라는 응답을 요구하는 형태를 띤다. 개방형 질문이 사용될 수도 있지만 대상이 많을 경우 취합하는데 많은 시간이 소요되는 단점을 지닌다. 설문은 이 두 가지 형태를 동시에 지닐 수도 있다. 인쇄된 설문지에 의한 조사는 조사시간을 최소화하기 때문에 대규모 집단에 적용하는 게 바람직하다. 이 방법은 전체 종업원의 의견을 손쉽게 파악할 수 있다는 점에서 널리 사용된다.

종업원의 익명성이 유지될 때 종업원은 보다 손쉽게 설문서를 작성하게 될 것이다. 대부분의 종업원들은 자신의 이름이나 자신이 드러나지 않게 된다는 확신을 가질 때 자신의 생각을 자유스럽게 기술하게 될 것이다. 그러나 설문지법도 다음과 같은 두 가지 한계를 지니고 있음에 유의해야 한다.

첫째, 개방형 질문이 사용된다면 어떤 조건을 전제로 하여서는 안 된다. 종업원들은 자신의 정확한 대답을 숨기고 '예' 또는 '무응답'을 택하게 되기 때문이다. 따라서 결과의 심도 있는 해석이 불가능해진다. 둘째, 설문은 종업원들에 의해 잘못 표기되지 않도록 주의 깊게 작성되어야 한다. 따라서 신뢰도평가나 사전테스팅이 필요하게 된다. 가장 바람직한 방법은 설문지법을 중심으로 조사를 실시하고 사전, 사후에 필요사항에 대한 현장인터뷰를 병행하는 방법이다.

(2) 실시방법

많은 컨설팅회사나 개인 컨설턴트들은 종업원사기조사를 전문화하고 있다. 비용이 중요하지 않다면 외부 전문가들에게 전적으로 위임할 수 도 있다. 그러나 비용은 중요한 고려요소가 되는 것이 현실이다. 회사내에 외부의 조력 없이 충분히 자체적으로 설문조사를 실시할 수 있는 경험과 능력을 가진 인재가 존재하지 않는다고 생각할 수도 있다. 외부에 지출할 비용의 절감을 위한 몇 가지 방안이 있다. 만약 최초로 실시하는 조사라면 외부 전문가의 도움이 계획과 준비과정에서도 매우 중요하다.

외부 전문가에게 종업원들에게 무엇을 어떻게 질문할 것인지 도움을 요청하되 사전조사나 대상자 선정, 조사지침의 작성 등의 과정은 자체적으로 시행함으로써 내부 인력을 육성해 나갈 수 있다. 이것이 보다 정확한 설문조사를 위한 전제조건이 된다. 기본적인 수학지식을 가진 사람이라면 누구나 응답을 취합할 수 있으며, 관리자 자신이 가장 잘 종업원의 반응을 해석할 수 있는 위치에 있다고 보아야 한다.

설문조사의 신뢰성, 정확성, 객관성 등이 문제가 된다면 외부기관을 활용하되 사전에 충분한 협의를 통해 기업의 특성에 적합한 설문모형을 개발하여 정기적으로 유사한 설문에 의한 조사 분석을 시행토록 하는 것이 바람직하다.

(3) 설문서는 어떻게 구성할 것인가?

훌륭한 설문은 결코 1회성으로 끝나지 않고 계속적으로 사용된다. 처음에 외부인의 조력을 받아 설문조사를 실시하였다면 두 번째는 스스로 실시할 수 있을 것이다. 만약 인터뷰형태의 조사가 가장 적합하다면 외부인을 주로 인터뷰 실시시에만 활용하면 된다. 외부인에게 비용을 들이는 것은 보다 분명한 의견조사를 위해 필요하다.

관리자라면 어떤 영역에 대해 조사할 것인가를 잘 알고 있기 때문에 인터뷰어는 단지 이 부문에 대한 질문을 개발하고, 개개인의 응답을 분류해 낼 수 있을 것이다. 취합과 평가는 자체 인력으로도 가능하다. 만약 시간이 가장 큰 문제이고, 많은 종업원에 대해 설문조사를 실시하기를 원한다면 외부의 전문용역기관이나 임시직을 고용해 응답결과의 취합을 의뢰하면 된다. 외부기관을 이용하기도 하지만 가까운 대학의 도서실을 찾아 학술논문의 설문서나 조사방법을 응용하는 것도 좋은 방법 중 하나이다.

(4) 설문조사의 주요내용

① 직무만족(Job Satisfaction)

② 동료관계 (Relationship with co-workers)
③ 회사에의 소속감 (Identkfication with the company)
④ 직속상사에 대한 만족도 (Satisfaction with the immediate supervisor)
⑤ 평가의 공정성(Fairness of performance or merit evaluations)
⑥ 의사소통의 효율성(Effectiveness of communications)
⑦ 인사정책(Administrative policies)
⑧ 보상에 대한 만족도(Satisfaction with pay and benefits)
⑨ 교육훈련의 필요성(Effectiveness of training program)

회사에 따라 고객서비스나 지역사회에 대한 만족도 등 추가로 필요한 사항을 질문할 수 있다. 그러나 반드시 설문조사가 포괄적이어야 한다는 원칙은 없다. 원하는 사항에 대해서만 설문을 실시하면 된다.

(5) 구체적인 조사실시 방법

1) 조사책임자

인사관리자나 노사관계임원이 조사목적에 가장 부합되는 담당자이다. 상담조직으로는 의사소통책임자, 상담전문관리자, 노조간부, 라인관리자나 부문의 장 등을 포함된다. 설문조사서는 주로 인사담당자에 의해 작성되나 의사소통이나 여론조사에 관련된 항목들을 활용할 수도 있다.

2) 실시대상

모든 종업원에 대해 실시하게 된다면 표본집단이 필요치 않다. 그러나 회사의 규모가 클 경우 각 부문이나 특성에 따라 종업원을 적정인원으로 한정할 수밖에 없다. 그러나 이 때 지나치게 적은 인원이 근무하는 부서의 경우 인원비례시 큰 의미가 없을 수도 있으므로 대체로 1/20의 비율로 인원을 선정하는 것이 바람직하다.

3) 의미 있는 결과의 획득을 위한 준비

먼저 종업원에게 알고자하는 내용에 대해 정확히 응답하도록 확신을 심어주는 것이 필요하다. 둘째, 조사결과를 분류하는 데 어떤 방법이 가장 유효할지를 결정해야 한다. 부서별로 다른 응답이 나온 것은 없는가?, 연령별로 차이는 없는가?, 근무형태별 차이는 없는가?, 남녀간 차이는?, 가급적이면 설문조사 전에 필요한 분류항목을 준비하는 것이 바람직하다. 셋째, 본 조사를 시행하기 이전에 반드시 사전 테스트를 실시할 필요가 있다. 사전 테스트는 소수의 인원을 대상으로 설문의 신뢰도를 설문서 인쇄 전에 체크하는 것이다. 설문내용의 불명확성이나 잘못된 설문을 확인할 수 있게 된다.

4) 설문조사의 실시

설문조사는 근무시간 중에 배부되고, 작성되고, 회수될 수 있으며, 우편으로 가정으로 우송할 수도 있다. 만약 근무시간 중에 설문조사를 실시한다면 조사를 위한 특별한 시간을 할당받아야 할 것이다. 이것은 지나치게 급하게 작성되거나 지나치게 지연되는 경우를 예방하게 해 준다.

설문조사 항목이 너무 많거나, 개발형 질문이 포함되어 있을 경우에는 종업원의 가정으로 설문지를 우송하는 게 바람직하다. 그러나 우편을 이용할 경우 회수시간이 지나치게 많이 걸릴 수도 있을 뿐 아니라 응답을 하기 전에 가족이나 동료와 상의하게 된다는 사실에 유의해야 한다.

어떤 경우에라도 종업원에게 사전에 작성지침을 상세히 알려주어야 한다. 간략하거나 상세하지 않은 지침은 불완전하거나 부정확한 조사를 낳게 되고, 회수율을 낮추는 결과를 가져오게 된다. 사전 테스트시 이러한 지침의 적정성을 체크하는 것이 중요하다. 그리고 설문조사서 표지에 그 내용을 인쇄해 넣도록 하는 것이 좋다, 무엇보다 중요한 것은 설문조사를 주관하는 스텝들에게 구두로 각 종업원에게 그 지침을 설명토록 해야 한다는 것이다(가정으로 송부 할 경우에는 설문주관자의 이름과 전화번호를 포함하여 필요시 질의 할 수 있도록 해야 한다). 또 작성이 완료된 경우에는 언제 제출할 것인지를 알려주어야 한다.

설문지는 인쇄하여 배포하는 것이 좋다. 인쇄된 설문은 보다 자연스럽고, 보다 정확하게 설문에 응답할 수 있게 해준다. 사전에 조사계획에 대해 종업원들이 아는 것은 종업원들로 하여금 자신들의 태도에 대해 곰곰히 생각케 하고, 자신의 불평이나 간략한 코맨트를 기록할 준비를 하게 한다. 가급적이면 설문조사의 신뢰성을 높이고 최고경영자가 관심을 갖고 있음을 표현하는 차원에서 설문조사 전에 대표이사가 각 개인에게 설문조사와 관련된 서한을 발송하는 것도 좋은 방법이다. 여기서 설문이 1회의 조사로 끝나지 않고 정기적으로 실시될 것이라는 점을 알려주는 것이 바람직하다. 만약 그렇지 않을 경우 종업원들은 지나치게 1회성 조사에 많은 의미를 부여하게 될 것이다.

5) 설문조사결과의 취합

응답이 끝난 설문조사서를 받은 즉시 통계와 분류를 시작해야 한다. 이러한 작업은 비록 전문적인 통계기법이 요구되는 것은 아니지만 설문대상이 많을 경우 상당한 시간이 소요될 수 있다. 이러한 작업은 내부인력으로도 가능하지만 시간이 문제가 될 경우에는 외부기관이나 임시직을 활용하는 것이 좋다. 응답의 내용분류가 끝나면 경영자나 관리자에 대해 설명할 수 있도록 전체 취합 결과를 누계, 퍼센테이지, 그래프 등으로 나타내어야 한다. 이때 개방형 설문의 경우 정확한 수치통계나 페센테이지로 계산하기가 어려우므로 관심 있는 분야나 핵심내용, 특정내용별로 분류해 나타내면 된다.

어떤 조사에서나 응답자의 '장난'이나 지시대로 작성되지 않는 경우가 있을 수 있다. 만약 상당부분이 이러한 내용을 담고 있을 때에는 조사결과에 대한 신뢰도가 떨어지게 된다. 이는 정확한 조사를 위한 지침이 불명확하거나 종업원이 이해하기 어려운 용어로 표현되어 있거나, 설문결과에 따른 익명성이 보장되지 않았을 경우에 특히 그러한 결과가 나타날 수 있다. 만약 이러한 현상이 발견될 경우에는 조사 자체가 의미가 없게 되어 다시 조사해야 할 것이다.

6) 조사결과의 해석

만약 50%의 인원이 복리후생이 적절하다고 응답한 것으로 나타났을 경우 경영이 잘되고 있다고 볼 수 있는가? 이 때 응답자가 '매우 그렇다'에 응답했는지, 아니면 '그런편이다'에 응답했는지에 유의해야 한다. 설문서가 적절히 설계되고, 실행된다할지라도, 예를 들면 30%의 종업원이 '불만족스럽다'고 응답할 수도 있다. 과연 회사는 심각한 문제를 갖고 있는가? 대체로 종업원들은 긍정보다는 부정적이 응답을 하게 되는 경우가 많고, 대부분의 회사의 경우 통상 20~30%의 종업원들은 '행복하지 못하다'는 응답을 보이고 있으므로 염려할 정도는 아니다. 설문분석시 고려해야 할 일반적인 유형을 살펴보면,

① 여성이 남성보다 사기가 더 높다.
② 근속 1~4년 된 종업원이 다른 종업원들에 비해 만족도가 높다.
③ 저임금, 고임금 계층이 중간수준의 임금계층보다 사기가 높다.
④ 전반적 사기수준은 대기업보다 중소기업에서 더 높게 나타난다.

만약 다른 기업의 종업원들이 어떤 태도를 보이는지를 알 수 있다면 조사결과 해석이 보다 용이할 수 있다. 그러나 데이터는 전문 컨설턴트를 활용하지 않는다면 얻기가 매우 힘들다. 회사간 서로 데이터를 공유하는 협의체를 구성할 경우에는 매우 유용한 분석이 가능할 수도 있다.

회사의 설문조사결과가 통상의 결과와 유사하게 나타났다고 해서 안심할 수 있는가? 그렇지 않다. 왜냐하면 대부분의 기업들의 평균수준이상의 종업원 만족 제공을 위해 열심히 노력하고 있기 때문이다.

7) 특수한 결과에 대한 해석

때때로 예상치 않았던 결과가 나타날 수도 있고 정반대의 결과가 나타날 수도 있다. 이러한 경우에는 관리자나 경영자들과의 면담을 통해 그러한 응답의 배경을 파악해야 한다. 예를 들면 장기근속자들이 '동료들의 취업을 권고하겠다'라는 설문에 대해 '아니오'라고 응답했을 경우 실제 이유는 그 회사가 도시로부터 멀리 떨어져 있어 통근문제가 심각한 장애가 된다는 사실 때문에 취업추천을 꺼려하고 있다는 사실을 알아야 한다.

8) 조사결과의 보고서화

경영의 관점에서 바람직하든 그렇지 않든 보고서는 필요하다. 왜냐하면 우선 종업원들이 조사결과에 대해 많은 관심을 갖고 있기 때문에 그러하다. 만약 회사에서 조사결과를 비공개로 한다면 종업원들의 불평불만만을 파악하고자 하는 것은 사기를 더욱 낮아지게 하고, 향후의 조사시 분명한 응답을 하지 않게 될 것이다.

조사결과를 분석한 후 모든 대상자에게 조사결과를 알려주는 방법으로는 다음 4가지 방법을 활용할 수 있다.

① 경영층에 대한 서면보고 조사결과의 상세한 분석보고서를 모든 경영자에게 서면으로 보고한다.

② 비디오 테이프이나 사내 CATV의 활용 영상으로 조사결과 홍보자료를 제작해 모든 사무실에서 방영한다.

③ 사보 : 시청각교재로 제작하거나 매월 발행되는 사보에 조사결과의 분석내용을 게재하는데 이 때에는 본문과 요약, 도표 등을 곁들이는 게 좋다.

④ 일선관리자 대상 보고회 : 일선관리자들이 결과를 정확히 알고 연구할 수 있도록 일선관리자를 대상으로 한 보고회를 개최하며, 일선관리자들에게 관리부문에 대한 자료 일체를 제공한다. 특히 중요한 부분에 대해 강조하여 전달한다.

5. 조사결과의 실행 및 경향분석

(1) 조사결과의 실행

조사결과에 따른 정책결정의 지침으로의 활용이 없다면 오히려 조사자체가 낭비일 수 있다. 일선관리자나 부문장을 대상으로 조사결과에 대한 토의를 위한 회의를 개최해 조사결과에 대한 그들의 견해나 개선방안을 제시토록 해야 한다. 그러나 여기서 주의해야 할 것은 어느 특정부문이 타 부문보다 현격하게 낮은 사기를 갖고 있으니 당사자(해당 부문장)에게 그 이유를 설명토록 하는 등 성토의 장이 되어선 곤란하다. 필요시 사기 양양을 위한 관리기법을 배양토록 요청할 수는 있을 것이다.

종업원들에게 개선을 위한 방안을 제시토록 요청하는 것이 좋다. 종업원들이 스스로 자신들이 느끼고 있는 문제점들에 대해 해결방안을 모색토록 지원하는 것도 참여욕구를 해소하고 공감의 경영을 위해 중요한 방법이 될 수 있다. 한 가지 좋은 방법은 제안제도를 활용하고 우수자에게 포상하는 방안이 있다. 조사결과를 의사소통이 잘 되지 않아 오해를 불러일으켰던 부문을 지적하는 데 활용하면 의사소통제도의 개선으로 이러한 갭의 축소를 기대할 수 있을 것이다.

설문결과에 따른 조치가 이루어지는 동안 종업원들이 궁금해하거나 기다림을 느끼게 해서는 안 된다. 매달 사보를 통해 조치결과의 추진상황을 알려주도록 하는 것이 좋다.

(2) 정기적 조사실시 및 경향 분석

처음 설문조사 결과 사기수준이 매우 낮다면 개선조치가 이루어진 후 가능한 한 빨리 재조사를 실시할 필요가 있다. 만약 사기수준이 보통수준이나 그 이상이라면 매 5년 단위나 특정 년도에 다시 한 번 실시하면 된다. 일반적으로는 2년에서 4년 주기로 정기적 조사를 실시하는 것이 바람직하다. 매년 실시할 수도 있으나 상당한 시간과 인력의 투자가 필요하게 될 것이다.

외부기관을 활용하는 경우에는 설문의 유사성, 경향분석 등을 위해 동일한 외부기관을 활용토록 하는 것이 바람직하다.

정기적 조사의 실시 목적은 제도나 정책의 개선의 효과를 파악하기 위한 측면도 있지만 무엇보다 전체적인 사기나 직무만족, 종업원의 의식의 흐름의 경향성을 파악하는 데 초점이 맞춰져야 한다. 그래서 그 결과는 조직관리 및 인사제도 운영의 장기적 전략의 수립과 조직진단의 수단으로 활용해 가야 한다.[14]

14 이정일(경영전략실 주임연구원), 삼성경제 제16호 93. 8. ; 전문참조

제6장

재무관리론

제1절 재무관리의 의의

재무관리(financial management)라 함은 기업경영에 있어서 재무활동을 대상으로 하는 관리의 한 형태이다. 기업의 의사결정은 대부분이 자본(capital), 자금(funds), 자산(assets), 신용(credits) 등 재무활동과 관련된 것들이다. 즉, 자본의 조달, 자본시장, 현금의 흐름, 운전자본의 관리, 배당결정, 재무분석 등에 대하여 계획하고 통제하는 것이다.

현대기업에 있어서 재무관리자의 역할은 무한히 변천을 거듭하고 있다. 그러나 오늘날에 있어서 재무관리자의 역할은 제한된 영역에서 벗어나 확대되고 있는 추세이다.

주요기능은 ① 자본과 타 자산에의 자금투자 ② 기업의 종합경영방침에 따라 가치를 극대화시킨다는 관점에서 재원조달의 최적화 등으로 요약할 수 있다.

적절한 재무관리는 기업의 성공을 결정짓는 열쇠이다. 적정자금이 재고자산에 투자되고 합당한 양의 은행대부를 받고, 토지·건물·기계 및 시설 등 고정자본에 합리적 자금배분이 되어 기업활동을 원활히 수행토록 해야 한다. 또한, 신용한도를 적절히 허용해야 하며 가용재원의 한도 내에서 기업활동의 규모를 신축성 있게 운용해 가야 한다. 자사의 부채를 적기에 변제하지 못하는 기업은 도산하게 된다. 그러므로 건실한 재무구조와 안정적 유동성 확보는 기업생존을 위하여 필수적인 것이다.[1]

경영분야에서는 자금이라는 용어를 주로 사용하는데 돈의 흐름과 이와 관련된 모든 활동을 효과적으로 관리하는 것이 재무관리이다.

---

1 김준식 외, 경영학원론, 형설출판사, 1993, p.481 ~ 482

1. 자금의 합리적 관리

기업이 경영, 즉 기업살림을 꾸려 가는데 있어서 인체 내의 혈액이라고 할 수 있는 돈이 필요하게 되는데 이러한 돈을 합리적으로 조달하고, 조달된 돈을 합리적으로 사용하는 것을 연구하는 분야가 재무관리이다.

- 재무관리의 기능에는 크게 자본조달결정 과 투자의사결정으로 나눈다.
- 재무관리의 내용으로는 투자의 타당성을 분석하고 투자를 하는데 있어서 어디에 또 어떻게 투자를 해야만 위험을 피할 수 있는지를 연구하는 자금의 운용측면과 필요한 자금의 유형과 자금을 조달하는데 필요한 비용 및 자본의 구조를 연구하는 자금의 조달측면으로 나눌 수 있다.

이것을 좀 더 세분하여 설명해 보면

① 투자의 타당성분석에는 시설을 확장하고 신규사업에 대한 투자의 시점을 결정하는 것들이 해당되며

② 투자에 대한 위험을 분산시키기 위하여 자산의 배합을 어떻게 하며 자산의 구성을 어떻게 할 것인지

③ 필요한 자금을 조달하기 위하여 주식을 발행한다거나 회사채를 발행하는 것, 은행에서 자금을 차입하는 것 등

④ 기업이 투자를 해서 어느 정도의 수익이 있어야 빌려온 자금의 코스트를 부담할 수 있는 것인지 등을 재무관리의 내용에 포함시킬 수 있다.

2. 투자의 타당성분석

투자의 타당성분석이라고 하면 생산설비와 기계에 대한 투자결정여부를 평가하는 것으로 대체투자, 확장투자, 제품을 생산하기 위하여 투자하는 신제품투자, 앞으로의 사업과 경쟁관계 등을 고려하여 투자하는 전략적 투자로 구분할 수 있다.

▌투자 타당성분석의 순서로는

① 기초조사연구과정을 통하여 투자안을 찾아낸다.

② 시장분석을 하여 앞으로의 수요를 예측해 본다.

③ 시장분석과 거의 동시에 행하여지는 기술적 타당성을 분석한다.

④ 현금에 대한 유입과 유출을 계산하여 본다.

⑤ 투자안에 대한 종합적인 경제성을 평가한다.

⑥ 자금조달계획을 수립하는 과정을 거친다.

제2절 자본과 자산

1. 자본의 구성

경영학상 자본(capital)이라 함은 기업을 운영하는 데 필요한 모든 재화의 화폐가치를 말한다. 기업자본은 기업이 어떠한 형태이든 간에 그 조달원천에 따라서 자기자본과 타인자본으로 구성된다.

(1) 자기자본(owner's capital)

자기자본은 기업가자본·출자자자본·소유자자본이라고도 하는 것으로 일반기업의 경우에는 출자자가, 주식회사의 경우에는 주주가 출자하는 자본부분이며 창설자본과 추가자본으로 분류된다.

(2) 타인자본(borrowed capital)

타인자본은 출자자 이외의 채권자로부터 차입한 자본이다. 즉, 이것은 은행 또는 일반거래처 등과 같은 외부의 채권자로부터 조달된 채무로서의 자금부분이며, 차입자본 또는 채권지지본이라고도 한다. 타인자본은 상환기간의 장단에 따라 리스금융, 사채나 장기차입금, 외자도입 등의 장기부채(고정부채)와 단기차입금이나 외상매입금 등의 단기부채(유동부채)로 나누어지는데 전자는 상환기간이 1년 이상의 장기타인자본이고 후자는 상환기간이 1년 이하의 단기 타인자본인 것이다.

2. 자산의 구성

자산이란 조달된 자본이 기업의 경영과정에서 현금·원재료·제품·건물·토지 등과 같이 구체적인 형태로 나타나게 된 것을 뜻한다. 즉 자본은 자산의 귀속형태 내지 조달형태면에서 파악한 것이며 자산은 자본을 운용형태면에서 파악한 것을 뜻한다. 기업경영에 있어서 운용되는 자산은 기업활동을 수행하는 과정에서 활용되는 기간의 장단에 따라 유동자산과 고정자산 및 이연자산의 세 가지로 분류된다.

3. 대차대조표와 손익계산서

기업에 있어서 그 재무상태를 나타내 주는 표 혹은 회계실체의 일정기간(회계기간) 동안의 경제적 사건과 그 기간 말에 있어서의 경제적 상태를 나타내기 위한 일련의 회계보고서를 재무제표(Financial Statement)라고 한다. 회계는 회계실체의 이해관계자에게 회계실체에 관련된 유용한 재무적 정보를 제공하는 수단으로 회계보고서를 작성·보고하는 것으로서, 재무제표는 이러한 회계보고서의 가장 중심적이고 종합적 체계를 이루고 있다. 회계실체의 외부에 있는 이해관계자는 그 실체에 관한 정보를 얻을 수 있는 기회가 극히 제한되어 있기 때문에, 이들 외부 이해관계자에게 있어서 재무제표는 매우 중요하다.

따라서 이해관계자가 광범위하게 존재하는 기업이나 그 밖의 사회적 조직에 대하여는 재무제표 작성 및 보고가 법령으로 의무화되어 있으며, 또 그 작성 및 보고 방법에 관하여도 규제가 가해지는 것이 일반적이다. 그 중에서 대차대조표(B/S : Balance Sheet)는 일정시점에 있어서 기업의 재무상태를 나타내는 결산서이고, 손익계산서(P/L : Income Statement, profit and loss)는 기업의 영업실적을 나타낸다. 이 두 가지 표를 정확히 분석하면 그 회사의 재무상태를 명확히 알 수 있다.

(1) 대차대조표(B/S : Balance Sheet)

일정시점에서 기업의 재정상태를 알 수 있도록 나타낸 것을 대차대조표라고 하는데 손익계산서와 함께 재무제표의 중심을 이루는 것이다. 일반적으로 그 시점에서의 모든 자산을 차변에, 그리고 모든 부채 및 자본을 대변에 기재하는 데서 대차대조표라는 말이 생겼다. 작성시점은 대부분 결산시이지만, 개·폐업, 합병 때에도 작성된다.

대차대조표의 작성방법은 대별하여 두 가지가 있다. 하나는 개별요소마다 실지 재고조사를 하여 그 결과를 집적하여 작성하는 방법으로, 실지 재고조사법 또는 재산목록법이라고 한다. 다른 하나는 회계기록에 의하여 유도적으로 작성하는 방법으로 유도법이라고 한다. 실지재고조사법의 경우는 회계장부 등을 반드시 필요로 하지 않으며, 자산은 어디까지나 현금화될 가치 있는 것에 한정되고, 또한 부채도 법적 관점에 의한 부채에 한하게 된다. 단적으로 말하여 실지 재고조사법은 기업의 해체가치계산을 하는 것으로, 현재 보유하고 있는 재산을 모두 환금하면 어떻게 될 것인가를 나타내는 것이다. 이러한 식의 대차대조표는 폐업·합병 등의 특수한 경우에 작성된다. 일반적으로 결산시에 작성되는 것은 유도법에 의한 것으로, 기간 중 거래금액에서 유도된 모든 계정의 기말 잔고금액을 대조·표시한 것이며, 장기적 시야에서 기업활동의 효율을 정밀하게 측정하기 위하여 이연자산·충당금 등 유도법 특유의 계정과목이 표시되어 있다. 다만 유도법 대차대조표에 기재되어 있는 자산가액은 취득원가로 계상되어 있으므로 당해 자산의 현재 시장가치를 나타내고 있는 것은 아니라는 점에 주의하여야 한다.

대차대조표는 한 마디로 기업의 재무상태를 비추는 투명한 거울이라고 할 수 있다. 대차대조표에서 가장 주의할 점은 부채와 자본의 비율이다. 부채는 빚이기 때문에 타인자본이라고 하며 자본은 상환할 필요가 없기 때문에 자기자본이라고 한다. 기업은 자금사정이 어려울 때는 자기자본을 사용해서 보전하는 수 밖에 없다. 따라서 총자본에 대해 어느 정도의 자기자본이 있는지를 나타내는 자기자본비율은 기업의 안정성을 판단하는 중요한 지표이다. 또한, 자산과 부채의 유동성비율도 중요하다. 단기에 상환해야 할 부채가 단기에 현금화할 수 있는 자산보다 많으면 상환능력이 떨어져 도산의 가능성이 있다. 대차대조표는 전체의 합계액이 많다고 무조건 좋은 것은 아니다. 중요한 점은 자기자본비율과 유동비율이 얼마나 건전한 가이다.

(2) 손익계산서(P/L : Income Statement, profit and loss)

기업의 경영성과를 밝히기 위하여 일정기간 내에 발생한 모든 수익(Income)과 비용(Expense)을 대비시켜 당해 기간의 순이익을 계산·확정하는 보고서를 손익계산서라고 한다.

기업회계기준 및 상장법인 등의 재무제표에 관한 규칙 등에서 손익계산서는 기업의 경영성과를 명확히 표시하기 위하여 그 회계기간에 속하는 모든 수익과 이에 대응하는 모든 비용을 기재하여 경상손익을 표시하고, 이에 특별손익에 속하는 항목을 가감한 다음, 법인세·방위세·주민세 등을 차감하여 당기순이익을 표시하여야 한다는 내용 등을 규정하고 있다.

손익계산서에 기재되는 계정과목은 수익이나 비용을 발생하게 한 이유·원인을 나타내는 것으로서, 매출액·수입이자 등은 기업의 가치를 증가시킨 원인이며, 반대로 매입비·급료·잡비 등은 기업의 가치를 감소시킨 원인이다. 이같이 손익계산서에서는 수익과 비용의 과목을 대응·비교시켜 손익을 표시하므로, 그 기능은 순 손익액을 명백히 할 뿐만 아니라 손익발생의 과정을 분석적으로 추적할 수 있도록 하여 영업의 수행과정까지 알려준다. 따라서 손익계산서는 기업의 목적달성 정도를 측정하는 기준이며 경영정책의 수립과 방향 설정에 있어 가장 중요한 자료가 된다.

(3) 경영분석(business analysis)

1) 경영분석의 종류 및 내용

재무제표를 중심으로 하는 재무정보나 기업 내외의 여러 정보를 이용하여, 기업활동의 적부를 심사하거나 기업자본을 평가하는 것을 경영분석이라고 한다. 기업의 경우는 개인과 달라 기업의 내용, 장래성, 안전성 등 사전에 살펴봐야 할 항목이 아주 많다. 이를 재무제표분석이라고도 한다. 분석목적에 따라, 신용분석·투자분석·내부관리분석 등으로 분류할 수 있다.

미국에서는 19세기에 시작되어, 그 후 기업규모의 확대, 금융시장과 증권시장의 발달, 회계제도의 표준화를 배경으로 하여 정비되어 제1차 세계대전 후 확립되었다.

① 신용분석

신용분석은 금융제도의 확충을 배경으로 하여 신용조사의 수단으로서 발달하였으며, 그 후 사채의 등급을 매기는 것이나 도산 예측에도 이용되었다. 기업의 지불능력이나 채무의 변제가능성을 검사하기 위해 기업의 재무요인이나 인적·기술적 요인, 시장·산업의 경제요인 등이 분석된다. 특히 재무요인의 분석은 재무분석이라고도 하며, 실수법이나 비율법 등을 이용하여 수익성·유동성·회전율 등이 조사된다. 일반적으로 유동비율(유동자산 ÷ 유동부채) 등의 유동성 지표나 자금운용표가 중시되는데 지속적으로 활동하는 기업에 있어서 지불 능력의 원천은 수익력이므로 수익성의 분석은 필수 불가결하다.

② 투자분석

투자분석은 19세기 미국에서 철도업의 발전과 제1차 세계대전을 거쳐 제2차 세계대전 후 한층 더 발전하였다. 투자분석에서는, 기본적으로 기업이나 증권의 평가가 대상이 되지만 그 밖에도 자산구성과 자본구성의 균형, 부채에 의한 지렛대효과(레버레지 효과)와 재무 리스크의 관계 등이 문제가 된다. 종래는 영업 리스크의 평가가 애매하였기 때문에 자본환원율 등을 이용한 기업이나 증권의 평가는 불완전하였으나 포트폴리오이론 출현에 의해 리스크가 증권이론에도 도입되었고 평가가 보다 현실적으로 되었다. 그 결과, 증권 가격과 재무정보와의 관련이 분석 가능하게 되었으며, 회계정보가 주가에 미치는 영향이 실증적으로 확인되었다.

③ 내부관리분석

내부관리분석은, 관리회계의 일환으로서 제조업의 규모 확대를 배경으로 하여 20세기에 도입한 것으로, 제2차 세계대전 후 널리 보급되었다. 기업활동의 계획과 업적평가를 위한 분석이며, 자본이익률을 중심으로 하는 비율 연쇄, 자기자본이익률을 기축으로 한 비율체계, 손익분기점 분석, 자본예산, 표준원가에 의한 원가 분석 등이 이용된다. 신용분석이나 투자분석은, 일반적으로 기업 외부의 이해 관계자에 의한 분석, 즉 외부분석인 데 대해 내부관리분석은, 경영관리자에 의한 분석으로 내부분석이다. 경영분석은 또한 대차대조표를 중심으로 한 정태분석과 손익계산서를 중심으로 한 동태분석으로 나누어진다. 실증적·귀납적 방법이 중시되는 것이 경영분석의 특징이다.

2) 종합적인 경영분석

대차대조표는 기업의 재산상태를 손익계산서는 경영성적을 나타낸다. 따라서 이 두 개의 결산서를 검토하면 기업의 종합적인 능력을 알 수 있다. 그 대표적 지표가 총자본이익률이다.

총자본이익률이란 기업의 전 재산(총자본)에 대해 어느 정도의 이익이 났는지를 판단하는 것으로 이것을 다시 총자본회전률과 총자본경상이익률로 나누어 경영상태를 분석한다.

생산설비가 많으면 제품을 많이 생산할 수 있으므로 그만큼 이익도 많이 나와야 하지만 그렇지 못하다면 자본을 제대로 운영하지 못한 결과로 볼 수 있다. 총자본 회전률은 대차대조표의 총자본에 대한 손익계산서의 매출액의 비율을 나타낸다. 총자본회전률은 총자본이 1년에 몇번 회전했는가를 나타내는 지표로 자본의 회전이 많을수록 재산을 효과적으로 운용하고 있다고 보면 된다. 예를 들어 총자본이 5억이고 매출이 10억이면 총자본회전률은 2회로 계산하면 된다. 보통 총자본회전률이 1회이면 일반적인 상태이고, 2회 이상이면 건전한 상태이며 1회에도 못 미치면 부실한 기업이라고 평가한다.

총자본회전률이 기업의 건전성을 나타낸다면 총자본경상이익률은 본업 이외에 재테크에 따른 이자나 토지의 매각에 따른 이익까지 포함해 종합적으로 분석한 수익성의 수준을 말한다. 보통 총경상이익률이 9% 이상이면 수익성이 좋은 기업으로 평가할 수 있다.

[圖 1-6-1] 경영분석의 방법

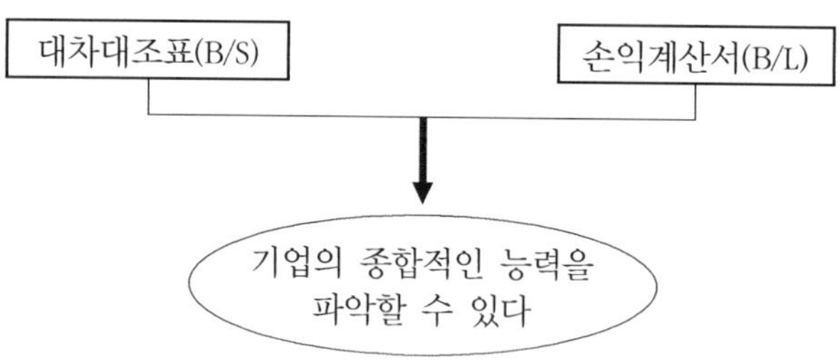

※ 총자본회전률
= 매출 / 총자본

※ 총자본경상이익률
= (경상이익 / 총자본) × 100(%)

보/충/강/의

- 자본(자본)

  재화와 용역의 생산에 사용되는 자산의 저량(저량). 구체적으로는 어느 사회의 물질적 부(부)의 존재량, 장래의 생산에 사용하기 위한 축적량, 개인의 사적인 자산 등을 포함한다. E. 뵘바베르크는 자본이 하는 역할을 우회생산(우회생산)의 이익으로 보았다. 한편 K. 마르크스는 자본가의 노동자에 대한 착취를 자본의 기능이라 보았다. 또 J. 슘페터는 기업가가 필요로 하는 구체적 재화를 새로운 목적으로 돌리는 수단이라고 정의하였다. 근대경제학의 마이크로경제이론에서의 자본이란 국민자본을 말한다. 이는 어느 시점에 그 나라에 존재하는 자본재·원자재·중간생산품·완제품의 총 존재량을 말한다.

- 자산(자산)

  자본의 구체적 존재형태. 현금·토지·건물·외상매출금·특허권 등에 대한 총칭이다. 어떤 경제가치의 희생(구체적으로는 지출)으로써 획득된 것으로, 화폐금액으로 표시되는 사물의 유용성을 대표한다. 그 대차대조표 가액은 취득원가에 의한다. 종류로는 현금·외상매출금·상품 등 정상적 영업순환과정에 있는 유동자산, 기업경영 목적으로 장기 사용하는 고정자산, 창업비·개업비·개발비·신주(신주) 등의 이연자산(이연자산) 등이 있다.

  ▸ 자산 = 자본 + 부채

4. 운전자본의 관리

재무담당자의 기능 중 무엇보다 중요한 것은 조달된 자본을 운용하는 것이다. 기업활동에 필요한 각종 자산, 즉 토지·건물·기계 등의 고정자산과 원료 등의 유동자산을 구입하는 등 기업의 목적달성에 필요한 각종 자산을 획득하고 관리하기 위하여 투자하는 것을 말한다. 이와 같은 운전자본(working capital)은 설비자본과 더불어 기업자금의 기본적 운용형태인데 운전자본은 2가지 개념이 있다.

첫째, 광의의 운전자본은 총운전자본(gross working capital)이라고 하는데 이는 유동자산에 투하된 자본부분을 말한다. 총운전자본은 일정한 생산설비하에서 생산활동을 원활하게 수행하기 위하여 필요한 각종 유동자산에 투하된 금액을 표시해 주기 때문에 고정자산에 대한 보완적인 성격을 가지고 있다.

둘째, 협의의 운전자본은 순운전자본(net working capital)이라고도 하는데 이것은 유동자산에서 유동부채를 차감한 금액 또는 장기자본(자기자본 + 고정부채)에서 고정자산에 운용된 부분을 차감한 금액을 의미한다. 순운전자본은 단기적으로 상환할 필요가 없는 자본부분을 표시해 주기 때문에 재무유동성의 관점에서 특히 중요시된다.

[圖 1-6-2] 총운전자본과 순운전자본의 관계

자료: 김준식 외, 경영학원론, 세영사, 1993. p.486

이상과 같은 운전자본의 개념에 따라 운전자본관리도 2가지 의미로 말할 수 있다. 즉, 운전자본을 총운전자본으로 보게 되면 현금·유가증권·매출채권 및 재고자산 등의 유동자산이 관리대상이 되며 순운전자본으로 보게 되면 그 범위가 외상매입금·지급어음 및 미지급비용 등의 유동부채까지도 그 관리대상이 된다. 그러나 일반적으로 운전자본은 광의로 사용되기 때문에 운전자본관리는 유동자산항목의 관리를 뜻한다.

제3절 포트폴리오 관리

먼저 포트폴리오[2]라는 단어부터 알아보자. 1952년 해리 마코비츠(Harry Markowitiz)라는 학자에 의해 Journal of Finance 3월호에 포트폴리오 선택이론(Portfolio Selection) 이라는 글을 통하여 「주식의 투자가치가 어떻게 결정되는가」에 대하여 설명하였는데 이 논문에서 처음 사용하였다. 기업에서는 70년대에 들어와서 포트폴리오계획 또는 전략이 초점이 되었다. 기업경쟁전략의 하나로 볼 수 있는 포트폴리오 전략은 경쟁자와 경쟁적 관계에 있는 자회사의 잠재력을 개발하기 위하여 BCG(Boston Consulting Group)[3]에서 창안된 전략이다.

1. 정 의

두 개 이상의 자산이 결합된 자산집합을 말한다.

① 광의 : 둘 이상의 복수자산에 분산투자 할 경우의 투자대상들 즉, 자산군을 말한다.

② 협의 : 주식·사채 등의 금융자산의 결합을 말한다.

2. 포트폴리오 효과(분산효과)

하나의 자산에만 집중적으로 투자하지 않고 여러 개의 자산에 동시에 분산 투자하여 포트폴리오를 형성함으로써 투자를 분산하여 투자에 대한 위험을 분산시키고자 하는 것을 말한다.

---

2 주식투자에서 위험을 줄이고 투자수익을 극대화하기 위한 일환으로 여러 종목에 분산 투자하는 방법. 원래는 '서류가방' 또는 '자료수집철'을 뜻하지만, 일반적으로는 주식 투자에서 여러 종목에 분산 투자함으로써 한 곳에 투자할 경우 생길 수 있는 위험을 피하고 투자수익을 극대화하기 위한 방법으로 이용된다. 은행이나 투자자 등이 가지고 있는 유가증권 목록 또는 투자 자산의 집합을 뜻하기도 하는데, 대체로 직접투자에 자신 없는 사람들이 이용하는 투자 방법이다.

3 보스턴컨설팅그룹(Boston Consulting Group, Inc.)
줄여서 BCG라고도 한다. 세계적인 경영컨설팅업체로, 1963년 브루스 헨더슨(Bruce Henderson)이 보스턴에 설립하였다. 1966년 세계 주요도시를 연결하는 네트워크 구상의 일환으로 일본 도쿄에 첫 사무소를 설립한 이후 아시아·태평양 지역의 12개 사무소를 포함하여 전세계 47개국에 사무소를 설립하였으며, 3,000명의 컨설턴트를 포함하여 5,000여 명의 직원이 근무하고 있다. 최근 전자상거래 분야의 전략개발·조직구성·사업설계 등에 관한 컨설팅에 주력하고 있다. 2000년 5월 골드먼삭스앤드컴퍼니(Goldman, Sachs & Co) 등과 손잡고 기존 오프라인 기업의 온라인 사업기반을 구축하는 아이포메이션이라는 투자전략회사를 설립하였다. 본사는 매사추세츠주 보스턴, 한국사무소는 서울특별시에 있다.

3. 포트폴리오 관리

자산에 대한 매입, 매각시기를 결정하는 등 포트폴리오를 어떻게 구성하며 이를 어떻게 관리할 것인가를 말한다. 기업에서 유가증권을 관리할 때에는 단 한 종목의 증권에만 투자하는 것보다는 투자위험을 회피하기 위하여 미래의 현금유입과 유출을 고려하여 여러 종목의 유가증권에 분산투자하게 된다. 기업에서는 기대수익의 크기와 이에 수반되는 위험 등을 고려하여 균형을 이룰 수 있도록 포트폴리오를 관리해야 할 것이다.[4]

4. 포트폴리오 전략

포트폴리오 전략이란 경영전략계획의 일환으로 기업의 환경이익을 분석해서 이에 적응가능하도록 기업잠재능력의 개발을 위해 새로이 고안된 것이며 전략요소의 결합으로 전략을 형성해 나가는 것이라 하겠다. 이에 전략요소는 포트폴리오형성에 있어서 차원을 구성하며 전략형성에 있어 중요시되는 제약요소가 된다. 포트폴리오는 수많은 제품 및 사업단위를 갖는 기업의 전략문제에 확산되었고 제품 및 사업포트폴리오가 1972년 GE사의 요청에 따라 BCG에 의해 개발되어 시장의 성장/점유 매트릭스(growth/share matrix)에 의한 포트폴리오 전략 또는 계획으로 알려졌다. 이는 전략요소인 성장/점유를 포트폴리오 차원으로 하는 결합에 의한 제품 및 사업전략의 형성이다.

특히, 제품 및 사업 포트폴리오 전략의 특징으로서 다음의 두 가지를 들 수 있다. 먼저 포트폴리오 전략에 있어서 기업은 멀티비지니스 기업(multibusiness company)으로 파악되며 복수의 사업단위로 구성되고 있음이 특징이다. 그러나 사업이 무엇이며 기업을 어떠한 사업단위로 분할 할 것인가는 극히 어려운 문제이다. 이는 역시 경영의 특정계층수준의 전략적 관점에서 선정되므로 이를 전략적 사업단위(strategic buisiness unit : SBU)라 부른다. 이는 제품단위 혹은 조직단위를 기준으로 하게 되나 반드시 일치된 것은 아니며 시장세분화와 포지셔닝전략[5]에 있어서도 중요시된다.

---

4 김준식 외, 전게서, pp.484~487

5 포지셔닝(positioning)
소비자의 마음속에 자사제품이나 기업을 표적시장·경쟁·기업 능력과 관련하여 가장 유리한 포지션에 있도록 노력하는 과정을 말한다. 포지션(position)이란 제품이 소비자들에 의해 지각되고 있는 모습을 말하며, 포지셔닝이란 소비자들의 마음 속에 자사제품의 바람직한 위치를 형성하기 위하여 제품효익을 개발하고 커뮤니케이션하는 활동을 말한다. 1972년 광고회사 간부인 앨 리스(Al Ries)와 잭 트로우트(Jack Trout)가 도입한 용어로 '정위화(定位化)'라고도 한다. 포지셔닝 전략은 소비자가 원하는 바를 준거점으로 하여 자사제품의 포지션을 개발하려는 '소비자 포지셔닝 전략'과 경쟁자의 포지션을 준거점으로 하여 자사제품의 포지션을 개발하려는 '경쟁적 포지셔닝 전략'으로 구분된다. 또한 소비자들이 원하는 바나 경쟁 다음은 포트폴리오 전략에 있어서는 수익성·안정성 등의 기준에 의해 현재 및 장래의 사업이 판단되어 시너지 효과에 의한 전략계획이 작성된다는 점이다. 포트폴리오 매트릭스는 그 수단이다. 매트릭스를 사용하려면 두 가지 차원에 대한 검토가 동시에 이루어진다. 예를 들면, 성장기준과 점유기준의 양면이 그것이다.

제4절 자금조달방법

1. 자본시장

사업의 창설·확장·개량 등, 기업의 투자를 위하여 필요로 하는 자금의 조달이 이루어지는 시장을 말한다. 기업의 투자자금은 비교적 장기에 걸치는 것이 많기 때문에 장기금융시장이라고 하며, 운전자금의 조달을 위한 단기금융시장인 화폐시장과 구별한다. 그러나 원인 여하를 불문하고 장기의 자금대차가 이루어지는 장소를 자본시장이라고 한다. 대표적인 자본시장으로는 증권회사, 투자신탁회사[6]가 있다.

2. 자금조달시 고려사항

기업이 금융·자본시장을 통하여 자금을 조달할 때 고려해야 할 요인으로는

① 이자율 : 이자율의 단일항목만으로 본다면 가장 낮은 이자율이 유리하다는 것은 두말할 여지가 없다.

② 조달기간과 시기 : 은행에서의 대출을 통하는 방법과 당좌구좌를 개설하고 정해진 한

자의 포지션이 변화함에 따라 기존제품의 포지션을 바람직한 포지션으로 새롭게 전환시키는 전략을 리포지셔닝(repositioning)이라고 한다.

6 MMF(Money Market Funds)
투자신탁회사가 고객의 돈을 모아 단기금융상품에 투자하여 수익을 얻는 초단기금융상품.
Money Market Funds의 약자로 투자신탁회사가 고객들의 자금을 모아 펀드를 구성한 다음 금리가 높은 만기 1년 미만의 기업어음(CP)·양도성예금증서(CD)·콜 등 주로 단기금융상품에 집중투자하여 얻은 수익을 고객에게 되돌려주는 만기 30일 이내의 초단기 금융상품이다.
은행의 보통예금처럼 수시로 입출금이 가능한 상품으로 하루만 돈을 예치해 놓아도 펀드운용 실적에 따라 이익금을 받을 수 있기 때문에 단기자금을 운용하는 데 적합한 상품이다. 1996년 9월부터 허용되어 투자신탁회사에서 취급하고 있으며, 가입금액에 제한이 없어 소액투자자에게 많은 인기를 얻고 있다.

도 내에서 잔고가 없더라도 자금을 활용할 수 있는 방법이 있는데, 당좌차월을 쉽게 설명하면 요즈음 개인이 신용카드를 사용하는데 마이너스카드를 만들어 사용하는 것과 같다고 생각하면 된다.

③ 소유권과 경영통제의 문제 : 자금이 필요하여 조달하는 방법으로는 증자를 하는 방법이 있는데 증자를 하게 되면 주주의 지분구성이 달라지기 때문에 소유권변동에 따른 경영통제상에 문제가 발생되며, 배당금에 대한 배당압박도 발생하게 된다.

④ 재무위험 : 필요한 자금을 차입에 의해서만 충당하게 되면 차입에 따른 자본코스트의 상승으로 경영악화의 요인이 되기도 한다.

3. 자금조달방법

기업이 필요한 자금을 조달하는 방법에는

① 외상으로 필요한 물건을 구입하여 매입채무를 발생시키는 방법(당장 자금의 지출없이 물건을 구입할 수 있다)

② 상업어음의 할인 : 기업이 가지고 있는 어음에 대하여 만기 이전에 은행에 어음을 제시하고 일정한 이자를 부담한다는 조건으로 자금을 융통하는 방법

③ 은행에서 장·단기 차입을 하는 것

④ 리스금융[7]으로써 필요한 물건을 임차하여 사용하는 운용리스와 기업이 설비를 살 때 구입자금을 리스회사에서 빌려주고 빌려준 자금에 대하여 리스료를 부담하는 것

⑤ 채권발행 : 회사채를 발행하여 일반인으로부터 자금을 차입하는 것

⑥ 주식발행 : 상환의 부담은 없으나 주주지분구성의 변동으로 경영권 침해의 문제와 배당금을 지급하여야 하는 문제가 있다.

---

7 리스(lease)

어떤 물건을 사용료를 받고 타인에게 빌려주는 일. 사법상의 임대차를 말한다. 본래는 어떤 자산(토지·선박 등)의 소유자가 일정기간 사용료를 받기로 하고 타인에게 그 자산의 사용·수익권을 주는 것을 의미하였으나, 오늘날 산업 용어로서는 각종 동산을 포함해서 임대업을 영업으로 하는 개인 또는 회사가 사용료를 받고 일정기간 어떤 물건을 임대하는 것을 말한다. 이러한 임대업을 영업으로 하는 회사를 리스회사, 이러한 산업을 리스산업이라고 한다.

임대물은 카메라·타이프라이터·TV·컴퓨터에서 자전거·자동차·선박·비행기에 이르기까지 종류가 많다. 사용자는 일시에 다액의 구입자금을 요하지 않고 언제나 필요할 때 최신의 기계·설비를 이용할 수 있는 장점이 있어서 점차 리스산업이 발전하고 있다. 리스계약에는 리스회사가 수리·유지 기타의 서비스를 제공하는 메인터넌스 리스와 금융기능에 중점을 두는 파이낸스 리스가 있다. 이에 대하여 임대기간이 비교적 짧고, 시간·주·월 단위로 임대하는 방식을 렌털(rental)제도라고 한다.

보/충/강/의

- 연봉제

연공서열에 따라 보수를 결정하는 게 아니라 매년 본인의 업무성과에 따라 보수를 계약하는 제도를 말한다. 이에 따라 과거의 「평생직장」이란 개념은 사라지고 종업원들은 매년 회사와 급여수준에 대해 재계약을 맺어야 한다. 영업성과가 좋은 종업원의 경우 직급과 상관없이 억대의 연봉을 받는 사례도 심심찮게 나오고 있다. 삼성이 과장급 이상 임직원들을 대상으로 연봉제를 실시하는 등 대부분 국내기업들이 연봉제를 도입했거나 도입을 추진하고 있다. 정부 부처와 공기업에서도 고위간부급 인사를 대상으로 연봉제를 실시하고 있다. 그러나 국내에서는 아직까지 완전한 의미의 연봉제를 도입한 곳은 드물고 기본급여에 ±알파를 계산하는 부분연봉제를 도입한 곳이 대부분 이다.

- 분사(분사)

거대한 기업이 경영다각화를 통해 방대해진 조직에 활성화를 기하기 위해 몇 개의 기업으로 조직을 분할하는 것을 말한다. 분사의 장점으로는 △책임체제의 명확화 △연구개발의 효율화 △세제상의 이점 등을 들 수 있다. 특히 최근 들어 간접부문의 분사를 통해 고용조정 효과를 거두는 기업들이 늘고 있다. 분사하는 기업을 인수하는 주체에 따라 ＭＢＯ(경영자인수)와 ＥＢＯ(종업원인수) 등으로 구분된다.

- MBO(Management Buy Out)

LBO는 통상 Target기업의 동의가 있어야 하므로 Target기업의 경영자에 의해 행해지는 경우가 많은데, 이와 같이 경영자가 LBO에 의해 자사 주식을 매수하는 것을 MBO라 한다. MBO는 외부의 비우호적인 M & A 공세에 대응하는 방법으로 공개회사를 사기업화하는데 널리 활용된다.

- LBO(loveraged buyout)

매수자금의 대부분을 매수할 기업의 자산 등을 담보로 한 차입금으로 조달하는 방법. 적은 자기자본으로 꽤 큰 기업매수가 가능하다. 주식을 상장하고 있는 기업이 LBO에 의해 매수되어 비공개화 된다. 주가나 배당을 고려치 않고 불채산 부문의 매각 등 과감한 경영을 할 수 있다는 이점도 있다. 반대로 매수될 듯한 기업의 경영자가 LBO를 사용하여 자사주를 모아 매수를 피하는 경우도 많다.

- EBO(Employee Buy Out)

제3자에 의한 기업 인수와는 달리 기업의 현 경영진이나 종업원이 중심이 되어 그 기업의 전부 또는 일부 사업부를 인수하는 것을 말한나.

MBO는 기존 경영진이 신설회사의 주요 주주이면서 동시에 경영진으로 참여하는 방식인 반면, EBO는 종업원들이 공동출자로 회사를 인수하는 방식이다.

98년 최근 재벌 그룹들이 MBO와 EBO를 통해 비주력 업종이나 사업부문을 축소, 정리하는 방법으로 분사를 많이 시도하고 있다.

- 독립채산제

한 기업 내에서 사업부별로 따로 손익계산을 내는 책임경영제도를 말한다. 사업부 책임자는 운영에 전권을 부여받고 자산·부채·자본까지도 독립적으로 운영한다. 책임과 권한을 모두 이양하는 대신 수익이 발생하면 직원들이 보상을 받게 되고 반대로 실적이 나빠 사업부가 도산하면 이에 대한 책임을 져야 한다. 따라서 독자적인 생존능력이 떨어지면 소속 종업원들을 퇴출하는 등의 특단의 조치를 취해야 한다. 직원들의 경영자질을 키워줄 수 있는 장점이 있는 반면 간접적인 조직축소와 인력줄이기의 방편으로 악용될 소지도 있다. 국내에서는 새한·포철·두산·효성·한화·삼성물산 등에서 다양한 형태로 시행하고 있다.

- 아웃소싱(outsourcing)

기업의 내부 프로젝트나 활동을 외부의 제3자에게 위탁·처리하는 것을 말한다. 원래는 미국기업이 제조업분야에서 활용하기 시작했으며 경리·인사·신제품개발·영업 등 모든 분야로 확대되고 있다. 기업은 핵심사업에만 집중하고 나머지 부수적인 부문은 외주에 의존함으로써 생산성 향상을 극대화할 수 있다. 또 업무의 일부를 밖으로 빼내는 '초다이어트'를 통해 인원과 비용절감이라는 부수효과도 얻게 된다. 국내 아웃소싱 시장규모는 96년 20조원에서 2001년에는 100조원에 이를 것으로 예상된다. 정부에서도 올해 67개 부문의 업무를 민간에 위탁키로 결정해 정부차원의 아웃소싱이 활성화될 전망이다.

제5절 사업자등록 및 소호(SOHO)

1. 사업자등록절차

아무리 규모가 작은 소호라고 해도 사업은 사업이며, 벌어들이는 액수가 적어도 세금은 내야 한다. 그렇다면 세금은 어떻게 거둬지는가. 이런 목적에서 만들어진 것이 사업자등록 제도이다. 세무서는 등록된 사업자에게 사업을 해 돈을 벌 기회를 주고, 벌어들인 수익에 대해서는 세금을 거둔다. 사업자 등록을 하지 않고 사업을 하는 사람에게는 그만큼 불이익이 가해지도록 해 모든 사업자가 등록을 하도록 유도하고 있다. 사업을 시작했을 때 가장 시급히 처리해야 할 법률적·행정적 문제는 바로 사업자등록이다. 이때 부여받은 등록번호와 등록증은 모든 상거래에서 빠짐없이 사용되며 세금납부시에도 꼭 필요하다. 그렇다면 이렇게 중요한 사업자등록은 어떻게 하면 되는 것일까.

사업자등록은 사업을 시작한 날로부터 20일 안에 관할 세무서에 하는 것이 원칙이다. 사업자등록을 하려면 세무서 민원봉사실에 비치된 사업자등록신청서, 주민등록등본(법인의 경우 법인등기부등본), 사업허가증(약국, 음식점, 개인택시 등 허가나 등록을 해야 하는 사업에 한함) 등을 준비한다. 사업자등록증은 신청일로부터 일주일 내에 발급된다.

그런데 사업을 개시하기에 앞서 물품을 구입하거나 시설투자를 할 계획이라면 사업을 개시하기 전 사업자등록을 해 매입세금계산서를 교부 받아 둔다. 그러면 그때 부담한 부가가치세를 돌려 받을 수 있다. 만약 사업개시 전 사업자등록을 했다가 사업을 하지 않게 됐을 때는 어떻게 해야 되는가? 물론 지체없이 관할 세무서에 폐업신고를 해야 한다.

그렇다면 '사업자등록을 하지 않으면 안 되는가?'하는 의문이 생긴다. 사업자등록을 하지 않아도 되지만 등록증 없이 사업을 하면 가산세가 부과되는 등 법적 제재 혹은 불이익이 따른다. 사업 개시일로부터 등록한 날이 속하는 예정신고기간(예정신고기간이 지난 경우에는 그 과세기간)까지의 매출액에 대해 개인은 1퍼센트(과세특례자는 0.5퍼센트), 법인은 2퍼센트에 해당하는 금액을 미등록가산세로 물어야 한다. 또한 구입한 상품에 대한 세금계산서를 교부받을 수 없어 세금을 공제 받지 못하며, 각종 세감면 혜택도 전혀 받을 수 없다. 사업자로 등록하기 전의 부가가치세 매입세액도 공제대상이 아니다. 또 임대차 계약을 한 후 20일 내에 사업자등록을 하지 않으면 임대료에 대한 매입세액도 공제 받지 못한다.

(1) 사업장

사업장이란 사용인이 항상 있으면서 거래의 전부 또는 일부를 행하는 장소를 말하는데, 여러 개 있을 경우에는 사업장마다 사업자등록을 해야 한다. 단, 보관·관리시설만 갖춘 하치장을 설치하고 그날로부터 10일 안에 하치장 관할세무서장에게 하치장 설치신고서를 제출한 경우나 사업장을 이미 소유한 사업자가 각종 대회, 박람회, 국제회의 등이 개최되는 장소에 임시로 사무실을 열 때 임시사업장 관할 세무서장에게 임시사업장 개설신고서를 제출한 경우에는 사업장별로 등록하지 않아도 된다.

(2) 과세·면세

부가가치세가 과세되는 사업만 하는 경우에는 부가가치세법에 의한 사업자등록을 해야 한다. 과세사업과 면세사업을 겸업할 때는 별도로 사업자등록을 할 필요 없이 부가가치세법에 의한 사업자등록만 하면 된다. 면세사업만 하는 경우에는 소득세법(법인의 경우에는 법인세법)에 의한 사업자등록을 해야 한다.

(3) 공동사업

2인 이상이 공동으로 사업을 하는 경우 사업자등록 신청은 공동사업자 중 1인을 대표자로 하고 공동사업자 전원의 주민등록등본을 첨부해 대표자 명의로 신청하며 동업계약서 등의 서류를 함께 제출한다.

(4) 부가가치세의 과세

사업자가 내야 되는 세금은 상품의 거래나 서비스의 제공에 대해 내는 부가가치세와 사업을 해서 얻는 소득에 대해서 내는 소득세로 크게 구분된다. 그러나 생활 필수품의 판매나 의료·교육관련 용역의 제공 또는 신문·도서출판·판매의 경우 등에는 부가가치세를 내지 않는다. 소득세는 사업 결과 얻어진 수입에서 정당하게 사용된 비용을 공제한 후 남는 소득에서 내는 세금을 사업상 결손이 나면 내지 않을 수도 있지만, 부가가치세는 이와는 성격이 다른 세금으로 결손이 날 경우에도 내야 되는 세금이다. 부가가치세는 사업자가 팔 상품의 원가에 이윤을 붙여 계산한 매출가격을 기준으로 계산하여 소비자로부터 받아놓은 세금이다. 현행 소득세법은 4단계 초과누진세율을 적용하고 있다. 따라서 소득을 동업자의 수로 나누어 세율을 적용하면 단일 소득자로 계산한 세금보다 절감된다. 그러나 공동사업자는 거래 등에 있어서 불편할 수 있으므로 종합적으로 검토해야 한다. 개인사업자의 경우에는 사업자등록시 사업자의 유형을 결정해야 한다. 부가가치세가 과세되는 사업자는 매출액의 규모에 따라 간이과세자[8]·일반과세자로 구분되며 부가가치세 계산방법이 다르다.

---

8 간이과세자의 범위
연간 매출액(공급대가)이 4,800만원 미만인 사업자로서, 간이과세 적용이 배제되는 사업 또는 지역에 해당되지 않아야 합니다.

[表 1-6-1] 사업자등록시 필요서류

구 분	사업자등록시 필요한 서류
개 인	사업자 등록신청서, 사업인/허가증사본(필요시), 주민등록등본, 임대차계약서사본(필요시)
법 인	사업자 등록신청서, 법인등기부등본 1부, 사업인/허가증사본(필요시), 대표이사 재산세 납부증명서(보정서류)

2. 소호(SOHO)

(1) 소호의 정의

소호는 소규모 사업장이나 자택을 사업장으로 하는 21세기형의 새로운 사업형태이자 근무형태이다. 소호의 원산지인 미국의 경우, 소호인구는 약 5천만 명으로 근로자 3명 중 1명이 소호족일 정도로 확산됐으며 이들의 매출규모도 연간 4천 5백억 달러에 달하고 있다. 일본도 소호인구가 6백만 명을 돌파했고 앞으로 더욱 늘어날 전망이다.

소호는 기존의 장사개념과는 확연히 다른 새로운 사업방식이다. 소호는 장사가 아닌 사업개념으로 출발해 경영마인드와 마케팅기법을 도입함으로써 시장환경 변화에 적응하기 위한 전문화, 차별화, 하이테크화를 지향한다. 기존의 주먹구구식 장사개념에서 벗어나 전문경영인의 입장에서 사업을 전개한다는 말이다. 소호는 적은 투자비용으로 시작하지만 매출규모는 무한대로 확대할 수 있다는 것이 최대장점으로 꼽히고 있다.

소호에는 음식점, 잡화점, 임대업, 정보제공(IP)업[9] 등 영역의 한계가 없지만 아이템 선정은 성공의 가장 중요한 요소이다. 창업시점의 성장가능성, 창업자본과 전문인력의 수급여부, 수익보장과 대중성을 고려하여 지속적인 수입창출이 가능한지? 자금회전율이 높은 아이템이어야 성공가능성이 높고 차별화 된 틈새시장을 공략해야 하며 소비자의 호기심을 유발할 수 있는 아이템으로 소비성이 높은 세대를 겨냥하는 것이 좋다. 그러나 모방되기 쉽거나 노하우가 없는 업종은 가급적 피해야 한다.

자신의 적성에 맞는 업종을 골라 시장성조사를 거쳐 사업아이템이 선정되면 '사업계획→ 사업장 선정→창업→영업활동' 순으로 이어지는데 선정된 아이템에 맞는 효과적인 판촉과 서비스 차별전략을 수립해야한다.

---

9 IP(Information Provider)
CAPTAIN(문자도형정보 네트워크 시스템)이나 CATV에서는 방송측이 매력 있는 필요한 정보를 제공할 필요가 있다. IP가 충실하지 못하면 이용자들이 이용하지 않는다. CAPTAIN과 CATV의 보급에 따라 급속히 증가하고 있다.

[表 1-6-2] 소호 성공전략 - 소호성공비법 10개항

① 업종선택	② 경영마인트와 마케팅기법 도입
③ 장소선택	④ 전문화, 차별화, 하이테크화
⑤ 가족 동의	⑥ 고객중심적 사고 및 행동
⑦ 창업자금 최소화	⑧ 근면과 친절
⑨ 적성에 맞는 아이템 선정	⑩ 정확한 수치분석

(2) 아이템 선정

자신에게 꼭 맞는 아이템을 찾으려면 다음 세 가지 사항을 명심해야 한다.

첫째, 자신의 경력이나 취미생활 등 자신이 가장 잘할 수 있는 것을 중심으로 아이템을 찾는다. 방송작가로 다년간 경험을 쌓았다면 방송작가가 되는 법을 데이터베이스로 구축해 제공하는 것이 현명하다. 대학생때 아르바이트 겸 취미생활로 비디오 번역을 주로 했다면 프리랜서 영상번역가로 활동해보는 것을 타진할 만하다. 학창시절부터 안 해본 게임이 없다면 짧은 시간에 게임을 끝내는 법이나 게임별 특징 등을 분석해 게임 평론가가 될 수도 있다. 방송국 PD였던 사람이 갑자기 프린터 대여점을 한다거나 집에서 살림만 해온 주부가 증권 정보를 제공한다면 그 분야에서 수년간 일해 온 사람들과 경쟁이 되지 않는다.

둘째, 남이 성공했다고 반드시 자기도 성공하리라는 보장은 없다. 남들이 하는 것을 그대로 따라하면 실패할 확률이 높다는 뜻이다. 소호족이 되기 위해 누구나 넘보는 영역은 IP 사업이다. 사실 자본금 없이 혼자 집에서 사업을 시작하려는 소호족들에게 IP 사업만큼 만만한 것도 없다. 그러나 IP사업을 시작했다고 해서 누구나 성공하는 것은 아니다. 국내 IP 중 고소득을 올리는 IP는 전체 사업자 중 10퍼센트 미만이라는 각 PC 통신사의 발표자료가 이를 입증한다. 가장 중요한 것은 국내외에 알려진 소호창업 아이템을 꼼꼼히 살피고 자신에게 꼭 맞는 아이템이 되도록 스스로 시장을 발굴하는 노력이 필요하다는 것이다.

셋째, 처음부터 비싼 장비를 구입하고 고속 통신 환경을 구축하는데 너무 많은 비용을 투자하는 것은 어리석은 일이다. 돈이 없는 사람들은 하고 싶어도 못하지만 어느 정도 여유자금이 있는 사람들은 소호 창업도 창업이라며 남들이 사업을 시작하듯 그럴듯한 업무 환경 구축에 시간과 돈을 허비한다. 어느 통신망에 정보를 제공할지 정하지도 않은 상태에서 무조건 ISDN부터 설치한다거나 동영상을 제공한다며 고가의 비디오 편집기를 마련하는 것 등은 그야말로 낭비이다. 있는 것을 잘 활용해 자본금 없이 자기 자신을 밑천으로 시작하는 것이 소호 창업인 만큼 이는 소호족의 기본에도 어긋난다. 일단 아이템을 찾고 가공해 일을 시작한 후 어느 정도 수입이 들어오는지 살피면서 필요한 환경을 하나하나 마련하는 것이야말로 성공의 지름길이다. 이미 성공한 소호족들을 살펴봐도 처음부터 좋은 장비로, 좋은 환경에서 일을 시작한 이는 한 명도 없다.[10]

보/충/강/의

- 주식(stock)

주식회사의 자본을 이루는 단위로서의 금액 및 이를 전제로 한 주주의 권리·의무(주주권)를 말한다. 주식회사는 자본단체이므로 자본이 없이는 성립할 수 없다. 자본은 사원인 주주의 출자이며, 권리와 의무의 단위로서의 주식으로 나누어진다. 따라서 주식에는 자본을 구성하는 분자로서의 금액의 뜻과, 주주의 회사에 대한 권리·의무의 단위인 주주권으로서의 뜻이 있다. 주식과 유사한 것에 합명회사나 합자회사의 지분이 있으나, 주식은 1인이 많이 소유할 수 있는 데 대하여 지분은 각인의 출자분을 각각 하나의 지분으로 하는 점에 양자의 차이가 있다. 일반적으로 주식과 주권을 혼동하는 일이 많으나, 주권은 유가증권이다. 주식을 줄여 '주'라고 하며, 소유자를 '주주'라고 한다.

1. 자본구성분자로서의 주식

   주식회사의 자본은 주식으로 분할하여야 하며, 주식의 금액은 균일하여야 한다(상법 제329조). 따라서 주식은 자본을 균일하게 나눈 단위로서의 금액을 표시한다. 외국의 입법례에는 자본에 대한 분수적 비례만을 표시하고, 주권에 금액을 기재하지 않는 무액면주식도 있으나, 상법은 주식을 일정한 금액으로 표시하는 금액주식만을 인정하고 있다. 따라서 자본과 주식의 관련이 밀접하여, 주식은 사원의 출자를 측정하는 단위, 즉 자본의 구성분자로서의 금액을 뜻하게 된다.

2. 주주의 권리·의무의 단위로서의 주식

   회사에 대한 사원의 지위를 지분이라 하는데, 자본단체로서의 주식회사에 있어서의 지분, 즉 주주의 지위를 주식이라 한다. 주주는 주주라는 자격에서 회사에 대하여 여러 권리를 가지며, 출자의무를 부담한다. 이와 같은 여러 권리·의무를 발생시키는 기초가 되는 회사와 주주간의법률관계, 주관적으로 말하면 사원의 회사에 대한 법률상의 지위를 주주권이라 한다. 주주권은 자본의 구성분자인 금액으로서의 주식을 단위로 하여 인정되는 것이므로, 주주의 회사에 대한 권리·의무는 주주권이라는 뜻을 지니는 주식을 단위로 하여 결정된다.

3. 전환주식(convertible share)

   다른 종류의 주식으로 전환할 수 있는 권리(전환권)가 인정된 주식. 상법은 구상법과는 달리 신주발행의 경우뿐만 아니라 회사설립시에도 전환주식을 발행할 수 있게 하고 있다. 회사가 전환주식을 발행하려면, 전환을 청구할 수 있다는 뜻과 전환의 조건, 청구기간 및 전환으로 인하여 발행되는 주식의 수와 내용을 정관으로 정하여야 하고(제346조 제1항), 주식청약서 또는 신주인수권증서에도 그 내용을 기재하여야 한다(제347조). 주식의 전환은 기존 주식의 내용변경이 아니라 기존 주식을 소멸시키고 그 대신 신주를 발행하는 것이므로, 회사는 전환청구의 기간 내에는 전환으로 인하여 발행할 주식의 수는 그 발행을 보류하여야 한다(제346조 제2항).

4. 전환사채(convertible bond)

   사채로서 발행되었지만 일정기간 경과 후 소유자의 청구에 의하여 주식(보통주식)으로 전환할 수 있는 사채. 전환사채가 제도화된 이유는 신규사업의 착수 등에 있어 장기자금의 조달을 용이하게 하려는 데서 찾을 수 있다. 흔히 회사의 수익상태가 의심스러운 때는 주식보다도 사채의 보유가 자금공급자에게 선호되며, 또 수익성도 높은 경우가 많다. 그래서 회사의 수익성이 향상되어 주식의 배당수익이 사채의 이자수입보다 높아진 시점에서 주식으로 전환할 수 있는 이점이 있으면 자금공급이 보다 증가될 것이다. 즉, 주가상승으로 주식으로의 전환이 진행되면 회사로서는 비교적 수월하게 자기자본의 충실을 기할 수 있다는 이점이 있다.
   이러한 관점에서 한국의 상법은 전환사채의 발행을 인정하고 있으며, 그 발행절차 등에 관해서도 명확히 규정한다(상법 제513~516조).

5. 정크본드(junk bond)

   신용등급이 낮은 기업이 발행하는 고위험·고수익 채권. 정크(junk)란 쓰레기를 뜻하는 말로 직역하면 쓰레기 같은 채권이다. 일반적으로 기업의 신용등급이 아주 낮아 회사채 발행이 불가능한 기업이 발행하는 회사채로 고수익채권 또는 열등채라고도 부른다. 신용도가 낮은 회사가 발행한 채권으로 원리금 상환에 대한 불이행 위험이 큰 만큼 이자가 높기 때문에 중요한 투자 대상이 된다.

10 資料 : PC LINE 98년 5월호

제7장
경영전략론

제1절 경영전략의 의의

경영전략(business stratage)이라고 하면 기업이 미래에 수행하여야 할 방향을 정하는 것으로서, 기업이 추구하고 있는 경영의 목적을 달성하기 위한 방법 과 기업의 내·외부의 환경변화에 대한 전체적인 경영활동을 계획적으로 적용시키기 위한 기업의 방침을 경영전략이라고 한다. 다시 말하면 기업의 기본적인 장기목표를 결정하고 이의 달성에 필요한 활동방향을 정하며, 목표달성에 소요되는 자원을 분배하는 것을 말한다. 의사결정이론의 진전으로 경영활동과 경영환경과의 관계가 중요시되고 환경 지향적인 연구가 현대경영학에 있어 중요과제로 등장되었으며 이는 1960년대 이후가 된다. 이로써 나타난 이론적 연구가 경영전략론이다. 이는 종래의 경영정책론을 흡수하게 되었으며 오늘날에는 전략경영론(strategic management)으로 진전되고 있다.

기업이 어떤 방향으로 나가야 하는지, 그것을 실현시키기 위한 방법은 무엇인지를 결정하는 것을 전략이라고 하는데, 예를 들어 항해하는 배가 나침반 없이 항해 할 수 없는 것처럼, 전략이 없는 기업은 있을 수 없으며, 전략이 없는 기업은 망할 수밖에 없다는 것이다.

또한 아무리 훌륭한 전략이 있다 하더라도 그 전략을 실행하는 실천이 없으면 성과는 기대할 수 없으며 『전략×실행 = 성과』라는 등식이 성립된다.

전략이 없어도 실시 능력만 있으면, 발로 뛰는 것만큼 성과를 낼 수 있다는 것으로서, 전략과 실천의 중요성을 알고 있어야 한다.

때문에 전략은 "최고경영자의 의지가 담긴 포괄적인 계획"이 되어야 한다.

1. 전략수립의 과정

전략을 세우는 과정을 간략히 이야기하면

① 조직의 궁극적인 목표를 확인하고

② 조직의 여건을 분석하며

③ 가능한 대안을 선택하는 것으로

예를 들면 경영자의 장기적이며 궁극적인 전망이 "인류를 질병으로부터의 해방"이라고 하면, 이것을 달성하기 위해서는 암을 정복하는 것이 그 목표가 되는 것이며, 이를 위해 그 기업이 처해 있는 환경분석으로는 외부환경으로 선진국 제약회사의 기술수준에 도달해야 하는 것이다. 그런데 자사의 기술능력은 선진국 제약회사에 비해 약 2년 정도 뒤지는 것으로 평가되었다면, 그 기업의 경영전략은 모든 조직의 힘을 투입해 앞으로 5년 이내에 암정복 치료제를 개발하기로 하는 것이다.

2. 구성원에 대한 회사전략의 인식

전략은 목표관리와 융합되어야 하는데, 목표관리라고 하면 경영자가 부하와 협의하여 활동목표를 정하고, 그 활동목표에 따라 부하의 실적을 평가하는 제도를 목표관리라고 할 수 있으며

- 그 전략을 실행하는 방법으로는 조직구조의 변경, 급여와 상여 시스템 활용, 기업 문화의 재점검, 교육훈련 실시 등이 있다.
- 경영전략이라는 것도 환경에 적응하는 것으로써 이를 과잉적응하면 실패할 수 있다는 것도 잊지 말아야 한다.

사/례/연/구

- 일본의 시세이도(資生堂) 화장품회사의 실사례

「시세이도」라는 회사는 화장품을 사용하는 분은 누구나 알 수 있는 유명회사로서 지금도 일본 화장품 시장의 선두그룹 메이커이지만 시장환경에 과잉 적응함으로써 실패한 사례가 있다. 이 회사는 소비자의 제품 반응을 조사하여 소비자의 요구를 반영한 신제품을 시장에 계속적으로 내 놓았다. 신제품을 개발하여 제품을 출시하는데 많은 시간과 비용 그리고 많은 연구인력을 투입하여 신제품을 출시하였지만 회사의 매출액은 증가하지 않고 현상 유지 또는 오히려 감소하였다고 한다. 회사에서는 이러한 원인을 분석한 결과, 소비자는 신제품이 너무나 빨리 시장에 나오기 때문에 제품에 대한 신뢰감이 떨어지는 현상이 나타나게 되어 소비자는 그 회사의 제품을 구입하기를 꺼리는 기현상이 나타났었다고 한다. 이와 같이 시장 환경에 적응하는 것도 너무나 지나치게 되면, 기업은 비용을 투입하면서도 매출이 증가하지 못하는 비경제적인 일이 발생할 수 있다는 것이다.

제2절 전략경영

1. 전략경영의 의의

점점 복잡해지고 변화가 심한 경영환경에 처하여 있는 현대 기업들은 기업내부의 효율적 관리에만 의존해서는 더 이상 생존하기 힘든 상황에 있다. 경영자들은 기업의 생존과 번영을 위해 기업을 둘러싸고 있는 사회, 경제, 정치, 문화 등 일반환경 조건들 뿐만 아니라 경쟁자, 공급자, 소비자, 정부정책 등 사업환경의 변화를 면밀하게 검토하고 창조적으로 대응하여야 한다. 전략경영은 바로 "어떻게 기업이 복잡화되고 급변하는 환경속에서 장기적으로 생존하고 성장하는가?"라는 문제를 다룬다.

2. 전략경영의 정의

전략경영이란 일반적으로 기업목표를 달성하기 위하여 고안된 계획들을 입안하고 실천하기 위한 의사결정과 행위들의 집합으로 정의할 수 있다. 즉 전략경영은 기업의 미래방향을 결정하고 기업의 중장기 목표를 달성하기 위해 내려진 의사결정들을 실천하는 것이라고 할 수 있다. 이러한 전략경영은 정해진 방향 속에서 효율적 업무수행에만 초점을 두는 업무수준의 관리와는 본질적으로 다르다.

전략경영은 업무관리와는 달리 기업조직을 특정 부분이 아니라 기업 전체적 관점에서 파악한다. 또한 주된 관심이 일상적으로 반복되는 의사결정이 아니라 환경과의 관계설정과 관련된 전략적 의사결정에 있다. 이때 우리는 전략적 의사결정이 어떤 내용들로 구성되어 있고, 그것이 어떠한 과정을 통해 만들어지는지를 이해할 필요가 있다. 왜냐하면 이러한 이해를 기초로 특정 기업이 처하여 있는 전략적 문제가 무엇인지를 규명해 내고 해결방안들을 제시할 수 있는 능력을 키워 나갈 수 있기 때문이다.

3. 전략적 의사결정

전략경영은 업무관리와 달리 전략적 의사결정(decision making)에 주된 관심을 둔다. 그렇다면 어떠한 것들이 전략적 의사결정인가? 물론 의사결정이 전략적으로 중요한 정도는 기업이 처하여 있는 상황과 시점에 따라 다를 수 있다. 의사결정론의 입장에서는 경영관리란 의사결정과정(decision making process)이라고 보고 있다. 경영계획도 의사결정에 의한 것이고 통제를 어떻게 할 것인가 혹은 그대로 둘 것인가를 결정하는 것도 의사결정이며 경영상의 문제점을 해결하기 위해 어떠한 의사결정이 선행되고 그 결정에 따라 행동이 나타난다. 따라서 의사결정은 문제해결 과정이기도 하다.

경영계획은 기업경영을 하는 경우 장래에 생길 문제를 예측하고 그 문제를 해결하기 위한 대체안을 탐구한 다음에 각 대체안을 평가하여 선택하는 과정이다. 따라서 경영계획의 본질은 의사결정이며 문제해결과정이라 할 수 있다. 그럼에도 불구하고 경영계획을 의사결정과정이라고 생각하지 않는 것은 첫째로 의사결정과정은 대체안의 선택과정만을 뜻하는 것으로 생각하였고 둘째는 계획의 사무적인 작성과정만을 중시한 데 그 원인이 있다.

의사결정은 정보의 수집·처리·전달의 사고과정(thought process)과 자원의 획득·위탁·배분의 행동과정(action process)을 포함하게 되며 양자의 교량적 역할을 하게 된다.

(1) 정보과정

이것은 경제적·기술적·사회적인 환경을 분석하고 그것에 적응하는 의사결정을 하기 위하여 정보를 수집·전달(communication)하는 과정을 말한다.

(2) 설계과정

설계과정은 문제해결을 위하여 가능한 대체적인 수단·방법을 모색·개발·분석하는 과정이다. 정보수집에 의하여 수집된 자료와 그 분석을 통하여 선택된 지식에 의거하여 문제해결을 위한 몇 가지 대체안을 작성하여 검토한다.

(3) 선택과정

탐구된 가능한 대체안 중에서 하나를 실행하기 위하여 선택하는 과정이다. 이러한 일련의 과정은 분리시켜서 생각할 수 없으며 어떠한 활동이 나타나기 전에 행하여지는 의사결정과정인 것이다.

종래에 OR이나 미시경제학에 따른 의사결정과정은 대체안의 평가와 선택의 과정만을 문제로 하였다. 그러나 문제발견을 위한 정보처리(data processing)와 대체안의 탐구과정을 중시해야 한다. 왜냐하면 불확실성하에서 의사결정을 해야 하기 때문이다. 한편, 경영계획은 기업이나 조직 속에서 행하여지므로 그 의사결정과정은 조직적 의사결정과정(organizational desion-making process)이며 따라서 행동과학적 의사결정론이 적용됨으로써 그 실천성이 높여질 수 있는 것이다.[1]

1 김준식 외, 상게서, p.416

대체로 다음과 같은 특성을 갖는 의사결정의 경우 전략경영의 대상이 된다고 할 수 있다.

① 최고경영자의 의사결정 참여를 필요로 한다. 전략적인 문제는 보통 기업내 여러 부문에 동시에 관계되기 때문에 전사적(전사적) 안목과 자원배분의 권한을 가진 최고경영자의 의사결정을 필요로 한다.

② 대규모의 자원동원을 필요로 한다. 전략적 의사결정은 보통 장기적 관점의 투자를 필요로 하며, 자본·인적자원·물적 자산에 관한 심각한 배분문제를 발생시킨다.

③ 기업의 경영성과에 장기적인 영향을 미친다. 전략적 의사결정은 장기투자의 문제를 다루며, 이러한 투자결과의 영향은 기업에 오랜 기간 동안 영향을 미친다.

④ 미래지향적이다. 전략적 의사결정은 현재의 지식과 정보보다는 미래에 대한 예측과 판단에 기초한다.

⑤ 각 경영기능 또는 사업단위들에게 파급효과가 크다. 전략적 의사결정은 기업 내 각 부분들과 복잡한 관계를 가지며 자원 및 책임의 재분배라는 측면에서 중요한 영향을 미친다.

⑥ 외부환경에 대한 고려를 중요시한다. 기업은 환경변화로 인한 영향을 심각하게 받으며, 전략적 의사결정은 경쟁자·소비자·공급자·정부 등 외부로부터의 영향에 대해 효과적으로 대응함을 주된 과제로 한다.

4. 전략경영의 구성요소

전략경영의 수행과정에 관하여 기존의 경영전략 교과서들은 여러 가지 내용들을 제시하고 있다. 주로 미국 경영학자들에 의해 제시된 이 구성요소들은 학자에 따라 다소 차이가 있으나, 대체로 전략의 수립(formulation)과 실천(implementation)으로 대별하여 볼 수 있다. 이 때 전략의 수립이란 기업의 외부환경과 내부자원을 분석하여 적절한 전략을 선택하는 것을 말한다. 그리고 전략의 실천은 이렇게 선택된 전략이 제대로 실천되도록 적절한 조직구조와 통제시스템을 설계하는 것을 의미한다.

전략경영의 구성요소들을 좀더 구체적으로 살펴보면 다음과 같다.

첫째, 기업의 목표를 설정한다. 기업목표는 그 기업조직이 존재하는 이유와 무엇을 해야 하는지에 관한 근거를 제공한다. 기업은 이러한 목표에 근거하여 전략을 수립하고 평가한다.

둘째, 기업이 처하여 있는 외부환경을 분석한다. 외부환경의 분석은 기업이 당면하고 있는 전략적 기회와 위협들을 도출하기 위함이다. 이 때 분석의 대상이 되는 외부환경이란 정치, 경제, 사회, 문화 등 거시적 환경요일들 뿐만 아니라 기업이 속하여 있는 산업의 경제적 구조 등을 포함한다.

셋째, 기업 내부의 자원과 역량을 파악한다. 이러한 내부분석은 기업의 강점과 약점을 파악하기 위한 것이다. 이를 위하여 기업이 보유하고 있는 자원의 양적 및 질적 수준을 평가하고, 경쟁우위를 가져다주는 기업의 독특한 내부역량을 파악한다.

넷째, 전략적 대안들을 도출하고 가장 바람직한 전략을 선택한다. 설정된 기업목표, 내부 강점과 약점, 외부환경으로부터의 기회와 위협을 종합적으로 고려하여 가능한 전략적 대안들을 도출하고, 이 중 가장 바람직한 전략을 선택한다 즉, 환경적 기회를 최대한으로 활용하고 자신의 강점을 살릴 수 있는 전략을 선택해 나간다는 것이다.

다섯째, 선택된 전략을 실천하기 위해 조직구조와 통제시스템을 설계하는 등 조직내부를 정비한다. 어떠한 전략을 실천하느냐에 따라 요구되는 조직구조의 특성과 조직통제의 방법이 달라진다. 따라서 선택된 전략에 적합하도록 조직구조와 통제시스템을 설계하여야 한다.

여섯째, 전략 실천의 결과를 평가하여 미래 의사결정에 피드백한다. 선택된 전략이 일단 실천되면 그 결과가 기업목표의 달성에 어느 정도 기여했는지를 평가한다. 그리고 그 평가 결과를 다시 다음 단계의 전략 수립과 실천에 반영한다. 그리하여 기존의 기업목표와 전략이 적절한지, 아니면 변화시켜야 하는지를 결정한다. 위와 같은 전략경영의 구성요소들은 합리적인 전략의 수립과 실천을 통하여 목표달성에 유리한 방향으로 외부환경과 상호작용하도록 하는 데 그 목적이 있다.

5. 전략경영의 세 수준(Three Levels)

전략경영은 의사결정이 이루어지는 기업 내부의 수준에 따라 몇 가지로 나누어 볼 수 있다. 여러 가지 서로 다른 사업들을 동시에 수행하는 다중사업(multibusiness) 기업의 경우 일반적으로 다음에서 보는 바와 같이 전사적·사업부·기능별 수준에서 각각 전략경영이 이루어진다고 할 수 있다.

(1) 전사적 수준(Corporate Level)

전사적 수준에서의 전략경영은 전략본부의 책임을 맡고 있는 최고 경영층에 의해 이루어진다. 이것은 주로 기업의 전체목표를 정의하고, 무슨 사업에 참여하며 어떻게 사업2부들간에 자원을 2배분할 것인가를 결정한다. 따라서 전사적 수준의 전략경영은 새로운 사업영역의 선택, 기존 사업의 포기, 성장의 우선순위 결정, 장기적 자본조달 방안, 배당 정책 등과 관련된 문제들을 다룬다. 이와 같은 문제들은 기업전체적 관점과 장기적 시야를 필요로 하며, 잠재적 수익성이 높은 반면 위험부담이 높은 것이 특징이다. 전사적 수준의 의사결정은 보통 최고경영자가 전략스탭의 도움을 받아 결정하거나 이사회의 결의를 통해 결정한다.

(2) 사업부 수준(Business Level)

여러 사업들을 동시에 영위하는 기업의 경우 여러 개의 독자적인 사업부들이 존재한다. 각 사업부는 각기 독자적인 사업영역을 가지고 있으며, 생산, 마케팅, 재무, 인사 등 독자적인 경영기능들을 소유하고 있다. 사업부 수준의 전략경영이란 이러한 개별 사업부 안에서 이루어지는 것을 말한다.

전사적 전략경영이 기업 전체의 관점에서 사업의 균형을 이루는 데 주안점을 두는 것에 반해, 사업부 수준의 전략경영은 특정 사업에 국한된 전략적 의사결정들을 주 내용으로 한다. 즉 이것은 전사적 수준에서 결정된 전략적 방향과 목표에 입각하여 개별사업의 영위에 필요한 구체적 전략들을 결정한다. 따라서 사업부 수준의 전략경영은 미리 정해진 사업영역 안에서 어떻게 경쟁자들과 효과적으로 경쟁해 나갈 것인가의 문제를 주로 다룬다. 사업부 수준에서의 전략적 의사결정은 시장 세분화, 유통채널, 원가구조, 공장입지 등과 같이 상대적으로 구체적이고 경쟁우위의 확보와 관련된 것이 대부분이다.

(3) 기능별 수준(Functional Level)

기능별 전략경영은 궁극적으로 각 경영기능별 경영자들이 담당한다. 이것은 생산, 마케팅, 재무, 인사, 연구개발 등 각 경영기능에서의 단기적 목표와 전략방안들을 강구함을 주 내용으로 한다. 기능별 수준에서의 의사결정은 사업부 수준에서 결정된 전략을 실천하는 것과 직접 관련되어 있다. 따라서 기능별 수준의 전략들은 앞에서 설명한 사업부 수준에서의 전략들과 일관성을 가져야 한다.

기능별 수준에서의 전략적 의사결정은 전사적 또는 사업부 전략에 비하여 단기적이며 보다 구체적이다. 즉, 이 의사결정은 주로 생산시스템의 효율성 제고, 적정재고 수준의 결정, 고객서비스의 질적 향상, 연구 개발의 방법결정 등과 같은 실천적 문제를 다룬다.

6. 전략경영의 유형

(1) 제품의 표준화전략과 다각화전략

1) 표준화전략

표준화, 단순화, 전문화를 주축으로 제품개발과 시장침투가 핵심적 내용을 구성하고 있다. 제품의 라이프사이클에 따른 제품개발과, 계열화, 확대전략 등이 구체적으로 나타나는 전략이며, 최근에는 생산성향상을 위한 측면에서 생산성전략이 나타나기도 한다.

2) 다각화전략

시장환경의 급변화와 위협으로 더 이상의 표준화전략이 어려운 경우에는 이에 적절한 대응이 필요하게 되었다. 따라서 시장지향전략이 출현하게 되었으며, GM의 시장세분화와 시장 개발이 대표적인 예이다.

(2) 신제품개발전략(제품개발)

새로운 제품이 계속개발 되므로 이에 대한 대응이 필요하다. 제품 수명주기상에서 성숙기에 있는 경우에 신제품개발이 요구된다. 이 경우에는 기술도입을 하거나 자체적으로 개발하여야 한다. 중요한 것은 자체적으로 연구개발능력을 가지고 있어야 한다는 것이다. 그 이유는, 선진국의 기술 자체가 과도기적인 경우, 동태적 기술이기 때문에 지속적인 혁신이 없이는 일시적 효과만이 나타나기 때문이다.

(3) 신시장개척전략(시장개발)

기존 제품의 판매지역을 새로 개척하거나 고객층을 다양화함으로써 잠재적인 수요시장을 창출하는 것을 말한다.

① 기존제품에 대한 새로운 수요를 불러일으키는 것.
② 세분시장화 하거나 다각화, 또는 해외시장에 대한 진출 등
③ 다국적 기업화 : 독자적인 활동 또는 종합상사를 통한 진출 등
④ 시장다변화의 장점과 한계감의 위험을 피할 수 있다.
⑤ 마케팅능력을 분산→효율적인 통제 곤란시 전체적 의미의 효율성 상실
⑥ 엄청난 자금이 필요한데 한정된 자원 배분시 한 지역에서도 우위를 차지할 수 없는 경우 발생

(4) 산업경쟁전략과 포트폴리오전략

1) 경쟁전략

포터는 산업의 경쟁적 구조분석을 전제로 개별기업의 장점·약점을 분석하고 이에 의한 대응전략을 전개하였다. 이에 따라 산업의 기회와 위협, 기업의 강점과 약점, 전략실행자의 개인적 가치, 사회적 기대를 모두 고려하였을 때 사회적으로 실행 가능한 바람직한 경쟁전략이라고 하였다.

경쟁전략을 위해서는 산업구조분석이 필수적이며, 산업 내 경쟁자, 잠재적 진입자, 공급자, 구매자, 대체품의 5가지 측면의 경쟁요인에 대한 분석이 필수적으로 이루어 져야 한다.

이렇게 해서 나타나는 경쟁전략의 형태에는 기본적으로 3가지가 있으며, 이러한 전략을

추구하는 기업은 성과가 높음을 제시하고 있다.

① 차별화전략

자사제품이나 서비스를 차별화 함으로써 다른 기업에 비해 특이성을 강조하고 경쟁우위를 차지하려는 전략형태이다.

② 원가주도전략

원가측면에 최우선을 두고 다른 기업에 비해 원가우위를 유지하려는 전략형태이다.

③ 집중화전략

특정 구매자라든가 특정 제품 및 시장에 초점을 두고 그 분야에서만 우위를 유지하려는 전략형태이다.

위의 3가지 형태의 전략 중 어느 곳에도 속하지 않는 경우의 기업은 성과가 낮다.

2) 포트폴리오 전략

포트폴리오[2] 전략이란 경영전략계획의 일환으로 기업의 환경위험을 분석해서 이에 적응가능 하도록 기업잠재능력의 개발을 위해 새로이 고안된 것이며 전략요소의 결합으로 전략을 형성해 나아가는 것이라 하겠다. 이에 전략요소는 포트폴리오 형성에 있어 차원을 구성하며 전략형성에 있어 중요시되는 제약요소가 된다.

포트폴리오는 수많은 제품 및 사업단위를 갖는 기업의 전략문제에 확산되었으며 제품 및 사업포트폴리오가 1972년 GE사의 요청에 의해 BCG에 의하여 개발되어 시장의 성장 / 점유 매트릭스(growth / share matrix)에 의한 포트폴리오전략 또는 계획으로 알려졌다. 경쟁자와 경쟁적관계에 있어 자사의 잠재력을 개발하기 창안된 것으로 경험곡선[3]과 PIMS를 기본으로 제품포트폴리오 전략을 전개하고 있다.

① 경험곡선

제품 단위당 비용이 누적생산량이 배가함에 따라 약 20-30%의 비율로 감소한다는 경험적 가설이며, 산업전체나 개별생산에도 적용된다는 점에서 학습곡선보다 그 범위가 넓고 적용가능성이 높다.

---

2 포트폴리오(portfolio)의 원래의 뜻은 유가증권의 목록이며 재무관리에서는 두 개 혹은 그 이상 자산의 조합 또는 결합(combination of two or more assets)으로 정의 된다. 1952년 마코비쯔(H. Markowitz)의 논문「Portfolio Selection」이 발표된 후 많은 발전을 거듭하고 있다.

3 경험곡선(經驗曲線, experience curve)
기업의 코스트변화를 나타내는 곡선. 제품의 단위당 실질 코스트는 누적경험량(누적 생산량 또는 판매량)이 증가함에 따라 일정 비율로 저하 되어 나간다. 그 저하율은 누적생산량 또는 판매량이 2 배가 되면 코스트는 20% 정도 떨어진다는 것이 일반적이다. 누적생산량이 큰 기업은 코스트도 낮고 수익성도 높다. 이 곡선은 기업의 경영전략을 구상하는 데 기초가 된다.

② PIMS프로젝트

PIMS는 특정사업에 있어 투자수익률이 전략변화에 어떤 영향을 미치는지, 전략변화가 투자수익률에 어떤 영향을 미치는지를 분석하고자 한 것으로 실증결과 시장 점유율이 투자수익률에 가장 큰 영향을 미치는 요인임을 밝혀냈다.

시장점유율 변화에 따른 세 가지 전략유형이 나타날 수 있다.

㉠ 구축전략 : 신제품 도입, 추가마케팅 프로그램 등의 수단에 의해 시장점유율을 적극적으로 향상하는 전략

㉡ 유지전략 : 현존 시장점유율을 유지하기 위한 전략

㉢ 철수전략 : 시장점유율을 낮춤으로써 높은 단기수익과 현금흐름을 성취하기 위한 전략

③ 제품포트폴리오

상대적 시장점유율과 시장성장률이라는 두 축을 바탕으로 제품포트폴리오 매트릭스를 구성하고, 각 상한별로 전략과 관리적 측면에 대한 해결책을 제시하고 있다.

제3절 효율적인 경영전략

1. 목표관리제도(MBO : Management by Objectives)

(1) 목표관리제도의 의의

목표에 의한 관리는 부하와 합의하여 목표를 정하고 이를 바탕으로 실적을 평가하는 제도를 말하는데 경영자들로부터 대단한 호평을 받았다. 이 제도는 부하가 달성해야할 목표를 정할 때 계획기간과 함께 내용을 구체적인 숫자로 표시하고 정기적으로 만나 진행상황을 점검하며 평가를 해주고 고충을 들어준다는 것이다. MBO 이론은 1965년 피터 드러커(Peter Drucker)가 그의 저서 "경영의 실제"에서 주장한 이론이다.

이 이론에 의하면 경영자는 종업원들로 하여금 직접 자신들의 업무목표를 설정하는 과정에 참여하도록 함으로써 같이 적절한 목표를 설정하고, 이를 기준으로 하여 작업실적을 평가한다. 따라서 경영자와 종업원 모두가 만족할 수 있는 경영목표를 설정할 수 있으며 특히 종업원들은 자신에 대한 평가방법을 미리 알고 업무에 임하고, 평가시에도 합의에 의해 설정된 목표달성 정도에 따라 업적을 평가하며 그 결과는 피이드백(feedback) 과정을 통하여 경영계획 수립에 반영된다. MBO 이론은 다음 4가지의 특징을 가지고 있다.

① 구체적인 목표
② 부하참여
③ 계획기간 명시
④ 실적평가

(2) MBO 이론의 장점과 단점

1) 장점

① 평가기준을 설정할 때 각 구성원들이 맡고 있는 직무의 특수한 성격을 고려할 수 있다.
② 계획기간 동안에 이루어야 할 명확한 목표가 있으므로 강한 동기부여 에 의해 근로자들이 더욱 열심히 일을 한다.
③ 개인적 특성보다는 업무성과에 촛점을 맞추고 있으며 평가(Rating) 보다는 개발(Developing)에 중점을 두고 있다.

2) 단점

① 업무성과를 지나치게 강조하다보면 업무의 무형적인 측면에 대한 비중이 낮아진다.
② 측정가능요인을 목표로 정해야 하는데 이 과정에서 자료의 왜곡 또는 낮은 목표를 설정할 수 있다.
③ 단계별 실행을 위해서 많은 시간과 노력이 필요하며 목표관리를 위해 많은 서류작업이 요구될 수 있다.
④ 결과 위주의 이론이므로 절차상 필요한 정보를 제공해주지 못할 수가 있다.

(3) 목표관리와 기업철학

① MBO는 종업원의 동기부여와 업적평가에 중점
② MBO는 실천상의 최대의 포인트는 동기부여와 업적평가의 PROCESS를 어떻게 조화시키느냐에 있다. MBO의 도입으로 명확하게 된 조직의 과제, 문제점을 어떻게 해결하고 또한 MBO를 자사의 경영철학 이념에 따라 어떻게 충실하게 해 가느냐는 오랜 시간에 걸친 경영자·관리자 및 모든 사원의 협동과 노력여하에 의한 것임을 명심해야 한다.

(4) 목표의 설정

목표에 의한 관리(MBO)가 성공하느냐 여부는 설정한 목표의 좋고 나쁨으로 결정된다. 기업의 대부분에서 세운 목표가 그림의 떡이나 부하의 코 끝에 매단 당근이 되는 것은 평가에 사용할 수 없는 목표를 설정하고 있기 때문이다.

1) 목표설정의 3가지 STEP

① step 1 : 목표설정을 위한 준비를 한다.

㉠ 부하

ⓐ 개개의 업무에 요구되는 성과를 list-up한다.

ⓑ 직장을 둘러 싼 내외의 과제를 pick-up한다.

ⓒ 회사의 방침, 전략을 체크한다.

㉡ 관리자

ⓐ 역할을 분석하고 성과를 명확히 하게 한다.

ⓑ 시장·고객의 니즈 동향을 부하에게 파악하게 하고, 필요한 정보를 제공한다.

ⓒ 부하가 알 수 있도록 회사의 방침을 설명한다.

② step 2 : 목표를 설정

㉠ 부하

ⓐ 목표설정을 위한 자료를 정리하고 몰두할 과제를 명확히 한다.

ⓑ 몰두한 과제에 우선순위를 부여하고 중점목표를 정한다.

ⓒ "언제까지" 할 것인가를 정한다.

ⓓ 구체적인 목표로 전환한다.

ⓔ "어느 정도" 할 것인가를 정한다.

ⓕ 목표의 난이도를 정한다.

ⓖ 목표설정 시트에 기입한다.

㉡ 관리자

무엇을, 어느 정도, 언제까지, 어떻게 달성할 것인지를 기술하게 한다.

③ step 3 : 목표 면접을 행한다.

2) 목표설정을 위한 구체적인 방법

① step 1 : 목표설정을 위한 준비

"개개의 업무에 요구되는 성과" list-up 방법

㉠ 자기가 하고 있는 모든 업무 활동을 작성하게 한다.

이 경우 부·과로서 행하는 행동이 아니라, 각자가 담당하는 개개의 업무 활동을 추출해 내는 것이 중요하다.

㉡ 작성한 업무활동을 정리하고, 분류한다.

㉢ 업무활동을 통해서 어떤 성과를 산출해 내야 하는가를 생각케 한다. 본인은 자기의 역할이라고 인식하지 않았던 일이 실은 회사가 그 부하에게 요구하고 있는 업무인 경우에는 왜 그 업무가 필요한지를 부하에게 이해시켜야 한다.

㉣ 구체적인 목표를 전환한다.

우선 순위가 부여된 명백한 과제를 구체적인 목표로써 표현을 고쳐 써야 한다. 목표로 전환할 때 "강화한다", "철저히 한다"라고 하는 것처럼 추상적인 표현을 사용하면 평가단계에서 어디까지 철저하면 좋다고 할 것인지가 문제로 된다. 따라서 목표설정의 시점에서 미리 기준을 정해 둘 필요가 있다. 숫자로 나타낼 수 있는 것은 수치화하고 그것이 곤란한 것은 달성되었을 때의 상태가 구체적으로 전달되도록 표현한다.

ⓜ "어느 정도"해야 할까 결정한다.

달성기준을 목표설정단계에서 설정할 수가 있으면 평가단계에서 부하도 납득할 수 있는 평가를 얻게 된다.

ⓗ 목표의 난이도를 정한다.

달성도만 평가하면 어려운 목표에 도전한 사람이 달성도가 낮게 되어 결과적으로 낮은 평가가 된다. 그래서 개개의 목표를 혁신성, 규모의 크기, risk정도, 전문성정도 등으로 분석하여 난이도를 결정하고 이를 업무비중에 반영한다. 또한 동일목표에 도전하더라도 입사 5년차인 사람과 2년차인 사람은 자연히 난이도의 기준이 달라진다.

② step 2 : 목표설정 방법

㉠ 부하 본인에게 목표를 설정하게 한다. (빠뜨려서는 안 되는 3가지 Point → ⓐ 무엇을, ⓑ 어느 정도, ⓒ 언제까지)

㉡ 목표설정을 위한 자료를 준비하고, 몰두할 과제를 명확히 한다.

ⓐ 업무목표 : 매출액 등과 같이 「정량적」으로 목표치를 설정할 수 있는 것이다.

ⓑ 활동목표 : 업적목표를 달성하기 위한 프로세스이다.

ⓒ 전략목표 : 경영방침 등 비약적인 업적목표를 겨냥하기 위해 현상을 타파하는 것이다.

㉢ 몰두할 과제에 우선순위를 부여하고, 중점목표를 결정한다.

ⓐ 우선도

- 급히 해결해야 하는 것은 어느 것인가?
- 가 과제는 지금부터 손을 쓰지 않으면 2~3년 후에 큰 차이가 생길 문제인가?

ⓑ 중요도

- 가 과제는 환경변화로 보아 그대로 방치해 두면, 회사를 위기에 빠지게 할 위험이 있는가?
- 가 과제에 도전하면 회사 혹은 부문으로서 공헌도나 효과성이 기대될 수 있는 것인가?

ⓒ 착수가능도

- 용이하게 착수할 수 있는 과제인가?
- 가 과제는 종래의 업무방식이나 전제조건을 부정하지 않으면 달성 할 수 없는 과제인가?

ⓓ 난이도

- 가 과제의 level 의 높이는 어떤가?
- 가 과제는 누구나 불가능하다고 생각하여 손을 쓰지 않고 있는 영역인가?

ⓔ 방침적합도 : 어느 정도 회사의 방침에 부합되고 있는가?

㉣ 「언제까지」 행할 것인가를 정한다.

③ step 3 : 목표면접 실시

부하가 세운 목표의 「내용」과 관리자가 부하에 대해서 기대하는 목표의 「내용」을 대비하여 최종적으로 목표의 내용을 결정한다.

(5) 목표의 전개

1) 「목표달성」이라는 목표를 겨냥한 실행계획을 세운다.

목표를 달성한 단계에서 목표관리라는 큰 일을 끝마친 것으로 안심해 버리는 관리자가 많다. 그러나 목표의 설정은 목표관리의 목표가 아니라 출발점이다. 아무리 훌륭한 목표를 설정하더라도 달성에 요하는 행동으로 연결되지 않으면, 목표는 "그림의 떡"이 된다. 떡을 실제로 맛보기 위해 어떠한 절차를 밟으면 좋은 가, 실행계획을 세워서 실천해야 한다. 물론, 목표(goal)까지의 스토리를 그리고, 드라마의 주역을 맡은 것은 부하 본인이지만, 지원해 주느냐가 좋은 결과를 낳는 지름길이 된다.

2) 목표에 입각한 MANAGEMENT CYCLE을 돌리는 방법을 익힌다.

본인의 자주성, 자립심을 유지하면서 능력을 향상시킨다고 하는 부하육성은 입으로 말하는 만큼 쉽지 않다. 목표설정이 끝난 단계에서, 마침내 목표달성을 향하여 첫발을 내딛기 시작한 부하를 어떻게 지도, 원조해갈까. 그 방법(how to)을 익힌다.

(6) 목표달성을 위한 지도·육성방법

① 목표를 달성한 사람의 예를 들어 어떻게 행하면 좋은가를 보여준다.
② back-up 체제를 갖추고, 시도할 가치가 있는 장면을 설정해서 실제로 지켜본다.
③ 부하 본인의 자주성, 자립성을 위해서 부하와의 사이에는 적당한 거리를 두고 권한을 위양하면서 도전하게 한다.

(7) MBO제도의 주의점

① 목표지상주의 ② 숫자중시
③ 시간낭비 ④ 상의하달

2. 워크아웃타운미팅(Work Out Town Meeting)

워크아웃타운미팅은 조직 내 다양한 계층의 구성원이 다양한 업무 프로세스 개선에 적극적으로 참여하도록 함으로써 조직혁신과 생산성 향상의 메카니즘으로 활용된다. 대표적 다국적 기업인 GE가 소기업처럼 신속하게 환경변화에 대응하고 지속적인 생산성 향상을 이루는데 크게 기여한 경영기법이 워크아웃이다. 워크아웃은 워크아웃타운미팅이라는 일종의 경영게임을 통해 이루어진다.

(1) 워크아웃타운미팅이란

워크아웃타운미팅은 마을 회의를 하듯이 자유스럽고 거침없는 분위기에서 토론을 진행하는 형식의 회의이다. 타운미팅에서는 계층별, 분야별, 지역별 제한 없이 특정 업무에 관련된 조직 구성원들이 일정한 장소(대개 호텔 등 회사 외부의 장소)에 모여 업무에 관련된 문제점을 검토하고 개선을 위한 아이디어를 서로 교환한다. 회사의 외부에서 자유로운 옷차림으로 회의가 이루어지는 이유는 참석자들의 창의적 사고를 촉진시키기 위한 세심한 배려이다. 또한 나중에 있을지도 모르는 처벌에 대한 두려움 없이 참여자들이 솔직하게 이야기할 수 있도록 하기 위해, 토의 중에는 상사들을 참여시키지 않는다.

(2) 독특한 운영 방식

워크아웃타운미팅은 효과적인 문세해결을 위해 독특한 운영방식을 활용한다.

첫째, 전문 양성과정을 거친 회의 진행자(Facilitator)를 활용하여 효율적인 회의 진행이 이루어지도록 한다. 회의 진행자는 회의 도중 특정 개인이 발언권을 독점하는 것을 방지하고, 회의가 주어진 주제에서 벗어나지 않도록 세심하게 조정한다. 또한 다른 사람의 의견에 대한 대안 없는 반대 의견 제시를 통제하고, 제시된 의견은 있는 그대로 첨삭없이 기록되도록 한다.

둘째, 업무 관련자들이 이미 알고 있는 문제부터 개선함으로써 생동감 있는 분위기를 창출한다. 현장에서 직접 업무를 수행하는 종업원들이 평소에 느껴오던 문제를 제시하고 이에 대한 개선안을 관련 업무 담당자들과 토론함으로써 회의 진행을 원활하게 할 수 있다. 또한 이러한 현실적인 문제들에 대한 개선은 워크아웃타운미팅의 효과성에 대한 조직 구성원들의 공감대를 형성하게 된다. 이로 인해 워크아웃타운미팅에 대한 조직 구성원의 신뢰와 적극적 참여를 유도하게 된다.

셋째, 보고서가 아닌 대화와 토론을 통한 문제 해결 및 프로세스 개선을 추구한다. 과거의 많은 개선 노력들이 보고서라는 형태를 거침으로써 상사의 책상 위에서 그대로 사장되는 경우가 많았다. 타운 미팅에서는 보고서가 아닌 대화를 통해 개선안을 도출하고 상사에게 알림으로써 신속한 개선을 이룰 수 있다.

넷째, 개선 제안 사항에 대해 해당 업무 담당 관리자가 즉시 가부를 결정한다. 관리자는 타운 미팅 결과에 대한 자기 의견을 설명할 수 없으며 단지 채택, 반대, 추가 자료요청의 3가지 반응만 나타낼 수 있다. 또한 발표가 끝나는 대로 개선을 적극적으로 추진할 담당자를 지정하여 권한과 책임을 부여함으로써 신속하고 효과적인 문제 해결이 가능하다.

(3) 조직 변화의 촉진제

워크아웃타운미팅은 많은 부분에서 생산성 및 품질의 향상을 이루어냈을 뿐만 아니라 관리자와 부하 직원의 관계에 근본적인 변화를 가져왔다. 즉 관리자들이 현장 작업자들의 아이디어에 신속하게 반응하도록 변화시킴으로써 현장 작업자들이 조직 변화와 혁신 과정의 주체가 되도록 하였다. 따라서 성공적인 조직 혁신을 위해 조직 구성원의 참여와 공감을 유도하는 메카니즘으로서 워크아웃타운미팅의 성과는 탁월하다 할 수 있다.[4]

3. 임파워먼트(Empowerment)

임파워먼트를 성공적으로 실행하기 위해서는 조직 구성원들이 능동적으로 자신의 역할 수준을 재정립하고 업무를 추진해 나갈 수 있도록 해야 한다.

요즈음 기업들이 가장 관심을 두고 있는 사항 중의 하나는 어떻게 하면 조직 구성원들이 담당 과업을 보다 의미있게 느끼고, 자율적으로 조직에 헌신할 수 있도록 만드느냐 하는 것이다. 이러한 관점에서 중요하게 부각되고 있는 개념이 바로 임파워먼트(Empowerment)이다.

(1) 임파워먼트란?

임파워먼트를 단어 그대로 해석하면 「파워(Power)를 부여하는 것」이라고 말할 수 있다. 그런데 여기에서 파워(Power)는 권한과 능력이라는 두 가지 의미를 가지고 있다. 실제로 Webster 사전은 empower의 뜻을 권한을 부여하다(give authority to)와 능력을 부여하다(give ability to)의 두 가지로 설명하고 있다. 따라서 임파워먼트란 실무자들의 업무 수행 능력을 제고시키고, 관리자들이 지니고 있는 권한을 실무자에게 이양하여 그들의 책임 범위를 확대함으로써 종업원들이 보유하고 있는 잠재 능력 및 창의력을 최대한 발휘하도록 하는 방법이라고 말할 수 있다. 경쟁 환경이 급변하는 현 상황에서는 변화를 신속하게 인지하고, 여기

4 주간경제 399호, 1997. 1. 30, 백경래

에 적절하게 대응하는 구성원의 능력이 기업 성공의 가장 중요한 핵심 역량으로 부각되고 있다. 따라서 임파워먼트에 대한 관심도가 높아지고 있는 것이다.

임파워먼트의 실행을 통해 기업은 다음과 같은 효과를 얻을 수 있다.

첫째, 구성원의 보유 능력을 최대한 발휘하게 하고 그들의 직무 몰입을 극대화 할 수 있다.

둘째, 업무 수행상의 문제점과 그 해결 방안을 가장 잘 알고 있는 실무자들이 고객들에게 적절한 대응을 하게 됨으로써 품질과 서비스 수준을 제고할 수 있게 된다.

셋째, 고객 접점에서의 시장 대응이 보다 신속하고 탄력적으로 이루어진다.

넷째, 지시·점검·감독·감시·연락·조정 등에 필요한 노력과 비용이 줄어들기 때문에 코스트가 절감된다.

(2) 임파워먼트가 제대로 안 되는 이유

임파워먼트의 취지와 효과가 아무리 바람직하다 할지라도 이를 실행에 옮기지 못하면 의미가 없다. 실제로 임파워먼트를 추진하고 있는 많은 기업들이 어려움을 겪고 있는데, 그 주된 이유는 다음과 같다.

1) 관료적 문화

관료적 문화를 가진 조직은 변화나 위험을 감수하고 새로운 아이디어를 장려하기보다는 현재의 상황을 유지하려는 경향이 강하다. 이러한 문화에 젖은 기업은 미래에 대한 명확한 비전 제시나, 실질적 변화에 필요한 지원을 제대로 하시 못한다. 또한 장기적인 성과보다는 단기적 성과에 집착하는 경향이 강하며, 보상 시스템을 통해 현재 상황의 유지를 더욱 공고히 다지는 경우가 다반사이다. 따라서 이러한 문화 속에서 경영자가 아무리 임파워먼트를 외친다 할지라도 대부분의 조직 구성원들은 오히려 현재의 구도 속에 안주하는 것이 더 바람직하다는 메시지를 얻게 되는 것이다.

2) 갈등의 발생

상하간 또는 부문간 발생하는 갈등도 성공적인 임파워먼트의 실행을 가로막는 장애물이다. 대부분의 관리자들은 자신의 권한을 하위자에게 위임하는 것을 별로 달가워하지 않는다. 설사 위임을 하였다 할지라도 하위자가 자신의 의지에 반하는 의사결정을 하는 경우 그 종업원에게 불이익을 주는 경향이 있다. 때로는 관리자들이 임파워먼트를 자신들의 책임 회피를 위한 수단으로 사용하는 경우도 있다. 즉, 과업이 성공했을 때는 그 열매를 같이 공유하지만, 실패시에는 그 책임을 부하에게 전가하는 것이다. 이러한 경우 상하간의 신뢰는 깨지게 되고 구성원들은 자신의 창의력을 발휘하고 소신있는 의사결정을 내리기보다는 상사의 눈치를 보는 등 자기 보신에 더 신경을 쓰게 된다.

3) 구성원들의 스킬 부족

업무 부담이 너무 크거나 스킬 및 지식의 부족 등으로 인해 조직 구성원들이 주어진 일만 하기에도 시간이 부족한 경우가 있다. 이러한 작업 환경 하에서 뭔가 새로운 아이디어를 생각해 내고 새로운 일을 주도적으로 추진한다는 것은 매우 힘든 일이다.

종업원들을 임파워먼트시키기 위해서는 이러한 장애 요인을 제거하여야 한다. 관리자들은 구성원에 대한 통제를 최소한으로 줄이고, 구성원들을 신뢰하며 어느 정도의 위험을 감수함으로써 그들의 잠재 능력이 발휘될 수 있도록 하여야 한다. 그러나 많은 사람들이 동의하는 일이지만 통제를 포기한다는 것은 결코 쉽지 않은 일이다. 관리자들은 자신들이 임파워먼트되기를 원하지만 다른 사람이 임파워먼트되는 것을 원하지 않는 듯한 행동을 보이는 경우가 종종 있다.

(3) 성공적 실행을 위한 환경 조성

임파워먼트가 효과적으로 실행되기 위한 환경 조성을 위해서는 다음과 같은 노력이 필요하다.

1) 명확한 비전과 원칙 제시

임파워먼트가 성공적으로 실행되기 위해서는 기업의 비전과 전략 방향이 명확하게 제시되어야 한다. 또한 구성원들에게 임파워먼트의 의미를 명확하게 이해시켜야 한다. 조직 구성원들은 이러한 이해를 바탕으로 상사의 허락이나 지침을 기다리지 않고 자기 스스로 업무를 수행하며 조직 성과와 개인의 능력을 향상시킬 수 있다. 동시에 구성원들이 가지고 있는 재량권의 한계가 어디까지인가를 확실하게 인식시켜야 한다. 이러한 가이드 라인이 없다면 구성원들은 임파워먼트되기 보다는 오히려 혼란을 느끼게 될 것이다. 리츠-칼튼(Ritz-Carlton)은 고객 만족을 자사의 가장 중요한 전략 과제로 제시하고 있다. 따라서 모든 종업원들은 불만을 갖는 손님들을 만족시키기 위해 모든 노력을 기울여야 한다. 하지만 거기에 소요되는 비용이 2,500달러를 초과하지 못하도록 한계를 두고 있다. 메리엇(Marriott)은 '안전 구역(Safe Zones)'이라는 것을 제시하고 있다. 이에 근거하여 종업원들은 스스로 의사결정을 내려야 할 상황과 그렇지 않는 상황을 명확하게 인식하고 있다.

2) 인적 자산을 중시하는 기업 문화 구축

기업은 구성원들이 회사가 자신들을 임파워먼트시키기 위해 노력하고 있다는 것을 느낄 수 있도록 인적 자산을 중시하는 문화를 구축하여야 한다. 예를 들어 리바이 스트라우스(Levi Strauss)는 "우리는 우리의 구성원들이 존경받고 있으며, 정당하게 대우받고, 자신들의 의견이 존중되고 있으며, 기업의 일원이라고 느끼기를 원한다. 우리는 우리의 종업원들이 회사에 공헌하고, 새로운 것을 학습하고, 성장할 수 있는 기회를 가질 수 있기 때문에 자부심을 갖고 회사에 남아 있으려 하는 기업이 되기를 원한다"라고 명시함으로써 인적 자산의 중요성을 강조하고 있다.

구성원들은 그들의 직업과 회사에 대해서 긍지를 느껴야 하며, 다른 구성원들과 문제를 해결하기 위해 함께 일하고 있다는 동료애를 느껴야 한다. 또한 구성원들은 자신들이 존중받고 있으며, 자신들의 의견이 경청되고 있다는 것을 느낄 수 있어야 한다. 이런 감정을 느낄 수 있어야 개인은 자신이 맡은 일에 주인의식을 갖고 성과 향상을 위해 열성을 다해 노력하게 된다.

3) 실패에 대한 격려

임파워먼트는 새로운 아이디어를 생각해 내고 과거의 관행에 얽매이지 않고 새로운 행동방식을 실험해 나가는 것을 권장한다. 따라서 이에는 위험이 수반되기 마련이다. 기업은 구성원들이 이러한 위험을 감수하고 업무를 주도적으로 추진하는 동안 발생하는 실패에 대해서는 그것을 인정하고 격려하는 문화를 가져야 한다. 만약 업무수행시 발생한 실수에 대해 강력한 제재가 가해진다면, 대부분의 조직 구성원들은 상사의 허락을 받기 전에는 새로운 업무를 수행하려고 하지 않을 것이다.

몇 년 전 UPS의 한 종업원이 크리스마스 시즌에 배달 물량이 밀리자 이들 물품을 적시에 고객에게 보내기 위해 보잉 737기를 주문하였다. 물론 이러한 행동은 이 종업원의 권한 영역 밖의 일 이였다. 그러나 회사는 그 종업원에게 제재를 가하기보다는 그가 주도적으로 일을 처리하려고 노력한 것에 대해 높이 평가하고 격려하였다.

4) 공정한 보상

임파워먼트된 종업원들은 그들의 책임감의 증가에 따라 보상이 이루어져야 한다. 성공에 대한 적절한 보상은 생산성을 향상시키고 조직에 대한 관심도 및 몰입도를 제고시킬 수 있는 방법이다. 공정하고 적절한 보상을 통해 기업은 구성원 모두가 자신의 능력 개발을 위해 열심히 노력하고, 신바람나게 일할 수 있는 조직 풍토를 구축할 수 있다.

모든 관리자들은 조직 문화의 일부로서 이러한 환경이 확립될 수 있도록 해야 한다. 만약 이러한 환경이 조직의 기본으로 확립될 수 있다면 임파워먼트 실행의 성공 가능성은 매우 높을 것이다. 그러나 그것만으로 충분하지 못하다.

(4) 역할 재정립의 마인드 개발

기업이 아무리 훌륭한 관리 방식이나 시스템 구축을 통해 임파워먼트를 지원하는 환경을 구축한다고 해도 구성원들 스스로 임파워먼트되기를 원하지 않는다면 아무런 소용이 없다.

결국 임파워먼트의 핵심은 조직의 구성원들이 얼마나 능동적으로 조직 내에서 자신의 역할 수준을 재정립하고 이를 실행해 나가려고 하는 마인드를 확립하느냐 하는 데 있다. 아직도 많은 조직 구성원들은 스스로 주도권을 쥐고 업무를 수행하기보다는 현실에 안주하는 위험 회피적인 태도를 갖고 있는 경우가 대부분이다. 따라서 기업은 교육 등 다양한 방법을 통해 개인들이 다음과 같은 특성을 갖도록 하여야 한다.

① 전체적인 전략 방향이 제시되면 조직 구성원들은 그들의 업무목표 달성방법의 선택에 대한 재량권을 갖고 의사결정을 할 수 있어야 한다.

② 조직 구성원들이 자신이 하는 일에 대해 주인 의식을 갖고 열정을 바치도록 하여야 한다.

③ 담당 과업을 제대로 수행할 수 있는 능력을 보유하고 있으며, 또한 자신들의 능력을 통해 업무 목표를 달성할 수 있다는 자신감을 가질 수 있도록 하여야 한다.

④ 구성원들이 자신의 수행 과업에 대해 영향력을 가지고 있으며, 상급자나 동료들이 자신의 의견을 존중하고 있다고 느낄 수 있어야 한다.

포드(Ford)는 구성원들에게 조직 내에서 자신들의 역할을 재 설정할 수 있는데 도움을 주기 위해 중간 관리자를 대상으로 훈련 프로그램을 운영하고 있다(사례 참조).

(5) 능력과 리더십의 조화

임파워먼트에 관한 많은 문제점들은 구성원들의 능력과 관리자들의 리더십 스타일이 제대로 조화되지 못했기 때문에 발생한다. 따라서 임파워먼트가 성공적으로 실행되기 위해서는 구성원들의 능력 정도에 따라 적절한 리더십이 발휘되어야 한다.

만약 구성원들이 임파워먼트를 실행할 수 있는 능력이 전혀 갖추어지지 않는 상황이라고 판단되면 명령/지시 위주의 통제형 리더십이 성과를 달성하는데 더 바람직하다. 능력이 부족한 구성원들에게는 교육과 보다 밀접한 통제가 필요하다. 따라서 리더는 부하들에게 전체 과업을 분담해 수행하도록 하며 업무조정과 통제를 수행하여야 한다. 동시에 지속적인 교육을 통해 과업에 대한 주인의식과 고 난이도의 과업을 수행할 수 있는 능력을 개발시켜 나가야 한다.

반면 어느 정도 능력이 갖추어진 구성원들에게는 재량권을 일부 부여하는 대신 구성원들의 취약한 부분에 대해서는 어느 정도의 의사결정권을 유지하는 참여적 리더십이 적절하다. 마지막으로 임파워먼트를 실행할 수 있는 충분한 능력을 구비하고 있는 구성원들에게는 조언과 폭넓은 가이드 라인만 제공하고 모든 과업에 대한 재량권을 업무 수행자에게 부여하는 코치형 리더십이 적절하다.

임파워먼트에 대한 준비가 전혀 되지 않은 구성원들에게 코치형 리더십을 적용한다면 효과보다는 오히려 부작용이 더 클 것이다. 마찬가지로 구성원들의 능력이 아무리 높다 할지라도 통제형 리더십을 적용한다면 임파워먼트가 발생될 수 없다. 기업은 구성원들의 능력에 따라 책임감의 정도를 적절하게 조정하고, 동시에 능력 개발을 도모함으로써 결과적으로 구성원들이 임파워먼트되어 스스로 업무를 처리할 수 있도록 만들어야 한다.

리엔지니어링의 창시자인 마이클 해머는 미래의 직무는 프로세스와 고객에 초점을 맞추어 재 설계될 것이라고 말하고 있다. 즉, 복잡한 프로세스를 갖지만 단순한 직무가, 단순한 프로세스를 갖지만 복잡한 직무로 대체되어질 것이라고 한다. 이렇게 되면 근로자의 성격도 변한다고 한다. 지금은 감독과 노동이 분리되어 부가가치를 창조하는 근로자가 의사결정 능력을 갖지 못하고 있다. 그러나 앞으로는 각자가 자신의 영역에서 전문성을 발휘하고 자신의 작업 결과에 대한 책임을 지는 전문가의 시대가 될 것이라고 한다.

따라서 향후에는 자율과 책임을 기본으로 하는 임파워먼트의 중요성이 더욱 커질 수밖에 없다. 이제 임파워먼트는 시대의 흐름이 되고 있다. 결국 조직의 구성원들은 스스로 임파워먼트되어 자신의 능력을 향상시켜 자신의 가치를 높이지 못한다면, 조직에서 도태될 수밖에 없다는 것을 인식하여야 한다.

또한 경영자는 자신이 먼저 임파워먼트되지 못한다면 남을 임파워먼트시킨다는 것이 불가능하다는 사실을 인식하고 솔선 수범하여 자기 자신을 임파워먼트시키기 위해 노력하여야 하며, 동시에 구성원들을 임파워먼트시킬 수 있는 환경을 조성하여야 한다.

사/례/연/구

• 임파워먼트 강화를 위한 포드의 LEAD 프로그램

포드사는 구성원들을 임파워먼트 시키기 위해 전체 중간 관리자를 대상으로 리더십 교육 및 개발(Leadership Education and Development, LEAD)이라고 불리는 프로그램을 운영하고 있다. 이 프로그램은 일주일간의 집중 훈련과 6개월 후 시행되는 3일간의 보완 교육으로 구성되어 있다.

일주일간의 집중 훈련과정에서는 현재 회사에서 일어나고 있는 전략적·문화적·조직적 변화에 대한 심도 있는 교육을 실시한다. 프로그램 참가자들에게는 최고 경영자에게만 제공되었던 회사의 전략방향 등과 같은 매우 중요한 정보가 제공된다. 이러한 정보를 토대로 참석자들은 각 사안에 대해 스스로 고민을 하고, 다시 부서의 사람들과 심도 있는 토론을 행한다. 또한 참석자들은 스스로 자신들의 리더십에 대해 평가를 해보고 상사나 동료로부터 피드백을 제공받는다. 포드의 교육 프로그램 담당자들은 교육 참가자들이 하나의 사이클을 통해 임파워먼트에 대한 마인드가 강화된다는 것을 발견하였다.

우선 교육 참가자들은 LEAD 프로그램을 통해 전에는 겪어보지 못한 경험을 하게 되고, 지금까지와는 다른 새로운 관점을 개발하게 된다. 즉, 참가자는 새로운 관점과 사고를 통해 조직에서의 자신의 역할을 재 정의하게 되고, 자기 자신을 회사의 동반자로 생각하게 된다.

이렇게 자신의 역할에 대한 재 정의가 이루어지면 교육 참가자들은 기존의 관습과 전통에 얽매이지 않는 새로운 사고와 행동양식을 보이기 시작한다. 시키는 일에 만족하지 않고 스스로 주도권을 갖고 자기가 맡은 과업을 수행하고, 일부 위험의 발생이 예상되더라도 보다 효율적인 새로운 업무 수행 방식을 생각해 내고 이를 실행에 옮긴다.

이러한 새로운 사고와 행동이 바람직한 결과를 산출한다면 교육 참가자들은 자신들의 이러한 사고와 행동을 더욱 강화하려고 한다. 반면에 바람직한 결과를 산출하지 못하면 그러한 결과가 나온 원인을 분석하고 거기서 교훈을 얻기 위해 노력한다. 이러한 과정을 통해 참가자들은 지속적으로 학습하려는 마인드와 불확실한 환경에 유연하고 적절하게 대응하는 것이 매우 중요하다는 것을 인식한다. 따라서 참가자들은 학습하기 위해 더욱 노력하고 이를 통해 자신의 능력 개발과 성장을 도모하게 된다. 이러한 개인적 성장을 통해 참가자들은 자기 확신을 가지게 된다. 이러한 자기 확신이 일어나면 교육 참가자들은 자신들이 조직과 하나가 되고 자신들이 조직에 몰입된다는 느낌을 가지게 된다고 한다.

교육을 통해 임파워먼트된 참가자들은 자신뿐만 아니라 자신의 동료들을 임파워먼트시키기 위해 노력하게 된다. 그들은 자신의 성공 경험에 대해 이야기하고, 발생되는 문제에 적절히 대응하기 위해 동료들과 현재의 상황에 대한 분석과 토론을 행한다. 이러한 노력을 통해 그들은 동료들이 창의력을 발휘하고, 새로운 아이디어를 실행할 수 있도록 격려하고 분위기를 조성한다. 교육 효과가 전 구성원에게 전파되어 조직 구성원 모두가 자신의 잠재력을 발휘하도록 만드는 시너지 효과가 창출되는 것이다.

새로운 아이디어를 실행하는 데에는 어느 정도 위험이 따르기 때문에 실패도 발생한다. 그런데 이러한 실패나 실수에 대해 처벌이 이루어진다면 구성원들은 새로운 사고 방식을 활용하는 것을 꺼리게 되고, 다시 과거의 관습과 행동으로 되돌아가게 된다. 따라서 포드는 실패가 발생하더라도 대부분의 경우(90% 이상) 구성원들을 격려하고 임파워먼트가 더욱 강화될 수 있도록 지원을 한다. 이렇게 되면 임파워먼트 프로세스는 다시 선순환의 사이클을 구성하여 전체 구성원들이 임파워먼트될 수 있도록 도움을 준다. 6개월이 지난 후에는 그 동안의 교육 성과를 분석하고 발생하는 문제점의 해결 방안과 교육 참가자들의 애로 사항 해결에 도움이 되는 보완교육을 실시한다. 이러한 노력을 통해 포드는 조직 구성원들의 임파워먼트 능력을 제고시키고 있는 것이다.[5]

4. 자기제한행동(Self Limiting Behavior)의 배제

팀제가 성공하기 위해서는 팀 구성원들이 서로 협력하지 않는 현상의 원인을 알고 대처하는 것이 필요하다. 각각 50Kg, 60Kg, 70Kg을 끌 수 있는 A, B, C 세 사람으로 구성된 팀과 150Kg을 끌 수 있는 힘을 가진 동력기간에 줄다리기 경기가 벌어졌다. 세 사람이 끌 수 있는 힘의 합은 180Kg이므로 세 사람이 줄다리기 경기에서 승리할 것으로 예상되었다. 그러나 그들은 줄다리기 경기에서 패하였고, 그들이 쓴 힘의 합은 120Kg에 불과하였다. 이러한 결과가 발생한 것은 바로 자기제한행동(Self Limiting Behavior) 때문이다.

자기제한행동이란 '여러 사람이 함께 일할 때 각 구성원이 전력을 다하지 않는 경향'으로, '백지장도 맞들면 낫다'라는 속담과는 반대되는 이야기이다.

중요한 점은 이러한 자기제한행동이 몰지각한 일부 사람들에게만 나타나는 것이 아니라는 점이다. 왜냐하면 대부분의 사람들이 최소의 비용으로 최대의 결과를 얻으려는 합리성에 기반하여 행동하기 때문이다. 따라서 팀으로 여러 사람이 같이 일하게 된다면, 남이 하는 노력을 이용하고(Free Rider Effect), 인정되는 때에 전력을 다하기 위해(Sucker Effect), 비난을 피할 정도만큼만 노력하는 모습이 종종 나타나게 된다.

(1) 평가 가능성

자기제한행동에 대처하는 하나의 방법은 평가 가능성을 높이는 것이다. 평가 가능성이라는 것은 구성원이 개인적으로 투입한 노력을 인정해 주고 보상해 주는 정도를 의미한다.

5 資料 : LG 경제연구원, 주간경제 461호, 1998. 4. 8., 김범열

즉 각 개인별로 평가, 피드백, 보상이 이루어질 때 평가 가능성이 높아지게 된다. 이를 위해서는

첫째, 함께 일하는 팀 구성원의 수를 가능한 최소화해야 한다. 팀 구성원이 많으면 많을수록 각 개인의 노력을 평가하는 것이 어렵기 때문이다.

둘째, 팀장의 평가 능력을 키워주어야 한다. 팀장은 가장 강력한 평가 원천일 뿐 아니라 격려나 지도 등을 통해 계속적인 동기 유발을 가능케 하기 때문이다.

셋째, 현실적으로 팀장 1인이 모든 구성원들을 정확하게 평가하는 것이 쉽지 않으므로, 동료 평가, 상향 평가 등 다원 평가를 실행하는 것이 필요하다. 만약 이상과 같은 조치로도 평가가능성이 높아지지 않는다면, 팀 의식을 강화하고 팀의 성과를 평가의 기준으로 사용할 수밖에 없다. 이를 위해서는 구성원들이 개인의 이익에 집착하지 않도록 팀의 성과를 크게 보상하는 등의 조치가 필요하다.

(2) 노력의 의미성

자기제한행동은 또한 구성원 스스로가 자신이 기울이는 노력이 할만한 가치가 없다고 생각할 때도 나타난다. 이를 해소하기 위해서는

첫째, 팀장은 명확한 커뮤니케이션 활동을 통해서, 각 구성원이 담당한 과업이 동료들의 과업과 차별화 되고 독특한 공헌을 하고 있다는 사실을 알려주어야 한다.

둘째, 단순하고 지루한 과업의 담당자에게는 직무 순환, 직무 확대 등과 같은 직무 재 설계 조치가 취해져야 한다.

셋째, 창조적이거나 복잡한 과업의 담당자에게는 과업에 대한 자신감을 심어주는 것이 중요하다. 이를 위해서는 교육 훈련과 지도도 필요하지만, 결과보다도 구성원 개인이 투입한 노력을 인정해 주는 것이 중요하다.

마지막으로 협조적인 팀 분위기를 형성하는 것이 필요하다. 그렇게 될 때 팀의 구성원들은 가족처럼 서로 손해를 감수하기도 하고, 자신이 하는 일에 의미를 부여하게 되며, 과업에 대한 책임감을 느끼게 될 것이기 때문이다.[6]

5. O.R(Operation Research)

(1) 시스템이론

영국은 2차 대전을 성공적으로 수행하기 위하여 수학자, 물리학자 등 전문가로 구성된 팀

---

6 주간경제 410호, 1997. 4. 16

을 만들었다. 이 전문가들은 OR(operation research)그룹을 형성하였고 이 팀은 직관이나 경험만으로 해결할 수 없는 복잡한 시스템문제를 수학, 통계학, I.E(Industrial Engineering), 일반과학(자연과학, 물리학, 화학) 등의 과학지식을 이용하여 분석하는 방법을 개발함으로서 문제의 돌파구를 마련하였는데 이를 통하여 전쟁물자의 생산과 병참문제의 해결에 사용하였다. 그 후에 시스템 분석은 국방성에서 인정한 기법으로 수용되었고 사기업으로 확산되어 나갔다.

경영에 대한 시스템적 구조는 아래 그림과 같이 inputs, transformation process, outputs, feedback 의 틀에서 진단함으로써 문제를 해결한다. 투입은 변환과정에 투입되는 인적·물적·재무적·정보적 자원이다. 변환과정은 투입을 산출로 변환시키는 기술이다. 산출은 원래의 투입이 변화된 조건이다. 피드백은 시스템의 상태와 성과에 대한 정보형태로 되어 있다. 시스템이 효율적으로 운영되기 위해서는 피드백이 존재하여야 한다.

조직의 경우 마케팅서베이·재무보고·생산기록·편성과 평가 등을 피드백이라 할 수 있다. 시스템 견해에서 경영은 계획화, 조직화, 지휘 및 통제에 의하여 변환과정을 용이하게 하는 것이다.

[圖 1-7-1] 시스템의 구조

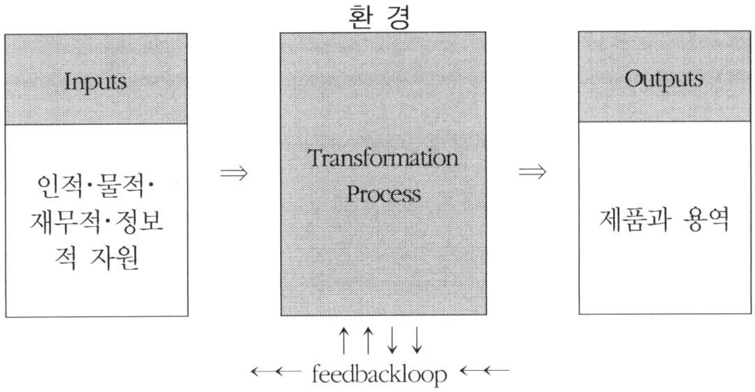

(2) 시스템의 형태와 수준

시스템의 형태에는 폐쇄시스템과 개방시스템이 있다. 폐쇄시스템은 환경과 상호 작용하지 않는 시스템이다. 대부분의 생산시스템은 폐쇄시스템으로 작동한다. 개방시스템은 환경과 상호 작용한다. 마케팅부서의 경우는 고객의 욕구변화에 끊임없이 반응하여야 한다. 또한 개인, 집단, 조직을 더 큰 시스템의 하위 시스템으로 생각해 볼 수도 있다.

사/례/연/구

- 인력관리시스템의 사례연구

[case study 1]

- (주)흥국상사 : 인력관리 시스템 개발을 주도하여 큰 성과를 거둬

흥국상사의 HRIS(Human Resource Information System) 재구축 전의 인력 관리는 대부분의 업무가 수 작업을 통해 이루어지고 있었으며, 몇 몇 고참사원의 노하우에 의존하여 수행되고 있었다. 갈수록 인력관리를 위한 정보가 양·질적 측면에서 다양하고 복잡해지는 상황에서 인력관리 부서원들은 업무시간의 대부분을 자료관리 또는 자료검색을 위해 소요하고 있었고, 이에 따라 SKMS(Sun Kyong Management System)에서 강조하는 동적 요소관리와 Supporting부서로서의 역할은 상대적으로 미약할 수밖에 없었다. 물론 기존에도 10년 전에 개발된 GRIS(인사관리시스템)라는 시스템을 보유하고 있었으나, 자료 관리 측면에서 상당히 복잡하고 어렵게 구성되어 있었다. 따라서 실제 업무에 활용할 수 있는 유용한 인사정보의 부재(인사관리의 기초 데이터만 관리)로 인하여 인력관리 전반을 지원하기에 한계성을 가지게 되었고 그 활용도는 거의 '0'에 가까운 상태였다.

특히 인당 생산성 향상을 위한 인력관리가 이루어지기 위해서는 현업의 부서장들이 부하사원들을 직접 관리하는 특별관리가 필수적임에도 불구하고 부서장들이 부하사원에 대한 신상명세나 경력 등을 파악하기 위해서는 인력 관리팀에 자료를 요청하여 복사본을 받는 정도의 미약한 정보제공이 부서장의 특별관리를 지원하는 유일한 수단이었다.

이에 따라 인력관리팀에서는 인사관리 제 영역과 관련된 효율적인 관리와 동적 요소 향상을 위한 정보의 축적 및 축적된 정보를 실제 업무에 최대한 활용할 수 있도록 지원하는 새로운 인력관리시스템(HRIS)을 개발하였다.

이러한 상황에서는 인력관리팀에서는 HRIS개발을 정보통신팀에 공식적으로 요청하게 되었고, 95년 2월에는 인력관리팀 및 정보통신팀의 관련 인원들이 함께 시스템 개발에 따른 사전계획을 수립하여 HRIS의 기본방향과 목적 및 개발범위를 명확히 하고, 이의 성공적 구현을 위한 조직(T/F팀)구성 및 개발일정을 포함한 전반적인 개발추진 방법 등을 결정하였다.

이렇게 출발한 인력관리시스템의 개발은 다음과 같은 기본 방향을 가지고 시작되었다.

첫째, 기존의 인력관리 업무체계를 그대로 전산화하는 것이 아니고, 업무개선 및 변혁을 도모한다는 것이다.

둘째, 기존의 정보통신팀 위주의 시스템 개발이 아닌, 사용자 중심의 개발이라는 것이다. 인력관리시스템이 기존의 시스템과 차별적인 우월성을 갖기 위해서는 현재 인력관리의 문제점을 정확히 파악하여 개선해야 했기 때문에 이를 위해서 현업중심의 개발이 필수적이나. 너 나아가서는 현업에서 식섭 개발하고 유지, 관리할 수 있어야 한다는 것이다. 그래서 개발조직인 HRIS T/F팀을 인력관리팀 산하에 두고 인력관리팀장이 T/F팀장을 맡았으며 현업의 실무담당자는 Full-Time으로 개발에 참여하기로 결정하였다. 시스템환경으로는 Client/Server 환경을 개발 Tool로는 4GL(4세대 언어)을 사용하기로 하였다.

HRIS 재구축의 목적은 다음과 같다.

첫째, 최고경영층의 의사결정을 지원한다. 이는 전사 인력현황정보 등 의사결정시 필요한 인력과 정보를 업무지시에 의한 보고서를 통하지 않고, 직접 화면에서 수시로 조회할 수 있도록 함으로써 신속한 의사결정을 지원한다.

둘째, 담당임원 및 부서장의 부하 사원에 대한 특별관리를 지원한다. 현업의 담당임원 및 부서장에게 부하 사원에 대한 인사정보를 조회할 수 있도록 함으로써 인력관리 부서에서 수행하던 일반관리 위주의 특별관리를 적극적으로 지원한다.

셋째, 구성원 개개인의 자기계발 욕구를 충족시킨다. 전 구성원이 자신의 인사정보를 조회할 수 있도록 함으로써 스스로 부족한 점에 대한 보완 및 개발을 할 수 있는 동기를 부여하고 교육훈련관리를 시스템내의 통신을 통해 함으로써 신속한 자기계발 정보를 제공받을 수 있도록 한다.

넷째, 인력관리 업무를 체계화, 고도화한다. 인력관리 전 업무가 프로세스별로 재정비됨으로써 인력관리업무 담당자간의 정보공유가 손쉬워졌으며, 보다 높은 수준의 인력관리업무를 수행할 수 있게 됐다.

[개발 팀의 편성과 작업과정]

1. 개발 팀의 구성과 역할

HRIS개발 T/F팀은 앞에서 결정한 기본방향에 따라 사용자 중심의 개발조직으로 편성되어 인력관리팀장이 팀장을 맡고, 기능분석을 담당하기 위하여 인력관리팀에서는 과장과 사원 1명씩이 포함되었다. 기술 지원을 담당하기 위하여 정보 통신 팀에서도 과장과 사원 1명씩이 팀원으로 포함되어 총 5명으로 구성되었다.

또한 정보 통신 팀에서 추진하고 있는 Outsourcing의 원칙에 따라 프로그램 개발자 2명 및 DB담당자 1명을 YC&C로부터 지원을 받고, 여기에 YC&C계약사인 위트정보통신에서 프로그램 개발자 2명을, DBMS의 기술지원을 위하여 KCOM 1명을 지원 받았다.

이와 같이 흥국 상사의 인력관리팀과 정보 통신 팀으로 구성된 TFT는 실질적인 업무수행을 위하여 명확한 업무분담을 통해 서로

상이한 조직구성원(YC&C, 위트정보통신, KCOM 등)들과 유기적으로 호흡을 같이하는 것이 필수적이었기 때문에 다음과 같이 크게 3가지로 역할을 구분하게 되었다.

① Leader 역할 : 인력관리팀에서 파견된 기능분석 담당자

- 기존 업무의 프로세스를 분석, 검증하고, 개선내용을 프로세스에 반영하는 업무분석
- 시스템에서 필요로 하는 데이터 정의
- 필요자료 제공 및 시스템 개발에 따른 단계별 산출물에 대한 검증
- T/F팀 운영의 총괄적 책임 등

② Coordinator역할 : 정보통신팀에서 파견된 기술지원담당자

- 인력관리시스템(HRIS)의 설계 및 타 시스템과의 연계를 위한 호환성 검증
- C/S 환경에 적합한 DBMS 및 개발 Tool의 선정
- 외주업체의 기술력 평가 및 검수
- T/F팀과 각 Supporter와의 원활한 coordination 등

③ Supporter의 역할 : 외주업체(YC&C, 위트정보통신, KCOM)

- Data-Base 디자인 및 DBMS의 안정적 운영을 위한 정보 제공
- 프로그램 설계, Coding 및 Test
- 그 외 개발환경에 필요한 정보제공 및 기술지원 등

2. 개발범위 및 개발단계

작업이 시작되면서 인력관리 업무에 대한 프로세스들을 기능별로 통합, 정리하는 작업을 진행함과 동시에 시스템에 반영해야 하는 업무별 우선순위, 그로 인한 기대효과, 생산성의 향상정도 등을 분석하여 인력관리 업무전반에 대한 체계적이고 정확한 현상파악을 통하여 시스템개발 단계를 개발의 우선순위에 따라 3단계로 구분하였다.

3. 작업내용

HRIS는 사용자 중심의 시스템 구축을 위하여 최고경영층의 신속한 의사결정 지원을 위한 정형적인 보고서는 HRIS화면상에서 여러 유형의 그래프와 함께 검색되도록 하며 현업 부서장의 부서원에 대한 특별관리를 지원하는 부서원의 인사정보에 대한 조회가 가능하도록 하고 구성원들의 자기계발을 지원할 수 있는 구성원 개인에 관련된 인사정보 일부와 모든 교육정보를 구성원이 직접 조회하고 선택할 수 있게 하고 인력관리 부서원의 업무처리 효율을 기하기 위해 인력관리에 관련되어 있는 어떤 유형의 정보도 직접 검색할 수 있는 방법을 제공한다는 데 최대한 역점을 두고 개발되었다.

이러한 개발방향에 부합한 시스템 구축의 성공요인이 사용자가 보고자 하는 정보를 가장 손쉽고 빠르게 볼 수 있도록 하는 정보검색의 용이성과 생산성 향상에 직접적으로 영향을 줄 수 있는 정보의 유연성으로 결정됨에 따라 DBMS로는 다양한 정보검색을 손쉽게 지원할 수 있는 UniSQL이 선정되었고, 개발 Tool은 GUPTA가 선정되었다.

4. HRIS의 세부내용

HRIS는 인사기록, 교육훈련, 조직관리, 채용관리, 인사발령, 인력관리현황, 조건검색, 인력운영, 급여관리, 복리후생, 인사평가, 증명서발급, 시스템 관리 등 13개의 Sub-System으로 구성되어 있으며 각각의 Sub-System은 초기화면에서 사용자가 입력한 사용자 ID 및 Password를 통해서 사용자에게 보안 등급을 부여하는 형태로 구성되어 있다.

① 인사기록 : 인사기록의 화면은 기본사항, 학력사항, 병역사항, 주소, 가족사항, 급여변동사항, 경력사항, 근태 관련사항, 면허·자격사항, 상벌기록, 노동조합 관련사항, 교육기록, 인사자료 등 15개로 구성되어 있으며 각 개인은 자신에 관련된 모든 정보를 조회할 수 있고 조직의 상위자는 하위자에 대한 정보를 조회하여 특별 관리할 수 있도록 하고 있다.

② 조직관리 : 조직관리는 전 구성원이 현재 조직의 구성 및 조직구성원에 대한 기본사항과 조직의 History를 조회할 수 있고, 인력 관리팀에서는 조직개편 작업을 할 수 있도록 구성되어 있다.

③ 교육훈련 : 교육훈련은 전 구성원이 자신에 관련된 교육정보를 조회하고 해당 교육을 신청할 수 있고, 인력관리팀에서는 교육계획의 수립 및 교육진행을 할 수 있도록 구성되어 있다.

④ 인력운영 : 부서장에게 부서의 현 인원 및 부족 인력을 즉시 파악하고 화면에서 바로 필요인력을 신청할 수 있도록 구성되어 있으며, 인력관리팀에서는 이를 통해 장·단기 인력수급 계획을 수립할 수 있다.

⑤ 채용관리 : 채용과 관련이 있는 사람에게만 조회권한이 부여되며 모집에서부터 채용확정까지의 모든 과정들로 화면이 구성되어 있다. (입사지원서·필기시험·면접·종합점수계산·신체검사결과·인사발령 등)

⑥ 인력관리 현황 : 인력관리 현황은 전 구성원이 인력관리에 관련된 현황정보 및 추가정보를 조회할 수 있도록 구성되어 있고, 경영활동과 관련된 정보를 스스로 파악할 수 있도록 Real-Time 조회가 가능하도록 되어 있다.

⑦ 인사발령 : 인사발령은 기존의 전자결재시스템과 연동되며 기안에서부터 최종 승인에 이르는 모든 절차가 시스템 내부에서 처리되도록 되어 있으며, 최종 승인된 발령사항은 시스템에서 직접 텍스트 파일을 만들어서 전자메일을 통해 전 구성원이 공유할 수 있도록 되어 있다.

⑧ 조건검색 : 조건검색은 UniSQL이라는 DBMS의 특징을 최대한 발휘하여 사용자(인력관리 관련인원만 사용가능)가 어떠한 조건을 선택하여도 정보의 검색이 가능하도록 설계되어 있으며, 출력된 정보가 사람과 관련되어 있으면 사진을 함께 검색할 수 있는 기능을 지니고 있다.

⑨ 증명서 발급 : 증명서 발급은 전 구성원이 증명서를 직접 신청하고 발급할 수 있도록 설계되어 있고, 인력관리팀에서는 발급된 증명서에 대한 조회권한을 지니고 있다.

⑩ 급여관리 : 급여관리는 급여계산, 연말정산, 급여예산 편성 및 급여 Simulation으로 구성되어 있다.

⑪ 복리후생 : 복리후생은 전 구성원이 자신과 관련된 복리후생 정보들을 조회하고 기존에 서면으로 신청하던 대부금, 콘도사용 등을 화면에서 직접 신청할 수 있도록 구성되어 있으며, 신청된 정보에 대하여 접수하고 결재할 수 있는 내용으로 설계되어 있다.

⑫ 시스템 관리 : 시스템 관리는 인력관리팀에서 직접 사용자의 Password를 관리하고, HRIS를 구성하고 있는 Table을 제어할 수 있도록 구성되어 있다.

[case study 2]

- 대구은행 : 전산 마인드확산과 직원 의식개혁으로 시스템 정착에 성공

대구 은행은 직원들이 적성·성격·능력·요구 등을 보다 과학적이며 능률적으로 분석하고 정확히 파악하여 적재적소에 배치함으로써 개개인의 능력을 최대한으로 발휘할 수 있도록 지원하는 인사정보시스템의 구축이 선행되어야 한다는 인식 하에 인사정보시스템을 재 구축하게 되었다. 그리고 지속적으로 증가하고 있는 인사 및 교육자료를 수기 관리하는 것이 한계에 도달하여 전산화가 되지 않고는 효율적인 인사관리를 할 수 없는 상황이었다. 이에 집중처리 형태에 따른 제 문제를 해결하고 신속하며 능률적인 의사결정을 지원하기 위해 ① 개발효용 향상 ② 신기술의 접목 ③ 멀티미디어에의 대응 ④ 다중조건 검색 등을 효율적으로 지원하는 시스템 재구축을 추진하였다.

보/충/강/의

- 정원관리(定員管理)

기업의 성패는 핵심 경영 자원이 인적 자원의 관리 정도에 따라 좌우된다고 보아도 과언이 아니다. 효율적 인력운용을 위하여 성력화·자동화·조직개발 등의 여러 방법을 사용하지만 무엇보다도 기본이 되고 중요한 것은 정확한 업무량 측정에 기초를 둔 정원의 산정과 관리라고 할 수 있다.

정원 관리란 경영능률의 향상, 인건비의 절감, 인력 선발 계획 등을 위해 단위조직 직무 직종별로 필요한 적정인원을 산정하며 여러 가지 조건의 변화에 따라 정원을 수정하고 적정하게 유지시키는 활동을 말한다. 일반적으로 정원(적정인원)이란 기업과 구성원이 현재의 기구조직, 기계설비, 작업방법 등을 유지하면서 최선을 다했을 경우, 소정의 업무를 완수하는데 필요한 인원을 말한다.

정원의 개념은 이론적으로 법령에 정해지는 법정정원, 조직기구가 결정됨에 따라서 결정되는 기구정원, 현재의 설비에 의해 자연히 결정되는 방침정원, 업무량에 따라서 결정되는 산정정원 등으로 분류되고 있다. 정원산정은 업무량 측정에 의한 방법이, 총정원의 산정은 거시적인 방법이 유효하다. 보통 업무량의 측정은 직무분석, 시간연구 등의 방법이 사용된다. 정원관리는 정원의 산정뿐만 아니라 적정인력을 배치, 유지하는 전 과정을 포함하므로 인력의 채용 및 배치의 기초가 되며 기업의 인건비 부담, 회사의 손익에 영향을 미치는 요소이다.[7]

7 인사관리, 97. 4, 이성기, 제일제당(주) 인사팀 부장

보/충/강/의

- 팀의 정의 및 기본요건
  - ▸ 팀의 정의(Definition of Team)

    팀이란 공동으로 그들 자신이 책임질 수 있는 공동의 목적·업무수행목표 그리고 업무추진 방법에 전념키로 한 소수의 상호보완적인 기술을 가진 집단이다.
  - ▸ 팀의 기본요건(Team Basics)

    1. 소수의 적정인원 (Small enough in Number, 6 ~ 12)

       팀은 소수의 사람들로 구성되어야 한다. 과업의 특성에 따라 팀 인원수는 차별적으로 운영될 수 있지만, 대체로 6 ~ 12명 정도가 적절한 규모로 여겨진다. 이는 구성원들간의 긴밀한 상호작용을 가능케 하고 팀조직의 유연성을 보장한다는 점에서 중요한 의미를 가진다.
    2. 상호보완적 기능과 능력(Adequate levels of Complementary Skills)

       팀은 보완적인 기능과 능력을 가진 사람들로 구성되어야 한다. 팀의 업무수행 결과가 상승효과를 내기 위해서는 문제해결에 필요한, 다양한 기능을 가진 사람들로 구성되어야 한다. 이는 팀이 결과를 창출할 수 있는 능력을 스스로 보유하게 하는 역할을 한다. 팀의 효과를 제고하기 위해 요구되는 기능으로서는 ① 기능별 전문성, ② 문제해결 및 의사결정 능력, ③ 대인관계 기술 등을 들 수 있다.
    3. 공동목적과 업무수행 목표(Meaningful Purpose & Performance Goals)

       팀은 공동의 목적을 공유하고 업무수행 목표에 몰입하는 사람들로 구성되어야 한다. 전통적 조직단위와 팀의 주요 차이점 중의 하나는 업무수행 목표의 설정과 이에 대한 구성원들의 몰입이다. 목표는 구성원들을 하나의 방향으로 결집시켜 주는 역할을 한다. 팀조직에서는 상위조직의 전략과 전체 목표를 염두에 두고 팀원들간의 협의를 통해서 목표가 설정되어야 한다. 이때 팀의 목표는 업무수행에 지침이 될 수 있도록 구체적이어야 하며, 팀원들이 팀과 자신의 존재에 대해 자부심을 가질 수 있도록 의미있는 목표가 되어야 한다.
    4. 공통의 접근방법(Clear Working Approach)

       팀은 업무수행이나 문제해결을 위해 공통의 접근방법을 사용하여야 한다. 팀이 효과적으로 기능하기 위해서는 업무의 배분과 작업방법, 일정계획, 문제해결 방법 등과 같은 제반 업무수행 방식에 대한 합의가 필요하다. 이는 팀원들간에 잠재적인 불만을 방지하는 역할을 한다. 팀 내 공통의 접근방법은 주요과업의 수행이나 문제해결 과정을 통해 개발되며, 팀의 업무수행 방식에 대한 규범으로서의 역할을 한다.
    5. 상호 책임감(Sense of Mutual Accountability)

       팀의 구성원들은 팀의 업무수행 결과에 대해 상호 책임감을 공유해야 한다. 팀은 구성원들간의 긴밀한 상호작용과 협력을 통한 업무수행을 그 근간으로 하고 있으므로 이러한 팀의 취지가 업무수행 결과에 대한 평가에 반영되어야 한다. 즉, 팀의 업무결과에 대해서는 팀 전체가 공동 책임의식을 가져야 한다. 이러한 공동 책임감은 팀 구성원간에 상호신뢰의 형성과 협력정신을 배양하는 역할을 한다.

☞ 팀의 基本要件(Team Basics)
① 소수의 적정인원(Small enough in Number, 6~12)
② 상호보완적 기능과 능력(Adequate levels of Complementary Skills)
③ 공동목적과 업무수행 목표(Meaningful Purpose & Performance Goals)
④ 공통의 접근방법(Clear Working Approach)
⑤ 상호 책임감(Sense of Mutual Accountability)

6. 지식경영(KM : Knowledge Management)

(1) 지식경영의 의의

최근 지식경영이 전세계적으로 각광을 받으면서 국내에서도 지식경영에 대한 관심이 고조되고 있다. 그 이유는 무엇일까? 그것은 다름이 아니라 경쟁력의 핵심 원천인 지식을 이제까지와는 달리 전략적으로 활용하게 함으로써 경영에 대하여 근본적으로 다시 한 번 되돌아보게 한다는 점에 기인한다고 볼 수 있다.

즉, 과거에는 생산의 3요소를 토지, 노동, 자본으로 파악하거나 3M 즉, 사람(Man), 돈(Money), 원자재(Material)로 생각하였으나 정보화시대, 지식기반 경제시대로 표현되는 21세기에는 지식이 가장 중요한 생산요소임을 지식경영에서 명확히 한 것이다.

- 지식기반경제 시대의 신경영 패러다임
- 지식경영의 목표는 지식을 통한 기업 경쟁력 제고

(2) 지식과 지적자본

지식은 그 개념이 매우 추상적이기 때문에 일반적으로 합의된 정보는 없지만, 정보를 나름대로 해석해서 의미를 부여한 것이라 할 수 있다. 특히 기업경영에 있어서의 지식은 현장적용을 통해 부가가치를 창출하는데 기여해야 진정한 의미가 있는 것이고 지식 그 자체로서 의미가 있는 것은 아니라고 할 수 있다.

지식은 여러 가지로 구분할 수 있다. 먼저 지식의 존재형태에 따라 암묵지(Tacit Knowledge)와 형식지(Explicit Knowledge)로 구분된다. 암묵지는 학습과 경험을 통해 개인에게 습득되어 있지만 겉으로 드러나지 않은 상태의 지식을 의미하며, 형식지는 문서나 매뉴얼처럼 외부로 표출되어 공유할 수 있는 지식을 의미한다. 또한 이전(Transfer)의 곤란성에 따라 지식을 Sticky한 지식과 Slippery한 지식으로 구분할 수도 있는데, 전자의 경우는 이전이 어려운 지식을 의미하며, 암묵지인 경우가 많다. 반면 후자의 경우는 지식을 생성하는 데는 많은 비용이 드나 확산에는 거의 비용이 들지 않는 지식을 의미하며, 형식지인 경우가 많다.

지적자본(Intellectual Capital)은 기업이 보유하고 있는 지식 등과 같은 무형자산을 총칭하는 것으로 구조화, 창출, 획득의 과정을 거쳐 품질, 부가가치, 시장창조, 성장, 경쟁대응력, 자산 활용능력 등 경영 전반에 영향을 미치는 가치창출의 근원이라 할 수 있다.

지적자본은 인적 자본(Human Capital)과 구조적 자본(Structural Capital)으로 구분할 수 있다. 여기서 인적 자본은 개인들에게 저장되어 있는 지식, 경험, 노하우를 일컫는 것으로 혁신의 원천이 된다. 구조적 자본은 개인에게 귀속된 것이 아니라, 기업에 귀속된 것으로 인적자본을 증폭시키는 역할을 한다. 구조적 자본은 다시 내부 자본(Internal Capital)과 고객 자본

(Customer Capital)으로 구분되기도 한다.

(3) 지식경영의 유형

지식경영이란 결국 위에서 이야기한 지식 또는 지적자본을 기업가치 창출로 연결시키는 과정이라 할 수 있다. 즉, 기업이 보유하고 있는 지적자본 뿐만 아니라 구성원 개개인의 지식, 노하우를 체계적으로 발굴하여, 기업 내부의 보편적인 지식으로 공유하고, 공유된 지식의 활용을 통해 기업 전체의 문제해결 능력과 경쟁력을 제고하여 기업가치를 향상시키는 경영방식이라고 할 수 있다. 따라서 지식경영에서는 지식의 창출뿐만 아니라 전파, 공유를 중요하게 여기고 있다.

지식경영의 유형에 대한 논의는 이를 연구하는 학자 수만큼이나 다양하다. 여기서는 지식경영의 유형을 조직이론적 접근방식에 의해 구분하고자 한다. 실제로 지식경영을 도입해 운용하고 있는 기업들의 특징을 분석해 보면 지식경영은

첫째, 기업의 외부요인을 활용한 지식경영

둘째, 기업의 내부요인을 활용한 지식경영

셋째, 기업 내부적인 제도나 방침을 통한 지식경영의 3가지 유형으로 구분된다.

첫 번째 유형은 고객의 신상자료 등과 같은 기업 외부로부터 확보할 수 있는 정보를 축적, 기업경영에 활용하는 유형이다. 이에 해당하는 대표적 기업으로는 베네통, GE, 리츠칼튼호텔 등이 있다.

두 번째 유형은 기업내부의 베스트 프랙티스의 전파와 공유 혹은 기업내의 독특한 문화적 특성을 구축함으로써 전사적인 지식을 축적, 활용하는 기업이다. 3M, 포드, 보잉, 셰브론, BP, 세계적인 컨설팅 업체 등이 이에 해당된다.

세 번째 유형은 경력개발제도나 사무실 공간의 운영방식 또는 파일롯 테스트(Pilot Test)나 시뮬레이션 등과 같은 독특한 제도나 방침을 통해 지식을 전사적으로 축적, 활용하는 유형으로서 IBM, 화이자, 휴렛팩커드, 제록스, 혼다, 마쯔시다 등의 기업이 이에 해당된다.

현재 지식경영의 흐름에는 크게 두 가지가 있다. 하나는 지적자본을 측정, 평가하는 것이고 다른 하나는 지식의 창출과 공유가 활발히 이루어지도록 유도하는 조직구조나 조직문화를 형성하는 것이다. 먼저 첫 번째 추세인 지적자본의 측정과 평가는 지식감사(Knowledge Audit)의 실시와 지식지도(Knowledge Map)의 작성을 통해서 자사의 지식 역량을 객관적으로 확인하고 강화해야 할 부분을 집중적으로 분석할 수 있도록 토대를 제공해 주는데 초점을 둔다.

두 번째의 추세인 조직구조나 조직문화의 형성은 급속히 발전하고 있는 정보기술(IT)의 효과적 활용, 최고지식관리담당임원(CKO)의 임명, 보상과의 연결, 조직구조의 변화 등을 통해 지식이 조직 내에서 원활하게 창출, 공유, 전파되도록 유도하는데 초점을 둔다.

(4) 지식경영 도입 필요성

지식경영은 대기업 또는 첨단기술을 응용하는 기업에서나 적용 가능하다고 생각하는 경우가 많다. 또는 정보기술 시스템만 구축하면 모든 것이 해결되는 것으로 오해하는 경우도 많다. 그러나 지식경영은 대기업뿐만 아니라 중소기업, 일반 제조업체, 서비스업에서 더욱 적용 가능하고 더 많은 효과를 낼 수 있다. 그리고 정보기술 시스템 구축 자체가 지식경영의 전부는 아니다. 정보기술 시스템은 지식경영의 필요조건이지만 충분조건은 아니다. 정보기술 시스템 구축이 이루어지지 않더라도 조직문화나 리더쉽, 평가보상, 조직구조 등을 통해 지식경영은 실현가능하기 때문이다. 이렇다 할 물적 자원이 없는 우리나라의 경우 지식경영은 다가오는 21세기의 무한경쟁 시대에 대응할 경영방법론으로서 큰 의미가 있다 할 수 있다.

포춘지에 의하면 지식으로 경쟁하지 않는 기업은 동일한 실수가 반복되고, 업무중복이 발생하고, 좋은 아이디어가 공유되지 않고, 핵심 소수인력에 대한 의존도가 매우 높고, 신제품 출시가 늦고, 시장 리더를 쫓아갈 수 없고, 가격 경쟁에 나서지 않으면 안되고, 기업이 제공하는 서비스의 대가로 가격을 올려 받을 수 없다고 한다. 이러한 현상을 보이고 있는 기업이라면 지식경영을 통해 경쟁력 제고를 실현할 수 있을 것으로 본다.[8]

[圖 1-7-2] 지식경영의 형태

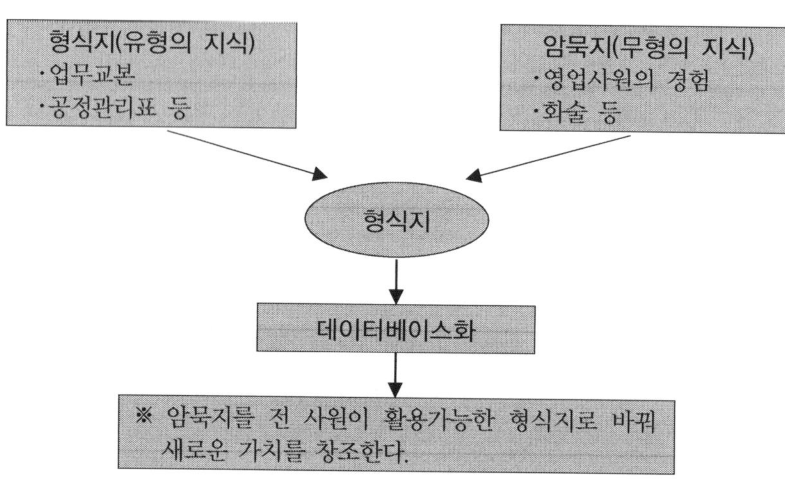

8 資料 : 99. 5. 3, 주간상의, 1390호, 대한상공회의소

보/충/강/의

- 지식경영이란 무엇인가?

새로운 천년, 새로운 밀레니움이 시작되었다. 우리는 하나의 세기가 바뀌는 동시에 또 다른 하나의 천년, 새로운 밀레니움을 맞이하는 자리에 함께 할 수 있는 기회를 얻게 된 것이다. 하지만 우리가 맞이하고 있는 현실은 이러한 감격스러운 기회를 만끽할 수 없도록 만들고 있다. 왜냐하면 현재 우리는 IMF라는 국가적인 위기상황에 직면한 적도 있었고 이 격동의 시기, 변화의 시기에 발전이 아니라 생존을 두려워하고 염려해야 하는 입장에 처해있기 때문이다.

여기서 다루고자 하는 지식경영이라는 새로운 패러다임은 바로 이러한 요구, 즉 21세기의 생존과 번영이라는 요구에 적극적으로 대응하고 그 해결 방안을 모색하기 위해 제시되는 새로운 접근이라 할 수 있다. 지식경영의 사례 부분에서 구체적으로 다루겠지만, 이미 세계 굴지의 기업들이 지식경영이라는 새로운 경영패러다임을 도입함으로써 기대 이상의 효과를 거두고 있다는 보고가 지속적으로 전세계 경영계의 주요 이슈가 되고 있다. 또한 기업뿐만이 아니라 우리나라를 비롯한 많은 국가들이 21세기를 위한 새로운 국가경영의 지표로서 지식을 강조하고 있음도 주지의 사실이다. 하지만 이러한 논의가 지속적으로 이슈가 되고 있음에도 불구하고 실제로 지식경영이란 무엇인가에 대한 정의나 이해는 상당히 부족한 것이 또한 우리의 현실이다.

따라서 우선 새롭게 등장하고 있는 지식경영에 대해 구체적으로 논의하기 위해 다소 학문적인 논의가 될지라도 "과연 지식경영이란 무엇인가?"에 대해 살펴보아야 할 필요성이 제기된다. 좀 더 구체적이고 본질적으로는 지식이라는 것은 무엇이며, 그것이 기업이나 조직, 개인에게 있어 어떠한 의미와 중요성을 지니고 있는가에 대해서 살펴보아야 하는 것이다.

우선 데이터, 정보, 그리고 지식과 지혜라는 네 가지의 차원에서 비교하여 검토함으로써 지식의 개념에 대해서 알아보면 다음과 같이 정리할 수 있다.

데이터(data)는 어느 상황에서 다른 것들과는 관계없는 항목이나 일을 나타낸다. 즉 데이터는 현실 세계에서 일어난 사건들에 대한 단순한 사실에 불과한 것으로 그 자체로는 현실에 대한 사실 전달 이외의 의미를 지니고 있지 않은 것이다. 이에 대해서 정보(information)는 데이터, 혹은 다른 정보들 사이의 관계에서 드러난다. 즉 정보라는 것은 사실에 대한 데이터를 수집하거나 정리하여, 데이터간에 어떤 관계가 있는가를 분석하는 것에서 창출되는 것이다.

그리고 지식(knowledge)이라는 것은 창출된 정보가 일정한 규칙으로 정리됨으로써 데이터베이스가 되고 이 데이터베이스를 공유하고 활용함으로써 새로운 부가가치를 창출하게 되는 경우를 의미한다. 즉 지식은 많은 정보 중에서 이용자의 목적에 맞을 뿐 아니라, 유용하고 부가가치를 창출 할 수 있는 것을 의미한다. 한편 이러한 데이터, 정보, 지식의 모든 단계를 거쳐 유사한 문제가 제기될 때 즉각적으로 그에 대한 해결방안을 제시할 수 있도록 체화된 경우를 우리는 지혜(wisdom)라 부르고 있다.

한편 이러한 정보와 지식이 지니고 있는 차이는 결국 21세기가 단순한 정보중심의 사회가 아니라 가치 있는 정보인 지식을 중심으로 움직여지는 사회가 될 것이라는 점을 시사하고 있다. 따라서 정보를 중심 축으로 바라보고 있는 정보사회라는 개념과 지식을 그 핵심으로 상정한 지식사회의 개념에 대해서 검토해보도록 하겠다.

21세기가 시작된 지금의 사회는 역사상 그 어느 때보다도 급속한 변화를 거듭하고 있다. 전세계적으로 글로벌 경영환경이 구축됨으로써 국가간 기업간 정보의 교류가 활발해지고 이로 인해 기업 및 조직이 수용 가능한 정보는 포화상태를 넘어섰으며, 이러한 경영환경의 글로벌 조직화로 인해 전세계는 무한경쟁체제로 돌입하게 된 것이다. 또한 산업사회에서 정보지식사회로 이행하는 과도기에 있다고 할 수 있는 현대사회에 접어들면서 고도의 발전을 거듭해온 산업사회의 경영 패러다임이 변화하고 있으며 이에 따라 산업사회의 지배적인 자원이라고 여겨졌던 자본, 토지, 노동이라는 생산요소의 개념도 변화하고 있다. 즉 과거의 생산요소는 이제 지식으로 대체되고 있으며 피터 드러커(Peter Drucker) 교수가 언급한대로 '지식이 지식사회의 가장 중요한 자원이자 지식의 생산성이 생산, 경쟁력, 경제적 달성에 있어서 핵심 열쇠'가 되는 것이다. 즉, 산업사회에서 천연자원이나 노동, 자본 등의 생산요소가 없는 국가 및 기업이 발전을 이루지 못했던 것과 마찬가지로 앞으로 미래사회에서 지식이 없는 국가 및 기업은 경쟁력을 상실함으로써 그 명맥을 유지하지 못하게 될 것이다.

이러한 이유에서 21세기로 대변되는 미래사회가 산업사회에서 변화하여 지적능력이 우선되고 첨단 기술과 정보가 핵심역량으로 등장하게 되는 새로운 사회구조를 지니게 될 것이라는 논의가 제기되어 왔던 것이다. 그런데 이러한 미래사회에 대한 논의의 핵심은 늘 정보를 중심으로 하는 정보사회에 그 초점을 맞추고 있었다. 하지만 이제는 미래사회를 단순하게 정보사회라고 부르는 것은 어쩌면 적절하지 않은 것처럼 보인다. 왜냐하면 이미 산업사회에 있어서도 정보는 오래 전부터 중요한 요소로 인식되어 왔기 때문이다. 게다가 오늘날에는 인터넷으로 대표되는 정보통신기술(IT)의 급속한 발전으로 인해서 현실적으로 감당할 수 없을 정도의 많은 정보가 쏟아져 나오기 때문에 인류는 오히려 정보의 홍수 속에서 허덕이고 있다는 것을 고려할 때 더 이상 정보를 중심으로 하는 미래사회에 대한 논의는 그 설득력을 상실해 가고 있는 것으로 보인다. 따라서 오늘날에는 미래사회를 정보사회가 아닌 지식사회라고 부르는 경향이 강해지고 있다. 즉 가공되지 않은 상태로 쏟아져 나와 부가가치를 창출하지 못하는 정보가 아니라, 이 정보를 가공하고 선별하고 정리하여 부가가치를 창출해 내는 지식이 진정한 21세기의 핵심이 될 것이라는 인식이 확산되고 있는 것이다. 즉 미래사회의 핵심은 이미 언급하였듯이 가치 있는 정보에 기반을 둔 지식이라고 할 수 있다.

바로 이러한 인식으로부터 지식경영(KM : knowledge management)이 중요한 의미를 지니게 된다. 즉 지식경영이라는 새로운 패러다임은 본질적으로 미래사회가 지식중심의 사회가 될 것이라는 예측에 의해서 미래사회에서 기업이나 조직이 살아남아 지속적으로 발전하기 위해서 과연 무엇을, 어떻게 경영해야 하는가에 대한 답을 제공하고 있는 것이다. 지식경영은 감당할 수 없을 정도로 쏟아져 나오는 많은 정보 중에서 과연 어떤 정보가 가치 있는 것인가를 결정하는 것에서부터 비롯된다. 그리고 이렇게 창출된 지식을 단순히 가지고만 있는 것이 아니라, 축적된 지식을 합리적이고 효율적으로 관리하여 필요시 언제든지 활용할 수 있도록 시스템화하여 부가가치를 창출할 수 있도록 구체적인 대안을 제시하고 있는 것이다. 이러한 관점에서 일반적으로 논의되는 다양한 정의를 정리하여 지식경영을 정의해 보면 "지식경영이란 기업을 포함해서 조직이 보유하고 있는 다양한 정보로부터 지식을 창출하고, 이렇게 창출된 지식자산을 획득, 활용, 도입, 전이하는 등의 모든 과정을 정보통신기술을 중심으로 하는 시스템화하여 활용 가능한 형태로 만들며, 이를 토대로 기업 및 조직의 부가가치를 창출하고 경쟁력을 확보하는 경영절차"라고 할 수 있다.

지식경영의 권위자인 스베이비(Karl Erik Sveiby)박사에 따르면 지식경영은 사람들이 지식을 사용하는 방식에 따라 두 가지로 나눌 수 있다.

첫째, 지식경영의 방식을 정보경영으로 생각하는 사람들의 부류로 이러한 사람들은 경영정보시스템(MIS) 및 그룹웨어 등을 구축하는 일과 관련이 있다. 이들에게는 지식이란 곧 대상(objects)으로서 이러한 지식은 정보시스템으로 관리되고 명시될 수 있는 것이다. 이러한 방식은 정보기술(IT)의 발전에 힘입어 현재 매우 빠른 발전을 보이고 있으며, 지식경영에 대한 우리의 논의에 있어서도 핵심으로 자리잡고 있다.

둘째, 지식경영과 인간경영에 등식을 놓는 사람들로서 이들은 심리학, 철학, 사회학 등의 학문에 교육적 바탕을 두고 있다. 이들에게 지식은 곧 프로세스(process)라고 할 수 있고, 이러한 과정은 끊임없이 변화하는 복잡한 일련의 기술, 노하우 등을 의미한다. 이러한 방식은 점차 진부한 것으로 평가되고 있으며 발전성이 떨어진다고 할 수 있다.

그렇다면 과연 실질적으로 지식경영을 통해서 기업이나, 조직 등은 어떤 것을 바꿀 수 있으며, 얻을 수 있는가를 살펴봄으로써 지식경영이 지니고 있는 중요성을 생각해 보도록 하자.

① 조직은 지식경영을 통해 체계적 지식 기반(systematic knowledge base)을 획득할 수 있다. 자본이나 설비가 유형 자산으로 분류되는데 비하여 지식은 무형 자산(intangible assets)이라고 불린다. 유형 자산의 경우 전통적인 대차대조표(balance sheet)등을 통해 연차적으로 관리되어 왔지만, 무형 자산인 지식의 경우 대차대조표와 같은 전통적인 방식으로는 그 가치의 측정이 불가능할 뿐더러 전통적인 경영 방식에서는 이러한 무형 자산의 가치 자체가 무시되어 왔던 것이 사실이다. 최근 세계적인 500대 기업을 대상으로 실시된 조사를 보면, 그 중 76%가 무형 자산에 대한 평가를 결산 보고서에 싣지 않고 있는 것으로 나타났다. 또한 무형 자산을 대차대조표 상에 포함시킨 기업들도 주로 기업 인수 및 합병으로 인한 영업권에 관해서만 언급하고 있을 뿐이었다. 하지만 정작 중요한 것은 기업이 소유하고 있는 모든 지적 자산들 즉 시장 자산, 인적 자산, 지적 소유 자산, 그리고 인프라 자산에 대한 총체적이고도 효율적인 경영이라고 할 수 있다. 따라서 지식경영은 21세기의 기업과 국가의 핵심적 자산이 될 지식의 효율적이고 체계적인 기반을 구축하는데 있어 중요한 구실을 하게 될 것이다.

② 지식경영은 갈수록 경쟁이 치열해지고 있는 시장 상황에 기업이 잘 대처할 수 있게 해줌으로써 인적자원으로 구성된 조직적 지식을 효율적으로 관리하고 보유할 수 있게 해준다. 각 기업들은 더욱 치열해지고 있는 시장 환경에서 생존하기 위해 대대적으로 인원을 감축하고 있으며, 이로 인해 가치 있는 지식을 보유하고 있는 인력 역시 줄어들고 있다. 따라서 인적자원에 대한 관리가 중요한 요소로 등장하고 있는데 지식경영은 이에 대한 해결책을 제시하고 있다. 예를 들어 지식경영 컨설턴트인 마나스코(Britton Manasco)는 기업들의 인적자원 네트워크에 고객, 공급자, 직원들뿐만 아니라 퇴직한 직원들 역시 포함시킬 것을 충고하고 있다. 퇴사한 직원들은 최소한 몇 년 동안 기업의 지식과 경험을 구현하였던 사람들이며, 자신들이 몸담고 있었던 분야에 대해서는 상당한 지식을 보유한 사람들이라는 것이다. 무엇보다도 그들이 다시 일을 시작할 곳은 이전 직장에서 습득한 기술과 지식을 통해 가치를 창출시킬 수 있는 곳이라는 사실이다. 따라서 기업이 최소한의 데이터베이스만이라도 구축해서 퇴사한 직원들이 현재 몸담고 있는 곳이 어디인지를 정확하게 인지하고 있는 것은 사업상의 새로운 기회를 위해서 대단히 중요할 수도 있다는 것이라고 지적한다.

③ 지식경영은 고객과의 관계를 대단히 중요시하고 있으며, 이를 통해 기업들이 새로운 비즈니스 환경에 적응할 수 있도록 해주고 있다. 최근 많은 기업들은 전사적 품질관리(TQM ; Total Quality Management)나 업무재구축(BPR)과 같은 조직 내부 과정을 재점검하고 그 질을 향상시키는데 초점을 맞춘 이니셔티브들을 광범위하게 수행해 왔다. 하지만 이러한 노력들

은 상당 부분 실패로 판명되고 있다는 것이 지식경영 전문가들의 일반적인 견해이다. 그리고 그 주된 이유를 고객과의 관계 형성에 실패했기 때문으로 보고 있다. 다시 말해 외부 과정들 즉 고객과 맺고 있는 관계의 증진에 중점을 둔 기업들만이 미래의 성공을 보장받을 수 있는 것이다. 예를 들어, 미국 매사추세츠 주에 위치한 Individual Inc.는 연합통신 및 Avon Products사, Fidelity Investments사 등에 각종 뉴스를 공급하고 있다. 우리가 주목해야 할 부분은 이 기업이 제공하고 있는 뉴스가 바로 맞춤형 뉴스라는 사실이다. 이 회사는 고객과의 다양한 상호작용을 통해 고객들에게 꼭 필요한 그리고 고객이 원하는 뉴스를 제공해 주기 위하여 많은 노력을 기울이고 있다. 즉 SMART(Systems for Manipulation and Retrieval of Text)로 알려진 최신식 소프트웨어 기반 검색 엔진에 조사된 해당 고객의 관심사를 입력한다. 그러면 SMART는 그 고객의 욕구를 충족시킬 수 있는 수 천건의 정보원과 자료들을 검색해 내는 것이다. 또한 이 후에 정기적으로 고객들에게 제공된 뉴스에 대한 만족도에 대한 조사를 수행함으로써, 만족도를 향상시키고 있다. 또 보스톤에 위치한 Streamline이라는 회사의 사례도 주목할 만하다. 이 회사는 각 가정에 일주일 단위로 잡화나 식료품 등 생활용품을 배달해 주는 서비스 업체로서 고객과의 관계 특히, 학습관계의 형성을 위해 많은 노력을 기울이고 있다. 즉, 직원 중 한 명을 대표자로 선출해 고객의 가정에 직접 방문을 하여, 고객들의 선호도나 자주 쓰는 물품들을 직접 조사함으로써 고객들의 만족도를 크게 향상시킴으로써, 다른 기업들이 새 고객들을 확보하기 위한 시간적·금전적·인적 투자 없이도 기업 이윤을 극대화할 수 있었다. 이 두 기업은 고객과의 관계를 증진시키는 지식경영 이니셔티브를 통해 고객이 원하는 상품을 찾아내는 방식을 채택함으로써 기업이 고객과 맺는 관계를 더욱 증진시켜, 기존에는 없었던 비즈니스의 새로운 장을 열어가고 있는 것이다.

④ 기업들은 효과적인 지식경영을 수행함으로써 실질적으로 지출되는 경비의 상당부분을 절감할 수도 있다. 이는 Texas Instrument사의 사례를 통해 충분히 입증되고 있는 사실이다. Texas Instrument사의 경우에는 업무와 관련된 지식을 인트라넷과 로터스 노츠를 통하여 공유함으로써 생산능력 제고를 통해 5억 달러 정도가 소요되는 웨이퍼 제조공장 신축의 필요성을 극복하였다. 또한 미국의 산 호세에 위치한 IntelliMatch사에서는 온라인을 이용한 직업소개 서비스를 제공하고 있는데, 휴렛팩커드, 오라클, 그리고 Sun Microsystems사 등은 이 서비스를 이용해 구인에 드는 비용을 획기적으로 줄이고 있다. 즉, 연봉 8만~10만 달러의 급료를 지불해야 할 직원을 구인 하는데 전통적인 구인 방식(신문 광고나 구인 박람회 등)을 이용했을 때는 대략 7천~8천 달러가 소요되었던 것에 비하여 새로운 온라인 서비스를 이용했을 때는 후보자 20여 명에 대한 이력서를 다운 받는데 고작 천 달러만 지불하면 되는 것이다.

지금까지 지식경영기법을 도입함으로써 기업이 얻을 수 있는 이익들을 몇 가지 제시했는데 물론 이것으로 지식경영의 중요성을 다 설명했다고는 할 수 없다. 하지만 여기서 우리가 반드시 주목해야 하는 사실은 지식경영은 단순한 하나의 유행이 아니라는 것이다. 지식경영이라는 새로운 패러다임은 이제 우리 기업뿐 아니라 각국의 모든 기업들에게 글로벌경쟁시대에서 다른 대안이 없는 마땅히 그래야만 하는 선택이 아닌 필수조건이라고 할 수 있다. 그리고 이러한 지식경영을 도입함에 있어 정보를 처리하고 가공하여 부가가치를 창출할 수 있는 지식으로 만들고, 이를 다시 적재적소에서 활용 가능한 형태로 만들기 위해서 정보통신기술의 중요성이 강조되고 있다. 특히 네트워크 환경의 중요성이 기업의 경쟁력을 향상시키는 가장 효율적인 수단으로 인정되고 있을 뿐 아니라, 향후 지식경영을 통한 기업의 생존 및 번영을 위한 필수적인 조건으로 등장하고 있다. 이런 이유로 일부에서는 지식경영이란 곧 정보기술을 활용한 새로운 정보통신시스템의 다른 이름이라고 단언하기도 한다.

사/례/연/구

• 新 경영기법 '지식경영'(현대·LG 등 대기업 중심 도입 확산)

요즘 업계에는 리엔지니어링, BPR, 지식경영 같은 말들이 유행이다. 이들은 기업이 경쟁환경 변화에 대응할 방법을 제시하는 기법, 전략, 이론체계로서 기업경영을 이끄는 새로운 패러다임이 되고 있다.

우리나라는 과거에 미국과 일본에서 주로 들여온 경영기법과 전략이 업계를 풍미하곤 했다. 90년대 들어 눈에 띄는 변화라면 80년대에 세계적으로 주목받던 일본식 경영기법이 퇴조하면서 주로 미국에서 개발한 경영기법이 도입됐다는 점이다. 이 현상은 IMF 이후 가속화되고 있다. 크게 보아 최근까지 국내 기업들이 도입, 구사한 경영기법·전략은 크레이그 힉맨과 마이클 실버의 표현을 빌린다면 이른바 '합리적·과학적 경영'을 지향하는 패러다임에 따른 것이었다. 이를 원리로 한 경영체제는 주로 양적인 측면에 치중된다. 작업효율 제고와 효과적인 대량생산에 주력하고, 기업조직은 수직 위계체제로 구축해 사업과 인력을 관리한다.

합리적-과학적 경영 패러다임을 개발하고 수출한 장본인은 미국 기업들이었다. 이들은 1910년대 이래 대량생산체제를 구축하고 몇 십년간 그 과실을 향유했다. 일본도 이 과학적 경영을 도입, 생산관리 측면에서 발전시켜 일본 특유의 기업문화와 결합한 품질관리(QC) 혹은 전사적 품질관리(TQM) 기법을 개발, 대량생산체제의 효율을 높였다. 생산관리기법은 실상 미국에서 발달한 이론이 일본의 현장에 적용돼 꽃핀 것이다. 우리 기업들도 수출시장 개척이래 70년대와 80년대 전반에 걸쳐 일본의 생산관리기법을 적극 도입, 생산시스템에 적용했다.

그런데 과학적 경영을 무기로 국제경쟁에서 우위를 누리던 미국은 70년대 들어 더 이상 같은 방식으로 이익을 늘릴 수 없게 됐다. 대량생산능력을 토대로 규모의 경제를 추구하는 경영기법은 국내외 경쟁기업 누구에게나 상식이 되어 경쟁력의 원천이 되지 못했던 것이다. 일부 제조법, 시스템이나 제품의 기술적 우위는 노동생산성 향상에 골몰하는 일본 기업, 심지어는 한국이나 대만 기업들에 의해 침식당했다. 이후 미국은 경영에서 전략, 특히 시장에서의 '전략적 포지셔닝'을 중시하는 질적 경영으로 방향을 전환하게 된다. 미국 기업들이 기울인 첫 번째 경영혁신 시도는 일본 기업의 약진에서 깊은 인상을 받은 나머지 일본식 경영을 모방하려는 것이었다. 미국의 경영전문가와 기업들은 일본 기업들이 회사와 조직원 사이에 강한 일체감을 갖는 '기업문화'를 바탕으로 탁월한 노동생산성을 올린다고 관찰했다. 이로부터 80년대 초 GM이나 IBM, SEARS 같은 기업들을 중심으로 전략적으로 기업문화를 구축하고 노동생산성 경쟁에 나서는 전략이 시도됐다. 그러나 '기업문화' 전략은 곧 시들해졌다. 일본식 경영이 미국기업에 적용되기에는 문화적 차이가 너무 컸던 것이다. 따라서 80년대 중반을 넘기며 미국 기업들은 경영의 혁신(Innovation)에 초점을 맞춘 새 패러다임을 개발했다. 시장의 요구를 철저히 분석하고 기업의 조직-활동을 고객의 요구에 맞춰 재조직하는 고객만족(CS) 전략, 고객 요구를 바탕으로 시장 선도기업 혹은 경쟁기업과 자사의 상품-서비스를 질적으로 견주어 경쟁에 대처해 나가는 벤치마킹(Benchmarking) 전략 등이 잇따라 떠올랐다. 마이클 해머는 기업의 잇따른 경영혁신 활동을 관찰·정리해 90년 '리엔지니어링'(혹은 BPR ; Business Process Reengineering) 기법으로 이론화했다.

리엔지니어링이란 기업조직의 활동(Process) 전반을 철저히 부가가치 생산기능 측면에서 재 설계(Re-Engineering)하고 기능이 중복되거나 비효율적인 부서를 과감히 '축소'(Downsizing) 내지 '재구축'(Restructuring)해 과학적 경영 패러다임 위에 구축했던, 피라미드처럼 비대해진 수직위계와 조직을 바꾸는 기법이다. 리엔지니어링 기법을 활용한 구조조정으로 생산성 향상을 도모하는 컨설팅 프로젝트는 미국 업계에 광범위하게 확산됐다.

80년대 후반부터 90년대 초에 걸쳐 미국 기업들의 경영혁신을 통해 활발하게 생산된 경영기법-전략들은 일본과 우리나라에도 속속 소개됐다. '기업문화' 전략이 도입돼 일부 국내 대기업을 중심으로 기업문화를 경영자원으로 활용하는 시도가 있었고 고객만족 경영기법도 마케팅에 활용됐다. 벤치마킹과 비즈니스 리엔지니어링 외에 아웃소싱(Outsourcing), 가치경영(VBM), 전사적 자원관리체계(ERP) 등 다양하고 새로운 경영기법들은 주로 책과 교육훈련, 언론과 컨설팅 프로젝트를 통해 국내에 소개됐다.

그러나 국내 기업의 구조조정이 본격적으로 현실화하기 전까지는 선진 경영기법 도입이란 이론소개 정도에 그쳤고, 실제 기업의 경영기법-전략에 널리 반영되지는 못했다.

80년대 이후 미국에서 새로 개발된 경영기법들은 혹독한 구조조정을 현실적 배경으로 하는 만큼 근본적인 경영혁신에 초점을 맞춘다. 하지만 그런 준비가 돼 있지 않던 우리 기업들에 새로운 경영기법이란 늘 이런저런 이름으로 나오는 생산성 향상기법론 정도로 넘겨졌던 것이다. 최근 국내 업계에 미국식 경영혁신 기법들이 화제가 되고 있는 배경에는

첫째, 구조조정이 진행되면서 국내 기업들의 조직과 활동을 이른바 '글로벌 스탠더드'를 따라 개혁하도록 요구하는 현실,

둘째, 기업의 경쟁환경과 성장전략을 외형 위주로부터 수익성 위주로 전환할 것을 요구하는 현실이 자리하고 있다.

미국식 경영 패러다임은 '글로벌 스탠더드'를 충족하는 동시에 수익성 위주의 경영을 지향한다. 그러므로 미국식 패러다임을 학습하고 그에 적응하는 일은 우리 기업들로서는 사활이 달린 문제가 되는 셈이다.

요즘 화제가 되고 있는 '지식경영'도 미국의 경제학자 F 마크럽이 '지식사회'(Knowledge-based Society) 개념을 논한 이래 피터 드러커[9]와 톰 피터스, 앨빈 토플러[10] 등 주로 미국의 석학들이 논의를 출발시킨 경영 패러다임이다. 드러커 등에 따르면 21세기의 세계는 지금까지와는 발전 단계를 달리하는 새로운 사회다. 지금 사회가 산업사회에서 정보통신기술의 발전을 중심으로 한 정보화사회로 이행하고 있다면 앞으로의 사회는 지식이 가장 중요한 생산요소가 되는 지식사회로 변한다. 그동안 산업사회에서 경쟁력 변수로 가장 중요했던 생산요소는 자본이었다. 하지만 지식사회에서는 인간의 창의적-실용적 지식이 자본보다 더 큰 힘을 발휘한다. 자본에서 얻을 수 있는 수익성이 퇴조하는 대신 지식은 쉽게 자본을 만들어내며 강력한 수익성의 원천이 된다. 지식경영론은 기업이 조직 내 지식을 유력한 자본으로 인식해 체계적으로 창출하고 공유함으로써 경영과제에 대한 대응력을 높여나가는 전략을 펴야 경쟁우위를 누릴 수 있다는 것이다.

지식경영론이 화제가 되면서 국내에서는 최초로 LG-EDS시스템이 지난 1월 지식경영 책임자(CKO : Chief Knowledge Management Officer)를 선임했고 현대정보기술도 뒤를 따라, 대기업을 중심으로 지식경영 도입이 확산되는 경향이 보인다. 그러나 지식경영론은 아직 분명한 경영전략이나 기법으로 체계화되지 못한 상태다. IMF 이전 일찍이 국내에 도입되고도 이론 수준에서만 맴돌던 리엔지니어링 패러다임이 이제서야 주목받고 현실에서 적용되기 시작하는 것을 보면 지식경영 패러다임이 우리 기업 경영에 미칠 영향도 좀 더 시간을 두고 봐야 할 것 같다.[11]

7. 리엔지니어링(BPR : Business Process Reengineering)

마이클 해머 등에 의해 제창된 리엔지니어링(BPR : Business Process Reengineering)이 불황에 허덕이는 상황을 타개하는 기법으로서 주목을 받고 있다. 리엔지니어링의 창시자인 해머는 '비용, 서비스, 속도와 같은 현재의 중요한 평가척도의 극적인 향상을 위해 업무 프로세스를 본질적으로 재 사고하고 재 설계하는 것'이라고 정의한 바 있다. 즉 리엔지니어링은 현재 하고 있는 내용에 초점을 맞추어 업무를 바꾸는 것보다는 불필요한 정보를 제거하고 동시에 단순화하는 것이다. 뿐만 아니라 리엔지니어링은 단지 업무처리과정만을 변화하는 것이 아니다. 기업 내 여러 관련부문에 많은 변화를 가져온다. 따라서 업무를 재 설계할 때는 반드시 직무내용, 조직구조, 관리시스템 등 업무처리과정에 관계되는 모든 경영요소를 전사적인 차원에서 재구성해야 한다.

업무 재 설계가 필요한 문제영역이 도출되면 재 설계의 범위를 검토하고 업무활동간의 가치흐름을 파악해야 한다. 여기서 가치흐름이란 업무에서 가치의 근원은 업무활동을 통해

---

9 드러커(Drucker, Peter Ferdinand, 1909. 11. 19 ~)
미국의 경영학자. 1909년 11월 19일 오스트리아 빈에서 출생하였다. 빈대학교에서 학위를 받고, 1933년 런던에 이주하여 경영평론가가 되었다.
기업은 영리심의 존재와 관계없이 이해할 수 있는 것이며, 이윤은 손실회피·생산액증대를 위한 2대 지도원리로써 미래의 기업이 존속하기 위한 필요한 비용에 불과하다는 그의 이론은 이윤이나 비용에 대하여 새로운 견해를 보여 주었다. 제도파적 기업관(制度派的企業觀)에서 분권관리(分權管理)나 직장자치를 전개하는 등 미국에서는 크게 체계화된 경영관리론이라고 할 수 있다. 주요저서에 「경제인의 종말(The End of Economic Man)」(1939), 「산업인의 미래(The Future of Industrial Man)」(1942), 「새로운 사회(The New Society)」(1949), 「경영의 실제(The Practice of Management)」(1954), 「단절의 시대(The Age of Discontinuity)」(1969) 등이 있다.

10 토플러(Toffler, Alvin, 1928 ~)
미국의 미래학자. 1928년 뉴욕에서 출생하였다. 1949년 뉴욕대학교를 졸업한 뒤 중서부 공업지대에서 용접공으로 일하면서 노동조합 관련 잡지에 글을 기고하여 문필가로서 두각을 나타내기 시작하면서 저널리스트가 되었다. 1980년에 출판된 대표작 「제3의 물결 The Third Waves」은 고도 정보화사회에 대한 시나리오로 돌출적인 사회현상을 신문 잡지식으로 다루어, 그 저류(底流)가 되는 사회의 변혁방향을 교묘하고도 날카롭게 지적하였다. 그는 미래사회를 정보화사회가 될 것이라고 주장하고, 제1의 물결인 농업혁명은 수천 년에 걸쳐 진행되었지만, 제2의 물결인 산업혁명은 300년밖에 걸리지 않았으며, 제3의 물결인 정보화혁명은 20 ~ 30년 내에 이루어질 것이라고 주장하였다. 이 책에서 처음으로 재택근무·전자정보화 가정 등의 새로운 용어가 사용되었다. 1991년에 출판된 「권력 이동」에서는 권력의 세 가지 원천을 폭력(暴力), 부(富), 지식(知識)으로 규정하고, 폭력을 저품질 권력, 부를 중품질 권력, 지식을 고품질 권력으로 자리매김하였다. 21세기의 전세계적 권력투쟁에서의 핵심문제는 지식의 장악이며, 이 지식이야말로 진정한 권력의 수단이 될 것이라고 전망하였다. 또한, 지식은 결코 소진되는 법이 없으며 약자나 가난한 자도 소유할 수 있는 지식의 생산성으로 폭력과 부의 파괴적이고 편향적인 비민주성의 낭비와 횡포를 제어할 수 있을 것이라고 예측하였다. 뉴욕대학교·마이애미대학교 등 5개 대학에서 명예박사 학위를 받았고, 코넬대학교 객원교수를 역임하였다.

11 곽해선, SIM컨설팅(주), 경제교육연구소장

고객을 만족시키는데서 도출된다고 인식하여 어떻게 업무가 이루어지고 상호작용은 어떻게 되는가에 관한 것이다.

대상 업무가 근본적으로 개선될 수 있도록 가치흐름을 면밀히 분석한 후, 획기적인 목표달성을 가능하게 가치흐름을 재정비한다. 그리고 근본적인 변화가 기업에 유익한지를 검토하여 조직을 변경하고 새로운 가치흐름을 구현한다.

8. 게임이론(Theory of games)

(1) 게임이론의 개념

게임이론은 경쟁 주체가 상대편의 대처행동을 고려하면서 자기의 이익을 효과적으로 달성하기 위해 수단을 합리적으로 선택하는 행동을 수학적으로 분석하는 이론을 말한다. 한 집단, 특히 기업에 있어서 어떤 행동의 결과가 게임(놀이)에서와 같이 참여자 자신의 행동에 의해서만 결정되는 것이 아니고 동시에 다른 참여자의 행동에 의해서도 결정되는 상황하에서, 자기 자신에 최대의 이익이 되도록 행동하는 것을 분석하는 수리적 접근법이다.

게임이론이란 상충적이고 경쟁적인 조건에서 경쟁자간의 경쟁상태를 모형화하여 참여자의 행동을 분석함으로써 최적전략을 선택하는 것을 이론화하려는 것이다. 게임이론은 1944년 폰 노이만(John Von Neumann)과 모르겐슈테른(Oskar Morgenstern)의 공저 「게임이론과 경제행동(Theory of Games and Economic Behavior)」에서 이론적 기초가 마련되어, 제2차 세계대전 당시 잠수함 전투에 이 이론을 이용한 미국의 물리학자인 P.모스에 의해서 더욱 발전되었다. 게임이론은 주로 군사학에서 적용되어 왔으나, 경제학·경영학·정치학·심리학 분야 등에도 널리 적용되고 있다. 게임이론에 있어서는 게임 당사자를 경쟁자라 하고, 경쟁자가 취하는 대체적 행동을 전략이라 하며, 어떤 전략을 선택했을 때 게임의 결과로서 경쟁자가 얻는 것을 이익 또는 성과라고 한다. 어떤 경쟁자가 어떤 전략을 선택하느냐에 따라 좌우되는 것이므로 각 경쟁자는 상대방이 어떤 전략을 선택하더라도 자기의 이익(성과)을 극대화시킬 수 있는 전략을 선택하게 된다.

게임은 경쟁자의 수에 따라 2인 게임(예 장기·바둑), 다수 게임(예 포커 등으로 흔히 n인 게임이라 한다)으로 분류된다. 가장 많이 나타나는 게임의 형태는 2인 영합(零合) 게임(zero-sum game)인데, 영합이라는 말은 서로 상반되는 이해를 가지는 2인 게임의 경우, 한쪽의 이익은 상대방의 손실을 가져오게 되어 두 경쟁자의 득실(得失)을 합하면 항상 영(zero)이 된다는 것을 의미한다. 또, 경쟁자가 취하는 전략의 수가 유한(有限) 개수의 경우를 유한 게임이라 하고 무한인 경우를 연속(連續)게임이라 하는데, 유한 영합 2인 게임이 이론적으로 가장 널리 전개된다.

(2) 2인 영합(零合) 게임(zero-sum game)

이 이론은 두 명의 선수가 게임을 할 때 한 쪽이 이익을 보면 한쪽이 손해를 보도록 되어 있는 구조를 말하며 이를 2인 영합게임이라 부른다. 게임이론에서 가장 기본적인 2인 영합게임에 대하여 설명하여 본다.

[圖 1-7-3] 매출예상표

A사 \ B사	지프차	승용차
지프차	B사↔50억원 A사↔50억원	B사↔30억원 A사↔100억원
승용차	B사↔100억원 A사↔30억원	B사↔15억원 A사↔15억원

자동차를 제조하는 경쟁사인 두 개의 기업이 있고 두 회사는 모두 신차를 시장에 투입하려는 계획을 가지고 있다. 시장조사를 한 결과 승용차보다는 지프차의 시장성이 좋고 높은 인기를 얻고 있다는 결론에 도달하였다. 그렇지만 두 회사가 같은 종류의 차를 시장에 출하하였을 경우엔 치열한 시장쟁탈전이 이어질 것으로 본다. 이럴 경우 위의 표와 같이 몇 가지 전략을 수립하여 우위성을 체크해 볼 수 있다.

먼저 A사와 B사가 동시에 지프차를 출하하였을 경우에는 양 사는 각 각 50억원의 매출을 올릴 수 있을 것이다. 만약 A사는 지프차를 B사는 승용차를 출하하였을 경우에는 A사는 100억원의 매출을 B사는 30억원의 매출을 올렸을 것이다. 반대로 A사가 승용차를 생산하고 B사가 지프차를 생산하였을 경우에는 A사는 30억의 매출을 B사는 100억원의 매출을 올렸을 것이다. 두 회사가 모두 승용차를 생산한다면 각 각 15억원의 매출을 올리게 될 것이다. 결국 양사는 서로 손해가 적고 매출을 어느 정도 확보할 수 있는 첫 번째 안인 지프차를 출시하여 50억원의 매출을 확보하는데 의사결정을 하게 될 것이다.

(3) 수인(囚人)의 딜레마게임(prisoner's dilemma game)

경제학에서는 과점(寡占)의 문제, 전략론에서는 핵억지력(核抑止力)의 문제 등의 모델화에 응용되고 있다. 비제로화게임에서는 단순히 미니맥스[12]의 원리로 해결할 수 없는 문제가 생기는데, 대표적인 예가 수인의 딜레마이다. 공범 A와 B가 경찰에 붙잡혀 각각 격리된 상황에서 심문을 받는데, 두 사람 모두 두 가지의 전략밖에 없다. 고백하거나 아니면 함구하여 고백하지 않거나 하는 것이다. 두 사람 모두 고백하면 각각 10년형을 받게 되고, 만약 A는

12 미니맥스의 원리(minimax principle)
게임이론(theory of game)에서 가장 알맞은 전략을 찾아내기 위한 원리

고백하고 B는 함구하는 경우 A는 특전을 받아 무죄로 풀려나고 B는 30년형을 받게 되며, 반대로 B가 고백하고 A가 함구하면 B는 무죄, A는 30년형을 받는다. 또 A와 B가 모두 끝까지 함구하면 3일씩 구류를 살고 무죄로 풀려난다고 할 때, A와 B가 각각 자기 개인의 형량만을 생각하면 다 고백하고 10년형을 받는 결과가 된다.

왜냐하면 A는 B가 고백할지 함구할지 모르기 때문에 두 가지 경우를 다 생각해야 한다. B가 고백을 한다면 A는 자기도 고백하면 10년이고, 고백하지 않으면 30년형을 받게 되니 고백해야 한다는 결론이다. 또 B가 함구를 한다면 A는 자기가 고백하면 당장 무죄로 풀리나, 함구하면 3일은 고생하여야 한다. 따라서 A가 자기 이득만 생각한다면 B가 함구를 하더라도 고백하여야 한다는 결론이다. B도 같은 이유로 자기 이득만을 위하여서는 A가 고백하든 함구하든 고백하여야 한다는 결론이다. 결국 A와 B가 자기 이득만을 위하여 의사결정을 한다면 다 같이 고백하게 되어 각기 10년형을 받게 된다.

그러나 A와 B 모두를 위해서는 같이 함구하여 3일씩 구류를 받고 무죄로 나오는 더 좋은 전략이 있으니, 이를 수인의 딜레마라고 한다. 사업이나 정치협상에 있어서도 이러한 딜레마에 자주 빠지게 된다. 만약 합의가 성사되면 담합이 되고 합의가 성사되지 않으면 서로 방해공작에 나서는 결말을 맞게 된다.

(4) 게임이론의 기본원칙

게임이론의 기본원칙은 인간은 최대의 이익을 얻기 위해 의사결정[13]을 하게된다는 것이다. 따라서 해결하고자 하는 문제에 대해 편의성 정도를 수치화 해서 게임이론의 발상으로 접근해 가면 의사결정의 큰 실마리를 얻을 수 있을 것이다.

9. 식스시그마(Six sigma)

TQM 이후 다양한 품질관리기법이 등장하였는데 그 중에서 가장 유명한 것이 6시그마(Six Sigma) 경영전략이다. 1980년대 후반 전자제품시장에서 동남아와 우리나라에 가격과 품질에 밀려 심각한 경영난에 봉착했던 제너럴일렉트릴(GM)사는 이 6시그마전략을 도입하여 재기에 성공하였다. 시그마(б)란 표준편차를 의미하는 수학기호이다. 결국 6시그마는 품질혁신과 고객만족을 달성하기 위해 전사적으로 실행하는 21세기형 기업경영 전략을 의미한다.

---

13 의사결정(decision-making)
기업의 소유자 또는 경영자가 기업 및 경영상태 전반에 대한 방향을 결정하는 일을 말한다. 원래는 기업 소유자의 기업정책에 대하여 사용하던 말인데, 주식회사의 거대화에 비례하여 소유자로부터 경영자가 기능적으로 분리되어, 소유자가 행하는 전략적 의사결정과, 경영자가 내리는 경영적 의사결정의 구별이 필요하게 되었다. 실제로는 양자가 서로 짝이 되어 있는 것이지만, 현재의 경영학·경제학에서는 경영적 의사결정밖에 밝혀지지 않고 있다.

(1) 식스시그마의 의의

시그마(sigma : σ)라는 통계척도를 사용하여 모든 품질수준을 정량적으로 평가하고, 문제해결 과정과 전문가 양성 등의 효율적인 품질문화를 조성하며, 품질혁신과 고객만족을 달성하기 위해 전사적으로 실행하는 21세기형 기업경영전략이다. 1980년대 말 미국의 모토롤라(Motorola)에서 품질혁신 운동으로 시작된 이후 GE(General Electric), TI(Texas Instruments), 소니(Sony) 등 세계적인 초우량기업들이 채택함으로써 널리 알려지게 되었다. 국내에서도 삼성그룹, LG그룹, 한국중공업 등에서 도입하여 품질혁신에 성공함으로써 많은 기업들이 도입에 적극적인 관심을 보이고 있다.

(2) 식스시그마의 내용

6시그마는 다음 3가지로 설명된다.

① 통계적 척도로서 모든 프로세스(process : 제조·사무·서비스 등의 업무에서 활동을 수행하는 시스템)의 품질수준이 6σ를 달성하여 불량률을 3.4PPM(parts per million : 제품 백만 개당 불량품 수) 또는 결함 발생 수 3.4DPMO(defects per million opportunities) 이하로 하고자 하는 기업의 품질경영 전략이다.

② 효율적인 품질문화 정착을 위한 기업의 경영철학으로서 종업원들의 일하는 자세·생각하는 습관·품질 등을 중요시하는 올바른 기업문화의 조성을 의미한다. 여기서 효율적이란 주어진 여건 아래서 통계자료에 근거하여 최대의 효과를 올릴 수 있도록 지혜롭게 일하는 것을 뜻한다. 올바른 품질문화란 끊임없는 품질개선 노력을 통해 고객 요구에 맞는 품질의 제품을 경제적으로 설계·생산·서비스하기 위한 기업문화이다.

③ 품질경영을 위한 기업전략으로서 모든 프로세스는 6σ라는 품질수준의 목표를 가지고 있으며, 혁신적인 품질개선이 요구된다. 따라서 품질이 향상되고 비용이 절감되어 고객만족과 회사 발전이 실현된다.[14]

---

14 6시그마와 웰치(Welch, Jack, 1935. 11. 19 ~)
1935년 매사추세츠주(州) 피바디에서 태어나 세일럼에서 어린 시절을 보낸 뒤, 1960년 일리노이대학교에서 화공학 박사 학위를 취득하였다. 같은 해 제너럴일렉트릭(GE)에 입사해 독특하면서도 뛰어난 경영 방식으로 승진을 거듭해, 1981년 최연소로 GE 회장(최고경영자)이 되었다. 이후 '고쳐라, 매각하라, 아니면 폐쇄하라'는 경영 전략을 통해 10만 명 이상의 직원을 해고함으로써 언론으로부터 '중성자탄 잭(Neutron Jack)'이라는 별명을 얻었고, '6시그마·e비즈니스·세계화' 등의 전략으로 GE를 혁신해 세계 최고의 기업으로 성장시켰다. 2001년 말 현재 GE의 회사가치는 4500억 달러로, 이는 1981년 회장으로 부임할 당시의 120억 달러보다 40배나 늘어난 것으로, 세계 1위이다. 이러한 경영 능력으로 그는 2001년 영국의 「파이낸셜타임스」가 선정한 '세계에서 가장 존경받는 경영인'에 선정되었고, GE 역시 2000년에 이어 '세계에서 가장 존경받는 기업'으로 선정되었다. 2001년 9월 45세의 이멜트(Jeffrey R. Immelt)에게 회장 자리를 물려주고 퇴임할 때까지 총 1,700여 건에 달하는 기업의 인수합병을 성사시켰다. '경영의 달인', '세기의 경영인' 등 많은 별칭으로 불리며, 퇴임 직후 자서전 「가슴으로부터의 고백 (Jack, Straight from the Gut)」을 출간하였는

6시그마 운동을 효과적으로 추진하기 위해 고객만족의 관점에서 출발하여 프로세스의 문제를 찾아 통계적 사고로 문제를 해결하는 품질개선 작업과정을 측정(measurement), 분석(analysis), 개선(improvement), 관리(control) 4단계로 나누어 실시하고 있는데, 첫 글자를 따서 MAIC라고 부른다. 우선 측정과 분석을 통해 제품의 문제점을 찾아내고, 문제해결방법을 제시하여 실제로 개선작업을 실행한다. 마지막으로 이 과정을 제어·감시하여 품질의 개선상태를 유지하는 것이다.

높은 품질수준을 확보하고 유지할 수 있는 혁신적이고 과학적인 기준을 제공하여 고객을 만족시키고 기업경영의 탁월성을 이루고자 하는 6시그마 운동의 궁극적인 목표는 품질개선운동에 전 종업원이 참여하는 것은 물론 사무부분을 포함한 모든 프로세스의 질을 높이고 업무 비용을 획기적으로 절감하여 경쟁력을 향상시킴으로써 세계최고의 기업이 되는 것이다.

(3) 최고경영자가 주도하는 전사적 품질관리

6시그마 전략의 특징은 최고경영자가 결정한 의제에 따라 품질관리 담당자가 문제점을 발견하고 개선책을 찾아 나간다는 점이다. 이처럼 명확히 설정한 목표에 따라 프로젝트팀이 MAIC프로세스를 실행해 나간다.

우리나라의 QC활동과 차이점은 모든 작업을 수치화하여 최고경영자의 주도아래 개선의 핵심을 결정해 나간다는 점이 다르다고 할 수 있다. 어느 것이 우수한 전략이라고 단순 비교할 수는 없지만 6시그마전략의 도입에 따라 고수익 체질로 바뀐 기업이 늘어나고 있으면 우리나라도 많은 기업이 6시그마전략을 도입하고 있다.

[圖 1-7-4] 6시그마의 구조와 MAIC프로세스

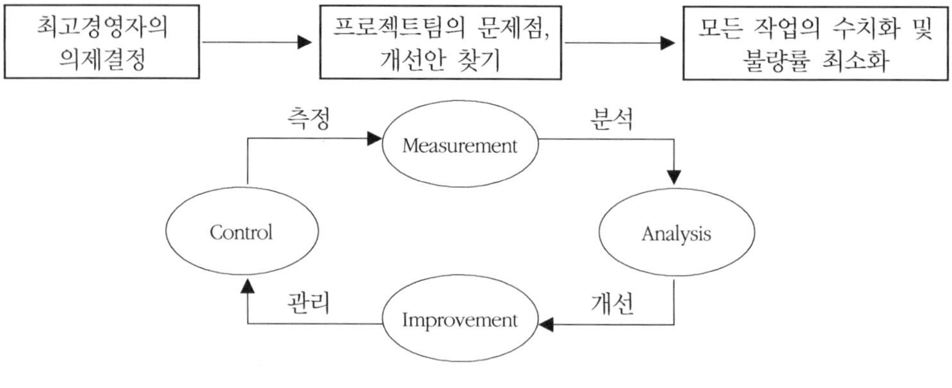

데, 한국에서는 「잭 웰치, 끝없는 도전과 용기」로 번역 출간되었다.

제8장

경영정보시스템

제1절 MIS의 기본개념

1. 경영정보시스템의 의의

경영정보시스템(MIS : management information system)이란 경영자가 의사결정을 내리는데 필요한 정보를 공급하기 위하여 자료를 수집, 정리, 처리, 배분하는 체제를 말하며, 사이먼(H. A. Simon)은 의사결정의 프로세스를 ① 정보활동, ② 기획활동, ③ 선택활동의 세 단계로 구분하고 있다.[1]

어떤 조직이라도 정보시스템은 갖고 있다. 거래내역을 장부에 기록하여 필요할 때 사용하는 것도 정보시스템이다. 그러나 컴퓨터가 광범위하게 활용되면서 경영정보시스템이라고 하면, 컴퓨터를 중심으로 한 관리시스템을 말한다. 이는 하드웨어(hardware), 소프트웨어(software), 사람, 절차, 데이터(data)의 다섯 부분으로 설명이 된다.

2. MIS와 유사개념

컴퓨터를 조직의 경영에 활용하기 시작하면서 초기에는 컴퓨터나 컴퓨터를 이용한 시스템은 주로 EDPS(Electronic Data Processing Systems)라 불리어 졌으며 이로부터 최근의 SIS(Strategic Information Systems, 전략적 정보시스템)에 이르기까지 수많은 관련용어들이 생

1 H. A. Simon, The New Science of Management Decision, revised ed., prentice-hall, 1977, pp.40~41

겨나게 되었다. 그 중에서도 MIS개념과 직접적으로 관련이 있는 대표적인 것으로는 TPS(Transaction Processing Systems, 거래처리시스템), IRS(Information Reporting Systems, 정보보고시스템), DSS(Decision Support Systems, 의사결정지원시스템), OAS(Office Automation Systems, 사무자동화시스템) 등을 들 수 있다. MIS개념과 이들 관련개념과의 관계에 대해서는 대체로 두 종류의 견해, 즉 "광의의 MIS관"과 "협의의 MIS관"이 있다. 이중 전자는 MIS를 TPS, IRS, DSS 및 OAS를 모두 포괄하는 개념으로 보는 견해인 반면에 후자는 MIS가 곧 IRS라고 하는 견해다. 일반적으로 MIS는 광의의 개념으로 받아들여지는 경향이 있다.

3. MIS 정의

MIS에 대한 정의는 근본적인 접근 시각차에 의해 크게 두 종류의 범주로 나누는데 설계지향적(design-oriented)정의와 이용지향적(use-oriented)정의가 바로 그것이다. 우리가 어떤 시스템을 이해하고자 할 때 그 시스템의 구조와 같은 설계적 측면과 주요기능 또는 이용적 측면을 다 같이 아는 것이 큰 도움이 됨은 자명한 일이다. 이런 관점에서 포괄적인 MIS의 정의를 내리면, "조직의 계획, 운영 및 통제를 위한 정보를 수집·저장·검색·처리하여 적절한 시기에 적절한 형태로 적절한 구성원에게 제공해 줌으로써 조직의 목표를 보다 효율적 및 효과적으로 달성할 수 있도록 조직화된 통합적 인간-기계시스템"으로 정의할 수 있다. 이와 같은 정의를 좀 더 구체적으로 이해하기 위하여 우리가 주목해야 할 점을 몇 가지 지적하면 다음과 같다.

첫째, MIS는 근본적으로 인간-기계시스템이라는 사실이다. 인간-기계시스템 이라고 하면 인간과 기계가 상호보완적으로 결합되어 과업을 수행해 나가는 것을 의미하는데 이는 물론 각자가 자신에게 보다 적합한 형태의 일을 부담함으로써 전체적인 성과를 높이는 방법으로 결합되는 것이다.

둘째, MIS는 통합시스템이다. 정보를 적절한 시기에 적절한 형태로 적절한 구성원에게 제공해 주기 위해서 MIS는 여러 하위시스템(subsystem)으로, 또 하위-하위시스템(sub-subsystem)으로 분할된다. 그런데 이들 하위시스템간에 일관성이나 호환성이 결여된다면, 많은 혼란이 야기될 것이므로 당연히 종합(integration)의 필요성이 생기게 된다.

셋째, MIS의 목표는 궁극적으로 조직전체의 목표와 일치해야 한다는 것이다. 이는 MIS라고 하는 것이 조직을 구성하는 여러 하위시스템 중 하나라는 점을 감안하면 너무나 당연한 일인데도 불구하고 마치 우리가 공기의 소중함을 망각하고 살아가듯 그 중요성이 고려되지 않은 MIS계획이나 운영방침을 자주 볼 수 있다.

넷째, 정보는 그 유용성에 존재가치가 있다는 점이다.

끝으로, MIS는 조직의 계획, 운영 및 통제 등 경영관리 전반에 걸친 활동을 포괄한다는 것이다. 이러한 관점에서 볼 때, 앞에서 이미 언급한 바와 같이 MIS라는 개념은 TPS, IRS, DSS, OAS 뿐만 아니라 SIS까지도 그 하위개념으로 포용할 수 있는 매우 폭 넓은 개념이다.

[圖 1-8-1] MIS의 기본구조도

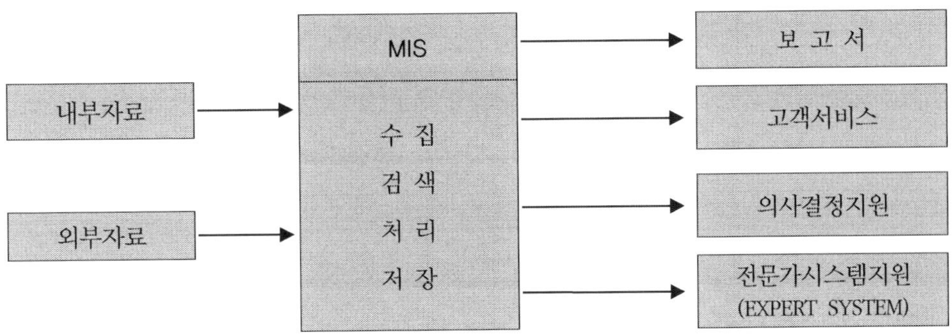

이상에서 우리는 MIS를 비교적 폭 넓은 개념으로서 정의하였다. 그러면 여 기서 MIS의 정의와 관련해서 보다 실제적인 의문점에 대한 해답을 구해 보자. 과연 MIS라고 하는 것이 어떤 일정한 틀과 기준이 있어서 "이것은 MIS이다" 또는 "저것은 MIS가 아니다"라고 분류할 수 있는 것일까? 이에 대해 한마디로 그것은 정도의 문제이며, MIS가 없는 조직도, MIS가 완전히 갖추어진 조직도 있을 수 없다. 즉, 컴퓨터를 아직 도입하지 않은 조직이라 할지라도 어떤 형태로든 자체적으로 정보를 수집·저장·검색·처리하는 체계를 갖추고 있을 것이고, 또한 아무리 오랜 컴퓨터 응용경험을 가진 조직이라도 아직 완성된 형태의 정보시스템을 구축할 수는 없다는 것이다. 이렇게 볼 때 모든 조직은 나름대로의 방법으로, 보다 이상형에 가까운 MIS의 구축을 위해 나아가는 과정에 있는 것이다. 그러나 같은 길을 가더라도 목적지와 거기에 이르는 길을 어렴풋이나마 알고 있는 경우는 큰 차이가 있을 것이다. 이것이 우리가 MIS에 대해 보다 깊은 이해를 가져야 되는 이유인 것이다.

제2절 경영정보 및 시스템의 개념

1. 경영과 의사결정

경영(또는 관리)활동과 MIS의 관계는 경영활동이 MIS의 대상이면서 동시에 MIS 역시 경영활동의 대상이 되는 상호 불가분의 관계에 있다. 따라서, 경영활동에 대한 이해가 없이 MIS를 이해한다고 하는 것은 불가능한 일이다. 그리고 경영활동은 수없이 많은 의사결정의 연속이라고 할 수 있을 정도로 의사결정은 그 핵심을 이루고 있다.

2. 경영의 개념적 정의

경영 또는 관리(management)의 개념을 한마디로 정의하기는 매우 어려운 일 이나, 대체로 그 속에는 정해진 목적달성을 위해 인적·물적 자원을 결합한다 는 개념이 포함되어 있는 것으로 간주되고 있다. 경영개념을 정의하고 있는 기존의 문헌에서는 설계(Planning), 조직화(Organizing), 충원(Staffing), 지시(Directing) 및 통제(Controlling) 또는 단순히 계획(Plan) – 수행(Do) – 통제(See)의 순환과정이라는 인식을 바탕으로 하고 있다.

3. 경영과정의 정의

- 계획(Planning) : 미래의 변화를 예측하고 그에 대응할 수 있는 목표와 목표달성에 대한 계획을 수립
- 조직화(Organizing) : 계획이 수립되고 나면 그 계획을 가장 효율적으로 수행할 수 있도록 각종 자원을 구조화(Structuring)해야 하는데, 흔히 조직의 하부조직, 즉 부·과·계 등의 조직을 구성하는 행위로 나타난다. 이와 같은 자원의 구조화기능을 협의의 조직화개념이라고 한다.
- 충원(Staffing) : 원래의 의미 자체가 인적 자원을 획득하는 행위를 의미하는 것이나, 경영과정에서의 그 의미는 암묵적으로 조직화기능에 의해 규명된 모든 필요자원을 획득하는 행위로 확대되어 쓰이고 있다. 즉, 조직의 경영자는 필요한 인원을 선발하고 자재를 구입하며 소요자금을 조달하는 등의 행위를 통해서 충원기능을 수행하게 되는 것이다.
- 지시(Directing) : 경영과정의 정의에서 이 부분은 지시(Directing) 이외의 지도(Leading), 조정(Coordinating), 동기부여(Motivating) 또는 의사소통(Communicating) 등 여러 가지 다

른 용어로 대치되기도 한다. 그러나 그 이름이 어떻게 정의되든, 이 단계에서 경영자는 이미 수립된 계획이 실제로 수행되도록 노력하게 된다.

- 통제(Controlling) : 경영자는 당초의 계획과 실제로 얻어진 성과를 비교해서 어떤 차이가 발견되면 그 차이를 극복할 수 있는 조치를 취함으로써 조직 내의 제반 활동을 통제(Controlling)하게 된다.

4. 의사결정의 기본적 원리

- 탐색 : 이 단계는 문제를 인식하고 자료를 수집하는 단계이다.
- 설계 : 이 단계는 문제해결을 위한 여러 가지 대안을 계획하는 단계이다.
- 선택 : 이 단계는 가능한 해결방안 중 하나를 선택하는 단계이다.

[圖 1-8-2] 의사결정과정

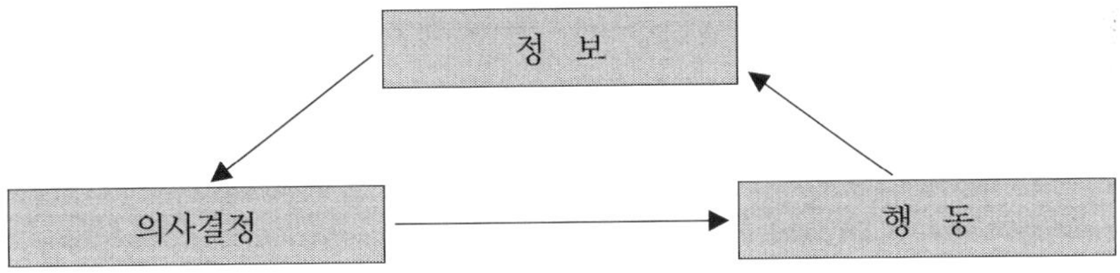

자료 : J. W. Forrester, Industrial Dynamics, MIT Press, Cambridge Mass., 1961.

5. 정보와 인간의 정보관리

(1) 정보의 기본개념

정보는 그 수신자(Recipient)에게 의미가 있는 형태로 처리된 자료(data)로서, 현재 또는 미래의 행위나 의사결정에 실제적인(real) 혹은 지각된(perceived) 가치를 가지고 있다. 이 정의에 따르면 우선 정보는 자료와 구분되는 개념이며, 자료를 어떤 의미를 갖도록 처리한 것이 정보라는 것이다.

(2) 의사결정과 정보의 가치

- 정보의 규범적 가치 : 정보의 규범적(normative) 가치개념은 주로 의사 결정론(decision theory)에 바탕을 두고 있는 개념으로서, 의사결정자는 항상 자신의 의사결정결과에 대해 어느 정도의 사전지식을 가지고 있다는 가정을 전제로 한다. 일반적으로 이러한 사

전지식은 그것이 객관적인 것이든 주관적인 것이든 간에 어떤 사전조율(a prior probability)의 개념으로 표현될 수 있는데, 이와 같은 경우라면 의사결정의 기대성과(expected payoff)는 통계학적 방법으로 손쉽게 계산된다. 여기에 결과에 대한 추가정보가 투입되게 되면 각 결과의 발생확률이 수정되고 그에 따라 기대성과도 달라진다. 바로 이때, 정보의 추가로 인해 수정된 기대성과와 사전적 기대성과와의 차이로서 정의되는 개념이 정보의 규범적 가치인 것이다.

- 정보의 현실적 가치 : 우리는 이미 정보가 의사결정을 기술하는 것이고, 의사결정은 행위를 유발하고, 행위는 다시 어떤 성과를 초래하는 일련의 관계를 파악할 수 있었다. 정보의 현실적(relistic) 가치개념은 바로 이러한 관계를 전제로, 나타난 성과의 차이를 측정함으로써 정보의 가치를 역으로 평가할 수 있다는 개념이다.
- 정보의 주관적 가치 : 의사결정의 과정이나 결과를 엄밀히 정의하기가 어렵고 각 결과의 발생확률이라든가 얻을 수 있는 성과를 측정하기가 어려운 상황이라면 앞서 언급한 두 가지 접근방법 중 어느 방법으로도 정보의 가치를 평가할 수 없을 것이다. 이와 같은 상황에서는 결국 주관적(subjective)인 방법으로 정보의 가치를 평가할 수밖에 없다. 그런데, 일반적으로 정보의 주관적 가치는 의사결정자의 가상적 실험(hypothetical experiment)을 통해 평가되는 것이 보통이다.

(3) 인간의 정보처리

- 일반적 모형 : 정보처리자로서의 인간을 설명하는 일반적 모형은 아래 그림과 같다.

[圖 1-8-3] 인간의 정보처리 모형

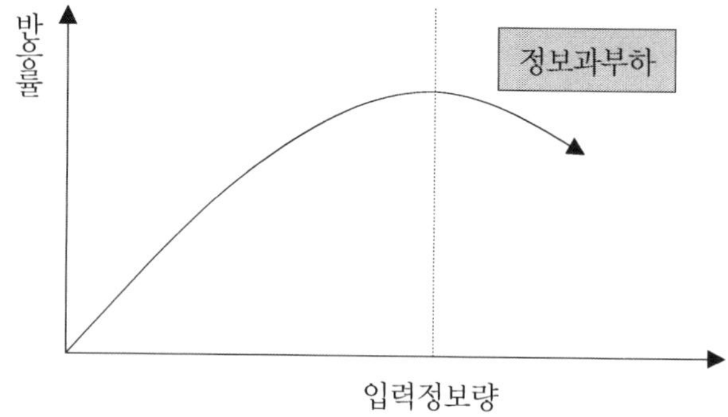

- Newell-Simon 모형 : 인간정보처리시스템은 수신기관(receptors), 처리기 관(processor), 실행기관(effectors) 및 기억장소(memory)의 네 가지로 구성되었다. 여기서 기억장소는 다시 단기기억장소, 장기기억장소, 외부기억장소로 나눈다.

[圖 1-8-4] Newell-Simon의 모형

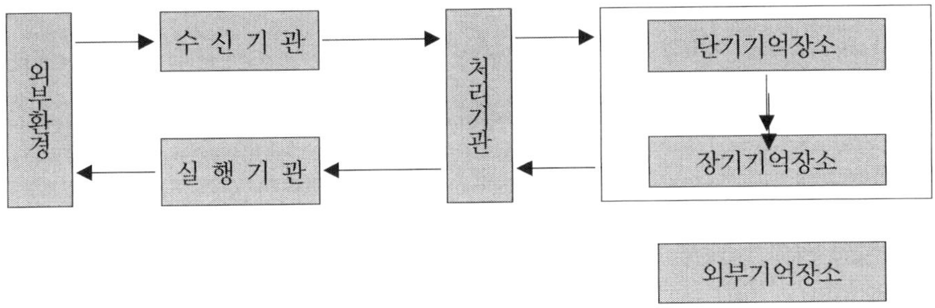

제3절 경영정보시스템의 유형

1. 경영정보시스템의 발전과정

대부분의 조직은 지금까지 그것이 설령 어떤 공식적인 MIS로 인식되지는 않았다 할지라도 어떤 형태로든 경영정보시스템을 유지해 왔을 것이다. 그러나 과거의 경영정보시스템은 그 설치나 이용에 있어서 극히 비공식적이었다. 그러다가 점차 컴퓨터가 이용되기 시작하면서 다량의 정보가 단 시간 내에 처리 요약될 수 있게 되었고, 그에 따라 경영정보시스템이 공식적으로 설계됨은 물론 하나의 연구분야로까지 간주되기에 이르렀다. 뒤이어 컴퓨터를 보다 효과적으로 활용하려 한 나머지 정보시스템에 대한 집중적인 연구를 통해 새로운 시스템의 개발 집행에 관심을 갖게 되었으며, 결국 경영정보시스템도 TPS – MIS – DSS – SIS(ES)로 발전하는 과정을 거치게 되었다.

(1) TPS(Transaction Processing System)

컴퓨터가 처음으로 도입되었을 때만 하여도 정보시스템은 주로 경리나 청구서 작성과 같은 몇몇 단순하고 반복적인 활동에 관한 자료를 처리하는 데만 이용되었다. 그리하여 처음에는 그것을 활용하는 데 요하는 전문적 기술 때문에 컴퓨터도 EDPS부에 위치해 있는 경우가 많았으나, 자료처리가 보다 신속하고 용이해지면서 다른 활동의 자료나 정보를 관리하는 업무까지도 컴퓨터화 되기에 이르렀다. 이들 새로운 과업을 수행하기 위해 TPS부서는 경영자들에게 표준화된 보고서를 제공할 필요성이 발생하게 되었으며, 그것이 계기가 되어 마침내 MIS가 등장하게 되었다.

(2) MIS(Management Information System)

TPS의 성장은 곧 경영자들로 하여금 그들 조직의 정보시스템을 보다 합리적으로 계획하도록 촉구하는 결과를 가져왔으며, 그것은 곧 컴퓨터기반의 정보시스템(CBIS) 혹은 단순히 새로운 MIS개념을 등장시키는 결과를 가져왔다. 즉 TPS가 단순히 다량의 표준화된 자료를 처리하는 그 이상으로 기능을 확대시키게 되면서 그것은 곧 MIS라는 새로운 명칭을 갖게 되었다는 것이다.

(3) DSS(Decision Support System)

최근 컴퓨터 하드웨어와 소프트웨어가 고도로 발달함에 따라 TPS와 MIS전문가는 물론이고 경영자들까지도 CBIS의 자료베이스에 'on-line' 혹은 'real- time'으로 접할 수가 있게 되었다. 즉 마이크로 컴퓨터가 보편화되면서 경영자가 스스로의 자료베이스를 만들어 놓은 다음 필요한 정보를 그때그때 조작해냄으로써 구태여 TPS나 MIS부서로부터의 보고를 기다리지 않아도 될 수 있게 되었는데 그러한 정보시스템을 소위 DSS시스템이라고 부른다.

이는 처음에는 항공기의 예약업무와 같은 분야에만 도입되었나 요즘에는 은행, 증권회사, 호텔에서는 물론이고 제조회사의 각 활동에도 광범위하게 적용되고 있다. 물론 MIS가 아직도 통상적인 업무의 통제에 필요한 것은 사실이지만, DSS는 특히 구조화된 자료베이스의 이용까지도 가능케 한다는 점에서 한 단계 더 발전된 시스템이라 할 수 있다.

(4) ES(Expert System)

MIS부문에 있어 최근의 중요한 기술적 발전으로는 전문가 시스템(Expert System : ES), 전문가 지원 시스템(Expert Support System : ESS), 모델관리 시스템(Model Management System : MMS) 등을 들 수 있는데 이들은 향후 MIS 개발 및 활용에 대한 새로운 가능성을 보여주고 있다. 즉, ES는 전산과학 등의 분야에서 연구되어 온 인공지능(Artificial Intelligence : AI)을 이용하여 경영정보관리 분야, 특히 전문가의 의사결정이 요구되는 분야에 있어서의 컴퓨터 활용을 보다 심화·발전시킬 수 있는 가능성을 제시하고 있다. 그리고 기존의 DSS와 ES를 상호보완적으로 결합하고자 하는 ESS도 새로운 발전방향이다.

끝으로 MMS는 각종 모델베이스(model base), 데이터베이스 및 지식베이스(knowledge base : KB) 등을 체계적으로 결합하여 관리함으로써 경영의사결정의 지원을 보다 합리화하는 것을 목표로 하는 응용시스템이다.

2. 사무자동화시스템

(1) 사무자동화의 개념

사무자동화(Office Automation : OA)의 정의는 사무실의 기능과 사무자동화의 목적에 대한 관점에 따라 달라질 수 있다. 전통적으로 사무실이라 하면 기업의 본질적인 업무인 재화나 용역을 생산하는 활동에 수반되는 각종 보조업무 또는 사무를 처리하는 장소로 간주되었다. 따라서 사무자동화의 목적은 일차적으로 사무의 효율성 제고에 두었다.

그러나 환경변화가 가속화되고 경쟁이 격화되면서 정보관리의 중요성이 증대됨 에 따라, 사무실은 단지 사무를 처리하기 위한 공간만이 아니라 경쟁에서 이기고 생존하기 위해서 필요한 정보를 수집·분류·가공하고, 이를 적절히 업무에 활용하는 기능을 수행하는 장소로 인식되기 시작하였다.

이처럼 사무실의 기능을 사무처리기능과 정보처리기능이 종합되어 있는 것으로 이해하고 사무자동화의 목표를 사무처리의 효율성 및 정보이용의 효과성을 증진시키고자 하는 데에 두면, 사무자동화 개념은 다음과 같이 폭넓게 정의 될 수 있다. 즉, 사무자동화란 "정보처리기술, 정보통신기술 및 사무기기 관련기술을 사무실에서의 업무처리에 종합적으로 이용함으로써 사무직 종사자의 업무생산성을 향상시키고 보다 효과적인 정보관리를 하기 위한 과정"을 의미한다.

(2) 사무자동화의 동기

과거 산업사회에서는 주로 생산직에 종사하는 근로자들의 노동력을 기계 등으로 대체시킴으로써 생산력을 증가시켜 왔지만 사무부문은 그러하지 못했다. 그래서 지금은 정체된 사무부문의 생산성을 끌어올리려는 인식이 널리 퍼지면서 사무자동화의 필요성이 대두되게 되었다.

(3) 사무자동화 기기

일반적으로 PC보다 성능이 뛰어난 워크스테이션(workstation)을 중심하드웨어로 하여 문서처리(word processing), 전자문서네트워크(electronic mail networks), 원격통신(telecommunication), 전자파일시스템(electronic file system), 팩스 등으로 구성되어 있다.

- 문서정보의 처리 및 관리의 효율화를 이루기 위한 기기
  예 복사기, 전동타자기, 탁상출판시스템(desk-top publishing : DTP)
- 문서보관의 효율화를 지원하는 기기
  예 마이크로필름기, 광파일링시스템, 사진응축기
- 각종 컴퓨터 관련설비

예 메인프레임 컴퓨터 및 단말기, PC

- 정보유통이나 의사소통의 효율성을 증진시켜 주는 기기

  예 팩스, PABX (private automatic branch exchange), 전화기, 전자우편

- 스템에 연결되어 있는 여러 단말기들을 대상으로 이들 상호간의 정보 교환을 지원하는 기기

  예 비디오텍스, 전자우편

- 정보유통의 효과성을 증대시키는 극단적인 기기

  예 원격회의 (teleconferencing)

(4) 사무자동화와 MIS의 관계

사무자동화 도입 초창기에는 이 개념과 MIS개념 사이의 연관성에 대한 인식이 별로 없었다. MIS가 주로 조직 전체적 차원의 기본업무나 여러 부서가 공통적으로 관련된 업무에 적용되었던 반면, 사무자동화는 사무실에서의 단위 부서내 업무나 개인업무를 대상으로 하였다. 그러나 MIS의 측면에서는 초소형 컴퓨터 및 정보통신기술의 발전에 따라 중앙집중식 시스템에서 분산형시스템으로 변화되고 있고 최종사용자 컴퓨팅이 확대되는 등 MIS가 단위 부서 차원 또는 개인차원에서 적용되고 관리되게 되었으며, 사무자동화 측면에서도 사무자동화시스템의 전사적 통합화 및 정보시스템과의 연계가 추진됨에 따라 사무자동화시스템과 경영정보시스템은 매우 밀접하게 결합되어 가고 있으며 점차 그 구별이 어려워지고 있다.

(5) 사무자동화의 추진

1) 사무자동화에의 접근방법

① 사무자동화의 추진층에 의한 분류

먼저 사무자동화가 누구를 중심으로 추진되어야 하는 가에 따라 상향식 접근방법, 하향식 접근방식, 그리고 양 방향식 접근방법으로 나누어 볼 수 있다. 우선 상향식 접근방법이란 조직에 있어서 업무의 가장 작은 단위에서부터 사무처리의 합리화 및 사무생산성의 향상을 위한 사무자동화를 이루어 가면 그러한 노력들이 보다 상위의 업무단위에서 통합됨으로써, 결국은 전사적으로 사무자동화시스템이 구축될 수 있다는 가정에서 출발하는 접근방법이다. 한편, 하향식 접근방법에서는 먼저 최고 경영층을 중심으로 전사적인 사무자동화시스템 구축계획을 수립하고, 이를 실현하기 위한 보다 하위단위의 사무자동화계획들을 제의하면서 결국 조직 최 말단까지의 실천계획이 작성되고 나면 이에 따라 조직전체 차원에서의 사무자동화를 체계적으로 실현해 가는 방법이다. 이상 두 가지 접근방법의 중간적 내지는 종합적 성격을 갖는 것으로 볼 수 있는 양방향적 접근방법에서는 조직의 중간관리자들을 추진축으로 해서 각 기

능부문별로 사무자동화를 추진하되, 조직 전체적으로는 상향식 접근방법을, 단일 기능부문 내에서는 하향식 접근방법을 취하게 된다.

② 사무자동화의 집단에 의한 분류

사무자동화를 추진하는 대상집단의 크고 작음에 의해 사무자동화에의 접근방법을 전사적 접근방법, 모델부서 접근방법, 모델업무접근방법으로 분류해 볼 수 있다. 전사적 접근방법은 한꺼번에 조직전체를 대상으로 사무자동화를 추진하는 방법이다. 모델부서 접근방법은 우선 어느 한 부서에서만 사무자동화를 추진해 보고 이 과정에서 얻은 경험을 바탕으로 이를 다른 부서로 확산시키는 방법이다. 모델업무접근방법은 조직의 모든 기능부분에 공통적으로 존재하는 모델업무를 찾아서 그 업무를 대상으로만 우선 사무자동화를 실시하고, 이 과정에서 얻은 경험을 바탕으로 사무자동화를 다른 업무에도 확산시켜 나가는 방법이다.

③ 사무자동화의 동기에 의한 분류

사무자동화를 왜 추진하게 되었는가에 따라 기술·기기도입 접근방법과 문제해결 접근방법으로 나눌 수 있다. 기술·기기도입 접근방법은 효과적인 것으로 알려 진 사무자동화 기기를 우선 도입한 후 이의 활용대상을 개발하는 방법이고, 문제해결접근방법은 조직 내에서 비효율이 누적된 부분이나 효과의 개선이 기대되는 부문을 찾고 거기에서 발견된 문제를 해결할 수 있는 방안을 탐색하는 방법이다.

2) 사무자동화 추진시 주의사항

① 장기적인 관점에서의 철저한 계획을 바탕으로, 신중하게 추진되어야 한다.

② 사무자동화의 성과를 얻기 위해서는 최고 경영층을 비롯한 조직구성원 모두의 적극적인 지원과 참여가 필수적이다.

③ 사무자동화를 추진하고자 하는 경우에 운영위원회(steering committee)와 같은 조직 내 부문간의 조정 및 진행상황의 통제를 담당하는 기구를 구성하는 것이 효과적이다.

④ 적용대상 업무의 합리화 및 표준화가 이루어지지 않은 상태에서 자동화가 추진될 경우 소기의 성과를 달성하기가 어렵다는 점을 인식해야 한다.

⑤ 앞에서도 언급한 바와 같이 기기부터 도입한 후 그 활용방안을 모색하는 것은 사무자동화에 있어 반드시 지양되어야 할 점이다.

⑥ 사무자동화의 효과를 얻고 또 그 효과를 지속시키기 위해서는 사무자동화의 대상이 되는 업무를 수행하는 조직구성원들에 대한 집중적이고 지속적인 교육훈련이 필요하며, 사무자동화 기기나 시스템의 도입에 있어서 효율성이나 효과성에만 너무 집착하지 말고 조직구성원들에 대한 인간공학적·행태과학적 배려를 해주는 것도 필요할 것이다.

(6) 사무자동화의 장해요인

첫째로, 조직구성원들의 사무자동화에 대한 인식결여 및 변화에 대한 거부현상이다.

둘째로는 성과에 대한 성급한 기대가 사무자동화의 정착을 저해한다는 점을 지적할 수 있다.

셋째로, 각종 사무자동화 기기들의 표준화 및 호환성 부족도 큰 문제이다.

끝으로, 아직까지는 사무자동화 기기의 가격이 너무 비싸다는 것도 문제가 된다.

3. 의사결정지원시스템(DSS : Decision Supporting System)

의사결정지원시스템은 경영자료(data)와 경험 그리고 분석모델을 체계적으로 이용하여 비 정형적인 문제를 해결하는데 이용하는 시스템이다. 기업경영에 있어서 컴퓨터의 활용은 단순한 업무의 자동화나 필요정보의 제공이라는 차원을 넘어 경영관리자의 의사결정을 도와주는 영역으로까지 확대되고 있다. 의사결정지원시스템의 개념과 구성, 그리고 개발방법 등에 대하여는 아래와 같다.

(1) 의사결정지원시스템의 개념

사무작업을 보다 일관성 있고 효율적으로 수행하며, 경영관리에 필요한 보고서를 자동으로 만들어내기 위해 기업들은 대형의 데이터처리시스템을 구축하였나. 이러한 시스템들은 기업의 일상적인 거래업무를 자동화하고 통제하는 데에는 성공적이었으나, 경영관리자의 의사결정을 지원하는 데에는 실패하였다. 그 이유는 경영관리자가 의사결정을 할 때 접하는 문제의 유형과 상황이 매우 다양하고 예측하기 어렵기 때문에 기업의 일상적 운영 및 관리통제를 목적으로 구축된 시스템들은 다양한 의사결정자의 요구를 충족시킬 수 없었기 때문이었다.

이러한 단점을 극복하기 위하여 1970년대에 의사결정을 수행하거나 지원할 수 있는 정보시스템에 대한 연구가 활발하게 진행되었다. 스캇모턴(M. Scott Morton)은 1970년대 초에 의사결정지원에 대한 개념으로 'management decision system'이라는 용어를 사용하였다. 1978년에는 킨(P. Keen)과 스캇모턴의 저서에서 'Decision Support System'이라는 용어가 처음으로 사용되었다.

의사결정지원시스템은 기업경영에서 당면하는 여러 가지 의사결정 문제를 해결하기 위해 복수의 대안을 개발하고, 비교·평가하며, 최적 안을 선택하는 의사결정과정을 지원하는 정보시스템으로 정의된다. 초기의 의사결정지원시스템은 주로 비구조적(unstructured) 혹은 반구조적(semi-structured) 문제를 해결하기 위해 의사결정자가 데이터와 모델을 활용할 수 있게 해 주는 대화식(interactive) 컴퓨터시스템으로 정의되었는데 이러한 정의는 너무 제한적이어서 최근에는 확대되어 정의되고 있다.

의사결정시스템은 전통적인 데이터처리와 경영과학의 계량적 분석기법을 통합하여 의사결정자가 보다 손쉽고 정확하게, 그리고 신속하고 다양하게 문제를 해결할 수 있는 정보시스템 환경을 제공한다.

(2) 의사결정지원시스템의 구성

의사결정지원시스템은 데이터베이스시스템(database system)과 모델베이스시스템(model base system), 사용자 인터페이스기관(user interface unit), 사용자(user)의 네 가지 하위시스템을 구성된다.

1) 데이터베이스 시스템

의사결정지원시스템에 있어서 데이터베이스시스템의 기능은 의사결정에 필요한 데이터를 저장 관리하고 이를 제공하는 것이다. 데이터베이스에는 조직의 내부데이타베이스, 외부데이타베이스, 그리고 경영관리자의 개인데이타베이스 등이 포함된다.

2) 모델베이스시스템

모델베이스시스템은 의사결정에 필요한 다양한 모델들을 저장하고 있는 모델베이스와 이들을 관리하는 모델베이스 관리시스템(Model Base Management System : MBMS)으로 구성된다. 특히, 모델베이스 관리시스템은 의사결정에 필요한 모델을 개발하고, 수정하고, 통제하는 기능을 제공함으로써 의사결정지원에 있어서 가장 핵심적인 역할을 수행한다.

3) 사용자 인터페이스기관

사용자 인터페이스기관은 데이터의 입력과 출력, 그리고 다양한 분석 과정에서 일어나는 사용자와 시스템간의 인터페이스환경을 제공하는 시스템모듈을 말한다. 주로 메뉴방식이나 그래픽처리 형식을 이용하여 사용자가 이해하기 쉽고 사용하기 쉬운 대화기능을 제공하기 때문에 대화생성 관리시스템(Dialogue Generation and Management System : DGMS)이라고도 한다.

4) 사용자

의사결정지원시스템의 사용자는 주로 기업경영의 주요 의사결정을 담당하는 경영관리자들이다. 이들은 당면한 의사결정에 가장 적절한 모델을 모델베이스로부터 선정하고, 필요한 데이터를 데이터베이스로부터 제공받거나 직접 입력한 다음, 대안들을 평가하고 분석하여 최적의 대안을 선택하는 의사결정과정을 수행한다.

(3) 의사결정지원시스템과 스프레드시트

스프레드 쉬트(spreadsheet)란 각종 계산업무를 손쉽게 처리할 수 있도록 해주는 소프트웨어를 말한다. 우리가 일반적으로 많이 사용하는 스프레드시트로는 Lotus 1-2-3, Excel, Quattro Pro 등과 같이 워드프로세싱 기능 등을 포함한 통합패키지가 있다.

스프레드시트는 작업지 형태(worksheet format)의 행과 열에 단순히 데이터나 공식을 입력함으로써 필요한 계산을 수행하거나 모델을 구축할 수 있는 환경을 제공한다. 그러면 데이터나 공식에 다양한 변화를 주어 민감도 분석 등을 수행할 수 있고, 작업지나 그래픽의 형태로 출력하여 그러한 변화의 결과를 시각적으로 평가할 수 있다.

생산관리자는 모델에 맞는 적절한 데이터를 입력하고, 다양한 대안들의 효과를 알아보는 일련의 민감도 분석을 행할 수 있다. 만일 광고비용이 10, 20, 30% 절감된다면, 손익분기점에는 어떠한 변화가 일어날 것인가? 손익분기점의 상태를 10%를 감소시키기 위하여 고정비를 얼마나 감소시켜야 하는가? 스프레드시트를 이용하여 이러한 과정을 되풀이함으로써, 제품성과에 관계되는 의사결정 대안을 개발하고 평가하는 데 도움을 주는 정보를 얻을 수 있다.

뿐만 아니라, 사업분석과 의사결정지원을 위해 스프레드시트를 사용할 수 있다. 예를 들어, 판매예측, 이익·손실 분석, 제품의 가격결정, 투자분석, 자본예산 개발, 현금흐름분석, 공사입찰, 부동산 투자, 은행 대여 분석 등을 스프레드시트를 이용하여 수행할 수 있다.

(4) 의사결정지원시스템의 개발

의사결정지원시스템은 일반적인 시스템 개발단계와 유사한 과정을 거치지만 다음과 같은 특성들 때문에 일반적인 정보시스템과는 다른 개발전략이 필요하다.

1) 의사결정지원시스템의 특성

경영관리자의 의사결정을 지원하는 정보시스템으로서 의사결정지원시스템은 다음과 같은 특성을 가지고 있다.

① 다양한 데이터의 원천

경영관리자의 의사결정을 위해서는 조직내부의 데이터뿐만 아니라 조직외부의 데이터도 필요하며, 또한 조직의 정보시스템으로 제공되는 데이터도 필요할 수 있다. 그러므로 의사결정지원시스템은 이와 같이 다양한 원천으로부터 데이터를 획득하여 의사결정에 필요한 정보처리를 할 수 있도록 설계되어야 한다.

② 대화식 정보처리와 그래픽 디스플레이

의사결정지원시스템은 의사결정과정을 자동화하여 의사결정자를 대체하는 것이 아니라 의사결정자와 상호 인터페이스를 통해 더 정확하고 합리적인 의사결정을 가능하게 함이 목적이므로 의사결정자와 시스템간의 대화식 정보처리가 가능하도록 설계되어야 한다. 또한, 의사결정자가 쉽게 이해할 수 있도록 그래픽을 이용하여 정보처리결과를 보여주고 출력하는 기능을 보유해야 한다.

③ 의사결정환경의 변화를 반영할 수 있는 유연성

의사결정지원시스템은 의사결정이 이루어지는 동안에 발생 가능한 환경의 변화를 반영할 수 있도록 유연하게 설계되어야 한다. 즉, 새로운 데이터가 필요하거나, 분석모델의 구성요소들을 바꾸어야 하거나, 혹은 완전히 새로운 분석모델을 개발해야 할 경우 이를 즉각적으로 시스템에 반영하여 의사결정이 지체되지 않도록 해야 한다.

④ 분석적 모델링 대안들

의사결정지원시스템이 효과적인 의사결정을 지원하기 위해서 필요한 분석 기능들을 간단히 살펴보면 다음과 같다.

㉠ What – If 분석

What – If 분석에 있어서, 최종사용자는 변수나 변수들간의 관계를 변화시켜가며 그로 인한 다른 변수들의 값의 변화를 관찰한다. 간단한 손익분기분석 모델에서 생산관리자는 고정비나 변동비를 변경시키면서 그 결과를 관찰한다. 관리자는 스프레드시트상에서 제조비용과 연구개발비가 손익분기점에 미치는 영향을 관찰하고 평가하는데 관심을 가질 것이다. 생산관리자에게 있어서, 손익분기점은 제품생산의 하한선을 제공한다. 관리자는 다양한 영향을 살펴보며 이러한 종류의 분석을 반복할 것이다.

㉡ 민감도 분석

민감도 분석은 What – If 분석의 특별한 경우이다. 민감도 분석의 경우에는 단지 한 개의 변수만이 계속적으로 변경되고, 그 결과로 발생하는 다른 변수들의 변화가 관찰된다. 몇몇 의사결정지원시스템 패키지들은 민감도 분석을 수행하라는 명령을 받았을 때, 자동적으로 한 변수에 지속적으로 작은 변화를 준다.

㉢ 목표추구 분석

목표추구(goal seeking) 분석은 한 변수의 변화가 어떻게 다른 변수들에 영향을 미치는 가를 관찰하는 대신, 목표치를 설정하고 그 목표치를 달성할 수 있는 관련변수의 값을 찾는 분석방법을 말한다. 예를 들어, 특정한 제품을 생산함에 있어서 이익을 판매액의 10%로 잡고 이 목표를 달성할 수 있는 생산원가를 도출하는 문제가 있다고 하자. 생산관리자는 이러한 목표치에 도달할 때까지 계속적으로 이익과 판매액 그리고 원가 등에 영향을 미치는 변수의 값들을 변화시키며 그 추이를 관찰할 것이다. 그리고 궁극적으로는 이익이 판매액의 10%가 될 수 있는 생산원가를 찾아낼 수 있게 된다.

㉣ 최적화 분석

최적화 분석은 목표추구분석과 비슷하나 보다 복잡한 범주에 속한다. 목표추구분석은 구체적인 목표치를 설정하는 반면, 최적화 분석의 목적은 특정 제약식이 주어졌을 때 하나 이상의 목표변수의 최적 값을 구하는 것이다. 예를 들어, 주어진 생산설비 하에서 이익을 최대화할 수 있는 생산제품의 양을 구하거나, 주어진 제품을 생산하는데 있어서 비용을 최소화 할 수 있는 원료의 배합을 구하는 문제 등은 최적화 분석을 통해 구해질 수 있다. 최적화 분석에는 주로 선형계획법[2]과 같은 경영과학기법이 이용되며, 문제가 복잡한 경우 이를 효율적으로 풀기 위한 소프트웨어들이 패키지로 제공되고 있다.

2) 의사결정지원시스템의 개발방식

의사결정지원시스템은 정보를 효율적으로 수집하고, 저장하고, 분배하기 위한 시스템이 아니라 경영관리자의 의사결정을 지원하여 의사결정의 효과성을 향상시키기 위한 정보시스템이다. 그러므로 의사결정지원시스템은 일반적인 정보시스템과는 다른 개발방식으로 개발된다. 즉, 일반적인 정보시스템에 있어서는 개발자가 사용자의 요구를 조사하고 시스템 개발의 대상이 되는 업무를 분석하여 시스템을 설계한 다음 프로그래밍 과정을 통해 시스템이 개발되면 이를 사용자에게 제공하게 된다.

그러나 의사결정지원시스템의 개발방식은 사용자의 요구를 반영하여 시스템을 개발하고 이를 사용자가 직접 사용하고 평가하게 하여 새로운 요구와 문제점을 찾고 이들을 해결하면서 시스템을 개선해 나가는 방식을 거치게 된다. 이러한 개발방식을 프로토타이핑(prototyping)이라 하는데, 가능한 한 빠른 시간 안에 사용자의 기초적인 요구를 최대한 반영한 소규모 모형을 구축한 후 이를 점진적으로 개선해 나가는 시스템 개발방식을 말한다.

---

2 선형계획법(線形計劃法, LP : linear programming)

오퍼레이션 리서치(OR)의 한 기법. 2차 세계대전 중에 미국을 중심으로 군사계획의 기술로서 발달하였으며 기업의 경영계획·경제분석에로 확대·응용되었다.

선형이란 수학에서 나온 말이며 계획을 짤 경우에 기초가 되는 상관관계가 1차식의 형식임을 나타낸다. 즉 1차 부등식을 조건으로 하는 1차함수의 극대·극소를 구하는 형식이며 이 형식을 써서 분석하는 것을 선형계획법이라 한다.

한정된 자원의 최적 배분의 문제, 한정된 총소득액의 최적배분, 운임을 최소화하는 문제 등, 1차부등식이라는 제약하에서 어떤 목적을 최대화 또는 최소화하려는 문제에 모두 적용 된다.

이것은 1차식의 형식을 취하는 까닭에 구체적 분석에 많은 이점이 있으나 이론의 완전화를 위해 일반적인 비 1차식의 분석도 가능해지도록 시도하고 있으며 이를 비선형계획이라 한다. 또 1차식의 연립방정식을 사용하는 일련의 경제분석법을 한데 묶어 선형경제학이라고 한다.

즉, 사용자와 설계자는 작지만 중요한 문제에 관하여 논의하고, 그러한 문제의 해결을 지원할 수 있는 초기 시스템을 설계하고 구축한다. 개발자는 구축된 시스템을 사용자에게 시범을 보이고, 사용자는 이를 사용하고 평가한다. 시스템 개발자는 사용자의 평가를 기초로 하여, 프로토타입이 만족스러워질 때까지 필요한 데이터 내역과 시스템구조를 추가하고 변경하며, 입출력을 개선하는 등 시스템을 수정·확장하게 된다. 이러한 과정은 상대적으로 인상적인 시스템이 개발될 때까지 반복된다.

4. 그룹의사결정지원시스템(GDSS : Group Decision Supporting System)

DSS가 한사람이 이용하는 시스템이라면 그룹의사결정지원시스템(GDSS)은 여러 명이 동시에 한 문제를 두고 논의를 하며 결정을 내릴 수 있게 해주는 시스템이다. 이때 사용하는 소프트웨어의 종류를 그룹웨어(groupware)라고 한다. 한곳에 모여서 논의할 필요 없이 컴퓨터를 통해서 가상회의(virtual meeting)를 개최할 수 있어서 지역적으로 떨어져 있을 때 발생할 수 있는 커뮤니케이션문제도 해결할 수 있다. 화상회의시스템을 갖추면 GDSS의 효과는 배가될 것이다.

5. 전문가시스템(ES : Expert System)

전문가시스템은 전문가가 내리는 결정과정을 본 따서 비전문가도 전문가수준으로 업무를 처리할 수 있게 해준다. 인공지능(AI : Artificial Intelligence)은 이러한 일을 가능하게 해주는 기술을 총칭한다. 궁극적으로 인간의 고유한 영역인 사고를 컴퓨터가 대신 하게끔 유도하는 것이다. 그러나 아직은 컴퓨터가 갖고 있는 자료보관과 검색기능에 의존하고 있다. 좀 더 이 기술이 발달하면 컴퓨터 스스로 음성을 인식하고 실수를 통해 배우기도 하며 저장된 지식을 기초로 일정한 범위 내에서 스스로 결정도 내릴 수 있게 될 것이다.

(1) AI와 Expert System과의 차이

인공지능(Artificial Intelligence)에 대해서는 여러 가지 정의가 내려져 있다. 대체로 컴퓨터로 하여금 인간의 행동에서 나타나는 지능과 흡사한 특징을 지닌 지능적인 컴퓨터 시스템을 고안해 내는 현대컴퓨터 과학의 한 연구분야라고 정의 할 수 있다.

원래 인공지능이란 말은 1956년 6월 맥카시, 민스키, 샤논, 뉴엘, 사이몬 등이 참가한 미국 다이토마스 대학에서의 하계 연구회가 그 발단이었다. 그 후 계산기에게 지적인 작업을 행하게 하려는 연구, 다시 말해 총칭으로써 인공지능이라는 말이 사용되기 시작하였다.

그런데 초기(1950년대 후반에서 1960년대 전반까지)의 대표적인 인공지능에 대한 연구는 체스(chess)와 프로그램의 정리증명이었다. 그 후 60년대 후반이 되면서 지식 로보트와 문제해결의 연구가 행해졌다. 그러나 실제적인 의미에서의 로보트라는 것에 성공하지 못했고, 70년대에 들어와서 종합적인 로보트 제작에서부터 개별의 분야, 예를 들면 시각, 자연언어, 추론 등의 연구로 관심이 이동해 갔다. 더욱이 컴퓨터 이용기술의 진보와 심리학자들의 참가에 의해 인간 마음의 기능을 컴퓨터로 시뮬레이트하려는 연구가 성하게 되었다. 결국 지적인 컴퓨터를 실현하려고 할 때 지식을 직접 만들어서 집어넣어 버린 셈이 되게 되었다. 그리하여 지식을 컴퓨터 내에 어떻게 표현하는가 라는 '지식 표현'의 과목이 인공지능의 연구에 큰 기둥이 되어 지식의 활용을 전면적으로 내세우는 지식공학(Knowledge Engineering)이 등장하게 되었다.

지식공학이란 지식베이스 시스템(Knowledge Based System), 즉 지식 베이스와 추론기구로부터 이루어진 문제 해결지원 시스템을 실현하는 기술을 말하는데, 전문가시스템은 특히 대상영역에 대한 전문가 지식을 지식 베이스로 축적하여 상당히 고도의 문제를 취급하는 지식 베이스 시스템을 말한다. 따라서 인공지능과 전문가시스템은 서로 별개의 것이 아니라 인공지능의 범주 내에서 전문가 시스템을 파악하여야 할 것이다.

또한 학자마다 조금씩 다른 견해를 가지고 있지만 인공지능에 관한 연구는 대체로 전문가시스템, 자연어처리, 로보트 공학(Robotics)의 세 가지 영역에서 이루어지고 있는데 특히 특정분야에서 그 분야의 전문가지식을 지식 베이스로 사용한다면 이를 전문가 시스템이라 할 수 있다. 따라서 전문가시스템의 특징은 ① 전문가의 지식으로 구성된 지식 베이스를 사용한다는 점 ② 연역적 추론 ③ 실용성 등을 들 수 있는데 특히 인공지능과 비교한다면 지금까지 인공지능은 일반적인 탐색과 추론 메카니즘에 대한 연구가 중심이었다. 즉 일반성이 높은 방법을 안다면 복잡한 문제에서도 적용할 수 있다는 것이었다. 그것에 반하여 지적능력의 달성이 대상분야의 전문지식 활용에 의해 가능하다고 생각하여 탐색과 추론법 중심의 연구로부터 지식의 이용법에 대한 연구 쪽으로 중점을 두고 있는 것이 지식공학이며 전문가시스템의 출발점이다.

(2) Conventional Software와 ES의 차이

전문가 시스템은 새로운 패러다임 혹은 스타일 프로그램이다. 종전의 프로그램에 있어서는 처리 순서를 완전하게 작성해 주지 않으면 안되었지만 전문가 시스템은 추론에서 이용되는 지식을 규칙과 같은 형태로 임의의 순서대로 주면 되는 것이 많다. 즉 실행시에 추론기구가 필요한 지식을 선택하여 적용해 주기 때문이다. 따라서 전문가 시스템은 전문가의 지성을 자극하여 의식하에 있는 고도의 전문 지식을 이끌어 내는 펌프의 역할을 한다. 따라서 전문가 시스템과 전통적인 컴퓨터 프로그램의 차이는 전문가 시스템이 지식(Knowledge)

을 다루는 반면 전통적인 컴퓨터 프로그램은 데이타 처리를 다룬다는 점이다.

전문가 시스템과 전통적인 자료처리 시스템과의 차이점을 구체적으로 기술하자면 아래와 같은 것들을 들 수 있다. 첫째 전문가 시스템과 자료처리 시스템과의 차이는 업무처리가 이루어지는 순서에 있다. 즉 자료처리 시스템은 IF Then의 법칙이 업무처리 과정 속에서 정해진 순서에 의해 실행되지만 전문가 시스템에서는 반드시 그렇지는 않다. 이러한 문제에서 프로그램언어 문제가 발생하게 되고 따라서 전문가 시스템은 기존의 COBOL, FORTRAN 등의 절차식 언어로는 부적당하며 새로운 언어의 필요성이 대두되게 되었다.

둘째로 전문가 시스템에 의해 실행되는 업무는 반드시 해당분야의 전문가에 의해 실행되었던 것이라는 점 즉, 지식베이스에 기초한다라는 점이다. 도식화하자면 자료처리 프로그램 = Data + Algorithm 전문가시스템에서의 지식베이스형 프로그램 = Knowledge Base + 추론기구로 생각할 수 있는 것이다. 다시 말해서 전통적인 자료처리 시스템에서는 Procedure가 중심이 되나 전문가 시스템의 중심은 Knowledge Base와 Inference Engine이다.

셋째로 전문가 시스템은 Knowledge Engineerer라 불리는 전문가에 의해 유지, 관리되며 개선되지만, 자료처리 시스템은 프로그래머에 의해 유지, 관리된다. 덧붙여 전문가 시스템은 그 시스템의 일부분인 Knowledge Base를 사용자가 첨가시킬 수도 또는 제외시킬 수도 있는 반면 자료처리 시스템에서는 프로그래머가 아닌 사용자에 의한 프로그램의 변경은 불가능하다.

마지막으로 전문가 시스템에서는 Symbolic Processing이 주류를 이루지만 자료처리 시스템은 거의 모두 Numerical Processing 위주로 이루어진다. 따라서 전문가시스템은 종래의 프로그램 언어와는 달리 인공지능 도구(AI Tools)나 Symbolic Processing이 가능한 LISP 이나 PROLOG를 주로 사용하여 개발되고 있다. 그 외에도 전문가 시스템과 자료처리 시스템은 시스템의 구조에 있어서도 차이점이 보이는데, 업무처리 시스템은 대상이 되는 업무의 흐름을 쫓아가면서 해를 구하거나 결과를 출력시키지만 전문가 시스템은 일단 집합된 지식베이스를 기초로 법칙과 추론기관에 의한 접근방식을 택한다.

그러나 전문가 시스템도 자료처리 시스템이 처리되는 같은 컴퓨터 시스템에서 처리되고 또한 전문가 시스템의 개발을 목적으로 고안된 컴퓨터 언어가 존재하지만 종래의 프로그램 언어(BASIC, COBOL 등)를 사용하여 전문가 시스템을 개발할 수도 있기 때문에 전문가 시스템이 문제해결을 위한 보다 진보된 개념의 한 프로그래밍 기법으로는 볼 수 있어도 전통적 컴퓨터 프로그램과 전혀 다른 차원의 컴퓨터 응용분야로는 간주할 수 없을 것이다.

(3) The Role of ES

전문가 시스템은 의사 결정을 지원하기 위한 지적인 프로그램이다. 지금까지의 프로그램은 인간의 수 작업을 프로그램화한 것이다. 수치 계산이나 사무용 데이터처리, 시스템 제어

등과 같은 것이다. 수 작업에는 명시적인 절차가 존재하므로 프로그램화하는 데는 비교적 용이하다. 그러나 전문가 시스템이 대상으로 하는 인간의 지적 작업은 이렇다고 꼬집어 말하기 곤란할 정도로 불명확하다. 인간에 의해 설계된 시스템의 고장진단은 물론 인간 자신의 신체나 정신을 진단대상으로 하는 의학에 있어서는 진단이란 각 의사의 오랜 세월에 걸친 개인적 경험에 기초하여 이루어져 왔기 때문에 어려운 문제가 될수록 진단의 근거는 애매한 것이 되어 의사에 의한 진단의 차이를 객관적으로 비교하는 것은 불가능하였다. 오늘날의 의료행위는 상당히 공학적으로 되어가고 있는데 이는 의사와 공학자가 서로 협력한 결과의 소치라 할 수 있다. 그런데 계측적인 Medical Engineering 기기가 의학의 중심을 이루고 있어 진단하는데 있어서는 종전의 범주에서 크게 벗어나지 못해 큰 성과는 얻지 못하고 있다. 이는 의사의 진단 논리가 객관적이지 못해서 공학자에게 정확하고 정밀하게 전달할 수 없었다는 사실이 큰 이유로 작용한다.

즉, 의학 진단학은 과학이 아니었기 때문이다. 그러나 전문가 시스템에 의한 접근방식에서는 지식 베이스화 된 지식을 의사 자신이 쉽게 이해하고 기계를 인식하면서 추론과정을 이해할 수 있다. 즉, 한번 지식베이스 시스템화되면 진단 논리는 객관적 평가 대상이 되어 의사에 따른 차이 뿐만아니라 무슨 근거로 진단했는가에 대해서도 구체적이며 정확하게 추구할 수 있다. 지식 베이스 시스템은 공학자와의 의사소통의 매개체가 되며 의학생들에게는 교육용 도구로도 사용될 수 있다. 즉 전문가 시스템은 지식의 과학화에 대단히 유용한 기술로서 여러 가지 이점을 가져다준다. 예를 들면 의학진단지원시스템으로 개발된 MYCIN의 범용화 언어였던 EMYCIN은 기기의 진단지원시스템 개발 및 프로그램 패키지의 이용상담 시스템의 개발 등에도 이용되고 있다.

보통 전문가 시스템이라고 하면 실용성만을 주목하기 쉬운데 장기적으로 볼 때 지식을 과학화하는 데에 대한 공헌, 그것이 오히려 의의가 깊다 할 것이다.

(4) 현재 ES기술의 한계

전문가 시스템의 문제점, 혹은 비판으로써 현재 여러 곳에서 많이 지적되고 있는 것들은 여러 가지가 있다. 한정된 전문 영역밖에 사용할 수 없다는 점, 표면적인 지식의 조작에 답을 하고 있지만 그것의 결과를 어느 정도 신용할 수 있는지는 알 수 없다는 점, 당연한 상식적인 질문이 많고 게다가 답을 해야만 하는 번거로움, 개발할 때 사용되는 언어가 한정되어 있고(예를 들면 LISP, PROLOG 등) 작성하기도 어렵다는 점, 지식을 수집·입력하기 좋은 방법이 제공되어 있지 않다는 점, 계산기 시스템으로서 입출력 인터페이스를 사용하기 어렵다는 점 등의 문제가 있다.

또한 전문가 시스템과 인간 기술과의 차이로 인한 제한측면을 생각해 볼 수 있다. 첫째로 인간과 같이 창조할 수 있는 능력을 만들어 낼 수 없다는 점이다. 전문가 시스템은 다소 반복적인 방법에 의해 문제 해결 행위를 하지만 인간은 정보의 재구성으로 새로운 지식을 구성할 수 있다. 또한 인간은 완전히 다른 상황하에서도 이전의 비슷한 경우의 문제해법을 찾아내어 예기치 않았던 사건을 해결할 수 있다.

둘째로 전문가 시스템은 인간과 같이 바뀐 조건에 대응하여 새로운 상황을 극복할 수 있도록 그들의 문제해결기법을 재조정하기 어렵다는 점이다.

셋째로 인간은 감각 능력이 뛰어나 시각, 청각, 촉각, 미각 등의 복잡한 감각기관을 직접 이용한다. 그러나 전문가 시스템은 사고와 개념을 나타내기 위하여 심볼을 사용하고, 어떠한 감지기를 통해 입력한 데이터라도 시스템이 이해할 수 있도록 심볼로 변환시켜야 한다. 이러한 과정에서 상당한 양의 정보가 손실되고 이러한 것은 영상을 입력시켜 물체와 이들 간의 관계로 나타내는 경우에 특히 심하다.

넷째로 인간은 문제의 모든 각도에서 검토하여 각 측면이 갖는 주요 주제와의 관계를 쉽게 파악한다. 반면에 전문가 시스템은 문제 그 자체에만 집중하는 경향이 있어 근본 문제와 관계는 있으나 분리되어 있는 주제들을 무시한다. 마지막으로 전문가로부터 지식을 추출해내는 과정에서 발생하는 어려움을 빼놓을 수 없다. 이러한 문제점들에 대한 극복의 노력으로 여러 가지 연구가 있어 왔지만 크게 3가지를 들 수 있다. 첫째로 소위 지식공학이라 불리우는 것으로서 전문가로부터의 지식을 추출해내고 그것들을 지식 베이스화하는 작업이다.

둘째로 새로운 프로그래밍 패러다임의 개발이다. 즉 전문가로부터 추출해낸 지식을 Rule에 맞게 프로그램하는 작업이다. 이 연구의 결과로서 많은 프로그램언어와 Tool들이 개발되었고 개발되고 있다.

그리고 마지막으로 실용성의 문제인데 이것은 기술적으로 좋은 것이 만들어지면 사용할 수도 있다라는 간단한 명제로 귀결된다.

실은 Operations Research와 Management Science분야에는 일찍부터 이것에 대한 많은 연구가 있었고 시스템 개발의 실천과정 전부를 포함하는 분야가 있다. 그러나 연구실의 실험 시스템 및 데모 시스템은 실용시스템과 차이가 크다는 사실, 또한 그것이 간단한 기술적인 면 뿐이 아니라는 것을 겨냥하였다고 하면서 정말 실용화된 전문가 시스템은 현재 거의 없다는 점이 현재까지 연구의 한계라고 할 수 있겠다.

제4절 MIS의 기술적 환경

1. 컴퓨터시스템의 구성 및 기능

컴퓨터시스템은 기본적으로 다섯 부분의 서로 다른 기능을 갖는 요소들로 구성되는데, 이들 구성요소들이 전체적으로 조화를 이루어 하나의 시스템으로 결합해야 비로소 컴퓨터로서 작동할 수 있다.

컴퓨터는 5대 기능을 수행하는 장치들이 유기적으로 결합되어 일을 처리하고 있다. 인간의 두뇌와 같은 역할을 하는 주기억장치, 제어장치, 연산장치를 중앙기억장치(Central Processing Uint : CPU)라 하고, 입출력장치, 보조기억장치를 주변장치(peripheral unit)라고 한다.

① 입력장치 : 사용자가 처리하고자 하는 데이터나 프로그램을 컴퓨터내의 기억장치로 읽어들이는 기능
② 기억장치 : 입력된 데이터나 프로그램 그리고 그 처리결과를 기억하는 기능
③ 연산장치 : 프로그램의 명령에 의해 입력된 자료를 처리하는 기능
④ 제어장치 : 컴퓨터의 각 장치들에 대한 작업지시를 하며, 받아들인 실행명령을 해석하여 수행하도록 하는 등 전체 컴퓨터장치의 작동을 제어하는 기능
⑤ 출력장치 : 컴퓨터의 작업처리결과를 사용자에게 제공해 주는 기능

2. 컴퓨터 하드웨어

(1) 제어장치

제어장치(control unit)는 컴퓨터시스템의 모든 작동을 제어하고 지시하는 것으로서 프로그램에 의해 주어지는 명령을 순서대로 실행해 나가기 위해 기억장치·연산장치·입출력장치에 제어신호를 보내고 이들 장치로부터 받은 신호에 의해 다음조작을 결정하는 컴퓨터의 중추신경에 해당하는 부분이다.

① 입출력장치의 제어
② 기억장치에 대한 정보의 검색
③ 기억장치와 연산장치간의 정보교환
④ 연산장치에 대한 작업지시

(2) 연산장치

연산장치(arithmetic-logic unit)는 덧셈·뺄셈·곱셈·나눗셈의 산술연산과 두 자료의 비교를 통한 논리연산을 수행한다.

(3) 기억장치

기억장치(storage unit)는 주기억장치와 보조기억장치로 나누어지는데, 주기억장치(primary storage)는 컴퓨터내부에 존재하는 CPU의 구성부분으로서 실행중인 프로그램이나 자료를 기억하였다가 작업이 끝나면 프로그램과 자료를 보조기억장치로 보내며, 보조기억장치(auxiliary storage)는 주기억장치의 기억용량을 보완하기 위한 목적으로 사용된다.

(4) 입력장치 / 출력장치

입력장치는 인간의 자료표현방식을 컴퓨터가 처리할 수 있는 자료표현방식으로 전환시켜 주는 장치다. 반대로 컴퓨터 내에서 처리한 결과를 인간이 알 수 있는 형태로 제시해 주는 것이 출력장치다. 이와 같이 입출력장치는 사용자와 컴퓨터간의 대화창구인 것이다. 컴퓨터가 보다 효율적인 장치가 되기 위해서는 이러한 입출력장치, 즉 사용자 인터페이스(user interface)의 개선이 무엇보다 필요하다.

(5) 기타 주변장치

컴퓨터시스템을 5대 장치로 구분하고 있으나 이들 장치들의 기능을 연결하기 위해서 필요한 장치들은 정확한 구분이 곤란한 경우가 많다. 특히 입출력장치와 CPU를 연결하는 데는 I/O시간과 CPU시간의 차이를 해소해 주기 위해 별도의 장치를 필요로 한다. 가령 출력시간동안 CPU가 아무런 일도 못하고 대기해야 한다면 큰 낭비일 것이다. 이런 처리를 위해 입출력인터페이스를 효율적으로 하는 장치들이 개발되어 있다.

- 버퍼(buffer) : 버퍼는 한 장치에서 다른 장치로 데이터를 송신할 때 발생하는 시간의 차이나 데이터흐름의 속도차를 보상하기 위해 일시적으로 데이터를 저장하는 장치로서 입출력버퍼는 입출력작업과 관계없이 CPU를 활용 할 수 있게 해준다.
- 채널(channel) : 채널은 데이터의 발생원으로부터 수요처에 이르는 전선선로와 장비들을 포함하는 기능적 매체회로를 의미한다. 데이터통신의 경우에는 데이터통신회선과 장비를 포함하는 통신매체를 의미하며, 단일 컴퓨터시스템의 경우에는 CPU의 프로그램수행과 하나 이상의 입출력장치와의 입출력을 동시에 할 수 있도록 해주는 마이크로프로세서를 의미한다. 채널은 버퍼를 포함하기도 하는데, CPU로부터 입출력명령을 받으면, CPU에 방해를 주지 않고 동시에 하나 이상의 입출력장치를 제어할 수 있다. 채널

에는 데이터를 한쪽 방향으로만 전송할 수 있는 심플렉스 채널(simplex channel)과 양쪽 방향으로 동시 전송이 가능한 듀플렉스 채널(duplex channel)이 있다.

3. 소프트웨어와 프로그래밍언어

(1) 시스템 소프트웨어

시스템 소프트웨어는 하드웨어를 보다 빠르고 효율적으로 이용할 수 있도록 하는 기능을 가지는데, 직접적으로 컴퓨터의 작동에 영향을 미친다. 시스템 소프트웨어는 특정의 기종에 맞도록 설계되기 때문에 다른 기종에서는 그대로 사용할 수 없는 것이 보통이다. 그러나 최근에는 개인용 컴퓨터를 위시하여 대형컴퓨터도 시스템 소프트웨어가 상당한 부분까지 호환적으로 사용되고 있다. 시스템 소프트웨어는 컴퓨터 하드웨어와 응용소프트웨어의 가교역할을 하는 것으로 컴퓨터 내부의 작동방식을 잘 파악해야만 작성할 수 있는데, 시스템 소프트웨어를 작성하는 사람을 시스템 프로그래머라 한다. 시스템 소프트웨어에는 ① 시스템 제어소프트웨어(프로그램의 실행, 기억 및 처리장치의 관리 등의 기능을 수행하는데, 대표적인 것이 운영시스템(OS)이다), ② 시스템 지원소프트웨어(시스템을 보다 효율적으로 활용하기 위한 지원 및 보조 기능을 수행하는데 각종 유틸리티와 라이브러리언 같은 서비스 프로그램과 성능모니터 등이 있다)와 ③ 시스템 개발소프트웨어 (응용프로그램을 개발하고 사용하는 것을 지원하는 역할을 하는데, 대표적인 것으로는 언어번역기, 연결편집기, 응용프로그램발생기가 있다)의 세 가지 유형이 있다.

(2) 응용 소프트웨어

1) 범용 프로그램

컴퓨터의 응용분야는 다양하게 존재하지만, 그러한 모든 응용분야에서 공통적으로 사용할 수 있는 도구(tool)적 성격을 갖는 응용프로그램으로서의 워드프로세싱(word processing), 그래픽(graphic), 스프레드시트(spreadsheet) 프로그램 등이 있다. 이러한 범용 응용 프로그램들은 패키지(package)화되어 다양하게 보급되고 있다.

2) 전용 프로그램

전용프로그램은 보통 특정분야의 업무를 전산화해 놓은 프로그램을 말하는데, 회계처리 프로그램, 생산공정관리 프로그램 등과 같은 업무용 프로그램에서부터 과학용 프로그램, 그리고 교육·오락·예술·의료 분야 등에 다양한 응용프로그램이 개발되어 있다. 그밖에 사용자들이 프로그래밍언어로 작성하는 프로그램들은 대부분 전용프로그램들이다.

3) 프로그래밍 언어

프로그래밍 언어는 크게 기계어(machine language), 어셈블리언어(assembly language)와 고급언어(high level language)로 나누어진다.

기계어는 컴퓨터가 직접 이해할 수 있는 유일한 언어로서 현재의 고급언어 프로그램들도 컴퓨터로 실행시키기 위해서는 기계어 프로그램으로 번역해야만 한다. 디지털 컴퓨터에 데이터가 0, 1 또는 on, off의 형태로 기억되듯이 기계어 프로그램도 0, 1의 형태로 작성되어야 한다. 하나의 기계어 명령은 무슨 일을 수행할 것인지를 나타내는 연산코드(operating code)와 그 처리대상인 데이터를 나타내는 피연산자(operand)로 구성되는데 피연산자는 주로 데이터가 기억되어 있는 주소를 지정한다. 기계어로 된 프로그램은 기억공간의 사용과 실행속도 면에서는 유리하지만 명령들의 코드를 기억하기 어려워 프로그래밍에 시간이 걸리고 에러수정이 힘들다. 이러한 불편을 해소하기 위해 등장한 것이 어셈블리언어다.

어셈블리언어는 기계어의 표현형태인 0, 1 대신 기호나 연상코드(mnemonic code)를 사용하여 프로그램을 작성한다. 어셈블리언어는 실행속도가 빠르고 기억공간을 효율적으로 사용할 수 있다는 장점이 있을 뿐 아니라 에러 수정을 위한 에러 메시지를 받아볼 수도 있고, 프로그램을 적당한 크기로 모듈화 시킬 수 있는 등 기계어에는 없는 장점도 있다. 그러나 기계어와 마찬가지로 오랜 훈련을 거쳐야 제대로 이용할 수 있고 언어 자체가 기계 의존적(machine dependent)이어서 다른 기종과는 호환성이 없다는 단점이 있다. 기계어, 어셈블리언어가 사용하기 불편한 형태로 되어 있어서 인간이 보다 쉽게 프로그램을 작성할 수 있도록 만들어진 언어들이 고급언어다. 이와 같은 프로그래밍언어의 발전과정을 보면 인간이 보다 쉽게 사용할 수 있도록 된 반면 컴퓨터 입장에서는 이해하지 못하는 방향으로 나아간 것이다. 따라서 기계가 알아볼 수 있도록 고급언어를 번역하는 것은 컴파일러와 해독기(interpreter)라는 언어번역프로그램이 맡고 있다.

4. 컴퓨터 자료처리

(1) 컴퓨터에서의 자료표현

일반적인 컴퓨터에서 모든 자료는 비트(bit)의 집합으로 표현되는데 bit는 binary digit의 약자로서 0과 1의 두 가지만을 그 값으로 가질 수 있는 단위다. 모든 문자, 숫자, 특수부호 등은 여러 개의 비트 조합으로 표현되는데, 한 개의 문자를 나타내는 비트의 조합을 바이트(byte)라 한다. 문제는 몇 개의 0과 1로써 문자를 표현할 것인가 하는 것으로 코드체계에 따라 7비트로 한 문자를 나타내기도 하고 8비트로 한 문자를 나타내기도 한다. 현재 널리 사용되는 EBCDIC이나 ASCII-8이 모두 8비트 코드체계로 되어있기 때문에 일반적으로 8비트를

1바이트로 본다.

1) BCD

BCD는 64개의 문자밖에 표현할 수 없다.

2) EBCDIC

확장 BCD코드(Extended BCD Interchange Code : EBCDIC)는 8비트로 하나의 문자, 숫자 또는 특수부호를 표현하도록 IBM이 개발한 코드체계다.

3) ASCII

널리 쓰이는 또 다른 코드체계는 미국정보교환표준코드(American Standard Code for Information Interchange : ASCII)인데, 상이한 컴퓨터간의 원활한 데이터교류를 위해 미국표준협회에서 제정한 것으로 7비트 방식을 채택하고 있다. 그 후 마이크로컴퓨터에 주로 사용하는 8비트 방식의 ASCII-8도 개발되었는데 EBCDIC코드와 유사한 형태를 보여주고 있다.

- 패리티 비트 : 여러 가지 코드체계를 이용하여 데이터를 나타낼 때 원래의 비트 외에 에러를 방지하기 위해 별도의 비트를 포함하게 되는데 이것을 패리티 비트(parity bit)라 한다. 이것은 컴퓨터시스템의 구성요소간에 데이터가 전송될 때 발생할 수 있는 에러의 합이 홀수면 패리티비트를 0, 짝수면 패리티 비트를 1로 주어 전체의 합이 항상 홀수가 되도록 패리티 비트값을 설정한다.

(2) 자료의 체계

1) 데이터 항목

대상의 속성(attributes)을 묘사하는 것으로 예를 들어 대상이 학생이라면 학생의 이름, 성별, 연령, 주소 등이 각각 데이터 항목이 된다.

2) 데이터 레코드

동일대상의 데이터항목들이 모여서 레코드를 구성한다.

3) 데이터 파일

특정의 목적을 위해 구성된 레코드들의 집합체를 파일이라 한다.

4) 데이터베이스

개별 파일들이 통합되어 이루어지는 자료체계의 최상위개념으로서 상호 연관도나 데이터를 다수 응용프로그램들이 공동으로 사용할 수 있도록 컴퓨터가 접근할 수 있는 매체에 통합·저장된 운영데이터의 집합체이다.

(3) 자료처리주기

자료처리의 기본적 단위는 거래(transaction)로서 거래처리가 없다면 경영활동을 위한 자료는 존재하지 않을 것이다. 여기서의 거래는 상품의 판매, 제품의 생산, 새로운 종업원의 고용, 원자재의 입고 등과 같이 모든 상황의 발생 및 자원상태의 변화를 의미한다.

(4) 자료처리방식

1) 일괄처리

일괄처리(batch processing)방식은 처리해야 할 작업을 일정기간 동안 축적하여 주기적으로 한꺼번에 처리하는 것을 말한다.

2) 순차접근일괄처리

자기테이프와 같은 순차접근장치에 수록되어 있는 파일을 일괄 처리하는 방식으로 순차파일의 처리는 직접접근이 불가능하므로 일괄처리방식이 적당하다.

3) 직접접근일괄처리

직접접근파일에 대한 작업이 일괄 처리되는 방식을 말한다. 예를 들어 주간 자료들은 직접접근파일에 수록되어 있더라도 통상 일괄처리를 하게 되는데 일괄 처리시에 처리되는 레코드수가 파일내 전체 레코드의 50%미만이어야 순차접근 일괄처리에 비해 상대적으로 효율적이다.

4) 즉시처리

즉시처리(immediate processing)방식은 실제거래가 발생할 때마다 관련자료 처리작업을 수행하는 것을 말한다. 그때그때 자료를 입력해야 하므로 즉시 처리방식에서는 일반적으로 온라인(on-line)의 형태를 취하고 있다.

- 실시간 처리 : 온라인 기능과 혼용되어 사용되는 개념으로 실시간 처리(real time processing)가 있는데 양자는 개념상 동일한 것이 아니며, 실시간 처리는 오히려 일괄처리의 상대개념인 즉시처리에 가까운 개념이라 할 수 있다. 일괄처리는 순차접근 및 오프라인 처리와 주로 결합되어 사용되며, 실시간 처리는 직접접근 및 온라인처리와 결합되어 사용되므로, 일반적으로는 온라인과 실시간 처리가 혼용되어 불리어지고 있는

것이다. 실시간 처리시스템에서는 자료가 발생시점에 수집·처리되어 그 결과를 사용자가 즉각 사용할 수 있도록 하는데, 이때의 반응시간(response time)이 사용자의 관련업무처리에 지장이 없을 정도로 짧은 시간 이내인 것을 의미한다. 실시간 처리시스템은 무엇보다 적시에 실제상황을 반영하는 정보를 제공한다는 장점이 있으며 단점으로는 하드웨어비용과 아울러 통신비용이 막대하다는 것인데, 이러한 점에서 처리업무에 따라서는 일괄처리방식이 경제적(cost-effective)일수 있다. 따라서 실시간 처리시스템을 지원하는 운영시스템(OS)과 응용 소프트웨어는 매우 복잡하다.

5. 파일의 구성

(1) 파일의 개념

1) 파일의 구조

논리적 구조(logical structure), 물리적 구조(physical structure)

2) 파일의 종류

마스터 파일, 거래파일, 보고서파일(report file), 기타(백업파일, 정렬파일)

(2) 파일의 구성방식

1) 순차파일방식

순차파일(sequential file)은 각 레코드가 일정한 순서대로 저장되는 방식을 말하며, 일반적으로 레코드키에 의해 번지순이나 문자순으로 저장된다. 일괄처리에 주로 사용된다.

2) 직접파일방식

직접파일(direct file)은 처리하고자 하는 레코드를 찾아가는 데 있어서 다른 레코드를 거치지 않고 바로 찾아갈 수 있도록 하는 방식이다. 이 방식은 한 레코드의 처리결과가 다른 레코드의 처리에 영향을 미치는 경우, 따라서 실시간(real time)으로 개개의 거래들이 처리되어야 할 때 주로 사용된다.

3) 색인파일방식

색인파일방식은 파일 내에서 레코드가 기억되는 위치를 지정해 주는 별도의 파일을 갖는 방식을 말하는데 그러한 별도의 파일을 색인파일(index file)이라 한다.

- 완전색인파일 : 완전색인파일이란 하나 하나의 레코드에 대해 기억위치를 나열식으로 대응시키는 것을 말한다.
- 나무꼴 색인파일 : 순차파일과 색인파일의 장점을 결합한 것으로서 각 레코드들은 순차적으로 기억되며, 색인을 통해 직접접근도 가능하다.

(3) 파일구성방식의 선정

앞에서 설명한 여러 가지 파일구성방식은 나름대로 장단점을 갖고 있기 때문에 만능적으로 적합한 파일방식은 있을 수 없다. 따라서 파일이 실제로 활용되는 상황에 따라 최적의 파일방식이 달라지는데 그러한 최적의 파일방식을 선정하는데 있어서 고려해야 할 요인으로서 파일의 활동성(file activity), 파일의 변동성 (file volatility), 파일의 규모(file size), 그리고 파일에 대한 조회(file query) 등을 들 수 있다.

6. 데이터베이스 시스템

(1) 데이터베이스 시스템의 개요

1) 데이터베이스의 개념

① 데이터베이스의 필요성

전통적인 자료처리방식은 파일 위주로서 각 응용부문이 고유의 마스터 파일과 관련 거래파일(transaction file)들을 소유하고 있었다. 한편 각 파일들은 처음부터 해당 응용부문의 요구에 맞도록 설계되고, 그들간의 데이터교환은 거의 발생하지 않는다. 프로그램과 파일은 상호의존적이어서 파일의 형태가 변경되면 해당 프로그램도 수정되어야 한다. 전통적인 방식이 파일 위주인 것은 각 응용프로그램이 처리하고자 하는 대상이 고유의 마스터 파일에 국한되어 있기 때문이다. 전통적인 파일처리방식은 아직까지도 광범하게 사용되고 있으나 다음과 같은 점에서 데이터베이스의 사용이 요청되고 있다.

㉠ 자료중복 ㉡ 자료의 비통합성

㉢ 프로그램과 자료간의 의존성 ㉣ 상대성의 결여

② 데이터베이스의 정의

데이터베이스라는 용어를 사용할 때 광의와 협의로 나누어 해석할 수 있는데, 광의의 데이터베이스는 해당조직내의 모든 자료의 집합체를 의미하며, 협의로는 컴퓨터에 기억된 자료에 그 대상을 국한시키고 있다. 데이터베이스는 자료의 집중화를 통해 중복된 자료를 최소화시킴으로써 다양한 응용분야를 효율적으로 지원할 수 있도록 체계적으로 구성된 자료의 집합체다.

2) 데이터베이스의 장단점

① 장점

㉠ 자료중복의 감소　　㉡ 자료정합성의 증가
㉢ 용이한 자료접근　　㉣ 자료독립성의 확보
㉤ 자료안전성의 확보

② 단점

㉠ 데이터베이스 전문가의 부족　　㉡ 비용의 증가
㉢ 하드웨어와 소프트웨어의 확장
㉣ 자료의 안전성(자료의 통합으로 인해 자연적 재해 발생시 한꺼번에 잃을 수 있다)

3) 데이터베이스시스템의 구성요소

① 사용자
② 데이터베이스관리시스템
③ 데이터베이스 관리자
④ 데이터베이스

(2) 데이터베이스의 운영

종래의 자료기억기법에서는 프로그래머가 기억장치 속에서 자료들이 어떻게 배치되는가를 알 필요가 있고, 따라서 하드웨어의 기술적 특성을 이해해야만 했다. 특히 다른 프로그래머가 설계한 파일을 활용해야 하는 다수 사용자 (multi-user) 상황에서는 그러한 문제가 더욱 복잡하여 특정의 데이터 필드가 무엇을 표현하기 위해 마련된 것인지를 알아내는데 많은 시간을 소비해야 하는 경우가 많다. DBMS는 자료를 물리적 관점과 논리적 관점으로 구분하여 파악함으로서 그러한 문제를 해결한다. 자료의 물리적 관점은 기억장치내에서의 저장과 관련한 개념으로 기억장치의 효율적 활용을 위해서 그러한 정보는 사실상 무의미하여 어떻게 기억되는지에는 관심이 없을 것이다. 논리적 관점은 사용자 입장에서 의미를 가지는 자료의 형태와 관련한 개념으로 실제상황을 나타내는 데이터 필드나 레코드들의 상호관련성이 강조된다. 논리적 관점의 자료파악을 통해 의사결정에 기여할 수 있는 정보나 보고서 등을 쉽게 얻을 수 있다.

데이터베이스방식은 사용자로 하여금 논리적 관점의 자료파악을 가능케 한다. 상호 관련성 있는 자료들이 기억장치 내에서는 여러 가지 기법에 의해 분리되어 저장될 수 있지만 DBMS가 그것을 사용자의 입장에 맞도록 논리적 자료로 결합시켜 주는 것이다.

(3) 데이터베이스의 논리적 구조

1) 계층구조

관련 레코드들이 계층적으로 정렬되어 마치 조직도와 같은 형태를 이루게 되는 것이 계층구조다.

2) 망구조

데이터베이스내의 각 레코드들이 상호간에 m : n 대응관계를 갖는 것이 망구조 (network structure)로서 계층구조가 갖는 1 : n 대응관계의 제약을 극복한 것이다.

3) 관계구조

관계구조(relational structure)는 1970년대 이후에 관심을 끌고 있는데, 실제자료처리에 있어 가장 많이 사용되는 형태인 가로, 세로로 구성된 표 형태를 활용하고 있다. 관계구조에서는 파일을 표(table) 또는 관계(relation)라 표현하고, 각 표의 행(row)을 튜플(tuple)이라 하는데, 튜플은 통상적 파일에서의 레코드와 같은 것이다. 또 표의 열(column)은 속성(attribute)이라 부르며, 레코드의 필드에 해당한다. 이러한 관계구조는 계층구조나 망구조에 비해 다음과 같은 장점이 있다.

첫째, 사용자가 이해하고 사용하기 쉽다.

둘째, 관계구조의 표현양식인 표가 가장 논리적인 형태로서, 데이터베이스 내에서의 내용 변경으로부터 사용자를 분리시켜준다.

셋째, 각 레코드간의 연결관계를 미리 설정할 필요가 없이, 검색작업이 발생할 때 그러한 관계를 설정하면 된다.

보/충/강/의

- 戰略計劃시스템

  어떤 조직에 있어 전략계획을 수립한다고 하는 것은 조직의 내 외부를 막론하고 매우 광범위한 정보를 필요로 하는 경우가 많다. 더욱이 어떤 정보가 필요한지 조차도 잘 모르거나, 필요한 정보의 상당부분이 계량화될 수 없는 성질의 것인 경우도 많다. 분명 완벽한 전략계획시스템을 구축한다는 것은 거의 불가능한 것이지만 정보시스템이 전략계획의 과정에 어느 정도 실질적인 도움을 줄 수는 있다고 생각하고, 실제로 미래 지향적인 자료분석을 통해서 또 조직외부와 관련된 정보를 조직 내 데이터베이스에 포함시킨다든가 아니면 외부 데이터베이스와 제휴하는 등의 방법을 통해 조직의 전략계획 시스템에 기여할 수 있다는 것이다. 여기서 언급하고 넘어가야 할 사항이 몇 가지 있는데 소위 전략적 정보시스템(SIS : 혹자는 전략정보시스템)과 최근 미국을 중심으로 크게 주목을 받기 시작한 책임정보시스템 또는 최고경영층정보시스템(Executive Information Systems : EIS)은 여기서 이야기하는 전략계획시스템과는 구분되어야 할 개념이다.

제5절 조직기능에 따른 MIS 구조

여기서는 기본적인 조직기능을 경영학에서의 전통적인 분류방식에 따라 생산, 마케팅, 재무(회계기능 포함) 및 인사의 네 기능으로 나누고 이 각각에 대한 MIS 하위시스템을 하나씩 살펴보자.

1. 생산 시스템

조직의 생산기능은 일련의 토입물을 변환하여 재화 또는 용역이라는 산출물을 만들어 냄으로써 가치를 창출하거나 부가하는 경제적 행위로 정의된다. 여기서는 편의상 제조업을 가정한 생산시스템에 대해서만 언급하기로 한다.

(1) 생산시스템 모듈

MIS의 한 하위시스템으로서의 전형적인 생산시스템은 보통 엔지니어링, 자재소요계획(Material Requirement Planning : MRP), 조업, 출하 및 입고, 구매, 그리고 상품관리의 여섯 개의 모듈로 나누어진다.

(2) 생산기능에서의 경영활동수준

생산기능에 있어 운영통제는 주로 부품이나 원자재로부터 제품을 조립하는 활동이나 재고의 유지, 또는 제품의 출하와 같은 활동과 직접 관련이 있는 관리수준이라 할 수 있다. 반면에 경영통제의 수준에서는 주로 설비, 원자재 및 인력 등과 같은 자원의 관리활동에 관심을 갖게 되는데 이러한 활동은 일정계획이라든가 구매계획, 직무명세서의 작성을 통해서 이루어진다. 마지막으로, 생산기능에 있어서의 전략계획은 미래의 생산수준, 기업의 품질이미지(quality image), 공정자동화의 정도 등과 같이 다분히 기업의 목적 지향적인 내용을 결정하는 활동을 포함한다.

2. 마케팅시스템

과거에는 마케팅기능을 단순히 제조업자와 소비자를 연결해 주는 것, 또는 조금 더 발전해서 제품판매 및 판매촉진과 관련된 기능을 수행하는 것 정도로 간주하였으나 최근에 와서는 그 개념이 크게 확장되어 "전사적 마케팅(total marketing)" 내지는 "종합적 마케팅(integrated marketing)"의 개념이 제기되어 폭넓은 마케팅활동을 할 정도에 이르렀다.

(1) 마케팅시스템 모듈

전형적인 마케팅시스템은 시장조사·제품개발·가격결정·판매촉진·매출관리의 다섯 가지 모듈로 구성된다. 이와 같은 개념은 앞서 언급한 전통적 마케팅개념의 중간적인 성격으로 규정할 수 있는 것으로 오늘날 많은 기업에 적용되고 있는 개념이다.

(2) 마케팅시스템에서의 경영활동 수준

생산기능과 마찬가지로 마케팅기능도 경영활동수준에 따라 요구정보의 내용이 달라진다. 우선 마케팅기능에 있어서의 운영통제는 제품의 판매행위, 그 자체와 직접 관련 있는 관리활동이며, 경영통제는 제품이나 시장개발에 필요한 인력과 자금의 관리, 전략계획은 시장 또는 판매촉진과 관계된 목표 및 전략의 수립을 주요 활동내용으로 포함하고 있다.

3. 재무시스템

재무기능과 회계기능은 본질적으로 별개의 기능이지만 여기서는 재무시스템이 회계기능까지 포함하는 것으로 간주하였다. 그런데 이러한 재무시스템은 그 성격상 다른 하위시스템과도 밀접한 관계를 갖고 있다. 즉, 우리가 조직구조를 재무적 자원의 흐름이라는 관점에서 파악한다면 조직 내의 모든 주요기능이 이와 관련되지 않을 수가 없다. 따라서 컴퓨터 자료처리의 역사를 보더라도 이 부문이 가장 먼저 발전하였고, 오늘날에도 컴퓨터를 처음 도입한 대부분의 기업에서는 재무시스템의 구축에 많은 노력을 기울이고 있는 것이다.

(1) 재무시스템 모듈

전형적인 재무시스템을 구성하는 모듈로는 예산, 원가회계, 자금관리, 재무회계, 대금청구, 수취 및 지불계정 등을 들 수 있다.

(2) 재무기능에서의 경영활동수준

재무기능에서 운영통제는 주로 대금청구관계 서류의 작성이나 금전의 출납과 같은 기본업무의 관리를 의미한다. 이에 반해 재무기능에서의 경영통제는 그 통제대상이 되는 자원이 돈이라는 점에서 특히 중요시되고 있는데 통제수단으로는 주로 예산의 수립과 자금의 관리라는 수단이 이용된다. 그밖에 재무시스템의 원가회계기능은 시간이나 원자재와 같은 다른 자원까지도 통제할 수 있는 수단을 제공해 준다. 이 경우에도 역시 전략계획은 재무기능의 목표를 설정해 주는 역할을 담당하게 된다.

4. 인사시스템

일반적으로 조직의 인사기능은 인력의 선발, 배치, 교육훈련, 승진, 급여 및 노사관계 등 인적자원의 운영 및 관리와 관계된 제반 기능을 수행한다. 또한 조직구조에 대한 업무도 아울러 다루는 것이 일반적이다.

(1) 인사시스템 모듈

일반적인 인사시스템은 노사관계, 인사활동(personnel actions), 인사기록, 교육훈련, 그리고 급여의 다섯 가지 모듈로 구성된다. 여기서 인사활동모듈이란 가장 기본적 인사기능인 인력의 채용, 부서배치, 승진, 전보, 의료보험, 휴가, 휴직, 사직 등을 관리하기 위한 모듈을 일컫는다.

(2) 인사기능에서의 경영활동수준

운영통제의 대상이 되는 업무는 인사기록의 유지, 급여, 교육훈련의 시행 등이고, 경영통제에서는 인적 자원의 효과적 관리를 위한 계획 및 통제업무를, 그리고 전략계획에서는 그 목표와 기본방침을 정해주어야 한다.

5. 인트라넷과 엑스트라넷

(1) 인트라넷(intranet)

인터넷 기술과 통신규약을 이용하여 조직내부의 업무를 통합하는 정보시스템을 말한다. 인트라넷(intranet)은 인터넷 관련기술과 통신규약을 이용하여 조직내부 업무를 통합하는 정보시스템을 말하며 지금까지 사용해 오던 각종 정보시스템을 인터넷을 이용하여 사용할 수 있도록 수정하여 개발한 정보시스템을 의미한다. 넷(net)이라는 접미어가 붙어 있다고 하여 통신망이나 통신환경의 하나라고 혼동해서는 안된다.

인트라넷을 사용하게 되면 별도의 통신망을 구축하지 않더라도 세계 어느 곳에서도 자신이 속한 조직의 정보시스템을 사용할 수 있고, 거래관계가 있는 다른 조직과의 자료교환도 쉬워져 상호 정보를 공유할 수 있는 기회가 많아지게 된다. 그러한 이유는 인트라넷이 서로 다른 속성을 가지고 여기저기 흩어져 있는 조직의 정보시스템을 하나로 쉽게 통합할 수 있으며, 인터넷이라는 전세계적인 기술표준을 이용하여 간단하고도 폭넓게 적용할 수 있으며, 어떠한 특정 기술이나 특정 컴퓨터에 예속되지 않기 때문이다.

인트라넷은 인터넷 기술을 이용하기 때문에 적은 비용으로 큰 성과를 얻을 수 있고, 차세대 정보기술로 빨리 전환할 수 있으며, 조직 내·외부의 정보를 결합하기 쉽다는 장점과 기회를 제공하는 반면에 아직은 정보의 보안문제라는 단점도 있다. 정보의 보안문제만 해결된다면 인트라넷은 조직의 정보활용에 커다란 변화를 가져오는 전기가 될 것이다.

(2) 엑스트라넷(Extranet)

인터넷 기술을 사용하여 공급자·고객·협력업체 사이의 인트라넷을 연결하는 협력적 네트워크를 말한다. 인트라넷의 확장개념으로 고객 및 협력업체와의 관계 증진을 위해 기업의 내부 통신시스템인 인트라넷에 이들을 포함시킨 새로운 통신구조이다. 이 구조 아래서는 정보를 이용하는 사람과 정보를 창출하는 사람 사이에 거의 즉각적인 상호작용이 가능해, 반응을 리얼타임으로 입수할 수 있기 때문에 고객의 의견을 품질향상에 즉시 반영할 수 있고, 제품개발 속도를 가속화할 수 있다.

그러나 이를 위해서는 정보가 이질적인 데이터 저장소에 저장되는 것이 아니라 네트워크가 사용자 전체에 연결되어 있어야 하며, 정보 발신자와 수신자가 가능한 한 가까이 있어 전자적·인위적 여과기가 없어야 하고, 개인은 좋은 정보라고 판단되면 신속하게 이에 반응할 수 있어야 한다.

엑스트라넷은 웹, 인터넷, 그룹웨어 어플리케이션, 방화벽 등 4가지 기술에 의존한다. 웹 기술은 특정 플랫폼으로부터 자유롭게 만들어 주는 기능을 하고, 인터넷은 엑스트라넷의 보육기이며, 승인받지 못한 정보 전송이나 이용을 방지하기 위한 방화벽은 엑스트라넷의 가장 큰 문제인 보안문제를 해결하기 위한 것이다. 현재 패킷 수준과 어플리케이션 수준의 두 가지 방화벽이 사용되는데, 패킷 수준은 철저하지만 느리고 부정확할 수 있다는 단점이 있다. 따라서 다른 기업의 인트라넷과 연결할 경우에는 어플리케이션 수준의 방화벽이 필요하며, 그렇더라도 사업윤리가 결여된 내부자에 대한 보안문제는 큰 위협이 될 수 있다.

이 외에도 엑스트라넷에 의한 새로운 작업방식은 몇 가지 문제점을 안고 있다. 하나는 정보 통제권을 가지고 있던 사람들에게서 그 권한을 포기하도록 함으로써 일어나는 문제이고, 다른 하나는 모든 정보가 문서화하고 또 저장됨으로써 일어날 수 있는 법률적 문제이다. 따라서 이를 위해 정보이용에 대한 지침이 반드시 필요하다. 또 엑스트라넷을 통한 마케팅과 판매로 실적은 늘어나겠지만, 고객과 직접 연결하는 상황이 사라지면서 나타날 수 있는 고객의 반감을 고려해야 한다.

[圖 1-8-5] 인트라넷과 엑스트라넷의 구조

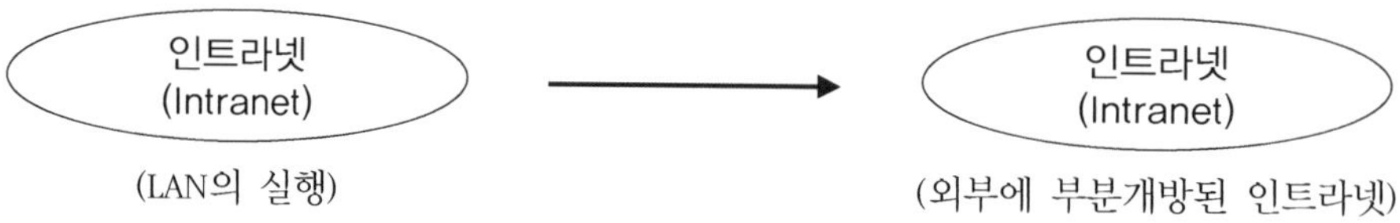

6. 판매시점관리(Point of sales management)

(1) POS시스템의 의의

컴퓨터를 이용하여 각종 유통정보를 분석 활용하는 유통시스템을 말한다.

유통업체 매장에서 판매와 동시에 품목, 가격, 수량 등의 유통정보를 컴퓨터에 입력시켜 정보를 분석, 활용하는 관리시스템이다. 판매정보의 입력을 쉽게 하기 위해 상품포장지에 고유 마크나 바코드를 인쇄 또는 부착시켜 판독기(핸드 스캐너)를 통과할 때 해당 상품의 각종 정보가 자동으로 메인컴퓨터에 들어간다. 유통업체는 이 정보를 토대로 수시로 매출동향을 파악하며, 재고를 적정수준으로 유지하고, 잘 팔리는 상품의 진열을 확대하는 등 상품관리 및 업무자동화가 이 시스템을 통해서 이루어진다. 이 시스템의 발달은 판매시점에서부터 정보의 즉각적인 피드백(feedback)에 의한 상품관리를 가능하게 한다.

(2) POS시스템을 이용한 상품의 발주

POS시스템을 이용하면 재고상품의 파악을 효율적으로 할 수 있다. 특히, 편의점은 한정된 공간의 효율적인 활용이 중요하며 또한 POS데이터는 실시간으로 잘 팔리는 상품의 구비를 가능하게 하여준다. 이러한 POS시스템은 구매용 컴퓨터와도 연결되어 있어 부족하거나 품절된 상품의 자동적인 발주가 이루어 질 수 있다. 특히, 유통기간이 짧거나 변질이 쉬운 상품도 실시간 발주를 통하여 효율적으로 재고관리를 할 수 있으며 판매현황도 시간대별로 예측이 가능하게 된다.

[圖 1-8-6] POS 시스템

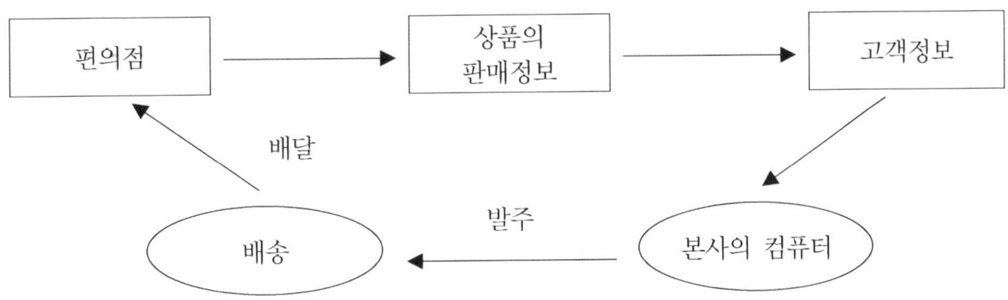

7. 조직기능에 따른 MIS구조

지금까지 살펴본 네 가지 조직기능, 즉 생산, 마케팅, 재무 및 인사 기능에 따른 각 하위시스템 구조를 종합하여 하나의 도표로 그렸다. 아래 그림에 있는 MIS의 하위시스템 또는 응용시스템 모듈구성은 앞에서 이미 언급한 바와 같이 어느 조직에나 보편적으로 적용될 수 있는 모형은 아니다. 그러나 비록 이것이 하나의 단편화된 예에 불과한 것이지만 이것을 통해 어렴풋이나마 MIS의 전체적인 모습을 그려볼 수 있을 것이다.

[圖 1-8-7] MIS의 기본모형

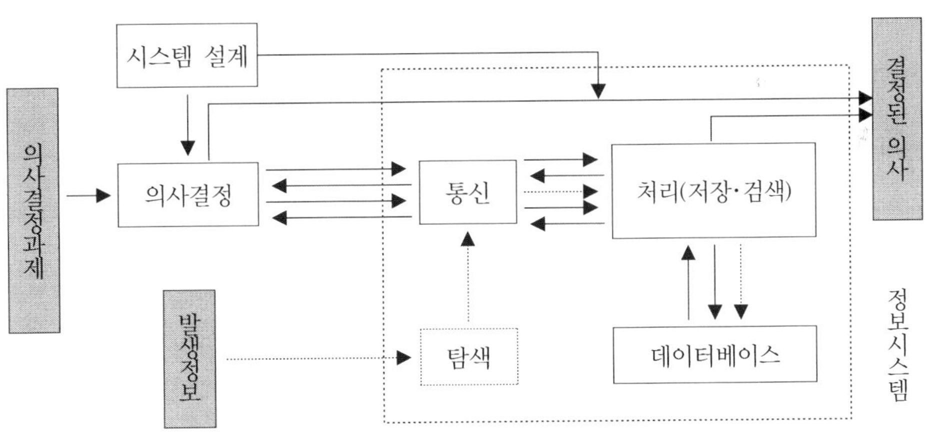

자료: 서남원, 경영정보론, 무역경영사, 1983, p.225

보/충/강/의

- CIO(Chief Information Officer)

1. CIO의 개념

CIO는 과거 전산만을 주로 담당했던 전산부장과 같은 직책과는 근본적으로 다른 새로운 직책이다. 즉 CIO는 경영전략을 이해하고 이를 근간으로 정보시스템의 비전을 제시하고 정보시스템 전략을 수립한다. 그리고 정보시스템 전략을 실행하는 과정에서 발생하는 변화의 요인과 갈등 등을 조정하고 정보시스템에 대한 투자를 전략적인 관점에서 관리하는 역할을 한다.

2. 조직목표와 정보기술의 이해, 조화능력

한국 기업의 CIO는 정보기술과 조직목표의 중간입장에서 이를 잘 이해하고 서로가 필요한 요구사항을 잘 정리해서 기업의 비전과 목표를 달성할 수 있도록 해야 한다. 따라서 정보기술의 특성과 잠재능력을 충분히 이해하고 이를 기업조직의 당면 문제해결과 궁극적인 경쟁우위 확보에 공헌할 수 있는 방향으로 정리, 전달할 수 있는 구체적인 실행계획을 만들 수 있어야 한다. 이와 동시에 CIO는 기업조직의 전략방향과 활동계획을 충분히 인식하고 이를 정보기술에 접목함으로써 궁극적으로 성공적인 조직목표에 달성할 수 있도록 해야만 한다.

한국 조직에 정보기술이 도입되기 시작한 것은 1960년대 말부터이나, 정보기술 담당 부서와 경영 담당 부서간은 서로 협력관계가 그리 좋지 못했다. 그러나 1980년대 이후 경영환경이 급변하고 조직과 경영의 패러다임이 완전히 변화함에 따라 이제는 서로 협력관계를 유지하지 못하면 기업조직목표 자체가 실패할 수밖에 없는 상황이 되었다. 따라서 CIO의 조직목표와 정보기술을 조화시킬 수 있는 능력은 조직목표 달성의 핵심요건이 되었다고 할 수 있다. 정보기술에 대한 전문지식뿐만 아니라 경영과 관련된 충분한 경험과 지식은 CIO의 필수조건이다.

3. 최고경영층과 전산그룹, 사용자그룹의 요구만족능력

대부분의 조직을 구분해보면 대개 '경영자그룹', '사용자그룹', '전산그룹'으로 구성되어 있다. 이러한 기업환경에서 위로는 조직의 CEO(Chief Executive Officer)와 최고경영진(Top Management)을 모시고 이들이 요구하는 다양한 주문을 만족시켜야만 하며, 나머지 조직구성원들의 요구사항과 능력을 이들에게 알리고 이해시키는 역할을 해야만 한다. 아래로는 정보기술을 다루는 전문가집단의 채용, 교육훈련, 평가, 보상 및 그들의 요구사항을 종합적으로 관리해야 하는 역할이 필요하다. 수평적으로는 조직의 사업을 위해 반드시 협력해야 하는 현업 부서장들과 다양한 사용자그룹 구성원들의 끊임없는 요구사항을 수용하고 만족시켜야만 한다.

4. 조직 전체적 관리능력-아웃소싱업체 관리능력 등

1990년대 중반부터 불어 닥친 기업정보화 열기와 경영혁신의 노력 속에서 대부분의 한국 기업은 작게는 단위 부서의 문제해결로부터 크게는 전사적인 경영전략 및 정보전략의 수립, 그리고 계열사의 경우는 대부분의 시스템개발과 운영까지 외부업체에게 아웃소싱(outsourcing)하고 있는 실정이다. 이러한 현상은 정보화 성숙과정에서 조직 내부적으로 필요한 지식기반(knowledge domain)이 없을 경우, 또는 있더라도 다른 조직역학상의 필요에서 다양한 아웃소싱이 발생하는 지극히 자연스런 과정이라고 할 수 있다. 그런데 한국 기업의 경우 1994년과 1995년 사이에 이러한 컨설팅 및 외주운영이 집중되면서 공급이 수요를 감당하지 못하는 과정에서 고객조직(client firm)의 수준과 능력여하에 따라 컨설팅 및 외주운영으로부터 기대하는 효과가 천차만별로 달라지는 현상을 보였다.

이러한 현상은 부문별로는 정보전략계획(ISP) 수립, 비지니스 프로세스 리엔지니어링(BPR), 다운사이징(downsizing)과 클라이언트/서버(client/server) 환경으로의 이행, 네트웍 통합(network integration), 데이터 웨어하우징(data wherehousing) 등 시스템통합과 시스템 매니지먼트 영역에서 폭넓게 관찰되고 있다. 따라서 성공적인 CIO는 각 부문별 컨설팅업체나 외주업체의 특징과 능력, 그들이 활용하는 방법론의 장단점과 자기 기업에의 적용 및 활용가능성, 컨설턴트 인력의 구조 등 외주와 관련된 것을 완전히 소화해 부릴 수 있는 능력을 갖추어야 한다. 컨설팅업체를 활용할 수 있는 능력, 외주업체를 치밀하게 감독할 수 있는 능력은 필수적이다.

5. 전략경영자로서의 능력

한국 기업의 CIO는 무엇보다도 전략경영자의 역할을 수행해야만 한다. 시장상황과 자사가 생산하는 제품 및 서비스의 특징을 파악하고, 직 간접적으로 경쟁사의 능력과 동태를 파악하고, 자사의 일반적 역량을 파악한 후 경쟁무기로 활용할 수 있는 다양한 정보기술의 잠재능력을 적용하여 자사의 핵심역량을 개발하고 극대화할 수 있는 전략전술을 계획하고 실행할 수 있는 능력이 요구되는 것이다.

지난 30여년 동안 한국 기업의 전산화는 주로 기술적 백그라운드를 가지고 있는 전산부장 및 실장에 의해서 주도되어 왔다. 따라서 전략경영자로서의 경험이나 능력이 거의 없었다고 해도 과언이 아니다. 그러나 1990년대 이후 한국 기업의 최고경영층은 과거의 전산실장 그룹에게 전략경영자로서의 역할을 기대했으나 대부분 만족할만한 성과를 보이지 못했고, 다시 기존의 기획 혹은 영업부서 임원에게 CIO의 전략경영자로서의 역할을 기대했으나 이 역시 정보기술이라는 병기와 전산인력이라는 병사에 대한 이해 부족으로 소기의 성과를 달성하지 못하였다. 최근에 들어서 최고경영자는 이러한 전략경영자로서의 CIO 기능의 중요성과 희소성을 인식하게 되었으며, CIO의 전략경영자로서의 역할은 기업조직이 경쟁시대 속에서 생존할 수 있는 방안이라 할 수 있다.

제 2 편

부동산기업경영각론

제1장

부동산시장분석

제1절 수요·공급이론

1. 수요·공급 및 가격의 결정

부동산시장을 분석하기 위해서는 일반 경제분석이론에 있어서 가장 중요한 수요와 공급의 개념을 이해하여야 한다. 이는 곧 자원의 배분문제와 직결되며 어떤 재화나 용역이 어떻게 생산되며 또 그것을 누가 처분하는가 하는 문제는 결국 여러 가지 재화나 용역의 가격에 의하여 결정되고 가격은 다시 그 재화나 용역에 대한 수요와 공급에 의해 결정되므로 수요와 공급의 이론은 부동산시장을 이해하는데 기초가 된다고 볼 수 있다.

2. 수 요

(1) 수요의 개념

수요라 함은 소비자가 어떤 재화나 용역을 구매 하고자 하는 욕구를 말하며 수요량이라 함은 소비자가 그 재화나 용역을 구매하고자 하는 양을 의미한다. 이와 같은 의미에서 수요는 두 가지 성질을 갖고 있다.

① 수요란 소비자가 구매하려는 의도를 나타낸다. 즉, 어떤 재화에 대한 수요량이란 소비자가 그 재화를 얼마나 구매하려고 하는가를 나타내는 의도된 양이지 결코 소비자가 실제로 구매한 양을 지칭하지는 않는다. 즉, 수요량(quantity demanded)이란 의도된 구매량이며 그 재화의 존재량이나 공급량과는 무관하다는 것이다.

② 수요는 어떤 단절된 구매를 의미하는 것이 아니라 어떤 기간동안 계속되는 구매의 흐름(flow)이라는 사실이다. 그러므로 수요는 어떤 기간동안 얼마라는 식으로 표현되어야 한다.

이러한 수요는 다시 개별수요(individual demand)와 시장수요(market demand)로 구분된다. 시장수요란 개별수요를 합계한 시장전체의 수요를 말하며 주로 시장수요에 대하여 고찰하여 본다.

(2) 수요를 결정하는 요인

어떤 재화나 용역의 수요를 결정하는 요인은 다음과 같다.

① 재화에 대한 수요는 그 재화의 시장가격에 의하여 영향을 받는다. 그 재화의 시장가격이 높을 때에는 수요가 줄고 그 재화의 시장가격이 낮을 때에는 수요가 는다.

② 재화에 대한 수요는 그 재화를 제외한 다른 재화들의 가격에 의하여 영향을 받는다. 모든 재화는 정도의 차가 있지만 다른 재화와 대체 또는 보완관계에 있기 때문이다.

보/충/강/의

- 정상재, 상급재 : 소득이 증가함에 따라 수요가 증가하는 재화(대부분)
- 열등재, 하급재 : 소득이 증가함에 따라 수요가 감소
- 대체재 : X재의 가격이 상승(하락)하면 Y재의 수요가 증가(감소). 수요곡선 우측으로 이동(쌀-보리, 커피-홍차, 우유 요구르트, 비디-마아가린 → 용도가 비슷하여 다른 상품을 사용)
- 보완재 : X재의 가격이 상승(하락)하면 K재에 대한 수요는 감소(증가)하여 수요곡선은 좌측으로 이동(커피-설탕, 연필-지우개, 정구공-정구채 → 예 커피값이 오르면 자연적으로 설탕의 소비는 준다. 그러나 대체제인 홍차의 소비는 는다.)
- 독립재 : 서로간의 가격변화 및 수요의 변화가 각각에 아무런 영향을 주지 않을 때(쌀과 설탕 등)

③ 어떤 재화의 수요는 소비자의 소득수준에 의하여 영향을 받는다. 대부분의 재화의 경우, 소득의 증가에 따라 수요는 증가하나 감소하는 특수한 경우도 있다. 예를 들면 감자의 경우 소득의 증가에 따라 감소한다. 가난할 때는 감자가 주식이었지만 소득이 늘면서 주식이 쌀과 고기로 전환되므로 감자의 입지는 점점 약화되어 가고 소비는 감소된다. 이와 같이 소득의 증가에 따라 그 수요가 감소하는 재화를 하급재(inferior goods) 또는 열등재라 부르며 소득이 증가함에 따라 수요가 증가하는 재화를 상급재(superior goods) 또는 우등재라 부른다.

④ 어떤 재화에 대한 수요는 소비자들의 기호 및 선호도에 의해 영향을 받는다. 즉, 어떤 재화에 대한 소비자들의 기호가 달라지면 그 재화에 대한 수요가 달라진다. 장발에 대한 선호도가 있을 때에 이발에 대한 수요가 급감한다든지 테니스붐이 일었을 때 라켓

과 테니스용지에 대한 수요가 급증하는 것이 그 예이다. 그러나 유의 할 점은 소비자들의 기호가 생산자들의 세뇌적 광고활동에 의하여 조작될 수 있다는 사실이다. 외국의 유행이나 이웃의 생활양식을 모방하는 과정에서 소비자들의 기호가 크게 영향을 받는 경우도 있다.

⑤ 어떤 재화의 수요는 그 나라의 인구에 의해서 영향을 받는다. 물론 그 인구는 구매력을 수반한 인구를 말한다.

⑥ 재화에 대한 수요는 소비자의 소득분포에 의해서도 영향을 받는다. 빈부의 차이가 심한 나라에서는 사치품의 수요가 많은 반면 소득수준이 평준화 되어있는 나라에서는 실용적인 물건의 소비가 선호되고 있다.

(3) 수요함수

어떤 재화(n)에 대한 수요량(Dn)은 다음과 같은 함수로 표시할 수 있다.

$$D_n = f(P_n,\ P_1,\ \cdots,\ P_n-1,\ Y,\ T,\ P,\ A)$$

P_n : n재의 가격
P_1, …, P_n-1 : n재 이외의 재화의 가격
Y : 소비자의 소득　　T : 소비자의 기호
P : 그 나라의 인구　　A : 소득의 분포상태

이중에서 재화에 대한 수요량(Dn)에 영향을 미치는 여섯 가지 요인 중에서 재화의 가격(Pn)이 수요량에 미치는 영향이 크고 직접적인데 반해 나머지 다섯 가지는 비교적 영향력이 적다고 할 수 있다. n재의 수요량과 n재의 가격과의 관계를 분석하기 위해 다른 요인들은 불변이라는 가정하에 수요함수를 분석하여 보면 'Dn = f(Pn)'이라는 식으로 쓸 수 있다. 즉, 모든 요인이 불변이라는 가정하에 n재의 수요량은 그의 가격의 함수라는 뜻이다.

우리가 보통 말하는 수요함수(demand function)는 이 협의의 수요함수를 말하며 언제나 다른 조건이 동일하다면(ceteris paribus ; other things being equal)[1]이라는 조건이 함축되어 있는 것이다. 이러한 수요함수를 표로 나타낸 것이 수요표(demand schedule)이다.

---

1 ceteris paribus
정통경제학에서는 "다른 사정이 일정하다면(ceteris paribus)"라는 가정으로 순수하게 경제변수을 중심으로 경제현상을 분석하고 있다. 이때 다른 사정 속에는 정치·사회·제도적 요인 등이 포함되어 있으며, 이것들이 경제행위에 크게 영향을 주고 있다. 정치경제학에서는 이와 같이 정치·사회·제도 등의 요인을 고려하여 경제학을 새롭게 음미할 것을 목표로 하고 있다. 특히 정치경제학을 성립시키는데 결정적 공헌을 한 사람은 K. MARX이다.

[表 2-1-1] 귤에 대한 수요표(demand schedule)

	가격(@, 원)	수요량(/월, 1,000개)
A	20	110
B	40	90
C	60	77
D	80	67
E	100	62
F	120	60

(4) 수요곡선

[表 2-1-1]에 대한 수요표를 직각좌표에 나타낸 것이 수요곡선(demand curve)이다. 이 수요곡선은 우하향(sloping downward to the right)하는 형태를 가진다. 이것은 재화의 가격과 그 재화에 대한 수요량은 서로 역의 관계에 있다는 것을 나타낸다. 재화의 가격이 내리면 재화에 대한 수요량은 증가하고 가격이 오르면 수요량이 감소하는 관계에 있다는 것을 의미한다. 이 관계를 수요의 법칙(low of demand)이라고 부른다.

[圖 2-1-1] 수요곡선(demand curve)

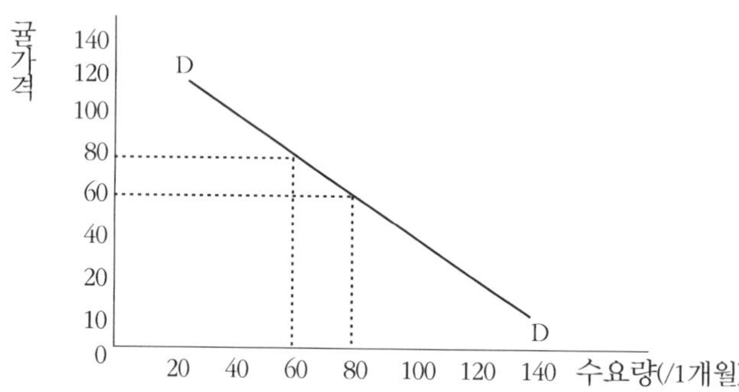

(5) 수요의 변화와 수요량의 변화

수요함수인 Dn = f(Pn)은 Pn 이외에 Dn에 영향을 주는 다른 요인은 일정하다고 가정하였다. 그러나 그 가정이 변하면 새로운 수요함수인 Dn = g(Pn)이 유도된다. 이에 따라 수요곡선 자체도 이동(shift)하게 되며 이를 수요의 변화라고 한다. 예를 들어 소득이 증가하였다고 가정하면 [表 2-1-2]에서 보는 것처럼 원래의 수요량보다 수요량이 증가할 것이다. 이 새로운 수요량이 D1-D1곡선이 되며 이 곡선은 DD곡선이 우측으로 이동한 것이다.

재화가격의 변화로 인한 수요곡선상의 점의 이동인 수요량의 변화와 그 재화가격 이외의 다른 요인들의 변화로 인한 수요곡선 자체의 이동인 수요의 변화를 구별하여야 한다.

[表 2-1-2] 소득변화에 따른 수요의 변화

	가격(@, 원)	가계소득이 100만원일 때의 수요량(/월, 1,000개)	가계소득이 150만원일 때의 수요량(/월, 1,000개)
A	20	110	140
B	40	90	116
C	60	77	100
D	80	67	87
E	100	62	81
F	120	60	78

[圖 2-1-2] 소득변화에 따른 수요곡선의 이동

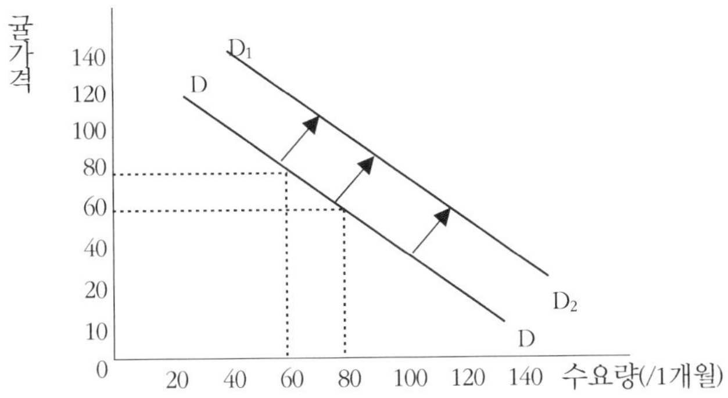

3. 공 급

(1) 공급의 개념

공급(supply)은 재화나 용역을 판매코자 하는 욕구를 말한다. 공급은 수요와 마찬가지로 중요한 두 가지 성질을 가지고 있다. 첫째, 공급이란 판매자가 판매 하고자 하는 의도된 양을 지칭하는 것이지 실제 판매한 양이 아니라는 것이다. 둘째, 공급은 플로우(flow)의 양을 나타내며 따라서 단위기간동안 판매량으로 표현한다는 점이다.

(2) 공급을 결정하는 요인

① 어떤 재화에 대한 공급은 그 재화의 시장가격에 의해 영향을 받는다. 즉, 어떤 재화의 가격이 상승하면 생산자에게 큰 이익을 주기 때문에 그 재화의 공급량이 증가한다. 반대로 가격의 하락은 공급량을 감소시킨다.

② 어떤 재화의 공급은 다른 모든 재화의 가격에 의하여 영향을 받는다. 다른 재화의 가격이 상승하면 상승하지 않는 재화를 생산하는 것 보다 유리하게 된다. 따라서 어떤 재화의 가격이 상승하면 가격상승이 없는 재화의 공급은 감소하게 된다.

③ 어떤 재화의 공급은 그 재화를 생산하는데 사용되는 생산요소의 가격변화에 의하여 영향을 받는다. 어떤 생산요소의 가격이 대폭 상승하면 그 생산요소를 많이 사용하는 재화의 생산비용은 대폭 증가한다. 그러나 그 생산요소를 적게 사용하는 재화의 생산비용은 소폭 증가하게 되는 것이다. 그러므로 생산요소가격의 변동은 각 재화의 생산에 있어서 이윤의 크기를 상대적으로 변화시키기 때문에 여러 생산물의 공급량을 변화시킨다.

④ 어떤 재화의 공급은 기술수준에 의해 영향을 받는다. 생산기술의 진보는 생산비를 절감하여 제품의 공급을 증가시킨다.

⑤ 어떤 재화의 공급은 기업의 목표 여하에 따라 영향을 받는다.

경제이론에 따르면 기업의 제일 목표는 이윤추구에 있다고 본다. 기업의 성패를 좌우하는 것이 이윤이며 따라서 기업의 행동은 이윤을 떠나서는 생각할 수도 없다. 그러나 이윤추구가 기업의 유일 목표는 아니다. 설사 이윤추구가 그 기업의 궁극적 목표일지라도 그 수단으로 어떤 재화를 생산할 것인가는 기업의 가치관에 따라 영향을 받는다. (정력제나 강장제를 생산하는 기업과 우량약품이 더 유용하다고 판단하여 생산하는 기업과의 가치관 차이)

(3) 공급함수

어떤 재화(n)에 대한 공급량을 Sn이라고 하면 다음과 같은 함수로 나타낼 수 있다.

$$S_n = f(P_n,\ P_1,\ \cdots,\ P_n-1,\ F_1,\ \cdots,\ F_m,\ T,\ G)$$

P_n : n재의 가격
$P_1, \cdots, P_n$-1 : n재 이외의 재화의 가격
$F_1, \cdots, F_m$: 각 생산요소의 가격
T : 기술수준　　　　G : 기업목표
P : 그 나라의 인구　　　　A : 소득의 분포상태

Sn에 영향을 미치는 요소 가운데 Pn의 영향력이 단기적으로는 가장 크고 나머지 요인은 비교적 간접적이므로 수요함수와 마찬가지로 Pn을 제외한 다른 변수들은 일정 하다고 가정하면 다음과 같은 함수가 나온다.

$$S_n = f(P_n)$$

이 식을 n재에 대한 공급함수(supply function)라 한다. 이 함수를 표로 나타낸 것이 공급표(supply schedule, 혹은 공급예정표)이다.

[表 2-1-3] 재화(귤)의 공급표

구 분	가격(@, 원)	공급량(/월, 1,000개)
U	20	5
V	40	45
W	60	77
X	80	100
Y	100	115
Z	120	122

(4) 공급곡선

[表 2-1-3]의 공급표를 직각좌표에 나타낸 것을 공급곡선(supply curve)라고 부른다. 이 공급곡선은 우상향하는(sloping upward to the right)형태를 갖는다. 이것은 재화의 가격이 상승하면 공급량이 증가하고 가격이 하락하면 공급량이 감소한다는 것을 의미한다. 이 관계를 공급의 법칙(low of supply)이라 한다.

[圖 2-1-3] 공급곡선(supply curve)

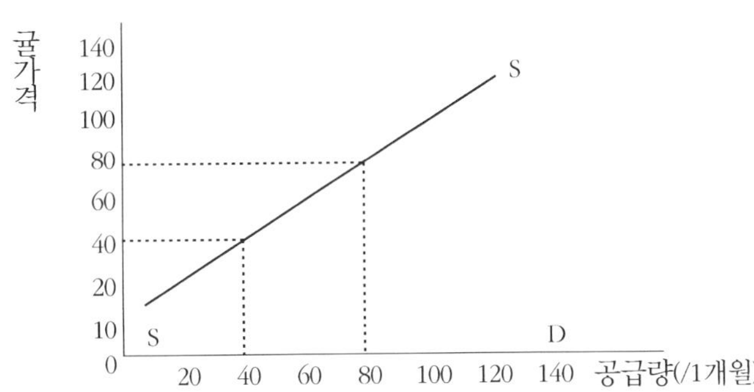

(5) 공급의 변화와 공급량의 변화

공급함수는 Pn 이외에 Sn에 영향을 주는 모든 요인이 일정 하다는 가정 하에서 Sn = f(Pn)

이라는 식을 유도하였다. 그러나 이 가정을 하였던 다른 요인들이 변화하면 새로운 공급함수인 Sn = g(Pn)이라는 함수를 가정할 수 있다. 예를 들면 여건불변의 가정하에 놓여 있던 기술이 진보하였다고 했을 때 재화에 대한 공급량은 증가할 것이고 이 공급량은 S1-S1 곡선으로 표현할 수 있다. 즉, 이 새로운 공급곡선인 S1-S1은 원래의 공급곡선인 S-S 보다 우측으로 이동할 것이다. 이는 주어진 공급곡선 상에서의 이동(movement along a given supply curve)이라고 할 수 있다. 주의할 점은 재화가격의 변화로 인한 공급곡선상의 점의 이동인 공급량의 변화와 그 재화가격 외의 다른 요인에 의해서 공급곡선 자체가 이동한 공급의 변화를 이해하여야 한다. 즉, 공급이란 가격과 공급량간의 전반적인 함수관계를 지칭하는데 대하여 공급량이란 용어는 주어진 가격하에서 실제로 공급하려는 양을 지칭하는 것이다.

[表 2-1-4] 기술진보에 따른 공급표의 변화

구 분	가격(@, 원)	원래의 공급량(/월. 1,000개)	새로운 공급량(/월. 1,000개)
U	20	5	28
V	40	45	76
W	60	77	102
X	80	100	120
Y	100	115	132
Z	120	122	140

[圖 2-1-4] 기술진보에 따른 공급곡선의 이동

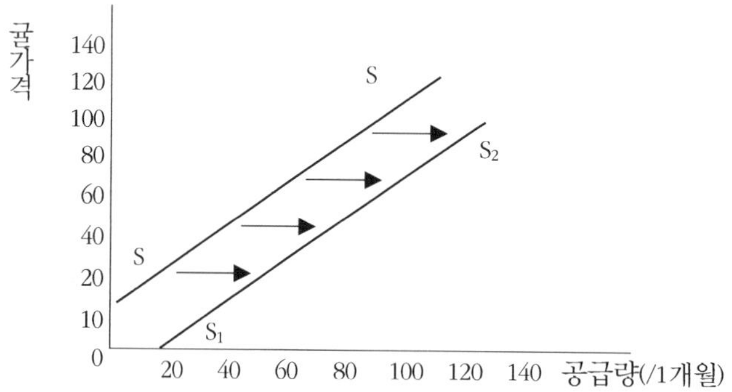

4. 균형가격의 결정

균형(equilibrium price)이란 두 개의 상반된 힘(two opposing forces)이 일치될 때 이루어지

며 일단 이루어지면 서로 이탈하지 않으려는 성향이 지속적으로 존재한다는 개념이다. 수요량과 공급량이 일치되어 정지상태에 있는 가격을 균형가격이라고 하며 이 균형가격을 성립케 한 수급량을 균형 교환량 이라고 한다. 이러한 균형가격은 주어진 수요와 공급의 사정하에서 일단 성립되기만 하면 다른 사정의 변화가 없는 한 지속되는 가격이며 현실시장가격도 이것을 향하여 변동하는 경향이 있다. 균형가격 외의 모든 가격을 불균형가격이라고 하는데 이것은 지속적인 가격이 아니며 또 그것이 어떤 시장에서 성립된다고 하더라도 그 시장은 정지상태에 있지 않을 것이다. 즉, 그것이 균형가격보다 낮다면 부족이 생겨서 가격은 상승하는 한편 그것이 균형가격보다 높다면 잉여가 생겨서 가격은 하락할 것이다.[2]

[表 2-1-5] 수요표와 공급표

구 분	가격(@, 원)	수요량 (/월. 1,000개)	공급량 (/월. 1,000개)	초과수요량 (/월. 1,000개)	가격에의 압력
U	20	110	5	105	상승
V	40	90	45	44	상승
W	60	77	77	0	없음
X	80	67	100	-33	하락
Y	100	62	115	-53	하락
Z	120	60	122	-62	하락

2 조순, 경제학원론, 법문사, p.56

[圖 2-1-5] 균형가격의 결정

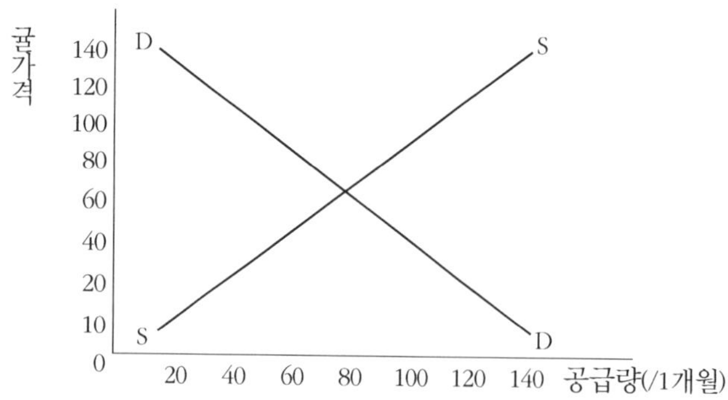

보/충/강/의

- 보이지 않는 손(Invisible Hand)

영국 고전파 경제학자 아담 스미스가 그의 저서 「도덕감정론」(1759)과 「국부론」(1776)에서 표현한 유명한 말이다. 그는 시민사회에서 개인의 이기심에 입각한 경제적 행위가 결과적으로 사회적 생산력의 발전에 이바지하며, 이러한 사적 이기심과 사회적 번영을 매개하는 것은 하나님의 '보이지 않는 손'이라고 생각하였다. 즉, 스미스는 각 개인은 자기의 이익을 뜻대로 추구하고 있는 동안에 '보이지 않는 손'에 이끌려 상상치 못했던 사회전체의 이익을 가져온다고 보았다. 이러한 견해는 자연법 사상에 입각한 자연적 질서관을 표명한 것으로, 그의 경제학은 이러한 '보이지 않는 손'을 일상 경험적으로 파악하려다가 경제행위를 과학으로서 체계화하게 되었던 것이다.

어떤 사회라도 그 사회 내에서는 ① 그 국민경제에 필요한 물자의 종류와 수량의 결정, ② 생산방법의 결정, ③ 생산물의 분배의 결정 등의 가장 기본적인 경제문제를 해결해야 한다.

사회주의사회에서는 중앙계획기관의 계획과 명령을 이용하여 위와 같은 경제문제를 해결하지만 전체적인 계획과 통제를 하는 기관이 없고, 일체의 생산과 소비활동이 개인의 자유에 맡겨져 있는 자본주의 사회에서는 이런 문제를 해결하는 것은 바로 스미스가 말하는 보이지 않는 손이 해결해 준다고 보는 것이다.

애덤 스미스는 1776년 발표한 「국부론」에서 '보이지 않는 손'을 이렇게 설명했다.

"우리가 저녁식사를 기대하는 것은 정육업자나 양조업자·제빵업자의 자비심 때문이 아니라 그들 각자의 이익추구 때문이다. 모든 개인은 자신의 안전과 이익을 추구하지만 '보이지 않는 손'에 이끌려 의도하지 않던 사회의 이익증대란 목표를 달성하게 된다."

요컨대 시장에 의해 수요와 공급이 자동적으로 조절되고 고용이 창출되기 때문에 정부의 간섭은 불필요하다는 것이다. 이러한 스미스의 자유방임주의는 20세기 초까지 서구 경제학을 지배해온 근간논리였다. 그러나 1929년 대공황으로 '보이지 않는 손'은 정말 보이지 않게 됐다. 각자 자신의 이익을 위해 투기를 했지만 결과는 모두의 파국이었다.

그래서 나온 게 케인스 경제학이다. 그는 36년 발표한 「일반이론」에서 유효수요 부족이 공황의 원인이라고 보고 실업자를 정부가 다시 고용해야 한다고 주장했다. 미국 정부가 그의 제안대로 뉴딜정책을 펴 공황을 극복하면서 케인스의 거시경제 이론은 70년대 말까지 경제학의 주류로 군림했다.

하지만 80년대 이후 공공지출 삭감과 기업 구조조정 바람이 불면서 다시 자유주의가 우세하게 된다. 이 신자유주의의 결과물이 바로 현 세계무역기구(WTO)[3]다.

요즘엔 '보이지 않는 주먹(Invisible Fist)'이란 표현도 등장했다. 무슨 조폭 얘기가 아니라 기업가들이 무한경쟁 속에서 자유방임 대신 사회의 이익에 봉사하도록 강요받는 것을 말한다.

이처럼 원래 경제용어였던 '보이지 않는 손'은 다른 분야에도 큰 영향을 끼쳤다. 자연계의 '보이지 않는 손'을 본 다윈이 진화론을 발전시킨 것이 대표적이다.

제2절 부동산시장의 특징

1. 부동산시장의 특성

부동산시장이란 부동산권리의 교환, 상호 유리한 교환으로서의 가액 결정, 경쟁적 이용에 따른 공간 배분, 토지와 공간 이용의 패턴 결정 및 수요와 공급의 조절을 돕기 위하여 의도된 상업활동을 하는 곳을 말한다.

일반적으로 시장은 공급자와 수요자가 모여서 물건을 사고 파는 장소를 의미하나 부동산은 자연적 특성을 가지고 있어 부동산 시장은 다른 일반 상품시장과는 달리 다음과 같은 고유하고 특별한 성격을 지니고 있다.

첫째, 지역시장성이다

토지의 부동산은 부동산시장을 국지화하고 있기 때문에 공간적 작용범위가 일정지역에 한정되는 경향이 있다. 이로 말미암아 부동산 시장의 지역시장성은 그 지역의 경제적·사회

---

3 세계무역기구(World Trade Organization)
GATT(General Agreement on Tariffs and Trade : 관세 및 무역에 관한 일반협정) 체제를 대신하여 세계무역질서를 세우고 UR(Uruguay Round of Multinational Trade Negotiation : 우루과이라운드) 협정의 이행을 감시하는 국제기구. 약칭은 WTO이다.
1986년에 시작된 UR 협상은 1947년에 설립되어 세계무역질서를 이끌어온 GATT 체제의 문제점을 해결하고, 이 체제를 다자간 무역기구로 발전시키는 작업을 추진하게 되었다. 그후 7년 반에 걸친 논의 끝에 1994년 4월 모로코의 마라케시에서 개최한 UR 각료회의에서 마라케시선언을 채택하였고 UR 최종의정서, WTO 설립협정, 정부조달협정 등에 서명하였다. 다음해인 1995년 1월 1일 WTO가 공식 출범하였다. WTO 협정 당사국들은 다음 사항을 목표로 한다.
① 회원국의 생활수준 향상과 완전고용 달성, 실질소득과 유효수요의 지속적인 양적 확대를 추구하며, 상품과 서비스의 생산 및 교역을 증진한다. ② 지속 가능한 개발과 부합되는 방법으로 세계 자원의 효율적인 이용을 도모하고 회원국의 상이한 경제수준에 상응하는 환경보전 노력과 보호수단을 허용한다. ③ 상호 호혜의 바탕 위에서 관세 및 여타 무역장벽의 실질적인 삭감과 함께 국제무역상 차별대우를 폐지한다. ④ 다자간 무역체제 구축과 그 기본 원칙을 보존한다. 이를 위해 WTO 설립 협정과 함께 GATT 1994, 농산물 및 섬유협정, 도쿄 MTN협정, 새로운 다자 협정, 서비스 협정, 지적재산권 협정, 분쟁해결 관련 양해, 무역정책검토제도 등을 마련하여 다자간 무역협정을 구성하였다.
WTO 설립은 산업·무역의 세계화와 함께 국경 없는 무한경쟁시대로 돌입하는 새로운 국제무역환경 기반을 조성하였다. 미국 등 일부 국가가 쌍무압력을 넣거나 국내 정책에 대해 일방적으로 강요하는 등의 부담은 약해지고, 다자주의가 보다 힘을 얻을 수 있다. 이를 통해 미국의 슈퍼 301조 같은 일방적 조치나 지역주의 등을 일부 억제하는 효과가 있었다. 환경문제는 출범 후 2년의 검토 기간을 거쳐 협상의 추진 여부를 결정하도록 했으며 새로운 협상과제로는 근로기준(BR), 기술(TR), 경제정책(CR) 등이 있었다. 한국의 입장에서는 EU(European Union : 유럽연합), NAFTA(North American Free Trade Agreement : 북미자유무역협정) 등 지역주의가 극심해지는 데 따르는 불이익이나 미국, EU 등 선진국의 일방적인 무역보복조치의 피해를 줄일 수 있다는 장점이 있다. 2001년 현재 회원국은 144개국이며, 본부는 스위스 제네바에 있다.

적·기술적·행정적 변동에 크게 좌우되며 시장의 수급 역시 그 지역에 그치는 경우가 많다. 또한 이 지역적 부동산에 관하여는 그 지역특성에 정통한 지역전문가가 요구되며 유통은 지역간의 거래를 어렵게 하여 지역분업이 이루어진다. 부동산시장의 가격 또한 한정된 불완전시장이므로 적정한 부동산 가격의 판단이 어렵고, 부동산감정평가라는 합리적인 가격 형성작업이 이루어지게 된다.

둘째, 거래의 개별성이다.

토지는 그 자체의 개별성이 강하게 작용하기 때문에 동일한 부동산은 있을 수 없으며 그 거래도 개별적으로 이루어져서 가격 결정에서도 동일한 가격이 아니고 거래 주체와 대상 물건에 따라 달리 결정된다.

셋째, 비표준화성이다.

부동산의 특성인 개별성은 부동산시장을 복잡·다양하게 하여 부동산 상품의 표준화를 불가능하게 하고 있다.

부동산이 경제적·법률적 성향을 달리함에 따라 그 특유의 개성(개별성)을 갖고 있으므로 그 성격이 전혀 상반되기 때문이다.

넷째, 시장수급조절의 곤란성이다.

부동산의 영속성은 조상 전래의 재산이라는 관념에서 수급 빈도를 약화시키고 상술한 제 요인들로 인하여 부동산시장의 수급조절은 어렵다. 토지는 수급 및 인플레의 영향에 따라 가격이 변동되나 수급균형과 환물심리를 없애기가 쉽지 않으므로 부동산시장은 일물 일가의 법칙이 적용되는 완전경쟁시장(perfect competition market)[4]이 되지 못하고 토지의 유통구조는 일물 일가를 배제하는 불완전경쟁시장(imperfect competition market)이 되어 가격의 개별화가 필연적이다.

다섯째, 매매기간의 장기성이다.

부동산은 그 매매의 단위가 고액이므로 매자를 발견하는데 상당한 기간이 필요하며 거래가 이루어지기까지 표준화되지 않은 부동산을 이해하는 데도 일정한 기간을 요한다. 또 소

---

4 완전경쟁시장의 성립요건

완전경쟁시장(perfectly competition market)이 성립하기 위해서는 대체로 다음 여섯 가지 조건이 모두 만족되어야 한다.

첫째, 완전경쟁시장에는 다수의 생산자와 수요자가 존재하고 있다.

둘째, 완전경쟁시장에서 거래되는 상품은 동질적(homogeneity of product)이어서 완전대체가 가능해야 한다.

셋째, 산업에 대한 진입과 이탈의 자유(freedom of entry and exit)가 보장되어야 한다.

넷째, 모든 생산자원이 제한없이 자유롭게 이용될 수 있어야 한다.

다섯째, 정부는 기업에 대한 조세나 보조금을 부과하거나, 생산량 내지 수요·공급을 통제하는 등과 같은 어떠한 간섭도 하지 말아야 한다.

여섯째, 시장에 참여하고 있는 개별공급자나 개별수요자는 시장의 현재조건과 미래조건에 대한 완전한 정보(perfect information)를 가지고 있거나, 이에 대한 정보를 아무런 비용없이 얻을 수 있어야 한다.

유권의 이전에도 계약에서 등기라는 과정이 따르므로 다른 상품과는 판이한 양상이 나타나는 것이다.

여섯째, 시장의 비조직성이다.

일정한 상품은 시장이라는 조직을 통하여 매매된다. 부동산도 그 시장기능에 의하여 거래가 됨은 마찬가지이나 그 조직이 달라서 불완전시장성을 띠며 조절기능 또한 곤란하다. 부동산시장은 매자와 매자에 의한 거래보다는 중개인의 조력을 받는다는 점과 시장의 비조직성은 거래가격이나 내용이 서로 다르고 구매관습(buying habits)과 전매동기(buying motive)에서도 일반 재화와 다른 것이다.

부동산시장은 이상과 같은 특징 외에 부동산의 종류에 따라 주거지, 상가, 산업용지, 농업지, 특수부동산 등이 있어 미국 등에서는 이들을 전문적으로 다루는 부동산시장이 있다. 즉,

① 주거지시장 : 도시·교외·지방주택

② 상가지시장 : 오피스빌딩·상가·로프트빌딩(loft building)·극장·차고·호텔·모텔

③ 산업지시장 : 공장(공업단지)·공익사업지·광업지

④ 농업지시장 : 삼림지(timber land)·초지·목장·과수원·농장

⑤ 특수(목적)부동산시장 : 묘지·종교부동산·골프장·공원·공공빌딩·가로·기타 등이다.[5]

2. 부동산시장의 기능

부동산시장은 다음과 같이 자원배분, 교환, 가격창조 및 수급조정 등의 기능을 갖는다.

(1) 자원배분

각종 부동산 공간에 대한 경쟁은 수급자 사이에서 공간의 배분 역할을 하고 유효 공급량의 가감률에 영향을 미친다. 또 그러한 경쟁은 기초건물의 유지와 수선, 건물 개축 등을 통하여 자원배분의 역할을 하게 된다.

(2) 교 환

부동산시장은 자금능력을 가진 부동산 이용자의 기호에 따라 부동산 또는 공간을 재 배분하게 되는 바, 여기에서 부동산과 현금, 부동산과 부동산, 소유와 임대 등 사이에 교환이 이루어지게 된다.

---

5 김철호 외, 부동산학개론, 형설출판사, 2000, p.37

(3) 가격의 창조

부동산의 매매거래시 매매 당사자는 가격을 협의하게 되는데, 이때 매수인의 주관적인 제안가격(buyer's subjective valuation price)과 매도인의 주관적인 제안가격(seller's subjective valuation price)이 상충현상을 일으키게 되고, 결국 매수인이 더 이상 지불할 수 없는 상한가격(ceiling price)과 매도인이 더 이상 양보할 수 없는 하한가격(floor price) 사이에서 거래가격이 창조되게 된다. 이러한 과정이 반복됨으로써 부동산의 가격은 창조·파괴되고, 이러한 정보는 거래당사자 뿐만 아니라 부동산시장의 안전과 유지를 위해 중요한 요소로 작용하게 된다.

아래그림에서 살펴보면 P점에서 균형가격이 창조되며 이 균형가격은 P1,P2 어느 점에서도 존재할 수 있다. 그림에서 보면 PBS로 둘러싸인 부분이 부동산시장이 되며 이때 양자의 가격을 조정하는 역할을 중개업자가 한다.

[圖 2-1-6] 부동산가격의 창조과정

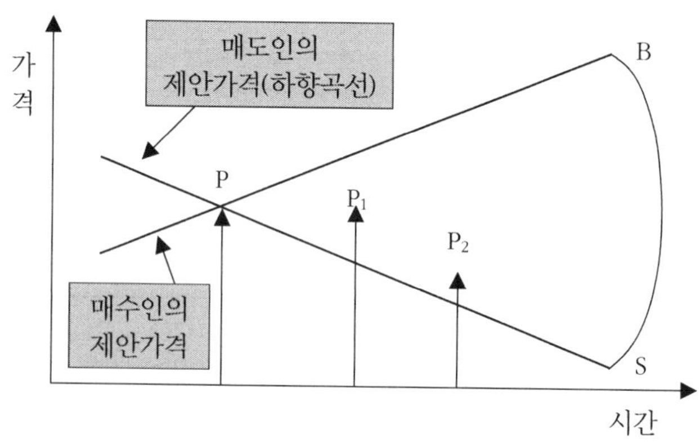

(4) 수급조정

부동산의 소유자·관리자·개발업자·건축업자 등은 그들의 통제하에 부동산의 가격이 최대가 되도록 노력을 경주한다. 그러한 과정에서 부동산은 성격이 변하고 양과 질이 조정된다.

6 방경식, 부동산학개론, 범론사, 1999, p.208

제3절 부동산의 투자와 투기

1. 투자와 투기

부동산투자는 일반 경제학에서 의미하는 투자와는 조금 다른 뜻을 갖는다. 경제학자들이 말하는 투자란 자본재의 증가 또는 유지를 위하여 행하는 지출인데 반하여, 우리가 부동산 혹은 주식이나 채권 등 유가증권을 구입할 때에는 보통 그것을 소유하고 있던 타인으로부터 구매하게 되는데, 이는 새로운 부의 창조와는 아무런 직접적인 관련이 없는 소유권의 이전에 불과하므로 투자라고 볼 수가 없는 것이다.

따라서 우리가 여기서 말하는 투자란 의미는 경제학에서 의미하는 것이 아니라 일반적으로 흔히 사용되는 의미에서의 투자를 말하는 것이다. 그런데 부동산의 경우 일반적으로 투자와 투기를 혼동하여 사용하는 경향이 농후한데 부동산활동을 함에 있어 투자와 투기는 엄격히 구분하여 투자는 권장하되, 투기는 지양하여야 할 것이다. 사실 우리는 그 동안 수차례에 걸쳐 부동산투기를 경험하였고, 그 피해를 받아 왔으며, 각종의 대응책으로 맞서기도 했지만 아직도 투자와 투기의 명확한 구별을 짓기가 어려운 사정 또한 부인할 수는 없다. 그러나 여러 학자들의 연구 결과 투자와 투기는 다음과 같은 몇 가지 점에서 차이를 나타내고 있다. 즉 투자는 실수요자의 행위이며 실수요자에게 부동산은 자산으로서의 가치를 갖는다. 시장가격으로 거래되며 자연적인 부동산가격의 상승으로 이익을 볼 수도 있으나 투기가격과 같은 큰 이익은 보기 어렵다.

이에 반해 투기는 가수요자의 행위이며 당연히 필요 없는 토지·아파트 등을 다량으로 구입하게 되며, 거래시 투기가격이 조작·형성되는 것이 통상적이다. 양도차익을 목적으로 이루어진다.

2. 부동산투자와 투기의 발생요인

건전한 부동산투자는 정책적으로도 권장해야 할 것인 바, 일반적으로 부동산투자를 불러일으키는 요인으로는 다음의 다섯 가지를 들 수 있다.

▌부동산을 소유하려는 전통적 경향

대다수의 사람들은 부동산의 소유를 소망스러운 것으로 믿고 있다. 전통적 유교문화권 국가인 우리나라를 비롯한 동양제국은 말할 것도 없고 서구에서도 이러한 경향은 농후한데 카네기(A. Carnegie)[7]의 "미국 재벌의 90%가 생산 활동보다는 부동산의 소유를 통해서 치부했다."는 말은 우리에게 시사하는 바가 매우 크다.

▌부동산의 이용·관리의 기능

주식 기타 대체성 있는 투자 분야와는 달리, 부동산에 투자한 경우에는 스스로 직접 이용하거나 관리할 수 있는 바, 이는 부동산 투자의 장점이자 문제점이 되기도 한다. 즉, 스스로 자신의 능력을 발휘할 기회를 갖고 항상 자산의 모든 상태를 감시할 수 있는 반면, 이용·관리상의 능력과 시간을 필요로 하고, 그 이용의 대가가 유용성에 포함된다. 따라서, 부동산 투자의 유익성을 측정하는 경우에는, 스스로 이용·관리하여야 하는바 관리에 소요되는 비용과 이용함으로써 얻어지는 수익성 및 관리의 난이 등도 감안하여야 한다.

▌부동산의 개별성과 국지성

부동산의 개별성으로 인한 비대체성, 거래 활동 및 이용 활동에 있어서의 국지성 역시 부동산 투자를 불러일으키는 요인이 된다.

▌인플레에 강한 부동산투자

부동산 투자는 인플레에 유리하고 디플레에 약하다. 물론 이것이 모든 경우에 절대적이며, 불변인 것은 아니나 오랜 경험으로 본다면 부동산 투자는 역시 인플레에 강하고 디플레에 약하다는 결론을 내릴 수 있다.

▌부동산의 영속성

물리적 관점에서 볼 때 토지의 유용성은 영속적이고, 건물도 내용년수를 갖고 있으나 반영속적이라 할 수 있다.

위에서 알 수 있는 바와 같이 부동산에 있어 투자와 투기의 구분은 이를 소유함에 있어 「이용을 목적으로 하는가?」의 여부로 판단해야 할 것이다. 즉, 부동산 투기는 부동산을 이

---

7 카네기(Carnegie, Andrew, 1835. 11. 25 ~ 1919. 8. 11)
미국의 산업자본가·강철왕. 스코틀랜드 출생. 수직공(手織工)의 아들로 태어나, 1848년 가족과 함께 미국의 펜실베이니아주(州) 앨러게니(지금의 피츠버그)로 이주하였다. 1901년 카네기는 미국 철강시장의 65%를 지배하는 US스틸사를 탄생시켰다. 은퇴 후에는 교육과 문화사업에 몰두하였다. 카네기공과대학(현 카네기멜론대학)·카네기교육진흥재단에 3억 달러 이상을 투자하였다. 인간의 일생을 2기로 나누어, 전기에서는 부(富)를 축적하고, 후기에서는 축적된 부를 사회복지를 위하여 투자하여야 한다는 신념을 지니고 있었으며, 이를 실천한 위대한 인물이었다. 저서에 『승리의 민주주의(Triumphant Democracy)』(1886), 『사업의 왕국(The Empire of Business)』(1902), 『오늘의 문제(Problems of Today)』(1908) 등이 있다.

용하겠다는 어떤 목적도 없이 단순히 그 가격 변동으로 인한 양도 차익만 노린다는 점에서, 부동산의 투자와 구별되어 사회적으로 비난받아 마땅한 것이다. 이상의 내용을 토대로 투자와 투기를 비교하면 [表 2-1-6]과 같다.

한편 부동산 투기 현상의 발생 요인으로는 ① 개발, ② 수송 수단의 신설·확장, ③ 경제와 도시의 성장, ④ 인플레이션 등을 들 수 있는데 이러한 부동산 투기는 지가를 상승시켜 경제의 가격 질서를 혼란시키며, 사회에 불로 소득의 심리와 근로 의욕의 상실을 가져오는 역기능을 한다. 따라서 투자는 정책적으로 권장하게 되고 투기는 제도적으로 규제하게 되는 이유가 바로 여기에 있는 것이다.

[表 2-1-6] 부동산의 투자와 투기

구분 / 차이점	투 자	투 기
대 상	투자성 부동산, 수익성 부동산, 기타 항구적 용도를 가진 자산 등	미성숙지, 일정 지역, 일정재화에 국한
생산성	생산적이다.	비생산적이다.
목 적	중·장기적, 정상적인 이윤을 목적으로 한다. 실수요자의 행위	단기적·비정상적으로 단순히 이용 관리할 생각 없이 높은 양도차익 만을 목적으로 한다.
합리성	합리적이고 안전하다. 보통 경기에서 이루어진다.	비합리적이고 불안전하다. 부동산 붐(BOOM)이 일어날 때 급속히 확산되다.
가 격	정상 가격(수요·공급의 원칙이 작용한다)	희망 가격(가격의 조작으로 투기 가격이 형성된다)

3. 투자 재산의 삼분법 및 토지 공개념

재산을 증식시키기 위하여 우리는 증권(주식), 예금, 부동산 등에 투자를 하게 된다. 그런데 이때 투자 대상이 되는 대상 물건은 각기 다른 성질을 가지고 있어 그러한 성질을 이용하여 높은 수익성이 보장되고 가장 안전한 곳을 찾아 투자하게 된다. 이때 한 가지에 집중투자하지 않고 적당한 자산 형태로 분산 투자하는 것을 투자재산의 3분법 또는 재산(자산) 3분법이라 한다. 즉 투자 재산의 삼분법이란, 투자재산을 보전·경영·관리하기 위하여 안전성·수익성·환금성 등을 고려한 부동산·주식 및 예금 등의 3종으로 균등하게 배분하여 제 요소의 결점을 상호 보완하면서 재산을 증식하려는 원리를 말한다. 예컨대, 토지를 어느 정도 보유하고 있으면서 소액의 예금액이 있는 경우, 갑자기 고액의 현금이 필요할 때에 환금성이 결핍되어있는 부동산의 매각이 결코 유리하게 처분될 수는 없을 것이다. 또, 임대 건물에서 나오는 임료수입을 그대로 생활비로 소비한다면 별 다른 의미가 없고, 이 수입된 임료를 예금함으로써 그 수익이 다시 이율에 의하여 증식되도록 예금으로 투자 배분하는 방법이 바람직한 것이다. 이런 점에 미루어 볼 때 투자재산 3분법은 재산을 보전함에 있어서 어느 한 가지에만 집중시키지 않고 분산시킴으로써 경기 변동 등에서 오는 위험 부담으로부터 벗어나고 수익도 취하자는 데 목적을 둔 재산 관리지침인 것이다.

▌부동산투자의 안전성·수익성

투자재산 중 안전성이 가장 큰 것은 부동산이라 하겠다. 어떠한 경제공황이 일어나든가 증권이나 주식시장이 폭락하여도, 또는 전재에 시달리고 천재지변이 일어나도 토지는 영속되는 것이다. 즉, 일단 투자재산으로서 확보된 토지는 공부상에 권리의 하자가 발생하지 않는 한 영구히 보존되는 것이며, 수익성에 있어서도 경제 안정기에 있어서 지가의 상승률의 폭은 예금이나 증권에 비해 큰 편이며, 경제 불황기에 있어서도 지가의 폭락은 거의 없을 뿐 아니라, 인플레에 의한 가치평가가 비교적 합리성을 띠고 있으며, 토지의 한계성 즉, 부증성으로 인한 계속적인 희소성의 증대는 부득이 지가를 상승시키는 요인이 되기 때문에 수익성도 강한 편이다.

그런가하면, 소유하고 있는 부동산을 이용하여 수익을 올릴 수도 있는 것이다. 그러므로, 부동산에 대하여는 투자재산으로서의 안전성과 수익성은 강하나, 환금성에는 시간을 요하는 불리한 문제도 없지 않다. 즉, 부동산을 현금화하려면 부동산 중개업소를 통하여 원매자를 구하여야 하고, 또한 원매자가 있다 하여도 가격상의 문제로 계약의 성립이 용이하지 않다는 또 하나의 난관을 안고 있을 뿐 아니라, 계약이 성립된다 하더라도 계약에 따라 일정기간이 경과되어야 현금을 인도받을 수 있다는 점 등을 고려할 때 예금이나 주식 또는 증권과는 달리, 환금성에 있어서는 불리한 단점도 있다는데 유의해야 할 것이다.

▌증권(주식)투자의 수익성·환금성

주식은 예금에 비하여 이율면에서 높은 편인데, 재산의 투자·관리에 있어서는 피해를 볼 우려가 많다는 점에서 안전성은 약한 것이다. 그러나, 유가증권으로서 자유로이 매매하거나 양도할 수 있으므로 환금성에 있어서는 강한 편이다. 이처럼 주식투자는 증권시장에 따른 위험성이 다소 있으므로 안전성 면에 있어서는 문제를 안고 있으나, 이율이나 이윤 면에서의 수익성은 물론, 언제든지 증권시장을 통한 매매가 가능하기 때문에 현금화하기도 용이하므로 환금성 또한 높은 것이 그 장점이라 할 수 있다.

▌예금의 환금성·안전성

은행 예금은 환금성에서 어느 분야보다도 신속하며 안전성 역시 일정한 범위 내에서 보장된다. 그러나, 수익면에서는 부동산이나 증권(주식)을 따를 수 없는 것이 현실이다. 이와 같이 은행 예금은 환금성과 안전성에서는 절대적으로 유리하지만 수익성은 약하다는 단점이 있다.

이상의 내용을 표로서 나타낸 것이 [表 2-1-7]이다. 그런데 투자재산을 배분함에 있어 좀 더 깊이 생각한다면 투자배분의 이행을 고려하지 않으면 안 될 것이다. 주식이나 예금은 재정, 금융 혹은 주가의 변동에 의하여 변동된다. 그러므로, 이율의 변동에 적응하여 고율의 이율에 자금 배분을 이행할 필요가 있는 것이다. 그런데 부동산은 이러한 점의 이행의 복잡성이 거의 없는 것이다. 특히 임금 수입의 이율은 기준이 거의 일정하여 번거로운 변동이 드물다. 이처럼 이율의 고저를 고려하지 않는다면, 투자재산 경영관리상의 기반으로서 부동산은 사실 문자 그대로 부동한 재산이라 하겠다.

[表 2-1-7] 투자재산 삼분법 장·단점비교

구분 특성	부 동 산	증 권	예 금
안 전 성	A	C	B
수 익 성	B	A	C
환 금 성	C	B	A
평 가 율	240%	240%	240%

※ 가상배율 : A→100%, B→80%, C→60%

▌토지 공개념

이상에서 본 바와 같이 부동산의 공공성 등은 생각하지 않은 채 부동산을 단순히 하나의 재화로서 투자수단 자체만을 놓고 본다면 부동산은 항상 매력적인 존재임이 분명하다. 그러나 국가 정책적 차원에서 사익과 공익의 조화를 기하고 공공복리를 우선시킴으로 유한한 국토자원의 효율적 이용과 균형 있는 국토발전을 추구하고자 하는 토지공개념적 측면에서 본다면 부동산의 투자는 공공의 이익에 반하여서는 아니 될 것이다.

여기서 차제에 토지 공개념의 개념을 요약 정리할 필요가 있는 바 토지 공개념이란 토지의 소유·이용에 관한 기본 철학으로 토지 소유권의 공공성 내지 사회성을 강조한 개념이다. 즉, 부동산 특히 토지는 개인의 사유재산이기 이전에 국민 모두의 국토 공간이며 환경자원으로서의 인간의 생활과 활동을 위한 불가결한 공통 기반이기 때문에 사인의 부동산에 대한 권리 행사는 법률의 규제를 받아야 한다는 이념인 것이다. 다시 말해 개개인의 사유재산권은 정당하게 인정하되 다만 토지의 소유·이용과 개발은 공공복리에 맞게 하자는 것이다.

보/충/강/의

1. 가격과 가치론

(1) 자본주의 경제의 특징

① 사유 재산 제도 ② 이윤 추구
③ 시장 경제 ④ 가격 기구
⑤ 노동의 상품화 ⑥ 직업선택의 자유

(2) 가격의 기능

① 생산 활동과 소비 활동의 지표가 된다.
② 자율적인 배급의 기능을 한다.
③ 매개 변수적인 기능을 한다(상품의 수요량과 공급량이 일치하도록 인도).

(3) 가격기구(시장기구)

가격의 매개변수적 기능이 작용할 수 있게 구성된 사회조직(아담 스미스 – 보이지 않는 손)

(4) 공산주의 경제의 특징

① 생산수단의 국유화 ② 사유재산의 불인정
③ 이윤추구의 불인정 ④ 노동력의 국유
⑤ 직업선택의 부자유 ⑥ 공동생산
⑦ 공동분배 ⑧ 가격기구의 부재

(5) 기회비용(F. V. Wieser)

한 재화를 생산함으로써 발생하는 기회비용은 그 재화의 생산으로 말미암아 희생된 타 재화의 생산가능량으로써 그 재화의 생산비용을 계산하는 개념.

(6) 잠재가격(shadow price)

그 재회의 기회비용을 정화하게 반영하고 있는 가격

■ 아담 스미스의 가치 개념(경제학의 창시자(국부론))

- 사용가치 : 어떤 특정 재화가 인간에게 주는 만족감을 표시하는 것
- 교환가치 : 타 재화를 구매할 능력을 표시하는 것
- 스미스의 역설 : (가치의 역설)가치의 이율배반적 현상(물과 다이아)
- 노동 가치설 : 상품의 가치는 그 상품을 생산하는데 투입된 노동량이라 보고, 어떤 재화의 교환가치는 투입 노동량에 의하여 결정된다. 가격은 생산에 사용된 노동량, 생산비에 의해서 결정된다.

■ 리카도 – 마르크스의 노동가치설

- 리카도 : 노동에 의해 증가시킬 수 없는 상품과 있는 상품으로 나눔. 전자는 희소성의 법칙에 따라 교환가치가 결정되고, 후자는 투입노동량에 의하여 결정된다고 주장
- 마르크스 : 추상적 노동 투입량이 상품의 가치를 결정한다고 주장
- 문제점

① 개별적 상품에 포함되어 있는 노동은 질적으로 상이한 구체적 노동들인데 이들 노동을 어떻게 추상적인 노동으로 환산할 수 있는가?
② 단순노동과 복잡 노동과의 비교를 어떻게 할 것인가?
③ 현실적으로 생산비에 평균이윤이 가산된 생산가격이 통용되고 있는데, 이것은 노동가치설과 모순된다.

■ 한계효용가치학설(고센, 제본스, 엥거, 왈라스)

- 재화의 가치는 그 재화의 총효용 내지 전사용가치에 의해서 결정되는 것이 아니고 새로 부가되는 한 단위의 효용, 즉 한계효용의 크기에 의해서 결정된다.

※ 한계효용은 욕망의 강도에 정비례하고, 재화의 존재량에 반비례한다.

- 문제점

① 주관적으로 평가되는 한계효용의 크기를 어떻게 정확하게 측정하느냐?
② 인간의 욕망을 직접적으로 충족시킬 수가 없는 생산재의 가치를 어떻게 측정하느냐?

③ 재화의 생산면을 무시하고 소비측면이 너무 강조되었다.

■ 슘페터, 캇셀

가치론은 그 논리 구성만 복잡하고 실제로 경제 분석을 하는 데 별로 도움이 되지 않기 때문에 가치론은 별로 소용이 없다. → 가치학설 무용론

■ 마샬의 가격결정론

① 한 재화의 가치는 그 재화에 대한 수요·공급의 관계에 의해서 결정

② 수요·공급에 의해서 결정된 가격이 바로 경제적 가치

③ 노동이나 효용은 가치가 아니고 가치를 구성하는 하나의 요소

2. 수요와 공급에 의한 가격 결정

① 균형상태 : 일단 그 상태에 도달하면 더 이상 다른 상태로 변화할 유인이 없는 상태

② 균형가격 : 수요량과 공급량이 균등해지는 점에서 결정된 가격(균형수요량, 균형공급량)

③ 초과 공급량 : 수요보다 공급량이 많을 때

④ 초과 수요량 : 공급보다 수요량이 많을 때

⑤ 수요공급의 법칙 : 수요량과 공급량이 일치되는 점에서 균형 가격이 결정된다는 관계 (균형량, 거래량)

■ 정의

·수요량과 공급량이 일치하는 점에서 균형가격과 균형량이 결정된다.

·다른 조건이 불변일 때 수요의 증가는 균형가격의 상승과 균형량의 증가를 초래한다.

·다른 조건이 불변일 때 수요의 감소는 균형가격의 하락과 균형량의 감소를 초래한다.

·다른 조건이 불변일 때 공급의 증가는 균형가격의 하락과 균형량의 증가를 초래한다.

·다른 조건이 불변일 때 공급의 감소는 균형가격의 상승과 균형량의 감소를 초래한다.

3. 수요와 공급의 탄력성

① 수요의 가격 탄력성 : 가격변화에 대응하는 수요량 변화의 크기를 측정하는 척도. 가격의 변동비율에 대한 수요량의 변동 비율로서 측정

② 수요의 가격탄력성의 결정요인

·대체재가 있으면 탄력성은 크고, 대체재가 없으면 탄력성은 작다(우유와 요구르트).

·재화의 가격이 소비자의 소득에서 차지하는 비중이 클수록 수요의 탄력성은 크다(컬러TV, 에어콘).

·일상생활에 꼭 필요한 생필품은 탄력성이 작고, 사치품은 탄력성이 크다.

·재화의 용도가 다양할수록 수요의 가격탄력성은 크다(비닐).

·단기에 있어서 보다 장기적으로 볼 때 수요의 가격탄력성은 커진다.

4. 수요·공급이론의 응용

① 소비자 잉여 : (마샬)소비자가 필요한 재화를 획득하기 위하여 지불하려고 하는 가격이 실제로 지불한 가격을 초과한 부분.

② 생산자 잉여 : 생산자가 어떤 재화를 판매하여 얻은 실제 수입이 획득하여야 되겠다고 생각한 수입보다 큰 부분

5. 소비자 균형이론의 기초 개념

① 효용(utility) : 재화를 소비함으로써 느끼는 만족, 또는 만족도

② 총효용 : 어떤 개인이 한 종류의 재화를 일정기간 동안에 걸쳐서 여러 개 계속 소비할 때, 그 재화의 소비로부터 얻을 수 있는 주관적 만족의 총합계

③ 만족의 포화점 : 재화의 소비로 총효용이 극대로 되는 소비수준

④ 효용함수 : 소비자의 기호나 취향이 일정불변인 단기의 일정기간 동안에 있어서 재화의 소비량과 총효용의 관계

⑤ 한계효용 : 어떤 개인이 한 가지 재화의 일정량을 일정기간 동안에 소비할 때 소비량을 한 단위 변화시킴으로써 발생하는 총효용의 변화분

$$M_v = \frac{\Delta U}{\Delta Q}$$ …… 총효용의 증가분

⑥ 총효용과 한계효용간의 관계

·재화 n단위의 총효용은 각 단위의 한계효용은 n단위까지 전부 합한 것과 동일하다.

·동일한 재화의 소비량을 증가시킬 때 그 재화의 한계효용이 (+)의 값을 갖는 한 총효용은 증가하고 한계효용이 (0)일 때 총효용은 극대로 되고 한계효용 값이 (−)이면 총효용은 감소한다.

⑦ 한계효용 체감의 법칙 : 소비량이 증가할수록 그 재화의 한계효용이 점점 감소하는 것(고센의 제1법칙)
·총효용곡선은 소비량이 증가함에 따라 상승하다가 한계 효용곡선이 횡축과 교차하는 점. 한계효용이 (0)이 되는 점에서 극대로 되고 그 이상의 소비수준에서는 하강한다.
·한계효용의 값이 (+)인한 총효용은 감소한다.
·한계효용의 값이 (-)인 경우 총효용은 감소한다.
·한계효용의 값이 (0)이면 총효용은 극대가 된다.
·한계효용의 값은 +, -, 0의 어느 값을 가질 수 있다.
·한계효용이 (0)보다 클 때는 한계효용이 감소하더라도 총효용은 계속 증가한다.

제4절 부동산의 경기변동

1. 일반경기의 변동과 부동산경기

경제현상은 정지된 상태를 계속해서 유지하는 것이 아니라, 호경기와 불경기를 끊임없이 되풀이하면서 진행된다. 즉, 생산·고용·소득·물가 등 제 경제변수는 한결같이 성장 또는 증가의 길만을 밟는 것이 아니라, 규칙적·불규칙적인 변동을 반복한다. 이러한 상하 운동을 총량적으로 통합하여 경기변동 또는 경기순환이라 한다. 자본주의 경제는 그 대내외적 요인으로 19세기 초부터 대략 8년 내지 12연을 주기로 하는 공황을 경험하였고, 부동산 경기는 약 17~18년을 주기로 하는 순환현상을 나타내고 있다고 하는데(kuznets) 일반경기의 순환과는 서로 밀접한 관계가 있다.

▌일반 경기변동

일반경기의 변동에는 4개 국면이 있는데, ① 호경기(확장기) 국면이 있고 이러한 호경기가 어느 정도 상승하여 peak점에 이르게 되면, ② 후퇴기 국면으로 접어들어 내리막길에 들어서게 된다. 이 후퇴기가 심화되면, ③ 불경기(수습기) 국면에 접어들어 바람직하지 못한 불황기에 허덕이게 되는데, 그러나 그 불경기가 어느 저점에 이르면 서서히 ④ 회복기 국면으로 접어들게 된다. 이렇게 4개의 국면이 반복되어 1개의 cycle을 형성하는 것을 1주기라고 한다.

[圖 2-1-7] 경기의 순환국면

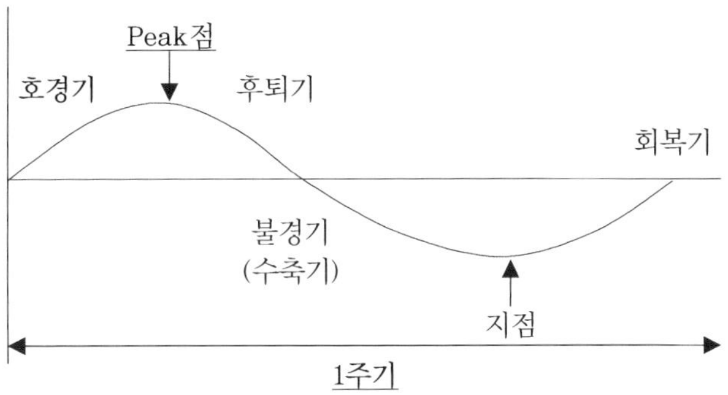

[表 2-1-8] 일반경기 및 부동산경기변동

구 분	회복기	호경기	후퇴기	불경기
물 가	전반적 상승 생산재가 등귀	최고 소비재가등귀 생산재가등귀	전반적 하락	최저수준
생산활동	전반적으로 활발 생산재생산 완만	전반적으로 활발 소비재생산 완만	전반적으로 하강	최저수준 말기생산재 생산증가
소 득	증가	최고	감소	최저
고 용 률	증가수준	최고수준	감소시작	최저수준
(실업률)	(감소시작)	(최저)	(증가시작)	(최고)
금융(자금)	대부증가시작	대부자금핍박	지불불능	말기 : 금융완만
주 가	상승(주식발행증가 시작)	최고(말기 : 주식발행 완만)	하락(주식발행 감소시작)	폭락(주식발행 정체)
부동산경기	가격상승기미 투자수요증후	가격상승 투자수요증대	가격안정 투자수요둔화	가격위축 투자수요감소

자료 : 이원준, 부동산원론, 박영사, 1991

부동산 경기변동

부동산 경기에도 일반 경제와 비슷한 순환이 있는데 이를 부동산 경기변동(real estate cycle)이라 한다. 이러한 부동산 경기의 변동현상은 거의 모든 종류의 부동산활동에 심각한 영향을 미치는 현상인 동시에 한 나라의 경제, 주택 공급 등의 관점에서도 소홀히 할 수 없는 과제이다.

부동산 경기의 주 내용은 건축 경기이다. 이 건축 경기를 협의로 본다면 주거용 부동산의 건축 활동이 그 중심을 이룬다는 것이 일반적이다. 토지 경기를 엄격한 부동산 경기에 포함할 것인가에 관하여는 논란이 있는데 외국의 예로 보아서 토지는 부동산 경기의 대상에서 제외되는 경우가 많은 것 같다. 그러나 우리나라는 아직도 토지 투기가 하나의 경기 현상으로 이해되고 있으며, 경기 측정을 위한 통계 자료 등이 토지 중심으로 되어 있는 것이 현실이므로 토지 경기를 최광의의 부동산 경기에 포함하자는 견해도 있다.

따라서 협의의 부동산 경기는 주거용 부동산의 건축 경기가 그 중심이 되나, 광의로는 상업용 부동산 등의 건축 경기를 포함하고, 최광의의 개념에는 토지 경기를 포함한다고 할 수 있다.

경기순환의 주기에는 1년에 한 번씩 오는 계절경기를 비롯하여 40개월에 한 번씩 오는 단기파동(kitchin's cycle), 8 - 10년의 주기를 갖는 중기파동(juglar's cycle) 그리고 50 - 60년의 주기를 갖는 장기파동(kondratieff's cycle)이 있으며 중기파동의 약 2배가 되는 쿠즈네츠사이클(s. kuznets cycle)이 있다. 이 사이클은 약 17~18년을 주기로 하고 있으며 이의 발견이 1930년에 s. kuznets에 의하여 이루어 졌기 때문에 그의 이름을 따서 이를 '쿠즈네츠사이클'이라고도 한다.

[圖 2-1-8] Kitchin Cycle

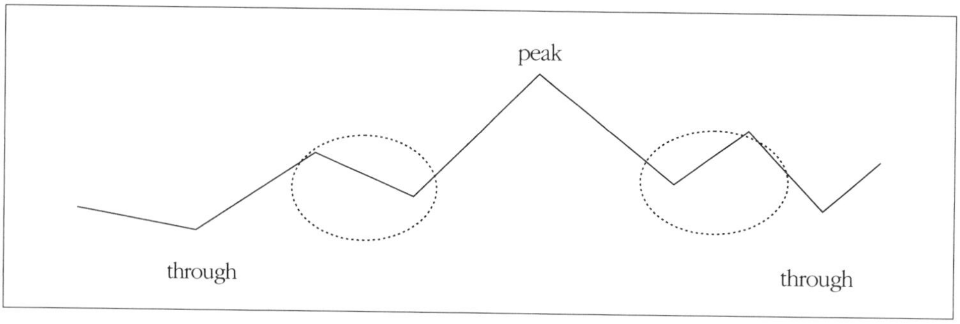

부동산 경기의 특징

부동산경기는 일반경기와 비교할 때 다음과 같은 특성을 갖고 있다.

첫째, 그 진폭이 크다.

일반 경기에 비해 부동산 경기의 경우는 그 정점이 높고, 저점이 더 깊다는 사실은 일반적으로 지적되고 있다. 전자는 부동산 경기의 후퇴기에, 후자는 회복기에 그 특징을 나타난다. 이는 부동산 경기가 일반 경기의 진퇴보다 보통 시간적으로 뒤진다는 것으로, 부동산 경기가 건축 활동을 중심으로 한다는 점에서 비롯된다. 그만큼 부동산경기의 과열도와 침체도를 더하게 하는 요인이 된다.

둘째, 그 주기가 더 길다.

부동산 경기와 일반 경기 사이에는 주기의 장단차가 있다. 과연 그 정확한 차이가 얼마인가에 대하여 일률적으로 말하기는 어렵지만 부동산 경기가 일반 경기에 비해 약 2배 정도가 길다고 보는 것이 일반적인 주장이다.

셋째, 타성기간이 길다.

부동산 경기의 운동이 일반 경기의 진·퇴에 대해 보통 뒤지는 시간차이다. 이에는 단순한 시간차 이상의 뜻도 있다. 구체적인 것은 경우에 따라 다를 수밖에 없겠지만, 타성의 원인이 일반 경기의 변동을 부동산 경기가 민첩하게 뒤따르지 못하는 데서 생긴다는데 착안한다면, 거기에는 어떤 경향이 있을 것으로 생각된다. 즉, 일반 경기가 후퇴하기 시작하였는데도 불구하고 부동산 경기의 타성기간이 길다면 이는 계속적인 주택공급 등을 의미하고, 그 공급의 계속은 곧 주택의 과잉 공급현상을 가져오는 것이 통상이므로 후일의 경기 회복을 그만큼 지연하거나 경기의 침체를 더 하게 할 것이다.

그러나 최근에 와서는 일반 경기의 회복기 보다 오히려 부동산 경기가 선행하는 현상도 있는데, 미국·일본 같은 경제 선진국에서 발견되기 시작한다는 점을 우리는 주시해 볼 필요가 있을 것이다.

2. 부동산경기의 순환국면

부동산경기의 순환국면은 일반경기의 통설적인 순환국면에 따른 4개 국면과 부동산시장 고유의 안정시장을 합쳐서 전부 5개의 국면이 있다. 어떤 국면에 어떤 현상이 작용하는가에 관하여는 일률적인 설명을 하기가 어려운 점도 있지만 이들 국면에 대해 살펴보기로 한다.

(1) 하향시장(declining market)

일반경기 순환에서는 수축국면에 해당되는 부동산시장이다. 이 국면에서 나타나는 현상의 특징은 경기 후퇴의 원인 등에 따라서 다양한 차이를 나타내고, 부동산의 종류·규모·위치·용도 등에 따라서도 개별적인 차이를 나타낸다. 대체로는 거래가 저조하고 가격은 상승의 둔화·보합 상태의 유지·하락 등을 나타낸다. 이 국면이 장기화되면 공가가 증가되며, 일반경기의 불황이 병행하면 빌딩의 공실률도 높아지는 등 부동산의 소유가 큰 부담으로 작용하는 경우도 있다.

이 국면이 장기화 될 경우에 가장 타격을 받는 것은 이른바, "불황에 약한 유형의 부동산"으로서, 예컨대, 규모가 큰 호화주택, 교외의 분양택지, 기타 불요불급한 부동산 등이다. 그러나 우리나라의 종래의 경험에 의하면 불황에 약한 것으로 보이는 부동산이 오히려 투기의 대상으로 등장하는 등 선진 제국의 안정된 경험과는 다른 경향을 보이기도 했으나 요즈음에는 그 양상에 변화가 오고 있다고 보여진다. 이러한 하향시장에서 부동산활동의 안전성을 위해 유의할 사항을 보면 다음과 같다.

① 종래의 거래사례가격은 새로운 거래활동에 있어 가격설정의 상한선이 된다.
② 거래사례비교법을 적용하여 부동산을 평가하는 경우도 같으며
③ 부동산을 매각하기 위한 중개업자의 리스팅(업자가 중개의뢰를 접수하는 행위)에 있어서도 그와 같다. 이는 경기의 하향이 계속되는 한, 과거보다 높은 가격설정을 하는 것은 불합리하기 때문이다.

따라서 수익의 예측 등에 있어서 수익의 증대를 속단하거나, 종래의 수익이 그대로 계속되리라는 안이한 기대를 갖지 않도록 하는 것이 현명하다.

(2) 회복시장(opening market)

경기의 하향이 저점(trough)에 이르러 하향을 멈추고 상승을 시작하는 국면이다. 회복시장은 새로운 호황기를 앞둔 단계라는 점에서 관심의 대상이 되거니와, 이 예측에 있어서는 일반경기의 동향 및 부동산 경기에 미칠 영향, 주택 등의 수요 및 정부의 시책, 기타 경기의 후퇴를 가져 온 대표적인 요인의 동향도 관찰할 필요가 있다.

이 국면의 경기회복에 있어서는 광역적으로 일시에 회복되는 것은 예외이고, 개별적·지역적인 회복이 통상이므로 관심을 갖는 부동산 및 지역의 경기회복에 관심을 갖고 다음과 같은 동향을 살펴보아야 한다.

▌내 지역을 찾는 고객의 동향

불경기 때에는 거의 없던 고객들이 드문드문 찾아오기 시작하면 경기회복의 징조가 아닌지를 생각해 볼 필요가 있으며, 고객 수의 동향·찾아오는 목적 ·고객으로서의 특징 등을 관찰한다.

▌택지의 거래동향

택지의 수요에는 투기수요도 있지만 어떤 개발·주택건축 기타의 목적을 전제로 하는 경우도 있다. 따라서 이에 유의할 필요가 있는 동시에 그와 함께 거래되는 택지의 크기·가격수준 등을 조사하면 내일을 예측하는데 도움이 되는 경우도 있다.

▌형성된 가격수준

이미 형성되어 있는 내 지역의 지가수준 등이 너무 높지 않은가를 생각한다. 가격수준이 너무 높다면 회복국면에서 불리할 수도 있다.

▌공가의 동향

불경기 중에 공가가 증가하였다면 공가가 점점 감소되는 것은 경기 회복의 효시라고 볼 수 있다. 공가가 감소되지 않고 그대로인 경우에 새로운 건축 등을 결정함에 있어서는 신중을 기할 필요가 있다.

▌건축자재 등의 수요동향

건축자재의 수요는 경기회복의 선도지표의 하나이다. 따라서 주택 건설용지의 거래와 함께, 자재의 수요 동향에도 관심을 갖도록 한다.

▌건축허가의 신청동향

건축 허가 신청이 얼마나 활발한가 하는 것은 곧 경기회복이 얼마나 임박해 있는가를 말해 주는 것으로 이해되고 있다.

그 밖에 과거에 경기후퇴를 촉구한 요인의 변화 등 필요하다고 생각되는 사항들을 체크한다.

(3) 상향시장(advancing market)

하향시장의 반대의 국면이고, 하향시장에서 말한 유의할 사항들을 반대방향으로 해석하면 된다. 다만, 이 시장은 언젠가는 정점(peak)에 도달하여 경기는 후퇴의 길로 들어선다는 점을 잊어서는 안 된다.

(4) 후퇴시장(closing market)

정점에 도달한 경기가 후퇴하는 국면의 시장이다. 징후로서는 거래가 점점 감소되는 현상을 보이는 것이다. 우리나라는 투기현상이 농후한 탓으로 정부의 강력한 규제만 있으면 비교적 단시일 내에 경기를 후퇴시키는 것이 여태까지의 특징이었다.

(5) 안정시장(stable market)

이 시장은 앞에서 말한 "불황에 약한 유형의 부동산"의 반대되는 유형의 부동산시장으로 이에는 위치가 좋고 규모가 작은 부동산을 의미하는 것으로 알려져 있다. 즉, 불경기 중이라고는 하여도 우수한 주택들은 생활에 필수적인 것이므로 비교적 안정되고 경기후퇴의 영향도 적게 받는다. 우리나라의 부동산시장 역시 경기의 후퇴기나 회복기에도 이 유형의 부동산만은 명맥을 유지하는 현상이 점점 강하게 나타나고 있다. 시간이 흐름에 따라 이러한 현상은 보다 일반화 될 것이다.

3. 부동산 가격변동의 제 요인

(1) 경제성장과 부동산가격상승

경제의 성장은 각종 기간산업의 발달로 이어지고 이는 토지의 수요를 증대시키므로 부동산 가격상승의 요인이 되는 것이다. 1970년대는 경부, 호남고속도로, 영동고속도로를 건설하였고 1980년대는 올림픽도로와 중부고속도로를 건설하여 전국을 1일 생활권으로 묶었으며 수송과 교통체계의 근대화는 전국의 지가상승을 촉발하였다.

(2) 인플레이션과 부동산 가격상승

인플레이션은 화폐가치의 하락을 가져왔고 이는 인플레이션 헷지(inflation hedge)기능을 갖고 있는 실물자산의 상승을 가져오며 그 중에서도 가장 안전성이 있는 부동산 가격의 상승을 가져오게 된다. 부동산 거래의 70 - 80%는 불안정한 경기에서 일어나는 인플레이션에 기인한다. 더욱이 개발도상국은 투자자산 중 부동산에 대한 실물자산 투자비중이 높다고 하겠다.

(3) 주택금융제도와 부동산의 수요·공급

주택금융제도는 주로 무주택자에게 주택건설자금을 장기 저리로 융자해주고 또한 주택건설을 촉진시키기 위한 제도이지만 이 제도는 주택건설에 소요되는 택지의 수요공급을 자극하게 되며 이러한 주택수요의 증대는 반사적으로 부동산가격상승을 자극하게 된다.

(4) 도시의 인구집중과 부동산 가격상승

인구와 기업의 도시집중은 부동산가격상승의 주요인중 하나로 볼 수 있다.

(5) 핵가족화와 주택부족현상

대가족 중심으로부터 부부중심의 핵가족화는 세대분리를 촉진시키고 새로운 주택수요를 창출하므로 주택이 부족하게 되고 지속적인 주택가의 상승을 가져오다.

(6) 택지공급의 한계와 지가상승

기업 및 인구의 도시집중과 핵가족화로 인한 세대의 분리는 부동산의 수요를 급증시키는 요인이 되었고 필연적으로 택지의 수요를 창출하였다. 그러나 인구의 도시집중은 택지공급의 한계점에 도달하였고 부동산 가격을 안정시키는데 많은 문제점을 도출하였다.

(7) 자가주택과 부동산 수요증가

주택금융제도와 주택보급율의 확대는 자가주택의 보유를 촉진시켰고 국민소득의 증대는 이러한 열기를 더욱 더 불러 일으켰다.

4. 인근지역의 사이클 패턴

인근 지역의 사이클 패턴(neighborhood age cycle pattern)은 지역의 성쇠 현상을 생태학적 과정에서 파악하여 각 국면에서 나타나는 여러 가지 현상의 특징을 설명하려는 논리이다.

인근 지역이란 동질적인 부동산으로 구성되는 부동산의 집합체이며, 그러한 부동산은 경제적·물리적 내용년수를 갖는다. 따라서, 개개의 부동산의 내용년수가 경과함에 따라, 그 지역은 마치 유기체와도 같은 성쇠현상을 나타낸다.

미국에서 연구된 인근지역의 사이클 패턴은 [圖 2-1-9]에서 나타난 바와 같이 성장기(the period of growth), 성숙기(the period of maturity), 쇠퇴기(the period of decline), 천이기(the period of transition), 악화기(the period of blight) 등의 다섯 단계로 구분된다.

[圖 2-1-9] 인근지역의 age 사이클 패턴

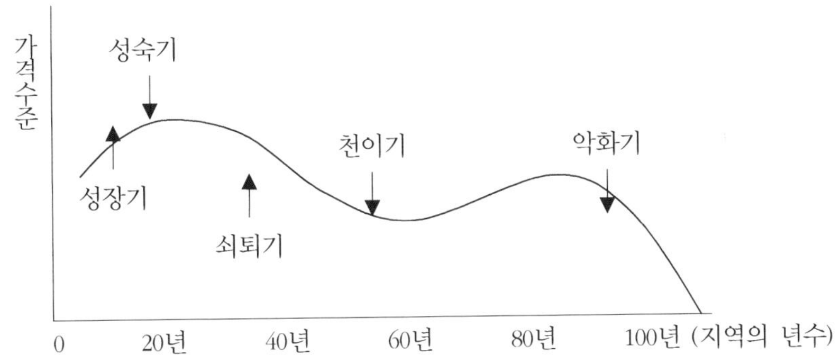

(1) 성장기(개발기)

새로 어떤 지역이 개발되거나 과거부터 존재한 건물이 새로운 건물로 교체됨으로써 지역의 면모가 달라지기 시작하는 시기이다. 이는 주거지역의 재개발일 수도 있다. 이 단계의 기간은 지역의 규모, 개발의 방법, 도시 성장, 기타 여러 가지 요인에 따라 다르고, 나라에 따른 차이도 있겠으나, new town 규모의 경우라면 약 15년 내지 20년 정도로 보는 것 같다. 이는 하나의 new town의 개발에 통상적으로 소요되는 시간인 것이다.

이 단계에서 나타나는 현상은 일률적인 것은 아니지만, 대체로 다음과 같다.

① 지역 기능이 새로이 형성되어 가는 과정에서 비롯되는 여러 현상이 농후하다.

② 지가의 상승이 비교적 활발하다.

③ 투기 현상이 개재되기 쉽다.

④ 지역 내의 경쟁이 치열하다.

⑤ 입주하는 주민이 젊은 계층(때로는 교육 수준도 높음)이 많다.

⑥ 규모가 큰 개발인 경우에는 지가가 개발계획 단계·개발사업 착수단계·개발사업 완성단계 등의 3단계에 따라 상승을 나타낸다는 이른바 「지가상승의 3 단계설」이 있다. 물론, 이러한 견해는 충분히 검증된 것은 아니고, 항상 그러하리라고 단언하기에도 어려움이 없지는 않다.

(2) 성숙기

지역의 개발이 진행됨에 따라서 지역은 점차로 안정되어 간다. 이 단계가 성숙기이다. 이 단계에 이르면, 지역을 구성하는 건물들은 안정 단계에 들게 된다. 부동산의 가격이나 지역 기능은 절정에 이르며 지역 주민의 사회적·경제적 수준은 최고로 높고, 경쟁은 지양된다.

이 기간은 지역을 구성하는 건물의 구조, 내용연수, 지역의 규모, 주민의 사회적·경제적 지위 등에 따른 차이가 있지만, 대체로 20년 내지 25년 정도로 본다. 지가는 안정되거나 가벼운 상승을 나타낸다.

(3) 쇠퇴기

지역이 쇠퇴하는 시기로 시간이 흐름에 따라 건물은 정도의 차이를 전제로 점차 노후화하여 간다.

개발기나 성숙기에 이 지역으로 이사한 지위가 높은 계층의 주민들은, 그들의 주택을 팔고 다른 지역으로 이동하는 현상이 나타날 수 있다. 이 시기의 이동 패턴은 시대나 도시에 따라 언제나 같을 수는 없다. 여건에 따라서는 보다 쾌적한 교외로 이동할 수도 있고, 보다 교통이 편리한 도심 또는 도심에 가까운 곳으로 이동할 수도 있다. 그러한 이동이 용이하지 않은 경우는 종래의 지역을 재개발 할 수밖에 없는 경우도 있을 수 있다.

쇠퇴기의 지가 현상은 과거에 비해 대체로 불리하다. 지가 수준은 대체로 하락할 수밖에는 없겠지만, 인플레이션 등의 작용으로 하락을 면한 경우라도 그 지역이 지니는 실질적인 가치는 상승하지 않는 것이 통상이다.

초기의 지위가 높은 주민이 이동해 간 다음에는 사회적·경제적 지위가 보다 낮은 주민들이 이동하여 오며, 지역의 사회적·경제적 지위도 그와 함께 저하되기 시작한다(filtering 현상). 이 쇠퇴기는 30~60년 정도에 걸쳐 3단계로 나타난다.

(4) 천이기

쇠퇴기와 어떻게 구별되는가에 대하여는 세밀한 관찰이 있어야 하겠으나, 대체로 filtering 현상이 보다 활발해지는 것을 지적하면 될 것으로 생각된다. 따라서 이 단계가 오면 쇠퇴기와는 달리 보다 낮은 수준의 주민들이 활발하게 이동하여 오며, 이로 인한 수요가 자극되어 부동산의 가격은 일시적이나마 다시 가벼운 상승 현상을 나타내기도 한다.

(5) 악화기

쇠퇴기와 천이기의 기간은 재개발 등의 지역 개선을 위한 노력의 유무나 그 정도에 따라 차이가 있는 것은 당연하다. 아무런 개선 노력이 없다면 지역은 계속적으로 악화되어 악화기가 온다.

이는 slum[8]기 직전의 단계인데 이러한 다섯 단계에 약 100여 년이 소요된다.

5. 거미집 모형에 따른 부동산시장의 수요공급과 균형

부동산시장은 주기적으로 수요와 공급의 초과현상이 발생한다. 부동산시장에서 이와 같은 현상이 발생하는 것은 수요와 공급이 탄력적이지 못하고 시간적인 갭이 존재하기 때문이다.

부동산은 어떤 원인에 의해 수요가 급등하더라도 공급이 바로 증가하지 못한다. 따라서 가격이 급등하게 된다. 가격이 급등하게 되면 공급자의 기대이윤이 증가하게 되고 이에 따라 건물 착공량도 증가하게 된다. 그러나 막상 공급이 이루어졌을 때에는 오히려 공급 초과 현상이 발생하게 된다. 결국, 공급초과는 가격을 하락시키고 부동산 시장은 초과공급물량이 소진될 때까지 침체기에 접어든다. 이 같은 현상은 주거용보다는 상업용이나 공업용부동산이 그 정도에 있어서 심한 것으로 나타나 있다. 부동산시장에서 임대료와 수급량과의 관계를 나타낸 것이 거미집모형이다.[9] 이를 거미집이론(cobweb theorem)[10]이라 하여 에치켈(M.

---

8 슬럼(slum)
도시의 빈민굴. 도시사회에서의 지역 병리현상의 하나로 일반적으로 빈민이 많은 지구나 주택환경이 나쁜 지구를 말한다. 슬럼의 어원은 slumber(잠·선잠)라고 한다. 그곳은 눈에 띄지 않는 뒷골목 등의 졸고 있는 듯한 장소라고 생각되었기 때문이다. 슬럼이 형성되는 원인은 사회적 낙후자나 반사회적(反社會的) 행위자들이 하나, 둘씩 모여들어 도시지역의 일정지구에 생태학적(生態學的)으로 따로 군락을 이루기 때문이다. 슬럼에 대한 대책으로는 여러 의견이 제시되고 있는데, 근본적으로는 사회적 낙후자나 반사회적 행위자의 발생을 막아야 하겠으나, 현실적으로는 직업조건의 안정화로 재기·갱생을 꾀하고, 주거나 생활시설 등을 개량하여 생활환경을 정비하는 것 등을 생각할 수 있다.

9 이원준, 부동산학개론, 육서당, 1999, p.168

J. Eziekel)이 주장하였다. 거미집이론은 양파나 배추 등과 같이 전년도 가격이 비교적 높게 형성되어 생산자에게 많은 이익이 돌아가게 되면 금년에는 대량생산으로 인하여 가격이 폭락하여 생산자가 큰 손해를 보게 된다. 이와 같이 수요는 즉각 반응을 보이지만 공급은 비탄력적으로 일정한 시간이 지나야 반응을 보이는 경우에 적용되며 부동산의 경우도 농작물과 같이 공급이 비탄력적이므로 적용된다고 본다.

[圖 2-1-10] 거미집 모형에 따른 수요와 공급의 조절

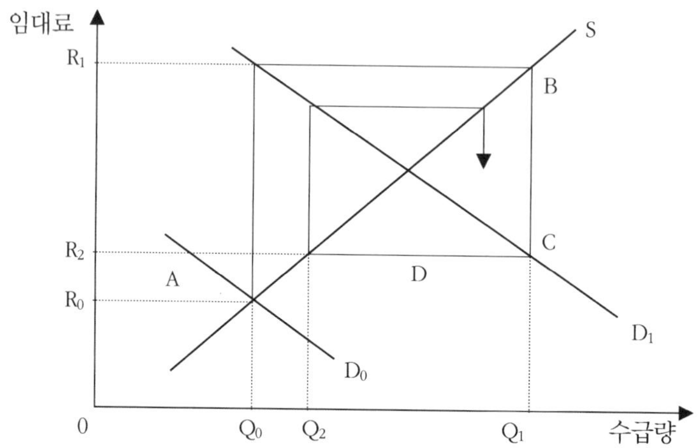

① 수요곡선이 D0이며 공급곡선은 S일 때, 부동산시장은 현 상태에서 임대료 R0, 수급량 Q0에서 균형가격을 이루고 있다. 어떤 원인에 의해 수요가 급증하였다고 가정하면 수요곡선은 D0에서 우로 이동하여 D1이 된다. 단기적으로 부동산의 공급은 불변이므로 수요가 증가하였더라도 공급량은 여전히 Q0로 불변이다. 그러나 이 수준의 공급량에서 임대료는 R1까지 상승한다.

② 임대료가 R1까지 상승하면 공급자는 Q1까지 공급을 증대시킬려고 노력하며 부동산의 착공량은 결국, Q1이 된다.

③ 일정한 시간이 흘러 착공된 부동산이 시장에 출하되면 공급량은Q1이 되며 이때의 수요량은 Q0가 되어 Q1-Q0만큼의 초과 공급이 발생하게 되고 이만큼 시장에서 공실로 남게 된다. 따라서 임대료는 R1에서 R2로 하락하게 된다. R2수준의 임대료에서는 다시

10 거미집이론(cobweb theorem)
가격변동에 대해 수요와 공급이 시간차를 가지고 대응하는 과정을 구명한 이론. 가격과 공급량의 주기적 변동을 설명하는 이 이론은 1934년 미국의 계량학자 W. 레온티에프 등에 의해 거의 완전한 형태로 정식화 되었으며, 가격과 공급량을 나타내는 점을 이은 눈금이 거미집 같다고 하여 거미집 이론이라고 한다.

Q1-Q2만큼의 초과수요가 생기게 되고 상기 과정을 반복하게 된다. 이 같은 과정은 반복하여 D에서 새로운 균형가격이 형성되게 되며 이를 '거미집이론'이라고 부른다.

6. 벌집사이클이론(Honey comb cycle)

경기예측에 있어서는 여러 가지 모형의 예측 모델이 개발되어 활발히 연구되고 있고 경제학자들이 앞 다투어 연구하는 부분이나 부동산 부분에 관한 예측은 부동산 4단계 사이클 등 뚜렷하고 정확한 예측이 별로 없다고 본다.

이러한 가운데 벌집사이클이론이 매우 흥미로운 분야로 연구되고 있으며 경기선행 지수와 같이 부동산 가격은 경기예측보다 후발주자로써 따라가는 경향을 보인다는 것이다. 따라서 경기가 좋지 않을 경우 부동산은 이에 직 간접 적으로 영향을 받을 수밖에 없는 것이며, 그 여파가 최소 3개월에서 6개월 정도 사이를 두고 따라가고 있다고 보고 있다.

부동산 경기에 관한 예측에 대하여는 사실 부동산 가격에 영향을 주는 여러 가지 요인이 있어서 반드시 경기에 의존한다고 볼 수도 없기 때문에 경기예측 등 경기전망을 가지고 속단하기는 매우 어렵다고 본다.

실제로 경기와는 달리 정부의 아파트 공급정책과 청약제도 변경, 신도시 개발 등에 의하여 더욱 영향을 받고 있는 것이 현실이다.

지금까지 정부에서는 IT를 통한 경기부양을 촉진하여 왔으나 최근 미국을 비롯한 IT산업이 극도의 침체를 겪고 있고, 이로 인하여 국내경기가 하락세를 지속하고 있을 때마다 그 대안으로 모색되고 있는 것이 건설경기이다. 건설경기 부양이 경기부양효과에 있어 가장 높은 위력을 나타낸다는 연구결과가 있듯이 건설경기 활성화를 위하여 다양한 활성화 방안을 계속하여 만들어내고 있고 선거와 정부의 부동산 건설경기 활성화를 통한 경기부양효과가 절실한 상황임을 감안한다고 하여도 경기선행지수와 경기전망 예측을 토대로 한 부동산경기 예측에 관하여는 성급하게 판단하는 것 보다 신중한 접근이 필요하다고 생각된다. 벌집이론은 순차적으로 진행되다가도 소순환 사이클과 병행하여 진행하면서 건너뛴 사례도 많이 보이고 있으므로 반드시 벌집이론대로 주택경기가 움직인다고 볼 수는 없지만 주택경기예측에 대한 하나의 이론을 제시했다는데 큰 의의를 둔다고 하겠다.

[圖 2-1-11]벌집순환모형(honey comb cycle)

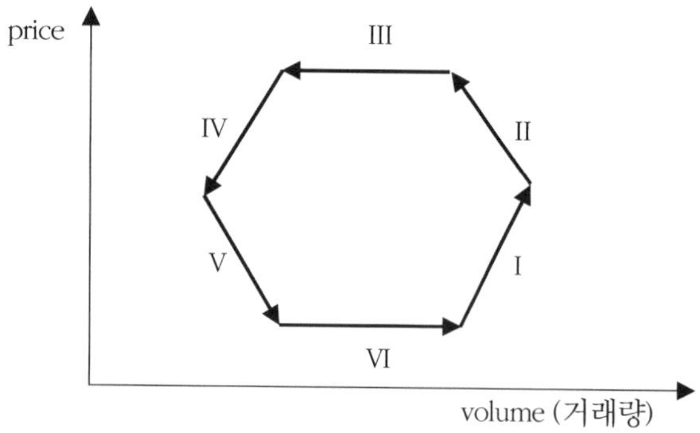

※ 부동산 벌집사이클

① 제1국면 : 경제전망이 좋고 ──── 거래량△, 가격△
② 제2국면 : 경제전망이 부정적으로 예측되면서 ──── 거래량▽, 가격△
③ 제3국면 : 경제전망이 더욱 부정적으로 계속되면서 ── 거래량▽, 가격 = 유지
④ 제4국면 : 불황이 확인되고 ──── 거래량▽, 가격▽
⑤ 제5국면 : 경제전망이 좋아질 것이라는 예측이 나오고 ──── 거래량△, 가격▽
⑥ 제6국면 : 경기가 회복되면서 ──── 거래량△, 가격 = 유지

벌집순환이론(honey comb cycle)은 주택경기의 국면을 진단하는 방법으로써 주택시장의 가격과 거래량은 실물경기와 연동되어 마치 벌집모양과 같은 일정한 패턴으로 순환하면서 움직인다는 것이며 제4국면은 경기침체가 뚜렷해지면서 주택수요가 위축되는 반면 호황 때 분양된 풍부한 물량의 완공으로 입주기준 공급초과현상이 가시화 되지만 거래부진 속에 가격하락이 본격화되는 국면을 말하고 있다.

7. 경제예측

경제 전체의 움직임을 대표하는 포괄적인 여러 가지 경제지표를 근거로 하여 장래의 경제가 어떻게 움직일 것인지를 예측하는 일을 말한다. 경제예측이란 극히 광범위한 개념의 용어로서 경제에 관한 여러 예측을 포함하나, 이 중 대표적인 것으로 경기예측과 수요예측을 들 수 있다. 경기예측은 현재의 경기국면의 위치를 명확히 밝혀 다음 경기의 전환점이 언제일 것인가를 예측하는 것이고, 수요예측은 주로 개개의 상품, 예를 들면 컬러텔레비전이 장차 얼마만큼의 수요가 있을 것인지 예측하는 것이다. 경제예측은 예측하려는 기간에 따라 장기예측, 중기예측, 단기예측으로 구분된다. 분명하게 정해진 기간의 구분은 없으나, 대체로 10년 이상은 장기, 3 ~ 5년은 중기, 1 ~ 2년은 단기로 파악된다.

(1) 경제예측방법

현재 일반적으로 행해지고 있는 예측방법에는 크게 나누어 4가지가 있다.

1) 경제지표에 의한 예측(경기예측)

여러 가지 경제지표의 움직임을 정리하여 경기의 변동, 특히 경기의 전환점을 예측하려는 것이다.

2) 국민소득법

설비투자·개인소비·정부지출 등 각 수요항목을 개별로 적산(積算)하여 국민총지출을 예측하는 방법이다. 각 항목의 예측에는 여러 가지 조사 데이터나 정보가 이용되며, 과거의 통계적 분석 결과나 각 항목의 추세 등을 근거로 하여 행하여진다. 이 방법은 각 수요항목을 개별로, 거기다가 과거의 통계적 관계를 중시하기 때문에 각 항목간의 상호관계가 충분히 반영되지 못하는 문제점이 있다.

3) 모델에 의한 예측

경제현상은 다수의 경제제변량(經濟諸變量)이 상호 관련하여 발생하고 있으므로, 계량경제 모델을 사용하여 경제의 인과관계를 중시하고 이를 통해 경제를 예측하려는 것이다. 따라서, 이 방법에서는 복잡한 상호관계를 갖고 있는 경제현상에 관하여 이론적으로 빈틈이 없는 확실한 방정식군을 만들고 이들의 조합으로써 경제의 모형(모델)을 만들어, 어떤 경제요인이 바뀌었을 경우에 이것이 전체 경제에 어떠한 영향을 줄 것인가를 예측하게 된다. 최근에 실시되는 여러 기관의 경제예측에서는 이 방법에 의하는 경우가 많아지고 있다.

4) 단계적 접근법

국민소득법과 모델에 의한 예측 방법을 절충한 방법으로, 국민소득법의 결점인 경제요인의 상호관계의 불충분한 파악을 방정식의 도입으로 보충하고, 모델에 의한 예측에서는 반영되지 않는 경제의 복잡한 움직임을 다른 정보로 보충하여 수정하는 것이다. 경제예측에서는 앞서 말한 어느 방법을 채택하여 실시하든지 간에 기본적으로 중요한 것은 기초 데이터의 성격을 옳게 파악하는 것과, 통계적 분석방법에 숙달함과 동시에 경제이론의 틀에서 벗어나지 않도록 판단을 내리는 두 가지 점에 있다고 하겠다.

(2) 경기예측(business forecast)

경제활동의 현황을 관측하여, 장래의 경기가 어떻게 될지 예측하는 일을 말한다. 경제는 각 경제주체가 활동하는 결과로 늘 변동하고 있으며, 극단적인 경우에는 인플레이션의 엄습을 당하거나, 대량실업과 기업도산을 겪기도 한다. 이러한 불행한 사태를 피하고, 나아가서 경제생활의 안정과 진보를 도모하기 위해서는 장래의 경기예측이 극히 중요하다. 그러한 경기예측에 입각하여 장차 보다 나은 경제상태를 실현시키기 위해 여러 방책이 취해지는 것이다.

경기예측의 중요성은 특히 1930년대의 세계대공황으로 더욱 크게 인식되었으며, 미국과 영국·독일 등에서 적극적으로 연구되었다. 예측의 주된 수법은 초기에는 각종 경제통계를 사용한 통계적 분석과 역사적 관측에 입각하여 전체 경기를 파악, 예측하는 것이었는데, 이는 과거의 통계에만 의존하여 그 연장으로서 앞날을 예측한다는 약점이 있었다. 그 후 이 수법의 개선에 노력이 거듭되어, 제2차 세계대전 후에는 계량경제학의 수법에 의하는 것, 경기변동지수에 의하는 것 등이 활발히 사용되기에 이르렀다. 전자는 경제활동을 구성하는 투자·소비·수출입·금리 등의 움직임의 관계를 수량적으로 파악하여 연립방정식 모델을 만들고, 이를 풀어나가는 형식으로 예측하는 수법이다. 그밖에도 산업연관표를 사용한 예측, 기업의 투자계획, 경영자의 장래에 대한 전망, 소비동향 등의 조사를 이용하는 것들이 있다.

(3) 수요예측(demand forecasting)

수요분석을 기초로 하여, 시장조사 등 각종 예측조사 결과를 종합하여 장래의 수요를 예측하는 일을 말한다. 산업 전체의 수요가 질적·양적으로 어떤 경향을 나타내고 어떤 상태에 있는가를 과거 및 현재의 자료를 기초로 하여 예측한다. 기업의 성과 및 성장을 규정하는 주 요인은 개개 기업이 제공하는 제품 및 서비스와 시장수요이다. 따라서 제품이나 서비스의 개량·개발과 함께 시장수요의 변동을 정확하게 파악하는 일은 중요하다. 이 수요예측은 단지 일정기간에 있어서의 기업의 전 제품 또는 한 제품의 매상 전망, 즉 개별기업의 범위 내에서의 예측에 국한하지 않고, 널리 다른 산업과의 관련, 경제 전체의 추세로까지 그 범위를 확대하는 것이 바람직하다. 왜냐하면 수요예측은 현재로부터 장래에 걸친 기업활동을 위한 의사결정의 기초의 하나를 구성하기 때문이다.

그러나 일반적으로 예측의 기술적 문제 때문에 외부 환경요인 및 수단적 요인의 현상을 주어진 것으로 하여 예측하는 경우가 많다. 따라서 이들 요인에 어떤 변동이 나타나면 예측값을 재검토하지 않으면 안 되며, 또 기업활동의 의사결정 결과를 분석·평가하는 경우에도 수요예측 단계까지 피드백되지 않으면 안 된다. 그러므로 수요예측은 단발적 행동으로 끝나서는 안 되며, 언제나 의사결정과 일체를 이루는 것으로서 매니지먼트사이클(management cycle)에 결부되어 있어야 한다.

제2장

부동산기업의 투자분석

제1절 부동산투자

1. 투자의 개념

① 장래의 수입과 현재의 지출은 교환하는 행위이다.

② 장래의 불확실한 수익을 위해 현재의 확실한 소비를 희생하는 것이다.

③ 투자에는 화폐의 시간가치와 위험(Risk)이라는 두 가지 속성이 있다.

④ 투자자의 투자대상은 크게 실물자산(Real Asset)과 금융자산(Financial Asset)[1] 으로 구분된다.

2. 부동산투자의 위험

위험(불확실성)이란 미래의 불확실성 때문에 기대되는 수익과 실현된 수익이 달라지게

---

1 금융자산(financial assets)
개인이나 기업 또는 국민경제가 보유하는 자산 가운데에서 화폐 및 광의의 채권을 말한다. 즉, 토지·건물·기계·설비·원료·제품 등의 실물자산에 대하여 통화(현금·예금)·유가증권·대출금·보험·신탁·기업간의 신용 등을 가리킨다. 이것들은 국내 금융자산이라고 하는 것인데, 이 외에 금 및 대외채권으로 이루어지는 대외 금융자산이 있다. 또한 J. 걸리, E. 쇼 등은 금융자산을 주식·사채 등의 발행에 의하여 자금을 조달하는 직접금융에 의한 것을 직접증권(제1차 증권), 은행 등의 금융기관이 개재하여 자금을 융통하는 간접금융에 의한 것을 간접증권(제2차 증권)으로 분류하고 있다. 이것은 후자 가운데에서 은행 이외의 금융기관이 발행하는 채권(금융자산)이 금융구조에 미치는 영향을 중시하였기 때문이다.

나타날 변동가능성을 말한다. 리빙페페(Living Peffe)는 확률에 의해 측정 가능한 개개의 위험을 결합한 것을 위험이라고 하였다. 위험과 수익률의 상관관계는 높은 기대수익을 올리려면 높은 위험부담이 필요하며 재무적 의사결정에 관한 최소의 위험을 부담하고 최대의 수익률을 올릴 수는 없다고 본다.

(1) 사업상의 위험

부동산 사업 자체로부터 연유하는 수익성에 관한 위험

1) 시장의 위험 : 시장변동에 따른 위험
2) 운영위험 : 운영관리상 위험
3) 위치적 위험 : 부동산의 위치고정성 때문에 발생하는 위험

(2) 금융적 위험

부채의 비율이 크면 채무불이행의 가능성이 높고 파산할 위험도 높다.

1) 지분 : 전체 투자액 중 부채분을 제외한 자기자본
2) 지분수익률 : 지분에 대한 대가가 투자지분에서 차지하는 비율

(3) 법적 위험

부동산에 관한 의사결정은 법적 환경아래에서 이루어지므로 법적 환경의 변화는 부동산투자에 영향을 미친다.

(4) 인플레 위험

인플레란 물가의 전반적인 상승을 의미한다. 인플레에 따라 원금의 실질적 가치가 하락하는 위험. 따라서 대출자는 고정 이자율 대신 변동이자율로 대출하려고 한다.

3. 수익률

(1) 개 념

수익률(Rate of Return)은 최초 투자금액에 대해 일정기간의 성과를 나타내는 지표이다. 수익률은 최초 투자원금이 다르고, 투자기간도 다르며 또한 투자성과가 배당금, 이자수입 또는 매매차익과 같이 서로 다른 형태로 나타날 때 투자의 성과를 비교할 수 있는 공동 기준으로, 최초 투자원금 1단위에 대한 원금의 증분을 백분율로 나타낸다.

(2) 종 류

1) 보유기간수익률(Holding Period Return)

투자원금 대비 증권보유기간 동안 획득한 수익률로서, 대개 1년을 기준으로 한다.

주식의 경우 : 보유기간수익률 = 자본이득률 + 배당수익률 채권의 경우 : 보유기간수익률 = 자본이득률 + 경상수익률

2) 역사적 수익률(Historical Return)

일정기간동안 증권을 보유했을 때의 보유기간수익률로서 보유기간이 일, 주 또는 월인가에 따라 일별수익률, 주별수익률 또는 월별수익률로 나뉜다. 역사적 수익률은 각종 증권통계분석이나 실증분석의 기본자료가 되며, 역사적 수익률의 평균은 그 기간을 대표하는 대표값의 의미를 갖는데 평균계산방법에는 산술평균과 기하평균이 있다.

역사적 수익률의 표준편차는 평균수익률을 중심으로 분포한 분산의 정도를 나타내며, 일반적으로 총 위험의 크기를 의미한다.

3) 기대수익률(Expected Rate of Return)

기대수익률은 과거의 수익률이나 실제수익률이 아니라 미래에 기대되는 수익률을 말한다. 기대수익률은 미래에 일어날 수 있는 상황의 발생가능 확률에 각 상황에서의 예상수익률을 곱하여 계산한 기대값이다.

기대수익률(%) = 기대수익 / 매입가격 × 100

4) 가치가중수익률 또는 내부수익률(Value-Weighted Return or IRR)

단일기간의 수익률 계산은 간단하지만, 두 기간 이상의 복수기간인 경우 수익률 계산은 복잡해진다. 복수기간에서 수익률 계산은 할인현금흐름(DCF)기법을 이용해야만 수익률 계산을 쉽게 할 수 있으며, 이때 계산된 할인율은 내부수익률(IRR)이다. 가치가중수익률(Value-Weighted Return)은 바로 이 내부수익률을 말한다. 가치가중수익률은 투자금액가중수익률(dollar weighted return)이라고도 하는데, 투자가 시작되는 시점에서부터 현금흐름이 발생하는 시점까지를 하나의 기간으로 간주하여 수익률을 구하고, 이 수익률을 전체 투자기간에 대한 수익률로 환산한다. 따라서 가치가중수익률은 현금흐름의 크기와 발생시기에 따라 크게 영향을 받는다.

가치가중수익률은 투자기간 동안 추가적인 투자를 했기 때문에 얻어진 결과이므로, 만약 추가적인 투자가 없으면 투자결과가 완전히 달라진다. 그러므로 일정 목표기간동안 투자금액을 마음대로 늘리고 줄일 수 없는 펀드매니저의 투자성과 측정지표로는 그리 적절한 것이 아니다.

이 수익률은 투자금액을 중심으로 성과를 측정하는데 유용하다. 특히 개인투자자 입장에서 호황이 예상되면 투자를 많이 하고, 침체가 예상되면 투자를 적게 하는 관점에서는 가치가중수익률이 적절한 투자성과 측정치라고 볼 수 있다.

5) 시간가중수익률(Time Weighted Return)

시간가중수익률은 기초에 투자된 1원에 대해 획득한 수익률을 기말까지 유지한다고 가정했을 때의 수익률을 말한다. 시간가중수익률은 각 기간의 투자금액을 고려하지 않고 오직 각 기간별 보유기간수익률을 구하여 계산한 기간평균수익률이다. 이 수익률은 연금기금매니저의 평가에 많이 이용된다. 왜냐하면, 연금기금은 정해진 날짜에 유입되고 유출되어 매니저의 통제를 벗어나서 입출금 되기 때문이다.

일반적으로 기금관리업계는 시간가중수익률을 더 많이 사용한다. 투자기간의 중간에 현금흐름이 발생할 경우, 투자성과를 평가하는데는 가치가중수익률보다 시간가중수익률이 더 적절하다.

6) 산술평균수익률(Arithmetic Return)

산술평균수익률은 각 기간수익률의 합을 기간수로 나눈 수익률이다. 이 수익률은 기간의 경과에 따른 복리개념을 사용하지 않는다. 산술평균수익률은 이러한 약점에도 불구하고 기하평균수익률보다 오히려 더 합리적인 투자수익률이다. 특히 미래수익률을 예측할 경우에 기대수익률로써 가장 적합하다. 왜냐하면 산술평균은 여러 예상수익률 중 가장 얻어질 가능성이 높은 수익률이라는 의미를 가지기 때문이다.

7) 기하평균수익률(Geometric Return)

기하평균수익률은 각 기간의 복리를 고려하여 계산한 수익률을 말한다. 기하평균수익률은 항상 산술평균수익률보다 작고 기간별 수익률간에 변화가 클수록 두 수익률은 차이가 많이 난다.

(3) 투자결정

1) 투자결정은 기대수익률과 요구수익률을 비교함으로써 이루어진다.

① 기대수익률 ≥ 요구수익률 : 투자채택
② 기대수익률 < 요구수익률 : 투자기피

2) 균형상태에서는 기대 수익률과 요구 수익률은 같게 된다.

① 기대수익률(20%)이 요구수익률(15%) 보다 높을 경우

대상 부동산에 대한 투자 수요 증가 → 대상 부동산의 가치상승 → 기대수익률 점차 하락 → 요구수익률과 기대수익률의 균형

② 기대수익률(20%)이 요구수익률(25%)보다 낮을 경우

대상부동산에 대한 투자 수요 감소 → 대상부동산에 대한 가치 하락 → 기대수익률 점차 증가 → 기대수익률과 요구수익률의 균형

(4) 투자가치와 시장가치

1) **투자가치** : 투자자가 생각하는 주관적인 가치

$$= \frac{\text{예상수익}}{\text{요구수익률}}$$

2) **시장가치** : 시장에서 거래되는 가치

3) **투자결정**

① 투자가치 ≥ 시장가치 : 투자채택

② 투자가치 < 시장가치 : 투자기피

4. 투자의 위험

(1) 위험의 개념

투자안을 평가하는 데는 투자기간 동안 벌어들일 수익률도 중요하며, 그 투자대상이 얼마나 위험성이 있는 가도 고려대상이 될 것이다.

유가증권에 투자하는 투자자들은 투자로부터 얻을 수 있는 미래의 성과에 대하여 관심을 가지며, 유가증권에 대한 투자에서 얻을 수 있는 투자성과는 주로 수익률로 측정한다. 자본시장에서 거래되는 증권의 미래수익률은 미래의 시장상황에 따라 달라진다. 은행의 정기예금과 같이 미래에 얻을 수 있는 수익률이 확정되어 있는 금융상품이라 하더라도 앞으로 발생할 인플레이션율이 예상과 다르게 나타날 경우 그 금융상품의 실질수익률은 달라진다.

위험이란 미래에 발생 가능한 상황에 대해 예측을 할 수 있으며, 그 발생 가능한 상황의 객관적인 확률(선험적 또는 경험적인 수학적·이론적 확률) 분포가 알려져 있는 상황을 말한다. 그러나 실제로 투자자들이 투자의사결정을 하기 위하여 필요한 여러 투자대상들의 미

래수익률에 관한 객관적인 자료는 구하기 힘들며, 미래에도 과거와 같은 상황이 계속될 것이라는 예측을 할 수 없기 때문에 과거의 경험적인 확률 역시 가치가 없는 경우가 많다.

결국 위험이라는 것은 불확실성(uncertainty)이라는 용어와 같은 의미로 사용하게 된다. 모든 투자는 일정정도의 위험을 동반한다. 결국 효과적이고 안전한 투자는 위험이 무엇이며 그 보상과 어떻게 균형을 잡느냐에 달린 것이라 하겠다.

위험은 대략 다음과 같은 여덟 가지로 나눌 수 있다.

1) 자본 위험(Capital Risk)

자본의 원금이 회수되지 않을 위험을 말한다.

2) 신용 위험(Credit Risk)

어음발행인이 만기일을 못 맞출 수 있다. 신용 위험을 피하기 위해서는 전문적 관리와 치밀한 조사가 필요하다고 본다.

3) 인플레이션 위험(Inflation Risk)

당신의 투자가 인플레이션을 따라잡지 못하면, 당신의 자본은 그 구매력을 잃게 된다. 주식투자는 보통 장기적으로 볼 때, 인플레이션을 해결하는 좋은 방법으로 여겨지고 있다.

4) 금리 위험(Interest-rate Risk)

금리가 오르면 채권가는 떨어지기 때문에, 고정수입 투자자들에게 종종 이 위험이 염려되곤 한다. 금리는 또한 주식 투자에 있어서도 실질적인 부정적 영향을 끼친다.

5) 유동성 위험(Liquidity Risk)

모든 투자가 지속적으로 그 지각된 시장 가치만큼 현금으로 바뀔 수 있는 것은 아니다. 유동성 위험은 펀드의 포트폴리오 안에 속한 주식의 가격과 그 결과 그 펀드의 공유이익에 영향을 준다.

6) 시장 위험(Market Risk)

시장 위험은 모든 펀드, 특히 주식형 펀드에 관련하여 어떤 펀드의 자산이 일반 시장상황에서 얼마나 민감하게 바뀔 수 있는가의 척도가 된다. 하락세의 시장에서 빠른 속도로 주가가 하락하는 것은, 더 많은 우호적 환경에서 확실한 이익을 얻을 수도 있다는 것을 말한다.

7) 선불위험(Prepayment Risk)

이 타입의 위험은 이자수입의 손실, 재투자 위험에의 노출과 함께 시기상조의 대출상환을 포함한다.

8) 재투자 위험(Reinvestment Risk)

적당한 비율선에서 자본을 재투자할 수 없는 위험을 말한다.

(2) 위험에 대한 투자자의 태도

위험에 대하여 투자자들이 갖는 태도는 크게 위험회피형(Risk Averter), 위험선호형(Risk Seeker), 위험중립형(Risk Neutralist)으로 구분된다.

1) 위험회피형 투자자(Risk Averter)

만일 어떤 사람이 위험을 회피하는 경향을 보인다고 하면, 그는 수중에 돈이 적을 수록 1원의 가치를 더 중요하게 여길 것이며, 돈이 많아질수록 1원의 가치를 상대적으로 덜 중요시할 것이다. 이러한 사람을 위험회피자(Risk Averter)라고 한다. 그는 투자에 있어 상금액을 W라 하고 효용(기대수익에 대해 실제로 느끼는 만족)을 U라 하면, W가 커질수록 U의 증가율이 점차 줄어드는 경향을 보이게 된다고 하겠다. 투자이론에서는 이러한 위험회피형 투자자를 이성적 투자자로 간주한다.

2) 위험선호형 투자자(Risk Seeker)

어떤 투자자가 기대수익이 같은 경우 위험이 큰 투자안을 선택하여 기대효용을 증가시키려 한다면, 그는 위험선호형 투자자라고 할 수 있다. 즉, 그는 동일한 기대수익을 가져오는 투자 중 위험이 더 큰 투자를 택함으로써 더 많은 만족을 얻게 되는 것이다.

3) 위험중립형 투자자(Risk Neutralist)

만일 어떤 사람이 위험을 회피하는 경향을 보인다고 하면, 위험중립형 투자자는 그리 이성적인 투자자라고 할 수는 없는 유형의 사람이다. 그는 위험의 크기에 관계없이, 기대수익만으로 의사결정을 하는 투자자이다.

(3) 위험과 수익과의 상관관계

일반적으로, 위험과 기대수익률은 상반관계를 가진다고 본다. 이는 투자자들이 높은 투자위험을 부담하면 할수록 거기에 따른 기대수익률이 높고, 위험이 낮은 투자일수록 거기에 따른 기대수익률이 낮음을 의미한다. 즉, 투자자들은 기대수익률이 높은 투자라면 기꺼이 높은 위험을 감수할 것이지만, 굳이 기대수익률이 높지 않은데 높은 위험을 감수하지 않으려는 경향이 있다. 이를 투자자들의 위험회피성향이라고 한다. 이와 같은 투자자들의 소위 위험회피성향은 여러 증권들의 역사적 평균수익률과 표준편차에 잘 나타난다. 투자자들은 채권투자에서 낮지만 확실한 수익률을, 주식투자에서 불확실하지만 높은 수익률을 기대할 수 있다.

5. 위험과 수익의 관계

(1) 위험혐오적 태도

기대수익률이 동일한 두 개의 투자대안이 있을 때 덜 위험한 쪽을 선택한다.
※ 위험을 전혀 감수하려 하지 않는 것은 아니다.

(2) 위험과 요구수익률의 관계

일반적으로 위험과 수익은 비례한다. 즉, 위험이 클수록 요구수익률도 커진다.

1) 무위험률

① 위험이 없는 안전한 투자대안의 수익률
② 순수한 시간의 대가
③ 국채수익률
④ 일반경제상황과 관련 있다.
※ 투자자들의 위험혐오도와 시장의 무위험률과는 상관이 없다.

2) 위험조정률

위험에 대한 대가로 할증률이 가산된 요구수익률
위험조정률 = 무위험률 + 위험할증률

3) 피셔(Fisher)효과

요구수익률에는 예상되는 인플레이션율이 반영되어 있다.

4) 요구수익률

요구수익률 = 무위험률 + 위험할증률 + 인플레이션율
만약 무위험률이 3%, 위험할증률이 4%, 인플레이션율이 5%라 하면, 이 투자대안에 대한 요구수익률은 12%이다.

6. 위험의 처리방법

(1) 위험한 투자를 제외시키는 방법

① 안전한 대안에만 투자하는 방법이다.
② 안전한 투자대안에는 정부채권이나 정기예금 등이 있다.
③ 바람직한 투자방법은 아니다.

(2) 보수적 예측방법

① 투자수익을 가능한 낮게 예측하여 투자결정을 하는 방법이다.
② 미래에 발생할지도 모를 위험을 상당수 제거할 수 있다.
③ 이 같은 전략은 예측이 정확하다면, 바람직한 투자대안을 포기하는 것이다.

(3) 위험조정할인율의 사용

① 위험한 투자일수록 높은 할인율을 적용하는 방법이다.
② 감수해야 하는 위험의 정도에 따라 위험할증률을 더해 가는 방법이다.

제2절 부동산투자와 포트폴리오(Portfolio)

1. 포트폴리오 이론

(1) 개념

분산 투자를 함으로써 자산이 하나에 집중되어 있을 때 발생할 수 있는 불확실성을 제거하여 안정된 이득을 획득하도록 하는 자산관리[2]의 방법이다.

---

2 한국자산관리공사(Korea Asset Management Corporation)
1962년 2월 공포된 성업공사령에 의거하여 설립된 특수법인.
설립목적 : 금융기관 보유의 부실자산 정리 촉진과 부실징후기업의 경영정상화 지원
주요활동 : 부실채권 관리 운용, 부동산 금융업무, 기업회생 지원 업무, 부동산 컨설팅
약칭은 KAMCO이다. 한국산업은행법 제53조 3항에 의거하여 1962년 4월 6일 성업공사로 출범하였다. 1966년 8월 3일 전(全) 금융기관의 부실채권 정리 업무를 시작으로 1982년 4월 6일 국가귀속 청산법인의 청산

(2) 장점

평균-분산법으로 판단하기 어려운 투자대안의 위험과 수익관계를 보다 용이하게 분석할 수 있다.

(3) 체계적 위험과 비체계적 위험

1) 체계적 위험(피할 수 없는 위험)

시장의 힘에 의해 야기되는 위험으로, 모든 부동산에 영향을 주는 위험이다.
예 경기변동, 인플레의 심화, 이자율의 변동 등

2) 비체계적 위험(피할 수 있는 위험)

개별적인 부동산의 특성으로부터 야기되는 위험으로 분산투자를 함으로써 피할 수 있는 위험이다.

3) 포트폴리오를 구성함으로써 제거될 수 있는 위험 : 총위험 - 체계적 위험

위험과 수익의 비례관계는 시장의 체계적 위험과 수익이 비례관계에 있다는 것이지, 개별 부동산의 모든 위험과 수익이 비례관계에 있다는 것을 의미하는 것은 아니다. 그러므로 위험이 커진다고 해서 반드시 수익이 커지는 것은 아니다.

(4) 포트폴리오의 관리

① 포트폴리오를 구성하는 자산의 수가 많을수록 불필요한 위험은 통계학적으로 제거된다.
② 자산 삼분법(부동산, 예금, 주식에 ⅓씩 분산투자)은 단지 포트폴리오의 일종이지 최선의 배합은 아니다.
③ 포트폴리오 관리란 단순히 분산투자를 의미하는 것이 아니라, 투자대안이 갖고 있는

업무를 취급하였고, 1984년 2월 1일 국세압류재산 공매 대행 업무를 하였으며, 1991년 5월 15일 자회사로 대한부동산신탁(주)을 설립하였다. 1997년 8월 22일 금융기관 부실자산 등의 효율적 처리 및 성업공사의 설립에 관한 법률을 제정한 뒤 같은 해 11월 24일 성업공사를 출범하여 부실채권정리기금 설치와 그 업무 범위를 확대하였다. 1999년 4월 30일 공사법을 개정하여 배드뱅크기능을 수행하였고, 그해 12월 31일 다시 공사법을 개정하여 2000년 1월 1일부터 지금의 명칭으로 변경하였다. 2001년 3월 자회사인 국민자산신탁(주)을 설립하였다. 주요 업무는 부실채권정리기금의 관리와 운용, 채권관리 업무, 자산관리와 매각 업무, 자산유동화 업무, 국유재산 관리 및 체납조세 정리, 기타 부동산담보신탁 업무, 부실징후기업의 경영진단과 인수·정리 업무, 자문 업무, 부동산 가공·개발 업무, 부동산 컨설팅업무 등이다. 2003년 현재 법정(수권)자본금은 1조원, 납입자본금은 1,400억 원이며, 직원은 1,174명이다. 본사는 서울특별시 강남구 역삼동에, 별관은 서울특별시 강남구 삼성동 한국종합무역센터 아셈타워에 있다.

위험과 수익을 분석하여 불필요한 위험을 제거하고 최선의 결과를 얻을 수 있는 포트폴리오를 선택하는 것이다.

④ 부동산 시장은 국지화 된 여러 개의 시장으로 분리되어 있으며, 부동산의 종류도 또한 다양하다. 따라서 다양한 부동산 포트폴리오를 선택할 수 있다.

2. 레버리지(Leverage)효과

레버리지효과[3]는 저렴한 비용의 부채를 이용하여 투자의 효과를 극대화시키는 것을 말하며 지레효과, 부채효과라고도 부른다. 레버리지분석이란 다른 상황에 있어서 수익률에 어떠한 영향을 미치는가를 분석하는 것이다.

3. 감응도 분석

투자대안에 있어서 각 요인들(임대료, 영업비, 보유기간 등)이 변화함에 따라 그 결과치가 어떠한 영향을 받는 가를 파악하는 방법이다.

투자수익에 가장 민감하게 영향을 주는 요소가 무엇인지를 파악할 수 있다. 예를 들어, 임대료가 10% 상승했더니 수익률이 15% 상승하고, 세금이 1% 상승했더니 수익률이 2% 감소하였다.

3 레버리지효과 (leverage effect)
타인자본을 이용한 자기자본이익률의 상승효과. 타인으로부터 빌린 차입금을 지렛대로 삼아 자기자본이익률을 높이는 것으로 지렛대효과라고도 한다. 예를 들어 100억 원의 자기자본으로 10억 원의 순익을 올리게 되면 자기자본이익률은 10%가 되지만, 자기자본 50억 원에 타인자본 50억 원을 도입하여 10억 원의 순익을 올리게 되면 자기자본이익률은 20%가 된다. 타인자본을 사용하는데 드는 금리비용보다 높은 수익률이 기대되는 경우에는 타인자본을 적극적으로 활용하는 것이 유리하지만 타인자본을 과도하게 도입하면 경기가 어려울 때 금리부담으로 인한 도산 위험이 높아진다.

제3절 부동산 투자분석

1. 현재가치와 미래가치

(1) 미래가치

1) 개념 : 현재의 금액이 미래에 얼마인가를 나타내는 가치

2) 만약 이자율이 10%라 한다면 현재 100만원의 미래가치는?

3) 일시불의 내가계수(미래가치계수)

1원을 이자율 r%로 저금했을 때 n년 후에 얼마인가를 나타낸다.

현재의 금액 : P^0	이자율(할인율) : r
기간 : n	n년 후의 미래가치 : P_n

$$P_1 = P^0 + P^0 \times r = P^0(1 + r)$$
$$P_2 = P_1(1 + r) = P^0(1 + r) = P^0(1 + r)^2$$
$$\therefore \underline{P_n = P^0(1 + r)^n}$$

예 어느 사람이 현금 100만원을 9%의 이자율로 은행에 3년간 예치하였을 때 3년 후의 미래가치는 얼마인가?

[답] Pn = P0(1 + r)n

P3 = P0(1 + 0.09)3 = 100만원 × (1.09)3

(2) 현재가치

1) 개념 : 미래의 금액이 현재에 얼마인가를 나타나는 가치

2) 할인율

미래가치를 현재가치와 같게 만드는 적절한 값. 만약 1년 후의 114만원이 현재의 100만원과 같다면 할인율은 몇 %인가?

3) 할인율이 10%라 한다면 1년 후 110만원의 현재가치는?

4) 일시불의 현가계수(현재가치계수)

할인율이 r%일 때 n년 후의 1원이 현재 얼마의 가치가 있는지를 나타낸다.

2. 할인현금수지분석법

(1) 개념

장래 예상되는 현금수입과 지출을 현재가치로 할인하고, 이것을 서로 비교하여 투자판단을 결정하는 방법이다. 할인현금수지분석법은 순현가법과 내부 수익률법으로 나뉘어진다.

(2) 절 차

① 예상되는 장래의 수입과 지출 추계
② 추계 된 현금수지에 대한 위험평가
③ 위험조정할인율 결정 : 위험조정할인율이 투자자의 요구수익율이 된다.
④ 투자의 최종 결정 : 순현가법과 내부수익률법으로 투자 결정한다.

(3) 현금수지의 측정

① 부동산 투자분석에서 가장 중요한 것은, 투자자로부터 예상되는 수입과 지출을 정확하게 추계하는 것이다.
② 현금수지의 예측은 예상 보유기간에 국한하여 행해진다.
* 대상 부동산의 전기간에 걸쳐 행해지는 것이 아니다.
③ 부동산 투자로 인한 수입
- 영업수입(Income Gain) : 대상 부동산의 운영으로 얻는 수익
- 자본이득(Capital Gain)[4] : 처분시 생기는 수익

(4) 순현가법(NPV ; Net Present Value)

순현가법이란 투자로 발생하는 현금을 할인하여 얻은 현금유입의 현가와 투자비용을 할인율로 할인하여 얻은 현금유출의 현가를 비교하는 방법이다.

---

4 캐피털게인(capital gain)
각종 자본적 자산의 평가변동에서 발생하는 차익. 자본이득이라고도 한다. 캐피털 로스(capital loss), 즉 자본손실의 대립어이다. 자본적 자산인 토지·공사채·주식 등의 가격상승으로 생기는 차익을 말하는데, 이 가치의 증가는 단순한 평가액의 상승을 뜻하기도 하며, 매각양도에 의한 차익을 뜻하기도 한다. 자본적 가치를 보유자산의 가치 상승에서 얻어지는 수익에 의하여 평가할 때에는 그 예상수익의 증대, 경상이자율의 상승에 따라 자본이득이 발생한다. 캐피털게인을 이용한 적극적 경제행위가 투기인데, 그 전형을 주식의 매매, 부동산 투기 등에서 볼 수 있다. 캐피털게인에 반하여 이자나 배당에 의한 수입을 인컴게인(income gain)이라고 한다.

순현가 = 현금유입의 현가 – 현금유출의 현가

(5) 내부 수익률(IRR ; Internal Rate of Return)

① 부동산 투자대안 자체에서 기대되는 수익률
② 투자에 대한 현금 유입의 현재가치와 현금유출의 현재가치를 같도록(순현가를 0으로 만드는 수익률)
③ 내부수익률이 요구수익률보다 크거나 같으면 투자를 결정

(6) 순현가와 내부수익률의 비교

① 재투자율 : 재투자율로 내부수익율을 사용하는 것은 바람직하지 못하다.
② 부의 극대화 : 내부수익률로 투자결정을 한다고 해서 반드시 부의 극대화를 이루는 것은 아니다.
③ 순현가법이 내부수익률보다 우월한 분석기법이며 가장 탁월하다.

제4절 뮤추얼펀드(Mutual funds) 및 헤지펀드(Hedge Fund)

1. 뮤추얼펀드의 정의

뮤추얼펀드(Mutual funds)는 미국에서 거래되는 개방형 투자신탁(open-end fund, 수요증가에 따라 추가로 투자기금을 조성할 수 있는 투자신탁)을 일컫는 말로서, 비슷한 투자목적을 가진 투자자들로부터 투자기금을 조성하여 그 자금을 시장에서 거래되는 여러 증권에 투자한 포트폴리오를 말한다.

이러한 뮤추얼펀드는 투자자의 요구에 따라 언제든지 매도가 가능하며, 수요가 증가하는 경우 추가로 투자기금을 조성할 수 있다. 뮤추얼펀드는 설립형태가 회사형이라는 것을 제외하고는 우리나라에서 거래되는 계약형 투자신탁과 실질적으로 큰 차이는 없다.

2. 뮤추얼펀드의 특징

뮤추얼펀드는 본질적으로 소액자금을 모아 거대 자금화하여 유가증권에 투자한다는 것과 전문가에 의해 자산이 대행운용 된다는 것, 분산투자로 투자위험을 감소할 수 있다는 점에서 기존의 투자신탁과 다를 것이 없으나, 다음과 같은 몇 가지 점에서 기존의 간접투자 상품이 가지지 못했던 특징들을 가지고 있다.

① 뮤추얼펀드에 투자하는 개인은 저축자나 수익자가 되는 것이 아니라, 주주가 된다는 것이다. 뮤추얼펀드란 다수의 일반인들의 소액자금을 모아 거대한 자금을 형성하고 이것을 뮤추얼펀드의 자본금으로 납입하여 운용회사에서 이 자금을 일반인들을 대신하여 운용해주는 구조이므로 일반인들이 뮤추얼펀드에 투자한다는 것은 뮤추얼펀드가 발행한 주식을 매입한다는 것을 의미하게 된다. 따라서 뮤추얼펀드에 투자하는 개인은 일반회사의 주주가 가지는 것과 동일한 권리와 의무가 생기게 된다. 이것이 기존의 금융상품과 구별되는 특징이다.

② 뮤추얼펀드는 그 운용의 공정성에서 기존의 금융상품과는 차별화 된다. 뮤추얼펀드는 일반인들이 납입한 자본금을 운용회사가 운용을 담당하되, 자산보관회사에서 별도로 그 자산을 보관하고, 일반 사무수탁회사에서 뮤추얼펀드 즉 회사의 일반 운영을 담당하게 된다. 이렇게 회사의 기능을 여러 관련회사에서 담당하게 되어 서로 견제기능을 수행하게 되므로 그 자산의 운용 및 운영에 불공정한 요소가 개입될 가능성이 최소화 된다. 또한 각각의 뮤추얼펀드는 하나의 회사이므로 펀드간 자산의 이동 등이 원천적으로 불가능하게 되어 있어 공정성이 보장될 수 있다.

③ 뮤추얼펀드는 투자자의 의견을 회사운영 및 투자에 반영할 수 있는 제도적 장치를 가지고 있다. 앞서 언급한 바와 같이 뮤추얼펀드의 투자자는 주주가 되므로 주주는 회사의 운영 및 투자정책에 대한 의결권을 가지게 된다. 따라서 주주인 투자자는 회사의 운영에 적극적으로 참여하여 원하는 방향의 투자정책과 회사 운영을 요구 할 수 있는 제도적 권리를 가지게 된다.

3. 뮤추얼펀드의 구조 및 종류

(1) 뮤추얼펀드의 구조

뮤추얼펀드는 서류상의 회사로서 그 법인격을 가지기는 하나 상주 임직원이 존재하지 않기 때문에 자산운용회사, 자산보관회사, 일반 사무수탁회사, 판매회사 등의 다양한 관련 회사들이 각기 다양한 업무를 수행함에 의해 펀드가 유지 운영된다.

뮤추얼펀드는 상법상의 주식회사이나, 증권투자회사법에 의해 설립되어 일반인을 상대로 자본금의 모집을 행할 수 있는 회사이다. 또한 뮤추얼펀드는 일반회사와 동일한 의사결정 기구인 주주총회와 이사회 및 이사회를 구성하는 각 임원(운영이사, 감독이사, 감사) 등으로 그 의사결정 기구가 형성되어 있다.

증권투자회사법에 의해 설립된 뮤추얼펀드는 서류상의 회사이므로 상근하는 임직원이 존재하지 않으나, 뮤추얼펀드가 모집한 자본금의 운용주체는 필요하게 되므로 일정한 기준을 충족하고 금융감독원에 운용회사로 등록한 회사가 뮤추얼펀드의 자본금을 자산운용위탁계약에 의해 대신 운용해 준다. 이러한 운용회사는 주로 투자신탁운용회사, 투자자문회사 등이 담당하게 된다.

뮤추얼펀드는 일반공모에 의해 그 투자자금인 자본금을 모집하게 되는데, 이 경우 자본금 모집을 대행해주는 회사를 판매회사라 한다. 이러한 판매회사는 뮤추얼펀드와 위탁판매계약을 체결하여 업무를 행하는 데 주로 증권회사, 은행 등이 담당하게 된다.

뮤추얼펀드의 투자자금인 자본금은 운용회사에서 운용을 하되 그 자산은 자산보관회사에서 보관하여 운용결과에 따른 자금결제 등의 업무를 한다. 이러한 자산보관회사는 뮤추얼펀드와 자산보관위탁계약을 체결하여 업무를 행하는 데 주로 은행 등이 담당하고 있다.

(2) 뮤추얼펀드의 종류

뮤추얼펀드는 자본 퇴출 방식에 따라 크게 폐쇄형과 개방형으로 나눌 수 있다.

1) 폐쇄형

폐쇄형 펀드는 투자자가 뮤추얼펀드를 벗어날 때, 뮤추얼펀드 주식을 증권시장에서 처분·매각하여야만 가능한 폐쇄적 구조를 가지고 있다. 즉, 보통주와 같이 증권회사, 곧 브로커를 통해서만 거래가 가능하다는 것이다. 대부분의 폐쇄형 뮤추얼펀드의 시가는 순자산가치보다 작으므로, 그 경우 폐쇄형 뮤추얼펀드는 매우 좋은 매입대상이 된다. 왜냐하면, 시가를 기준으로 계산한 배당수익률이 순자산가치로 계산한 배당수익률보다 크기 때문이다.

2) 개방형

개방형 펀드는 투자자가 언제든지 펀드 설정회사에 환매를 요구할 수 있는 구조를 가지고 있다. 이때 환매는 뮤추얼펀드 시가총액을 뮤추얼펀드 발행주식수로 나눈 순자산가치로 이루어진다. 발행주식수는 새로운 투자자들이 신주를 매입하고 기존 투자자들이 구주를 해약(환매)하므로 매일 변할 것이다.

개방형 뮤추얼펀드는 순자산가치로 환매되기 때문에, 그 시가는 절대 순자산가치보다 작을 수는 없다. 왜냐하면 이 펀드는 순자산가치로 환매되기 때문이다. 이 뮤추얼펀드 판매에 관여하는 브로커(증권회사)나 보험회사에 지급하는 커미션을 로드(load)라고 하는데, 로드가 붙었느냐 여부에 따라서 개방형 뮤추얼펀드 또한 노우 로드 펀드(No Load Fund)와 로드 펀드(Load Fund)로 나뉜다. 즉, 노우 로드 펀드는 판매수수료가 붙지 않은 것으로, 순자산가치로 거래되는 것이다. 대개 순자산가치의 3 ~ 5% 정도가 로드가 되며, 이 두 펀드간의 투자 성과의 차이는 거의 없는 것으로 분석된다.

4. 헤지펀드(Hedge Fund)와 파생금융상품(Financial derivatives)

(1) 헤지펀드(Hedge Fund)

국제증권 및 외환시장에 투자해 단기이익을 올리는 민간 투자기금을 말한다. 100명 미만의 투자가들로부터 개별적으로 자금을 모아 파트너십(partnership)을 결성한 후에 카리브해의 버뮤다제도와 같은 조세회피 지역에 위장거점을 설치하고 자금을 운영하는 투자신탁이다.

헤지펀드는 파생금융상품을 교묘하게 조합해서 도박성이 큰 신종상품을 개발하는데, 이것이 국제금융시장을 교란시키는 하나의 요인으로 지적되어 관심을 끌고 있다. 전세계 헤지펀드 가운데 절반 이상을 차지하는 조지 소로스[5]의 '퀀텀그룹'이 특히 유명하다.

1996년 말 현재 운용규모는 한국의 국민총생산(GNP)의 8배에 이르는 3조 7000억 달러에 이르는 자금을 운영하고 있는 것으로 추정되고 있다. 더욱이 이들 헤지펀드는 파생금융상품을 집중적으로 거래하기 때문에 이들이 일제히 준동 할 경우에는 국제금융계에 미치는 파급효과가 하루 1조 5000억 달러에 이를 것으로 예상되고 있다. 서방 7개국(G7)을 포함한 OECD의 모든 중앙은행들이 동원할 수 있는 자금 규모가 5000억 달러에도 미치지 못한다는 사정을 감안하면 헤지펀드가 국제금융 시장에 미치는 위력이 얼마나 큰 가를 짐작할 수 있다. 한국에서도 1996년 9월 금융기관들로부터 자금을 모아 남아메리카와 동유럽 등 투자위험성이 비교적 높은 신흥시장에 집중 투자하는 헤지펀드가 최초로 생겼다.

---

5 **조지 소로스**
wall street의 살아있는 신으로 불려지는 20세기 최고의 펀드매니저 조지 소로스는 1930년 헝가리 부다페스트에서 상류 사회의 한 유태인 변호사 티바다르 소로스(Tivadar Soros)의 아들로 태어났다. 조지 소로스의 오늘날의 성공의 밑바탕에는 그의 아버지로부터 받은 생존의 본능외에도 영국 이민시절의 경험이 있다. 웨이터 생활을 하면서 어렵게 모은 돈으로 그는 '런던 경제 스쿨(LSE)'에 진학했다. 1952년 졸업할 때까지 소로스는 포퍼 교수 아래서 후일 그를 세계 최고의 펀드매니저로 부상시키는 토양이 된 논리적 사고 훈련을 철저히 배우게 된다. 조지 소로스의 금융시장에서 리더의 역할은 한 나라의 경제를 좌우 할 수 있을 정도이다. 금융시장에서 소로스가 투자한 것이라는 이야기가 나돌면 그 상품에 사람들이 몰려든다. 소로스의 투자 자체가 금융시장의 판도를 바꾸어 놓을 수 있다는 것이다. 헝가리를 비롯한 동구권 국가들의 사회주의 체제 붕괴 뒤에 조지 소로스가 버티고 있다는 것은 그의 투자가 행위가 단순히 금융시장의 관망을 뛰어넘어 자신이 직접 시장을 만들어 가고 있으며, 그의 포퍼교수로부터 이어받은 반공의 정신을 보여주고 있다. 이제 월스트리트의 검은 황제 조지 소로스는 그의 영향력을 월스트리트를 넘어서 뻗치고 있는 것이다.

(2) 파생금융상품(financial derivatives)

외환·예금·채권·주식 등과 같은 기초자산으로부터 파생된 금융상품을 말한다. 경제여건 변화에 민감한 금리·환율·주가 등의 장래 가격을 예상하여 만든 상품으로, 변동에 따른 위험을 소액의 투자로 사전에 방지, 위험을 최소화하는 목적에서 개발되었다. 발행자가 자금조달을 목적으로 발행하는 전통적인 금융상품과 달리 계약 당시 거래당사자 사이에 자금의 흐름이 일어나지 않는 부외거래를 특징으로 한다.

국제통화체제가 변동환율제로 전환되면서 환차손을 피하기 위하여 1972년 미국에서 처음 도입되었으며, 계약의 형태와 거래시장의 특성, 기초자산의 종류 등에 따라 다양한 유형으로 분류된다. 대표적인 것으로는 선물(future)·옵션(option)·스왑(swap)·선도(forward) 등이 있는데, 이들 파생상품을 대상으로 하는 선물 옵션, 스왑 선물, 스왑 옵션 등 2차 파생상품 이외에도 약 1200여 종의 상품이 있다. 세계시장 규모는 1980년 중반부터 전세계적으로 급속히 커지기 시작하여 현재는 약 60조 달러에 이르는 것으로 추산되고 있다.

이처럼 파생금융상품의 시장규모가 크게 증대한 이유는, 경제의 국제화·자율화·증권화 등이 급속히 진전됨에 따라 국제금융시장에서의 리스크 증가에 따른 헤지(hedge : 위험회피)수요의 증가와 자산증가가 수반되지 않는 수수료 수익원으로서 파생상품 수요증가 등을 들 수 있다. 특히 최근 들어 아시아 금융위기, 유럽단일통화 출범, 달러 강세 지속 등 국제금융시장이 불안정해짐에 따라 파생금융상품의 시장 규모는 계속 늘어나고 있으며, 투자에 따른 위험 또한 높아지고 있는 추세이다. 또 다른 요인으로는 자본시장의 국제화가 확대되면서 단기차익을 노린 투기성 자금이 대거 유입되었기 때문이며, 컴퓨터 및 인터넷 등 통신수단의 기술적 발전, 대형 은행 및 증권사간의 경쟁 격화, 금융산업에 대한 각국 정부의 규제 완화 추세 등도 파생금융상품이 급 신장하는 데 일익을 담당하였다.

이러한 파생금융상품 거래의 확대는 경제주체의 의사결정에 있어서 불확실성을 줄임으로써 경제활동을 촉진시킨다는 면에서는 긍정적이지만 투기적 목적에 의한 거래의 증가와 더불어 이에 따른 제반 리스크를 효과적으로 관리하지 못할 경우에는 금융시장의 안정성을 저해할 수도 있기 때문에 적절한 규제와 감독이 필요하다.

5. 용어의 정의

투자와 관련된 전문용어를 이해하는 것이 투자론을 학습하는데 기본이 될 것이다.

▌명목수익률(nominal rate of return)

인플레이션에 의한 화폐의 실질가치의 하락을 고려하지 않은 투자수익률 ⇔ 실질수익률

▌명목이자율(nominal rate of interest)

① 인플레이션을 고려하지 않은 이자율
② 복리를 고려하지 않은 이자율 cf. 단순이자율

▌무기명채권(bearer bond, unregistered bond)

채권의 최초 매입자나 그 유통과정과 관계없이 채권의 소지자에 대해 소유권을 인정하는 채권

▌기대수익률(expected rate of return)

개별자산 또는 포트폴리오로부터 기대되는 수익률로서 미래에 발생 가능한 여러 상태의 수익률에 그 발생가능성(확률)을 곱하여 합한 값이다.

▌기대위험(expected risk)

미래에 발생할 불확실한 현금흐름에 대해 각 상태별 현금흐름을 예측하여 그 평균으로부터 구한 분산 값을 말한다.

▌내부수익률(IRR ; internal rate of return)

어떤 투자로부터 기대되는 현금유입의 현재가치와 현금유출의 현재가치를 동일하게 하는 할인율을 말한다.

▌다중지수모형(multi-index model)

개별증권의 수익률을 설명하는 데 있어서 단일지수모형의 시장요인(전체시장의 변동) 외에 다른 설명요인들을 채택하여 설명력을 높이고자 하는 재무적 모형 ⇔ 단일지수모형

▌레버리지(leverage)

고정비용을 발생시키는 자산 또는 자금(부채, 우선주, 시설관리비, 리스 등)을 사용할 경우 나타나는 손익 또는 주당이익의 확대효과를 말한다. 영업레버리지와 재무레버리지 및 결합레버리지가 있다.

▌레버리지드바이아웃(LBO ; leveraged buyout)

소요자금을 차입하여 기업을 매수하는 것으로 일반적으로 인수기업(acquirer)이 인수할

기업(target firm)의 자산을 담보로 소요자금을 융자받아 기업을 인수하게 되는데, 자금마련을 위해 인수기업 자신의 자산을 담보로 제공하는 경우도 있다.

▌롤오버(roll over)

① 채권이나 계약 등에 대해 당사자간의 합의에 의해 만기를 연장하는 것
② 선물계약과 연계하여 차익거래 등의 포지션을 청산하지 않고 다음 만기일로 이월하는 것

▌뷸릿포트폴리오(bullet portfolio)

채권면역을 위해 구성된 채권포트폴리오 중 현금흐름이 만기일 주변에 집중되어 있어서 위험이 낮은 포트폴리오

▌블루칩(blue chip)

장기간동안 안정적으로 이익을 창출하고 배당을 지급해온 우량기업의 주식으로 일반적으로 꾸준한 성장이 가능하고 경영위험이 작은 것으로 인식된다.

▌사모(private placement)

증권을 발행하는 하나의 방법으로 유동성이 매우 낮은 회사채 등의 경우 발행기업이 직접 소수의 원매자와 사적 교섭을 통해 증권을 매출하는 방법⇔공모

▌선물거래(futures transaction)

미래의 일정시점에 품질, 수량 및 규격 등이 표준화된 특정 대상물을 계약체결시에 약정한 가격으로 인수·인도할 것을 약정하는 계약으로 조직화된 거래소에서 이루어지는 거래이다. cf. 선도거래

▌선물계약(futures contract)

미래의 일정한 시점(결제일)에 일정 수량의 특정상품을 미리 약정한 가격(선물가격)으로 매매하기로 맺은 계약을 말한다.

▌선물옵션(futures options, options on futures)

선물계약을 기초자산으로 하는 옵션으로 만기가 되면 선물포지션으로 전환된다. 즉, 콜옵션 매수자가 권리를 행사하면 선물의 매수포지션을 취하게 되고 풋옵션의 경우 권리를 행사하면 선물의 매도포지션이 된다.

▌스왑(swap)

특정한 현금흐름을 갖고 있는 유가증권 등을 다른 형태의 현금흐름을 갖고 있는 유가증권 등과 교환하는 거래 행위

▌스왑션(swaption)

스왑과 옵션의 복합적인 형태로 계약기간동안 시장금리가 약정한 금리수준을 벗어날 경우 변동금리를 고정금리로 전환시킬 수 있는 권리를 부여한 계약이다. 일단 권리를 행사한 후에는 행사가격 수준에서 금리가 고정된다.

▌스팟가격(spot price)

선물가격에 대한 상대적인 개념으로 현물가격을 말한다.

▌스프레드(spread)

① 특정 증권의 매수호가와 매도호가의 차이
② 만기일 등 조건이 다른 선물계약간의 가격차이
③ 고정수익증권간의 수익률 차이
④ 기초상품은 동일하지만 행사가격이나 만기가 다른 콜 또는 풋옵션의 가격차이
⑤ 외환시장에서 매입률과 매도율의 차이
⑥ 완전히 동일한 상품에 대한 두 시장간의 가격차이

▌실질수익률(real rate of return)

인플레이션을 고려하여 조정한 투자수익률⇔명목수익률

▌실질이자율(real interest rate)

명목이자율에서 인플레이션율을 차감한 이자율⇔명목이자율

▌실현수익률(realized yield)

특정 채권에 투자하는 기간동안 실제로 지급 받은 원금과 이자 등으로부터 산출한 수익률⇔약정수익률

▌실효이자율(effective interest rate)

특정 채권에 투자하여 실제로 얻게 되는 수익률로 채권의 매입가격, 액면이자율, 만기일

및 이자지급일간의 간격에 기초하여 계산된다.

▌양도성예금증서(CD ; certificates of deposit)

정기예금을 양도가 가능하게 하여 증서화 함으로써 유동성을 부여한 것으로 주요 단기금융수단의 하나이다.

▌요구불예금(demand deposit)

수표에 의해 인출이 가능하거나 약정이자율의 희생 없이 언제나 입출금이 자유로운 예금으로 당좌예금, 보통예금, 가계종합예금 및 별단예금 등이 있다.

▌위험과 수익의 트레이드오프(trade-off)

합리적인 투자자라면 모두 위험을 싫어하고 수익을 추구하기 마련이지만, 위험이 작으면 기대수익률이 낮고 기대수익률이 높으면 그에 상응하여 위험도 커진다는 것으로 위험과 수익의 상승(상승) 관계라고도 한다.

▌위험선호(risk preference)

① 동일한 기대현금흐름을 가지는, 여러 투자안들 중에서 위험(분산)이 가장 큰 투자안을 선호하는 경향 ⇔ 위험회피
② 미래의 불확실한 현금흐름에 대해 객관적인 기대가치와 주관적인 확실성등가를 비교하여 확실성등가를 기대가치보다 높게 평가하는 경향

▌위험수익률(risky rate of return)

위험자산의 수익률로서 무위험수익률에 위험프리미엄을 가산한 것이다.
cf. 위험자산 ⇔ 무위험수익률

▌유동성(liquidity)

① 화폐 이외의 자산(비화폐성 자산)이 가치의 손실 없이 화폐(화폐성 자산)로 전환될 수 있는 가능성으로 자산의 유동성은 그 자산이 화폐로 전환하는데 필요한 시간의 크기에 반비례한다.
② 기업이나 정부 등 경제주체의 채무상환능력

▌유동성위험(liquidity risk)

① 상품이나 증권의 거래에 있어서 매수 또는 매도기회의 제약으로 인해 매매하고자 하

는 물량을 충분히 신속하게 처리하지 못할 가능성
② 장기채권에 대한 미래수익의 불확실성으로 장기채의 경우 미래에 채권의 시장가격이 변동하여 당초의 기대수익을 달성하지 못할 가능성

▌유동성프리미엄(liquidity premium)

상대적으로 유동성이 부족한 자산에 대해 요구하는 가격할인이나 추가금리 등의 혜택

▌인플레이션위험(inflation risk)

기대하지 않았던 물가의 변동으로 투자자가 불이익을 당하게 될 가능성

▌인플레이션 헤지(inflation hedge)

인플레이션으로 인하여 발생할 수 있는 자산가치의 손실을 보전하는 행위

▌총자산수익률(ROA ; return on assets)

세금을 차감한 순이익을 총자산으로 나눈 비율로 기업이 수익의 창출과정에서 주어진 총자산을 얼마나 효율적으로 이용했는가를 측정하는 수익성 지표이다.

▌최대수익률포트폴리오(MRP ; maximum return portfolio)

주어진 투자기회집합으로부터 도출된 효율적 투자선 상의 포트폴리오 중 수익률이 가장 높은 포트폴리오 ⇔ 최소분산 포트폴리오

▌최소분산포트폴리오(MVP ; minimum variance portfolio)

주어진 투자기회집합으로부터 도출된 효율적 투자선 상의 포트폴리오 중 분산이 가장 작은 포트폴리오 ⇔ 최대수익률 포트폴리오

▌콜시장(call market)

은행 및 한정된 금융기관들 간에 하루 또는 수일간 사용할 목적의 초단기 운전자금 즉, 콜자금(call money)을 거래하는 은행간 시장

▌통화(money)

통화량에 대한 가장 기본적인 지표로 M1이라 표기한다. 이는 일반이 보유한 현금통화에 은행의 요구불 예금을 합한 금액으로 지불수단으로서의 기능을 중시하고 있다.

▍통화량(money supply)

시중에 유통되는 화폐의 양을 의미하는데, 우리나라에서는 통화지표로서 통화(M1), 총통화(M2), 단기성총통화(M2A) 및 총유동성(M3) 등 네 가지를 주로 이용하고 있다.

▍통화바스켓(currency basket)

관리변동환율제도에서 기준환율을 산정하기 위해 선정된 통화들의 구성

▍통화선물(currency futures)

특정 통화를 기초상품으로 하는 선물계약으로 외환선물이라고도 한다.

▍통화스왑(currency swap)

다른 종류의 통화끼리의 스왑으로 외환스왑이라고도 한다.

▍통화안정증권

통화량의 조절을 목적으로 한국은행이 발행하는 단기증권으로 대부분 인수매출방식으로 할인발행 되며, 만기는 최단 14일에서 최장 546일까지 10종류가 있다.

▍파생금융상품(financial derivatives)

본원적 자산으로부터 파생된 금융상품을 뜻한다. 금융선물과 거의 같은 뜻으로 쓰이는데, 금융선물은 상품선물에 대한 상대적인 개념으로 쓰이는 경우가 많지만 파생금융상품은 보다 일반적이고 광의의 개념이라 할 수 있다. cf. 금융선물

▍파생적 증권(derivatives, derivative securities)

주식이나 채권 등의 기초자산으로부터 파생된 조건부증권을 말합니다 ⇔ 본원적 증권

▍퍼(PER ; price earnings ratio)

주가수익비율

▍펀드매니저(fund manager)

은행의 신탁계정이나 투자신탁의 단위펀드 또는 각종 기금 등의 자산에 대해 그 운용 및 관리를 담당하는 사람

▌펀드멘탈(fundmental)

경제나 산업 또는 증권 등의 평가에 있어서 필수적이고 기본적인 평가요소들을 말한다.

▌평균-분산 이론(mean-variance theory)

포트폴리오 선택이론에서 모든 투자자들은 수익률의 평균(기대수익)과 분산(위험)이라는 두 가지 기준에 따라 투자기회를 선택한다는 가설

▌핫머니(hot money)

재화에 대한 국가간의 가격차이나 환율변동 등에 의한 차익의 기회를 노리고 국제금융시장을 부동(부동)하는 단기투기성자금을 말한다.

▌현가(PV ; present value)

미래의 현금흐름을 화폐의 시간가치를 반영하여 적절한 할인율로 현재시점에서의 가치로 환산한 값⇔종가

▌헤지(hedge)

투자의 결과가 예상한 방향과 반대로 움직일 경우에 대비하여 위험을 한정시키거나 축소시키는 것을 말한다. 보유자산의 가격변동위험을 회피하고자 이미 보유하고 있거나 보유할 예정인 현물포지션에 대해 선물·옵션시장을 통해 동일한 수량의 반대포지션을 취하는 것을 말한다. ⇔투기

▌헤지비율(hedge ratio)

헤지 하고자 하는 보유자산에 대한 헤지 포트폴리오의 구성비율 즉, 보유자산에 대한 헤지를 위해 반대포지션을 취하는 자산의 매입수량을 말한다.

보/충/강/의

1. 5억을 투자하면 1억의 수익이 발생하는 투자가 있다. 이때 총 수익률은 몇 %인가?

   [해설] 총투자액 : 5억

   총수익금 : 1억 일 때

   총수익률은 = 총수익 / 총투자금액 × 100(%)

   = 1억 / 5억 × 100(%) = 20(%)

   ∴ 총수익률은 20(%)이다.

2. 5억을 투자하면 1억의 수익을 발생하는 투자가 있을 때 이중에서 4억은 지분으로 하고 1억은 10% 이자율의 부채로 하였다. 이 때 지분수익률은?

   [해설] 총투자수익 : 1억

   지분투자수익 = 총투자수익(1억) – 부채이자(1억 × 0.1 = 1,000만원)

   = 9,000만원

   지분수익률 = 9,000만원 / 40,000만원 × 100(%) = 22.5(%)

   ∴ 지분수익률은 22.5%이다.

3. 어떤 토지를 현재 6,000만원에 사서, 1년 후 비용을 제하고 6,600만원에 팔 수 있다면 이에 대한 기대 수익률은 몇 % 인가?

   [해설] 기대수익률 = 기대수익 / 매입가격 × 100(%)

   = 600만원 / 6,000만원 × 100(%) = 10(%)

   ∴ 기대수익률은 10% 이다.

4. 홍길동은 경기도인근의 토지를 8,000만원에 구입하였다. 이 토지가 1년 후에 9,600만원에 팔렸다면, 이 투자의 실현수익률은 얼마인가 ?

   [해설] 실현수익률은 투자 후에 달성된 수익률로 사후수익률 이라고도 부른다.

   실현수익률 = 실현수익 / 투자금액 × 100(%)

   = (9,600만원 – 8,000만원) / 8,000만원 × 100(%) = 20%

5. 건물에 대한 예상수익이 매년 5,000만원이고 요구수익률이 10%일 때 이 건물의 투자가치는 얼마인가?

   [해설] 투자가치는 투자자가 생각하는 주관적인 가치로 예상수익 / 요구수익률로 나타낸다.

   투자가치 = 예상수익 / 요구수익률 = 5,000만원 / 0.1 = 5억

   ∴ 투자가치는 5억이다.

6. 토지에 대한 매년의 기대수익이 6,000만원으로 상승한 경우 요구수익률이 10%일 때 이 건물의 투자가치는?

   [해설] 투자가치는 예상수익 / 요구수익률로 나타낸다.

   투자가치 = 6,000만원 / 0.1 = 6억

   ∴ 투자가치는 6억이다.

7. 매년 수익액이 1억원인 건물이 있다. 만약 이 건물을 5억에 살 수 있다면 투자자의 기대수익률은?

   [해설] 기대수익률 = 수익액 / 투자액 × 100(%)

   = 10,000만원 / 50,000만원 × 100(%) = 20(%)

   ∴ 기대수익률은 20%이다.

제3장

부동산중개업경영

제1절 부동산중개업의 경영관리

1. 중개업경영관리의 의의

중개업은 국민의 부동산활동과 가장 가까운 위치에 있고, 중개업이 부동산현상에 미치는 영향은 매우 크다. 중개기능이 비과학적이면 모든 부동산현상이 그렇게 되고, 중개윤리의 수준이 낮으면 거래질서가 문란하게 된다. 우리나라에서는 국민들이 재산관리 등을 위해 수시로 중개업자를 찾아 상담을 요구하지만 오늘날의 중개업자는 물건의 소개기능 이상의 전문성이 없어 전문적인 자문기능을 하지 못하거나, 하더라도 아직은 초보적인 단계에 머물고 있는 실정이다.

이러한 관점에서 볼 때 보다 전문적인 소양을 갖춘 개업공인중개사들의 역할이 기대된다. 특히 우루과이라운드[1] 협상에 따라 서비스시장이 개방되고 부동산 서비스시장도 개방화된 시점에서 중개업의 경쟁은 날로 치열해 지고 있으며 이러한 경쟁은 국내에서뿐만 아니라 밀려들어오는 외국의 다국적 부동산중개기업들과의 시장확보쟁탈전이 가속화되고 있다. 이러한 시점에서 중개업의 효율적인 경영관리는 매우 중요하며 전근대적인 경영방식에서 탈피하여 경영의 과학화 되어야한다.

---

1 우루과이라운드(Uruguay Round)
관세 및 무역에 관한 일반 협정(GATT)의 제8차 다자간 무역협상. 과거 7차례의 다자간 협상과의 차이점은 우루과이라운드(UR)가 새로운 시대상황에 맞추어 매우 광범한 의제를 다루고 있다는 점이다. UR협상은 상품그룹협상과 서비스협상을 양축으로 하여 15개의 의제로 구성된다.

부동산학의 역사가 짧고 단순한 서비스업으로 인식되어 이론적 연구가 부족하지만 이제는 경영을 능률화하기 위한 원리와 기술을 체계화하고 또한, 실무에 반영하려는 노력을 게을리 할 수 없는 중요한 시기에 와 있다고 본다. 부동산중개업은 대표적인 정보·신뢰서비스 업종이다. 모든 서비스 업종이 그렇듯이 경영자의 자세 및 능력에 따라 얼마든지 업무영역 확대를 도모할 수 있다. 이러한 차원에서 부동산중개업도 시장환경변화에 맞는 신경영·공격적 경영이 절실히 요구된다.

2. 중개업경영관리

부동산경영론은 부동산이라는 상품을 취급하는 기업을 대상으로 경영적 측면에서 연구하는 학문이며 일반상품과 부동산이라는 상품이 다르듯이 경영학과 부동산경영론도 구별되고 있다.

부동산기업의 경영관리란 부동산활동을 하는 자가 사회나 개인에게 기여하기 위하여 필요한 재화와 용역을 생산하고 분배하는 행위로 인사·재무·회계·구매 등의 제 활동을 말하는 것이다. 경영자는 재화와 용역의 생산 및 구매 등을 위하여 인적·물적 노력을 과학적으로 기획·조직·충원·지시 및 통제를 하여 생산성 향상에 노력하는 것이다. 그 중에서 부동산중개업은 타인의 부동산거래를 중개하고 보수를 받는 업을 말한다.

3. 부동산업의 경영관리기능

부동산업의 경영관리기능은 다수인의 활동을 결합하여 경영목적을 능률적으로 형성할 수 있도록 주요정책이나 기본방침에 입각하여 실천에 옮기는 기술적인 과정을 의미하는 것으로 아래와 같은 단계가 요구된다.

① 경영자가 경영을 하기에 앞서 경영목적에 부합하는 계획을 수립할 것

② 수립된 계획을 실시할 것

③ 실시된 경영활동을 평가할 것

경영자가 경영관리기능 혹은 경영관리과정을 통하여 그 직무를 수행한다는 것에 대한 학자들의 의견은 대체로 일치 하지만 이것이 어떻게 구성되어 있는가에 대하여는 각자 견해를 달리하고 있다. 관리과정을 구성하고 있는 관리기능을 최초로 제시한 학자는 페이욜(H. Fayol)이었는 바 그는 관리과정을 계획·조직·지휘·조정·통제의 5가지 단계로 구분하였다. 그 후 1937년 굴릭(C. H. Gulick)은 POSDCORB(planning, organizating, staffing, directing, coordinating, reporting, budgeting)라는 관리과정을 제시하였다.

(1) 경영관리기능의 주요 속성

경영관리는 경영자의 관리기능을 통하여 달성된다. 경영자의 관리기능은 일반적으로 기업에 관계없이 공통적인 성격을 지니게 된다. 따라서 관리기능을 분류하는데 가장 일반적인 방법은 쿤츠와 오도넬(Koontz and O'Donnell)이 제시한 계획·조직·인적자원의 충원·지휘·통제 등과 같이 기능을 분류하는 것이다.

1) 계획화(planning)

계획화란 기업전체의 목표 또는 기업의 부분적인 목표의 선택 및 이들 목표를 달성하기 위한 방침, 개별계획, 절차의 선택과 같은 것을 의미한다. 물론 계획에서는 많은 것 중에서 선택한다고 하는 행위가 행해지기 때문에 계획은 의사결정이라 할 수 있다.

2) 조직화(organizing)

조직화란 기업이 그 목표를 달성하기 위하여 필요로 하는 업무활동의 결정 및 열거, 이들 업무활동의 통합화, 관리자에 대한 이들 통합화된 업무의 할당, 업무를 달성하기 위한 권한의 위양, 조직구조에 있어 권한의 수평적·수직적 관계에 대한 조정을 위한 조치와 같은 것이다.

3) 인적자원의 충원(staffing)

인적자원의 충원이란 인원의 배치, 조직구조에 의해 마련된 직무에 적절히 사람을 배치하는 것과 같은 것이다. 따라서 작업에 필요한 인원을 결정하는 것으로부터 인원계획, 평정, 어떤 직무에 배치되는 인원의 선택, 작업을 능률적으로 달성하기 위한 교육훈련과 같은 것이 관계된다.

4) 지휘(directing)

지휘란 부하를 지도하며 감독하는 것을 말한다. 이 개념은 지극히 간단하지만 지휘의 방법은 대단히 복잡하다. 상사되는 사람이 잘 지휘할 수 있다면 부하는 기업의 목적수행을 위하여 보다 능률적으로 된다.

5) 통제(controlling)

통제란 성과를 계획에 적합하게끔 강제하는 것이다. 따라서 성과의 측정, 좋지 않은 것의 일탈에 대한 교정, 그리고 계획달성에 대한 확보와 같은 것을 행한다.

경영관리기능이란 경영자가 수행하는 직무를 크게 나누어 명시한 것이기 때문에 사람에 따라 관점이 다를 수 있다. 그러나 그 내용을 살펴보면 동일하거나 거의 유사하기 때문에 어느 것을 택하여도 무방하다고 본다.

4. 경영관리의 순환

관리기능의 여러 요소는 서로 밀접한 상호 관련하에 수행된다. 경영순환(management cycle)이란 이러한 여러 요소의 연쇄 순환과정을 말한다. 굴릭(C. H. Gulick)은 POSDCORB라는 매니지먼트 사이클을 제시하였고 미국경영자협회(AMA : American Management Association)는 실증적 연구를 통하여 계획·조직·실시·측정의 관리순환과정을 제시하였으며 PDS POC모형의 사이클도 제시되고 있다.

[圖 2-3-1] PDS·POC CYCLE

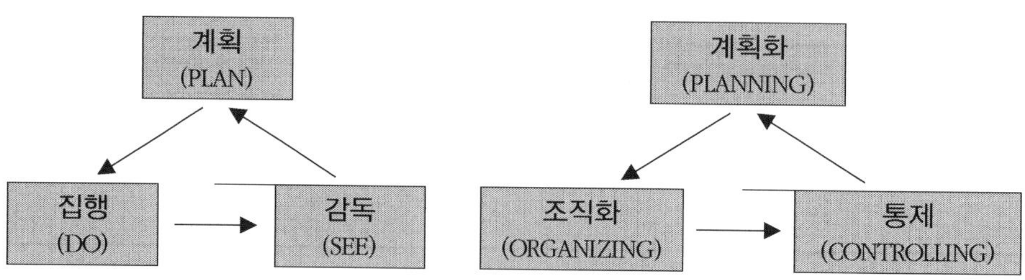

5. 경영관리의 내용

경영관리를 세분하면 재무관리·생산관리·판매관리 등 라인기능의 관리와 조직관리·인사관리·사무관리 등 스탭기능의 관리로 세분할 수 있다. 이들 경영관리는 개략적으로 관리과정을 세분함에 따라 다음과 같이 형성된다. 즉, 재무계획·재무집행·재무통제에 의하여 재무관리가 형성되고 생산계획·생산집행·생산통제에 의하여 생산관리가 판매계획·판매집행·판매통제에 의하여 판매관리가 형성된다. 동일한 원리에 의하여 조직관리·인사관리·사무관리 등도 형성된다. 그러나 관리과정은 계획·조직·충원·지휘·통제 등으로 세분화하는 것이 더욱 현실성이 있고 본다.[2]

2 김준식 외, 상게서, p.218

제2절 부동산 중개활동

1. 부동산중개기법의 의의

(1) 의의

부동산중개란 일반회사에 있어 상품의 판매와 같다. 그러므로 상품의 판매전략과 같이 중개업에 있어서도 중개전략 즉, 중개기법이 필요하다. 일반적으로 중개기법은 하나의 기술이라는 견해가 있으나 때로는 과학이자 기법이라고도 한다.

(2) 중개기법의 개요

1) 5 P,S의 원리

5 P,S란 인적판매를 말하는 것으로 고객과 판매원 사이의 관계인 준비·구매자예측·접근사전단계·판매제시·판매 후 활동 등을 말한다.

2) AIDA원리

판매기술을 중개업에 적용한 것으로 주목, 흥미, 욕망, 행동의 네 가지 원리로 이루어 졌다.

3) 설득의 기법

부동산중개업무에 있어 설득은 아주 중요한 부분을 차지한다.

4) 중개의뢰인분석

중개의뢰인의 성향분석은 부동산중개의 성패를 좌우한다.

2. 5 P,S의 원리

고객과 판매원 사이의 관계인 준비·구매자예측·접근사전단계·판매제시·판매 후 활동 등을 5 P,S의 원리라 말하며 다음의 5단계로 구성되어 있다.

(1) 판매 전 준비(presale preparation)

판매원은 항상 고객을 맞아 판매를 할 수 있도록 준비가 되어야 한다. 현재의 시장동향과 전망을 알아야 하고 또 고객을 맞아 충분히 설명할 수 있는 준비자료 및 각종 공부들과 구매자의 행동분석 및 구매동기를 유발할 수 있도록 모든 준비가 완료되어야 한다.

(2) 잠재고객의 발굴(prospecting for potential buyers)

판매원은 잠재고객의 발굴을 위하여 항상 다음의 준비를 갖추어야 한다.

① 항상 유용한 잠재고객을 발굴하기 위한 마음의 준비를 하여야 한다.

② 현재의 고객이 또 다른 잠재고객을 유인한다는 신념으로 고객을 대하여야 한다.

③ 자기 주변의 유력 인사나 친구, 친척이 잠재고객을 제공한다는 사실을 깊이 인식하여야 한다.

④ 모든 광고매체는 항상 잠재고객을 제공한다는 사실에 유의하여야 한다.

(3) 접근사전단계(preapproach to individual prospects)

사전접촉은 접근사전단계로 판매물에 대한 고객의 취향과 반응 등을 탐지하는 일이다. 주택판매의 경우 자금능력, 주택의 입지, 구조, 취학자녀의 유·무 등을 자연스럽게 탐지하여 판매의 효과를 높일 수 있다.

(4) 판매제시(sales presentation)

판매제시란 잠재고객의 구매의사를 고취시키는 단계로 판매원은 판매물건을 제시하여 흥미를 갖게 하고 이러한 흥미가 구매욕구로 변하여 구매하도록 하는 AIDA의 원리에 입각하여 판매과정을 갖는 것이다. 판매원의 판매제시는 잠재고객이 원하는 바를 정확하게 찾아내어 완전하고도 명확한 제시가 되도록 하여야 한다. 즉, 잠재고객의 수준에 따라 필요한 용어를 구사하여야 하며, 구매에 따른 신뢰가 따르도록 주지해야 한다. 잠재고객이 판매에 이의를 제기 하거나 흥미를 갖지 못하는 경우가 있다. 이때에도 이의를 진지한 자세로 경청하고 충분히 말하도록 함으로써 또 다른 정보나 교훈으로 생각할 필요가 있다.

(5) 판매 후의 활동(post sale activities for satisfaction)

판매의 최종단계는 일단 맺어진 고객과의 유대관계를 강화하는 것이다. 중개업자는 이를 통하여 장기간의 거래기반을 구축할 수 있다. 주택구매자에게 가끔 전화를 걸어 주거의 불편함은 없는지, 생활하기는 괜찮은지 등을 물어 스스로 편의를 제공하려는 자세가 필요하다.[3]

3. AIDA의 원리

AIDA의 원리는 주목(Attention), 흥미(Interest), 욕망(Desire), 행동(Action)의 영문 머리글자로서 사람이 물건을 구입하기까지의 심리적 발전단계를 표현한 것이다.

(1) 주목단계(Attention)

중개업자는 광고를 통하여 부동산의 특징과 개요를 요약, 설명함으로써 고객의 주목을 끈다.

(2) 흥미단계(Interest)

대상물에 대하여 관심을 갖기 시작한 고객은 중개업자의 설득에 의해 더욱 흥미를 지니게 된다. 중개업자는 대상물의 특징을 더욱 구체적으로 명시하여 고객의 불안감을 해소하고 구입하고자 하는 욕망을 이끌어 내도록 한다. 이 단계에서는 분명하고 요령 있는 화술로 판매소구점(Selling Point)을 설명하여 고객의 구입욕망을 이끌어 내는 것이 매우 중요하다.

(3) 욕망단계(Desire)

고객이 중개대상물의 어떤 점에 관심과 흥미를 갖고 있는가를 파악하고 보다 유리한 사실을 제시하여 욕망을 촉구, 고객의 반응이 긍정적이면 중개업자는 클로우징으로 갈 수 있도록 조율하여 본다.

클로우징이란 고객의 욕망을 촉구하여 계약에 서명시키는 작업으로서, 클로우징의 예행으로 고객과 대상물을 놓고 가벼운 의견교환을 해보는 것이 좋다.

(4) 행동단계(Action)

위의 결과에 따라서 중개업자는 본격적으로 클로우징(Closing)을 유도한다. 고객이 결심을 하도록 모든 자료를 제시하고 설득하여 계약체결로 연결한다.

---

3 최용규 외, 부동산유통론, 삼영사, 1996, p.318

[圖 2-3-2] 5P,S의 과정과 AIDA의 원리

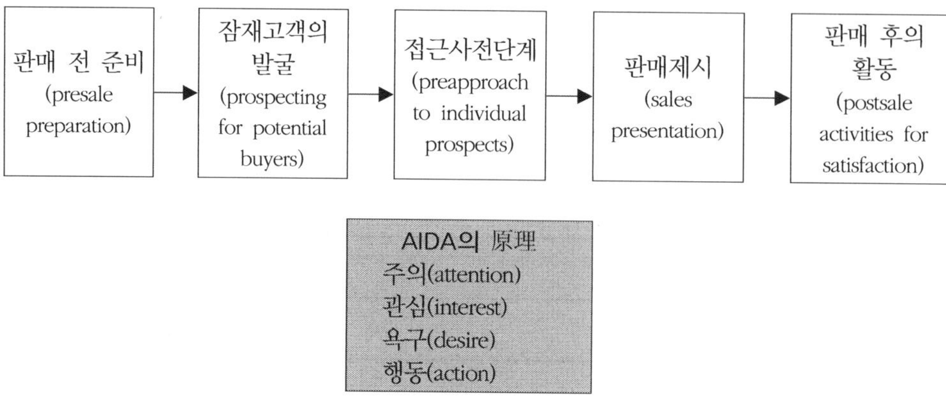

자료 : William J. Stanton, Fundamentals of Marketing, McGraw-Hill Book Company, New York, 1978, p.442

4. 설득의 기법

(1) 정중하고 친절한 태도

구매자를 설득하기 위해서는 정중하고 친절하여야 하지만 지나치게 친절하거나 정중한 행동은 중개업자를 경계하는 요인이 된다. 또한 중개업자는 진지하게 구매자를 대해야 하며 질문을 하는 경우에는 그 질문이 필요한 이유를 짧게 설명하는 것이 좋다. 이는 대화의 예의이자 상대방의 대화 협조를 구하는 수단이기도 하다.

(2) 대화의 5원칙

중개업자가 고객과 대화를 전개함에 있어서는 다음 사항을 유의하여야 한다.

① 목표의 의식 : 무엇 때문에 이야기하는가

② 상대방의 의식 : 누구에게 이야기하는가

③ 시간의 의식 : 언제 이야기하는가

④ 장소의 의식 : 어디에서 이야기하는가

⑤ 위치의 의식 : 어떤 입장에서 이야기하는가

[대화의 5원칙]		
1. 목표의 의식	2. 상대방의 의식	3. 시간의 의식
4. 장소의 의식	5. 위치의 의식 등	

(3) 대화의 5원칙에 따른 대화

① 너무 유창한 언술 보다는 차근히 안정된 목소리로 사무적으로 대화하여야 하며 중개의뢰인이 원하는 사항은 물론 묻지 않는 사항도 필요하다고 판단되면 말해주는 것이 좋다.

② '진정이다', '정말이다'와 같이 적극적으로 긍정하는 언어를 쓰는 것은 옳지 않으며 흥미 없는 모습일 때는 그 이유를 물어 보기도 한다. 또한, 대화는 장황하게 늘어놓지 말고 끝맺음을 잘 해야 한다.

5. 고객유형의 분석

(1) 가격의식형

매사를 가격위주로만 집착하여 타당한 가격을 제시하더라도 반드시 가격을 깎아야만 직성이 풀리는 고객형이다. 이런 사람에게는 그런 가격이 형성된 이유와 가격대비 물건의 장점을 설명하는 것이 좋다.

(2) 다변사교형

말솜씨와 붙임성이 좋은 고객형이다. 이는 고객의 대화에 따르면서 기분 상하지 않게 적당히 그 다변을 역이용해야 한다.

(3) 우유부단형

생각이 여러 갈래로 흩어져 구입의사를 쉽게 결정하지 못하는 유형의 고객을 말한다. 이런 사람에게는 이것저것 보이지 말고 적당한 물건 하나를 제시하여 쉽게 결정하도록 유도한다.

(4) 침묵방어형

중개업자의 설득에 거의 무표정하고 과묵하여 무리하게 말을 시키면 역효과가 온다. 그 원인은 대개 중개업자에 대한 불만, 불신, 부동산에의 무지 등이므로 불안원인을 제거하고 신뢰감을 주도록 한다.

(5) 자신과잉형

매상에 언행이 거리낌없이 넘치는 고객형이다. 이런 유형의 고객은 자기중심적이고 타인에게 이끌려 가는 것을 싫어하므로 충분하고 빈틈없는 자료를 제공하여 고객자신의 판단에 맡기는 것이 좋다.

(6) 만사긍정형

모든 것이 그렇다고 이의를 제기하지 않는 고객형이다. 이는 고객의 심중을 알 수가 없으므로 간단한 질문으로 진의를 확인하고 의사를 타진하여야 한다.

(7) 자기현시형

부동산 지식을 내세워 아는 척 하는 고객형이다. 이러한 고객은 대개 중개업자를 믿지 못하고 경계하면서 불안해하는 경우가 많으므로 확실한 자료 등을 주면서 가볍게 권유하는 것이 좋다.

(8) 놀림형

유효중개의뢰의 3요소라 할 수 있는 거래의 의사, 준비, 능력이 없으면서 중개업자를 놀리러 다니는 유형이다.

(9) 자기과장형

자신의 지위, 소득 등을 과장하여 위세를 부리는 고객형이다. 이런 경우 긴 대화보다는 간단명료하게 물어보는 것만 대답하면 된다.

[圖 2-3-3] 의뢰인과 중개업자의 관계

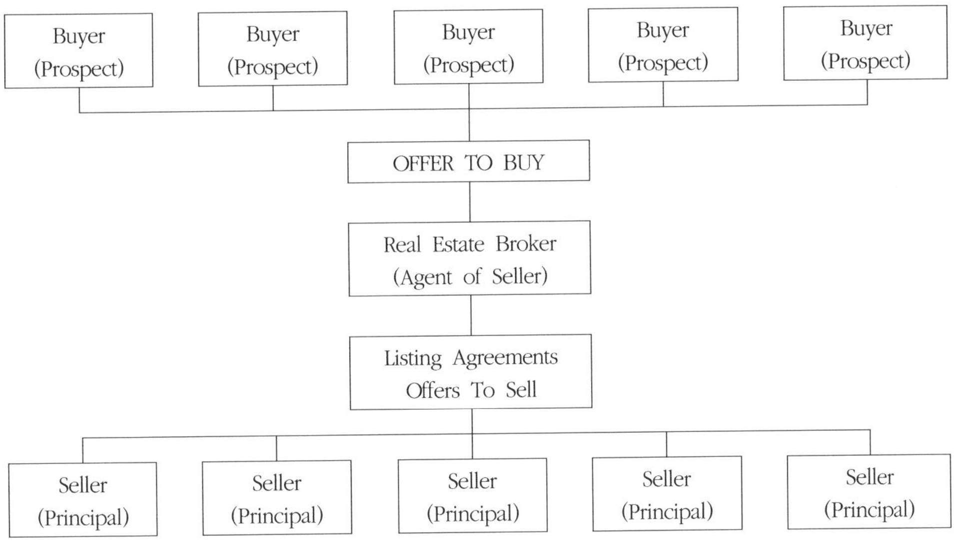

자료 : Willam M. Shenkel, Modern Real Estate, principles 3rd ed., Business Publications, Inc., Plano, Texas 1984, p.424

보/충/강/의

- 중개활동의 과정

  중개대상물과 고객의 확보 → 준비 → 접근·현지안내·제시 → 만처리 및 설득 → 크로우징

- 고객유형의 분석

1. 가격의식형	2. 다변사교형	3. 우유부단형
4. 침묵방어형	5. 자신과잉형	6. 만사긍정형
7. 자기현시형	8. 놀림형	9. 자기과장형

6. 부동산의 판매과정

(1) 물건과 고객의 확보

중개업무의 가장 기본적인 요소로서 의뢰물건과 고객의 정보수집이 전제되어야 한다.

(2) 준 비

고객과 물건을 분석하여 물건에 알맞은 고객과 고객에 알맞은 물건을 고를 수 있게 한다.

(3) 접근(Approach)

용의주도한 준비를 한 다음 고객에게 접근하여 물건에 주의와 흥미를 발생시킨다.

(4) 현지안내·제시

현지안내와 함께 물건의 특징을 설명함으로써 구매의욕을 갖도록 한다.

(5) 클로우징(Closing) 시도

질문과 설명으로 불만적인 요소를 제거하면서 특징을 구체적으로 지적하여 마지막 결심을 하도록 한다.

(6) 클로우징(Closing)

마지막 결정을 하여 계약에 이르도록 한다.

보/충/강/의

- 부동산의 판매과정
  1. 물건과 고객의 확보 2. 준비
  3. 접근 4. 현지안내·제시
  5. 클로우징 시도 6. 클로우징
- 클로우징(Closing)

  매도인과 매수인이 동의한 시간·장소에서 권리증서와 대금을 교환하는 것을 말하며 매도인과 매수인이 다 함께 판매기간이나 조건 등에 만족하는 것을 클로우징이라 한다.

  클로우징은 부동산매매계약서·부동산임대차계약서 등에 서명시키는 행위로서 부동산소유권을 현실적으로 이전시키는 행위까지 포함한다. 또한 클로우징의 기회는 1회로 한정된 것이 아니고 수회 있을 수 있다는 것이 통설이다. 따라서 고객의 행동, 표정, 언행 등을 파악하여 클로우징의 단계로 이행하는 것이 좋다.

[圖 2-3-4] 부동산 판매과정과 부동산·고객중심의 과정비교

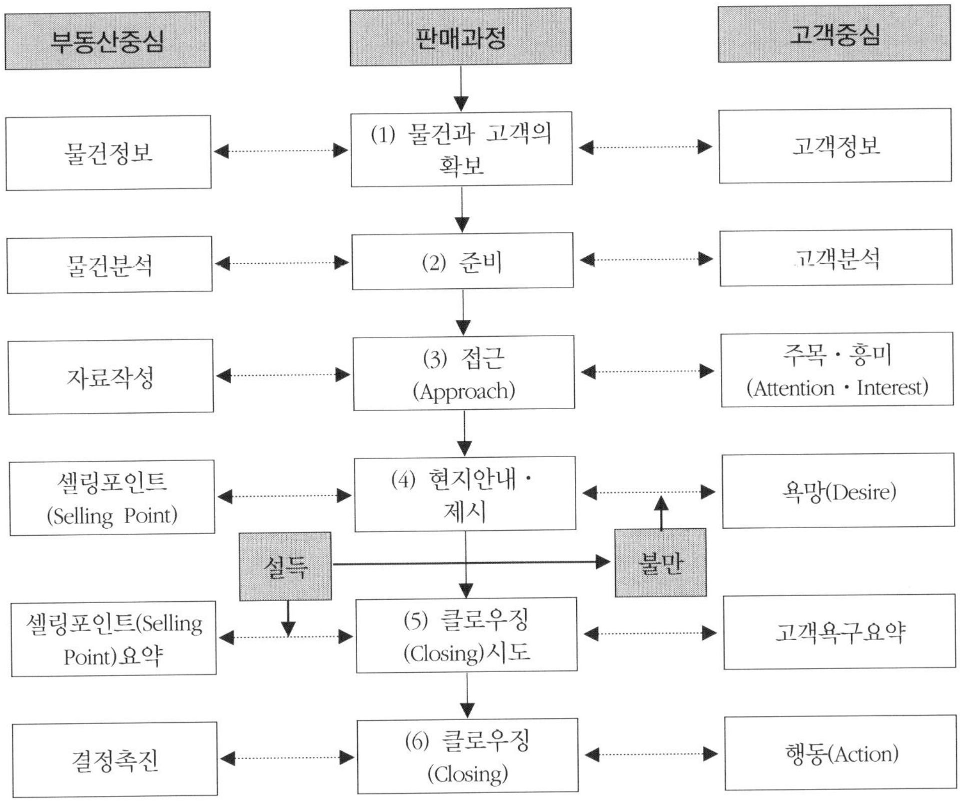

7. 클로우징(Closing)

(1) 클로우징의 의미

매도인과 매수인이 동의한 시간·장소에서 권리증서와 대금을 교환하는 것을 말하며 매도인과 매수인이 다함께 판매기간이나 조건 등에 만족하는 것을 클로우징이라 한다.

클로우징은 부동산매매계약서·부동산임대차계약서 등에 서명시키는 행위로서 부동산소유권을 현실적으로 이전시키는 행위까지 포함한다 할 것이다.

클로우징의 시기는 1회로 한정된 것이 아니고 수회 있을 수 있다는 것이 통설인바 이 시기는 고객의 행동, 표정, 언행 등을 파악하여 클로우징의 단계로 이행하는 것이 좋다.

(2) 클로우징의 방법

클로우징 방법에는 다음과 같은 것이 있다.

1) 점진적 확인법

고객이 안심하고 동의할 수 있는 질문부터 시작하면서 계약을 유도하는 방법이다.

2) 계약 전제법

이 방법은 예를 들면 "다음 달 초까지 집을 비우라고 할까요?" 등의 계약을 전제로 한 질문을 하여 좋은 반응을 보일 때 클로우징 절차를 진행시키는 방법이다.

3) 부분 선결법

부분적인 사항 즉 보증금, 입주일, 계약금 등의 사항에 대하여 부분적으로 결정을 유도한 다음에 계약을 체결시키는 방법이다.

4) 장·단점 비교법

여러 개의 부동산을 제시한 후 비교하여 장점을 강조함으로써 클로우징으로 연결시키는 방법이다.

5) 결과 강조법

과거부터 현재까지의 실례를 강조함으로써 클로우징으로 연결시키는 방법이다.

6) 만족 강조법

미래에 대한 수익 등을 강조함으로써 클로우징으로 연결시키는 방법이다.

(3) 클로우징과 제3자의 존재

클로우징단계에서 제3자의 존재는 계약에 치명적인 문제를 야기할 수 있다. 자기 현시욕에 급급한 제3자가 얕은 지식을 사용하여 가망고객의 마음을 흔들어 놓아 가망고객이 계약을 망설이는 경우가 적지 않은 것이다. 그래서 중개업자간에는 계약을 할 때 누가 기웃거리기만 하여도 떡을 주어야 한다는 말이 유행하고 있다. 이는 어떻게 해서라도 제3자의 입을 막겠다는 의지를 보여주는 것으로 볼 수 있다.

미국에서는 부동산중개업자가 계약을 할 때 가능하면 별도의 룸(closing room)을 사용한다. 이는 제3자의 개입없이 안정된 분위기에서 신속히 계약을 마치려는 의도로 보면 된다. 일반적으로 고객의 상태는 고가의 계약을 체결하여야 하기 때문에 심리적으로 매우 불안정하고 망설이는 경우가 많으므로 항상 편안하게 계약을 마칠 수 있도록 주변환경을 조성해 주어야하며 이 과정에서 제3자의 존재는 전혀 도움을 줄 수 없는 경우가 많다고 본다.

보/충/강/의

- Closing방법
  1. 점진적 확인법 2. 계약 전제법
  3. 부분 선결법 4. 장·단점 비교법
  5. 결과 강조법 6. 만족 강조법

8. 부동산의 셀링포인트(Selling Point, 판매소구점)

부동산의 셀링포인트란 상품으로서의 부동산이 지니는 여러 특징 중 구매자에게 만족을 주는 특징으로서 판매소구점이라고도 한다.

부동산에는 부동성과 개별성이 있기 때문에 각각의 부동산이 지니는 특징은 서로 다르다. 중개업자는 이 특징을 잘 분석하고 체계화하여 고객에게 기술적으로 설명해야 한다.

특히, 고객의 잠재적 욕망을 자극하도록 셀링포인트를 구성하여 구체적으로 지적하여야 하며 그렇게 하기 위해서는 셀링포인트의 조성에 대한 노력과 설득이 필요하고 이것이 기술로서 개척되고 연구되어야 한다.

(1) 법률적·기술적·경제적·정책적 측면의 셀링포인트

부동산의 판매에 있어서 셀링포인트를 적절하게 적용시키는 것은 판매에 있어서 매우 중요하다. 이에 대하여는 부동산의 복합개념에 입각하여 경제, 기술, 법률의 3가지측면에서 접근하는 것이 유용하다고 판단된다. 다만, 셀링포인트의 적용은 경직적인 것이 아니라 사회적, 경제적, 기술적 여건이 변화함에 따라 가변성을 갖는다고 본다.

1) 법률적 측면의 셀링포인트

소유권의 진정성(진정성), 토지이용의 공법상의 규제 내용, 세법의 내용 등이 중요한 셀링포인트가 된다.

특히 소유권의 진정성에 대한 의뢰인의 지식은 매우 낮은 편이며 등기의 공신력이 없다는 사실도 대부분의 고객이 모르고 있는 실정이다. 이 경우 중개업자는 권리분석에 대한 전문적인 지식을 상대방이 이해하기 쉽도록 구사함으로서 고객에게 신뢰를 주고 이를 바탕으로 계약까지 이끌 수 있는 아주 유리한 셀링포인트가 될 수 있다.

2) 기술적 측면의 셀링포인트

부동산의 기능을 중요시한다. 예를 들어 주택의 경우라면 설비나 기초가 얼마나 잘 되어있으며 동선[4]이 합리적으로 되어있는지 등을 말한다.

셀링포인트 중에서 가장 풍부한 내용을 담고 있는 것이 기술적 측면의 셀링포인트이며 고객의 마음을 가장 잘 사로잡는 셀링포인트로 볼 수 있다. 건축공법과 자재의 개발, 정보통신기술의 발달은 건축물의 기능을 나날이 발전시키며 또한 이에 적응된 고객의 요구조건도 까다로워지기 마련인 것이다. 아무리 우수한 건물도 세월이 흐르면 기술적으로 노후화 되며 이로 인한 기술적 셀링포인트도 소멸할 수밖에 없다. 최근의 주택업체들은 TQM(종합품질경영 : Total Quality Management)을 전사적으로 추진하는 경향이 많다. 이는 종전의 품질보증이나 품질관리보다 더 확대된 개념으로 새로운 경영개념으로 부각되고 있으며 이를 통하여 기술적 셀링포인트의 확대를 도모한다고 볼 수 있다.

3) 경제적 측면의 셀링포인트

부동산의 가격이나 임료의 하자유무를 중요시한다. 즉 매도하려는 부동산인 경우는 그 가격이, 임대하려는 부동산인 경우는 임료가 적정하다는 것은 경제적 측면의 셀링포인트 중에서 가장 중요한 내용이 된다. 그밖에 부동산의 수요, 공급동향, 경기순환 등도 경제적 측면의 셀링포인트가 될 수 있다.

4) 정책적 측면의 셀링포인트

부동산에 관한 정부정책이 첫째 어디에 중점을 두고 있으며, 점차 어떻게 발전해 나갈 것이냐 하는 것에 관한 셀링포인트이다. 예를 들어 지금까지 아파트를 선호하지 않던 지역일지라도 정부의 강력한 택지개발이나 신도시정책에 의하여 양호한 주거입지가 조성된다면 이는 훌륭한 셀링포인트로 부각될 수 있는 것이다. 혹은 정부의 조세정책에 의하여 양도소

4 동선(traffic line)
인간의 움직임을 나타내는 선. 생활행위에서 각종 목적을 가진 사람들과 물건의 움직이는 길이나, 생활상의 인간의 움직임을 선으로 나타낸 것을 말한다. 즉 동선은 선, 길, 움직임 어느 쪽을 표현하는 경우에 쓰인다. 건축 계획을 할 때 소요 공간을 확인하고 필요동선을 연구한 다음 확인된 소요공간을 만족시키고 동선거리(movement distance)를 최소화할 수 있는 여러 가지 평면 계획을 작성하기 위해 동선거리는 평면 계획의 구성 원리로서 선택된다. 따라서 동선은 짧고 단순한 것일수록 좋고, 각종 계통의 동선이 분리되어 있는 것이 좋다. 단순하게 연결만을 표시하고 있는 정성적인 표현이 주로 동선 연구에 쓰인다. 주택의 동선 계획은 독립성, 가사노동의 위치 등에 유의해야 한다.

득세의 감면이나 비과세가 대폭 확대된다면 이 또한 정책적 측면의 셀링포인트라고 할 수 있을 것이다. 요즈음 대규모 건설회사 뿐만 아니라 중소건설업체들은 ISO 9000(International Organization for Standardization)인정을 받기 위해서 노력하고 있는 추세이다.

ISO 9000은 국제적으로 통용되는 품질시스템으로 매우 중요하며 또한 국제무역에 있어서 없어서는 안될 중요한 증서이고 경영에 있어서 경쟁력을 갖추었다는 사실을 객관적으로 증명해 준다. ISO 9000은 '99년도 기준으로 약 110,000여 개의 인증서가 발행된 것으로 추산되고 있으며 회사에서 운영하고 있는 품질시스템에 가장 기본적이고 체계적인 내용들을 요구하고 있다. 고객의 요구사항에 대한 계약검토 단계부터 확실하게 검토하여 부서간의 원활한 의사소통을 통해서 주어진 업무가 적절히 통제, 관리되어 고객의 요구가 만족됨을 보장하는 것이다.[5] 이러한 인증은 정책적 측면뿐만 아니라 경제적, 기술적 측면의 셀링포인트도 동시에 제공해 준다고 본다.

보/충/강/의

- 국제표준화기구(ISO : International Organization for Standardization)
  ISO는 국제연합 규격조정 위원회(UNSCC)에 의해 물자 및 서비스의 국제교류를 촉진하고 지식, 과학, 기술, 경제분야의 국제협력을 강화하기 위해 표준화나 이에 관련되는 여러 가지 활동을 국제적 규모로 발전·촉진시키는 것을 목적으로 1947년에 설립되어 현재 118개국이 회원국으로 구성되어 있다. 주요업무로는
  ① 국제표준을 제정 보급하고
  ② 각국간의 표준을 조정 통일하며
  ③ 표준화와 관련되는 활동을 하고 있는 GATT와 같은 기관과 표준화에 관한 조사·연구를 실시하고 이들 기관과의 협력활동을 전개하고 있다.
  이러한 업무에 대한 추진결과 현재 국제규격(IS : International Standards) 8,000여종을 제정·발행했으며, ISO 9000 품질보증에 관한 규격도 1980년 '품질보증 분야에서의 표준화'를 활동범위로 하는 기술위원회(TC : Technical Committee)가 설치되어 제정되게 되었다.
- ISO인증 획득 배경 및 필요성
  각국에서 실시되고 있는 각종 인증제도들이 산업 분야별로 달라 비효율과 혼란이 초래됨에 따라 국제표준화기구(ISO 9000)을 제정하였고 최근 바이어들이 제품주문시 ISO 9000인증서 확인과 미인증시 계약취소 사례가 급증함으로 세계기업의 요구에 적극적으로 대응하기 위함이다.
  '97년 2월 10일 건설교통부(현 국토교통부) 발표에 의하면 시장 개방에 대응하고 고품질 시공을 유도하기 위해 건설 전 과정에 대한 체계적인 품질관리와 국제기준과의 일치를 위해 국제품질 규격(ISO 9000)이 규정하는 품질보증계획 수립을 의무화하여, 공공 건설공사의 품질 및 사후 관리를 국제 규격 수준으로 대폭 강화하기 위해 '97년 상반기 중 건설기술관리법을 대폭 강화하기로 결정하고 품질경영촉진법에 의한 종전 품질관리등급 사정제도가 '97년 6월 27일부로 그 효력이 중지됨에 따라 사정등급인 "품"자 획득제품을 국제표준화기구(ISO 9000) 인증제도로 전환되었음을 '97년 2월 5일자로 전기관에 통보하였으며 모든 공공기관 단체에서는 품질보

---

5 ISO 9000
ISO 9000은 국제표준화 기구 ISO(International Organization for Standardization)에서 제정한 국제 규격이며 약 120여 국가가 회원으로 본부는 제네바에 있다.

증체제(ISO 9000) 인증받은 업체의 제품 구매를 지시하였다.

▸ ISO 9001

시장 및 고객으로부터의 품질 요구가 없거나, 포괄적인 성능 요구는 있어도 명확한 품질 처방은 아니기 때문에 제조자가 설계에 의해 제품의 품질시장을 확정하고 아울러 품질 적합성을 인증하기 위해 설계 - 제조 - 출하 - 설치 - 서비스의 품질시스템 유지가 필요한 경우

▸ ISO 9002

고객으로부터 품질시방이 명확히 제시되어 있거나, 제품규격이 널리 있기 때문에 제조자에 의해 요구품질시방에 대한 적합성을 입증할 수 있는 경우

▸ ISO 9003

제품의 품질시방에 대한 적합성을 제조자의 시험-검사기능으로만 입증할 수 있는 경우로써 설계, 제조, 기능이 없거나 고려하지 않아도 되는 경우

(2) 부동산의 종류별 셀링포인트

부동산의 종류별로도 셀링포인트를 구분할 수 있다. 각각의 종류별로 판매에 영향을 미치는 내용을 알아보기로 하자.

1) 아파트

① 교통과 주변 환경이 양호하다.
② 최상층과 1층은 특히 가격이 저렴하다는 점을 입지조건에 따라 알맞게 설명한다.
③ 엘리베이터, 냉난방 시설이 잘 갖추어져 있다.
④ 주변에 녹지가 많아 건강에 좋다.
⑤ 도난예방이 쉬운 편이다.
⑥ 대 단지 아파트의 경우 연료비와 관리비가 적게 든다.
⑦ 다른 부동산과 달리 환금성이 좋다.
⑧ 입주자가 시설보전을 할 필요가 없어 관리가 수월하다.
⑨ 햇볕이 잘 들어 방이 밝고 위생에도 좋다.

[表 2-3-1] 아파트의 체크리스트

분 류	체크포인트
전기설비	조명기구의 상태, 콘센트의 종류 및 수·전기용량 및 안전도, TV 및 전화콘센트의 설치,
난방·급탕설비	난방의 효율성, 급탕사용의 편리성, 지역난방의 적용여부, 난방연료 및 난방비용
동선	현관, 화장실, 주방, 거실 등의 효율적인 동선설계여부
방의 구조	방의 개수 및 크기, 방마다 가구배치의 유용성 등
프라이버시	이웃과의 소음차단문제, 각 방마다의 독립성, 부부욕실의 프라이버시 문제 등
조망 및 환경	발코니쪽의 전망, 주변의 환경문제(소음, 공해 등)
교통	지하철역과의 접근성 및 대중교통의 편리성
급, 배수설비	급수상태 및 배수처리의 원활화, 오수처리문제 등
수납장 및 환기	수납장의 위치 및 편리성, 자연환기, 강제환기여부 및 채광상태
위생설비	욕조와 샤워기, 변기 등의 상태 및 편리성, 개수 등
주방설비	싱크 및 레인지후드, 급수 및 배수상태, 가스렌지와 배기장치 등
건축구조의 안전성	철근콘크리트조, PC구조, 철골조 등의 분류와 구조상 안전성 등
내·외장재	도배 및 바닥재의 종류와 품질, 도장재 및 창호 등
관리비	관리서비스 및 관리비의 정도
가구 등	기본가구의 상태 및 품질, 추가 설치가구 등
기 타	지하주차장의 유무와 가구당 주차가능차량수, 주차관리상태 등

2) 단독주택

① 아파트와 비교하면 사생활이 자유롭다.

② 주인의 의지에 따라 개축, 증축을 할 수도 있다.

③ 도심에서 멀리 떨어질 경우 전원생활을 할 수 있다.

④ 정원이나 화단을 가질 수 있다.

⑤ 애완동물을 기를 수 있다.

⑥ 투자측면에서 보면 안정성이 있다.

[表 2-3-2] 부동산의 종류별 셀링포인트(주거용부동산)

The Realtors National Marketing Institute, an affiliate of the National Association of Realtors, reports that buyers say they want to read about the following in a residential property advertisement.

Information	Percentage
Geographic area	67
Price and terms	66
Number of bedrooms	58
Condition of property	55
Convenience to schools	52
Convenience to shopping	45
Convenience to churches	45
Number and size of closets	42
Size of lot	38
Number of bathrooms	36
Taxes	34

상기 표는 미국부동산시장의 리얼터가 조사한 것으로 주거용부동산에서 고객이 가장 관심을 나타내는 사항을 표기한 것이다. 판매에 성공하려면 중개업자들은 판매전략에 주요한 자료로 참고하여 계획을 수립하여야 할 것이다.

3) 택 지

① 택지의 가격상승이 기대되는 등 그 택지가 갖는 장점을 충분히 설명한다.
② 도로가 개설되고 전철이 개통예정이다.
③ 학교, 상가. 병원, 우체국, 휴양시설 등이 가까운 위치에 있다.
④ 택지의 면적과 지형이 좋다.
⑤ 수도, 전기, 상하수도 등이 갖추어져 있다.
⑥ 인근지역의 주택수요가 증가되고 있다.

4) 농 지

① 일조, 온도, 습도, 강우, 강설 등 특정작물의 재배에 유리하다
② 수원(수원), 수질(수질) 등 용수상태가 양호하다.

6 Charles H. Wurtzebach, Mike E. Miles, Modern Real Estate, 2nd ed., John Wiley & Sons, Inc., New York, 1984, p.201

③ 지반(지반), 토양(토양) 등 자연상태가 양호하다.
④ 농산물의 소비도시, 출하지, 집하지, 출하시장과의 위치가 가깝다.
⑤ 취락과 농업생산지와의 거리가 가깝다.
⑥ 농산물의 보관을 위한 창고와 저장시설이 잘 되어 있다.
⑦ 농산물의 가공을 위한 시설이 잘 되어 있거나 인근지역에 있다.

보/충/강/의

- 부동산 중개기법 중 AIDA의 원리
  ① 주목단계(Attention) ② 흥미단계(Interest)
  ③ 욕망단계(Desire) ④ 행동단계(Acrion)
- 대화의 5원칙
  ① 목표의 의식 ② 상대방의 의식
  ③ 시간의 의식 ④ 장소의 의식
  ⑤ 위치의 의식
- 고객유형의 종류
  ① 가격의식형 ② 다변사교형
  ③ 우유부단형 ④ 침묵방어형
  ⑤ 자신과잉형 ⑥ 만사긍정형
  ⑦ 자기현시형 ⑧ 놀림형
  ⑨ 자기과장형
- 부동산의 판매과정
  ① 물건과 고객의 확보 ② 준비
  ③ 접근 ④ 현지안내·제시
  ⑤ 클로우징 시도 ⑥ 클로우징
- 클로우징 방법
  ① 점진적 확인법 ② 계약 전제법
  ③ 부분 선결법 ④ 장·단점 비교법
  ⑤ 결과 강조법 ⑥ 만족 강조법
- 부동산의 셀링포인트
  ① 법률적 측면의 셀링포인트 ② 기술적 측면의 셀링포인트
  ③ 경제적 측면의 셀링포인트 ④ 정책적 측면의 셀링포인트

제3절 부동산중개업경영의 특징

1. 중개업경영의 의의

부동산중개업의 경영은 중개업자의 자질과 개성 등에 따라 각각 경영방법, 경영성과 등이 다르므로 일률적으로 논하기는 어렵다. 그러나 중개업 경영의 대전제가 되는 구성요건으로서 운영·인적·물적 요인을 들 수 있다.

(1) 인적 구성요건

중개사무실을 구성하는 개업공인중개사와 보조원 그리고, 운전기사·전산요원 등의 구성인원을 말하는 것으로, 이 중 채용에 대하여 가장 신중하게 고려하여야 할 구성요원은 중개보조원이다.

(2) 물적 요인

중개업 사무실 등 물질적인 구성체를 말하는 것으로서 사무실은 중개업 경영에 직접적인 성공요인이 되어 중개 실적에 큰 영향을 준다.

(3) 운영 : 직접적인 중개 영업활동을 말한다.

2. 중개업경영의 특성

(1) 경영관리이론의 빈곤

종래의 부동산중개업을 경영하는데 있어서는 경영관리이론의 도입이 거의 없었으나 1984년 공인중개사제도가 확립됨으로써 개선의 여지를 마련하였다.

(2) 수요자·공급자의 비고정성·비노출성

일반상품의 유통에서는 소비자가 외부에 명백하게 나타나거나 분포의 양상이 뚜렷하고 거래가 지속되는 것이 특징이다. 그러나 부동산거래에 있어서는 소비자가 표면화되지 않고, 거래가 한번 끝나면 부동산거래시장에서 사라지는 것이 보통이다. 이것이 다른 업과 다른 점이다. 중개업경영에서 유의할 일은 소비자의 비고정성과 비노출성의 처리에 관한 것이다.

즉, 한번 거래가 완료되면 그들은 일단 거래시장에서 사라지지만 언젠가는 제2의 거래를 할 가능성이 있다. 즉 한 번 주택을 구입한 사람은 언젠가는 이를 매각하며, 주택을 매각한 사람 또한 조만간 주택을 구입한다는 점이다.

(3) 고객의사결정의 유동성

부동산은 거래가격이 크고, 대체 가능한 상품의 진열을 한 곳에 놓고 비교할 수 없기 때문에 부동산중개업에 있어서 내방고객 중 유효수요층에 속하는 고객의 비율은 일반 상점을 찾아오는 고객보다 낮은 편이고, 실제적으로 기래가 성립되는 비율도 낮다.

(4) 부동산시장의 복잡성

주거용 부동산시장은 종래의 목조·단독주택에서 아파트·맨션의 고층주택으로 변하고 있고 또한, 부동산 유통도 종래의 중고주택의 단순함에서 대량의 신축주택분양 또는 임대주택으로 자금면에서는 매수인의 자기자금에 의한 일시불방식에서 주택금융·일반융자·할부제 등이 수반된 보다 복잡한 방식으로 이루어지고 있다.

(5) 중개업무의 다양성

부동산중개업은 부동산 매매나 임대차의 중개활동에 대한 비중이 큰 것은 사실이지만 전적으로 그에만 의존하는 것이 아니라 부동산관리, 부동산임대주택지조성, 주택분양, 에스크로우(escrow)등 매우 다양한 부대업무가 있다.

(6) 인사관리의 중요성

부동산중개업의 조직구성에 있어서는 인적 요인의 비중이 크기 때문에 인사관리가 중요하다.

(7) 기획과 통제의 곤란성

주택시장의 경기변동과 동업자가의 경쟁 때문에 부동산중개업의 경영에 있어서 가장 어려운 과제의 하나가 업무활동에 대한 능률예측과 곤란성이다.

(8) 순이익의 유동성

부동산중개업자의 순이익은 부동산경기에 따라, 개인의 능력에 따라 크게 유동적이다.

보/충/강/의

- 에스크로우(escrow)
  미국에 있는 제도로서 에스크로우회사, 변호사, 상업은행, 권원보험회사 등의 제3자가 중립의 입장에서 부동산거래에 관한 모든 사무수속 서비스를 제공하는 것을 말한다. 에스크로우제도는 부동산의 매도인, 브로커, 매수인간에 발생할 부정, 분쟁을 방지할 목적으로 만든 제도이다.
- 중개업 경영의 특성
  ① 경영관리이론의 빈곤
  ② 수요자·공급자의 비고정성·비노출성
  ③ 고객의사결정의 유동성
  ④ 부동산시장의 복잡성
  ⑤ 중개업무의 다양성
  ⑥ 인사관리의 중요성
  ⑦ 기획과 통제의 곤란성
  ⑧ 순이익의 유동성

제4절 중개업의 경영전략

1. 단계별 경영전략

(1) 창업기(안전성)

창업기에는 중개업의 안전성을 기하기 위한 경영전략을 수립하여야 하며, 이를 위해 첫째, 업소의 입지선정 둘째, 고객과 거래물건의 확보 셋째, 부대사업의 유지와 운영비의 절약 등에 착안하여야 한다.

1) 입지선정 및 설비

① 입지선정방법

자금능력의 정도, 전문지식의 수준, 경험의 정도 등을 감안하여 능력에 알맞은 규모를 선택하여야 한다. 또한, 대상고객을 분석하여 중산층 고소득층 젊은층 노년층 등 고객의 계층과 그에 적합한 단독주택 토지 등 물건 종목을 선별하여 채택하는 것이 바람직하다.

② 점포설비

㉠ 중개사무소의 외관

간판, 쇼윈도의 광고가 필요하다. 왜냐하면 점포 그 자체가 광고의 모체역할을 하기 때문이다.

㉡ 중개사무소의 내부설비

자금능력이나 경영규모에 맞게 설비하고 전시실, 클로우징룸, 자료실 등을 구비하고 품위 있는 분위기가 조성되도록 한다.

2) 고객과 중개대상물의 확보

양과 질적으로 조화되고 우수한 거래물건과 고객을 확보해야 한다.

3) 부대사업과 운영비 절감

불황기에 대비하여 빌딩관리업, 주택건설업 등의 부대사업에 대한 전략을 세워야하며, 영세중개업의 경우는 특히 운영비의 절감에 노력해야 한다.

(2) 발전기(경제성)

1) 중개대상물의 조사·정리

이미 확보된 중개물건을 장부 카드 등에 과학적으로 기록·정리·보관함으로써 능률적인 판매활동에 뒷받침이 되도록 하여야 한다.

2) 지역별 물건소유자의 성향분석

유휴지·공가 등의 물건에 대하여는 미리 그 소유자를 조사 확인하여 거래에 참여하도록 유도하고 판매시기를 잘 포착하여 의뢰 받도록 능동적인 중개활동을 전개한다.

3) 경쟁업자의 동향분석 및 판매망 확충

동종경쟁업자의 동향을 분석하고 거래물건과 고객의 확충에 노력해야 한다. 또한, 정보전시업무의 겸업운영 등도 고려해 볼 수 있다.

4) 택지조성과 주택건축분양업의 활용

성실한 부대시설의 운영으로 사업을 확장하는 경영전략을 전개한다.

(3) 확대기(능률성)

1) 부동산 업무처리의 전산화 및 거래물건의 기록관리

중개법인 등 대규모 중개기업에서는 전국단위로 업무의 효율적인 처리를 위하여 전산화 기록관리제도를 도입·운영한다.

2) 부동산정보의 수집과 중개업무의 체인화

동 업계의 신뢰성 있는 중개업자와 체인을 맺어 기동성을 발휘하고 서로 부동산 정보를 교환 운영하면 능률을 기할 수 있는 이점이 있다.

3) 부동산시장의 개척과 부동산광고

부동산광고를 통하여 능동적으로 시장을 개척해야 하고 새로운 기획에 대비한다.

보/충/강/의

- 중개업의 경영전략
  1. 창업기(안전성)
     (1) 중개사무소의 입지선정 및 설비
     (2) 고객과 중개대상물의 확보
     (3) 부대사업과 운영비 정리
  2. 발전기(경제성)
     (1) 중개대상물의 조사정리
     (2) 지역별 물건소유자의 성향분석
     (3) 경쟁업자의 동향분석 및 판매망 확충
     (4) 택지조성과 택지건설분양업의 활용
  3. 확대기(능률성)
     (1) 부동산 업무처리의 전산화
     (2) 부동산정보의 수집과 중개업무의 체인화
     (3) 부동산시장의 개척과 부동산광고

2. 중개업의 인사관리

인사관리란 직원의 모집, 채용, 교육훈련, 동기부여, 보수, 업무평가 등에 관한 계획과 통제를 말한다. 그러므로 중개업자가 사용인의 관리를 잘하느냐 못하느냐에 따라서 영업성과에 많은 영향을 미치게 된다. 특히 우리나라 공인중개사법에서 사용인의 업무상 행위는 그를 고용한 중개업자의 행위로 규정하고 있으므로 사용인의 채용은 매우 신중하게 고려하여 결정하여야 한다. 다음으로 사용인의 선발기준을 보도록 한다.

① 신용할 수 있는 자
② 지역사회의 실정(지리·경제·문화·역사)에 정통한 자
③ 시간외 근무를 감당할 수 있는 건강한 자

④ 치밀한 두뇌의 소유자
⑤ 명랑하고 남을 잘 돕는 자
⑥ 부동산업에 흥미와 정열을 가진 자
⑦ 중개업법에 의한 교육을 이수한 자

3. 중개보조원 관리

(1) 개설

중개보조원의 관리란 중개보조원의 채용, 교육, 보수, 감독 등에 관한 계획과 통제를 말하는 것으로서 중개보조원의 관리는 중개업자의 영업실적에 많은 영향을 미친다. 유능한 중개 보조원을 채용한 경우에는 영업실적을 올리는데 기여를 하지만 유능하지 못한 중개보조원을 두고 있는 경우에는 영업이 저조한 것은 물론이고 손해배상 등 직접적인 손해까지 유발하게 할뿐만 아니라 그로 인하여 중개업자의 명예까지 손상시키게 된다.

공인중개사법 제6조 제5항에 "중개업자가 고용한 공인중개사 및 중개보조원의 업무상 행위는 그를 고용한 중개업자의 행위로 본다."고 규정되어 있다. 따라서 중개보조원의 채용에 있어서는 매우 신중해야 하며 객관적인 관점에서 기준을 적용하여야 한다. 중개보조원에 대한 교육에 있어서 종전의 유능하지 못한 중개보조원의 중개활동도 능률적인 교육과 훈련을 거치면 개선될 수 있으므로 그 필요성은 매우 중요하다. 따라서 중개보조원을 능률적으로 훈련시키고 또 훈련을 받는 일은 중개업자나 중개보조원에게 다 같이 필요하다.

(2) 채용

1) 중개보조원의 선천적 요인

① 좋은 기지와 인상
② 좋은 성격
③ 좋은 음성 등

2) 중개보조원의 후천적 요인

① 선천적인 조건이 전제가 되어야 하겠으나, 중개활동의 보다 성공요인이 되는 것은 '전문적인 교육훈련'에 의한 '후천적 조건'의 획득이다.
② 더욱이 중개활동이 과학적 방법으로 변모되고 있는 현대사회의 중개보조원은 타인의 대체가 불가능할 정도로 가치가 높은 전문직종으로서의 중개보조활동을 중개의뢰인에게 제공할 수 있어야 하기 때문이다.

3) 중개보조원의 부적격기준

여성 판매원은 고객과 이해와 감성이 통하고, 성격도 근면하고 친절하며 끈기가 있으므로 남성보다 장점이 있다. 미국의 경우 부동산 세일즈분야에 여성의 진출은 매우 활발한 편이다. 미국의 대규모 부동산회사에서 제시하는 부동산 세일즈맨의 부적격 기준은 다음과 같다.

① 가정적 책임이 없는 독신자
② 주택, 유가증권, 보험 등 자기 자산이 없는 자
③ 장기간 와병중이거나 생명보험의 가입이 거부된 자
④ 파트타임 세일즈만을 원하는 자
⑤ 남편보다 수입, 명성 등이 높은 배우자를 가진 자
⑥ 군 미필자
⑦ 같은 지역 내의 심한 경쟁대상업체에 근무한 자
⑧ 23세 이하 60세 이상인 자
⑨ 과거에 근무한 모든 직장에 만족스럽게 생각하는 자
⑩ 가정의 분쟁, 이혼, 별거가 심한 자 등이다.
⑪ 생활고, 주벽에서 벗어나지 못한 자
⑫ 과거 직장의 도산 혹은 이유불명의 해고가 2회 이상 있는 자
⑬ 신용보험가입이 거부된 경우 및 체포된 일이 있는 자가 그 이유 등을 명백히 설명하지 못하는 자
⑭ 희망하는 소득목표가 한정되어 있어 소득증대에 관심이 적은 자

[表 2-3-3] 중개보조원 면접시 체크리스트

구 분	평가방법	평 가			
		A	B	C	D
대화능력	어휘·문법·음성·명확성·유창도 측정	설득력 있고 명석한 대화	좋은 대화	약간 서투른 대화	요령부족의 서투른 대화
인 품	직접 받은 인상을 측정	훌륭한 인품	좋은 인품	보통 인품	싫은 인품
인내심 야 심	어느 정도 근면하게 근무하겠는가를 측정	시종 근면할 듯	제시한 시간은 근면할 듯	타인의 격려가 없으면 움직이지 않을 듯	근면하지 못할 듯
적극성	면접 대화시의 적극성을 측정	주도적 경향	부분적 경향	소극적 경향	거의 말이 없다
판단력	상황판별능력 그 공평성을 평가	보기드문 영리한 판단	양호	보통	판단력이 둔하다.
예 의	예의 동작을 판단	극히 예의가 바르다	예의가 바른 경우가 많다	보통은 예의가 바르다	무례하다
용 모	용모, 표정, 태도, 체격, 몸가짐, 복장 청결 등에서 받은 인상	극히 좋은 인상이다	좋은 인상이다	보통이다	좋지 않다
정 직 성 실	인격에 관하여 느낀 인상(구직자의 신원조회 결과를 포함)	상대적으로 신용할 수 있겠다	정직하게 보인다	정직할 듯 하다(신원조회도 역시 불명)	신원조회 결과가 나쁘다
과거의 경 력	경영관리와 판매관리의 분별에 관하여	경험은 거의 경영이다	경영관리는 거의 판매이다	판매관리 이외의 경험이다	경험이 없다
연 령	30 - 45세				23세 이하 또는 65세 이상
자동차	차령	신차-2년	3~4년	5-6년	6년 이상
결 혼 가 족	부양가족수·관계연령을 검토	가족과 수명의 부양자	본인을 비롯한 수명의 부양자	처뿐	부양가족 없다
사교활동	활동범위, 참가정도	많은 단체의 지도자	많은 단체에 적극참여	거의 참가하지 않음	불활발

자료 : Frederick E. Case, Real Estate Brokerage, Prentice-Hall, Inco, Englewoodcliffs, New Jersey, p.147

(3) 교육

1) 교육의 범위

① 부동산의 3대 분야에 걸친 기본분야(부동산에 관한 법률·경제·기술)

② 중개기술·중개심리

③ 제2차 수준의 감정평가

④ 권리분석

⑤ 일상중개업무에 관한 지식 등

2) 교육방법

① 강의형식의 교육(직무 외 교육훈련 : Off. J. T, off the job training)

권위 있는 교과서를 중심으로 숙련된 강사에 의하여 이론 중심으로 전개된다. 일정한 내용의 교육을 단시일 내에 행할 수 있고, 다시 중개보조원의 능동적 사고력과 응용기술의 이론을 통한 창의력을 개발시키는 외에 필요한 전문지식을 주입시키는 등 가장 중추적인 방법이다.

② 실습형식의 교육(직무 내 교육훈련 : O.J.T, on the job training)

선배중개보조원의 지도하에 중개활동의 실습을 행하는 것으로 신입자의 중개기술의 획득을 위해서는 가장 효과적인 방법이나 이에 앞서 강의형식의 교육을 받는 것이 보다 능률적이다.

③ 토론형식의 교육(Syndicate 분임토의, Case study 등)

두 가지의 교육·훈련을 거친 다음에 행하는 것이 좋으나 보다 높은 수준의 이론과 경험을 소지한 강사의 지도가 없으면 효과적이지 못하다.

4. 중개업의 재무관리

부동산중개업자는 예산과 여러 가지 비용(광고비, 판매촉진비, 판매관리비, 교통비, 통신비, 사무소임대료, 운영비, 인건비 등)등 적절한 원가계산체계를 세움으로써 자신이 효율적인 경영을 꾀할 수 있다. 그러나 우리나라 중개업자는 그 규모가 영세하고 제도적인 중개업 분야가 이제 그 시작단계이어서 재무관리의 기준이 없이 제멋대로 행하여지는 경우가 많다. 재무통제의 원칙은 다음과 같다.

(1) 활동과 관련시킬 것

재무통제는 기업목적으로부터 도출하여야 한다. 또 통제되어야 할 활동의 성질을 반영하여야 한다.

(2) 계획과의 차질을 예상할 것

통제는 시장의 변화에 따라서 필요로 되는 경우를 고려하고 목적과 방침에서 어긋날 것을 예상하여 대책을 세워두어야 한다.

(3) 통제는 탄력적일 것

통제는 의뢰인을 접대하는 경우 의사결정에 개인적인 어느 정도의 여유를 인정하여야 한다. 소규모 조직에서는 계획이 끊임없이 변화하므로 통제도 계획의 변화에 따라 변화하도록 입안하여야 한다.

(4) 통제의 횟수를 적게 할 것

통제의 횟수를 적게 하여 누구라도 이해하고 실행할 수 있는 것으로 하여야 한다. 소규모적인 조직에서는 기업 대표자가 꾸준히 사원을 관찰하고 있으므로 통제의 회수는 적어도 된다.

(5) 통제는 경제적일 것

통제에 관한 수단을 유지하는 비용은 그에 따라서 얻어지는 결과의 가치를 초과하면 안 된다. 광고비를 너무 정밀하게 통제하면 광고예산의 사용을 억압하여 간단한 통제의 경우보다 매상이 감소할 지도 모른다.

(6) 통제는 이해하기 쉬운 것일 것

통제의 대상인 사원은 통제의 필요성을 이해하고 통제의 의미를 알고 통제에 따르지 않으면 안 된다.

(7) 반드시 개선할 것

통제는 실패와 불공평을 쉽고 신속하게 지적하고 어디를 개선해야 하는 지를 제시할 수 있어야 한다.

5. 중개업소의 입지 및 내·외부 인테리어

부동산중개업을 처음 시작하려는 사람 혹은 기존 사무실을 처분하고 이전하려는 중개업자에게 있어서 사무실의 위치 및 인테리어에 대해서 고민하지 않고 결정하는 사람은 없으리라 생각한다. 여타 업종도 마찬가지겠지만 중개업에 있어서 사무실의 위치 및 인테리어는 그 중에서도 특별한 연구와 관심을 갖고서 결정하여야 할 사항중의 하나라고 생각하며 이로 인하여 장래에 발생할 중개업경영의 효율성문제에 있어서 대단히 중요한 변수로 작용하고 있다고 보아도 과언이 아니다. 물론 중개업을 운영함에 있어서 가장 중요한 것은 인적구성요건 이라고 보아도 지나치지 않는 말이지만 이에 못지 않게 중요한 변수가 사무실의 입지 및 인테리어에 대한 사항이다.

중개업의 고객은 크게 나누면 매도의뢰인과 매수의뢰인으로 나눌 수 있으며 양쪽의뢰인의 합의에 의해서 계약이 이루어진다. 중개업자의 입장에서는 양쪽 고객을 모두 확보하는 것이 중요하지만 특히 그 중에서도 매도인을 잘 확보하는 것이 중요하다는 것은 더 말할 필요도 없는 일이다. 아무리 고객이 많더라도 상품이 좋지 않으면 팔리지 않는 원리와 마찬가지로 볼 수 있다. 어떻든 고객을 가장 쉽게 확보하는 방법은 그 사무실의 입지에 달려 있다고 본다.

부동산중개실무 이론 중에 중개대상물 수집방법이 여러 가지가 있지만 제 발로 고객이 흘러 들어오도록 하는 방법만큼 좋은 것은 없다고 본다. 이러한 이유에서 중개업에 성공하려면 중개업소의 입지와 사무소의 내부인테리어는 소홀히 다룰 수 없는 아주 중요한 요소 중의 하나이다.

(1) 중개업소의 입지

부동산중개업소의 입지[7]는 전문중개분야에 따라 천차만별이다. 빌딩 및 업소를 전문으로 중개하는 중개업소는 주로 명동, 종로 혹은 강남의 대로변 등 도심지에 위치하는 것이 좋으며 위치는 1층에 한정할 필요 없이 일반사무실처럼 높은 층에 위치하여도 큰 관계는 없다고 본다. 그러나 아파트, 주택 등의 주거용부동산을 주로 매매, 임대하는 부동산사무소는 도시외곽지구의 주거지를 기준으로 하여 고객의 접근이 양호한 주요 길목에 위치하는 것이 좋을 것이다.

일반적으로 우리는 주택지에 위치한 약국을 많이 본다. 대부분의 약국은 주거지 근린상가의 코너 등 입지면에서 탁월한 곳에 위치하고 있다. 물론 약국을 운영하는 약사들은 입지가 약국의 매상에 얼마나 중요한 역할을 하고 있는지 너무나 잘 인식하고 있기 때문에 다소 임대료가 비싸더라도 우선적으로 차지하려는 노력을 보인다. 과도한 임대료의 지출이 있더라도 이는 곧 매출의 증대로 상쇄되며 또한 약국을 이전시 예상 밖의 권리금마저 받으니 일거양득이 아닐 수 없다. 이러한 점에서 판단한다면 당연히 주거용 부동산 중개사무소의 입지도 약국처럼 그 지역에서 최고의 입지를 차지하여야 한다. 약품의 판매나 부동산중개나 상품의 종류만 다를 뿐 결국 고객을 많이 유인하는 것이 성패를 좌우하기 때문이다. 결

---

7 입지론(location theory)
산업활동을 하는 데 적합한 장소 및 이를 선택하는 요인을 분석하고 연구하는 학문. 산업이 입시하는 행위는 경제활동에 불과하나 입지하는 장소에는 경제적인 요인이라고 할 수 없는 요인도 작용하고 있다. 따라서 입지론은 경제학의 한 분야로서 취급되는 경우가 많으나 그 밖의 분야로부터의 접근도 중요하다. 독일의 농업경제학자 J.H. 튀넨(1783 ~ 1850)은 「고립국」)에서 각종 농업은 시장을 중심으로 해서 자본집약도와 지대와의 관계로 입지가 결정된다고 하였다. A.베버(1868 ~ 1958)도 「공업입지에 관해서」에서 공업입지를 분석하고, 입지를 결정하는 요인으로써, 원료수송비·제품수송비·제품단위당 노동비를 고려하여, 이것이 가장 적게 드는 곳에 공업이 입지한다고 하였다. 또 공업이 집적하게 되면 그것이 또 입지를 규정하는 것이라고 하였다. 그 후 시장지역이나 집적문제를 도입해서 입지론의 일반화를 도모하는 것이 시도되고 있다. 그러나 보다 중요한 관점으로서 도시화·환경 등의 문제가 제기되고 있다.

국 입지조건은 중개업자의 자금여유와 대상중개물건의 종류, 고객의 접근성, 배후지의 규모, 경쟁업소와의 관계, 지역의 발전성 등에 따라 좌우될 수밖에 없다고 본다.

그러나 신규로 개업하는 중개업자들의 여러 가지 실패요인 중의 하나는 리스크를 줄이며 경험을 쌓는다는 전제하에서 너무 적은 자금으로 열악한 위치에서 영업을 시작하는 것이다. 이는 여러 가지 실패의 요인 중에서도 가장 근본적인 원인의 하나라고 할 수 있다. 손실을 줄일 수는 있지만 결국 운영이 잘 안될 것은 뻔 하기 때문이다.

중개업소 위치 선정시에는 취급할 부동산의 종류에 따라 상업용 부동산, 업무용부동산과 특수부동산의 경우에는 도시의 중심이나 상업지역에 위치하는 것이 유리하다. 도시근교의 경우에는 주거용 부동산을 취급하는 것이 유리하며 통행자의 중간지점 부근이 좋으며 비탈길은 피하는 것이 좋다.

1) 아파트단지 내 지역

아파트단지 내의 판매시설 및 일반상가를 이용한 사무소의 형태로서 거래대상 및 거래당사자가 아파트단지 내의 주민에 한정되어 있으므로 초보자에게 유리하며 사무소 위치 및 아파트 종류, 그리고 투자환경에 따라 수입의 차이가 크다. 중개업소 1개소에 500가구는 되어야 운영이 가능하다.

2) 아파트 단지 외곽 지역

주민통행로 주변에 위치하여 고객 및 중개대상물 확보가 용이하며 중개업소로서는 가장 좋은 위치라고 할 수 있다.

3) 상가형성지역

통행인구가 많은 대로변, 버스정류장 부근, 주민통행이 많은 진입로, 시장 및 구청, 등기소, 동사무소 부근에 위치하는 형태로서 중개업자의 활동능력에 따라 경영실적의 차이가 심하며 중년층의 중개업자가 많이 있다.

4) 도심지역

시내 중심가의 상가건물 2, 3층에 위치한 형태로서 중개업과 정보전시업이 공존하는 지역이며 주로 지상광고나 연고판매를 하므로 고객 및 물건확보에 어려움이 많다. 또한 운영상태가 좋지 않아서 부동산 컨설팅 등 타 업종과 겸업하는 경우가 많은데 부동산 전시장 형태로 운영할 경우에는 전시장 면적을 넓게 하며 누구나 접근하기 쉬운 대로변 1층에 입지하는 것이 유리하다.

5) 주택가 지역

단독, 연립 등이 집단적으로 형성된 주택가의 통행로나 진입로에 위치한 중개업소로서 중개대상물 및 거래 당사자는 대부분 인근 지역에 한정되어 있고 중개업자는 대부분 노년층이다. 이사철을 제외하고는 매매나 임대차가 적어 규모가 영세하다.

(2) 사무소의 외관 및 내부인테리어

부동산중개업을 하는 사람은 그 사무실 자체가 하나의 큰 광고물이라는 사실을 인식하여야 한다. 사무실의 외관은 산뜻하고 전문성이 내포되어 있는 것처럼 보여야 하며 고객이 출입하는데 부담이 없도록 하여야 한다. 간판의 색상이나 외부 인테리어가 너무 고색창연하여 고객의 접근을 어렵게 한다면 고객의 출입을 제한할 것이고 혹은 너무 가벼워 마치 동네구멍가게를 연상케 한다면 근무하는 중개업자에 대한 인식이나 취급하는 중개대상물이 마치 가치도 없고 빈약하다는 선입관을 줄 것은 뻔한 사실이다. 물론 고객이 호감을 갖도록 하는 외관을 갖추기가 생각보다 쉽지는 않다고 본다. 하지만 끊임없는 관찰과 연구를 통하여 반드시 이루어야 할 선결과제임은 틀림없다고 본다.

또한 외부에 잘 보이는 곳에 고객이 보기 쉽도록 게시판을 설치하는 것도 좋은 방법이다. 가끔 필자도 동네주변의 부동산중개업소를 지나칠 때가 있는데 앞 유리창에 매물을 적어서 붙여 놓거나 혹은 게시물을 설치해놓은 것을 볼 수가 있다. 그때마다 느낀 점은 좀 더 산뜻하고 알아보기 쉽게 게시하였으면 하는 바램이 있곤 하였다. 단순한 매물의 나열이나 특징 소개보다는 고객의 눈에 확 뜨이는 문구와 대상물의 특징을 상징적으로 너무 복잡하지 않게 나열해 준다면 이 또한 고객의 유인책 중 하나라고 볼 수 있다.

사무소의 외관도 중요하지만 내부 인테리어도 이에 못지 않게 중요하다. 보통 내장은 사무실의 규모에 따라 차이가 나지만 될 수 있으면 계약실(closing room)을 만들어 놓는 것이 좋다. 보통 계약을 결심한 고객일지라도 주변이 산만하고 안정이 안되면 마음이 불안해지며 또한 타인의 말 한마디에 민감해지게 마련이다. 이러한 상태가 지속된다면 실제 계약을 할 때 사소한 문제로 인하여 계약체결이 지연되거나 실패할 확률이 높아지는 것이다. 그래서 최소한의 계약실을 만들어 놓고 실제 상황이 무르익으면 자연스럽게 계약실로 고객을 인도하여 주위의 간섭 없이 단기간에 계약을 하여야 하는 것이다.

또한 업체의 전문성이나 수준 등을 과시하기 위해 약간의 책장을 마련하여 전문잡지와 전문서적 등을 비치하여 놓는 것도 고객의 신뢰를 얻는 방법이다. 내부 집기는 화려하지는 않더라도 좀더 우아한 가구로 선택할 것이며 특히 컴퓨터와 팩스 등의 사무용 기기는 부동산중개의 전문성을 위해서 만이 아니라도 고객에게 신뢰를 주는 역할을 충분히 할 것이다. 마지막으로 한 가지만 첨언한다면 조용히 흐르는 음악과 차 향기는 고객의 마음을 가라앉히고 중개업자에 대한 교양과 믿음을 불러일으킬 수 있는 또 한 가지의 요소가 아닌가 한다.[8]

보/충/강/의

- 중개업의 단계별 경영전략
  1. 창업기(안전성)
     (1) 중개사무소의 입지선정 및 설비
     (2) 고객과 중개대상물의 확보
     (3) 부대사업과 운영비 절감
  2. 발전기(경제성)
     (1) 중개대상물의 조사정리
     (2) 지역별 물건 소유자의 성향 분석
     (3) 경쟁업자의 동향분석 및 판매망 확충
     (4) 택지조성과 택지건설 분양업의 활용
  3. 확대기(능률성)
     (1) 부동산 업무처리의 전산화
     (2) 부동산 정보의 수집과 중개업무의 체인화
     (3) 부동산시장의 개척과 부동산광고
- 중개보조원의 교육방법의 종류
  1. 강의형식의 교육
  2. 관습형식의 교육
  3. 토론형식의 교육

제5절 부동산중개업의 전략경영

1. 부동산중개업 전략경영의 의의

현대의 부동산중개업경영은 대내외적으로 복잡하고 변화가 심한 각종 경영환경에 처해 있다고 보아도 과언이 아니다. 중개업자들은 중개업의 생존과 발전을 위하여 기업을 둘러싸고 있는 사회, 경제, 정치, 문화 등 일반환경 조건들뿐만 아니라 경쟁자, 공급자, 소비자, 정부정책 등 사업환경의 변화를 면밀하게 검토하고 창조적으로 대응하여야 한다.

전략경영은 바로 "어떻게 기업이 복잡화되고 급변하는 환경속에서 장기적으로 생존하고 성장하는가?"라는 문제를 다룬다. 또한 전략경영이란 일반적으로 기업목표를 달성하기 위하여 고안된 계획들을 입안하고 실천하기 위한 의사결정과 행위들의 집합으로 정의할 수

8 김철호, 서일대학 부동산과 교수(경영학박사), home &land, 1996.

있다. 전략경영은 업무관리와 달리 전략적 의사결정(decision making)에 주된 관심을 둔다.

전략경영의 구성요소들을 좀 더 구체적으로 살펴보면 다음과 같다.

첫째, 기업의 목표를 설정한다. 기업목표는 그 기업조직이 존재하는 이유와 무엇을 해야 하는 지에 관한 근거를 제공한다. 기업은 이러한 목표에 근거하여 전략을 수립하고 평가한다.

둘째, 기업이 처하여 있는 외부환경을 분석한다. 외부환경의 분석은 기업이 당면하고 있는 전략적 기회와 위협들을 도출하기 위함이다. 이 때 분석의 대상이 되는 외부환경이란 정치, 경제, 사회, 문화 등 거시적 환경요일들 뿐만 아니라 기업이 속하여 있는 산업의 경제적 구조 등을 포함한다.

셋째, 기업 내부의 자원과 역량을 파악한다. 이러한 내부분석은 기업의 강점과 약점을 파악하기 위한 것이다. 이를 위하여 기업이 보유하고 있는 자원의 양적 및 질적 수준을 평가하고, 경쟁우위를 가져다주는 기업의 독특한 내부역량을 파악한다.

넷째, 전략적 대안들을 도출하고 가장 바람직한 전략을 선택한다. 설정된 기업목표, 내부 강점과 약점, 외부환경으로부터의 기회와 위협을 종합적으로 고려하여 가능한 전략적 대안들을 도출하고, 이 중 가장 바람직한 전략을 선택한다. 즉, 환경적 기회를 최대한으로 활용하고 자신의 강점을 살릴 수 있는 전략을 선택해 나간다는 것이다.

다섯째, 선택된 전략을 실천하기 위해 조직구조와 통제시스템을 설계하는 등 조직내부를 정비한다. 어떠한 전략을 실천하느냐에 따라 요구되는 조직구조의 특성과 조직통제의 방법이 달라진다. 따라서 선택된 전략에 적합하도록 조직구조와 통제시스템을 설계하여야 한다.

여섯째, 전략 실천의 결과를 평가하여 미래 의사결정에 피드백한다. 선택된 전략이 일단 실천되면 그 결과가 기업목표의 달성에 어느 정도 기여했는지를 평가한다. 그리고 그 평가 결과를 다시 다음 단계의 전략 수립과 실천에 반영한다. 그리하여 기존의 기업목표와 전략이 적절한지, 아니면 변화시켜야 하는지를 결정한다.

위와 같은 전략경영의 구성요소들은 합리적인 전략의 수립과 실천을 통하여 목표달성에 유리한 방향으로 외부환경과 상호작용 하도록 하는 데 그 목적이 있다.

2. 공동주택의 연혁 및 특징연구

우리나라 대부분의 중개업소는 아파트나 연립주택 등의 공동주택을 중요한 거래대상물의 하나로 취급하고 있다. 그렇지만 공동주택의 연혁이나 특징들을 정확히 이해하고 거래하는 경우는 별로 많지 않은 것 같다. 기본적인 중개대상물에 대한 이해는 전략경영을 위한 기본이며 계약 성사율을 높이는데도 중요한 몫을 담당하고 있다.

(1) 공동주택의 연혁

세계적으로 주택문제는 그 종류나 심각성에서 문제가 되지 않는 나라가 없지만 특히, 우리나라 에서는 급속한 산업화와 인구의 도시집중이 급격히 이루어 진 데 비하여 협소한 국토면적과 상대적인 가용토지의 부족으로 그 심각성이 대단히 높다고 보아도 과언이 아니다. 또한 80년대 말의 주택가격폭등은 6공 정부의 주택 200만호 건설계획을 수립하게 만들었고 분당 등 5개 신도시개발계획의 전격적인 발표를 시작으로 세계적으로 유래가 없을 정도로 무차별적인 대량주택공급이 이루어졌다. 이러한 결과는 공동주택의 공급량을 폭발적으로 증가시켰으며 너무 짧은 공기와 대량으로 소요되는 건축자재는 결국 불량주택의 공급과 건자재 파동이라는 결과를 낳았고 이는 우리 경제에 깊은 주름살을 드리우게 되었다.

또한 국민의 정부가 들어선 이후 빠른 경기부양의 목적으로 부동산정책을 수요자 중심으로 완화하여 많은 공동주택의 공급이 이루어 졌다. 물론 이에 대한 후유증으로 집값의 폭등을 가져왔고 참여정부에 들어와서는 이에 대한 대책으로 극단적인 부동산 정책을 시행하여 또 다른 후유증을 잉태하고 있다고 본다.

그러나, 이렇게 급속하게 확대되고 있는 공동주택의 공급은 부동산중개업자에게 새로운 중개대상물로 크게 부각되었으며 대규모 아파트단지의 목 좋은 곳마다 부동산중개업소들이 대규모로 영업을 하게 되었다. 그러므로 공동주택을 전문적으로 중개하는 중개업자로서 반드시 알아야 할 공동주택의 연혁에 대해서 개괄적으로 정리하여 보고자 한다.

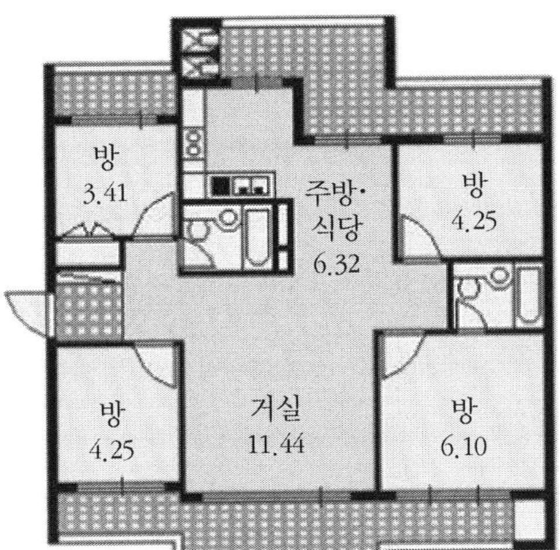

우리나라의 공동주택은 서울 충정로에서 일본인에 의해 1932년에 지어진 유림아파트를 시초로 1964년에 마포에 시범아파트가 지어졌고 그후로 이촌동, 여의도, 잠실, 반포 등에 대규모 아파트가 속속 들어서게 되었으며 현재는 전국적으로 주택공급량의 대부분을 공동주택이 차지하게 되었다고 보아도 과언이 아니다.

(2) 공동주택의 구조적 특징

주택법 제2조 제2호에는 "공동주택이라 함은 대지 및 건물의 벽, 복도, 계단 기타 설비 등의 전부 또는 일부를 공동으로 사용하는 각 세대가 하나의 건축물 안에서 각각 독립된 주거생활을 영위할 수 있는 구조로 된 주택을 말하며 그 종류와 범위는 대통령령으로 정한다."고 되어 있고 동법 시행령 제2조 제1항에는 '공동주택의 종류와 범위는 건축법 시행령 별표1 제2호 가목 내지 다목의 규정이 정하는 바에 의한다.'라고 규정되어 있다. 즉, 공동주택의 종류와 범위는 건축법 시행령 별표에 의하여 아래와 같다.

▌공동주택 : 가정보육시설을 포함하며, 층수를 산정함에 있어서 1층 전부를 필로티 구조로 하여 주차장으로 사용하는 경우에는 필로티[9]부분을 층수에서 제외한다

① 아파트 : 주택으로 쓰이는 층수가 5개층 이상인 주택

② 연립주택 : 주택으로 쓰이는 1개 동의 연면적(지하주차장 면적을 제외한다)이 660제곱미터를 초과하고, 층수가 4개층 이하인 주택

③ 다세대주택 : 주택으로 쓰이는 1개 동의 연면적(지하주차장 면적을 제외한다)이 660제곱미터 이하이고, 층수가 4개층 이하인 주택

④ 기숙사 : 학교 또는 공장 등의 학생 또는 종업원 등을 위하여 사용되는 것으로서 공동취사 등을 할 수 있는 구조이되, 독립된 주거의 형태를 갖추지 아니한 것으로 정의한다.

또한 공동주택은 그 구조상 몇 가지 형태로 분류할 수 있으며 이는 공동주택의 가격, 전용면적, 특징, 선호도 등에 중요한 영향을 미치므로 중개업자로써는 이를 간과할 수 없다고 본다.

■ BALCONY SYSTEM(편복도형, 갓복도형)

발코니시스템은 복도의 한쪽에 주호를 일렬로 배열한 형식으로 복도의 면적으로 인하여 HALL SYSTEM(계단실형)에 비하여 주호의 전용면적이 적게 나오며 개구부가 한쪽만 외기에 접하므로 채광, 통풍이 좋지 않다.

또한 각 주호의 독립성이 저하되며 통행하는 사람들로 인한 소음대책이 필요하다. 그러나 상대적으로 승강기 이용률이 높으며 복도면적으로 인하여 평당 건축비가 저렴하여진다고 볼 수 있다. 보통 일반인들은 이러한 형식을 복도식 아파트라 부르며 분양평수에 비해 전용면적이 적게나오므로 계단실형에 비해 같은 평형일지라도 매매가격이 낮게 호가되는 것이 보통이다. 또한, 같은 단지 내에서도 국민주택과 같이 분양평수가 작은 아파트에 많이 적용시킨다.

---

9 필로티

건물 전체 또는 일부를 지상(地上)에서 기둥으로 들어 올려 건물을 지상에서 분리시킴으로써 만들어지는 공간, 또는 그 기둥 부분을 말한다. 프랑스 건축가 르 코르뷔지에가 제창한 건축양식이다. 지상층을 일반인의 자유로운 왕래와 자동차의 통행을 위하여 개방하는 것이 목적이며, 거주 부분이나 사무실은 지상을 왕래하는 사람·차량의 동선(動線)에 방해되지 않는 2층 이상에 설계한다는 개념이다. 현대 건축개념에서는 원래의 목적에서 뿐만 아니라 하나의 스타일로서 인정되었다. 최근에는 일반 건물에 현관의 주차장을 위한 필로티 등을 흔히 볼 수 있다. 필로티를 사용한 대표적인 건물로서는 파리의 스위스 학생회관, 마르세유의 아파트 등이 있다.

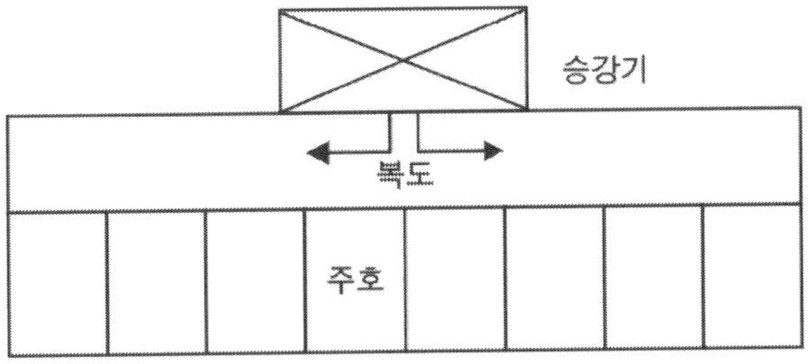

■ HALL SYSTEM(계단실형)

승강기가 설치된 계단실에서 각 주호로 직접 연결되는 형식으로 비교적 프라이버시 침해를 받지 않으며 양면에 개구부가 설치되어 있어 채광, 통풍이 좋다. 또한 공용통로부분이 적어서 전용면적이 많이 나오나 건축비가 많이 들고 승강기의 이용효율이 나쁜 단점도 있다. 보통 계단식아파트라 부르며 분양평수에 비해 전용면적이 많이 나오므로 발코니시스템에 비해 매매가격이 높은 것이 특징이다. 주로 국민주택규모 이상의 아파트에 많이 적용시키는 구조이다.

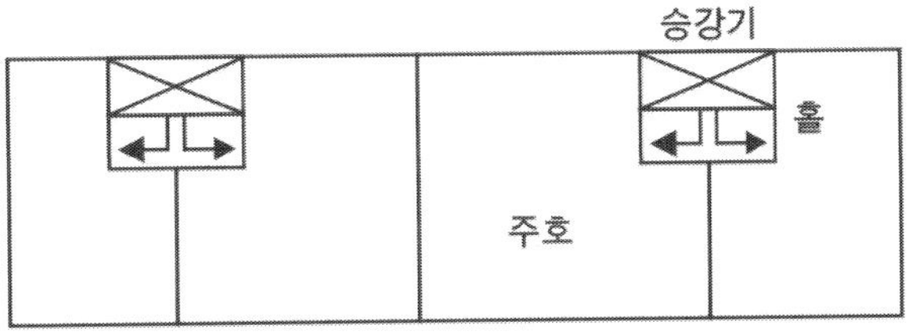

■ CORRIDOR SYSTEM(중복도형, 접속복도형, 집중형)

복도 양쪽에 주호를 배열하여 그 복도를 통하여 각 주호로 들어가는 형식으로 양쪽의 주호는 채광, 통풍에 있어서 정반대이다. 또한 각 주호의 독립성은 현저히 떨어지며 소음에 대한 방음대책이 필요하다.

만일 주거용으로 코리도시스템을 짓는다면 반대편 쪽의 주호는 판매에 애를 먹을 것이다. 이러한 이유에서 주거용보다는 주로 호텔, 콘도, 사무실 등 영업용 건축물에 적합한 형식이다.

또한 공동주택을 단면형식에 따라 분류하여 보면 단층식과 복층식이 있으며 다시 복층형은 스킵플로어(skip-floor)와 코리도플로어(corridor- floor)로 나눌 수 있으며 전자는 계단식으로 된 복층아파트를 말하며 후자는 복도식으로 된 복층아파트를 말한다.

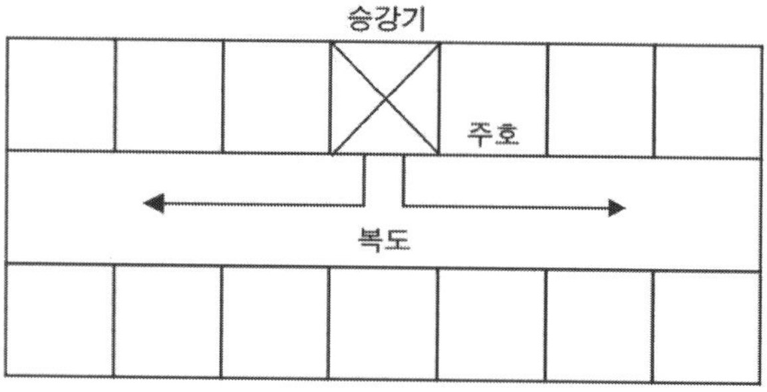

(3) 베이(bay)

아파트에서 30평형의 경우 최근까지 2-bay가 대부분이었지만 전면에 거실과 방이 두개인 이른바 3-bay구조가 새롭게 등장하고 있다. 햇볕이 잘 들고 조망이 좋아 남향을 선호하는 사람들에게 좋은 반응을 얻고 있는데 3-bay구조와 2-bay구조는 어떤 차이가 있는지 살펴보았다.

bay란 기둥과 기둥 사이의 한 구획을 뜻하며 3-bay구조란 남향으로 3개의 공간(32평형의 구조에서 침실-거실-침실)이 있는 것을 말한다.

1) 2-bay가 단지배치 및 토지 효율성의 측면에서 유리.

2-bay는 앞뒤의 길이가 긴 구조라 좀 더 많은 세대를 남향으로 배치할 수 있고 더 많은 세대를 지을 수 있기 때문에 토지의 효율성이 높다. 같은 조건에서 용적률을 더 높일 수 있다.

반면 3-bay구조는 앞뒤의 길이가 짧고 좌우의 길이가 길어 남향으로 배치되는 세대수가 적어진다. 따라서 땅값이 비싸고 지을 수 있는 땅이 제한된 대도시에서 3-bay구조로 아파트를 짓는다면 분양가가 더 비싸게 책정될 수 있다.

2) 3-bay구조는 남향을 선호하는 사람에게 적합하다.

햇볕을 많이 받는 남향의 방이 두개가 되므로 남향을 선호하는 우리나라 사람들은 이 구조를 좋아한다. 아이방을 북쪽보다 남쪽에 주고 싶다던가 남쪽의 방이 하나 더 있었으면 좋겠다고 생각했던 분에게 적합하다.

3) 3-bay구조는 거실이 좁다.

전면에 방이 두개가 배치되다 보니 거실의 면적이 줄어들 수밖에 없다. 남향의 방이 하나 늘어난 반면 거실의 폭과 길이가 작아져 거실 중심의 생활을 하는 가족에겐 답답한 느낌이 들 수 있다.

4) 현관의 차이

3-bay구조는 현관 앞에 침실이 있고 그 사이 작은 복도를 지나 거실이 보이기 때문에 들어서자마자 환하게 거실이 들어오지 않는다.

거실이 한 번에 드러나지 않도록 전이공간(준비공간)이 마련된 점으로 볼 때는 좋은 점이라 할 수 있다. 그러나 침실에 가로막혀 빛이 가리므로 현관이 어두운 것이 단점이다.

5) 거실 개방감의 차이

2-bay구조는 현관에 들어서자 마자 넓은 거실이 드러나기 때문에 실내에 들어섰을 때 넓고 환한 느낌이 든다. 또 거실과 주방사이의 거리가 길어 실내에서도 넓은 개방감을 느낄 수 있다. 반면 현관문을 열었을 때 한눈에 거실의 생활이 드러나는 것이 단점이기도 하다.

6) 2-bay는 협곡형 주방, 3-bay는 와이드형 주방

2-bay주방이 앞뒤로 길다란 구조라서 거실과 식당사이에 활용 목적이 뚜렷하지 않은 공간이 있다. 3-bay는 좌우로 넓은 구조이며 식탁과 조리대, 개수대와의 거리가 좀 멀어 식사를 준비하는 동선이 약간 긴 편이다.

7) 안방의 차이

2-bay구조는 안방의 크기가 4m50㎝인데 비해 3-bay는 3m 90㎝ ~ 4m 20㎝로 안방의 폭이 작다. 안방을 침실로만 사용하기 때문에 넓지 않아도 되는 사람에게는 괜찮지만 화장대, 문갑, 서랍장 등 짐이 많거나 TV를 두고 보는 사람에게는 작다. 사람마다 라이프스타일과 취향에 따라 적합한 구조가 다를 수밖에 없다. 세심히 살펴보고 장단점을 점을 잘 비교하여보는 것이 중요하다.[10]

이외에도 아파트 평형에 35-N형 혹은 35-S형 등과 같이 영문자 N, S 등이 붙는 경우도 있는데 이는 출입하는 현관이 북쪽(north)인지 남쪽(south)인지를 구별하는 방법으로 쓰인다. 보통 현관이 북쪽에 위치한 N형이 좋다고 평가받는데 그 이유는 보통 현관쪽에 주차장이 조성되고 발코니는 남쪽이 되므로 전망이 좋고 청결하며 조용하다는 것이 장점이며 특히 저층의 경우는 프라이버시 침해를 덜 받는다는 점이 좋다고 볼 수 있다.

이렇게 공동주택은 그 평면형식이나 단면형식에 따라 여러 가지 특징을 갖고 있으며 그 특징의 장, 단점은 바로 중개의뢰인의 선호도 및 매매가에 영향을 미치고 있으므로 자신의 중개 영향권에 있는 공동주택의 각 평형별 특징을 소상히 연구하여 의뢰인에게 정확한 정보를 제공하는 것이 중개업의 성패를 좌우하는 또 한가지의 방법이 아닌가 생각해 본다.

---

10 인터넷홈페이지 하우스토피아(http://www.housetopia.co.kr), 2001. 1.

3. 비수기에 대처하는 중개업경영전략

국내 부동산 유통구조를 보면 1983년에 부동산중개업법이 제정되었고 2000년까지 8차 개정이 완료되었다. 중개업이 제도화 된지 이미 10여 년이 훨씬 넘었고 공인중개사라는 전문자격 제도가 시행된지도 오랜 세월이 흘렀지만 아직도 부동산 중개 및 유통 구조는 전근대적인 방법에서 탈피를 못하고 있다. 여기에다 정부의 부동산에 대한 곱지 않은 시각은 많은 무리한 정책을 양산하였고 이러한 정책에 의해 부동산 경기는 부침을 거듭하고 있다. 그러나 이러한 불황의 시기에도 활발한 활동을 벌이고 있는 부동산 중개업자도 많다는 사실을 결코 간과해서는 안 될 것이다. 부동산실명제와 IMF, 그리고 참여정부의 무모한 부동산정책의 영향을 받아왔던 부동산 시장도 이제는 그 파장이 시장에 충분히 반영되었고 이제는 그 영향력에서 벗어날 때가 되었다고 본다. 하지만 부동산 시장이 기지개를 펴기도 전에 계절적 비수기는 찾아오곤 한다. 차라리 이럴 때는 사무실 문을 닫고 어디 멀리 휴가라도 다녀와서 비수기가 끝난 후에 다시 활동을 시작하고픈 생각이 들만도 하다. 그러나 이러한 비수기에도 열심히 성공적으로 활동하는 중개업소가 많은 것을 보면 내가 운영하는 부동산 중개업소의 운영 방법에 문제가 있지 않은가 다시 한 번 생각해 보게도 된다.

우리나라의 중개의뢰 계약 제도는 1993년 12월 27일 개정된 법률 제4628호에 의해 미국의 MLS(Multiple Listing Service)제도나 독일의 IZI(Information Zentrum Inmobilien), 일본의 REINS(Real Estate Information Network System)와 같이 컴퓨터에 의해 부동산 유통망을 구축하는 공동중개 의뢰계약제도를 채택하였고, 또한 전속민사중개계약제도도 4차 개정에서 도입되었으나 이 제도가 정착되지 못하고 보통민사중개계약제도가 일반화되어 있는 실정이다. 즉 다수의 의뢰인과 중개업자가 경쟁적으로 중개 의뢰 및 중개 활동을 통하여 중개를 완성하는 전근대적인 방법이지만 현실이 이러하니 이 상태에서 나름대로 경쟁하여 쟁취할 수밖에 없는 실정이다. 이런 조건하에서 비수기를 맞은 중개업이 좀 더 효율적으로 부동산 중개업을 경영하는 방법 몇 가지를 제안한다.

(1) 비수기일수록 값싸고 좋은 중개 대상물을 확보하라.

자본주의 사회에 있어서 부동산은 하나의 경제재이다. 또한 하나의 상품으로도 볼 수 있다. 그러나 부동산이 일반 상품과 다른 점이 있다면 부동산의 특성상 개별성이 강하고 지리적 위치가 고정되어 있다는 것이다. 이러한 이유에서 부동산은 일반 슈퍼의 라면이나 콜라처럼 획일적인 상품 구조와 가격을 갖고 있지 못하다. 그렇기에 중개업자는 이러한 비 획일적인 상품을 일정한 가격과 형태를 갖고 있는 상품, 고객이 쉽게 접근할 수 있는 팔 수 있는 상품으로 만들어야 한다. 이런 과정을 거쳐 다듬어진 부동산 상품이 아니면 결코 고객에게 어필할 수 없는 추상적인 부동산의 형태로만 남을 것이다. 정확한 권리 분석과 가격평가, 그리고 끈질긴 매도 의뢰 고객과의 상담을 통한 매도가의 절충을 통해서만이 하나의 완성된 상품으로 태어나는 것이다.

중개 대상물의 획득은 일반 점포의 상품구색 및 진열과 같은 것으로 이는 중개 활동의 시발점이며 우수한 중개 대상물의 수집은 중개 능률이나 수입 증대. 경비 절감에 막대한 영향을 준다. 그래서 잘 Listing 된 중개 대상물은 이미 반쯤 팔린 것이나 다름없다고 말할 수 있다. 또한 비수기 때 값싸고 좋은 중개 대상물을 확보하는 것은 이미 팔린 것이나 다름없다고 보아도 과언이 아니다. 특히, 비수기 때의 고객은 싸고 좋은 물건이 없나 눈을 번뜩이며 중개업소를 전전할 것이며 이러한 물건이 발견되었을 때 망설이지 않고 즉시 계약까지 가는 경우가 다반사이기 때문이다.

적정한 중개 대상물의 확보가 얼마나 중개 활동의 능률화에 영향을 미치는지 이를 보아도 알 수 있다. 즉, 비수기 때는 고객 확보도 중요하지만 값이 싸고 좋은 양질의 부동산 상품을 확보하는 것이 더 중요하다는 이야기다, 때때로 신규 개업한 중개업자가 경영에 실패한 경우를 보는데, 이는 열심히 고객을 확보하기 위해 이리 뛰고 저리 뛰고 동분서주 노력하지만 계약까지 끌고 가지 못하는 데 그 연유가 있다, 이는 당연한 결과라고 할 수 있다.

아무리 우수한 고객이라도 보유하고 있는 중개대상물이 우수하지 않으면 계약까지 가기가 쉽지 않기 때문이다. 요즈음 고객들은 부동산에 대해 어느 정도 일가견을 가지고 있다고 보아도 과언이 아니다. 중개업자가 아무리 설득하더라도 살 것 같으면서도 쉽게 마음의 결정을 하지 않는다. 고객은 이 곳 저 곳을 기웃거리고 또 상품의 가치를 비교해보면서 가장 싸고 투자 가치가 있는 물건을 사 버리고 마는 것이다. 요즈음 유행하고 있는 가격 파괴 점포에 고객이 몰리는 것만 보아도 얼마나 고객이 합리적이고 냉정한지 알 수 있다.

물론 좋은 상품을 확보하는 것이 쉽지는 않다. 하지만 고객을 확보하려는 노력보다는 값싸고 좋은 상품을 확보하려는 노력이 더 중요하며 아무 것도 아닌 것 같지만 이것이 중개업의 성패를 좌우한다는 사실을 결코 간과해서는 안 된다. 가격이 싸고 투자 가치가 있는 상품을 보유하고 있으면 아무리 거리가 먼 곳에 있더라도 고객은 찾아오기 마련이며 중개업자는 목에 힘을 주고 계약을 성사시킬 수 있을 뿐 더러 이것은 당연히 중개수수료에도 영향을 미치게 되는 것이다.

(2) 유행하는 부동산 상품을 취급하라.

아무리 부동산 경기가 침체되어 있고 비수기에 접어들었더라도 그 시기에 유행하는 부동산 중개 대상물은 얼마든지 있다. 요즈음 각종 신문, 잡지, 방송 전파를 타고 있는 재개발, 재건축 관련 상품이 그것이며, 국민소득의 증대 및 주 5일 근무제의 확산, 그리고 여름 휴가철의 도래와 맞아떨어지는 콘도나 전원주택, 펜션[11] 등의 레저 관련 상품 역시 이와 마찬가

11 펜션(pension)

지이다.

이러한 상품은 매스컴이 알아서 잘 홍보해 주고 있으며 또한 고객에게 어느 정도 인식이 되어 있기 때문에 생각보다 쉽게 계약까지 가는 경우가 많다. 물론 중개 대상물의 확보가 쉽지는 않지만 공동 중개 의뢰 계약 제도를 이용하면 전문 부동산 중개업소에서 매물을 공급받아서 얼마든지 할 수 있는 사항이다. 우리나라도 부동산중개업이 많이 전문화되고 특성화되어서 현재 재개발 전문 중개업소, 콘도 전문중개업소, 전원주택전문중개업소, 경매전문중개업소 등 많은 전문 중개업소들이 성업 중인 상황이다.

봄·가을 이사철에는 주택의 매매, 전세를 위주로 영업을 하고 여름·겨울의 비수기에는 이러한 전문 중개업소와 관계를 맺어 유행하는 부동산을 취급하여 보는 것도 중개업의 경영을 효율화시키는 하나의 방법으로 볼 수 있는 것이다.

(3) 부동산의 경영 구조를 개선하라.

부동산 경기가 전반적으로 하강 국면일지라도 봄, 가을의 계절경기는 존재하기 마련이다. 즉, 봄·가을의 이사철에는 필연적으로 거래가 이루어질 수밖에 없다고 본다. 하지만 사무실의 운영구조를 봄·가을의 계절경기, 혹은 여름 휴가철이나 겨울 비수기를 대비한 체제로 너무 양극화하여 운영하지 말라는 말이다. 연평균 수입과 지출을 추정하고 이에 대해서 적정한 이윤을 낼 수 있도록 직원의 숫자 및 급료의 조정, 그리고 광고비 및 판촉비의 적정수준을 결정하여 경영 구조를 개선하라는 것이다.

비수기 때의 많은 직원의 고용은 쓸데없는 인력의 낭비이며 고용자나 피고용자 서로에게도 못할 일이다. 그렇다고 호황 때 경영자 혼자서 동분서주해서는 사무실을 효율적으로 운영한다고 볼 수 없을 것이다. 이러한 전반적인 사항을 체크하고 점검하여 상황 변화에 적극적으로 대처하는 것이 중개업소 경영자의 할 일이며 또한 불황을 모르는 중개업의 운영전략인 것이다.

부동산 중개업은 외부 환경에 상당히 민감하게 반응하는 직종이다. 일반 경기의 동향, 주식시장의 상태, 건축경기, 특히 정부 주도의 급격한 부동산 정책[12]의 변화에 대처해, 주위

호텔의 합리성과 민박의 가정적 분위기를 갖춘 새로운 숙박 시설. 펜션은 원래 연금(年金)·은급(恩給)의 뜻으로 유럽에서 노인들이 여생을 연금과 민박 경영으로 보내는 데서 그 이름이 붙었다고 한다. 유럽에 오래 전부터 있었던 민박풍의 작은 호텔로, 가족 경영에 의한 전 가족의 서비스가 특징이다. 가족 여행자의 장기체재에 대한 편의제공을 목적으로 하고 있으며, 방 10개 정도의 양실 위주로 유럽풍의 민박 분위기를 느끼게 하는 호텔에 가까운 시설로, 청결하며 프라이버시가 보장된다. 요금은 호텔보다 싸지만 민박보다 비싼 편이며 독일·프랑스 등지에서는 레저 지대만이 아니라 도시·농어촌까지도 번져 숙박 시설의 35% 이상을 차지한다.

12 정책(policy)

정부·단체·개인의 앞으로 나아갈 노선이나 취해야 할 방침. 그러나 일반적으로는 정부 또는 정치단체가 취하는 방향을 가리킨다. 국가의 정책을 국책이라고도 부르는데, 오늘날에는 정당을 비롯하여 노동조합이

환경에 따라 몸 색깔을 수시로 바꾸며 적응하는 카멜레온처럼 잘 적응하고 대응하는 것만이 현재의 불황과 비수기를 극복하는 부동산 중개업 전문 경영인으로서의 자세이며 새로운 도약과 성공을 약속받을 수 있는 하나의 방법일 것이다.

나 경영자단체 및 개인의 정책이라도 그 내용과 성질이 공공적인 것이라면 정책이라고 하며, 미국에서는 이것을 공공정책이라 부르고 있다. 정책은 일정한 목표를 합리적으로 추구·실현하기 위하여 불가결한 것으로서 최근에는 컴퓨터의 도입으로 합리적인 장기정책의 수립이 가능하게 되었다.

제4장

부동산유통업

제1절 부동산유통의 개념

1. 부동산유통의 의의

생산자와 소비자간의 공간적 분리를 채워주는 것으로 재화와 용역이 소비자에 이르는 과정 및 활동을 유통(distribution)이라 한다. 그러므로 유통의 의미는 생산과 소비를 연결하는 중간활동으로 볼 수 있으며, 이는 판매활동과 운반활동으로 나누어진다.

일반적으로 생산과 소비로 연결하는 중간활동으로서의 판매를 위한 요소로서는 ① 시장조사(marketing investigation), ② 상품화계획(marchandising, commercial packaging), ③ 가격결정(pricing), ④ 판매경로(sales channels), ⑤ 광고(advertising), ⑥ 사후서비스(after service) 등을 들 수 있다.

부동산유통도 같은 맥락에서 이해하여야 하나 부동산 중 특히 토지는 생산이라는 개념에서 일반 상품과 다른 의미를 갖기 때문에 동일시 하기는 어렵지만 주택의 경우는 유사하다고 본다. 그런데 유통의 중요부분인 판매활동과 운반활동에서 부동산은 물리적 특성(지리적 위치의 고정성)에 의하여 비이동성을 고려한 마케팅활동이 될 수밖에 없다. 즉, 추상적인 부동산시장의 형성과 권리관계의 변동에서 독특한 유통구조와 경로를 갖게 되는 것이다.[1]

- 제조업자의 관점 : "내가 직접 할 것인가? 아니면 맡길 것인가?"
  → 유통경로의 설계, 유통경로의 관리에 초점

1 최용규 외, 부동산유통론, 삼영사, 1996, p.21-22

- 유통업자의 관점 : "어떻게 더 많은 이윤을 확보하느냐?"
  → 유통기구의 경영, 마케팅에 초점
- 생산에서 소비에 이르기까지 재화의 전체적인 흐름을 담당하는 기구 또는 사회·국가적인 경제현상의 하나로서 유통을 통한 경영의 종합적인 구조를 우리는 유통구조(distribution channel)라고 부른다.
  → Marketing Channels are sets of interdependent organizations involved in the process of making a product or service available for use or consumption.

(1) 유통경로의 설계 과정

1) 고객이 바라는 서비스 수준과 cost 상승의 문제를 고려한다.

예 입지의 편의성

2) 표적시장을 선정한다.

① 경쟁사의 유통경로를 고려한다.
② 제품의 특성에 따라 중간상의 availability를 고려한다.
→ 제품의 성격에 따라 자사가 직접 다루어야 될 수 있고, 중간상에 맡길 수도 있다.

3) 표적시장을 정한 다음엔 가장 적합한 유통방법을 모색한다.

→ 중간상의 수와 성격을 결정해야 한다.
① 전속적 유통(Exclusive Distribution)
자동차와 가구처럼 전문점을 다루는 경우에 특약점과 대리점을 두어 판매한다.
② 개방적 유통(Intensive Distribution)
가능한 많은 수의 점포를 통해 판매해야 하는 경우로 제한 없이 모든 판매처를 대상으로 하며, 경쟁제품까지도 취급할 수 있다. 예 편의점
③ 선택적 유통(Selective Distribution)
특정 판매업자를 선정하여 거래하는 것으로 전속적 유통과 개방적 유통의 사이에 존재한다.

4) 대안을 평가한다.

① 매출액 증가와 비용 상승을 고려한다.
② 중간상에 대한 통제가능성과 중간상의 수, 중간상 유지비용 등을 고려한다.

(2) 유통경로의 갈등 유형

1) 수직적 갈등(vertical channel conflict)

제조업자와 중간상, 또는 본부와 가맹점간의 갈등 예 계약위반, 가격 서비스 수준의 미달

2) 수평적 갈등(horizontal channel conflict)

중간상간의, 또는 가맹점간의 갈등 예 영역침범, 한 가맹점이 전체 가맹점의 이미지 손상시킴

3) 복수경로 갈등(multichannel conflict) : 대리점과 할인점간의 갈등

보/충/강/의

- Major Retailer Types(대규모 소매상인의 형태)
  1. Specialty Stores 전문점 (예 전자랜드)
  2. Off-price Retailers
  3. Warehouse clubs : 도매클럽
  4. Superstores
  5. Hypermarkets

2. 부동산유통의 성격 및 구조

부동산유통은 부동산을 대상으로 하기 때문에 토지와 주택이 가지고 있는 본원적 성격인 사회성과 공공성, 형평성, 안정성, 능률성, 전문성, 경제성 등이 전제되어야 한다.

(1) 부동산 유통의 성격

① 사회성과 공공성 ② 형평성
③ 안정성 ④ 능률성
⑤ 전문성 ⑥ 경제성

(2) 부동산유통구조

1) 부동산유통의 구조

부동산유통구조는 부동산이 부동산업자 또는 일반권리자로부터 고객에 이르는 경로인데

대체로 부동산공급자가 부동산중개업자를 거쳐 고객에게 부동산을 공급하는 것과 부동산공급자가 중간경로를 거치지 않고 바로 고객에게 공급하는 판매경로가 있다. 전자는 공급자의 공신력이 부족하거나 공급물량이 적을 때 이용하며 일반적으로 물건소재지의 지역 중개업자에게 의뢰하게 된다. 후자는 공급자의 공신력과 자금력이 충분할 때 매스컴을 통한 광고활동으로 직접 수요자에게 판매하는데 대체로 자체적인 부동산판매팀을 구성하고 있는 대기업체에서 이용하게 되나 광고비용과 판매에 따른 전문성이 요구되고 있다.

2) 부동산유통관련기구

부동산중개업체를 주축으로 하는 협력조직으로서 부동산활동의 대상이 되는 부동산업 전 분야가 포함된다고 할 수 있다.

3) 부동산유통의 종류

① 직접유통(direct distribution)

매도인과 매수인이 직접 거래에 임하는 유통구조이다. 중개수수료의 절감과 프라이버시의 침해가 극소화되지만 적정가격의 결정과 거래에 따른 분쟁의 소지가 남는다.

② 간접유통(indirect distribution)

유통업자인 부동산중개업자를 통하여 유통하는 형태이다. 이 형태는 세계적으로 일반화되어 있으며 부동산유통이 잘 발달된 나라는 유통업자의 자격이 엄격히 규제됨으로써 부동산시장의 질서가 정연하며, 행동윤리, 책임성, 서비스 등에서 유통의 효율성을 높이고 있다.

3. 부동산시장의 개념

보이스(Byrl N. Boyce)는 부동산시장이란 부동산권리의 교환, 상호 유리한 교환으로써 가액결정, 경쟁적 이용에 따른 공간분배, 토지와 공간이용의 패턴결정 및 수요와 공급의 조절을 돕기 위하여 의도된 상업활동을 하는 곳이라 정의한다. 부동산시장(Real Estate Market)은 시장법 상의 일반시장과 같이 어떤 무리적 요건을 규정하는 법이 없고 다만 공인중개사법에서 정하고 있는 매매대상물건의 범위와 중개업자의 자격 등 중개업자에 관한 사항만이 있을 뿐이다. 이와 같이 부동산시장이 일반시장처럼 일정한 장소나 시설을 갖지 못하는 것은 부동산의 부동성이 말해주듯 시장형태가 국지성을 띠기 때문이며 그 외에 또 다른 부동산의 성질 때문이다.[2]

---

2 최용규 외, 전게서, p.32

제2절 부동산유통의 현대화

1. 마케팅 전략

(1) 마케팅은 더 많이 팔기 위한 전략이다.

마케팅이란 시장에서 물건을 판다는 의미로써, 소비자가 무엇을 원하는지를 파악하고, 목표소비자를 선택한 후, 제품에 대하여 적정한 가격을 정하고, 소비자들이 구매하도록 광고하고, 유통경로를 확보하는 제반활동 이라고 정의 할 수 있는데 물건을 판매하는 것을 관리함으로써 더 많이 팔기 위한 계획을 세우고 이를 추진하는 과정이라고 할 수 있다. 마케팅은 기업경영에 있어서 매우 중요한 영역으로 다루어지고 있다. 미국의 경영학자인 피터 드러커는 마케팅이 너무나 기본적인 것이기 때문에 기업활동의 일부로 보기 어려울 정도로 매우 중요하다고 평가했다.

미국 마케팅 학회(American Marketing Association)에서는 마케팅을 "개인 또는 조직의 목표를 충족시키기 위한 교환을 창출하기 위해 아이디어, 제품 그리고 서비스개발, 가격결정, 촉진, 유통을 계획하고 실행하는 과정"으로 정의하고 있다.

[圖 2-4-1] 마케팅 활동

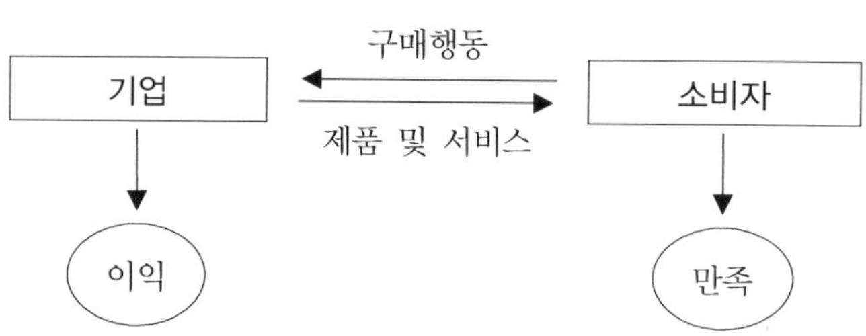

(2) 소비자를 분석하고 시장을 세분화하라.

우리 회사에서 판매하고 있는 제품을 누가, 왜, 구매하고 있는가를 분석하며 소비자가 우리 제품을 어디서 구매하는지를 파악해 봄으로써 소비자의 구매행위를 알 수 있으며 구매하게 되는 결정적인 동기는 무엇인지를 찾아보아야 한다.

예를 들면 전자제품 중에서 냉장고를 생각해 보면, 냉장고를 구매하는 구매행위는 누가, 어떤 목적으로 구매하는지, 그리고 어디에서 구매하는지(백화점에서 구매하는지, 아니면 전자상가에서, 아니면 대리점에서 구매하는지 등) 또 냉장고를 구매하는데 결정적으로 누가 의사결정을 하는지 등을 통하여 소비자의 구매행위와 시장을 세분화하여 봄으로써 소비자를 더 잘 알 수 있다.

(3) 시장과 경쟁사를 분석

① 시장분석 : 물건을 구매하는 고객의 소득수준은 어느 수준이며, 연령별로는 어떻게 구성되어 있으며, 기업의 입장에서 투자할 만큼의 시장규모로는 충분한지, 그 시장의 성장기는 언제인지, 또는 몇 년 뒤에 시장이 사양화될 지를 확인한다.

② 경쟁분석 : 우리회사의 강점과 약점을 파악하고, 경쟁기업의 강점과 약점을 알아봄으로써 우리회사의 강점은 더욱 강하게 극대화하며, 약점은 보완하는 것, 그리고 경쟁기업의 약점을 공략화하는 것이다.

③ 여기에서 중요한 것은 마케팅의 궁극적인 목적인 물건을 판매하기 위해서는 시장을 알아야 하고 경쟁사를 알아야 한다는 것을 이해하는 것이다.

(4) 실 사례를 통하여 마케팅을 배운다.

마케팅[3] 관리에는 제품이 더 좋은 것보다 맨 처음에 시장으로 나온 것이 성공한다는 선도자 또는 선점의 법칙이 있다. 그러나 이 법칙과 원칙이 적용되지 않는 경우가 있는데 거기에는 그럴만한 이유와 사연이 있다. 또한 자신의 회사가 최고의 제품을 갖고 있기 때문에 반드시 시장에서 승리할 것이라는 생각은 무모한 망상이며, 이와 같은 예는 우리 주위에서 많이 볼 수 있다.

---

3 텔레마케팅(telemarketing)
전화 등의 매체를 이용하여 소비자마다의 구매이력 데이터베이스에 근거하여 세심한 세일즈를 행하는 과학적 마케팅방법. 소비자 개개인의 행동을 포함해 시장의 움직임에 대해서도 면밀히 분석하는 점에서 무차별로 전화를 거는 텔레폰 마케팅과 구별된다. 텔레마케팅에서는 PC의 고객명부와 연동하면서 자동발신하거나 걸려온 호출을 교환수에게 균등하게 분배하는 ACD(automatic call distribution)기능을 이용하는 등의 시스템적인 연구가 된 것이 많다. 또한 소비자가 마음놓고 전화를 걸 수 있도록 프리다이얼(자동착신 요금서비스)을 도입하는 기업이 늘고 있다.

사/례/연/구

소니는 1975년 업계에서 최초로 베타 방식의 VCR(Video Cassette Recorder : 영상과 음성을 비디오 카세트 테이프에 기록·재생하는 장치)을 개발하여 시장에 내놓았다. 그로부터 3년 후에 마쓰시타 그룹의 저팬 빅터가 VHS 방식의 VCR을 출시함으로써 양사간에 치열한 경쟁이 시작되었다. 소니는 베타 방식의 VCR을 3년 먼저 출시하였을 뿐만 아니라 기술적으로도 VHS 방식보다 우수하다는 평가를 받았음에도 불구하고 결국 시장에서 패배하여 1988년 베타 방식의 VCR 생산을 중단하였다.
이와 같은 실제 사례에서 왜 소니는 경쟁사보다 더 우수한 품질의 제품을 3년이나 먼저 시장에 내놓고도 패배를 하였을까? 선도자 또는 선점의 법칙에 따르면 굳이 보다 우수한 품질이 아니더라도 3년이란 세월은 경쟁에서 매우 유리한 위치를 선점하기에 충분하고도 남는 시간이었을 것 같은데, 그런데도 소니는 시장에서 실패한 이유는 어디에 있을까? 그것은 소니는 자사제품의 기술적 우수성에 도취한 나머지 VCR을 상품이 아닌 제품으로 생각하고 시장개척과 판매를 위한 활동을 소홀히 하였기 때문이다. 그래서 요즈음 가정이나 직장에서 사용하고 있는 비디오 테이프가 모두 소니의 베타 방식이 아닌 VHS방식의 테이프라는 사실이다.
또 한 가지 사례는 콜라 이야기인데 코카콜라와 펩시콜라는 콜라업계의 선두제품으로 소비자에게 눈을 가리고 하는 시음장면을 우리는 가끔 볼 수 있다. 그런 곳에서 보면 많은 사람들이 콜라의 맛으로 콜라를 결정할 때 펩시콜라를 선호한다고 한다. 그러나 실제 시장에서의 판매는 코카콜라가 펩시콜라보다는 앞선다는 조사결과가 있다.
정리를 하면 마케팅이란 사람의 인식 속에 있는 것이지 반드시 품질만은 아니며 소비자의 동기조사와 실제로 구매하는 데에는 항상 차이가 있다는 사실을 알아야 한다.[4]

2. 마케팅 믹스(Marketing mix)

(1) 마케팅믹스의 의의

목표시장을 정함으로써 마케팅 목표를 결정하고 이에 대한 실행계획을 수립하는 것을 마케팅 프로그래밍이라고 하는데, 판매하고자 하는 제품과 그 가격, 그리고 유통경로와 판매를 촉진하는 것을 적절하게 배합하는 것을 마케팅 믹스(marketing mix)라고 하며 마케팅믹스의 요소는 학자들에 따라 약간의 차이가 있지만 맥카시(E. J. McCarthy)교수는 이를 4P'S로 정의하여 오늘날에도 대표적인 마케팅변수로 불리우고 있다.

1) 장소계획(place planning)

부동산기업의 활동을 위해서는 사업대상지역을 선정하여야 하고 그 다음은 토지의 확보이다. 토지의 확보과정에서 입지선정은 사업의 성패를 좌우하는 중요한 과제이며 얼마나 적정한 가격으로 확보하는 가도 사업에 있어서 결정적으로 주요한 과제로 볼 수 있다

4 황의록, 100전 101승 시장지배전략, 동아출판사

2) 제품계획(product planning)

제품계획은 마케팅 믹스 가운데서도 매우 중요한 요소이며 제품영역은 표적이 되는 시장을 위한 바람직한 제품을 개발하는 것과 관련되는 것으로 부동산시장에서 제품은 주로 건물이 대상이 된다. 제품계획에서는 신상품의 개발, 기존상품의 개발, 기존상품의 새 용도로의 개척 등이 있으며 제품개발전략으로는 공업화와 규격, 표준화, 상품의 차별화, 시장의 세분화, 상품의 다양성, 상품의 고급화 등이 있다. 또한 제품을 계획하는 경우 고려할 사항으로는 품질, 설계, 입지조건, 상표 등이 있다.

3) 가격전략(price police)

마케팅관리자는 제품에 대한 적절한 가격을 설정하여야 하는데 가격을 설정하는 경우에는 표적이 되는 시장에서 경쟁상태와 더불어 대체적 가격(alternative prices)에 대한 고객의 반응도 고려하여야 한다. 가격정책에는 다음과 같은 전략이 있다.

① 기존제품의 가격결정(established products pricing)
② 제품계열 가격결정(product line pricing)
③ 신제품 가격결정(new product pricing)
④ 특수가격제도
⑤ 할인

4) 촉진전략(promotion policy)

촉진이란 기업의 매출액을 촉진하기 위한 모든 수단을 말한다. 촉진활동을 위해서는 예상고객이 될 수 있는 사람들에게 적절한 방법을 통하여 그들의 수요욕구가 환기되도록 수행하는 모든 활동을 말하는 것으로 여기에는 광고, 인적판매, 홍보, 판매촉진으로 구분된다.[5]

※ 마케팅전략이란 결국은 마케팅 믹스를 조정하는 의사결정원칙이라고 할 수 있다.

---

5 박준영, 부동산학개론, 형설출판사, 1999, pp.359~362

[圖 2-4-2] 맥카시(E. J. McCarthy)교수의 4P'S

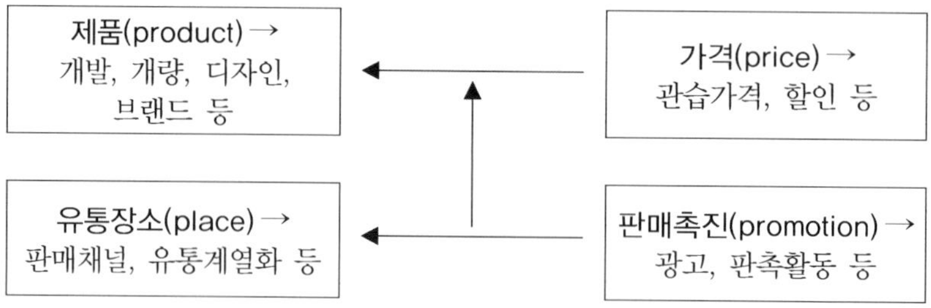

(2) 마케팅 믹스의 전략

마케팅믹스의 4P는 매우 밀접한 관련을 맺고 있다. 즉, 아무리 좋은 제품이라도 그에 걸맞는 가격이 아니면 팔리지 않으며 또, 지나치게 가격이 낮으면 기업활동을 하기 어려워 질 것이다. 프로모션활동[6]을 열심히 하여도 유통상품의 수가 적으면 투자한 효과는 없게 된다. 그러므로 4P가운데 어디에 비중을 두어야 할 것인가가 매우 중요하다. 예를 들어 서적이나 잡지는 가격에 의한 차별화는 중요한 요소가 아니며 영업활동이나 상품력이 매출을 좌우한다. 또한 서점입장에서 보면 입지가 매우 중요하다. 그러므로 마케팅 믹스는 4P 각각의 전략을 독립적으로 수립하는 것이 아니라 서로의 관계가 균형있게 발전하여야 할 것이다.

6 판매촉진(sales promotion)
상품 수요를 늘려 가기 위해 하는 모든 활동. 좁은 의미로는 접객판매와 광고를 종합한 활동을 가리키거나 접객판매와 광고를 지원·보완하는 활동만을 가리킬 때도 있다. 가장 넓은 의미의 판매촉진의 내용은, 판매주체의 대외적 세일즈 프로모션과 대내적 세일즈 프로모션으로 나누어진다.
대외적 활동은, ① 대도매상(판매원 훈련, 판매 콘테스트, 도매광고 조언, 정보·자료 제공 등), ② 대소매상(판매점 회의, 광고지도, 카탈로그 제공, 광고자재 제공 등), ③ 대 최종소비자(다이렉트 메일, 견본 제공, 컨설턴트 서비스, 소비자 콘테스트, 기관지 제공 등)로 나누어진다.
대내적 활동은, ① 세일즈 부문(판매원 교육, 판매 콘테스트, 판매자재 준비 등), ② 광고부문(PR광고·공동광고 등), ③ 기타 부문(조사·상품 계획 등)으로 이루어진다.

[圖 2-4-3] 마케팅믹스에 있어서 4P의 전략곡선

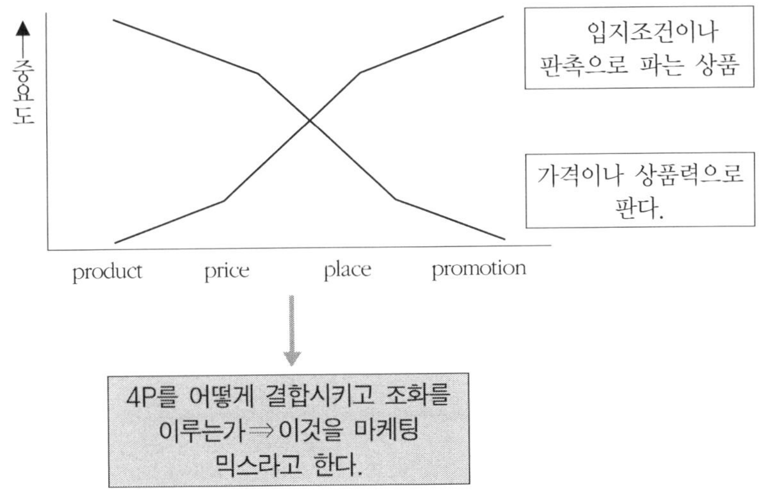

3. 인터넷 기반의 원투원(one-to-one) 마케팅

양장점에서 맞춘 듯 몸에 꼭 맞는 원피스를 입고, 독특한 스타일의 나만의 선글라스를 끼고 세상의 모든 기업들이 나만을 위한 상품을 만드는, 누구든지 공주나 왕자가 될 수 있는 세상이 다가오고 있다.

미국 시사주간지 '유에스 뉴스 앤드 월드 리포트'는 "경제를 지배해 왔던 대량생산-대중마케팅 시대는 갔다"고 선언했다. 다품종 소량생산 시대를 거쳐 고객 개개인의 욕구를 충족시키는 '원투원(one-to-one) 마케팅' 시대가 왔다는 것이다.

(1) 고객 개개인 입에 맞게

'원투원' 세상에서는 청바지를 살 때 "허리 32인치, 키 178㎝"라고 말하면 시대에 뒤떨어진 사람으로 취급받게 된다. 리바이스의 경우 '2가지 기본 모델에 10가지 재질, 5가지 다리 모양, 2가지 단추'를 제공하고 있다. 300가지 청바지 중에서 자신의 키와 허리에 맞는 청바지를 고르면 된다. 매장에 직접 나갈 필요도 없다. 인터넷을 통해 주문만 하면 된다.

귀여운 딸에게 크리스마스 선물로 인형을 사주려고 한다면 딸이 좋아하는 얼굴 색깔과 눈 색깔, 헤어스타일, 옷, 액세서리 등을 고른 뒤 딸과 같은 이름을 붙여달라고 주문한다. 인형을 건네주며 "오직 너만을 위한 인형이란다."고 말하면 가슴이 뿌듯해짐을 느낄 수 있다. 옷이나 인형만 아니다. 리츠칼튼호텔의 CLASS 서비스에 등록하거나 한번만 묵으면 다시 말을 안 해도 나만을 위한 서비스가 시작된다. 호텔을 찾을 때마다 "더블 베드에 공기가 잔뜩 들어간 베개"라는 식으로 얘기 할 필요가 없다.

(2) 90년대 중반부터 활성화

책을 살 때도 마찬가지. 매 달 나오는 신간 서적 중 '볼만한 책이 없나'하며 서점을 기웃거릴 필요가 없다. 인터넷 서점 '아마존.com'은 과거의 서적 구입 행태를 분석, 고객이 관심을 가질만한 책이 출간되면 수시로 이 메일을 띄운다. "이런 책이 나왔으니 한 번 보십시오."하고, '맞춤 서비스'라고 부를 수 있는 원투원 마케팅은 90년대 중반이후 인터넷의 광범위한 보급으로 활성화됐다. 인터넷으로 전보다 적은 비용으로 더 빨리 고객의 요구사항을 알 수 있게 됐기 때문이다.

'원투원의 미래'를 쓴 마르타 로저스는 "매스마케팅(대중마케팅) 시대에는 물건을 만든 뒤 고객을 개발한 뒤에 그에 맞는 물건을 만든다."고 말했다. 예를 들면 상품을 생산하기 전에 디자인을 하는 것이 아니라 디자인과 상품생산이 동시에 이뤄진다는 식이다.

(3) 고객도 자본의 일부분

'지식사' 편집장 브리톤 모나스코는 "내부조직을 혁신하려던 상당수 기업들이 실패를 맛보았는데, 이는 고객과의 관계를 다지는 데 소홀했기 때문"이라고 말했다. 원투원이 관심을 끈 이유는 파워(힘)가 판매자에게서 구매자에게로 이동했기 때문이다. 소비자들이 물건의 질과 가격을 비교해볼 수 있게 됐으니, 과거처럼 "물건을 사라"고 강요했다가 고객이 떨어져 나가지 않는다면 오히려 이상한 일이 된다.

(4) 재고 없애 경쟁력 커져

여기서 고객의 중요성이 새롭게 대두됐으며, '원투원' 마케팅이 태어났다. 시카고 트리분지(지)는 최근 '고객을 자본의 일부로 봐야한다.(customer capital)'고 역설했다. 양질(양질)의 고객을 얼마나 많이 확보하고 있느냐에 따라 기업의 가치가 달라진다는 말이다.

[表 2-4-1] 매스마케팅과 원투원 마케팅의 비교

매스 마케팅	원투원 마케팅
·가능한 많은 고객에게 한 가지 물건을 판매 ·상품을 차별화 ·새로운 고객을 끊임없이 찾음 ·규모의 경제에 초점	·고객 한 명에게 가능한 많은 물건을 판매 ·고객을 차별화 ·기존 고객으로부터 새로운 비즈니스의 기회를 포착 ·영역의 경제에 초점

(5) 21세기 산업중심은 인터넷

기업가들은 예전부터 수공업 단계의 주문생산에서나 가능했던, 고객의 요구에 일일이 대응하고 싶어했다. 80년대 말 각광을 받은 '고객만족(CS)'도 '원투원 마케팅'의 전 단계로 볼 수 있다. 그러나 생산성을 최고로 여긴 대량 소비사회에서는 꿈도 꿀 수 없었다. 많이 파는 것이 무엇보다 중요했기 때문이다. 인터넷의 등장이 이 꿈의 실현을 한발 앞당겼다. 생산자와 소비자가 인터넷이라는 가상공간에서 연결됐기 때문이다.

미국의 델 컴퓨터는 '인터넷 비즈니스'(e-business)를 활용, 원투원 마케팅을 실천에 옮긴 대표적 기업. 인터넷을 통해 주문형 컴퓨터를 생산-판매, 창업 13년만에 세계 3위 컴퓨터 업체로 부상했다. 고객이 델 컴퓨터의 웹사이트를 통해 주문을 내면, 모든 정보는 '실시간'으로 부품공급업체에 전달된다. 메이커는 '주문형 생산시스템(build-to-order)'을 구축, 수 시간 내에 주문된 컴퓨터를 생산한다. 고객은 인터넷을 통해 생산에서 배달까지 전과정을 체크한다. 메이커와 부품공급 업체, 고객을 하나로 묶는 '네트워크형 분업체제'가 형성된 것이다.

인터넷은 '맞춤서비스(customized service)'를 가져왔다. 전문가들은 '제2의 산업혁명'[7]이라고 불리는 인터넷이 앞으로 산업활동의 중심이 될 것으로 전망한다. 90년대 중반 본격화된 인터넷 비즈니스를 통한 주문생산 방식은 '저스트 인 타임(JIT)'과 다품종 소량생산, 유연 생산방식 등을 특징으로 하는 '생산방식'의 결정판으로 볼 수 있다.

---

7 제2의 산업혁명
인터넷 혁명은 제2의 산업혁명에 비유되곤 한다. 산업혁명이 근대인들의 삶을 풍요롭게 만들었듯이 인터넷 비즈니스는 현대인들의 삶을 한 단계 끌어올리고 있다. 특히 인터넷을 매개로 이뤄지는 전자상거래(E-Commerce) 또는 인터넷 비즈니스(E-Business)는 경제 패러다임을 바꿔놓고 있다. 사이버 시장에서 이뤄지는 모든 경제적 교환활동 및 경영행위인 인터넷 비즈니스의 발전은 새로운 경제문화를 만들어내고 있다. 거래환경을 전자으로 적구현, 정보에 대한 접근·획득방식, 서비스 이용방식, 상품의 구매·지불방식을 바꿔가고 있다. 이에 따라 인터넷을 통한 자금결제·증권·보험거래, 홈·펌뱅킹 같은 금융서비스도 널리 퍼지고 있다. 아직은 제한적이지만 유통·금융구조 혁신의 기폭제가 되고 있는 것. 또한 인터넷 비즈니스는 인터넷을 통한 상거래뿐만 아니라 그 활동을 뒷받침하는 지원 시스템과 인프라 구조까지도 포함하고 있다.

사/례/연/구

• 마케팅 촉진믹스 성공사례

▸ 제일제당-게토레이

알카리성 이온음료 또는 스포츠음료는 현재 제품수명주기상 성장기에 진입해 있다. 처음 게토레이를 출시(출시)했을 때 시험제품쯤으로 여기고 제품의 판매에 그다지 신경을 쓰지 않았던 제일제당은 이 시장에서의 1위의 자리를 경쟁제품인 포카리스웨트에게 내줄 수밖에 없었다. 또한 굴지의 음료회사들이 시장에 진입할 움직임을 보임에 따라 게토레이는 포카리스웨트에 밀릴 뿐만 아니라 후발업체들에게도 쫓길 위험에 처하게 되었다.

게토레이는 알카리성 이온음료로 물보다 빠른 흡수속도, 알카리성, 그리고 저칼로리의 특성을 지니고 있으며, 그에 따른 빠른 갈증해소, 빠른 피로회복, 좋은 운동컨디션을 제공하는 효능을 지니고 있다고 평가되었다. 그러나 당분이 타(타)음료에 비해 적기 때문에 단맛에 익숙해 있는 현재의 소비자들에게 콜라나 사이다에 비해 맛이 덜 좋다는 인식을 줄 수 있고, 또한 가격이 콜라의 2배, 쥬스류의 1.5배정도 비싸다는 것이 단점으로 지적되었다.

알카리성 이온음료를 어느 범주에 넣을 것인가 하는 문제에 제일제당 측은 고심을 거듭하였는데, 출시 초기에는 명확한 컨셉트를 잡지 못하고 알카리성 스포츠음료라는 어중간한 포지션을 택하였다. 그 후 이온음료를 스포츠음료라는 개념으로 청량음료와 구분해야 하며 스포츠음료도 스포츠패션의 일부로 정착시키는 포지셔닝이 필요하다는 쪽으로 기울어졌다. 청량음료와 달리 스포츠음료는 원래 미식축구 선수들을 위해서 개발된 음료로 경기 중 수분을 보충할 때 물의 이화감으로 경기 중 경기속행 불능 상태에 빠지게 되거나 이 때문에 수분을 보충하지 않고 장시간 운동할 경우 위험한 상태에 이르는 사태를 방지하고자 개발된 기능성음료의 범주에 속하는 제품이다.

출시 4년째를 맞은 게토레이는 그 동안 불명확하던 브랜드 컨셉트를 재정립하였다. 포카리스웨트를 제1의 경쟁상대로 보던 시각을 확대하여 물과 기존 청량음료 제품들을 경쟁자로 보는 선발(선발)의 전략을 택하였다. 콜라, 사이다 등의 기존 청량음료와 비교하여 게토레이의 경쟁적 우위 점은 달지 않다는 점이었고, 물과 비교해 보면 흡수가 빠르다는 점이었다. 이러한 두 가지 포인트에 대해 고객의 욕구가 있다는 사실이 확인되었다. 이처럼 새롭게 설정된 게토레이의 브랜드 컨셉트는 "달지 않고 흡수가 빨라 갈증을 신속히 없애 주는 갈증해소 음료"이었다.

상기의 브랜드 컨셉트 하에 광고, 판촉전략도 집행되었다. 컨셉트를 직접적 문자로 전달하는 이성적 표현방법, 제품의 과학적 배경을 나타내는 흡수되는 장면의 표현(thermographics), 이를 뒷받침하는 program-support-solution의 전개, 포카리스웨트와 차별화를 도모하기 위한 Green Color 캠페인 등 광고의 모든 표현방법은 브랜드 컨셉트를 가장 효과적으로 전달하는 데 맞추어졌으며, 광고매체의 운영도 브랜드 컨셉트와 활동적인 도시남성 타깃에 맞게 여름철에 철저하게 집중하였으며 인쇄매체의 비중을 상당히 높였다. 또한 판촉도 상표개념에 맞추어 갈증해소가 된다는 소비접점에 초점을 맞추었다. 여름철 캠페인, 볼링대회, 에어로빅대회, 해변판촉 등 잠재고객의 갈증해소 상황과 연결되는 판촉방법을 동원하였다.

브랜드 컨셉트를 명확히 설정하고 이를 고객에게 전달하기 위한 모든 마케팅믹스의 시너지효과가 게토레이의 시장점유율을 높이는 데 상당한 기여를 하였다. 그리고 언제부터인가 고객의 입에서는 갈증해소음료라는 새로운 음료 카테고리에 대한 언급이 자연스럽게 되고 있다.

▸ 코레코사

1983년 12월에는 '배추머리 인형'의 열풍이 미국을 휩쓸었다. 이 회사는 1983년 한 해에만 2천 5백만 개의 인형을 팔아서 4천 6백만 달러의 수익을 올렸다. 크리스마스 아침에 자녀들에게 '배추머리 인형'을 선물하려는 많은 부모들 때문에 인형을 판매하는 곳은 아수라장이 되었다. 심지어 뉴욕에 있는 어느 장난감 가게에서는 경찰이 투입될 정도였고, 뉴저지에서는 한 임산부가 장난감 가게로 밀려드는 사람들에 갈려 기절한 일도 있었다. 이와 같이 대단한 인기를 끌었던 비결은 제품자체의 아름다움에 있었던 것은 아니었다. 그것은 바로 코레코사의 효과적인 마케팅믹스의 사용에서 원인을 찾을 수 있는 것이다. 합리적인 촉진전략이 제품, 가격, 유통과 같은 다른 마케팅요소들을 보완시켜 주었기 때문에, '아름답지는 않지만 매우 사랑스러운 아기'라는 제품이미지가 효과적이고 효율적으로 시장에 전달될 수 있었던 것이다.

사/례/연/구

- 원투원 마케팅 성공사례

원투원 마케팅의 성공사례는 백화점을 들 수 있다. 고객이 백화점에서 물건을 구입할 때 회원카드(membership card)를 제시하면 할인혜택을 준다. 또 회원명단에 등록된 고객에게 일일이 상품안내서를 발송하기도 한다. 이와 같은 일련의 마케팅 활동을 실현하는 방법을 CRM(customer relationship management : 고객관계관리)이라고 한다. CRM이란 고객의 구매정보에 관한 자료를 분석해 그 자료를 토대로 고객에게 필요한 정보를 전송해주는 방법을 말한다. 정보통신의 발달은 기초자료의 활용이 활발해졌고 마케팅기법도 하루가 다르게 진보하고 있다.

4. 소비자행동변화

우리의 소비환경은 IMF 체제라는 급격한 경제적 변화 속에 과소비와 극도의 소비절제라는 양극화 현상을 보이고 있다. 그러나 이러한 소비환경은 소비자들이 합리적이고 경제적인 소비활동을 학습할 수 있는 기회가 될 수 있으며 통신판매 등 디지털 혁명으로 대표되는 정보화 사회의 중요성을 인식할 수 있는 계기로 작용할 수도 있을 것이다. IMF시대의 환경변화와 소비자 심리에 대해 알아본다.

환경의 변화는 인간의 의식과 행동에 직접적으로 영향을 미친다. 우리의 소비환경은 IMF 경제체제라는 급격한 변화를 맞았다. 이러한 환경변화는 무엇보다도 소비자 개인의 가처분소득[8]을 변화시킨다. 높은 금리와 환율은 일부 소비자에게는 이자소득과 환차익이라는 소득증가를 의미하지만, 대부분의 소비자는 소득의 급격한 감소를 겪고 있다.

현재 우리의 소비자 가계는 소득과 자산의 동시감소라는 쌍둥이 디플레를 겪고 있으며, 개념도 생소한 소비자파산이 크게 늘고 있다. 이에 따라 전체 사회분위기의 불안정성과 장래에 대한 불안이 널리 확산되고 있다. 규모를 가리지 않는 수많은 기업의 부도, 넘어질 것으로는 전혀 예상치 않았던 금융기관들의 파산, 120만이 넘는 실업자, 중소기업 사장들의 잇단 자살 등의 뉴스들이 이런 분위기를 만들고 있다.

---

8 가처분소득(disposable income)

국민소득 통계상의 용어로 개인소득 중 소비·저축을 자유롭게 할 수 있는 소득을 말한다. 이를 개인가처분소득이라고도 한다. 어느 일정기간에 개인이 획득하는 소득과 그가 이를 실제로 자유롭게 소비 또는 저축으로 처분할 수 있는 소득과는 차이가 있다. 이 후자의 경우를 가처분소득이라고 한다. 구체적으로 가처분소득이란 개인소득에서 개인의 세금과 세외부담, 즉 이자지급 등 비소비지출을 공제하고 여기에 이전소득(사회보장금·연금 등)을 보탠 것으로서, '가처분소득 = 개인소비 + 개인저축'으로 나타낼 수 있다. 가처분소득을 측정하는 데는 보통 세무통계를 이용하나, 이것을 보정하기 위하여 개인저축 및 개인소비를 추계하는 여러 자료를 이용하는 일이 많다. 가처분소득은 국민경제에서의 소득분배의 평등정도를 측정하는 자료로 쓰이기도 한다.

급격한 환경조건의 악화는 불안을 조장한다. 극도의 불안은 심리적 공황상태를 만들어 자포자기나 자기 파괴적 행동을 촉발하지만 아직 사회 전체적으로 공황이라고 불러야 할 정도의 상태는 아닌 것 같다. 이 시대 소비자 심리를 가장 잘 나타낼 수 있는 핵심어는 바로 불안이다. 불안은 모든 행동을 위축시킨다. 소비행동도 마찬가지이다. 인간은 정상적인 상태에서는 기대」를 바탕으로 행동한다. 그래서 소비행위는 소득을 손에 쥔 후에 발생하는 것이 아니라 소득을 기대할 수 있는 시점에서 이미 시작된다. 마찬가지로 소득의 감소가 예상되는 시점에서 이미 지출이 줄게 된다.

이런 점에서 최근의 소비행동 지표들은 우리의 소비자들이 이미 급격하게 위축되고 있으며 이런 소비심리의 위축은 향후 더 심해질 것임을 시사한다. 이미 99년도 1/4분기의 민간소비는 17년만에 최저수준이었고, 이런 추세는 지금도 계속되고 있으며, 내수시장은 급속하게 침체되고 있다. 그렇다면 이러한 경제환경의 악화로 인한 소비자의 불안과 소비심리의 위축이 소비자행동에 어떤 영향을 미치게 될까?

소비자 욕구의 퇴행으로 금전적 가치 높이는 소비행동 늘어 먼저 소비자 욕구의 변화를 생각해 볼 수 있다. 모든 행동은 욕구를 충족시키기 위한 것이며 소비행동도 마찬가지이다. 결론부터 말하면 소비자의 욕구는 생리적, 심리적, 신체적 안전을 추구하는 방향으로 퇴행한다.

유명한 심리학자인 매슬로우는 인간의 욕구가 기본적인 생존과 안전을 추구하려는 것에서부터 점차 사회적 존경과 사랑, 자존심의 고양을 거쳐 자기실현의 욕구와 같은 상위욕구로 발전한다고 보았다. IMF 직전까지도 우리 사회에서는 과시적인 소비나 쇼핑의 여가 활동화, 분에 넘치는 소비가 문제가 되고 있었다. 일시적이고 즉흥적·충동적 소비, 타인의 소비를 모방하는 소비, 자신의 신분과 부를 과시하기 위한 소비 등은 소위 바람직하지 못한 소비행태 들이다. 그러나 이런 소비가 좋으냐 나쁘냐를 떠나서 그런 소비는 모두 사회적으로 존경받고 싶고, 자기 스스로를 귀한 사람으로 보이고 싶어하는 욕구의 발현이라고 볼 수 있다. 이런 점에서 그 동안 사회 전반적으로 소비자의 욕구가 상당히 상위의 욕구로 진전했었다고 보는 것이 옳을 것이다. 그러나 최근의 소비행동 양상은 소비자의 욕구가 매슬로우의 주장처럼 하위욕구인 생존이나 안전욕구에서 자연히 상위욕구로 이행하는 것이 아님을 보여준다. 오히려, 알데페르의 이론대로 기본적인 생존과 안전을 추구하는 욕구쪽으로 퇴행하고 있는 것으로 보인다. 할인점들의 매출 증대, 자가용 이용 감소, 자동차 판매부진, 유명상표의 퇴조, 유명 외식업체들의 고전 등이 그 증거이다. 소비자 욕구의 퇴행은 상위욕구를 충족시킬 수 있는 소비자 자원의 가치를 변화시켜서 금전적 가치를 높일 수 있는 소비행동이 늘어난다. 소비행동이란 결국 소비자가 자신이 가지고 있는 가치 있는 것을 상품(더 정확하게는 상품의 기능)과 교환하는 거래행위이다. 소비자가 가진 가치물은 금전뿐만이 아니다. 에너지, 시간, 공간은 물론이고 자존심, 자기 이미지 등도 모두 거래에 사용할 수 있는 가치물이다. 그래서 우리는 조금 비싸도 심부름 대행업소를 이용한다. 에너지와 시간 대신 금전을 더 사용하는 것이다. 또한, 조금 비싸도 작은 전자제품을 선호한다. 점유공간을 줄일 수 있기 때문이다. 금전이 풍부한 고소득기에는 금전의 가치가 사용의 편리함(에너지)이나 빠른 처리(시간), 작은 부피(공간), 우아한 서비스(자존심) 등의 가치에 비해 상대적으로 적다. 그러나 요즈음 같은 소득감소기에는 금전의 상대적 가치가 중요하게 된다. 이런 욕구의 변화와 그에 따른 금전적 가치의 중요성 증대는 지출의 억제, 지출 우선순위 변화와 같은 가구수준의 소비행동에 변화를 야기한다.

실제로 지난 2월에 소비자보호원이 실시한 「IMF체제 전후의 소비자 의식 및 행태 비교」 조사는 급격한 불황으로 인한 가구소비의 변화를 잘 보여준다. 이 조사에 따르면, 응답자의 81%가 지출을 줄이기 위해 생활비를 줄이고 적금이나 보험을 해약하는 등의 생활비 줄이기를 실천하고 있으며, 73%는 이미 계획했던 소비지출을 취소하거나 연기한 경험이 있는 것으로 나타났다. 또한 가구지출 항목으로 볼 때, 가장 많이 줄이는 비용은 잡비나 외식비 항목이고 교육비나 교양오락비를 가장 덜 줄인 것으로 나타나서 전체적으로 여유 있는 생활에 지출하던 비용을 줄이는 것으로 나타났다.

보수적이고 신중한 의사결정 태도 확산 또한 개인소비자의 의사결정과정의 변화를 생각할 수 있다. 불안은 소비자로 하여금 신중하고 보수적인 의사결정 태도를 낳는다. 잘 놀고 있는 포유류에게 갑자기 천둥소리와 같은 자극을 제공하면, 이들은 모든 행동을 멈추고 눈알만 굴린다. 불안한 상태에서는 빠른 의사결정을 하지 않고 주변을 살피면서 정보를 탐색하는 것이다.

이와 마찬가지로 소비자는 일단 의사결정을 유보할 수 있다. 또한, 충동적이고 즉흥적인 구매보다는 계획구매를 선호하게 된다. 요즘 매장에서는 구매할 상품목록을 들고 다니는 소비자를 쉽게 찾아볼 수 있다. 또 풍족한 소비보다는 알뜰한 소비를, 위험을 감수하기보다는 안전한 소비를 더 선호하게 된다. 무엇보다 상품가격에 대한 민감성이 높아져서 상품속성에서 가격의 중요성이 커진다. 소비자의 가격민감성이 무엇을 의미하는지는 자명하다. 이는 저가품시장의 확대를 의미하며, 기업은 가격인상을 매우 신중하게 해야한다는 것을 시사한다.

소비자의 금전가치 추구성향은 의사결정과정에서 상표자체의 효익(benefits)을 중시하는 경향으로도 나타난다. 상표를 선택할 때, 상표의 유명도나 색상, 외관, 포장과 같은 상품의 심리적 속성은 덜 중요해진다. 그보다는 안전도나 경제성과 같은 상품의 고유 속성이 상표 선택에서 더 중요하게 된다. 그래서 부대서비스나 불요불급한 부가기능을 더해서 부가가치를 높이던 상표들에 대한 선호도가 감소한다. 가전제품의 경우를 예로 들면, 여러 가지 기능을 첨부한 고가모델보다는 단순하며 꼭 필요한 기능만 갖춘 모델들이 더 선호된다. 최근의 경차시장 확대나 중고 재활용품 시장의 확대도 마찬가지 맥락에서 볼 수 있다.

욕구의 퇴행이나 이에 따른 소비행동의 변화는 소득감소와 경제적 불황에 적응하는 한 방식이다. 이러한 소비자의 태도나 행동의 변화는 역설적이게도 매우 긍정적인 결과를 낳을 것이다. 소비자의 의사결정이나 상표선택과정이 계획적이고 꼼꼼한 방식으로 변할 것이기 때문이다. 이는 소비자가 소위 건전한 소비 또는 합리적 소비(그 의미에 대해 논란의 여지는 많지만)를 하게 된다는 것을 뜻한다. 즉 요즈음의 불안한 경제상황은 소비자가 자신에게 꼭 필요한 상품을 가장 적은 대가를 치르고 구매하는 바람직한 소비행동을 형성하는 기회가 될 것이다. 예컨대, 소비자보호원이 소비정보라는 인쇄물을 통해 주장하는 계획적인 소비를 하고, 다양하고 고른 소비생활정보를 이용하며, 신용카드, 할부이용구매를 과신하지 않는 동시에, 겉보다는 실용성을 따지는, 올바르게 관리하고 사용하는, 생산적인 상품을 소비하는 긍정적 소비행동을 자연스레 연습할 기회인 것이다. 이런 점에서 앞서 살펴본 불황기의 소비자행동은 합리적이고 긍정적인 방식으로 변할 수 있다는 것을 보여주는 것이다.

이와 관련해서 최근 우리는 국산품 애용이나 금 모으기 같은 독특한 집단적 소비행태를 볼 수 있었다. 이런 집단적 행동은 불안감을 줄이는 효과가 있으며, 뭔가 일시적으로 사기를 돋우고 문제를 해결할 수 있을 것 같은 환상을 준다. 그러나 문제해결에는 별 도움이 안 된다. 1900년대 초의 국채보상운동은 매우 의미 있는 것이었지만, 일본의 강점을 막지는 못했다. 이런 집단적이고 배타적인 소비행태는 우리 소비자들이 자신의 소비에 관해 지식이나 능력이 매우 부족하다는 것을 시사하는 것이며 또한 우리 문화의 집합주의적 특성을 반영하는 것이다(그리고 그 영향은 대개 부정적이다).

이러한 집합주의적이고 전체주의적인 소비행동도 불황기를 넘기는 과정에서 완화될 것으로 생각한다. 지금은 그야말로 아무도 개인을 도와주지 않는다. "산자여 따르라"하는 시대가 아닌가. 그러나 앞서 말한 것처럼 일부 소비자들의 경우는 소득이 오히려 급격하게 증가하고 있으며 따라서 구매력이 빠르게 늘어나 부유층 세분시장을 형성하고 있다.

이들 소비자의 소비의식은 과거와 전혀 달라질 것이 없겠지만, 사회의 전반적인 분위기로 인해 소비행동은 다소 다른 양상을 띨 것으로 보인다. 이들의 소비행태는 한마디로 장막속의 풍요를 즐기는 방식으로 나타날 수 있다. 즉, 구매나 소비과정이 드러나지 않는, 그러면서 여유소득을 소비하는 양상을 띨 수 있다. 예컨대, 고가품의 주문구매나 특정 사회집단이나 특정 장소에서 배타적으로 이루어지는 소비가 많아질 수 있다.

정보관련 콘텐츠 산업, 홈쇼핑 등 IMF 불구 성장 지속 한편, IMF체제로 대표되는 환경의 변화가 단기적인 변화라면, 디지털 혁명으로 대표되는 정보화[9] 사회로의 변화는 장기적으

9 정보사회(information society)
공업을 주체로 발전해온 공업사회에서 벗어나 정보산업을 주체로 하며 다양한 정보의 생산과 전달을 중심으로 전개되는 사회를 말한다. 사회의 정보화는 공업화가 일정한 수준에 도달했거나 공업화가 완료된 사회에서 일어나기 때문에 정보사회는 공업사회의 다음 단계로 생각되고 있다. 그런 의미에서 정보사회는 미국의 사회학자 D.리스먼의 표현대로 탈공업사회(post industrial society)라고 불리기도 한다. 따라서

로 꾸준히 이루어지는 변화이다. 유명한 소비자연구자인 쉬스를 비롯한 많은 학자들은 디지털 혁명의 결과로 소비자의 환경이 극적으로 변화하고 이에 따라 소비자 행동도 상당히 변할 것으로 점치고 있다.

머지않은 장래에 빠른 기술발전과 지구적 경쟁의 증가, 품질과 반응시간, 소비자배려에 대한 소비자의 기대향상 등으로 기업은 사업을 완전히 다시 생각하지 않으면 안될 것이다. 한 가지 명확한 사실은 미래는 현재와 판이하게 다르다는 것이다.

우리사회는 농업사회에서 산업사회를 거쳐 정보화 사회로 빠르게 이행하는 드라마틱한 변화를 겪고 있다. 이 변화는 이제 초기단계에 불과하다(Sheth & Sisodia, 1997).

정보화 사회의 가속화와 이로 인한 소비자욕구의 개별화, 다양화는 과거와는 전혀 다른 소비자행동의 출현을 예상케 한다. 한 예로 인터넷 서점 아마존에서 책을 구매해 본 소비자는 개개 소비자의 욕구에 부응하는 정보기술의 놀라운 능력을 경험할 수 있을 것이다. 그러나 최근의 우리 경제는 소비자의 소득을 1980년대 수준으로 되돌려 놓고 있어서 이런 변화는 당분간 기대하기 어려울 것으로 보인다.

그러나 단기적인 소비위축에도 불구하고 이런 변화가 계속되고 있음을 보여주는 현상들은 도처에서 찾아볼 수 있다.

불황에도 불구하고 한솔PCN 의 인터넷 쇼핑몰의 매출액은 꾸준히 증가하고 있다. 홈쇼핑을 포함한 통신판매 시장의 확대는 가장 대표적인 분야이다. 지난 95년 케이블 TV와 함께 등장한 39홈쇼핑과 LG홈쇼핑은 매년 세 자리 이상의 매출액 증가를 보이고 있으며, 이런 추세는 금년에도 수그러들지 않아 IMF의 영향을 거의 받지 않고 있다.

이들 두 회사는 각기 97년도 매출 1천억원 수준으로 전년대비 500% 성장했고, 금년에는 300% 증가인 3천억원을 목표로 잡고 있다. 또한 정확한 자료는 없지만, 현재 2백개가 넘는 국내기업들의 인터넷 쇼핑몰이 영업중이며 꾸준히 매출을 늘리고 있다(한경, 98년 4월 1일). 불황이라는데도, 「외국 직배영화」라고 애국심을 부추겼는데도 타이타닉은 개봉 나흘만에 서울서만 80만명이 넘는 관객을 끌었다. 사운드트랙도 발매 한 달만에 25만장이 팔렸다. 영화 외에 비디오, 만화, 게임과 소위 콘텐츠 산업이나 정보제공업(IP), 통신서비스 같은 정보기술을 바탕으로 한 산업들은 IMF에도 불구하고 수요가 계속 증가하고 있다. 기업, 정보화라는 거시적 환경의 변화 추세에 대응해야 소비자는 외환위기로 야기된 불황이라는 기회를 합리적 소비를 위한 절호의 학습기회로 여겨야 한다. 개인경제의 건전화에도 도움이 될 뿐

정보사회란 사회의 발전단계설을 근거로 한 문명사적 규정임을 알 수 있다. 즉 정보사회라고 할 때는 인류사회는 전 문명사회에서 농업혁명을 거쳐 농업사회로, 이어서 산업혁명을 거쳐 공업사회로, 다시 정보혁명을 거쳐 정보사회로 이행하듯이 단계적으로 발전해 간다는 인식을 전제로 하고 있다. 거기서는 인류문명은 이제까지의 "사람의 손과 근육 에너지 및 그 대체물인 기계를 생산수단으로 공업이 만들어낸, 실체가 있는 물질중심의 문명"에서 "인간의 두뇌나 지적 창조력을 생산수단으로 정보산업이 만들어내는 무형의 정보가 주체가 되는 문명"으로 전환되어 간다고 생각되고 있다.

아니라, 「까다로운 일본 소비자가 빈틈없는 일본제품을 만들게 하는 추진력이었다」는 평가의 예에서 보듯이 소비자의 합리적 소비는 상품의 품질을 결정하는 매우 중요한 요소이기 때문에 우리 경제의 경쟁력 향상에도 도움이 된다.

기업은 그 어느 때보다도 IMF체제라는 미시적 변화의 영향뿐 아니라 정보화라는 거시적 변화에 주의를 기울여야 할 때이다. 정보기술을 토대로 한 정보혁명은 소비자의 라이프스타일 자체를 바꾸어 버릴 것이며, 구매행태와 매체노출행동, 소비자 자원의 상대적 가치 등 소비자 행동의 총체적인 변화를 야기한다.

단기적으로 특히 시장세분화와 각 시장에 적절한 차별화 전략은 그 가치를 높일 것으로 예상된다. 따라서 변화를 꾸준히 모니터하고 대응하는 것은 기업생존의 문제가 될 것이다.[10]

---

10 김완석, 아주대 심리학과 교수, 1999

제5장

부동산분양업

제1절 부동산분양업[1]의 개황과 문제점

1. 개 황

오늘날 분양업에는 상당한 기간의 경험과 인적 네트워크를 통하여 한 두건의 프로젝트를 성공시켜 분양 전문가로서의 명성과 경제적 지위를 보장받는 사례가 늘고 있다. 이러한 성공은 분양요원이나, 상담자의 위치를 거치거나 해당분야의 인적 네트워크를 형성하는 오랜 시간의 축적된 경험과 인내의 결과라 하겠다. 하지만 이런 소수의 성공을 제외하고 분양요원 또는 상담자로 활동하는 사람들의 업무 수행 능력은 고객에게 다소 냉소를 받고 있는 것이 사실이다. 그 이유는 먼저 분양에 대한 전문 교육이 전무한 데서 찾아 볼 수 있다.

분양 전문 교육은 분양업자의 업무 수행 능력을 향상시키고, 업무의 자신감을 주고, 계획적인 자신의 성장과 개발을 위해 노력하게 하며, 내부 구성원간에 정보 교류가 가능하게 하고, 고객에 대한 서비스를 향상시키는 순기능을 가져온다. 이제 분양업이 전문 부동산업

---

1 부동산분양업
부동산경기가 불투명하고 무분별한 부동산개발로 인한 공급과잉과 유통시장개방에 따른 대 규모의 외국투자가들이 부동산시장에 진출, 이에 대응하기 위해 국내업체들이 모두 점포화 체제 구축에 박차를 가하고 있다. 이러한 시대의 흐름으로 외국의 부동산 투자회사들에 비해 상대적으로 부동산시장을 잠식당할 소지가 높은 중소업체들의 부동산개발과 소비자 대응 등을 어떤 방법으로 대처해야 할 것인가를 알아두어야 할 것이다. 부동산분야의 업종에도 다양화와 전문화가 급속도로 요구되고 있으므로 특히 부동산분양업계의 전문상담요원이 필요한 시점이다. 그 근거로는 건설업체들이 국내에서 수주한 공사금액 31조 5천 956억 원 중 아파트나 주상복합아파트 등 주거용 건축물은 모두 14조 8천 191억원으로 전체수주액의 46.9%에 달하는 것으로 조사됐다. - 자료 : 2002년 8월 19일 대한건설협회

으로 성장할 수 있기 위해서는 이 분야에 관심이 있는 후진을 교육, 양성하고 그에 따른 학문 활동도 적극 지원되어야 할 것이다.

(1) 분양업 및 업자의 유형

분양업의 유형은 크게 자체 사업의 시행 및 분양, 시행 대행 및 분양, 분양 대행만을 전문으로 하는 경우로 나누어 볼 수 있다. 그리고 분양 대행의 경우에 있어서는 아파트(대, 중, 소), 오피스텔, 단지 내 상가, 근린 상가, 주상 복합 건물, 쇼핑몰, 빌라, 전원 주택, 토지, 콘도, 아파트형 공장 등 구체적으로 세분화하는 업자들도 있지만 그 경계 영역은 두텁지 않은 편이다.

분양업자의 구분은 분양 사업자, 분양 상담자, 분양 요원으로 구별해 볼 수 있다. 처음 분양 요원으로 입문하면 분양 상담자를 도와 홍보와 안내 업무를 중심으로 경력을 쌓게 된다. 이후 5년 이상의 경력을 지속적으로 쌓아야 만이 유능한 분양 상담자로서의 위치에 오르고, 또 5년 정도의 경력을 거쳐야 분양업자로서의 전반적 업무를 파악할 수 있다. 그러나 이러한 기간은 개인의 능력과 나이, 전문성과 교육 정도에 따라 다양한 차이를 나타낼 수 있다.

[表 2-6-1] 분양업의 유형과 업자의 구분

구분		
분양업의 유형	- 시행 및 분양	
	- 시행대행 및 분양	
	- 분양대행	
	- 시공 및 분양	
분양업자의 구분과 업무	분양사업자	- 분양사업의 개발 또는 수주, 분양사업의 총괄적 지휘
	분양상담자	- 고객과 투자상담 및 유치, 세금 및 금융상담
	분양요원	- 전단지 배포, 부동산작업, 고객 안내, 시장조사

(2) 분양업 전문교육의 부재

분양업의 전문 교육은 전문화의 단계에서 그 필요성이 더욱 나타난다. 부동산업은 전문가로서의 자질과 경험을 갖추기 위한 오랜 시간과 노력을 필요로 한다. 민법과 물권법, 계약 관련법과 부동산 공법 등 부동산 관련 법률은 100여가지가 넘는다. 물론 이 모든 것을 공부하고 부동산 직업 활동을 시작할 필요는 없다. 하지만 기본적인 부동산 지식의 무지함은 부동산업 활동을 어렵게 하고, 고객의 신뢰를 상실할 우려가 크다.

분양업의 경우 이러한 전문 교육의 기회가 없이 분양 활동에 나서는 경우가 많다. 이는 부동산업이나 분양업 자체의 위상을 격하시킬 수 있어 전문 교육을 통한 입문 과정이 절실하다. 또한 직업이 아닌 업무의 효율성을 높이기 위해 분양업에 대한 사전 지식을 필요로 하는 사람들도 많은데 부동산 전반 – 사업자 등록, 세금관계, 업무의 절차 등 – 에 대해 개방된 교육의 기회는 없다. 다만 지금까지 업계의 구전 – 술자리나 잡담 – 을 통해 전수되어 왔을 뿐이다. 이것은 분양업의 비 체계화, 비전문화로 이어지고 있다.

앞으로 분양업 협회의 자구 노력이나 제도화를 통한 '전문 분양사'가 등장하게 된다면 분양 상담 기법, 분양 도구와 분양업 절차 등이 자세히 전수될 수 있을 것으로 본다. 전문화 시대의 위상에 맞는 부동산 문화를 이루기 위해 개별 부동산업자의 '제 살 깎기' 노력이 꼭 필요하다고 하겠다.

(3) 상담기법의 낙후

분양업이 비 전문화되어 나타나는 문제로 상담 기법의 낙후를 들 수 있다. 이는 고객에 대한 배려와 전문 지식 없이 오직 투자와 수익에 대한 지나친 강조로 인해 스스로 책임지기 어려운 말을 하거나 객관적이지 못한 사실을 유포함으로 고객에게 첫인상을 나쁘게 남기게 된다. 업계의 구전을 통해 전수되는 고객의 유인과 리드는 지나친 상술로 현대 고객의 수준에 맞지 않는 면이 많다. 분양률에 영향을 미치는 상담자의 대화 기법은 고객의 이해와 전문성을 살려 고객의 재산이 적절히 투자되어 질 수 있도록 안내하는 상담 기술로 적극 개발되어야 한다.

(4) 분양업의 비 전문화

비 전문화라는 것은 첫째, 분양업에 관한 `국가 공인자격`이 제도화되지 않은 상태 둘째, 분양업 내부의 자구적 전문화를 위한 자구 노력이 이루어지고 있지 않다는 것을 의미한다. 따라서 전문화를 이루는 방법은 제도화를 통한 방법과 업계의 자율적인 노력에 의한 방법이 병행되어야 한다.

우리의 현실적인 부동산업을 살펴보면 감정평가업, 중개업, 관리업은 제도화를 통한 전문화를 이루었다. 그러나 실제 업무의 진행 상황을 보면 아직도 전문해야 할 많은 과제를 안고 있다. 그리고 분양업, 부동산 컨설팅업 등은 제도화 전 단계에 머물러 있으면서, 업무 내용도 전문화되지 못하다. 따라서 부동산 이론 분야의 지원과 업계의 자구 노력이 결합한다면 부동산업의 위상을 격상시킬 수 있을 것이다. 분양업의 전문화는 분양 업무를 '프로젝트성 조직'으로 수행할 수 있는 기반을 마련하는 초석이라 하겠다.

(5) 조직의 비 체계화

분양업은 영위 규모에 따라 매트릭스 조직과 프로젝트 조직으로 나타난다. 일반적으로는 프로젝트 조직의 형태를 통하여 과업을 수행하고 원래대로 복귀한다. 그러나 업무 현장의 확대를 통한 조직의 규모가 커지게 될 때는 정태적인 조직의 형태를 결합한 복합적인 형태를 취하여 업무의 효율을 높이게 된다.

분양 업무의 전문화는 이러한 분양 업무의 조직 구성원의 능력을 객관적으로 평가할 수 있는 기회를 제공함으로써 더욱 효율적인 조직의 구성을 가능하게 할 것이다.

[表 2-6-2] 기본적인 분양업무 수행 조직

<table>
<tr><td rowspan="6">분양업자
(= 시행자, 시공자, 건축사무소)</td><td rowspan="3">상담자1</td><td>요원1</td><td rowspan="6">필요시 아르바이트 채용
(TM, 도우미, 모니터)</td></tr>
<tr><td>요원2</td></tr>
<tr><td>요원3</td></tr>
<tr><td rowspan="3">상담자2</td><td>요원1</td></tr>
<tr><td>요원2</td></tr>
<tr><td>요원3</td></tr>
</table>

2. 문제점

분양업의 문제점은 대부분 전문화되지 못한 점에서 비롯되거나 다른 부동산업의 현실적 낙후와 관련성을 갖고 있다. 부동산의 개발과 분양 업무의 전체 과정에서 다양하게 발생하는 업무상 문제점은 전문화의 과정을 통해 해소해 나가야 것이다.

이러한 비 제도화 및 비 전문화 현상은 부동산 개발사와 시공사에 있어서 분양률의 달성이 사업 전반에 미치는 영향이 막대한 것에 비하여 볼 때 시급한 보완 문제로 생각된다. 부동산 분양업의 현실적인 문제는 다음과 같다.

(1) 수익의 불안정성

분양업자 또는 분양상담자로 자격을 갖추기 위해서는 처음 분양 요원으로 출발하여 단계별로 약 5년에서 10년 이상의 기간이 필요하다. 그러나 지속적인 현장 활동을 하지 않는다면 당장 생활의 어려움을 당하게 될 수 도 있다. 또 현장 활동을 하더라도 안정적인 소득 유무는 개인의 능력에 따라 차이가 난다. 즉 부동산 활동은 어떤 사람을 전문가로 성장하도록 끊임없이 훈련하는 과정으로 볼 수 있다.

부동산업이 전문 직업으로 이해된다면 업무 활동도 전문 교육 활동의 연장으로 보아야 한다. 숙련된 전문가도 불규칙적인 수입에 의존하여 활동한다. 하지만 단 한 건의 프로젝트의 수행으로 엄청난 부와 명예를 얻기 위해서는 자신의 관리와 노력이 필요한 것이 부동산업을 특성을 이어 받는 분양업의 특성인 것이다.

부동산업은 안정적인 급여에 대한 애착을 가지고 종사하기 어려운 특성을 나타내고 있다. 이러한 현상은 개업 공인중개사, 평가사, 관리사 등에서 공통적으로 나타나는데 그 이유는 정기적 또는 규칙적인 거래의 어려움으로 언제나 새로운 고객을 찾아야만 하기 때문이다.

(2) 업무수주의 한계성

분양업에서 최종 목표는 자체 사업 시행 또는 종합 건설업이라고 볼 수 있다. 그런데 업무 수주의 경우, 분양업 자체가 안고 있는 자금 관리의 중요성, 분양률이 사업 전반에 미치는 중요도, 사업의 성공과 실패에 따른 책임 소재 등으로 인해 상당히 복잡한 과정을 통해 비공개 적으로 진행되는 경우가 많다.

업무를 수주하기 위해서는 법인의 구성, 기본 조직의 결성, 사업성 분석능력, 사무 공간 확보, 운영 자금의 조달, 업계의 인적 네트워크 등이 필요하다. 특히 업무 수주는 업계의 인적 네트워크가 중요하다고 볼 수 있는데 따라서 전문성을 겸비하고 분양 상담자로 어느 정도 경험이 있다고 하여도 업무 수주에 대한 부담은 클 수밖에 없다. 왜냐하면 장기간의 노력, 투자로 인적 네트워크는 형성되기 때문이다.

(3) 정보공유의 어려움

분양업이란 부동산 공급 활동을 통하여 경제적 활동을 하는 조직체이다. 즉, 부동산 분양업은 '최소의 희생(비용)으로 최대의 효과(수익)'를 얻기 위해 합리적인 경영을 하고 있는 이윤 추구의 조직체라는 것이다.

분양업이 중개업에 비해 정보 공유가 더 어려운 이유는 정보에 의존하는 수익 비중이 중개업소의 경우보다 더욱 크기 때문이다. 그러나 분양 업무의 수행에 있어서 프로젝트 조직의 형태를 가지게 된다는 특성을 이해한다면 서로 협력하여 프로젝트 조직을 구성하여 업무를 추진하는 필요성을 느끼게 될 것이다. 그러나 이러한 프로젝트 조직을 구성하기 위해서는 신뢰할 수 있는 공동체로서 협회라는 조직의 지원이 필요하다.

(4) 낮은 품위수준

분양업자는 다양한 홍보활동으로 고객을 유인, 계약이라는 절차를 통해서 자신의 능력을 입증받게 되고 이에 대한 수익을 얻을 수 있다. 즉 시간적인 기여도보다는 계약을 통해서 고객을 실제 유치시켜 줌으로써 사업에 직접적인 기여도가 높게 인정되는 것이다. 이러한 업무 평가에 대한 종사자들의 대응은 계약을 완성시키려는 강한 욕구를 불러일으킨다. 그리하여 중장기적인 고객 관리보다는 단기적인 측면에서 고객을 대하게 되고, 스스로 계약에 대한 갈증을 노출시킴으로써 품위를 손상하고 있다.

(5) 낮은 수준의 기획력

분양업자의 현장 위주 부동산 활동은 누적된 경험을 이론화하기에 제약이 많다. 또한 사업 특성상 현장감 있는 산 경험이 중요함에도 이를 정리하는, 엄격한 의미에서의 사업계획서나 사업성 검토라는 양식화는 미비하다.

또한 과거 업계의 관행으로 믿고 분양업자를 지원하던 자금주들이 미분양으로 인한 어려움을 겪는 사례가 늘어나면서 사업성 분석에 대한 필요는 점차 증가되어 왔다. 그런데 아직까지 분양업의 전문가라 할 수 있는 분양업자 조차도 분명 그들의 경험으로 직감할 수 있는 사업에 대해 보고서 작성의 능력을 갖추고 있지 못함으로 업무 수행에 어려움을 겪고 있는 것이 오늘의 현실이다.

(6) 직업의 불안정성

전문 분양업은 분양 업무의 활동을 지속적으로 하기 어려운 외부적 요인이 많아 직업의 불안정성이 보인다. 이는 분양 업무 수주의 한계성과 관련되어 있다. 즉 전문가가 아닌 업자들이 쉽게 분양업에 뛰어들 수 있다는 것이 바로 직업의 불안정성을 부추기고 있는 것이다. 중개업의 경우에도 이러한 현상은 폭 넓게 인식되고 있는 것 같다. 이러한 문제는 전문성을 길러 경쟁력을 높이고 창의성 있는 업무 개발과 고객 관리를 통해 해결할 과제이다.

3. 부동산분양전략의 수립

부동산분양은 일정기간 내에 분양률을 최대한 높이고 사업자의 자금흐름을 좋게 하며 분양비용을 적절하게 사용함으로써 고객에게 양질의 상품을 제공하여 대상부동산의 가치를 극대화하는 것을 말한다.

(1) 분양전략

① 부동산시장동향의 분석 및 미래의 변동상황의 예측
② 대상부동산에 대한 정보를 분석, 조사
③ 대상부동산에 대한 판매소구점(selling point)의 파악
④ 효율적인 분양을 위한 단계별 전략수립
⑤ 분양에 필요한 조직을 갖춘다.
⑥ 상품에 대한 광고 및 홍보전략의 수립
⑦ 상품이나 판매자의 여건을 고려한 분양전략을 수립한다.

(2) 실제적인 분양전략의 수립

1) 가격전략[2]

경쟁부동산을 고려하여 적절한 가격의 책정이 필요하며 상황에 따라 고가전략이나, 저가전략의 수립도 고려하여 본다.

2) 차별화전략

경쟁부동산이나 기존상권 혹은 고객의 계층별로 차별화하는 전략을 검토하여 본다.

3) 영업전략

가망고객을 분석하고 그 고객의 특성에 맞는 분양전략을 수립한다.

4) 이미지전략

분양대상부동산 및 사업자, 시공자의 이미지 제고에 힘쓴다. 이미지는 고객의 의사결정에 매우 중요한 변수이다.

5) 효율적인 광고전략

같은 상품이라도 광고전략에 따라 판매결과는 매우 차이가 난다. 상품의 특성(특히, 부동산의 특성인 지리적 위치의 고정성과, 개별성 등)을 정확히 파악하여 광고계획을 수립하고 시행한다.

6) 입점운영 및 물류전략

상가의 경우 입점 후의 운영, 관리, 홍보계획을 수립하여 분양전략에 도입하여 본다.(상권

---

2 가격전략

1. 경제학적인 설명 : 수요가 많으면 가격은 올라가고 반대로 공급이 많으면 가격은 내려간다. 기업은 이러한 원리하에 이익을 극대화하려 하기 때문에 수요와 공급이 균형을 이루는 곳에서 가격을 형성하게 된다. 즉 한 개를 더 팔면 얻을 수 있는 수입(한계수입, marginal revenue)과 한 개를 더 팔기 때문에 발생하는 비용(한계비용, marginal cost)이 같게 되면 기업은 최대의 이익을 얻게 된다. 즉, 한계수입과 한계비용이 일치하게 되면 바로 그 가격이 균형가격이 된다.
2. 가격의 탄력성(Elasticity) : 판매가격이 낮아지면 수요는 많아지고 공급은 줄어든다. 반대로 가격이 높아지면 수요는 줄어들고 공급은 늘어난다. 이를 측정하는 것을 가격탄력성이라 한다. 쇠고기 판매가격이 10% 오를 때 쇠고기 구매량이 5% 감소한다고 가정하면 쇠고기의 가격 탄력성은 0.5이다. VCR의 가격이 10% 내릴 때 VCR 판매수량이 20% 증가한다고 가정하면 이 VCR의 가격탄력성은 2이다. 즉, 이 경우 VCR은 가격의 탄력성이 크고 쇠고기는 가격의 탄력성이 적다.
3. 경제학적인 가격결정의 비현실성 : 모든 기업이 이익을 극대화한다는 가정은 비현실적이다. 기업은 사회적 책임을 지게 되므로 공급보다 수요가 많다고 하더라도 무한정 가격을 올릴 수는 없다. 따라서 기업은 적정가격에 적정이익을 올리는 것이 보통이다.

의 활성화계획, 적극적인 홍보계획)

7) 매장관리전략

매장의 설비 및 통로의 배치, 폭 등 고객의 쇼핑 및 판매를 극대화하기 위한 관리전략의 수립

(3) 분양권의 전매

정부에서는 IMF이후 침체된 부동산경기를 부양하기 위한 여러 조치를 시행하였다. 그 중에서도 가장 눈에 띄는 조치 중의 하나가 분양권전매이다. 종전에는 당첨 직후부터 전매제한을 받았으나 98년 8월 27일 분양권전매가 허용된 이후 서울·수도권을 포함하여 전국의 아파트는 분양계약 후 계약금만 내면 곧바로 분양권전매가 허용되었으나 참여정부 출범이후 부동산투기를 방지한다는 차원에서 분양권전매[3]는 여러 가지 형태로 제한을 받게 되었다.

---

3 주택법 제41조(투기과열지구의 지정 및 전매행위 등의 제한)

① 국토교통부장관 또는 시·도지사는 주택가격의 안정을 위하여 필요한 경우에 일정한 지역을 투기과열지구로 지정하거나 이를 해제할 수 있다. 이 경우 투기과열지구의 지정기준 및 방법 등에 대하여는 국토교통부령이 정하는 바에 의한다.

③ 제1항의 규정에 의한 투기과열지구 안에서 사업주체가 건설·공급하는 주택의 입주자로 선정된 지위(입주자로 선정되어 당해 주택에 입주할 수 있는 권리·자격·지위 등을 말한다. 이하 같다)에 대하여는 국토교통부령이 정하는 기간이 경과하기 전에는 이를 전매(매매·증여 그 밖의 권리의 변동을 수반하는 일체의 행위를 포함하되, 상속·저당의 경우를 제외한다. 이하 같다)할 수 없으며, 이의 전매를 알선하여서도 아니된다. 다만, 입주자로 선정된 자의 생업상의 사정 등으로 전매가 불가피하다고 인정하는 경우로서 국토교통부령이 정하는 경우에는 그러하지 아니하다.

④ 제3항의 규정을 위반하여 전매가 이루어진 경우에 사업주체가 이미 납부된 입주금에 대하여 은행법에 의한 금융기관의 1년 만기 정기예금 평균이자율을 합산한 금액을 그 매수인에게 지급한 때에는 그 지급한 날에 사업주체가 당해 입주자로 선정된 지위를 취득한 것으로 본다.

[圖 2-6-1] 분양계약의 과정(Flow)

과정	내용
고객에 대한 정보·자료 입수	관련정보지·고객으로부터의 정보 관공서 정보·지역생활 정보지 신문자료, 인터넷정보, 기타자료 등
↓ 방문에 의한 고객과의 관계형성	설득능력 및 관계형성 능력
↓ 고객의 평가 및 분류	등급별로 ABC고객 평가분류
↓ 단계별 방문에 의한 영업활동	단계별 고객의 구매욕구 파악 구입규모·파악·분석·예측 계약을 위해 필요한 고객의 욕구관리
↓ 계약을 위한 집중적인 판촉활동	구입촉구를 위한 활동 강화 집중적인 분양활동을 통한 계약유도
↓ 계 약	정상계약 지불방법 등 약간의 조정계약
↓ 계 약 관 리	서비스 정신에 의한 세부적인 지원·협조
↓ 고객에 의한 연쇄분양	고객 스스로 홍보할 수 있도록 한다.
↓ 최선의 서비스 정신 발휘	고객에 대한 데이터 정리 및 사후관리

제2절 부동산분양업의 위치와 연혁

1. 부동산분양업의 위치

미국의 리얼터협회가 1908년 설립된 것에 비해 우리나라의 중개 제도가 1984년 시행 된 것을 보면 산업 발전이 직업의 전문화에 미치는 영향을 짐작해 볼 수 있다. 미국의 부동산업 분야는 전문협회(trade association)의 활동이 활발하게 이루어지고 있다. 하지만 아직 우리나라의 부동산업은 세분화 및 충분한 전문화가 이루어지지 못한 실정이다. 그러다 보니 부동산 문제에 대한 대응이 단조롭고 서비스의 수준도 수요에 미치지 못하고 있다. 표준산업 분류의 부동산업에 대한 분류는 부동산 임대 및 공급업과 부동산 관련 서비스업으로 크게 나누고 있다. 이 분류 중 분양 활동의 내용을 담고 있는 것은 공급업이다.

즉 공급업은 직접 개발한 농장, 택지, 공업 용지 등의 토지와 타인에게 도급을 주어 건설한 건물 등을 분양 판매하는 산업 활동이라고 규정하고 있다. 이러한 규정은 전문 분양 업무의 활동을 잘 나타내고 있기는 하지만 현실적인 전문 분양업의 활동에서는 개발의 과정에서 분양성에 대한 검토를 해주고 직접 시행자를 대신하여 분양 활동을 하는 경우와 분양사업의 검토만을 전문으로 컨설팅하는 경우도 있다.

분양 공급업이 건설업과 다른 점은 건물을 직접 생산하지 않고 도급 건설하여 판매하는 데 있다. 또한 중개업, 감정평가업이 서비스업인 점과도 구별된다. 국내 부동산업의 분류를 살펴서 분양업의 활동 영역을 살펴보자.

[表 2-6-3] 임대공급업으로서의 분양업

임대공급업	관련 서비스업
·직접 개발한 농장, 택지, 공업용지를 분양판매하는 산업활동 ·타인에게 도급을 주어 건설한 건물의 분양판매하는 산업활동	·중개업 ·감정평가업 ·주택관리업

(1) 부동산업의 분류

사전적 의미의 부동산업이란 "부동산의 매매, 교환, 차용, 관리 또는 그 대행이나 중개를 하는 사업이다." 그러나, 이 말은 다양한 부동산 활동 업무를 이해하는데 부족하고 또한 부동산업의 세 분류를 다 구별하기도 어렵다.

부동산업의 분류는 국가 간 또는 학자 간 차이를 나타내고 있다. 이에 대해 김영진 교수는 부동산 활동의 분류는 가변적이며 선명하게 분류할 수 없고 다양한 활동 사이에 중복된다고 말한 바 있다. 미국의 경우 전문 협회의 활동이 활발하며 따라서 부동산업이 세분화되어 있고 전문화되어 있다. 일본은 부동산컨설팅업, 부동산감정평가업, 부동산중개업, 부동산컨설팅 기술숙련인 등과 개발업자, 신탁회사 등이 활동하고 있다. 국내의 부동산업은 미국이나 일본에 비해 전문화되어 있지 못한 상황이다.

국내 부동산업의 유형에는 제도화된 감정업, 중개업, 관리업이 있고, 개발업과 분양업, 부동산정보제공업, 부동산컨설팅업, 경매업 등은 비제도화 되어 있다. 전문협회활동은 감정평가사협회, 전국공인중개사협회, 주택관리사협회, 부동산 컨설팅업협회 등이 있다.

한편 표준 산업 분류에서는 부동산업에 대해 부동산의 임대, 구매, 판매에 관련되는 산업활동으로써, 직접 건설한 주거용, 비주거용 건물의 임대 활동과 토지 및 기타 부동산의 개발, 분양, 임대 활동이라고 규정하고 있다(단, 묘지개발공급 및 임대는 제외).

[表 2-6-4] 부동산업의 분류(한국표준산업분류)

부동산업	부동산임대업	주거용 건물임대업
		비 주거용 건물임대업
		기타 부동산임대업
	부동산 분양공급업	주거용 건물분양공급업
		비 주거용 건물 분양 공급업
		기타 부동산 공급업
	부동산서비스업	부동산 관리업
		부동산 중개업 및 감정업

자료: 황호을, 한국 표준산업분류해설, 조세통람사, 2000

이에 따라 부동산업은 크게 부동산 임대업, 부동산 공급업, 부동산 서비스업으로 분류 할 수 있으며, 또한 부동산 분양 공급업에 대해서 '직접 개발한 농장, 택지, 공업용지 등의 토지와 타인에게 도급을 주어 건설한 건물 등을 분양 판매하는 산업활동을 말한다. 구입한 부동산을 임대 또는 운영하지 않고 재판하는 경우까지 포함'한다고 규정하고 있다.

(2) 분양업의 정의

본 연구에서는 2000년 1월 7일 제 8차 개정 고시되어 동년 3월 1일부터 시행되고 있는 한국 표준 산업 분류의 부동산업의 분류 유형에 따라, 분양업을 정의하기로 한다. 부동산 분양업은 '자기 또는 다른 사람의 토지 및 건물을 최대한 유효하게 이용한다는 측면에서 접근하여 상품화에 필요한 적정가격조사, 권리관계 조사, 입지분석, 상권의 조사, 분양성 조사 등 부동산 관련 일반적 업무와 분양 가격의 결정, 프로젝트 수행 조직의 구성, 홍보 및 고객 유치의 단계적 전략, 단계별 분양활동 등 고유한 업무의 수행을 통해 프로젝트가 성공적으로 수행될 수 있도록 총체적 실무를 관리, 조정하는 것을 목표로 한다.'고 볼 수 있다.

2. 분양업의 연혁과 배경

사회의 발전과 변화는 직업의 전문화를 요구한다. 이런 전문 직업은 완전히 새로운 분야나, 기존의 직업을 세분화하거나 통합, 조정하는 형태로 나타날 수 있다. 중개업법은 1961년 9월 23일 제정된 '소개영업법'을 1984년 4월 1일 자로 폐지함과 동시에 실시되었다. '소개영업법'에서 부동산에 관련된 업무를 분리하여 전문화시켜야 한다는 사회적인 필요에서 중개업법이 탄생한 것이다.

이러한 법 개정 배경에는 1961년부터 시작된 '경제 개발 계획'의 계속적인 성공으로 인구의 지역간 이동, 토지 및 주택의 급격한 거래 증가에 따른 전문 인력의 부족으로 거래 사고 및 소개업자의 자질 문제 등이 사회적으로 크게 부각된 것이 주요한 원인이라고 볼 수 있다.

이렇듯 중개업법이 태동되기까지의 사회적인 필요가 증대되어 온 것과 같이 오늘날의 현대 산업 발전 과정에서 더욱 전문화의 필요성이 제기되고 있는 분양업의 연혁에 대해서 살펴보기로 하자.

(1) 분양업의 잠재기

중개업법의 연혁에서 잠재기는 '소개영업법' 내의 소개 영업의 대상으로 부동산중개, 혼인의 중매, 직업소개 중 하나로 인식되고 있는 시기이다. 즉 전문화의 필요성은 전혀 나타나지 않고 있으며 거래 또한 빈번하지 않은 시기이다.

분양업의 잠재기는 농경사회가 지속되고 있는 동안 계속되었다. 그러다가 외부적인 요인으로 어느 한 지역에 외부로부터의 인구 유입이 시작되지만 그에 따른 영향이 지역 사회 전반에 나타나지는 않는 시기라 하겠다.

역사적으로 볼 때 부산 국제 무역항이 개항(1876년 2월 26일)되면서 일본인을 비롯한 외국인이 본격적으로 들어오기 시작한 것에서 시작된다. 외국인의 증가는 1900년에는 이미 수천명을 넘게 되면서 이들이 거주할 주택의 필요는 점차 커졌다. 이후 계속되는 외국인에 대한 주택의 수요가 늘어나면서 1915년경부터 소규모의 수요와 공급이라는 주택 시장의 개념이 나타나기 시작하였다. 그리고 일본의 주택업자들이 1918 ~ 1919년에는 제1차 세계대전으로 인한 전시 경제의 호황으로 한국에서 일본인 관사나 사택 그리고 아파트의 전신인 사원 기숙사를 건설하여 공급하였다. 이때부터 일본의 주택업자들이 주문 생산을 벗어나 직접 매매나 임대를 하기 위해 주택을 건설하면서 한국 집장사들도 주택 거래에 눈뜨기 시작한 것이다. 결국 분양업의 잠재기에는 농경 사회를 바탕으로 별다른 지역 간 이동이 필요하지 않았던 시대에 새로운 인구-외국인의 유입으로 인해 주택 시장이 처음 열리기 시작했고, 일본의 주택업자를 필두로 한국인 주택업자들도 출현하게 된 특징을 갖는다.

1) 조선 주택 영단(1941 ~ 1945)

1930년부터는 각 도시의 공업화가 시작되며 농촌 인구가 도시로 집중하는 현상이 처음으로 나타나기 시작했다. 이는 짧은 기간 동안의 급격한 도시 인구의 증가로 새로운 주택의 수요 증가와 주거 형태의 변혁을 가져오는 계기가 되었다. 이러한 과정에서 주택의 규모 및 위치에 따라 수요에 차이가 발생했는데 이는 주택 공급에 있어 홍보 활동의 중요성을 인식하는 계기가 되었다.

도시 주택 수요 급증에 따라 우후죽순으로 생겨나는 주택 건설업자들이나 임대업자들의 불량주택 생산을 방지하기 위해 총독부는 1934년 '조선시가지 계획령'을 발표하고, 5개의 용도지역을 지정하기도 했는데 이후 1962년 '건축법'이 시행되면서 이는 폐지되었다. 1936년 중, 일 전쟁 이후 주택 값과 집세가 제반 물가 상승을 주도하자 서민 주택의 건설을 목적으로 1941년 종합적인 주택 정책을 실현하기 위해 '조선주택영단' 설립하게 되었고, 이는 1962년 3월 20일 설립된 한국주택공사의 전신이 되었다.

영단은 계획, 설계, 감독을 맡고, 시공은 민간업체에 도급을 주고, 분양가는 영리를 배제하고 20년 장기 월부로 저렴하게 책정하였다. 갑형 주택은 분양, 을형 주택은 선택적 분양, 병형 주택은 임대하는 것을 원칙으로 하였다. 부족한 택지 마련을 위해 직영 택지를 조성하여 공매하기도 했다. 그리하여 1943년 6월 영단에서는 10,086세대의 주택을 분양, 임대하였다. 이는 1919년부터 1941년까지의 관, 공사 등의 특수 계층을 위해 공급된 주택이 700여호 정도였던 것에 비해 엄청난 양적 성장을 가져온 것이다.

그리고 준공 된 주택의 분양 방법은 개인 ,관공서, 산업체의 단체 신청을 받아 영단이 심사하여 선정하였는데 관공서나 중요 산업체의 종사원들에게 우선권을 주었다. 이는 장기 월부금을 안정적으로 납부할 수 있는 능력을 우선 선정 대상으로 삼았기 때문이라고 생각된다.

2) 대한 주택 영단(1945 ~ 1962)

이 시기는 해방 이후 중국, 만주, 일본, 동남아에서 돌아온 귀향 동포와 월남한 동포의 수가 120만 명에 이르고, 6·25동란을 거치며 주택 60만 호가 파괴되는 등 사회적 혼란과 전국의 도시 주택 문제가 더욱 심각했던 시기이다. 이때는 우리나라 주택 문제가 표면으로 드러나는 시기로서 오늘날까지 주택 정책에 커다란 과제를 남기게 된 시기라 할 수 있다. 이 시기에는 주택에 대한 호칭도 다양한데 예를 들면 부흥 주택 또는 국민 주택, 재건 주택,

희망 주택, 외인 주택, 기존 주택으로 대지와 건축비에 지원되는 소요 자금, 관리 주체에 따라 다른 명칭이 붙게 되었다. 이것은 오늘날 국민 주택 기금의 지원을 받아 건축되는 주택을 국민 주택이라고 호칭하는 것과 관련된다.

이 때 최초로 미 분양된 주택은 1961년 우이동에 스팀으로 쪄 낸 블록을 사용한 100호 정도의 집이었다. 신청자가 적어 미분양 되었으며 선착순 분양을 통해 분양 완료되었다. 당초에는 개인이나, 관공서 등 단체의 신청을 받아 영단이 심사를 하여 분양하였는데 미분양에 대한 분양 촉진 대책의 일환으로 선착순 분양방법이 나왔던 것이다.

[表 2-6-5] 잠재기의 분양활동

구분 / 연도	사회적 환경	분양활동
1941 ~1945	·일제하의 공업화시작 ·급격한 도시인구증가 ·최초의 주택수요와 공급의 차이 발생→공급홍보활동 중요성 인식	주택영단이 심사(관공서나 중요 산업체 종사자 중)
1945 ~ 1962	·해방 이후 만주, 일본 동남아에서 귀향동포와 월남동포 120만 증가 ·동란으로 주택60만호 파괴	영단심사 최초 미분양발생→ 미분양촉진책으로(선착순 분양등장)

(2) 분양업의 태동기

1) 아파트시대의 진입(1962 ~ 1969)

1962년부터 제1차 경제개발 5개년 계획이 실시되면서 인플레와 도시 지가의 급등, 건설원가의 상승으로 공영 주택 사업이 어려운 상황에서 아파트단지의 효시가 된 마포아파트가 건설되었다. 이 아파트의 건설은 토지이용률을 높인 점, 처음으로 현대 문명의 혜택을 제공한 점, 최초의 아파트 단지라는 점에서 큰 의의를 가지며 이후 아파트 개발의 가능성을 열어준 사례가 되었다. 초기 입주시에는 미분양으로 빈집이 많았으나, 이 아파트를 배경으로 한 영화가 많이 만들어지면서 당시의 명물로 인기를 얻게 되었고 다음 해에는 프리미엄까지 붙기 시작하면서 한국의 아파트 시대의 막을 열게 되었다.

1963년 11월 30일 지방 자치 단체와 대한 주택 공사가 정부와 협조하여 공영 주택을 건설하여 주택이 없는 국민에게 주택을 공급함으로써 국민의 주거 생활의 안정과 공공복리의 증진에 기여함을 목적으로 '공영주택법'을 제정하였다. 공영 주택에 입주할 자의 선택 방법은 공모에 의함을 원칙으로 하되 공모 방법은 건설부령으로 정하도록 하였다. 그리고 이 법은 1972년 주택건설촉진법이 시행되면서 폐지되었다.

아파트 분양에 모델 하우스[4]를 처음으로 선 보인 것은 한강 맨션 아파트이다. 당시 27~55평형 700세대의 필요 건축비는 30억 원 정도였으나 땅은 수자원 개발 공사에서 약속 어음으로 구입하고, 모델하우스 32평을 짓는데 200만 원 정도, 신문 광고 선전비 800만 원해서 총 1000만 원으로 홍보를 시작하였다. 그러나 처음엔 분양 실적이 부진하였던 이 홍보 방법은 오늘의 주택 홍보 사업의 효시가 되었다. 이 성공을 보고 생긴 민간 주택 사업자가 삼익주택, 한양, 라이프주택 등이다.

2) 아파트의 대량 공급(1970 ~ 1979)

1971년 정부는 임대 주택 제도를 실시하였는데 임대 아파트가 인기를 얻을 수 있었던 것은 목돈을 마련할 수 없는 서민들에게 일정 기간 임대 후 분양하는 조건이었기 때문이다. 이때 분양방법은 풍차식 추첨방법이었다. 아파트 시대가 본격화된 것은 1972년 준공된 반포아파트부터 이며 종래의 아파트에 대한 편견이 사라지면서 반포족이라는 긍정적 의미의 신조어도 나왔다.

1972년 공사의 미분양 주택을 해결하기 위한 대안은 전세 방식 분양이었다. 이 방식은 동부이촌동, 한강 민영 아파트, 대전, 대구에서 좋은 성과를 거두었다. 전세 방식 분양이란 전세를 먼저 놓고 차후에 원매자에게 전세금을 제외한 나머지 금액을 할부로 받는 분양 방식이다. 최근에도 지방의 미분양 아파트에 적용되는 방법이기도 하다.

1973년 등장한 분양 방법은 은행알 추첨이다. 은행알 추첨 방식은 반포 차관 아파트의 입주자 선정에 무주택자를 대상으로 일반 공개 추첨 방식으로 이용되었고 당시 5.6대 1의 경쟁률을 나타낼 정도로 아파트 선호도는 높아졌다. 허위 무주택 증서, 가수요, 투기, 전매, 두 채 이상 당첨 등 많은 화제와 문제를 남긴 분양 사건이었다. 1974년의 영동AID아파트의 분양에는 우선 분양 방식과 컴퓨터 추첨 방식이 도입되기도 했다.

---

4 모델하우스(model house)
아파트 등을 건축할 때 원매자들에게 보이기 위해 미리 지어놓는 견본용 집. 건축업자들은 그들이 건축하는 아파트가 완공되기 전에 입주자를 모집하여 입주계약을 하고 있으며, 이때 평수에 따른 집의 구조가 완공시의 구조와 똑같은 1가구용의 집을 공개하여 원매자들이 선택하는 데 참고가 되도록 한다. 모델하우스는 헐리게 되지만, 입주자들의 입주 후 모델하우스와 똑같은 구조임을 검증할 수 있는 일정기간 동안 이것을 철거하지 않아야 한다.

[表 2-6-6] 태동기의 분양활동

구 분	사회적 환경	분양활동
1962 ~ 1969	·경제개발 5개년계획 ·인플레와 도시지가 급등 ·건설원가상승 ·최초의 단지형 아파트 등장 ·공영주택법제정 ·한강맨션아파트	·미분양된 마포아파트가 배경으로 영화가 만들어 지면서 프리미엄 형성 ·공모방법에 의한 입주자 선정 ·주택홍보사업의 효시 ·최초의 모델하우스 등장
1970 ~ 1979	·임대주택제도실시(일정기간 임대후 분양조건) ·동부이촌동 한강민영 아파트 미분양 ·반포차관아파트 ·영동AID아파트	·풍차식 추첨방식 ·전세분양방식 ·은행알 추첨 ·우선분양, 컴퓨터 추첨방식

(3) 분양업의 성장기(1980 ~ 1989)

이 시기는 분양률을 향상시키기 위한 다양한 분양 방법과 전략들이 동원되었다. 이는 분양 활동의 중요성이 인식되었기 때문이며 이러한 연장선상에서 독립적인 분양 업무의 출현을 통한 1990년대 이후의 전문화라는 시대 요구에 이르게 된 것이라고 본다.

한편 1985년 9월 미분양주택이 6,930여 호에 이르러 미분양 해소가 공사의 중대한 과제가 되었을 때 주택 분양 촉진 대책으로 분양 조건 변경, 분양 촉진 활동의 활성화, 홍보 활동의 강화라는 대책을 내 놓았다. 이때의 다양한 분양 활동 중 특히 분양 유치자(입주자, 외판원)에 대하여 호당 3만원에서 5만원의 보너스 시행, 대학생 홍보 요원 채용, 견본 주택 설치 후 분양 상담요원과 안내원을 배치한 대목은 분양 업무가 전문화해야 하는 충분한 여건을 나타내고 있다.

또한 1986년 4월 주택 경기 침체로 민간 아파트와 공사의 미분양 주택이 7108호에 달할 때 공사는 상계 신 시가지의 성공적인 분양을 위한 필사적인 노력을 하였다. 이때 시도된 분양 전략은 다음과 같다. 단계별 분양 시기 조정, 광고 전략 수립과 시행, 홍보 매체를 통한 홍보, 최초 대형 견본주택 건립, 홍보 영화 제작 상영, 분양 상담 요원 배치 등이다. 이러한 사례들은 1990년대 분양업자들이 등장하면서 오피스텔 등의 분양에 집중적으로 적용되어지는 것을 볼 수 있다. 이외에도 1988년 올림픽 이후 주택 분양률을 높이기 위한 분양 전략으로 평면 개발과 설계 개선, 시공의 향상, 분기별 분양 광고, 청약 저축 가입 촉진 등 다양한 방법이 실시되었다. 이러한 분양 활동의 방안은 최근 부동산 개발 방법에 금융 지원을 받고, 건설 회사의 시공 보증 등과 어우러져 더욱 다양한 방법들로 나타나고 있다.

[表 2-6-7] 성장기의 변화

년도	지역/원인	공사조직/ 제도/ 분양방식
1980	공동주택의 급격한 증대	공동주택관리령 제정공포
1981	사업량의 대폭증가	기획실, 택지부, 설비부, 비상계획실, 공보담당
1982	아시안게임·올림픽대비	재개발 전담기구로 계획부, 사업부, 설계부 등
1983	경영합리화	조달부를 경리부에 통합, 설비자재과 폐지, 택지부에 택지개발과신설
1984	책임 경영제	부사장, 사업본부장, 건설본부장, 재개발 본부장, 관리본부장(총무, 경리, 업무, 관리)
1985	미분양아파트	[업무부의 분양촉진대책] 분양조건변경(임대, 전세 전환) 분양촉진활성화방침(분양유치자에 호당보너스제 실시, 단체분양시 할부분양, 부서별 할당분양 등) 홍보활동 강화방침(신문광고집중게재, 홍보매체, 견본주택, 안내버스운행, 현장안내 철저, 단체분양가능 업체에 안애문발송 등), 기타 아르바이트 대학생 홍보요원 채용, 현수막, 애드벌룬, 팜플랫, 연고자, 분양상담요원과 안내원고정배치
1986	상계신시가지	뷰양시기조정, 광고전략수립 시행, 홍보매체통한 적극적인 홍보, 언론매체 활용, 홍보영화제작, 치밀한 판매전략 수립시행 등
1988	분양률향상	평면개발, 설계개선, 시공의 질 향상, 년초 및 분기별 분양예고광고실시, 청약저축가입자에 DM발송,
1989	·경영환경의 변화 ·발전지향적 직제	택지 매수부 신설, 공보실을 부로 승격

(4) 전문화 요구 시대(1990 ~)

전문화 요구 시대의 특징은 분양 업무를 전문으로 하는 회사의 등장이 많아졌다는 것이다. 그 동안의 분양 활동이 아파트 분양과 단지 내 상가 분양을 중심으로 대형 회사의 업무부 차원에서 이루어져 왔으나 단일 상가, 오피스텔 등을 시행하는 개인들도 많이 등장하게 되면서 분양활동을 통한 자금 조달이 개발의 주된 성패를 좌우하게 된다는 인식과 함께 분양업이 부동산업의 한 분류로 등장하기 시작하였다. 심지어 건설업의 꽃은 '분양'이라는 말이 생길 정도이다.

이 시기에 분양 활동은 주로 테헤란로의 오피스텔 열기로 이어지며 전국으로 확산되었고, 모델하우스로 고객을 끌어들여 분양에 성공한 사람들이 등장하기 시작했다. 이후 분양 활동은 단일 건물로 개발되는 오피스텔을 중심으로 주상 복합 아파트, 쇼핑몰 등의 개발에 관련한 분양성 검토와 분양 업무가 주된 사업이 되었다.

당시만 해도 주로 인맥을 중심으로 분양 이권이 넘겨져 왔으나 IMF이후부터는 분양 물건

수주에 경쟁력이 붙기 시작하였다. 이러한 이유로 건설 회사는 분양 업무를 전담해 줄 외부 분양 업체가 필요했고 신도시 개발을 통해 많은 분양업자들이 양산되면서 분양 업무도 경쟁 체제로 들어서게 되었다. 전문 분양업체들간의 경쟁은 사업성 검토 능력과 조직 구성, 현장 경험 등을 중심으로 이루어지고 있으며, 일괄 매입하여 재 분양하는 사례도 늘고 있는 추세이다.

표준 산업의 분류에서 부동산 공급업을 '직접 개발한 농장, 택지, 공업용지 등의 토지와 타인에게 도급을 주어 건설한 건물 등을 분양 판매하는 산업활동을 말한다. 구입한 부동산을 임대 또는 운영하지 않고 재판하는 경우도 여기에 포함된다.'고 기술하고 있다. 이러한 내용은 오늘날 분양업의 확장과 관련지을 수 있는데 상당수의 분양업자가 대행을 중심으로 활동하고 있는가하면 동시에 이들의 전문성에 금융의 지원 또는 스폰서를 통한 지원으로 일괄 구매한 후 재판하는 사례가 많다는 것이다. 이는 분양에 대한 전문성에 부담을 느끼는 시공 회사와 시행 회사에게 자금을 안정적으로 회수하게 하는 긍정적인 측면이 있다.

이러한 분양업의 전문화 시대에 필요한 것은 분양업을 체계화시키는 것, 지속적인 수요 창출을 위한 아이디어 발굴, 부동산 전문가로서의 사회적 책임감, 분양업의 효율적 추진을 위한 기법 개발, 전문가의 인적 네트워크, 분양업의 위상 제고를 위한 노력 등 여러 가지 방법이 모색되어져야 한다. 이를 위해 업계의 모임을 통한 자구책이 강구되어야 하며, 부동산 학문 분야의 지원을 이끌어 내야 할 것이다.

[表 2-6-8] 성장기와 전문화 요구시대의 분양활동의 변화

성장기(1980 ~ 1989)	전문화 요구시대(1990 ~)
·분양 유치자에 보너스지급 ·홍보요원과 상담요원 등장 ·분양률 향상을위해 평면개발, 설계개선, 분기별 광고, 청약저축 가입촉진 ·다양한 분양방법등장 ·독립적 분양업무 출현 ·최초의 대형 견본 주택등장 ·홍보영화 제작상영	·분양전문회사 등장 ·분양업이 주택사업의 핵심으로 부상 ·분양회사의 일괄 매입 후 재분양하는 사례 생김 ·분양상담자와 요원에 의한 분양의존도가 높아짐

제3절 부동산분양업의 특성화 방안

1. 특성화의 당위성

분양업의 연혁을 살펴보면서 분양 시장이 서서히 전문화되어 왔음을 볼 수 있다. 그리고 이러한 현상은 다른 분야에도 적용되고 있다. 즉 한국 표준 산업 직업 분류 5차 개정(2000년 3월 1일부터 시행)에서는 금융 전문가, 행정 전문가, 디자인 전문가 등 전문화 추세를 반영하는 직업의 분류 체계를 신설, 조정하였다.

이러한 관점에서 미국과 같이 전문 협회의 활동이 많은 나라에 비하면 아직 우리의 부동산업의 현실은 '소개영업법'의 시절과 같이 세분화, 전문화되지 못했다. 이는 부동산 서비스의 질적인 측면을 저하시키는 결과를 가져올 수 있다.

90년대 이후 부동산 컨설팅에 대한 사회적 요구가 많아지고 있다. 오늘날 부동산 서비스에 대한 수요자의 요구는 부동산 활동의 전문 지식과 경험을 연결하여 새로운 아이디어와 각종 문제 해결에 도움을 받고자하는 경향을 나타내고 있다. 이것은 부동산 컨설팅업무의 중요한 과제이다. 부동산 분양업의 특성화는 바로 이런 문제 해결에 도움이 되는 것이다.

부동산업의 개방 이후 중개나 관리, 평가, 등 전문 부동산업에 외국계 부동산 회사들이 비교적 쉽게 진출했으나 분양이나 개발 분야의 진출은 쉽게 찾아 볼 수 없다. 개발 및 분양업은 기타의 부동산업에 비해 오랜 기간의 실무 경험과 전문성을 필요로 하기 때문이다.

부동산을 대상으로 하는 인간의 다양한 활동 즉 부동산 정책, 산업 활동, 인터넷과 통신 기술의 발달은 앞으로 더욱 부동산업의 분화를 요구하게 될 것이다. 따라서 부동산 특성화의 당위성을 살펴보는 것은 의미 있는 일이다.

(1) 부동산업의 위상

분양업의 특성화는 부동산업의 위상을 높이는 계기가 된다. 부동산업은 전문 지식과 오랜 경험이 중시되지만 다양한 경험 기회를 개인이 갖기는 어렵다. 결국 개인은 어떤 부동산 특정 분야를 중심으로 자신의 전문성을 높여나가며 부동산 업무의 영역을 확장해 가야 한다.

오늘날 부동산 분야에서 진정한 의미의 전문가를 찾아보기 힘들다는 것은 무엇을 의미하는가? 부동산 활동에서 특성화를 통한 전문가의 양성을 준비하지 못한 이유가 아닌가 한다. 따라서 미분양 현장에서 분양 전문가의 활약으로 분양률을 높이는 활동을 통해 분양업의 위상은 높아지고 이런 전문가의 노력은 각종 분양 도구의 개발을 이끌어 낼 수 있을 것이다.

(2) 부동산 컨설팅업의 기반조성

부동산 컨설팅업은 분양업의 특성화를 통하여 더 높은 수준의 서비스 기회를 가질 수 있다. 전문 부동산업 중 최고 높은 수준의 부동산 전문가 활동이 컨설팅 업무이다. 이는 컨설턴트 개인에게 모든 업무를 최고로 만족하는 수준으로 완료 할 것을 요구하지 않는다. 다만 개별 부동산 분야의 전문가들과 네트워크를 조정할 수 있고, 이를 통해 고객에게 최고의 수익을 창출할 수 있는 적극적 방안을 제시 할 수 있어야 한다. 이러한 컨설팅 업의 활성화와 업무 수행의 효율성은 전문 부동산업의 분화를 통해 더욱 능률화 될 것이기 때문이다.

(3) 직업 능력 향상

분양 업무의 특성화는 기존의 분양 업무에 종사하는 사람들에게 자긍심을 가져다준다. 이는 분양업 종사자에 대한 사회적 신뢰도를 높이고 부동산업 전반의 전문성 향상에도 도움이 된다. 그리고 전문 교육을 통한 직업 능력을 향상시키는 계기가 된다. 이를 위해서는 부동산 학문 분야의 지원이 필요하며, 분양업 종사자의 자구 노력이 절실하다. 이러한 대안으로 앞서 제시한 '분양업협회'가 설립되어 제도적인 뒷받침이 있기를 바란다.

(4) 사회적 지위 향상

분양업의 특성화는 분양업 종사자의 사회적 지위를 향상시키는 계기가 된다. 이는 부동산업 전반에 필요한 직업윤리 의식을 고무시키고, 지금까지 문제시되던 분양업의 많은 단점들을 극복하게 될 것이다. 즉 업무 활동의 연속성이 생기며, 업무추진이 효율화 될 것이다. 동종 업자들과 업의 발전을 위해 협력할 수 있는 기회를 가지면서 전문화에 필요 요소들을 하나 둘 해결해 감으로써 사회적 지위뿐 아니라 경제적 지위도 향상될 것으로 기대된다.

2. 분양업의 특성화를 위한 규율방안

부동산업에서 직업윤리의 확립은 매우 중요하다. 전문 분양업으로의 특성화를 위해서는 반드시 제도적 또는 자율적인 규율 방안이 필요하다. 부동산업 전반의 직업윤리를 향상시키지 못하면 부동산업의 위상을 높기는 힘들다. 직업윤리의 함양, 제도화의 단점, 민간자격 기본법, 분양업 협회 구성 등 몇 가지 규율 방안을 제시해 보았다.

(1) 직업윤리 함양

요즘 모든 분야에서 직업윤리 확립은 그 무엇보다도 중요하다. 부동산업은 특히 개인의 평생 모은 재산, 땅, 건물 등과 관련된 일이 많기에 더욱 직업윤리가 강조되어야 한다. 따라서 분양업 종사자가 사회적 신뢰를 얻기 위해서는 직업윤리에 대한 확고한 의식과 고객 위주의 분양 업무 실천이 우선되어야 할 것이다.

분양 사업성 검토에서 사후 관리 문제까지 분양 상담은 지속적이며 합리적인 방향으로 고객을 리드하여야 한다. 이는 분양 프로젝트 조직의 교육 훈련과 관리에 달려 있다고 본다. 그리고 이러한 교육을 전담할 '부동산분양업협회'를 통해 직업윤리를 강조하고 회원을 엄격하게 관리하는 것이 필요하며, 소비자 구제 기구나 상담 기구 등을 설치하여 소비자의 욕구에 부응하기 위한 지속적인 자구 노력이 뒤따라야 할 것이다.

(2) 제도화의 단점

분양업 규율을 위한 방법의 하나로 제도화의 방법이 있다. 제도화는 부동산에 대한 규제나, 투기 억제, 과세 및 부동산 활동을 간접적으로 규제·조정하는 정부 정책 측면에서 큰 의미가 있다. 현재 중개업은 이러한 족쇄를 차고 있는 대표적인 전문 부동산업이다. 현행 중개업법의 법인 대표 이사를 공인 중개사로 제한하는 규정은 대형 자본을 바탕으로 하는 중개법인의 출현을 지연시키고 있으며, 중개업 전문화 및 확장을 차단하고 있는 최대의 걸림돌이 되고 있다고 생각한다.

공신력과 거대한 자본금을 바당으로 전문 부동산업의 활동을 해온 것이 부동산 신탁업이다. 신탁업 법은 제10조 부동산 관련 규정에서 토지와 그 정착물, 지상권, 전세권 및 토지의 임대권과 같은 부동산 재산의 신탁의 인수를 할 수 있도록 하고 있다. 그리고 동법 제13조의 부수업무로서 부동산 매매의 중개, 부동산 임대의 중개, 대리 사무로서 재산의 취득, 관리, 처분 또는 임대를 할 수 있다고 규정하고 있다.

이러한 규정을 통해 한국감정원의 자회사인 한국부동산신탁은 제도화를 통한 전문업으로서의 위상을 갖추는데는 일단 성공하였다. 그러나 경쟁 부동산 업체 없이 막대한 자본금을 내세워 대형 부동산 개발 사업과 관련된 업무를 독주하던 부동산 신탁은 끝내 부도를 맞았고 이 사실은 제도화에 신중을 기해야 한다는 인식을 확산시켰다.

(3) 민간자격기본법

분양업의 규율 방안의 또 다른 대안으로 민간자격기본법이 있다. 이 법은 첫째, 산업 사회의 발전에 따른 다양한 자격 수요의 증가 둘째, 자격 제도를 국가 자격과 민간 자격으로 구분하고 자격 제도의 관리 주체를 다원화의 필요 셋째, 자격 제도에 관한 기본적인 사항의 성문화의 필요 넷째, 자격 제도의 관리·운영을 체계화·효율화 다섯째, 자격 제도의 공신력 제고 여섯째, 국민의 직업 능력 개발을 촉진하고 일곱째, 직업인의 사회·경제적 지위 향상을 도모하는 법 제정의 필요성을 갖고 있다. 이러한 필요성은 우리 사회 곳곳에서 나타나는 전문화 열풍이 1997년 3월 27일 자격 기본법을 통해 나타난 것으로 그 의미가 크다.

법 제4조(국가의 책무)에서 '국가는 자격 제도의 다양성 확보하고 질적 수준의 유지·발전을 위하여 필요한 시책을 수립·시행하도록 하고 민간 자격의 생활화를 위하여 필요한 시책을 강구하도록 하고 있다.' 또한 '누구든지 민간자격을 신설하여 관리·운영하고 당해 민간 자격에 대하여 국가의 공인을 받을 수 있도록 함으로써 민간 자격을 활성화하고 그 공신력을 높일 수 있도록 한다.'라고 규정하고 있다. 이러한 규정은 앞으로 분양업의 특성화를 거쳐 전문화되는 것과 더 많은 부동산업의 세분화를 이루는데 도움이 되리라고 기대하면서 국내도 부동산 관련 전문 협회의 활동이 왕성해 지기를 기대해 본다.

(4) 분양업협회 구성의 제안

분양업을 규율하는 자율적 방법으로 '분양업협회의 구성'을 들 수 있다. 협회의 구성을 통하여 업무 교육과 정보 교환, 프로젝트팀의 원활한 수행, 사업성검 토의 지원, 사례의 축적, 전문성 향상 등을 기대 할 수 있을 것이다. 또한 직업윤리에 대한 강력한 실천 의지와 회원에 대한 제재가 이루질 수 있다면 미국의 전문협회 활동처럼 좋은 장점들을 살릴 수 있을 것으로 보여진다.

3. 분양업의 특성화 과제

(1) 경영자의 창의력제고

일반적인 부동산 업무에서와 같이 전문 부동산 분양업에서도 경영자의 풍부한 경력과 실무 경험은 대단히 중요하다. 새로운 일의 수주는 자신의 인맥과 경력, 자기 자금 및 자금 동원능력, 조직과 사무 공간의 확보 및 유지, 업무 처리 능력 등을 요구한다.

분양 물건이 사업 시행자의 개발 기획 단계에서 충분한 검토가 이루어 졌다 하더라도 분양에 대한 전략은 새롭게 기획되어지는 것이 보통이며, 분양업자에 따라 재편성되는 것이 당연하다. 여기서 경영자에게 있어 핵심적인 사항은 시행자, 분양 가망 고객, 적정 이윤에 대한 판단력이다. 이중 시행자와 협상하는 분양 가격의 책정은 사업 전반에 막대한 영향을 미치는 변수가 되며 분양업자의 고유한 영역이다. 같은 물건이라도 경영자와 상담자의 창의력은 분양률에 상당한 영향력을 미치게 되는데 이는 가망 고객의 의사 결정을 이끌어내는데 결정적인 기여를 하게 된다.

창의력은 오랜 시간 업무 또는 업무 외의 시간을 통한 경험과 고객 중심의 사고 방식에서 얻어진다. 분양업자와 상담자는 능력을 인정받기 위해서 그들의 전략에 따른 분양 활동이 분양률의 향상을 나타내야만 한다. 그러므로 성공적인 분양은 우연한 기회로 오기보다는 오랜 시간의 분양업자 자신의 창의적 소산임을 주장하고 인정받을 수 있어야 한다.

(2) 교육프로그램

분양업의 특성화 과제 중 하나로 빼놓을 수 없는 것이 분양업자의 교육 프로그램이다. 이러한 프로그램은 일반적인 부동산 관련 지식과 윤리성과 상담 기법, 사업성 검토 능력 등을 훈련할 수 있는 전문가를 양성하는 것을 목표로 해야 한다.

진정한 전문가가 되는 것은 정말 어려운 일이다. 그래서 진정한 전문가가 되는 길을 한 가지 잣대로 결정짓기는 어렵다. 국토 개발이 가속화 될수록 부동산 가치는 더욱 높아지고 부동산이 차지하는 경제적 의미는 더욱 중요해지고 있다. 그러므로 부동산 분야를 다루는 사람들은 더 높은 수준의 전문성을 갖추기 위해 노력해야만 한다.

분양업협회가 설립되어 교육 프로그램의 개발하고 분양 관련 용어를 정리하고 분양업 입문자에게 실제적인 교육 기회를 제공하는 것은 업의 발전과 신뢰를 쌓아 가는데 큰 밑거름이 될 것이다.

(3) 분양업의 전문성 수준 제고

분양업 전문성 수준은 분양업의 특성화 과제와 긴밀한 관계를 갖는다고 본다. 분양 활동을 수행하는 프로젝트 조직의 구성원의 전문성과 의식 수준은 이러한 분양업의 전문성을 가늠하는 중요한 판단 근거가 될 수 있다. 즉 경영자와 상담자 및 분양 요원의 분양 책임량에 대한 인식이 일정한 기간과 분양률의 달성을 목표로 하고 있는가? 이러한 목표를 달성하기 위한 분양활동은 실행 가능한 것인가? 만약 이러한 물음에 명확한 해답을 가질 수 있다면 상당한 수준의 전문성을 인정받을 수 있을 것이다.

반면 개발사업에 종속된 위치에서 단순한 판매원의 위치에서 이루어지는 분양 활동이라면 전문성의 수준은 낮을 수밖에 없다. 더 높은 수준의 분양업의 전문성은 준공과 분양 활동을 통한 등기 업무와 금융 업무 그리고 하자에 대한 관리와 수습과 초기 입주자 관리까지 많은 업무를 완벽히 완료함을 의미한다.

시행자의 의도대로 시공, 분양이 되지 않을 경우 사업은 상당히 어려운 난관에 부딪히게 된다. 이러한 경우를 대비하여 전문 부동산 분양업의 높은 수준은 사업 시행자에게 개발면적의 적정규모와 방향, 전체적인 분양 업무 진행 과정별 위험 요소를 지적하고, 변화하는 상황에 대처할 유연한 전략과 전술을 제안하고 실행할 능력을 갖출 것을 요구한다.

제6장

부동산금융업

제1절 부동산금융의 의의 및 변천과정

1. 부동산금융의 의의

부동산은 여타 재화와는 달리 이의 소유를 위해서는 개인적으로는 과중한 자금부담을 요하며 일단 투자된 자금 또한 이를 처분할 때까지는 장기간 회전되지 않으므로 일반적으로 개인이 부동산을 구입하는데 소요되는 자금 전부를 개인의 힘만으로 조달하기는 어려운 형편이다.

부동산 금융(Real Estate Finance)이란 부동산을 담보로 대출을 하거나 부동산담보채권을 저당잡아 대출하는 것으로 그 자금조달에 따른 경제 및 법률행위를 하는 담보금융의 한 형태라고 할 수 있다.

대부분의 저소득 계층이나 중간계층의 경우 자신의 경상적인 노동 소득과 재산 소득으로서의 의·식·주를 해결하는 자금원이 되고 있는데, 이들의 소득 수준으로서는 단 기간 내에 소득의 일부로서 부동산 "서비스"구입 능력을 쌓는다는 것은 불가능한 일이다. 더구나 주택이나 아파트 등 부동산은 단용재가 아니고 내구재이기 때문에 소비는 장기간에 걸쳐 이루어지지만 부동산 "서비스"구입 대가를 지불하는 소비·지출은 일시 혹은 불과 몇 차례에 분할 지불하게 되므로 구입과 거의 동시에 거액의 자금이 집중적으로 필요하게 된다. 이러한 부동산의 성질 때문에 부동산 금융은 무주택자를 대상으로 그들의 가처분 소득의 범위 내에서 장기저리의 복지 금융적 성격을 지니며, 또한 토지의 효율적 이용을 위한 주택의 합리적 조성과 공급을 위하여 부동산 금융의 역할이 크다고 하겠다.

그러므로 부동산 금융이란 토지나 주택 등 부동산 문제 해결을 위하여 정부의 지원 및 민간 자금을 부동산 금융으로 흡수하여 무주택자 서민들이 주택이나 아파트 등 부동산의 구입을 용이하도록 하고 부동산 사업에 투자하여 저렴한 토지 및 주택을 양산화 함으로써 공급을 확대해 나가는 제도적인 금융이라 하겠다.

2. 부동산금융제도의 변천과정

우리나라 부동산금융은 대체로 주택정책과 흐름을 같이 해 오고 있는데 정부가 1954년부터 한국산업은행을 통하여 전재복구의 일환으로 구호용 간이주택건설을 위하여 재정자금을 대한주택운영단 및 지방자치단체에 공급한데서 비롯하였다.

그 후 1957년에는 주택정책의 구호용 주택건설에서 일반 주택건설로 전환됨에 따라 한국산업은행이 대출자금 귀속재산처리적립금 및 일반 재정자금을 재원으로 하여 주택건설 개량 및 주택건설 자재생산을 위한 주택자금융자를 개시함으로서 주택자금은 지원에서 융자의 형식으로 변경되어 주택금융의 체계가 마련되었다.

한편, 1962년부터 정부는 주택사업에 관한 사무를 보건사회부로부터 건설부(구 국토건설청)로 이관하고 1962년에는 대한주택운영단의 권리와 의무를 승계한 대한주택공사[1]를 설립하였으며 1963년 11월에는 공영주택법을 제정 지방자치단체와 주택공사가 정부의 지원을 받아 주택을 건설하여 무주택자에게 공급할 수 있도록 하는 동시에 주택자금운영법을 제정하여 한국산업은행이 취급하는 주택자금을 기금화하여 회전 운용하도록 함으로써 공영주택의 건설에 박차를 가하였다. 그러나 그 당시 한국산업은행의 주택금융 사무는 정부 대행사무로서 그 재원을 전적으로 대 정부 차입금에 의존하고 있었기 때문에 그 지원규모가 주택수요를 해결하기에는 거리가 먼 수준이었다.

이에 따라 주택자금의 공급을 확대하고 민간자금을 적극적으로 유지하기 위하여 주택금융을 전담할 기구를 설립할 필요성이 높아지게 되었고 이에 부응하여 제 2차 경제개발 5개년 계획이 시작되던 1967년에는 한국주택금고법을 제정하여 한국산업은행의 대 정부 주택

---

1 대한주택공사(Korea National Housing Corporation)
1941년 조선주택영단으로 창립한 것을 1948년 정부수립과 함께 대한주택영단으로 개칭하였으며, 1962년 대한주택공사법(법률 제3841호)이 공포되어 정식으로 대한주택공사로 발족하였다. 한국 최초로 아파트단지 건설과 대규모 주택단지조성 사업을 시작으로, 1970년대의 대량주택건설 시기를 거쳐 1980년대에는 경기도 과천시·광명시, 서울특별시 노원구 상계동, 경기도 군포시 산본, 경기도 부천시 중동 등지에 신도시와 신시가지를 건설하였다. 1990년대에 이르러는 공공주택 건설로 영구임대주택 및 근로자주택을 건설하였고, 1995년 21세기 장기비전을 수립, 안전진단 전문기관으로 지정되었으며, 1998년 주택관리전문 자회사인 뉴-하우징(주)을 설립하였다. 주택을 건설·공급·관리하고 불량주택을 개량하여 국민생활의 안정과 공공복리의 증진에 기여함을 목적으로 하며, 주요사업은 ① 주택건설사업, ② 주택의 공급 및 관리, ③ 도시정비사업, ④ 안전진단사업 등이 있다.

자금차입금을 근간으로 하고 국민은행, 5개 시중은행 및 17개 보험회사단이 출자하는 한국주택금고를 발족시킴으로서 주택자금 지원에 민간자본이 참여하기 시작했다.

그러나 서민주택금융이란 사회복지 구현을 위한 장기저리금융 이어야 한다는 특수성 때문에 자금조성에 애로가 있었고 특히 정부의 재정적인 지원에 크게 의존할 수 없는 여건하에서는 예금수입, 채권발행 등 민간자금 조달을 더욱 촉진할 필요가 있었으며 이를 위해서는 금융기관과의 경쟁이 불가피 하였는바 1969년에는 주택금고법을 개정, 명칭을 "금고"에서 "은행"으로 변경 한국주택은행을 설립함으로써 예수금 조달을 통한 주택자금 조성의 기틀이 마련되었다.

한국주택은행이 20여간 황무지와 같았던 우리나라 부동산금융의 기반을 다지며 계속적인 발전을 모색해 오던 중 1987년에는 한국주택은행 외에 나머지 시중은행들도 부동산금융을 취급하기에 이르렀다.

제2절 부동산금융의 원칙

부동산 금융의 4대 기본원칙은 자금의 확보, 대출 금리의 책정, 대출 채권의 유동화, 채권의 보전 등을 들 수 있다. 이러한 네 가지 원칙아래서 상호 보완이 이루어질 때 부동산 금융이 원활히 이루어지게 될 것이 바, 이하에서는 주택금융을 중심으로 검토하고자 한다.

1. 자금의 확보

주택에 소요되는 자금은 거액이기 때문에 주택금융의 재원을 정부재정에만 의존한다는 것이 불합리하다. 정부예산을 타 부문에는 고려치 않고 주택부문에 집중적으로 배분 할 수는 없으며 아무리 많은 배분을 했다 하더라도 불과 몇만 세대분만 짓고 나면 곧 바닥이 나고 말 것이다.

타 부문의 발달을 저해함이 없이 주택자금을 확보하는 데는 몇 가지 원칙과 한계가 있다.

첫째, 주택금융을 위한 자본지출과 저소득층을 위한 국고보조금과는 별개로 예산책정이 되고 계산되어야 한다. 국고보조금의 책정없이 저리융자를 하여야 한다면 자본지출은 국고보조금과 통합되어 운용됨으로써 자본은 잠식되어 금융이 계속될 수 없으며 경영에 대한 성과도 측정할 수 없게 된다.

둘째, 주택자금은 다른 산업부문과 경쟁이 되지 않는 재원에서 확보되어야 하기 때문에 주택금융은 타산업과는 구분되어, 취급하는 금융기관도 다르고 금리조건도 다를 수밖에 없다. 미국의 예를 보면 일반상업은행은 그들의 예금주들에게 상업대출을 하지만 저축대부조합(Saving & Loan association)은 주택융자만 하고 상업대출은 하지 않는다.

셋째, 생명보험을 위시한 보험회사 계통의 자금은 그 성질상 주택금융이 가능한 재원이다.

그 외에도 고용원사택을 건립하기 위한 자금이라든가 기업이 주택금융기관에 하는 출자, AID보증차관 등 외국으로부터의 차관 같은 것도 주택자금의 재원이 될 수 있다.

2. 대출금리의 책정

주택융자는 그 대상이 개인이고 장기대출이기 때문에 원리금의 상환은 개인의 가계에서 이루어지는 것이 특색이다. 따라서 대출금리는 저리에다 안정적이라야 소망스럽다. 개인의 가계 중 주거비 부담은 국가에 따라, 소득계층에 따라 다소 차이는 있지만 보통 저위 또는 중위 소득층에서는 가계수입의 25%를 넘는 것은 무리라고 한다. 따라서 대출금의 월부상환액이 월수입의 25%를 초과하지 않도록 금리와 상환기간을 조정 책정해야 한다. 그러나 주택대출금리도 일반시장금리의 실세보다 너무 낮게 되면 거기에 맞는 자금의 확보가 어렵고 은행 수지에도 관계가 된다.

특히 인플레이션과 관계하여 변동금리제도를 고려할 수 있다. 인플레이션 하에 투하되는 자본의 가치 보존을 위하여 할부금 또는 대출잔액을 물가지수(혹은 환율)에 따라 변동 조정토록 하는 지수운동주택대출이 각국에서 주창되고 있다. 이스라엘, 영국, 캐나다, 브라질 등에서는 이미 이 제도를 실시하고 있으며, 미국에서도 캘리포니아주에서 일부 시험단계로 실시중이다.

3. 대출채권의 유동화

주택자금대출의 상환재원은 가계이고 대출금이 거액이기 때문에 20~30년에 걸쳐 상환되는 장기대출이다. 이러한 대출은 금융기관이 보통 단기로 조달하는 자금을 장기 고정화되는 주택대출채권을 저당증서 또는 기타의 방법을 매개로 유동화시켜 자금화 함으로써 주택자금의 원활한 공급이 촉진된다.

주택대출채권의 유동화는 당초 주택융자를 한 기관 외에 타 기관을 주택대출채권에 투자하여 간접적으로 자금이 주택부문으로 흘러 들어오게 한다. 따라서 이러한 투자가 계속될 때 단기자금을 장기자금으로 대체하는 효과를 가져오며 국민 경제적으로도 주택부문에 대하여 자금배분을 촉진케 하는 것이 된다.

미국의 예를 들면 저당회사(mortgage company)가 일시적으로 취득한 mortgage를 모아서(제1차 시장을 말함)생명보험회사 또는 상호저축은행에 전매하여(제2차 시장을 말함) 자금을 회수, 상업 은행의 대출을 갚음으로써, 단기자금은 장기자금으로 전환되는 것이다.

4. 채권보전

주택금융은 개인을 상대로 하는 장기대출이기 때문에 상환에 대한 보장이 불확실하여 금융기관이 주택융자에 참여하기를 꺼려한다. 이것이 주택부문으로 자금이 유입되지 않는 또 하나의 이유가 되고 있다. 채권보전에 대한 보장은 주택금융의 발전을 좌우하는 중요한 요인인 것이다. 따라서 신용 보완책으로서의 여러 가지 조치가 강구되어야 한다.

주택융자가 거의 민간기관에 의하여 공급되는 미국은 1930년대 불황을 계기로 FHA(federal housing adminstration) 보험과 VA(veterans adminstration) 보험제도를 창설하여 채권보전에 대한 보장을 함으로써, 이것이 근간이 되어 오늘날 같은 획기적인 주택금융기관의 발달을 초래할 수 있었던 것이다. 특히 FAH보험은 채무자에게 채무잔액의 0.5%의 보험료만 징수함으로써 정부의 재정지출 없이도 손실보전과 기관운영비용을 충당하고 있다.

일본에서도 최근 공공주택융자보험협회를 설립하여 공공융자이용자에게 보증을 하고 있으며, 독일, 프랑스, 영국 등에서도 신용보완장치를 설치하여 주택금융의 원활화를 기하고 있다.

제3절 현행 주택금융제도 및 개선방안

1. 자산유동화의 연혁

ABS는 오늘날 전 세계적으로 널리 성행하고 있다. 미국에서는 70년대에 정부주택저당금고(GNMA ; Ginnie Mae)가 부동산담보부 대출채권을 증권화(mortgage- backed securitization ; MBS)하여 원리금 자동이체(pass-through) 증권을 판매한 것을 시초로 연방주택저당금고(FHLMC ; Freddie Mae)와 연방전국저당금고(FNMA ; Fannie Mae)가 MBS를 활발히 전개하여 큰 시장이 형성되었다.

이러한 방법으로 금융기관은 장기 대출채권을 유동화 함으로써 자금운용을 효율화할 수 있었고, 투자자로서는 부동산담보(mortgage)로 원리금 상환이 보장되는 증권으로 투자를 다양화할 수 있었다. 그 결과 만기와 이자율은 다르지만 모두 저당권으로 담보되는 채무(collateralized mortgage obligation ; CMO)의 증권화가 일반 상업부동산에도 적용되어 새로운 금융상품이 속속 등장하였다.

미국의 MBS는 부동산경기의 침체로 한때 위축되었으나 1991년 정리신탁공사(Resolution Trust Corporation ; RTC)가 저축금융기관(S&Ls)의 집단부실에 따른 부실채권을 MBS 방식으로 처리하면서 다시 활기를 띠었다. 1985년이래 미국의 ABS는 부동산 담보부채권뿐만 아니라 자동차대출채권, 크레딧카드채권, 리스채권 심지어는 장래의 현금흐름이 예상되는 채권에까지 그 응용범위가 급속히 확대되었다.

2. 자산유동화의 의의

ABS는 자산 자체의 현금흐름(cash flow)에 착안하여 이를 자산의 소유자로부터 분리하여 특수목적회사(special purpose vehicle ; SPV)에 양도하고, 그 자산을 담보로 SPV가 증권을 발행하여 원소유자가 자금을 조달하는 금융기법을 말한다. 이것은 자산의 소유자로부터 분리된 SPV를 설립하고 신용을 보강(credit enhancement)하는 구조를 취하므로 흔히 "Structured Financing"이라고 부른다.

오늘날 ABS가 각광을 받는 이유는 일반적인 은행차입이나 채권발행을 통해 자금을 조달하는 것에 비해 여러 가지 이점이 있기 때문이다. 우선 SPV는 자산의 소유자로부터 양도받은 자산을 담보로 증권을 발행하기 때문에 유동화증권의 원리금상환이 양도자산과 분리된 원소유자의 신용위험(credit risk)으로부터 영향을 받지 않는다. 따라서 SPV가 발행하는 증권은 적절한 구조(structure)만 갖추면 소유자의 신용등급보다 나은 신용등급을 받을 수 있어 자금조달비용을 낮출 수 있다. 나아가 발행된 증권의 원리금 상환은 SPV에 양도된 자산의 현금흐름(cash flow)을 재원으로 하므로 당해 자산의 현금흐름이 원리금 상환액에 미치지 못하더라도 투자자는 원소유자에 대하여 직접 상환청구를 하지 못한다(non-recourse).

한편 원래 자산보유자는 자산을 양도하여 자금을 조달하는 것이므로 조달 자금이 대차대조표상의 부채로 표시되지 않아(off-balance sheet) 재무구조를 개선하는 데 도움이 된다. 또 금융기관이 증권화를 통해 대출채권을 매각하면 BIS[2]의 자기 자본비율을 높일 수 있다.

또한 금융기관의 경우 ABS를 이용하면 보유하고 있는 장기대출채권을 투자자에게 매각

---

2 국제결제은행 [Bank for International Settlements] 흔히 BIS비율이라는 것은 금융감독당국에서 얘기하는 것으로 "위험가중자산에 대한 자기자본 비율"이라고 합니다. 현재, 은행에 대하여는 8% 이상으로 유지할 것을 금융감독원에서 지도하고 있습니다. 참고로, 은행의 BIS(국제 결제은행 자기자본 비율)는 자기자본을 위험자산으로 나누고 100을 곱한 비율입니다. 여기서 자기자본이란 납입자본금, 이익잉여금, 재평가 적립금, 후순위채권 발행대금 등을 말하며 위험자산이란 대출금, 각종 보증 등을 말합니다.

하는 결과 금리변동으로 인한 자본손실을 피할 수 있어 금융기관의 자산·부채관리(ALM)에 도움이 된다. 이와 같은 주요한 이점 외에도 자산유동화는 전통적인 자금조달방법에 비해 많은 이점이 있다.

[圖 2-7-1] 자산유동화 제도

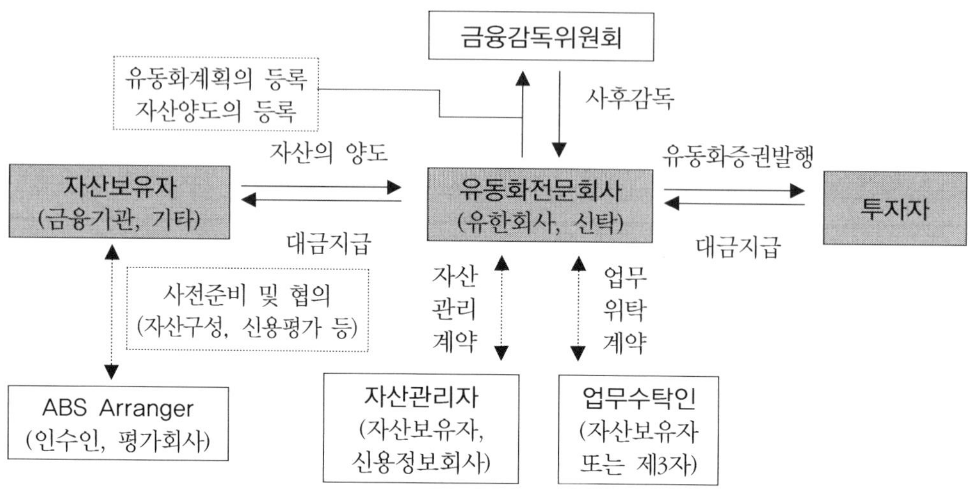

3. 주택저당채권유동화제도의 개념과 추진현황

집 값의 20%만 있으면 내 집 마련이 가능하다는 장점으로 도입초기부터 관심을 모았던 주택저당채권유동화제도는 금융기관이 소비자에게 주택자금을 대출한 후 취득한 저당권부 대출채권을 직접 매각하거나 주택저당채권을 담보로 증권(주택저당채권담보부증권, Mortgage-Backed Securities ; MBS)을 발행해 현금화하는 금융기법이다. 주택저당채권은 반드시 유동화회사만이 발행하는 것은 아니며 주택할부금융회사나 은행 등이 증권회사와 함께 특수목적회사(SPC)라는 페이퍼컴페니를 설립해 얼마든지 발행할 수 있다.

현재 주택저당채권유동화제도(이하 「MBS제도」로 표기)는 98년 9월 재정경제부가 마련한 「자산유동화에 관한 법률[3]」이 국회를 통과함에 따라 이미 시행되고 있다. 앞으로 이 제도가

---

3 자산유동화에 관한 법률 제1조(목적)
이 법은 금융기관과 일반기업의 자금조달을 원활하게 하여 재무구조의 건전성을 높이고 장기적인 주택자금의 안정적인 공급을 통하여 주택금융기반을 확충하기 위하여 자산유동화에 관한 제도를 확립하며, 자산유동화에 의하여 발행되는 유동화증권에 투자한 투자자를 보호함으로써 국민경제의 건전한 발전에 기여함을 목적으로 한다.

제대로 정착되면 소비자는 주택가격의 상당부분을 대출 받아 내 집을 마련할 수 있고 은행 입장에서는 장기간에 걸쳐 자금이 묶이게 되는 주택자금을 단 기간 내 현금화 할 수 있어 자금회전을 용이하게 하는 효과가 있다. 때문에 그 동안 금융권의 장기대출거부로 취약했었던 국내 주택금융이 보완되고, 침체된 주택시장을 활성화시킨다는 정부의 정책효과도 함께 거둘 수 있을 것으로 기대하고 있다.

4. 주택저당증권과 유동화회사

(1) 주택저당증권(mortgage)

주택금융을 원활히 조달하기 위해 주택을 담보로 발행하는 증권이다. 미국에서는 모기지(mortgage)라고 하여 대출금상환을 확보하기 위한 저당 부동산의 담보권 또는 우선 변제권을 내용으로 하는 저당증권제도가 발달했다. 일본에서도 토지, 건물, 주택 등을 대상으로 하는 저당증권을 발행하고 있다.

또한 미국에서는 주택자금이 장기 고정성을 탈피, 신규자금을 공급하기 위해서 모기지를 매각, 단기자금 공급자와 장기주택자금 수요자간의 금융중개를 원활히 하고 있다.

(2) 주택저당채권 유동화회사

주택저당채권유동화회사는 은행을 비롯한 대출기관에서 매입한 주택저당채권을 기초로 하여 주택저당채권 담보부채권(MBB : Mortgage-Backed Bond)이나 주택저당증권(MBS : Mortgage-Backed Securities)과 같은 새로운 증권을 발행하여 자본시장의 투자자에게 매각하는 기능을 수행하게 된다. 이러한 기능을 통해 자본시장의 장기자금이 주택금융시장으로 유입되면 국민들은 금융기관에서 주택자금을 융자받기가 한결 쉬어질 것이고 또한, 주택금융기관들은 보유하고 있는 주택저당채권을 이 회사에 매각함으로써 유동성을 확보할 수 있고, 투자자들은 만기와 상환조건이 다양한 증권에 투자할 수 있게 되어 채권시장의 발달에도 크게 기여하게 될 것이다.

5. 제도도입에 따른 시장변화

MBS제도의 도입에 따른 주택시장의 변화를 예측하여 보면 다음과 같은 전망을 할 수 있다.

(1) 주택가격의 단기상승 및 장기안정

MBS제도의 도입으로 가장 관심을 끄는 부분은 향후 주택가격과의 상관관계이다. 한동안 집 값이 오를 것인지 내릴 것인지를 두고 의견이 분분했지만 대부분의 전문가들은 「단기 상승, 장기 하락 안정세」 쪽에 대세를 같이하고 있다. 전세수요자들이 주택구매에 나서면 단기적으로 집 값이 오르겠지만 전세수요자들이 두고 간 전세물량이 늘어나면서 점차 전세 값이 떨어지고, 결국 집 값을 떨어뜨리는 효과가 나타날 것이다. 이로 인해 시장조절기능이 강화될 것이지만 당장은 집 값에 전혀 영향을 미치지 못할 것으로 예측된다.

(2) 월세제도의 확산

전세는 주택금융이 취약한 우리나라에만 있는 독특한 사금융제도로, MBS제도가 활성화되면 장기적으로 전세제도가 사라지고 월세제도가 자리잡을 것으로 본다. 대출여력이 높아지면서 전세금정도만 있으면 내 집 마련이 가능하고 은행금리보다는 월세를 받는 편이 훨씬 이익이기 때문이다.

(3) 후 분양제도의 도입

지금과 같은 선 분양제도가 사라지고 선진국형 분양방식인 후 분양제도가 도입될 것이라는 전망도 있다. 선 분양제도는 자금이 부족한 공급업체들이 미리 분양대금을 받아 공사비로 활용하면서 생겨난 방식으로 앞으로 주택금융이 활성화돼 주택업체에 대한 자금공급이 풍부해진다면 완공 후 대금을 받는 후 분양제도가 정착될 것으로 본다.

(4) 잠재수요의 유동성 촉진

MBS제도가 활성화되면 기관투자자 및 비 주택 부문의 여유자금들이 주택시장으로 유입되면서 주택자금 조성이 용이해진다. 따라서 이 자금이 집을 사고 싶어도 사지 못하고 전세를 살던 잠재수요자들에게 대출됨으로써 수요를 부추기고, 특히 전세비율이 높은 아파트 세입자들의 움직임이 활발해질 것으로 전망된다.

6. 단기적인 효과의 어려움

이 제도가 시행되면서 당장에 일반 서민들이 혜택을 받기는 어려울 것 같다는 것이 일반론이다. 우선 높은 금리가 문제다. 예를 들어 1억5천만원 짜리 주택을 구입하기 위해 집 값의 67%인 1억원을 만기 20년 짜리 연 7~8%금리로 대출 받았다고 가정할 경우 주택구입자는 매달 원리금을 합해 1백만원 가까운 돈을 납부해야 한다. 이는 우리나라 근로자들의 월 평균 임금에 비한다면 터무니없이 비싼 금액이어서 이렇게 큰 부담을 지고 집을 마련하려는 사람들이 있을까 하는 의문이 앞선다. 미국의 경우 집 값이 싸고 금리도 낮았기 때문에 성공할 수 있었다. MBS제도의 성공은 금리에 달려있다 해도 과언이 아니다. 또 단기적으로 효과를 발휘하려면 주택자금 대출이 부족해야 하지만 최근 유동성이 풍부해진 금융기관들이 일반 소비자를 대상으로 연 6% 미만의 주택담보대출을 경쟁적으로 내놓고 있는 실정이어서 주택저당채권의 필요성이 약화되고 있다.

이 제도의 도입으로 주택자금 대출이 쉬워지는 것은 사실이지만 담보권의 건실정도와 채무자의 원리금 상환능력 등을 충분히 파악한 후 대출금액을 결정하기 때문에 실제로 그만큼을 대출 받기 위해서는 상당한 고소득자이어야 한다는 결론이 나온다. 제도적인 측면에서 미흡한 점도 많다는 지적이다. I.M.F경제체제 이후 금융기관의 재무구조를 개선하기 위해 서둘러 제정한 자산유동화법률에 주택저당채권유동화에 관한 법률을 한꺼번에 포괄함으로써 충분한 시간을 두고 제도적 정비가 이뤄지지 못했다. 여러 금융기관들이 MBS발행을 시도했지만 근저당권 이전 불가능이라는 민법상 문제가 걸림돌로 작용, 무산됐던 것이 그 단적인 예로 꼽힌다. 또 주택보급률이 높아졌고 「주택구입 = 투자이익」이라는 등식이 더 이상 설립하지 않게 된 점도 수요창출에 의문을 남긴다. 이 제도가 활성화되기 위해서는 충분한 주택수요가 반드시 뒷받침 돼야 하기 때문이다.

7. 주택금융제도의 개선방안

MBS제도가 활성화되기 위해서는 제도의 다양성을 허용해야 한다. 금융기관이 보유자산을 신탁하거나 특별목적회사(SPC) 및 유동화중개회사에 매각하는 형태만을 상정한 현행법은 비효율적이다. 금융기관이 보유자산을 매각하지 않고 직접 채권을 발행하는 주택저당채권담보부채권(MBB)[4]의 발행을 허용해야 한다.

투자자가 신뢰할 수 있는 신용평가기관이 확충돼야 하고 채권명의변경에 따라 권리를 명확히 하는 부동산권리보험(Title Insurance)[5] 및 각종 위험보장장치, MBS관련 금융기법 축적

---

4 주택저당채권유동화회사법(일부개정 2003. 5. 29 법률 제06916호) 제1조(목적)
이 법은 주택자금의 장기적·안정적 공급으로 주택금융의 기반을 확충하기 위하여 주택저당채권유동화회사의 설립·운영과 주택저당채권담보부채권 및 주택저당증권의 발행에 관하여 필요한 사항을 규정함으로써 국민경제의 건전한 발전에 기여함을 목적으로 한다.

5 부동산권리보험
우리나라에는 아직 도입되지 않았지만 미국과 일본 등지에서는 이러한 부동산 거래상의 위험을 커버하는 부동산권리보험제도가 있다. 이는 일본에서는 권원보험이라고 불리고 국내의 일부 학자들은 지권보험이라고 부르기도 하는데 여기서는 알기 쉽게 부동산권리보험이라고 칭한다. 이 제도는 부동산권리보험증서 발행이전에 존재한 부동산 권리의 하자로 인하여 부동산의 매수인 또는 담보권리자가 완전한 권리의 취

등 아직 제도정착을 위해 준비해야 할 것들이 많다. 또한 국내에 장기채시장이 형성되지 못한 것도 문제점으로 지적되고 있어 앞으로 MBS제도가 제대로 정착되기 위해서는 적지 않은 시일과 시행착오가 필요할 것으로 본다.

보/충/강/의

- ABS(asset-backed securities/securitization)
  자산담보부 증권 또는 증권화. 자산유동화 또는 이를 통하여 발행되는 증권을 말하며, 자산보유자의 다른 자산으로부터 유동화자산을 분리하여 이를 담보로 자산보유자의 신용과 절연된 증권을 발행하는 일련의 행위라 할 수 있다.
- MBS(mortgage-backed securities / securitization)
  주택저당 채권 담보부 증권 또는 증권화

제4절 부동산투자신탁(REITs)과 자산담보부증권(ABS)

1. 부동산투자신탁(REITs)

(1) 부동산투자신탁제도의 의의

부동산신탁이란 신탁회사(수탁자)가 부동산 소유자(위탁자)로부터 부동산을 수탁받아 그 부동산을 대신하여 관리·개발·처분하고 그 성과를 위탁자(수익자)에게 되돌려 주는 제도를 말한다. 이 과정에서 신탁회사는 일정 비율의 수수료(신탁보수)를 받게 된다. 부동산신탁은 설정목적에 따라 채권담보를 목적으로 하는 담보신탁, 부동산관리를 목적으로 하는 관리신탁, 부동산의 처분을 목적으로 하는 처분신탁, 토지의 개발을 목적으로 하는 토지(개발)신탁 등으로 구분할 수 있다.

정부는 토지의 효율적인 이용을 목적으로 지난 1991년 2월 부동산신탁제도의 도입을 확정하고 2개의 부동산신탁회사의 설립을 인가한 바 있다. 현재 성업공사, 한국감정원, 한국토지공사, 주택은행, 주택공제조합 및 생명보험 3사가 출자하여 설립한 6개의 부동산신탁회사가 영업 중이다.

득 및 행사에 지장을 받음으로써 발생하는 손해를 보상하는 제도이다.

현재 일련의 사태를 계기로 우리나라의 부동산신탁제도가 전반적으로 개선되어야 한다는 주장이 제기되고 있는데, 본고는 우리나라와는 다르게 운영되고 있는 미국의 부동산투자신탁(REITs : Real Estate Investment Trusts) 제도를 소개한 후 미국식 부동산투자신탁(REITs) 제도의 도입 필요성 및 도입 방안을 검토해 보고자 한다.[6]

(2) 미국의 부동산투자신탁(REITs) 제도

1) 개 관

REITs란 다수의 투자자로부터 자금을 모아서 부동산소유지분(real estate equity ownership)이나 주택저당담보증권에 투자하거나 부동산관련 대출(mortgage loan) 등으로 운영하여 얻은 수익을 투자자에게 되돌려 주는 제도를 말한다. 쉽게 설명하자면, REITs란 부동산에 투자하는 뮤추얼펀드(회사형 투자신탁)라고 할 수 있다. REITs 회사의 지분은 주식형태로서 주식시장에서 자유롭게 거래되고 있다.

지난 1960년 Internal Revenue Code(sections 856-858) 법률 수정안이 미 의회를 통과함에 따라 미국 REITs 제도의 골격이 완성되었다고 할 수 있다.[7] 동 법률안은 일정한 자격요건을 갖추기만 하면 그것을 REITs로 인정하고 법인세(corporate tax) 면세혜택을 부여하고 있다. 1998년 6월말 현재 약 300개의 REITs 회사가 영업 중이며, 이 중 215개의 REITs 회사가 뉴욕증권거래소(NYSE), 아메리카 증권거래소(AMEX), 나스닥시장(NASDAQ)을 비롯한 주요 증권거래소에 상장되어 있다. 215개 REITs 회사가 발행한 주식의 총 시장가치는 약 1,599억 달러를 넘어서고 있다.

2) 부동산투자신탁(REITs)의 자격요건

REITs 회사가 법인세(corporate tax) 면세 혜택을 부여받기 위해서는 Internal Revenue Code에서 규정한 다음과 같은 자격요건을 충족하여야 한다.[8]

첫째, 조직구성요건이다. 사업의 주체는 법인(corporation) 또는 신탁(trust)형태이어야 한다. REITs 회사의 주주는 100명 이상이어야 한다. 또한 5인 이하의 주주가 50% 이상의 지분을 소유할 수 없다. 이러한 조직구성요건에 따라 REITs 회사의 주식은 일반적으로 기관투자자(institutional investors) 또는 소액투자자(small investors)에게 분산 소유되고 있다.

---

6 REITs를 "릿츠"라고 발음한다. 이하 본문에서는 미국의 부동산투자신탁을 REITs로 표기한다.

7 Capozza, D. R., and Sohan Lee, "Property Type, Size and REIT Value", The Journal of Real Estate Research, Vol. 10, No. 4, 1995. p. 5 ~ 18

8 Internal Revenue Code(sections 856 ~ 858) 참조

둘째, 자산구성요건이다. 적어도 REITs 회사의 자산 중 75% 이상은 부동산관련 자산[9], 현금 또는 정부발행 유가증권에 투자되어야 한다. 이러한 자산구성요건과 다음에 살펴볼 수입구성요건에 따라 REITs 회사는 부동산관련 업무를 주요업무로서 취급하도록 규정하고 있다.

셋째, 수입구성요건이다. REITs 회사 수입의 95% 이상은 배당수입, 이자수입, 임대수입, 유가증권 및 부동산 매각수입으로부터 나와야 한다. 또 REITs 회사 수입의 75% 이상은 임대수입, 부동산관련 이자수입(예컨대, 주택저당담보증권관련 이자수입), 부동산 매각 수입 및 타 REITs 회사 주식투자로부터의 수입(주식매각수입 및 배당금)으로부터 나와야 한다. 한편 1년 미만 보유 유가증권매각 수입 및 4년 미만 보유 부동산 매각수입의 합계가 REITs 회사 수입의 30%를 초과해서는 안 된다. 이러한 규정은 REITs 회사로 하여금 부동산 및 주택저당담보증권에 단기적으로 투자하는 것을 제한하여 부동산 및 주택저당담보증권의 장기보유를 촉진하기 위한 규정이다.

넷째, 배당요건이다. REITs 세전수입(taxable income)의 95% 이상은 주주에게 배당되어야 한다. 이러한 규정은 REITs의 내부유보를 제한하여 REITs의 성장성을 제약하는 요인으로 작용할 수 있으나, REITs 주식 투자자 입장에서는 실현이익이 매년 현금화된다는 점에서 유리하다.

이러한 Internal Revenue Code에서 규정된 자격요건에 따라 REITs 회사가 어떤 해에는 자격요건을 충족하여 법인세(corporate tax) 면세혜택을 받다가도 다음 해에는 자격요건을 충족하지 못하여 법인세 면세혜택을 받지 못하는 경우도 종종 발견되곤 한다.

3) 부동산투자신탁(REITs)의 종류

① 투자대상에 따른 분류

REITs는 투자대상에 따라 지분형 부동산투자신탁(equity REITs), 모기지형 부동산투자신탁(mortgage REITs) 및 혼합형 부동산투자신탁(hybrid REITs)으로 구분된다.

지분형 부동산투자신탁(equity REITs)이란 총 투자자산의 75% 이상이 부동산소유지분으로 구성된 REITs를 말한다. 따라서 지분형 부동산투자신탁회사의 주 수입원은 임대료가 된다.

모기지형 부동산투자신탁(mortgage REITs)이란 총 투자자산의 75% 이상이 부동산관련 대출에 운영되고 있거나 주택저당담보증권에 투자된 REITs를 말한다. 따라서 모기지형 부동산투자신탁회사는 모기지 관련 이자를 주 수입원으로 하고 있다.

혼합형 부동산투자신탁(hybrid REITs)이란 총 투자자산이 부동산소유지분, 부동산관련 대출, 주택저당담보증권 등에 골고루 투자되어 있기 때문에 지분형 부동산투자신

9 부동산관련 자산으로는 부동산 소유지분(real estate equity ownership), 주택저당담보증권(mortgage- backed securities) 및 부동산관련 대출(mortgage loan) 등이 포함된다.

탁이나 모기지형 부동산투자신탁으로 분류될 수 없는 REITs를 말한다. 따라서 혼합형 부동산투자신탁회사의 수입원은 임대료나 모기지 관련 이자가 된다.

② 환매의 가부에 따른 분류

유가증권을 대상으로 하는 뮤추얼 펀드(회사형 투자신탁) 제도와 마찬가지로, REITs 역시 개방형(open-end)과 폐쇄형(closed-end)으로 구분이 가능하다. 개방형(open-end) REITs란 REITs 회사가 투자자의 환매요구에 언제든지 응하는 형태를 말하며, 폐쇄형 REITs란 투자자가 직접 REITs 회사에 대하여 환매요청을 할 수 없고 그 대신 증권시장에서 주식을 매각하여 투자한 자금을 회수하는 형태를 말한다.

현재 미국에서 유가증권을 대상으로 하는 뮤추얼 펀드의 경우 폐쇄형보다는 개방형이 보다 일반적인 형태라고 할 수 있다. 그러나 REITs의 경우 개방형은 현재 미국에서 거의 존재하지 않는다. 과거 미국에서도 개방형 REITs가 존재한 적은 있으나 대부분 실패하였다. 그 이유는 REITs의 자산운용 대상이 유동성이 부족한 부동산이기 때문이다. 부동산경기 침체가 예상될 때, 대부분의 투자자들은 앞다투어 환매요청을 하게 되고 개방형 REITs 회사는 부동산을 단기간 내에 매각·처분하여 투자자들의 주식을 상환해 주어야 한다. 그러나 부동산 경기 침체시 개방형 REITs가 보유 부동산을 단기간 내에 매각·처분하여 투자자의 환매요청에 효율적으로 대처하기란 사실상 불가능하다.

③ 기한한정여부에 따른 분류

기한한정여부에 따라 REITs는 무기한 REITs(perpetual REITs)와 기한부 REITs (finite-life REITs or self-liquidating REITs)로 구분된다. 무기한 REITs란 존속 기한이 정해져 있지 않은 REITs를 말하며, 기한부 REITs란 일정기간 후에 보유자산을 매각하여 매각대금을 투자자에게 배분하고 해산되는 REITs를 말한다. 기한부 REITs의 기간은 대체로 10 ~ 15년이나 기간이 3년에 불과한 단기형부터 75년에 이르는 장기형까지 다양하다.

4) 부동산투자신탁(REITs) 제도의 특징

미국 REITs 제도의 특징을 살펴보면 첫째, 유동성이 결여된 부동산을 증권화 했다는 점에서 부동산 증권화(secularization of real estate)의 한 형태라고 할 수 있다. 일반적으로 부동산은 규모가 크고 고가이기 때문에 유가증권에 비해 거래 횟수도 적고 환금성도 떨어진다. 미국 REITs 제도는 규모가 크고 유동성이 결여된 부동산을 분할하고 증권화하여 유동성을 부여한 제도라고 할 수 있다.

둘째, REITs 제도를 통하여 소액투자자도 대규모 상업용 부동산 소유의 기회를 제공받고 있다고 할 수 있다. REITs 회사의 주식이 주요 증권거래소에서 현재 $2 ~ $40의 싼 가격으로 거래되고 있기 때문에 소액투자자도 직접 투자하기 어려운 대규모 부동산의 일부를 주식의 형태로 소유하여 부동산 운용수익 또는 부동산 가격상승의 혜택을 누릴 수 있다. 일반적으로 하나의 REITs 회사가 지역별(동부, 서부, 남부, 북부 등) 또는 유형별(사무용 빌딩, 쇼핑센터, 창고, 아파트 등)로 여러 가지 종류의 부동산을 소유하고 있기 때문에 투자자는 하나의 REITs 회사 주식에 투자함으로써 소액의 자본으로 부동산 분산투자의 효과를 볼 수 있다. 물론 투자자가 여러 가지 REITs 회사의 주식에 분산투자할 수도 있다. 또한 REITs가 보유하고 있는 부동산은 부동산전문가에 의해서 관리되고 있기 때문에 투자자는 부동산운용 또는 처분과 관련된 번거로움을 피할 수 있다.

셋째, 미국의 REITs 제도는 자본시장을 통한 새로운 자금조달 수단을 제공한다. 현재 미국 증권시장에서는 뮤추얼 펀드(mutual funds), 연금(pension funds), 보험회사(insurance companies) 등의 기관투자자가 REITs 주식의 주요 투자자의 역할을 담당하고 있다. 개인투자자 뿐만 아니라 이러한 기관투자자로부터 조달된 자금이 REITs 회사를 통해 부동산개발을 위한 유용한 자금으로 활용되고 있다.

이는 자본시장으로부터의 자금조달이 거의 전무한 우리나라 부동산신탁회사와는 큰 차이점을 보이고 있다. 현재 우리나라에서는 토지(개발)신탁에 소요되는 자금을 금융기관으로부터 차입하거나, 부동산신탁회사의 고유자금을 사용하거나 또는 위탁자의 자체자금으로 조달하고 있다. 그 중에서도 금융기관으로부터 차입하는 방식이 거의 대부분을 차지하고 있는데, 이와 같은 방식은 자본시장으로부터의 자금조달이 가능한 미국식 REITs 제도와는 크게 다르다고 할 수 있다.

(3) 부동산투자신탁(REITs) 제도의 필요성

이 절에서는 우리나라 부동산 문제를 고찰해 보고 REITs[10] 제도의 필요성을 검토해 보고자 한다. 지금까지 우리나라 부동산 문제는 과거와 현재 두 가지 문제로 크게 생각해 볼 수 있다. 과거 부동산 가격이 급등하고 부동산 투기가 만연할 때에는 부의 분배문제인 "빈익빈 부익부" 문제가 사회문제로 크게 부각되었다. 일부 계층은 부동산을 과다 보유하여 부동산가격의 상승을 통해 불로소득을 향유할 수 있었지만 일반 서민들은 거주할 자기 집 마련도 어려운 실정이었다. 반면 부동산 경기가 침체되어 있고 구조조정과정에서 기업과 금융기관이 보유하고 있는 부동산이 대거 매물로 나와 있는 현재의 상황에서는 기업과 금융기관이 보유하고 있는 부동산의 매각을 촉진하는 것이 무엇보다도 중요한 문제로 부각되고 있다. 특히 기업의 과도한 부채비율을 축소하여 재무구조를 개선하기 위해서는 기업보유 부동산의 매각을 통한 차입금 상환이 필요하다.

---

10 부동산투자회사법(일부개정 2003. 5. 29 법률 제06916호) 제1조(목적)
이 법은 부동산투자회사의 설립과 부동산투자회사의 자산운용방법 및 투자자보호 등에 관한 사항을 정함으로써 일반 국민이 부동산에 투자할 수 있는 기회를 확대하고 부동산에 대한 건전한 투자를 활성화하여 국민경제의 발전에 이바지함을 목적으로 한다.

미국의 REITs 제도는 위에서 언급한 두 가지 문제, 즉 과거 부동산가격 급등시의 "빈익빈 부익부" 문제와 현재와 같은 부동산 경기 침체시의 부동산매각 촉진 문제를 해결할 수 있는 작은 실마리를 제공해 준다. REITs 제도는 일반 서민들도 소액의 자본으로 다양한 종류의 부동산의 일부를 손쉽게 주식의 형태로 보유할 수 있게 된다. 과거 일반 서민들은 규모가 크고 고가인 부동산을 소유할 수 없었기 때문에 부동산 가격 급등시의 혜택은 부동산을 과다 보유한 일부 계층에 의해서 독점되곤 하였다. REITs 제도는 일반 서민들도 소액의 자본으로 고가인 부동산의 일부를 주식의 형태로 보유할 수 있고, 부동산가격 상승시의 혜택을 일반 서민들도 누릴 수 있기 때문에 과거에 문제되었던 "빈익빈 부익부" 문제를 다소나마 해결하는데 도움을 줄 수 있을 것으로 기대된다.

[表 2-7-1] 일반 REITs와 CR REITs의 비교표

구 분	부동산투자회사 (일반 리츠)	기업구조조정 부동산투자회사 (CR 리츠)
도입목적	건전한 부동산 투자기회 제공 부동산 시장의 활성화, 선진화	기업 구조조정 부동산의 신속한 처분
회사형태	영속적인 실체 회사	한시적인 페이퍼 컴퍼니
설립방식	건교부장관 인가	좌동(금감위 협의)
최저자본금	500억원	500억원
발기인출자	설립시 자본금의 10%	설립시 자본금의 10%
주식공모	설립시 자본금의 30% 이상	제한 없음
현물출자	금지됨(재산양수약정은 가능)	설립시 자본금의 30% 이내
1인당주식	소유한도 10% 미만, 공공기금 등은 예외	제한 없음
운용기관	내부조직(이사회, 전문인력)	자산관리회사(AMC)
운용기준	70% 부동산 90% 부동산, 부동산관련 유가 증권 및 현금	70% 구조조정 부동산 90% 기준없음
부동산거래	3년 이상 보유	제한 없음
감 독	건교부 감독	건교부, 금감위 공동 감독
장 점	안정적인 자산운용 가능, 주가관리가 용이, 투자자 보호장치 강화	높은 조세 감면, 회사설립이 용이
단 점	초기 대형 투자자 모집이 곤란하다. 조세혜택이 적어 수익률 제고 곤란	회사 청산이 어렵다. 페이퍼 컴퍼니로 이해상충이 존재

한편 REITs 제도가 기업과 금융기관이 매물로 내놓은 부동산을 처리하는 방안으로 활용될 수도 있다. 현재 매물로 나와 있는 부동산은 규모가 크고 고가이기 때문에 적절한 구매자를 발견할 수 없다는 것이 가장 큰 문제인데, 유동성이 결여된 기업과 금융기관 보유 부동

산을 분할하여 증권화하고 자본시장을 통하여 다수의 수많은 투자자가 구입(투자)할 수 있도록 한다면 매물로 나와 있는 부동산을 소화하는데 크게 기여할 수 있을 것으로 판단된다.

예를 들어, 기업구조조정차원의[11] 일환으로서, 어떤 기업이 소유하고 있는 시가 500억원 상당의 빌딩을 매각하고자 한다고 하자. 시가 500억원 상당의 빌딩을 구입하고자 하는 구매자를 발견하기란 지금과 같은 불황기에는 거의 불가능하다. 그러나 REITs 제도가 도입되어 기업은 빌딩의 소유지분(real estate equity ownership)을 증권화하여 분할하고, 그 빌딩 투자에 관심이 있는 기관투자자 및 소액투자자들에게 매각할 수 있다. 물론 기업은 빌딩의 소유지분의 일부를 소유하고(예를 들어 소유지분의 40%인 200억원 상당의 주식을 보유하고) 나머지 부분만 매각할 수도 있다. 투자자들은 빌딩의 소유지분을 주식형태로 소유하고 있기 때문에 언제든지 필요하다면 그 주식을 증권거래소에서 매각하여 현금으로 상환할 수 있다.

또한 REITs 제도는 부동산 개발을 위한 새로운 자금조달 수단을 제공한다. 특히 자본시장을 통하여 수많은 소액투자자와 기관투자자의 자금이 부동산 개발을 위한 자금으로 사용되어 실효성 있는 부동산 수요 진작책으로 활용될 수 있다. IMF체제이후 건설업계가 큰 어려움을 겪고 있다는 점을 감안할 때, REITs 제도는 건설회사에 대한 효율적인 지원방안이라고 생각된다.

이밖에도 REITs 제도는 부동산 개발의 전문성 제고, 부동산 공급 확대, 부동산의 증권화 촉진, 자본시장 투자자에게 새로운 투자기회 제공 및 우리나라 금융산업의 경쟁력 강화 등의 부수적인 효과를 기대할 수 있다.[12] 현재 우리나라는 부동산투자회사법을 2001년 4월 7일 법률 제06471호로 제정하여 시행하고 있다.

---

11 일반 리츠와 구조조정 리츠는 증권시장에서 거래되고, 부동산 투자수익을 배당한다는 점에선 비슷하나 여러 가지 면에서 서로 다르다는 것을 알 수 있습니다. 일반 리츠가 다양한 부동산에 투자할 수 있고 유가증권 매매도 가능한 반면, 구조조정 리츠의 투자대상은 기업구조조정용 부동산으로 제한됩니다. 또한 일반 리츠는 수익의 90% 이상을 배당토록 의무화되어 있지만 구조조정 리츠의 배당비율은 임의적입니다. 일반 리츠는 법인으로 상장되고 구조조정 리츠는 프로젝트 단위의 펀드형태로 증권시장에서 거래됩니다. 투자 안정성에서 볼 때 일반 리츠는 유리합니다. 구조조정 리츠는 페이퍼컴퍼니 형태로 운영되는 한시회사로 영속적으로 존재할 수 없기 때문에 당초 약정한 운영기간이 지나면 해당 부동산을 처분하거나 매각할 수밖에 없습니다.

12 이소한, 부동산 투자신탁제도(REITs)의 도입방안, 동국대학교 경영학과 교수, 1999

[圖 2-7-2] 리츠(REITs)제도의 개념

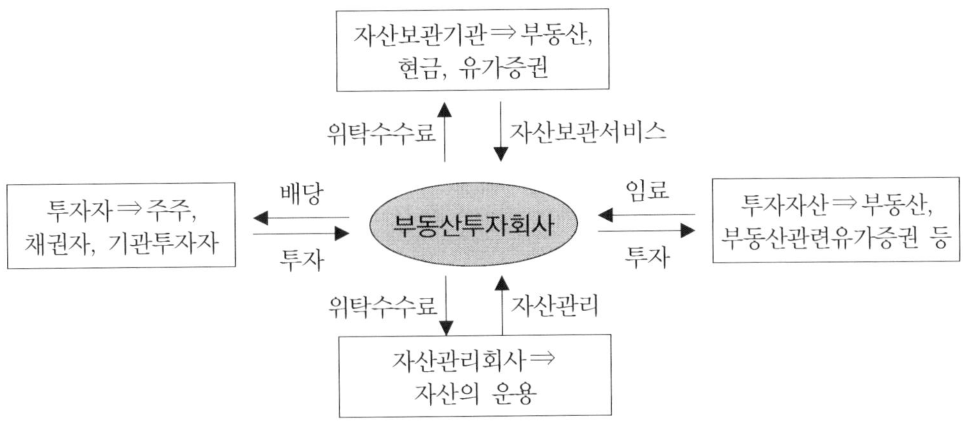

보/충/강/의

- CR REITs
  구조조정을 위한 부동산에 자산의 70% 이상을 투자하여 그 운영수익을 투자자에게 배당하는 요건으로 설립된 부동산투자 회사(부동산투자회사법 제49조의2 ~ 제49조의7에서 규율)
- CRV(Corporate Restructuring Vehicle : 기업구조조정투자회사)와의 구별
  CRV는 재무상태가 악화되었으나 회생 가능한 기업의 경영을 정상화하고 이들 기업에 대한 금융기관의 채권을 효율적으로 정리하기 위해 설립된 회사로서 금융기관들이 주주가 되어 자산관리 회사(AMC)에 자산의 관리를 위탁하여 운영한 후 수익을 주주에게 배분하는 회사이므로, 일반인 주주가 되는 CR 리츠와는 다르다.

2. 자산담보부증권(ABS)

자산담보부증권(Asset-Backed Securities : ABS)제도는 금융기관이나 기업이 보유한 중장기성 유가증권, 대출채권, 외상매출금 등의 자산을 담보로 증권을 발행한 후 투자자에게 매각하여 자금을 조달하는 신종금융기법이다. 이러한 자산유동화제도는 원래 미국에서 1930년대 대공황으로 어려움에 처한 서민들의 내 집 마련을 지원하기 위해 정부가 직접 연방주택청을 설립하는 등 주택금융을 활성화하기 시작한 이후, 각 지역에서 저축대출조합(S&L)이 저당권부대출에 따른 대출을 토대로 저당권부채권을 발행한 것이 시발이라고 한다. 이것이 전국적인 규모를 형성한 것은 70년 유동화 중개기구인 정부저당 금융공사(GNMA)가 주택대출채권을 대량으로 유통하기 시작하면서 부터였다. 이것이 1980년대 이후 여러 선진국으로 확산되면서 1990년대 후반부터는 골드만 삭스나 살로만 브라더스와 같은 미국의 유력한 금융회사들이 자동차, 신용카드사의 장기할부채권을 대상으로 한 ABS 신상품을 개발, 판매하여 현재 일부 선진국에서는 ABS가 보편화되는 추세에 있다.

우리나라에서는 1997년 6월 당시 재경원에서 주택저당채권 증권화 제도를 도입키로 한 이래 98년 4월 '금융, 기업구조 개혁 촉진방안'에서 ABS를 성업공사가 최초로 도입하면서 최근에는 주택공사나 국민은행 등 여러 기업들이 ABS를 발행키로 했다. 그런데 이러한 ABS와 주택저당 담보부채권인 MBS와는 어떤 차이가 있을까? 원해 ABS의 발행대상 자산, 즉 대출채권에는 주택자금 대출, 신용카드 대출, 자동차할부대출, 기타 부동산담보대출 등이 포함되지만 이중 주택자금은 장기대출로서 비중이 크기 때문에 이것을 주택 저당채권담보부증권 (Mortgage-Backed Securities : MBS)이라 해서 따로 구별해 놓은 것이다. 따라서 본질적으로 ABS와 MBS의 유동화과정은 차이가 없다고 할 수 있다. 그러면 MBS를 중심으로 이러한 증권의 유동화 과정을 살펴보기로 하자.

MBS(주택저당채권의 유동화제도)란 주택금융기관이 주택자금을 대출하고 취득한 저당채권을 만기 전에 직접 또는 중개기관을 통해 투자자에게 매각하거나, 이 저당채권을 담보로 증권을 발행하여 새로운 주택자금을 마련하는 제도이다. 이는 주택금융시장과 자본시장의 연결을 통해 주택자금의 공급확대, 즉 금융기관의 대출여력을 증대시키고 은행입장에서는 위험도가 높은 대출채권을 매각하여 BIS 기분과 자기자본 비율을 개선시킬 수 있는 이점이 있다. 또 주택금융을 이용하는 소비자의 입장에서는 은행의 자금여력 증가로 낮은 금리로 대출혜택을 받을 수도 있다.

MBS의 유동화 과정을 보면 다음과 같다.

주택금융기관은 보유하고 있는 대출채권을 유동화 중개기관에 매각(양도)하고 유동화 중개기관은 매입한 대출채권을 담보로 유동화 증권을 발행하여 일반 투자자에게 매각함으로써 자금을 조달한다(또는 무담보 채권을 발행하여 자금을 조달할 수도 있다).이 때 유동화 중개기관 없이 금융기관이 직접 증권을 발행할 수도 있지만, 중개 기관을 설치하는 이유는 주택금융기관이 직접 투자자들에게 증권을 발행할 경우는 대차대조표상에 대출채권이 그대로 남아 BIS 비율을 높일 수 없기 때문이다.

증권의 발행기관으로서는 자산보유자의자회사, 또는 자산양수회사의 자회사로 담보증권 발행을 목적으로 특별히 설립된 특별목적회사(Special Purpose Company : SPC)가 그 기능을 수행한다. 이 회사는 일반적으로 paper company로서 주택금융기관의 입장에서의 BIS비율 제고 목적 외에 원래의 자산보유자와 유동화 대상자산을 분리시켜 자산보유자의 파산을 대비하기 위한 목적도 있다고 볼 수 있다. 주택금융목적의 MBS는 다른 유동화 대상과 달리 기간이 장기이고 사실상 영속적이므로 paper company가 아닌 실제적인 중개기관이 필요하다.

이러한 유동화 중개기관인 SPC는 대출채권의 매입, 증권의 발행, 증권의 원활한 유통을 위한 제반업무를 수행한다고 볼 수 있는데, 원리금 지급업무는 중개기관이 아닌 최초의 자산 보유자인 주택금융 기관이 그 업무를 일반적으로 그대로 수행한다.

주택금융기관은 종전과 같이 대출채권의 원리금을 지급하지만 투자자로부터 중개회사를 거쳐 받은 증권매각대금으로 풍부한 자금상태를 유지하게 된다.

유동화의 기초가 되는 저당채권은 채무불이행, 조기상환, 소유자의 변동 등에 따른 위험이 상존하는데, 기본적으로 대출채권으로부터 발생하는 현금 흐름보다 발행한 유동화증권의 투자자에게 지급할 원리금이 더 큰 경우에는 파산의 위험이 상존한다.

따라서 대출 채권의 유동화가 이루어지기 위한 필수조건은 대출채권으로부터 발생하는 현금흐름의 현재가치가 발행되는 증권의 원리금의 현재 가치보다 커야 한다는 얘기가 된다. 따라서 대출채권의 여러 가지 위험에 대한 체계적인 정보를 확보하는 것이 현금흐름 예측에 중요한 열쇠가 된다.[13]

보/충/강/의

- 부동산 소유권보험(Title Insurance)
  부동산 소유권 보험은 부동산의 매매. 임대에 있어 매매당사자가 정당한 물건을 소유하고 있으며 그에 따른 권리관계가 확실하다는 것을 제3자인 보험회사가 보증하는 것을 말한다. 부동산의 소유권 및 기타 권리관계는 부동산등기부 등본에 의해 확인이 가능하나 부동산등기부 등본은 실제 사실이 뒷받침되지 않으면(바꿔 이야기하면 반대의 증거가 있으면) 무효화될 수 있으며 또한 계약 후 실제 거래 완료일까지에 발생할 수 있는 가압류, 저당권 설정 등에 대한 효과적인 통제기능이 없기 때문에 구입자 또는 전세입자의 지위를 불안하게 하는 경우가 많다. 따라서 이를 보완할 제도적인 장치가 필요한데 미국 등의 거래에서는 이 보험이 몇몇 예외적인 경우를 제외하고는 거래에 의무적인 요소로 되어 있다.
  우리나라에서도 삼성화재 등에서 외국사와 제휴를 통하여 이러한 상품을 시장에 내 놓을 예정으로 알고 있다.
- 부동산 담보신탁(Deed of Trust)
  부동산신탁회사가 제공하는 상품의 하나로서 기존의 저당권을 대체할 수 있는 방법이다. 즉, 대출을 받기 원하는 자는 부동산신탁회사에게 담보제공을 목적으로 소유권을 이전하고 이에 대한 담보신탁 증서(deed of trust)를 발급 받아 금융기관에 이를 담보로 제공할 수 있다. 이 때 비용은 기존의 저당권설정비용에 비해 저렴하다(기간별로 차이 있음). 또한 부도 발생시 환가 처분을 대신 해주고 신탁증서의 양도를 통하여 채권의 이전이 가능하다는 장점이 있다. 다만 대출을 취급하는 금융기관의 입장이 다소 애매한데 부동산신탁회사의 신용에 대한 문제와 금융기관의 관련내부 규정 미흡 등에 그 원인이 있다고 하겠다.
  우리나라는 아직 활성화가 되어 있지 않지만 미국의 경우 이 제도가 활성화되어 있다.
- 대리사무(Escrow) / 부동산거래신탁
  정지조건부 계약의 일종으로 매매 당사자의 합의에 의해 재산의 매각인은 금전·유가증권·부동산 등의 재산을, 재산의 매수인은 매매대금을 각각 은행 신탁계정에 예탁하고 어떤 일정 정지조건의 성취에 의해 신탁회사가 미리 정해진 매수인에게 재산을 인도함과 동시에 매각인에게 대금을 인도하는 업무를 말한다. 향후 은행 수수료 업무의 확대와 거래의 안정성을 도모하려는 수요의 증가로 인하여 도입 가능성이 높아지고 있다.
  미국의 경우 거의 모든 주에서 선급금·중개인 등이 받는 모든 수수료 등을 즉시 은행, 예금 및 대출 취급기관 또는 보험회사 등 금융기관의 지정된 계좌(Escrow Account)에 예치하는 것이 의무화되어 있다.
  대리사무는 대리사무회사·변호사·금융기관 또는 중개인이 역할을 수행하고 있다. 에스크로우는 다시 말하면, 부동산 거래대금의 보관인으로 정의 될 수 있다. 사실상 에스크로우는 신속하고 안전하게 부동산 매매를 완료하는데 필요한 많은 세부조항을 실행하는 전문인의 모든 업무까지 포함한다. 즉, 에스크로우란 중립적인 제3자 또는 기관이 쌍방대리인의 자격으로 매매에 관련된 보증금이나 보증 또는 그것에 해당하는 재산과 서류 일체를 계약 조건이 종료될 때까지, 즉 소유권이 완전히 이전될 때까지 보관하는 것을 의미한다. 따라서 에스크로우는 매도인 및 매수인 양측을 보호하고, 부동산거래와 관련되어있는 금융업자, 변호사, 부동산 중개업자 및 그 이해당사자의 간의 이해관계 등 부동산 거래와 관련하여 발생하는 모든 업무를 제 3자의 입장에서 공정하게 실행하는 역할을 수행한다고 볼 수 있다.

13 김영진, 고려대 경영신문, 자산담보부증권(ABS)제도, 1999. 9. 15

부동산 경영론

1판 1쇄 발행 2017년 02월 25일
1판 4쇄 발행 2024년 09월 05일
저 자 장동훈 · 양선희
발 행 인 이범만
발 행 처 **21세기사** (제406-00015호)
경기도 파주시 산남로 72-16 (10882)
Tel. 031-942-7861 Fax. 031-942-7864
E-mail : 21cbook@naver.com
Home-page : www.21cbook.co.kr
ISBN 978-89-8468-717-2

정가 30,000원